KB137072

역주

흠흠신서

✤

3

역주

흠흠신서

3

정약용 저

박석무 · 이강욱 역

한국인문고전연구소

| 차례

상형추의 ❀ 14

상형추의 ❀ 15

剪跋蕪詞

전발무사 ❀ 1

▎ 일러두기

1. 이 번역은 신조선사본 《여유당전서》를 저본으로 하였으며,《정본 여유당전서》와 규장각본 등 여러 판본을 참조하였다.
2. 내용이 간단한 역자 주는 간주(間註)로, 긴 역자 주는 각주(脚註)로 처리하였다.
3. 읽는 이의 편의를 위하여 편집 과정에서 제목마다 번호를 매겼다.
4. 번역문에서 사용한 부호는 다음과 같다.

　　　(　)　　번역문과 음이 같은 한자를 묶는다.
　　　〔 　 〕　　번역문과 뜻은 같으나 음이 다른 한자를 묶는다.
　　　" "　　대화 등의 인용문을 묶는다.
　　　' '　　" "안의 재인용 또는 강조 부분을 묶는다.
　　　「 」　　' '안의 재인용을 묶는다.
　　　『 』　　「 」안의 재인용을 묶는다.
　　　《 》　　책명을 묶는다.
　　　〈 〉　　책의 편명 및 운문·산문의 제목을 묶는다.

역주

흠흠신서 ❖ 3

欽欽新書

상형추의

❖

7

1. 고의로 죽였는지 과오로 죽였는지를 밝히다(1)

【장대를 휘둘러 소를 놀라게 하여 어린아이가 소의 등에서 떨어져 죽었다. 사건의 근본 원인은 아이들의 장난질 때문이며, 사망의 실제 원인은 내부의 장기가 다쳤기 때문이다.】

○ 재령載寧의 백성 강와정姜臥丁이 김석봉金碩奉을 죽게 하였다는 이유로 피고被告가 되었다.

○ 1차 검안보고서의 발사跋詞는 다음과 같다.

"이 사건은 증거가 갖추어지지 않아 자연히 의혹을 불러왔으므로 결코 하나로 결론을 내리기가 어렵습니다. 시체는 앞면과 뒷면 등 온몸에 별달리 상처가 없었으나 입, 눈, 귀, 코의 안에는 몹시 많은 피가 흘러나와 있었으므로 사망 원인을 상당히 증명할 수 있었습니다.

《무원록無冤錄》〈조례條例·전사질사攧死跌死〉의 조항에 '집의 높낮이[비평하기를 「〈집의 높낮이까지 아울러[幷屋高低]〉라는 말은 그 위에 나오는 〈나뭇가지가 걸려 있는 것과 ~를 살펴보아야 한다.[看枝柯掛扮]〉라는 글을 이어서 말한 것으로, 〈집의 높낮이까지 아울러 살펴보고 또 발을 헛디딘 곳의 흔적을 살펴보아야 한다.〉라는 말이다. 《무원록》의 본문을 이해하지 못하여 이와 같이 문장을 잘못 끊어서 인용한 것이다.」 하였다.]와 발을 헛디딘 곳의 흔적이나 흙에 나 있는 흔적의 높낮이 및 급소 부위에 부딪친 흔적이 있거나 쓸린 흔적이 있는지를 살펴보아야 한다. 내부의 장기가 손상되어 목숨을 잃은 경우에는 입, 눈, 귀, 코에 피가 흘러나와 있다.'라고 하였습니다.

이번 사건의 경우에는 《무원록》에서 말한 '집의 높낮이와 발을 헛디딘 곳의 흔적까지 아울러 살펴보아야 한다.'라는 것과는 달라서【비평하기를 '문장을 잘못 끊어서 인용한 데다 구두까지도 잘못 끊었으니, 《무원록》의 원래 의미를 어떻게 이해하고 인용하여 이번 사건을 판결할 것인가!' 하였다.】 소의 등은 높이가

1장丈 남짓에 불과하고 추락된 곳의 땅도 평탄한 지역이기는 하지만, 놀란 소가 마구 내달릴 때에 어린아이가 소의 등에서 가볍게 흔들거리다가 공중으로 솟구친 다음 추락하여 땅에 세차게 부딪쳤으니, 내부의 장기가 손상되는 것은 당연한 상황이었습니다. 그러므로 사망의 실제 원인은 '놀란 소의 등에서 땅에 떨어져 내부의 장기가 손상되어 죽게 되었다.'라고 기록하였습니다.

유족 김수백金守白은 60살의 노인이고, 피고 강와정은 13세의 어린아이입니다. 두 사람은 한 마을에 같이 살면서 항상 친족이나 다름없이 어여삐 여겼으니, 무슨 원한이 있어서 자기 아들이 소의 등에서 떨어져 죽은 책임을 기어이 강와정에게 돌리겠습니까! 강와정이 소에게 장난을 치다가 놀라게 해서 병도 없던 이 아이가 끝내 떨어져서 죽는 지경에 이르게 하였으니, 그가 해당 형률을 어떻게 면할 수 있겠습니까!

게다가 김석봉이 들에서 소를 타고 강와정의 문 앞에 이를 때까지 사람이 없어 고요하였고, 강와정 혼자만 나와 만나서 이야기를 주고받은 사실이 분명하였으니, 김석봉이 자기 잘못으로 소에서 떨어졌다고 하더라도 그의 아버지로서는 강와정에게 의심을 가질 수밖에 없고, 강와정으로서는 자신 때문에 김석봉이 죽게 된 죄를 사실상 피하기가 어려운 일입니다. 그러므로 피고인은 강와정으로 기록하였습니다.

그러나 죽음의 빌미를 제공한 사람에게 적용하는 형률로는 살인 사건을 성립시켜 목숨으로 갚게 할 수 없습니다. 게다가 《대전통편大典通編》 〈형전刑典·살옥殺獄〉의 '이웃 아이가 장난 때문에 서로 실랑이를 벌이다가 넘어져서 죽게 된 경우'의 조문에 대한 주注에 이르기를 '10세 이상에서 15세 이하가 장난 때문에 사람을 죽인 경우에는 사형 다음의 형률로 낮추어 준다.'라고 하였습니다. 이 사건은 장난 때문에 사람을 죽인 것과도 차이가 있으니, 참작하여 처분하기에 달려 있습니다."

○ 다산의 비평은 다음과 같다.

"'내부의 장기가 손상되었다.[內損]'라는 2자만으로도 사망의 실제 원인을 기록하기에 충분하니, 그 앞에 써 놓은 '놀란 소의 등에서 땅에 떨어져[驚牛墮地]'라는 4자는 쓸데없이 덧붙인 글이 아니겠는가! 보기 드문 사건이 발생할 때마다 사망의 실제 원인을 많은 글자로 기록하고야 마니, 이것이 허술한 사람들의 공통적인 폐단이다.

○ 피고란 사형죄에서 벗어난 사람에 대한 명칭이다. 따라서 피고라고 기록하는 이유를 설명하려면, 반드시 먼저 그가 범행한 사실이 없다는 것을 말하여 '이러이러하므로 피고로 기록하였습니다.'라고 서술하는 것이 발사의 격식이다. 그런데 이번 검안보고서의 발사에서는 강와정을 꼼짝없이 범인이라고 말해 놓고서는 마지막에 결론적으로 말하기를 '이러이러하므로 피고인으로 기록하였습니다.'라고 하였으니, 그 글에 어찌 의미가 있겠는가!

게다가 주범과 종범을 분별하는 사건에서는 결론적으로 말하기를 '아무개를 주범으로 기록하고 아무개를 종범으로 기록하였습니다.'라고 서술하는 것이 격식이고, 한 사람이 혼자 살인을 저지른 사건일 경우에는 결론적으로 말하기를 '주범은 아무개로 기록하였습니다.'라고 서술하는 것이 격식이고, 범인은 없고 피고만 있는 살인 사건일 경우에는 결론적으로 말하기를 '아무개를 피고로 기록하였습니다.'라고 서술하는 것이 격식이다. 주범은 검안보고서에 반드시 기록해야 하는 명목이지만,[관원의 정원[員額]이라는 말과 같다.] 피고는 검안보고서에 반드시 기록해야 하는 명목이 아니라 본인이 범행을 저지른 일이 없을 경우에 기록하는 명목이다. 그러므로 주범은 먼저 명목을 말한 뒤에 그 이름을 써넣고, 피고는 먼저 그 이름을 거론한 뒤에야 그 의미를 밝히니, 모두 문장의 자연적인 흐름이다. 그런데 이번 검안보고서의 발사에서는 '피고인은 강와정으로 기록하였습니다.'라고 하여, 마치 상급 관사가 피고인 한 사람을 책임지고 세우는 것처럼 하였으니, 이것도 허술하다고 하겠다.【2차 검안보고서의 발사에서는 사망의 실제 원인을 '소의 등에서 떨어져 내부의 장기가 손상되어 죽게 되었다.'라고 하였고, 나머지는 자세히 알 수가 없다.】"

○ 황해 감영黃海監營의 제사題詞는 다음과 같다.

"'갈대로 된 장대를 휘둘러서 소를 놀라게 하여 마구 달아나게 하였다.'라는 말이 유족의 진술에서 나왔으나, 목격한 증인의 진술이 없다. 그뿐만 아니라 설사 이러한 일이 있었더라도 이것은 아이들의 일시적인 장난질에 불과하였으며, 원래 손발로 구타하여 다치게 한 것이 아니고 더욱이 몽둥이나 칼에 부딪쳐서 다친 것도 아니다. 그런데도 이것을 가지고서 피고라고 하였으니, 살인 사건을 처리하는 규정으로 따져 보면 구차하지 않을 수 있겠으며, 사리로 미루어 보더라도 어찌 잔인하지 않겠는가!

김석봉의 죽음은 병환이 위중하였기 때문도 아니고 치료를 잘못 하거나 약물을 잘못 썼기 때문도 아닌데, 방금 전에 멀쩡했던 사람이 갑자기 소에서 떨어져 하룻밤 사이에 목숨을 잃게 되었다. 그의 아버지의 비통한 마음으로는 딱히 트집을 잡을 곳도 없기 때문에 관아에 고소하는 일이 있게 되었던 것이다.

소나 말처럼 잘 놀라는 짐승들은 낯선 물건을 보면 반드시 놀라 달아날 우려가 있다. 사건이 일어날 당시는 어두운 때로, 갑자기 강와정이 문에 서 있는 것을 보고서는 사람 같기도 하고 물건 같기도 하여 겁을 먹고 놀라 날뛰다가 소의 등에 타고 있던 아이를 뜻밖에 떨어뜨리게 되었으니, 반드시 그럴 수밖에 없던 상황이었다. 강와정이 이러한 상황을 대하게 된 것은 하나의 불행일 뿐이다. 2차 검안보고서의 결론적인 말 중에 '까마귀 날자 배 떨어진 격입니다.[烏飛梨落]'라는 4자야말로 이럴 때를 위해 준비된 말이라고 하겠다.

가령 이 소가 나무나 짐승에게 부딪쳐서 놀랐다면 그럴 경우에도 그물건에 따라 고소할 것인가! 그 당시의 광경을 상상해 보아도 전혀 의혹이 없으며, 사건을 처리하는 규정으로 헤아려 보아도 더욱 맹랑한 일이다. 《대전통편》에서 '나이가 차지 않았으면 처벌 수위를 낮추어 준다.'라고 말한 것은 의논할 거리도 없다. 강와정을 특별히 풀어 주라."

○ 다산의 견해: 고을의 검안보고서와 그에 대한 감영의 답변에서 모두 이 사건을 장난치다가 저지른 살인[戲殺]이라고 하였으니, 크게 잘못한 것이다. 살인의 여섯 가지 종류 중에 계획적으로 저지른 살인[謀殺], 고의적으로 저지른 살인[故殺], 싸우다가 저지른 살인[鬪殺]은 그 경계가 다소 분명하다. 그러나 장난치다가 저지른 살인, 잘못하여 저지른 살인[誤殺], 실수로 저지른 살인[過失殺]은 세상에서 대부분 뒤섞어서 부르고 전혀 뚜렷이 이해하지를 못하고 있다. 이제 《대명률大明律》에서 장난치다가 저지른 살인, 잘못하여 저지른 살인, 실수로 저지른 살인 등 세 가지 살인을 분별한 것을 가져다가 아래에 기록하였다.【장난치다가 저지른 살인과 실수로 저지른 살인은 모두 잘못하여 저지른 일인데 동일한 부류로 묶어 놓는다면 계속 뒤섞어서 볼 우려가 있기 때문에 아래와 같이 분별하였다.】

○ 《대명률》〈형률刑律·인명人命〉에 다음과 같이 말하였다.

"장난을 치다가 사람을 죽이거나 다치게 한 경우에는 싸우다가 사람을 죽이거나 다치게 한 경우의 죄로 논한다.【죽인 경우에는 교형에 처하고, 상처를 입힌 경우에는 상처의 가볍고 무거움에 따라 죄를 처벌한다.】"

○ 주註에 다음과 같이 말하였다.

"사람을 죽일 수도 있는 일로 장난을 치다가 사람을 죽인 경우에는 무술을 겨루다가 사람을 죽인 경우와 같다."

○ 집주輯註에 다음과 같이 말하였다.

"장난치다가 사람을 죽인 경우에 대해서는 진晉나라 사람이 '두 사람이 사이좋게 지내다가 서로 죽이게 된 것'이라고 하였으니, '충분히 서로 죽이게 될 수도 있음을 알면서도 두 사람의 의사가 일치하여 장난을 치다가 죽이게 된 것'이라는 말이다. '무술을 겨루다가 사람을 죽인 경우와 같다.'라는 것은 '피차 서로 치고받으며 승부를 겨루기로 허락하였으면 죽거나 다치는 일은 뜻밖에 발생한 일이 아니다.'라는 것을 밝힌 것이다."

○ 또 다음과 같이 말하였다.

"이 희戲 자는 농지거리하다[戲謔]의 희 자와는 다르다. 만약 본래 사람을 죽이거나 다치게 할 수 있는 일이 아닌 것으로 서로 장난치다가 우연히 사람을 죽음에 빠뜨린 경우에는 모두 장난치다가 사람을 죽인 법을 적용할 수 없다.

근래에 두 사람이 동산에서 같이 살구를 먹다가 한 사람이 장난으로 살구씨를 던지니, 한 사람이 피해서 달아나다가 순식간에 넘어지면서 돌에 머리를 부딪쳐서 죽게 된 일이 있었다. 이 살인 사건을 심리한 관원이 장난치다가 사람을 죽인 죄로 잘못 판결하였다. 두 사람이 원래 서로 죽이려는 마음이 없었고,【장난치다가 사람을 죽인 경우는 서로 해치려는 마음이 있는 것이다.】 살구씨를 던진 것은 사람을 죽일 수 있는 일이 아니니, 이런 경우야말로 이른바 실수로 저지른 살인이다."

○ 증주增註에 다음과 같이 말하였다.

"장난이란 본래 서로 합의하여 하는 것이고 싸우는 것이 아니나, 그 일은 사람을 죽이거나 다치게 할 수 있다. 사람을 죽이거나 다치게 할 수 있다는 것을 알면서도 기꺼운 마음으로 한 이상 서로 장난을 쳤다고는 하지만 사실상 구타를 당하였기 때문에 싸우다가 사람을 죽이거나 다치게 한 죄로 논한다."

○ 다산의 견해: 장난치다가 저지른 살인의 의미가 이와 같으나, 요즘의 서투른 관원들은 장난치다가 저지른 살인이 무엇인지도 모른다. 그러므로 많은 사람들이 마구 구타하여 누가 죽였는지를 분별하지 못하는 경우에도 장난치다가 저지른 살인이라 하고, 또 아이들이 장난치다가 잘못하여 죽게 된 경우에도 장난치다가 저지른 살인이라고 하며, 또 돈치기[馬弔]나 골패[江牌] 따위의 노름을 하다가 홧김에 서로 구타하여 죽인 경우에도 장난치다가 저지른 살인이라고 한다. 평소 이와 같이 익숙하게 들어 왔으니, 사건을 처리할 때가 되어서는 어떻게 갑자기 분별하겠는가! 이것은 모두 살인 사건을 심리하는 사람들의 큰 폐단이다.

○ 우리나라 풍속에 정월 초순 때마다 두 마을이 편을 나누어 돌을 던지면서 승부를 겨루는 풍속이 있어 이를 편싸움이라고 한다. 이 편싸움을 하다가 죽더라도 후회하지 않고 신고하지도 않는다. 서울의 약점산藥岾山과 경상도의 안동부安東府에서 이 풍속이 더욱 성한데, 이것이 참으로 장난치다가 저지르는 살인이다. 또 씨름,【다리의 힘을 서로 겨루는 것이다.】 줄다리기,【줄을 잡아당겨서 끌려가는 편이 지는 것이다.】 줄타기【공중에서 줄을 밟고서 걸어가는 것이다.】를 하다가 사람을 죽인 경우에는 장난치다가 저지른 살인에 가까우나, 그 나머지는 장난치다가 저지른 살인이라고 잘못 불러서는 안 된다.

○ 장난치다가 살인한 사람이 목숨으로 보상하는 것은 싸우다가 사람을 죽인 경우와 동일하다. 그 이유는 그렇게 금지하여 사람을 죽일 수도 있는 일로 다시 장난을 치지 못하게 하려는 것이다. 요즘 사람들은 '장난치다가 사람을 죽인 경우에는 으레 살인 사건을 성립시키지 않는다.'라고 하니, 이것도 몹시 고루하다.

○《대명률》〈형률·인명〉에 다음과 같이 말하였다.
"싸우며 구타하다가 잘못하여 옆에 있던 사람을 죽이거나 다치게 한 경우에는 각각 싸우다가 죽이거나 다치게 한 경우의 죄로 처벌한다.【죽인 경우에는 교형絞刑에 처하고, 다치게 한 경우에는 상처의 가볍고 무거움에 따라 죄를 처벌한다.】 사람을 계획적으로 죽이거나 고의적으로 죽이려다가 잘못하여 옆에 있던 사람을 죽였을 경우에는 고의적 살인으로 처벌한다.【죽인 경우에는 참형斬刑에 처하고, 다치게 한 경우에는 그대로 싸우다가 구타하여 다치게 한 죄로 처벌한다.】"

○《대청률례大淸律例》〈형률刑律·인명人命〉'희살오살과실살상인戱殺誤殺過失殺傷人'의 조례條例에 다음과 같이 말하였다.
"도적의 체포를 담당한 관리가 도적과 격투하다가 잘못하여 관계가 없는 사람을 죽인 경우에는 실수로 살인한 경우의 죄를 그대로 적용한다."

○ 집주輯註에 다음과 같이 말하였다.
"구타하거나 고의로 죽이려다가 잘못하여 관계가 없는 사람을 죽인 경우는 대체로 이를 말리던 사람이거나 구경하던 사람이며, 계획적으로 죽이려다가 잘못하여 관계가 없는 사람을 죽인 경우는 어두운 밤에 발생하거나 사람을 잘못 알고 범행을 저지르거나 음식에 독약을 넣었으나 잘못하여 다른 사람이 먹은 경우 등이 모두 해당된다."

○ 다산의 견해: 갑甲이 을乙과 싸우다가 몽둥이로 을을 치려 했으나, 병丙이 등 뒤에 있다가 갑이 쳐든 몽둥이에 잘못 맞아 죽은 경우에도 잘못하여 사람을 죽인 것이다. 갑이 을과 싸우다가 발로 을을 걷어찼으나, 을은 피하고 병이 순간적으로 발길질에 맞아 죽은 경우에도 잘못하여 사람을 죽인 것이다. 싸우다가 잘못하여 사람을 죽인 경우에도 싸우다가 살인한 죄를 그대로 적용하는 이유는, 갑이 을을 맞혔더라면 을이 목숨을 잃게 되었을 터이니 병을 죽인 것은 을을 죽인 것이나 마찬가지이기 때문이다.

○ 갑이 을의 아내를 훔치고서는 을을 계획적으로 죽이려는 생각으로 그가 잠자는 곳을 분명히 알고 밤에 가서 칼로 베었으나, 병이 마침 그곳에 누워 있다가 잘못하여 그 칼에 맞아 죽은 경우에도 잘못하여 사람을 죽인 것이다. 갑이 을의 재물을 탐내다가 마침내 을을 죽이려는 생각으로 비상砒礵이 든 술을 을에게 주어 혼자 마시기를 바랐으나, 공교롭게도 을은 마시지 않고 병에게 다 마시게 하여 죽은 경우에도 잘못하여 사람을 죽인 것이다. 계획적인 살인을 저지르려고 하거나 고의적인 살인을 저지르려고 하다가 잘못하여 관계가 없는 사람을 죽인 경우에도 계획적으로 살인한 죄와 고의적으로 살인한 죄를 그대로 적용하는 이유는, 갑이 을을 맞혔더라면 을이 목숨을 잃게 되었을 터이니 병을 죽인 것은 을을 죽인 것이나 마찬가지이기 때문이다.

○ 그러나 아버지의 원수를 갚으려는 사람이 깊은 밤에 칼로 찔렀으나 잘못하여 다른 사람을 찔러서 죽게 한 경우는 원수를 갚으려다가 잘못하여 다른 사람을 죽인 것이다. 도적을 막던 사람이 캄캄한 밤에 몽둥이를 휘두르다가 잘못하여 다른 사람을 맞혀서 죽게 한 경우는 도적을

막으려다가 잘못하여 다른 사람을 죽인 것이다. 이와 같은 경우는 정상 참작을 논의할 수 있으니, 그는 죽여야 할 사람을 죽이려고 마음먹은 것이었지 죽여서는 안 될 사람을 죽이려고 마음먹은 것은 아니었기 때문이다.

《주례周禮》〈추관秋官·사구司寇〉 '사자司刺'의 주에 정현鄭玄이 이르기를 '불식不識은 살피지 못하다[不審]는 의미이다. 살피지 못한 경우란 원수를 갑에게 갚아야 하는데 을을 보고서는 정말로 갑이라고 생각하고서 죽인 것과 같은 경우이다.' 하였다. 따라서 살피지 못하고 사람을 죽인 경우는, 잘못하여 사람을 죽인 경우 안에 《주례》〈추관·사구〉 '사자'의 살피지 못하고 죽인 경우의 조항까지 포함되어 있는 셈이다.

○ 이러한 의미를 미루어 본다면, 캄캄한 밤에 사물의 형체를 잘못 알고 정말로 호랑이로 여겨 총을 쏘아 사람을 맞힌 경우와 정말로 여우로 여겨 화살을 쏘아 사람을 맞힌 경우도 잘못하여 사람을 죽인 경우에 포함되니, 실수로 저지른 살인과는 다르다. 실수로 저지른 살인이란 죽이려는 마음이 전혀 없는 경우이다. 그러나 잘못하여 저지른 살인이란 원한이 있는 사람을 계획적으로 죽이려고 하거나 죽여야 할 사람을 고의적으로 죽이려고 하거나【원수와 도적을 가리킨다.】짐승이나 사람 이외의 생물을 죽이려다가 잘못하여 관계가 없는 사람을 죽인 경우로, 죽이려고 한 대상은 다르지만 중요한 것은 모두 죽이려는 마음을 안에 품고 있었기 때문에 잘못하여 저지른 살인으로 귀결시키는 것이다.

○ 그렇다면 장난치다가 저지른 살인과 잘못하여 저지른 살인의 경우에는 살려 주어야 할 사람이 있고 죽여야 할 사람이 있으나, 실수로 저지른 살인의 경우에만은 모두 살려 준다.

○《대명률》〈형률·인명〉에 다음과 같이 말하였다.

"실수로 사람을 죽이거나 다치게 한 경우에는 각각 싸우다가 사람을 죽이거나 다치게 한 경우의 죄를 기준으로 삼아 법률에 따라 속전贖錢을 거두어 그 피해자의 집에 지급한다."

○ 주註에 다음과 같이 말하였다.

"실수란 '눈과 귀로 보고 들을 수도 없고 생각할 수도 없는 상황에서 벌어진 것'을 말한다. 예를 들어 새나 짐승을 잡으려고 총을 쏘았거나 작업을 하다가 벽돌이나 기와를 던졌는데 뜻하지 않게 사람을 죽인 경우, 높고 험한 곳을 오르다가 발이 미끄러져 넘어지면서 함께 오르던 사람에게 피해를 입힌 경우, 배를 몰다가 배가 바람에 휩쓸리거나 말을 타다가 말이 놀라 달리거나 수레를 몰아 비탈길을 내려가는 등 멈출 수가 없는 상황에서 피해를 입힌 경우, 무거운 물건을 함께 들다가 힘이 부쳐 같이 물건을 들었던 사람에게 피해를 입힌 경우 등 애당초 사람을 해치려는 마음이 없었으나 우연히 사람을 죽이거나 다치게 한 경우에는 모두 싸우며 구타하다가 사람을 죽이거나 다치게 한 경우의 죄를 기준으로 삼아 법률에 따라 속전을 거둔다.【집을 향해 벽돌이나 돌을 던져 사람을 죽이거나 다치게 한 경우는《대명률》〈형률·인명〉'활을 쏘아 사람을 다치게 한 경우[弓箭傷人]'의 조문에 나온다. ○ 약물을 쓰거나 침을 놓아 치료하다가 실수하여 사람을 죽게 한 경우는《대명률》〈형률·인명〉'형편없는 의원이 사람을 죽이거나 다치게 한 경우[庸醫殺人]'의 조문에 나온다.】"

○《대청률례》조례에 다음과 같이 말하였다.[1]

"백성이 깊은 산골짜기나 넓은 들판에서 사냥하기 위해 조총이나 활

---

1 대청률례……말하였다: 이러한 내용은《황조문헌통고皇朝文獻通考》〈형고刑攷·도류徒流〉와 《대청률례》〈형률·인명〉에 섞여 나온다.

을 쏘아 새나 짐승을 잡으려다가 뜻하지 않게 사람을 죽인 경우에는 '깊은 산골짜기나 넓은 들판에 활을 보이지 않게 설치해 놓고 경계 표시를 세우지 않았다가 그로 인해 사람에게 상처를 입혀 죽게 한 경우'에 적용하는 법률 조문[2]에 따라 100대의 형장刑杖을 치고 3년의 도형徒刑에 처한다. 시가지나 사람이 거주하는 집 쪽으로 조총이나 화살을 쏘아 새나 짐승을 잡으려다가 뜻하지 않게 사람을 죽이거나 다치게 한 경우는 '활을 쏘아 사람을 죽이거나 다치게 한 경우[弓箭殺傷人]'의 본래 법률 조문을 그대로 적용하여 처벌한다. 두 경우 각각 매장 비용 10냥을 추징한다."

○ 다산의 견해: 《주례》〈추관·사구〉 '사자' 정현의 주에 이르기를 '칼을 들어 나무를 베다가【감벌砍伐이란 나무를 베는 것을 말한다.】 실수로 사람을 찌르는 것을 실수[過失]라 하고, 휘장을 사이에 치고 휘장 너머에 사람이 있다는 사실을 잊은 채 무기를 던지는 것을 망각[遺忘]이라 한다.' 하였다. 이 두 가지는 지금 형률에서는 모두 과실로 저지른 범죄에 해당한다.
○ 강와정의 살인 사건도 실수로 저지른 것인데, 장난치다가 저지른 살인이라고 해서야 되겠는가!

○ 《속대전續大典》〈형전刑典·살옥殺獄〉에 다음과 같이 말하였다.
"이웃 아이가 장난 때문에 서로 실랑이를 벌이다가 넘어져서 죽게 되었으나, 범인의 나이가 10살 미만이면 용서해 준다.【10살 이상 15살 이하가 장난 때문에 사람을 죽인 경우에는 사형 다음의 형률로 낮추어 처벌한다.】"

○ 다산의 견해: 이 조문에 희戲 자가 있으나 장난치다가 저지른 살인

---

2 백성이……조문: 《대청률례》〈형률·인명〉 '와궁살상인窩弓殺傷人'에 나온다.

의 희 자와 같은 의미가 아니다. 그 명목은 싸우다가 구타하여 저지른 살인이지만, 그 범행을 저지른 사람이 어린아이이기 때문에 완전히 용서해 주거나 처벌 수위를 낮추어 주는 것이다. 이것은 《주례》〈추관·사구〉 '사자'의 법에서 말한 '첫 번째 풀어 주는 경우는 어린 사람이다.'라는 것이니, 어찌 명목을 뒤섞어서 장난치다가 저지른 살인이라고 할 수 있겠는가!

2. 고의로 죽였는지 과오로 죽였는지를 밝히다(2)

【삿갓을 치고 팔꿈치를 잡아당기다가 낫으로 배를 찔렀다. 사건의 근본 원인은 장난하였기 때문이며, 사망의 실제 원인은 낫에 다쳤기 때문이다.】

○ 해주海州의 백성 강주변姜柱卞이 전작은놈田小漢[3]을 죽였다.
○ 조사한 관원의 보고서는 다음과 같다.
"전작은놈이 죽게 된 계기는 모두 한때의 장난질에서 나온 것입니다. 유각동劉㕦桐이 낫으로 삿갓을 건 것도 장난이었고, 김광서金光瑞가 삿갓을 빼앗은 것도 장난이었으며, 강주변이 낫을 쥔 유각동의 손을 치고 잡아당긴 것도 장난이었습니다. 처음에는 장난질 때문에 시작된 일이었으나 마침내는 목숨을 잃게 되었으니, 이것도 전작은놈의 불행일 뿐이라고 하겠습니다.

유족이 살인이라고 주장하는 근거는 전년에 밭을 사들인 일과 사건이 발생한 날에 강주변이 도망쳤다는 사실에 불과합니다. 그러나 시골 사람은 마음이 거칠어서 밭을 사들인 일로 생겼던 앙금은 벌써 옛날의 일이 되어 버렸고, 살인 사건이 발생하여 상황이 위급하자 몸을 피했던 행위

---

3 전작은놈田小漢:《심리록》에는 전작은놈者斤老昧으로 표기되어 있다.

는 유족의 공갈 때문이었으니, 모두 살인을 저지른 확실한 증거로 삼을 수가 없습니다.

이 살인 사건은 고의적인 살인도 아니고 싸우다가 저지른 살인도 아니며, 장난치다가 저지른 살인으로만 귀결시킬 수 있을 뿐입니다. 그러나 법률 조문에 '장난 때문에 사람을 죽인 경우'라는 것도 반드시 직접 범행을 저지른 실제 행동이 있어야 살인이라고 말할 수가 있습니다. 그런데 이번 사건으로 말하면, 유각동은 낫을 쥐고 있기는 하였으나 낫을 휘두른 적은 없고, 강주변은 유각동의 팔을 치기는 하였으나 낫을 쥔 적은 없습니다. 그러니 낫을 쥐지 않았던 사람을 주범으로 정하는 것이 옳겠습니까, 낫을 휘두르지 않았던 사람을 주범으로 정하는 것이 옳겠습니까?

그렇게 해서는 안 된다고 한다면, 결국에는 어쩔 수 없이 생각할 수도 없는 상황에서 실수로 저지른 살인으로 판결해야 '죄가 의심스러울 경우에는 가볍게 처벌한다.'라는 성인의 가르침에 부합할 수 있을 것입니다."

○ 다산의 견해: 이 발사는 매우 분명하게 핵심을 밝혔다.

○ 황해도에서 다음과 같이 아뢰었다.

"이 사건의 근본 원인은 모두 한때의 장난질에 불과하였으나, 사람을 죽이는 변고가 뜻밖에 발생하였습니다. 이는 반드시 죽은 사람이 제명대로 살지 못한 채 죽은 것이고, 살아 있는 사람의 불행이기도 합니다. 전작은놈, 유각동, 김광서, 강주변은 함께 나무를 하는 짝들입니다. 날이 저문 산 아래에서 한가롭게 이야기를 나누고 있을 때 전작은놈이 해진 갈삿갓[蘆笠子]으로 배[腹]를 가려 바람을 막자, 그 모양이 우스꽝스러워서 서로 장난을 칠 만하였습니다. 이에 유각동이 낫으로 삿갓을 건 것도 장난이었고, 김광서가 삿갓을 잡아당겨서 빼앗은 것도 장난이었으며,

강주변이 삿갓을 망가뜨리려고 낫을 잡은 유각동의 손을 치고 잡아당긴 것도 장난이었습니다.

세 사람이 함께 삿갓 하나를 가지고서 장난을 쳤으니, 그 상황은 마당에서 격구擊毬하는 것과 같았습니다. 그러나 삿갓이 배 위에 있었고 낫이 삿갓에 닿았기 때문에 한 사람은 잡아당기고 한 사람은 빼앗는 사이에 낫을 쥔 사람이 실수하여 자기도 모르는 사이에 낫이 배를 꿰뚫자, 삿갓은 그대로 남아 있었으나 사람은 목숨을 잃게 되었습니다. 낫을 쥐고 있었던 유각동은 사실상 사건을 일으키기 시작한 실수가 있었고, 삿갓을 빼앗은 김광서도 낫을 배에 닿게 한 혐의가 있었으나, 두 사람에게 살인 혐의를 씌우지 않는 이유는 그들의 장난이 삿갓에만 그쳤기 때문입니다.

강주변의 경우에는 낫을 쥐고 있지도 않았고 더욱이 삿갓을 빼앗지도 않았으나, 장난치는 손을 치고 당긴 것 때문만으로도 몰래 설치해둔 활의 시위를 갑자기 건드린 것마냥 강주변의 손이 움직이자마자 전작은 놈의 배가 갈라져 버렸습니다. 이것이 강주변에게 죄를 귀결시키고 주범으로 단정한 이유입니다. 그의 범행을 따져 보면, 그저 미련하고 망령되어 위험한 낌새를 살피지 못하고서 삿갓만을 보고 배는 보지 못했기 때문에 저지른 것이었습니다. 이 사람과 저 두 사람은 똑같이 죽으려는 의도가 없었고 보면, 세 사람이 같이 장난을 쳤는데도 두 사람은 살아나고 한 사람만 죽는다면 어찌 원통하지 않겠습니까!

죽은 사람이 아내에게 당부한 말로 말하면, 밭 문제로 다투었던 옛날 일을 가지고서 억지로 결부시켜 의심을 품었으나, 평소에 친하게 지냈고 그날도 짝이 되어 나무하러 갔으니, 해묵은 사소한 앙금은 벌써 옛날 일이 되어 버렸습니다. 그러니 어찌 몰래 분노를 쌓아 두었다가 이처럼 음흉하게 독기를 부리는 짓을 하였겠습니까! 그가 달아나서 피했던 까닭도 살인의 변괴가 일어나자 마음속으로 겁을 먹고 우선 달아났던 것이니, 이것은 어리석은 백성의 의례적인 습속이지, 어찌 흉악한 범인의 범행 증거가 되겠습니까!

신이 이 살인 사건에 대해서는 나름대로 궁리한 것이 있어서 유각동은 전에 풀어 주었습니다. 법률 조문을 살펴보니, 장난치다가 저지른 살인과 실수로 저지른 살인은 엄청난 차이가 있었습니다. 그러나 이 살인 사건은 사건을 얼핏 살펴보면 장난치다가 저지른 살인처럼 보이지만, 사건의 정황을 세밀이 따져 보면 《대명률》〈형률·인명〉 '장난치다가 사람을 죽이거나 다치게 한 경우, 잘못하여 사람을 죽이거나 다치게 한 경우, 실수로 사람을 죽이거나 다치게 한 경우[戲殺誤殺過失殺傷人]'의 조문 주注의 '새나 짐승을 잡으려고 총이나 활을 쏘거나 벽돌이나 기와를 던졌다가 뜻하지 않게 사람을 죽인 경우'와 그다지 차이가 없었습니다. 그러므로 이것까지도 아울러 덧붙여 진술하고서 처분을 기다립니다."

○ 다산의 의견은 다음과 같다.

"이 사건은 실수로 저지른 살인 사건의 성격까지도 겸하고 있으니, 황해도에서 아뢴 것이 옳다."

○ 주상의 판결은 다음과 같다.

"강주변의 살인 사건은 다음과 같이 판결한다. 이른바 '삿갓으로 배를 가린 것, 삿갓을 잡아당긴 것, 삿갓을 빼앗은 것'은 한바탕 장난을 친 것일 뿐이었으나, 자기의 손으로 우연히 건드린 행위가 다른 사람의 배를 다치게 하였던 것이다. 그 자취를 따져 보면 그렇게 하려고 생각하지 않았으나 그렇게 된 것이고, 그 정황을 따져 보면 그렇게 하지 않으려고 하였으나 그렇게 된 것이니, 이것이 이른바 사람을 죽이려는 생각이 없었으나 사람을 죽였다는 이름을 무릅쓴 것이다. 반복해서 참고해 보아도 사실상 목숨으로 보상하게 할 죄가 없으니, 한 차례 형장刑杖을 치고 정배定配하라."

3. 고의로 죽였는지 과오로 죽였는지를 밝히다(3)

【활터에서 활쏘기를 하다가 날아오는 화살에 잘못 맞아 죽었다. 사건의 근본 원인은 활쏘기 연습 때문이며, 사망의 실제 원인은 화살에 맞았기 때문이다.】

○ 재령載寧의 백성 문창귀文昌龜가 화살을 쏘아 노두삼魯斗三을 맞혔다.
○ 1차 검안보고서의 발사跋詞는 다음과 같다.
"이번 사건에서 시체에는 다른 상처가 없었으나, 턱 아래와 목구멍 사이에 화살을 맞아 상처를 입어 구멍이 뚫리고 피가 엉겨 있는 곳이 있었습니다. 그 상처의 크기는 둘레가 1치 5푼이고, 깊이가 3푼이었습니다. 목구멍은 빨리 죽을 수 있는 부위인데, 매서운 화살이 꽂힌 곳에 살이 터지고 구멍이 뚫려 있었습니다. 입 안에 기름을 붓자 화살을 따라서 구멍으로 흘러나왔으니, 숨을 쉴 수가 없어 그대로 목숨이 끊어졌던 것입니다. 그러므로 사망의 실제 원인은 '화살을 맞아 죽게 되었다.'라고 기록하였습니다.

문창귀는 개인적으로 활을 쏘았거나 편을 갈라 활을 쏘았거나 간에 활을 쏘다가 사람을 다치게 하는 일이 그동안 많이 있었으니, 이 점은 항상 염두에 두고 신중히 해야 할 것입니다. 더구나 이 노두삼은 징이나 북을 쳐서 화살의 적중 여부를 알려 주는 사람으로서, 과녁 앞에 오랫동안 서 있었는데, 문창귀가 어찌하여 일찌감치 멀리 피하게 하지 않고 허겁지겁 경솔하게 활을 쏘고서는 화살이 시위를 떠나고 나서야 '화살 날아간다.'라는 소리를 외친 것입니까! 죽이려는 의도가 있었거나 없었거나 간에 노두삼이 죽었다는 점에서는 똑같습니다. 문창귀는 어쩔 수 없이 주범으로 기록하였습니다.

다만 본래 원한이 없었는데 어찌 차마 고의로 활을 쏘았겠습니까! 그러나 문창귀는 지레 활을 쏘아 버렸고 노두삼은 몸을 잘 피하지 못하였으니, 이것은 문창귀가 액운厄運을 만난 날이고 노두삼의 목숨이 다하는 때이기도 합니다.

활을 쏘아 사람을 다치게 한 경우를 법률 조문에서 살펴보니, 원래 목숨으로 보상하게 하는 규정이 없었습니다. 《대명률》〈형률·인명〉 '활을 쏘아 사람을 다치게 한 경우[弓箭傷人]'의 조문에 이르기를 '시가지나 사람이 거주하는 집을 향해 일부러 조총을 쏘아 사람을 다치게 하여 그로 인해 죽게 된 경우에는 100대의 형장을 치고 3000리의 유형流刑에 처한다.'라고 하였습니다. 이번 사건의 경우에는 두 고을 사람들이 일제히 모여 들판에서 활쏘기를 하였으니, 시가지를 향해 일부러 쏜 것과는 크게 차이가 있습니다.

또 《대명률》〈형률·인명〉 '활을 보이지 않게 설치하였다가 사람을 다치게 하거나 죽게 한 경우[窩弓殺傷人]'의 조문에 이르기를 '활을 보이지 않게 설치해 놓고 경계 표시를 세우지 않았다가 사람을 다치게 하여 죽게 한 경우에는 100대의 형장을 치고 3년의 도형에 처한다.' 하였습니다. 이번 사건의 경우에는 화살을 쏠 때에 '화살 날아간다.'라고 연이어 외쳤으니, 경계 표시를 세우지 않은 것과는 같을 수가 없습니다. 그러니 살인 사건을 성립시키는 문제는 거론할 일이 아닌 듯합니다.

그뿐만 아니라 유족의 진술에서도 '죽이려는 의도가 없었다는 것을 분명히 알았으므로 애당초 고소하지 않았습니다. 이제 면面에서 한 보고에 따라 검안을 행하기는 하였으나 목숨으로 보상하게 하기는 어려우니, 빨리 매장할 수 있기를 바랄 뿐입니다.' 하였습니다. 목숨으로 보상하게 하는 법이 없는 이상 2차 검안을 어떻게 해야 할지는 처분을 기다리겠습니다.

그날 편을 갈라 활을 쏜 무사武士는 모두 27명입니다. 이번 사건의 내막에는 다른 단서가 없었고, 그 당시의 광경에 대해서도 별달리 의혹이 없었으므로, 각각의 진술을 받을 수 없습니다. 과녁과 화살은 그림으로 그려 감영監營으로 올려보냅니다."

○ 황해 감영黃海監營의 제사題詞는 다음과 같다.

"화살에 맞아 사람의 목숨을 잃게 한 경우에는 죽이려는 마음이 있었는지 없었는지를 구분해야 한다. 문창귀가 '화살 날아간다.'라는 소리를 다급히 외쳐 화살을 피하게 한 사실을 보면, 그는 사람을 다치게 할까 우려했던 것이다. 노두삼이 '화살 날아간다.'라는 소리를 듣고서도 태연히 바라보고 있었던 사실을 보면, 노두삼은 전혀 의심이나 우려가 없었던 것이다.

설사 기어이 죽이려는 독한 마음을 품고 있었다고 하더라도 양유기養由基처럼 활을 잘 쏘는 사람이 아닌데, 어떻게 100보步나 떨어진 곳에서 화살 1발을 쏘아 즉시 죽게 할 수 있겠는가! 노두삼 아내의 진술에서도 더욱 원망하는 말이 없었고, 노두삼 형의 진술에서는 빨리 매장하기를 바랄 뿐이라고 하였으니, 이러나저러나 문창귀가 악한 마음을 품고 있지 않았다는 것은 확실하게 분별할 수가 있다.

2차 검안의 문제는 보고한 대로 보류하고, 시체도 즉시 유족에게 내주라. 문창귀는 더 조사할 만한 단서는 없으나, 이 사건이야말로 실수로 저지른 살인이다. 이러한 죄로 형률을 적용하여 벌금 49냥을 법률에 따라 거두어서 유족에게 지급하라.

시골 마을의 활쏘기 모임은 참으로 하나의 나쁜 풍속이다. 과거 공부를 위해서 활쏘기 연습을 하는 것이야 본래 당연하지만, 잔치하고 놀기 위해서 계모임을 하는 것은 지나치다고 할 수도 있다. 이런 농사철을 맞아 한갓 방탕한 놀이나 하다가 이처럼 살인의 변괴를 일으켰으니, 함께 짝이 되어 활쏘기를 한 사람들도 죄를 처벌해야 할 일이다. 그러나 우선 참작하여 풀어 주고, 앞으로는 각별히 엄중하게 금지하라. 과녁과 화살은 재령군에서 관아에 귀속시켜 후일의 폐단이 없게 하라."

○ 다산의 견해: 《대명률》〈형률·인명〉'장난치다가 사람을 죽이거나 다치게 한 경우, 잘못하여 사람을 죽이거나 다치게 한 경우, 실수로 사람을 죽이거나 다치게 한 경우[戲殺誤殺過失殺傷人]'의 조문에 이르기를 '실수로 사람을 죽이거나 다치게 한 경우에는 각각 싸우다가 사람을 죽이거나 다치게 한 죄를 기준으로 삼아 법률에 따라 속전贖錢을 거두어 그 피해자의 집에 지급한다.' 하였다. 그 조문에 대한 《대명률강해大明律講解》에 이르기를 '실수로 사람을 죽인 경우에는 사형죄의 속전으로 동전銅錢 42관貫을 거두는 예에 따른다.' 하였다. 42관이란 420냥兩이다.

우리나라 사람은 100돈錢을 1관이라고 잘못 생각하여 속전을 거둘 때면 모두 10분의 1씩을 거두니, 법률 규정과 어긋난 듯하다. 그러나 나라는 약하고 백성은 가난하니 더 거두어서는 안 된다. 우리나라의 국토는 이리저리 떼어다가 붙이더라도 사방 1000리가 되는 도道가 두 곳뿐이니, 명나라의 13개 성省에 비교해 보아도 10분의 1에 불과하다. 이것을 가지고 말하면, 속전을 10분의 1만 거두더라도 해로울 것이 없다. 벌금이란 황금黃金을 가리킨다. 그런데 돈을 황금이라고 한 것도 잘못이다.【황해 감영의 제사에서 '49냥'이라고 한 것도 의문스럽다.】

4. 고의로 죽였는지 과오로 죽였는지를 밝히다(4)

【몽둥이를 들어 지게를 쳤는데, 부러진 나무토막이 날아가 잘못 맞았다. 사건의 근본 원인은 물을 대려고 싸웠기 때문이며, 사망의 실제 원인은 구타를 당하였기 때문이다.】

○ 전주全州의 백성 신덕문申德文이 이수만李水萬을 구타하였다.

○ 검안보고서의 내용은 빠졌다.

○ 주상의 판결은 다음과 같다.

"신덕문이 진술하기를 '우연히 손에 든 쥐똥나무 막대기로 이수만의 등에 진 지게를 쳤습니다.'라고 하였으니, 이치에 맞는 말은 아니지만 그럴듯하게 속이는 방법이기도 하다. 그런데 조사하여 밝힐 때 어찌하여 한 번도 심문하지 않았는가! 사건을 처리하는 규정으로 말하면, 소홀히 한 잘못을 벗어날 수 없다. 신덕문을 다시 도신道臣더러 상세히 조사하여 장계로 보고하게 하고, 보고가 올라온 뒤에 내게 물어서 처리하라.【지게支機란 나무를 짊어지는 도구로, 우리말이다.】"

○ 주상의 판결은 다음과 같다.

"조카사위이지만 친사위처럼 친근하였고, 사촌남매 사이였지만 친남매처럼 친근하였다.【남甥은 본래 남甥과 같은 의미로, 우리말에 아내의 남자 형제를 처남妻甥이라고 한다.】 한 마을에 같이 살면서 한 언덕의 밭을 같이 농사지었으니, 평상시 서로 친밀했던 정을 미루어 알 수 있다. 그리고 두 사람이 다툰 것이라고는 물을 대는 하찮은 일이었고, 실랑이를 벌인 것이라고는 작은 말실수였으니, 고의에서 나온 것이 아니라 전적으로 우연히 죽게 된 것이다.

서울과 지방에서 심리한 의견을 보면 완전히 일치한 것을 알 수 있으니, 이러한 사건의 내막은 사실상 상세하게 밝혀진 것이다. 다만 상처가 어지러이 나 있고 흉기도 남아 있으니, 나라의 형률을 어찌 마음대로 조정하겠는가! 다만 1차 검안보고서와 2차 검안보고서의 결말에서 언급한 '팔뚝만 한 나무가 부러졌습니다.'라는 말에 대해 형조의 관원은 '반드시 죽여야 될 범죄의 증거입니다.'라고 하였으나, 나는 '살려 줄 수 있는 증거이다.'라고 하였으니, 그 이유는 무엇인가?

팔뚝만 한 나무는 참으로 큰 것이다. 사람의 귀뿌리는 뼈가 많고 살이 적다고는 하지만 팔뚝만 한 나무에 비하면 단단하고 무른 차이가 현격하다. 이러한 나무로 이러한 부위를 쳤다면, 뼈는 쉽게 부서지겠지만 나무는 부러지기가 어려운데 지금 나무가 부러졌다. 이것은 아마도 지게를 쳤을 때에 나무로 나무를 치다 보니 부러지게 되었을 것이다. 귀뿌리에서 등까지는 멀지가 않으니, 등에 짊어진 지게를 막대기로 후려쳤는데 부러진 막대기가 스쳐 지나가면서 귀뿌리까지 닿았을 것이다. 그렇다면 피멍이 들고 약간 단단하며 피부와 점막이 서로 분리된 것은 이때에 다쳐서가 아니겠는가!

가령 팔뚝만 한 나무가 귀뿌리에 부딪쳤다고 한다면, 반드시 찢어지고 터져서 피가 흘러나오고 상처 딱지가 생겼을 것이니, 어찌 피가 난 곳은 피멍만 들고 살갗은 분리되기만 하고 단단한 곳은 약간 단단하기만 하고 말겠는가! 하물며 귀뿌리는 본래 다치면 빨리 죽을 수 있는 부위라서 《증수무원록增修無寃錄》〈검복檢覆·검식檢式〉에 '목숨을 잃을 수 있는 상처가 빨리 죽을 수 있는 부위에 나게 되면 3일을 넘길 수 없다.'라고 하였는데, 어찌 7, 8일씩이나 오래 끌 수가 있겠는가! 이것을 가지고서 미루어 보면, 막대기로 쳤을 때에 본래 의도는 전적으로 지게만 치려고 했었으나 부러진 나무 막대기가 날아가서 귀뿌리에 부딪쳤던 것이다.

이수만이 이 나무 때문에 죽었으나 신덕문은 죽이려는 마음이 없었다. 등 뒤에는 부딪친 흔적이 없고 귀뿌리에만 느닷없이 당한 재앙이 있으니, 참으로 사건의 내막은 무궁무진하다고 하겠다. 사건의 정황 때문에 의혹을 가졌고 의혹 때문에 사실을 조사하였으나, 결국은 지게를 친 것뿐이었다. 이러한데도 살려 주지 않는다면 어찌 원통한 마음이 없을 수 있겠는가! 신덕문을 특별히 사형을 감해 주어 정배하라."

○ 주상의 판결에 대한 다산의 의견은 다음과 같다.

"《주례》〈추관·사구〉 '사자司刺'의 세 가지 용서해 주는 경우의 법에 '두 번째 용서해 주는 경우는 실수로 살인을 저지른 경우이다.'라고 하였습니다. 그에 대한 정현의 주에 이르기를 '과실過失이란 칼을 들어 나무를 베려다가 실수로 사람을 찌르는 것이다.' 하였는데,【첫 편에 나온다.】 이것은 영원히 변치 않을 법입니다.

이번 살인 사건으로 말하면, 명목으로는 실수로 저지른 살인이라고는 하지만 실제로는 세차게 부딪쳐서 죽게 한 것입니다. 세차게 부딪쳐서 다치게 하였다는 명목은 《무원록》에 나오지는 않으나 이런 사건은 항상 있는 일입니다.

가령 두 사람이 마주 앉았다가 갑자기 화를 내고서는 칼로 책상을 찍었는데 칼이 두 동강 나면서 상대의 이마를 찔러 뼈가 다치고 피가 흘러나와 즉시 죽게 되었다면, 법률상으로는 어찌해야 합니까? 또 두 사람이 장작더미 아래에서 서로 싸우다가 장작 쪽으로 밀치자 본래 장작 위에 있던 누름돌이 흔들려 떨어지면서 머리뼈가 부서져 즉시 죽게 되었다면 법률상 어찌해야 합니까? 또 한 사람이 장작을 쪼개는 사람과 마주앉아 실랑이를 벌이다가 장작을 쪼개던 사람이 화를 내고서는 도끼를 세차게 내려치자 나뭇조각이 튕겨 나가면서 상대의 이마를 맞혀 즉시 죽게 되었다면, 법률상으로 어찌해야 합니까?

이와 같은 경우는 이루 다 셀 수가 없습니다. 첫 번째의 경우는 사망의 실제 원인을 '칼에 상처를 입고서 죽게 되었다.'라고 해야 하고, 두 번째의 경우는 사망의 실제 원인을 '돌에 부딪쳐서 죽게 되었다.'라고 해야 하며, 세 번째의 경우는 사망의 실제 원인을 '나무에 부딪쳐서 죽게 되었다.'라고 해야 합니다. 그리고 그 세 사람은 모두 피고인被告人이라고 해야지 주범으로 정해서는 안 됩니다.

이번에 이수만의 죽음도 그 사망의 실제 원인을 '나무에 부딪쳐서 죽게 되었다.'라고 기록해야 하며, 《무원록》의 조항에 없다는 이유로 격식을 위반한 것이라고 의심해서는 안 됩니다. 이 사건에 대한 주상의 판결은 세상에 널리 알려 드러내어 《무원록》에 수록해야지, 신덕문 한 사람을 위한 은혜로운 하교로만 간주해서는 안 됩니다. 《시경詩經》〈주송周頌·열문烈文〉에 이르기를 '아! 전의 임금님을 잊을 수 없구나!' 하였습니다."

5. 고의로 죽였는지 과오로 죽였는지를 밝히다(5)

【세차게 몽둥이로 구타하고서는 나무에 깔려서 죽었다고 속였다. 사건의 근본 원인은 간음하였기 때문이며, 사망의 실제 원인은 구타를 당하였기 때문이다.】

○ 해주海州의 백성 조한무趙汗武가 백창대白昌大를 죽였다.
○ 형조가 다음과 같이 아뢰었다.

"조한무의 살인 사건은 다음과 같습니다. 의붓딸을 간음한 것은 본래 깊이 화를 낼 일이 아니었으니, 백창대가 당숙堂叔의 편을 든 것이 어찌 몹시 화를 낼 꼬투리가 되겠습니까! 그러나 조한무가 처음에는 비녀와 반지를 몰래 훔쳐 간 일로 화를 냈고, 밤중에 찾아와서 꾸짖은 일로 더욱 성을 냈습니다. 담배를 피우도록 권하여 겉으로는 주인이 손님을 접대하는 것처럼 하였으나, 나무 지팡이를 메고 나와 끝내는 목을 마구 후려쳤으니, 의도가 음흉하였고 범행이 흉악하였습니다. 마침내 그 자리에서 기절하여 쓰러졌다가 그대로 다음 날이 되어 목숨이 끊어졌습니다. 살인 사건이 무수히 있었으나, 어찌 조한무처럼 흉악하기 짝이 없는 경우가 있었겠습니까!

해가 지난 뒤에나마 붙잡혔으니 하늘의 도가 몹시 밝다는 것을 알 수 있으며, 나무 다발에 깔려 죽었다고 핑계를 대지만 함께 목격한 옆에 있던 사람들을 속이기는 어렵습니다. 그러니 내막이 환하게 다 드러났는데도 범행 사실을 부인하는 것은 더욱 몹시 흉악합니다. 더욱더 엄중히 신문하여 기어코 자백을 받아 내는 것이 어떻겠습니까?"

○ 황해도에서 다음과 같이 아뢰었다.

"이번 사건에서 조한무가 '재목에 깔려서 죽었습니다.'라고 한 말은 몹시 허황되어 전혀 이치에 맞지 않습니다. 이 사건의 공정한 증인으로는 유한幼漢만 한 사람이 없습니다. 평소 이웃에 살고 있어서 두 사람 모두 은혜도 원망도 없었는데, 유한이 언제나 눈으로 목격한 진실을 거론하여 목이 부러지던 실제 상황을 증명하였습니다. 1차 검안할 때부터 이번에 조사할 때까지 똑같은 말로 정직하게 진술하여 그림을 그려 낸 것이나 다름이 없었습니다. 그리하여 백세춘白世春과 연대延大의 진술과 똑같이 일치하였으니, 이것이 어찌 그 사이에서 어느 한쪽을 편든 것이겠습니까!

만약 조한무가 애당초 백창대를 구타하여 죽인 것이 아니라 정말로 백창대가 나무에 깔려 죽었다면, 조한무의 아버지와 첩이 또 어떻게 1차 검안할 때와 2차 검안할 때에 '한 차례 치자 쓰러졌습니다.'라는 진술을 바쳤겠습니까! 그의 첩이 말하기를 '갑작스럽게 검안하는 상황을 대하다 보니 정신이 없어 잘못 진술하였습니다.'라고 하였으나, 1차 검안할 때와 2차 검안할 때 한두 차례만 진술을 바친 것이 아닌데 그때마다 정신이 없어 번번이 잘못 진술할 리가 있겠습니까! 애당초 정직하게 진술하였던 것은 놀라고 두려운 때라서 진실한 마음을 스스로 실토하였고, 지금 거짓으로 꾸며 대는 것은 사건이 오래된 뒤에 구차한 꾀를 점차 생각해 냈습니다. 아버지가 감히 아들을 보호하지 못하고 첩이 감히 남편을 보호하지 못하였으니, 그의 범행을 판단할 수 있는 확실한 증거가 되었고 더 이상 의혹이 없습니다.

그런데도 저 조한무만은 감히 현혹할 꾀를 내어서는 나무에 깔려 죽었다는 말을 새롭게 만들어 냈습니다. 조한무가 백세춘의 집에서 으름장을 놓았던 상황을 모르는 사람이 없는데도 '애당초 왕래하지 않았습니다.'라고 하였고, 유한 등에게 담배를 선물로 보낸 사실은 근거할 만한 증거가 있는데도 '애당초 얼굴을 본 적이 없습니다.'라고 하였습니다. '도적인 줄로 알고 나가서 내쫓았습니다.'라고 한 것은 한 마디 한 마디가 구차하였고 한 가지 한 가지가 이치에 맞지 않는 억지였습니다. 범죄의 진상이 모두 드러나서 의심할 만한 점이 하나도 없으며, 범인의 행적이 몹시 교활하여 결코 용서하기가 어렵습니다. 자백을 받아 목숨으로 보상하게 하는 것을 조금도 늦추어서는 안 되니, 전처럼 신문하도록 하는 것이 사건을 처리하는 규정에 합치될 듯합니다. 형조에서 주상께 여쭈어 처리하게 하소서.

이 조이李召史로 말하면, 살인 사건으로 억울함을 호소하는 것은 매우 신중히 해야 하는 일인데도 터무니없이 속이는 말을 하여 망령되이 주상의 어가御駕를 범하였으니, 주상을 속인 죄는 용서하기가 어렵습니다. 신의 감영에서 무거운 쪽으로 처벌하겠습니다."

○ 다산의 비평은 다음과 같다.
"아버지더러 아들의 범죄를 증명하게 하고 아내더러 남편의 범죄를 증명하게 하는 것은 법전에서 금지하는 일이다. 아마도 당시에 검안하던 관원이 사건의 근본 원인을 캐물었는데 '한 차례 치자 쓰러졌습니다.'라는 말까지 줄줄이 나왔던 듯하다. 그렇더라도 해주의 조사보고서에서와 황해도의 장계에서는 '사건의 근본 원인을 알고 싶어도 그들더러 증명하게 한 것은 아니었으나, 진실한 마음을 실토하였으니 실제 범죄가 마침내 드러났습니다.'라고만 해야지, 전적으로 그의 아버지와 그의 첩의 진술만을 가지고서 공정한 증언으로 내세우는 것은 《무원록》의 규정과는 합치되지 않는 듯하다."

6. 고의로 죽었는지 과오로 죽었는지를 밝히다(6)

【얼굴을 마주보고 곧바로 찔러 죽이고서는 잘못 알았다고 핑계를 댔다. 사건의 근본 원인은 홧김에 싸웠기 때문이며, 사망의 실제 원인은 칼에 찔렸기 때문이다.】

○ 강동江東의 백성 한필주韓必周가 노삭불盧朔弗을 죽였다.
○ 1차 검안보고서의 발사跋詞는 다음과 같다.
"이번 사건에서 시체의 앞면은 식도食道 아래 약간 왼쪽 급소의 찔린 곳【다산이 비평하기를 '이 검안보고서의 시작하는 구절에 두 가지의 병폐가 있다. 목구멍은 내부에 있는 호흡하는 통로이다. 「시체의 앞면」이라고 하였으면 상처의 위치도 「턱의 약간 왼쪽」이라고 해야지, 목구멍이 어찌 외부로 드러나는 곳이겠는가! 이것이 한 가지 병폐이다. 《무원록》에서 급소라고 말한 부위는 그 명칭이 매우 많으나 목구멍의 경우에는 급소라고만 말할 수가 없다. 그런데도 이제 목구멍이 잘린 것을 「급소가 찔렸다.」라고 하였으니, 이것이 또 한 가지 병폐이다.' 하였다.】의 살갗과 살이 수축되었고 주위의 사방에 피멍이 들었으며, 더욱이 범행에 사용한 칼에 핏자국이 나 있었으니, 얼굴을 마주보고 사람을 찌르되 오른손으로 범행을 저지른 것이 의심할 바 없이 명백합니다. 시신의 두 손에는 칼에 베인 흔적이 없으니, 아마도 무방비 상태에서 칼에 찔려 기운을 잃은 듯합니다.【다산이 비평하기를 '기운을 잃었다.[喪氣]'라고 한 2자도 병폐이다.' 하였다.】 순식간에 단칼에 목숨을 잃은 것은 《무원록》〈조례·인상사刃傷死〉'남에게 찔려 사망한 경우[被人殺死]'의 조항과 일치합니다.【다산이 비평하기를 '11자는 군더더기 글자이다.' 하였다.】 그러므로 사망의 실제 원인은 '칼에 찔려 죽게 되었다.'라고 기록하였습니다.【다산이 비평하기를 '어찌하여 「찔려[被刺]」라고 하지 않았는가!' 하였다.】

한필주의 형 한석주韓石周가 다급하게 이광쇠李廣金에게 고하기를 '내 아우가 네 아우를 칼로 찔렀다.【이광쇠와 노삭불은 아버지가 다른 형제일 것이다.】 하였고, 한필주도 말하기를 '칼로 찌르고 나서 돌아보니 노삭불이었습니다.' 하였습니다. 그러므로 주범은 한필주로 기록하였습니다.

위에서 말한 한필주가 술에 취해 막말을 하였으니 사리에 어긋난 짓을 행하는 버릇이 있다는 것을 알 수 있고, 어머니를 다그쳐서 칼을 찾았으니 흉악한 성품이라는 것을 알 수 있습니다. 그런데도 꿈에다가 평계를 대면서 한 황당한 말은 몹시 허망하며, 사람을 나무인 줄로 알았다고 한 말은 더욱 사리에 벗어났습니다. 칼을 뽑아서 사람을 죽였을 때에는 반드시 그렇게 한 빌미가 있을 것이나, 숨기고 실토하지 않으면서 고의적으로 살인한 죄를 면하려고 하니, 참으로 대단히 교묘하고 악랄합니다.

이당돌李唐突은 그가 방아를 찧던 돌확이 있던 곳과 한필주가 범행을 저지르던 곳이 울타리를 사이에 둔 매우 가까운 거리에 불과하였으니, 그 당시의 광경을 결코 보지 못했을 리가 없습니다. 그런데도 똑같은 말로 숨기고 끝내 정직하게 진술하지 않았습니다. 그러나 떡을 만들어 상처에 붙였다는 말을 그가 직접 들었으므로, 이당돌은 목격한 증인으로 기록하였습니다.

한석주는 '네 아우가 찔렸다.'라는 말을 그의 입으로 발설하였으니, 삽샅이 심문해야 할 일입니다. 그러나 형더러 아우의 죄를 증명하게 하는 일이므로 진술을 받을 수가 없습니다."

○ 다산의 비평은 다음과 같다.

"이와 같은 살인 사건은 사망의 실제 원인에 의문점이 없고 증언도 의문점이 없으니, 원한을 맺게 된 실마리만 샅샅이 조사하면 된다. 조사하고 또 조사하였으나 끝내 사건의 근본 원인을 밝힐 수가 없으면 제정신이 아닌 상태에서 범행을 저지른 것으로 귀결시키거나 귀신이 저지른 것으로 귀결시켜도 된다. 그런데 간략하게 몇 구절만으로 작성하여 전혀 이해할 수가 없으니, 어찌 그래서야 되겠는가!"

○ 2차 검안보고서의 발사는 다음과 같다.

"【상처는 1차 검안보고서와 같다.】 사망의 실제 원인은 '찔려 죽게 되었다.〔被刺致死〕'라고 기록하였습니다. 한필주가 말하기를 '꿈의 조짐이 불길하여 술을 약간 마셨으며, 겨울옷을 지어 주지 않은 일로 어머니와 다투었습니다. 그러다가 스스로 찌르려고 하였는데 언뜻 노삭불을 보고서는 귀신인 줄로 의심하여 곧장 앞으로 다가가서 한 차례 찔렀습니다.' 하였으니, 하나하나 허망하고 대단히 흉악하였습니다.

여러 사람이 진술하기를 '평상시에도 술을 잔뜩 마시고 그의 어머니에게 순종하지 않았습니다.' 하였으니, 사리에 어긋난 짓을 하고 범행을 저질렀다는 것을 미루어 알 수 있습니다. 그런데 술에 취해 사람을 찌르고서는 귀신인 줄 알았다고 핑계를 대어 고의적으로 살인한 죄를 면하려고 한 것은 더욱 몹시 교묘하고 악랄합니다. 그러므로 주범은 한필주로 기록하였습니다.

이당돌은 한필주의 어머니가 '사람을 죽였다.'라고 다급하게 외치는 소리를 갑자기 듣고서는 겁을 먹고 도피하였다고 했지만, 반드시 목격한 행적이 있었을 것입니다. 그러므로 목격한 증인으로 기록하였습니다. 한 석주는 아우의 죄를 증명하게 하는 일이므로 진술을 받을 수 없습니다."

○ 주상의 판결은 다음과 같다.

"한필주의 살인 사건은 다음과 같이 판결한다. 이 사건은 평양平壤 주 달해朱達海의 살인 사건[4]과 비교해 볼 때 칼로 찔러 죽였다는 점에서도 똑같고, 범행을 자백하였다는 점에서도 똑같다. 주달해를 살려 주는 쪽 으로 판결했던 이유는 법률로 보아서는 죽여야 하지만 정황을 참작하면 용서해 주어야 했기 때문이었다.

그러나 이 죄수로 말하면, 어머니에게 악독한 성질을 마구 부린 것은 몹시 인정과 사리에 어긋나고 인륜을 무시한 행위이며, 꿈에다가 핑계를 대고 흉악한 범행을 저지른 것은 진술한 말을 이해해 보려고 해도 이해 할 수가 없다. 자기 어머니 앞에서 칼을 빼어 든 자에게 어찌 사람을 찌 른 것까지 책망할 겨를이 있겠는가! 이 한 가지는 그의 범죄 사실을 증 명하는 확실한 증거이니, 유감을 품고 있었는지는 다시 물을 필요가 없 다. 연이어 엄중하게 형장을 쳐서 속히 2차 심리를 진행하라."

○ 주상의 판결에 대한 다산의 의견은 다음과 같다.

"설사 유감을 품고 있었다고 하더라도 반드시 보복해야 할 원수가 아 니라면 심문하더라도 아무런 소용이 없습니다. 그러나 원망이 있어서 죽

---

[4] 주달해朱達海의 살인 사건: 평양의 주달해가 박우문朴遇文과 장난을 치다가 술이 거나해지 면서 정신이 가물거려 칼로 찔러서 이튿날 죽게 하였다. 정조가 술주정 때문에 저지른 사건 으로 보아 주달해에게 형장을 친 뒤에 사형을 감하여 정배하게 하였다. 《심리록》 제14권 갑 진년 평안도

였다면 그 죄가 확실하고, 아무런 까닭 없이 죽였다면 그 죄가 허망하나, 참형斬刑과 교형絞刑의 차이가 있을 뿐입니다."

7. 고의로 죽였는지 과오로 죽였는지를 밝히다(7)

【옆구리를 붙잡고 힘껏 들이받아 죽이고서는 몹시 술에 취했기 때문이라고 돌렸다. 사건의 근본 원인은 술김에 싸웠기 때문이며, 사망의 실제 원인은 부딪쳤기 때문이다.】

○ 고성固城의 백성 천봉기千奉己가 조중달趙中達을 죽였다.

○ 조사한 관원의 보고서는 다음과 같다.

"술에 취한 상태에서 서로 싸운 것은 의도를 가지고서 벌인 일은 아니었지만, 급소에 상처를 입은 것은 끝내 기어이 죽고야 마는 사건이 되었습니다. 천봉기와 조중달은 시장에서 같은 일을 하는 사람으로서, 아주 작은 이익조차도 다투는 것은 거간꾼의 본래 모습이고, 술 몇 잔에 취하게 되면 서로 싸우는 어그러진 행동을 벌이기가 쉽습니다. 서로 형이라 부르고 아우라 불렀으니 평소에 사이가 나빴던 것은 아니었으나, 말이 오가는 사이에 점차 한바탕 목숨을 건 싸움판이 되었습니다. 결국 사느냐 죽느냐가 판가름 났으니, 참으로 다행과 불행을 불러온 것입니다.

오른쪽 옆구리의 상처는 주위가 단단하였으니, 만약 힘껏 짓찧지 않았으나 싸우던 자세 때문에 스스로 부딪친 것이라면, 어찌 이와 같이 무거운 상처를 입겠습니까! 살인 사건을 성립시키는 것에 대해서는 별달리 의심스러운 점이 없으니, 연이어 엄중히 신문하는 것을 단연코 그만둘 수가 없습니다."

○ 주상의 별유別諭는 다음과 같다.

"두 사람이 술에 취하여 한 덩어리로 뒤엉켜 싸우다가 먼저 넘어지는 사람이 아래에 깔리고 뒤에 넘어지는 사람이 위에서 누르게 되는 것은 당연한 형세이다. 아래에 깔려 있던 사람은 기어이 떨치고 일어나려 하였을 터이고 위에서 누르고 있던 사람은 점차 더욱 힘껏 눌렀을 터이니, 이와 같이 하는 사이에 손으로는 범행을 저지르지 않았더라도 무릎만은 부딪쳤을 것이다. 더구나 술기운과 힘이 모두 치솟아 격렬한 싸움을 막을 수가 없었을 터이니, 두 사람이 그 자리에서 죽지 않은 것만도 참으로 다행이라고 하겠다.

결국 8일이 지난 뒤에야 조중달이 그 싸움으로 인하여 일어나지 못하고 죽었으니, 사람이 죽인 것이 아니라 술이 죽인 것이다. 만약 천봉기가 먼저 쓰러지고 조중달이 나중에 넘어졌다면, 상처를 입은 사람과 목숨을 잃은 사람은 조중달에서 천봉기로 바뀔 따름이다. 게다가 여러 사람의 진술 내용을 보면, 두 사람이 본래 원한이 없었고 평소 관계가 돈독하였다는 것은 많은 사람의 말이 일치하여 전혀 차이가 없었다. 그러니 두 사람의 본래 심정을 참작해 보면 어찌 조금이라도 서로 해치려는 마음이 있었겠는가! 7닢[葉]의 돈으로 술을 사서 서로 화해하고 1관貫의 돈으로 병을 문안하고 보살폈으니, 겁을 먹고 그런 것이 아님을 분명히 알 수 있다. 의성義城 이동치李同致의 살인 사건에서 참작하여 판결한 일이 있으니,[5] 천봉기는 우선 형장을 쳐서 석방하라."

○ 주상의 판결에 대한 다산의 의견은 다음과 같다.

"《주례》〈추관·사구〉 '사자司刺'의 '세 가지 용서해 주는 경우[三赦]'의 법에서 어리석은 사람을 용서해 준다고 한 것은 미치광이처럼 제멋대로

---

5 의성義城……있으니: 이동치가 신덕의申德義에게 술빚을 요구하다가 술김에 싸움으로 번져서 신덕의를 짓찧어 그날로 죽게 하였다. 정조가 술에 잔뜩 취한 상태에서 실수로 죽인 사건으로 보아 형장을 치고 풀어 주도록 판결하였다. 《심리록》 제15권 을사년 경상도

어지럽게 행동하여 사리 분별을 못 하기 때문입니다. 즉 하늘이 높은 줄도 모르고, 땅이 두터운 줄도 모르며, 아버지가 존귀한 줄도 모르고, 형이 어른인 줄도 몰라, 좌충우돌하여 나무나 돌과 다름이 없기 때문입니다. 그러므로 성인聖人이 법을 만들면서 용서해 주고 다스리지 않았던 것입니다. 이렇게 한 것은 하늘의 이치를 헤아려 보아도 적합하고 사람의 감정을 헤아려 보아도 적합합니다.

술주정을 부린 것은 일시적으로 저지른 미치광이의 짓입니다. 한창 술주정을 부릴 때에는 천지도 분간하지 못하고 부모도 분별하지 못하니, 참으로 미쳐서 제멋대로 행동하는 사람과 몹시 흡사하여 차이가 없습니다. 그러나 '세 가지 용서해 주는 경우'의 법에 술주정을 부린 사람을 포함시키지 않은 이유는 어리석은 사람은 선천적으로 재앙을 안고 태어난 것이지만 술주정을 부린 사람은 자기 자신이 재앙을 만든 것이어서, 당시에 둘 다 용서해 줄 수가 없기 때문이었습니다. 술에 취하고 난 뒤에는 자기 생각대로 움직여지지 않지만, 처음에 한창 술을 마실 때로 소급해 보면 어찌 고의적인 범죄가 아니겠습니까! 자기의 본성이 원래 술기운의 조종을 받을 수 있다는 것을 분명히 알고서는 술 마시는 것을 절제하여 범죄를 멀리해야 하는데도 도리어 어찌 욕심껏 술을 마시고서 죄에 빠질 수 있습니까!

왕이 형률을 제정한 것은 악한 사람을 미워해서일 뿐만 아니라, 모든 백성에게 엄중한 법을 보여 주어 이와 같이 하면 죽는다는 것을 알고서 서로 징계하게 하려는 목적이었습니다. 어리석은 사람에게 형벌을 적용하는 것은 모든 백성을 징계할 만한 효과가 없기 때문에 성인이 용서해 주었으나 술주정을 부린 사람은 징계의 효과가 있기 때문에 용서해 줄 수 없었던 것입니다. 게다가 '죽은 사람이나 산 사람이나 그 죄는 서로 똑같으나, 한 사람은 죽고 한 사람은 산 것은 모두 그 사람의 운수이다.'라고 하여 용서해 준다면, 신의 생각에는 살인 사건을 심리하는 법이 이로부터 엄중히 지켜지지 않게 될 테니 후세에 남겨 줄 것이 아니라고 봅니다.

씨름에서 이기는 사람은 항상 이기고 지는 사람은 항상 집니다. 이기는 사람은 힘이 세어 항상 상대방의 몸 위에 있고, 지는 사람은 힘이 약하여 항상 상대방의 몸 아래에 깔리게 되는데, 이것을 이기는 사람은 다행이고 지는 사람은 불행이라고 할 수는 없습니다. 두 사람이 함께 싸우면서 엎치락뒤치락할 때에도 반드시 힘이 센 사람은 상대의 몸 위에 있고 힘이 약한 사람은 상대의 몸 아래에 깔리게 되어, 상대의 몸 위에 있는 사람은 무릎으로 짓찧고 상대의 몸 아래에 깔린 사람은 가슴을 다치게 됩니다. 이것은 강한 사람이 약한 사람을 죽인 것인데, 어찌 산 사람은 다행이고 죽은 사람은 불행이라고 할 수 있겠습니까!

일반적으로 싸우며 구타한 사건은 그 사건의 근본 원인을 조사해 보면 모두 두 사람이 똑같이 잘못하였습니다. 갑이 싸움을 걸면 을이 응수하여 둘이 한데 뒤엉켜서 싸우게 되는데, 분노한 기세는 둘 다 똑같고 죽이려는 마음도 둘 다 똑같으니, 잘잘못을 따지면 조금도 차이가 없습니다. 결국 약한 사람은 죽음을 당하고 강한 사람은 목숨으로 보상하게 되니, 어찌 다행과 불행으로 나누어 용서할 수 있겠습니까! 이들은 모두 용서하지 않는데 술에 취해서 살인한 사람만 용서해 준다면, 신의 생각에는 하늘 아래에 사는 백성이 날마다 끊임없이 술을 즐겨 마셔 살인 혐의를 면할 수 있는 좋은 방책으로 삼을 것이라고 봅니다.

《주례》〈추관·사구〉에 평씨萍氏의 직책은 '술을 많이 사거나 술을 사용할 때가 아닌데 사는 것을 단속하는 일 및 백성이 술을 아껴서 사용하게 하는 일을 관장한다.' 하였으니, 백성이 술을 마음껏 마실까 염려했기 때문입니다. 《서경書經》〈주서周書·주고酒誥〉에서는 '어떤 사람이 너에게 고하기를 「사람들이 떼를 지어 술을 마시고 있다.」라고 하면, 너는 하나도 놓치지 말고 모두 붙잡아서 주周나라의 서울로 돌려보내라. 내가 죽이든지 할 것이다.' 하였습니다. 주공周公의 정치에서는 떼를 지어 술을 마신 사람조차도 죽였는데, 하물며 술 때문에 사람을 죽인 경우야 더 말할 것이 있겠습니까!

두 사람이 술에 잔뜩 취하여 싸우다가 한 사람이 죽은 경우에는 목숨으로 보상하도록 판결해야지, 일시적인 임시변통으로 내린 하교를 끌어다가 영구적인 법으로 삼아서는 안 될 듯합니다. 이 살인 사건의 경우에는 조사한 관원의 보고서에 '싸우던 자세 때문에 스스로 부딪친 것'이라는 구절이 있기 때문에 성상께서는 실수로 저지른 살인인가 의심하는 생각이 있어 이처럼 처분하신 것입니다."

8. 미치광이 증세 때문에 저지른 살인을 용서하다(1)

【소를 때리듯이 사람을 몽둥이로 쳐서 죽이고는 본래 미치광이로 불렸다고 하였다. 사건의 근본 원인은 홧김에 싸웠기 때문이며, 사망의 실제 원인은 구타를 당하였기 때문이다.】

○ 금천金川의 백성 이시동李時同이 배어둔襄魚屯을 죽였다.
○ 2차 검안보고서의 발사跋詞는 다음과 같다.
"이번 사건에서 시체의 앞면에는 살갗이 손상된 자질구레한 상처가 나 있었는데 이것은 구타를 당하여 넘어질 때에 땅에 부딪치면서 생긴 것입니다. 뒷면은 뒤통수가 터져 있었는데, 비스듬히 난 상처의 길이가 1치 3푼이고 구멍의 깊이가 1치 1푼이었으며, 손으로 누르면 뼈가 부서져 있어 마치 사금파리가 베자루에 담겨 있는 것처럼 소리가 났고, 아직도 어디서 나온 것인지 분명하지 않은 피가 머리털에 엉겨 있었습니다. 그러므로 사망의 실제 원인은 '구타를 당하여 죽게 되었다.'라고 기록하였습니다.

조삼득趙三得이 진술하기를 '소인이 사람이 죽는다고 다급하게 외칠 때에 이시동이 스스로 말하기를 「내가 사람을 죽였으니 살아도 죽는 것만 못하다.」라고 하면서 스스로 목을 매었습니다.' 하였고, 최쌍동崔雙同이 진술하기를 '소인이 도망하여 피할 때에 언뜻 돌아보니, 이시동이 먼저 배어둔을 구타하고 다음에 소[牛]를 때렸는데, 손에는 나무 몽둥이를 잡고 있었습니다.' 하였습니다.

이시동이 손에 잡고 있던 나무 몽둥이는 범행을 저지를 때에 흉기로 사용하였고 그를 결박할 때까지도 그의 손에 쥐어져 있었으며, 검안하는 현장에서 바쳤습니다. 이시동이 때린 소를 살펴보니, 뿔 하나가 떨어져 나갔습니다. 당시의 기세가 쇠뿔조차도 떨어져 나갈 정도였는데, 하물며 늙고 쇠약한 배어둔이야 더 말할 것이 있겠습니까! 주범은 이시동으로 기록하였습니다.

목격한 증인 및 면장面長과 이장里長 등이 진술하기를 '이시동은 평소에 본래 미치광이 증세가 있었으나, 미치광이 증세가 가라앉고 마음이 안정되면 일반 사람과 다름이 없었습니다.' 하였습니다. 사람을 구타하여 뒤통수를 깬 것은 미치광이 증세에서 나왔다고 하더라도 배어둔이 죽었음을 알고 스스로 목을 맨 것에서 본심을 알 수가 있습니다. 그런데 당시의 일에 대해 지금 와서는 '전혀 기억하지 못합니다.'라고 하였으니, 이것은 거짓으로 꾸며 대는 뜻입니다. 진술을 바칠 때에 말하는 것을 보면 전혀 착오가 없었으나, 미치광이 증세가 있다고 스스로 말하여 오로지 사건을 애매모호하게 하려고 애를 썼습니다. 마지막에는 '변명할 말이 없습니다.'라고 하였으니, 당시의 현장에서 범행을 자백한 것이나 다름없습니다.

그의 아우 이후동李厚同도 한 차례 심문을 해야 하지만, 도망하여 피한 뒤로 아직까지 붙잡지 못하였습니다. 범행에 사용한 흉기는 그림을 그려서 감영監營으로 올려보냅니다."

○ 황해 감영黃海監營의 제사題詞는 다음과 같다.

"살인 사건이 무수히 있었지만, 어찌 이처럼 끔찍하고 악독한 경우가 있었겠는가! 무방비 상태에서 갑자기 사나운 몽둥이질을 당하여, 병도 없고 다른 사정도 없던 사람이 그 자리에서 목숨을 잃었다. 그 당시에 숯을 사던 사람들도 모두 달아나 피하여 숲속에 숨기도 하고 마을 집에 숨기도 하였으니, 손찌검이 흉악하고 분노의 기세가 포악하였다는 것은 이를 통해 미루어 알 수가 있다. 뼈에 사무치도록 원한이 맺힌 것이 아니라면 어찌 이렇게까지 혹독하게 범행을 저질렀단 말인가!

몽둥이를 들어 구타하던 상황에 대해서는 최쌍동이 증언하였고, '사람이 죽었으니 나도 죽어야 한다.'라는 말은 범인이 스스로 말하였다. 상처가 여기저기 어지러이 나 있고 증거도 명백한데, 감히 죽어야 할 상황에서 살아나 볼 꾀를 내어 본성을 잃은 미치광이 증세 때문에 저지른 짓이라고 핑계를 대고 전혀 기억하지 못하는 것처럼 말하였다. 그렇다면 처음에는 무슨 병이 있어서 사람과 짐승을 분별하지 못하고 몽둥이를 들어 때렸으며, 나중에는 무슨 마음이 들어서 염치가 있는 것처럼 목을 매었는가! 잠깐 사이에 전혀 다른 두 사람처럼 행동하였으니, 처음의 행동은 과연 미치광이의 마음에서 나온 것이고 나중의 행동은 과연 진심에서 나온 것인가!

미치광이 증세가 수시로 발작한 것에 대해서는 피해자 가족의 진술과 여러 증인의 진술이 공정한 증언처럼 일치하나, 1차 검안과 2차 검안에서 진술할 때에는 전혀 착오가 없었으니, 어느 것이 진짜이고 어느 것이 거짓인지를 누가 알 수 있겠는가! 나라의 형률은 매우 준엄하여 애매모호한 진술을 가지고서 미치광이 증세 때문에 저지른 살인으로 귀결시켜서는 안 된다. 그러므로 금천 군수金川郡守를 그대로 합동 조사관으로 정하고, 형장을 사용할 수 있는 때가 되기를 기다렸다가 날짜를 잡아 조사관들이 모여서 조사하되, 엄중히 형장을 쳐서 내막을 알아내라.

　미치광이 증세가 있는지에 대해서는 상세히 조사해야 하니, 과연 수시로 발작을 했는지 및 본래의 광경이 어떠했는지를 관련된 사람들 및 이웃 마을의 사람들에게 다시 상세히 조사해서 진술을 받아 첩정牒呈으로 보고하라. 여러 사람을 오랫동안 미결 상태로 감옥에 가두어 두는 것도 가엾은 일이니, 우선 보증인을 세우고 풀어 주었다가 합동으로 조사할 때를 기다리게 하라. 시체는 유족에게 내주어 즉시 매장하게 하라."

　○ 다산의 의견은 다음과 같다.

　"《주례》〈추관·사구〉 '사자司刺'의 '세 가지 용서해 주는 경우'의 법에 세 번째 용서해 주는 경우를 '어리석은 사람이 저지른 경우'라고 하였다. 그에 대해 정현鄭玄은 '어리석은 사람이란 태어나면서부터 어리석은 사람을 말한다.'라고 하였다. 《대명률》〈명례율〉 '노소폐질수속老少廢疾收贖'에 '폐질廢疾인 사람이 유형流刑 이하에 해당하는 죄를 저지른 경우에는 속전贖錢을 거두되, 사람을 죽여 사형에 처해야 할 경우에는 황제에게 보고하여 황제의 재가를 받는다.' 하였다. 《속대전》〈형전·살옥〉에 이르기를 '미치광이 증세로 본성을 잃고서 사람을 죽인 사람은 사형을 감하여 정배定配한다.' 하였다.

　《주례》에서 말한 '어리석은 사람[惷愚]'과 그에 대한 정현의 주注에서 말한 '어리석은 사람[癡騃]'에는 《속대전》에서 말한 '미치광이 증세로 본성을 잃은 사람[癲狂失性]'도 그 안에 포함되어 있다. 그러나 《대명률》에서 말한 '폐질인 사람'은 귀머거리, 장님, 벙어리, 절름발이 등 신체에 고치기 어려운 병이 있는 사람을 가리킨 것이지 미치광이를 말한 것이 아니다. 다만 미치광이 증세에도 여러 등급이 있으니, 귀신이 씌워 본성을 잃고 자신의 의지로 멈출 수가 없어서 그런 사람도 있고, 본래부터 흉악한 버릇이 있어서 포악하고 방자하여 하늘을 두려워할 줄도 모르고 땅을 두려워할 줄도 모르며 스스로 미치광이로 자부하고 호기를 부리며 제멋대로 악행을 저지르는 사람도 있다.

이 두 종류의 사람에 대해서는 분명히 분별해야 한다. 두 종류의 사람 중 앞에 말한 사람은 《속대전》을 인용하여 살려 주어야 한다. 그러나 이러한 사람을 다른 지역으로 추방한다면 그 지역 백성은 무슨 죄가 있단 말인가! 두 종류의 사람 중 뒤에 말한 사람은 용서해 주지 말고 백성을 위해 해악을 제거해야 한다. 이번 사건의 이시동은 백성을 위해 해악을 제거해야 할 자인 것 같다. 그러나 사건 기록 전체를 보지 못했기 때문에 상세히 알 수는 없다."

○ 다산의 비평은 다음과 같다.

"아무런 이유도 없이 몽둥이로 때려서 죽였다면 진짜 미치광이이고, 원한이 있어서 분풀이를 한 것이라면 진짜 미치광이가 아니다. 원한을 맺게 된 단서가 있는지 없는지는 가장 상세히 조사해야 할 일인데, 검안 보고서에도 서술한 내용이 없고 제사에도 책망하는 내용이 없으니, 어찌 그리도 허술한가! 사건의 근본 원인을 상세히 조사했으면 미쳤는지 미치지 않았는지는 자연히 드러났을 것이다. 그런데 지금 사건의 근본 원인을 묻지 않아서 그가 미쳤는지 미치지 않았는지를 별도로 탐문해야 하니, 또한 수고롭지 않겠는가!"

9. 미치광이 증세 때문에 저지른 살인을 용서하다(2)

【양羊을 찌르듯이 어린아이를 찔러 죽이고서는 본래 미치광이로 불렸다고 하였다. 사건의 근본 원인은 홧김에 찔렀기 때문이며, 사망의 실제 원인은 찔렸기 때문이다.】

○ 풍천豐川의 백성 오재묵吳載默이 5세 된 여자아이 윤덕尹德을 죽였다.

○ 2차 검안보고서의 발사跋詞는 다음과 같다.

"이번 사건의 시체를 눈으로 살펴보고 손으로 눌러 보니 몹시 잔인하였습니다. 온몸의 위아래에 다른 상처는 없었으나, 등의 왼쪽 척추와 늑골 사이에서 약간 아래쪽에 칼에 찔린 구멍 하나가 나 있었습니다. 그곳은 저고리와 치마가 맞닿는 곳입니다. 시골 아이들은 저고리가 짧아서 저고리로 치마를 덮지 못합니다. 어린아이가 범인을 만나 흐리멍덩한 미치광이의 눈동자를 보고서는 놀라 땅에 쓰러졌는데, 범인이 아이의 몸이 드러난 것을 언뜻 보고서는 손이 가는 대로 찔렀을 터이니, 저고리와 치마에 칼에 잘린 흔적이 없는 것은 사리로 보아 당연한 일입니다. 위에서 말한 상처는 길이가 거의 2치이고 깊이가 5치를 넘으며 너비도 그 정도입니다. 사망의 실제 원인은 '찔러서 죽게 되었다.'라고 기록하였습니다.

채칼로 찔러 죽인 상황에 대해서는 한 대의 형장을 치기도 전에 범인이 자백하였으며, 유족 등 증인들의 진술과도 모두 일치하였습니다. 주범은 오재묵으로 기록하였습니다.

오재묵이 미치광이 증세가 있는 것에 대해서는 유족의 진술과 증인의 진술이 똑같이 일치하였습니다. 그뿐만 아니라 범인에게 진술을 받을 때에 말하는 것을 들어 보고 모습을 살펴보아도 눈동자가 오락가락하고 말이 횡설수설하였으며, 거두절미하고 동문서답하는 등 말에 조리가 없어 거의 이해할 수가 없었습니다. 그중 이해할 수 있는 것만 모아서 문서에 기록하였습니다.

사람을 살해하는 단서는 반드시 원한에서 시작되는 것이지만, 5세의 아이에게 어찌 원한이 있겠습니까! 아이의 아버지는 멀리 떨어져서 살고 아이의 어머니와는 가까운 친척이니 평소의 관계를 되짚어 보아도 원한이 없었다고 하였습니다. 미친 사람이 칼을 잡으면 사랑하는 사람이나 미워하는 사람이나 어찌 가려서 찌르겠습니까! 그의 소행을 보면, 하나의 미치광이일 뿐입니다. 그러나 세상의 일이란 변화무쌍하고 사람의 마음은 여러 가지 속임수가 많으니, 미치광이란 말만 가지고서 중대한 사건을 경솔하게 판결해서는 안 되겠습니다. 따라서 엄중히 형장을 쳐서 내막을 알아내는 것을 조금도 늦출 수가 없습니다.

유족들이 시일을 지체하여 고소한 일과 이장里長 등이 사건 날짜를 조절한 일은 숨겨진 진실이 있는 것 같으나, 이것은 살인 사건의 내막과는 관계가 없는 듯하며 순순히 말로만 심문해서 사실을 조사할 수 있는 일도 아닙니다. 사건과 관련된 사람인 오명주吳明冑, 유족 윤경오尹敬五, 목격한 증인들과 가까운 이웃 사람들은 본 고을의 감옥에 계속 가두어 두겠습니다. 김 조이金召史는 아내로서 남편의 죄를 증명하게 할 수는 없겠습니다. 오명일吳明一은 삼촌과 조카 사이이므로 법전에 따라 진술을 받지 않았습니다.

범행에 사용한 흉기는 채칼이라고는 하지만 칼끝이 방금 숫돌에 간 듯하였는데, 피를 씻어 내도 진흙이 붙어 있어서 식별할 수가 없었습니다. 그래서 숯불을 피워서 벌겋게 달구었다가 식초로 씻으니, 몸에 꽂혔던 칼의 한계와 더럽혔던 흔적이 뚜렷이 드러났습니다. 그러므로 그림으로 이를 그려서 감영監營으로 올려보냅니다. 현령은 여기에서 고을로 돌아갔습니다."

○ 다산의 비평은 다음과 같다.
"이 사건은 진짜 미치광이가 저지른 사건인 듯하고, 발사도 매우 명백하였다."

상형추의 ✤ 8

1. 죄를 뒤집어씌워 허위 고소를 하다(1)

【목을 매어 죽은 것처럼 가장하여 아버지를 매장하고, 뇌물을 주기로 했던 약속을 살인범이 어기자 고소하였다. 사건의 근본 원인은 술김에 싸웠기 때문이며, 사망의 실제 원인은 구타를 당하였기 때문이다.】

○ 순흥順興의 머슴 김치걸金致乞이 이후원李後元을 죽였다.

○ 1차 검안보고서의 발사跋詞는 다음과 같다.

"매장된 사람의 관棺을 열어 시체를 검안할 경우에는 새로 정해진 규정이 있으니, 그 규정에 따라 검안하겠다고 요청해야 합니다. 그러나 이후원은 매장한 지 14년이나 되었으므로 지금 관을 열어 시체를 검안한다고 하더라도 그 결과를 근거로 사건을 처리할 수가 없을 듯합니다. 이는 처분해 주시는 대로 따르겠습니다.

이제 증언으로 말하면, 시신의 상처에 대해서는 김일걸金一乞이 증언을 한 것이나 마찬가지이고,【김일걸은 김치걸의 가까운 친족이다.】 뇌물을 주고 증서를 받은 사실에 대해서는 김치걸이 자세하게 자백하였으니, 단서가 모두 드러났다고 할 수 있습니다. 다만 그가 싸우며 구타한 상황에 대해서는 정확한 증거가 없습니다. 저자에 갔던 김석이金石伊와 정태일鄭太一두 놈은 먼저 돌아가서 술을 팔았고, 길가에서 본 어떤 여인은 수소문할곳이 없습니다. 그뿐만 아니라 김석이와 정태일의 진술은 끝내 애매모호한 자취가 있으므로 형장을 사용할 수 있는 시기가 되면 샅샅이 심문해야 합니다.

상처로 말하면, 가슴이 부어오른 곳은 다치면 반드시 죽게 되는 부위이며, 옷소매가 피에 젖어 있었던 것은 어찌 죽은 뒤에 생긴 흔적이겠습니까! 따라서 이후원이 구타를 당하여 죽게 되었다는 사실은 의심할 것

없이 대단히 명백합니다. 그런데도 김치걸이 처음에는 이후원의 시체를 거두어 매장한 사실을 숨겼고 나중에는 또 이후원의 상처에 대해 애매모호하게 말하면서 구타한 내막을 끝까지 정직하게 진술하지 않았습니다. 엄중히 신문하지 않으면 내막을 알아내기가 어렵겠습니다.

이암회李嚴回가 바친 증서의 내용 가운데, '어른이 되면 복수하라.'라는 말이 있으나, 사리에 맞지 않습니다. 아무리 어리석은 백성이라고 하더라도 어찌 이러한 증서를 써 주어서 나중에 증빙할 자료로 삼게 하려고 하겠습니까! 게다가 그 증서는 두 장에 서명한 필적이 각각 다르니, 순재順才가 '증서를 잃어버렸다가 추후에 작성하였습니다.'라고 한 말이 실제의 정황인 듯합니다.

이암회로 말하면, 사람의 도리라고는 깡그리 사라져서 더 이상 말을 할 수가 없습니다. 처음에는 김치걸의 재산을 탐내 그와 개인적으로 합의하고서, 곧바로 또 아버지가 목을 매어 죽은 듯이 가장하여 병이 들어 죽은 것을 증명하였습니다. 나중에는 또 김치걸에게 400냥의 돈을 요구하였으나 자기 욕심을 채울 수 없게 되자 그제야 홧김에 관아에 고소하였습니다. 이것은 그 의도가 아버지의 원수를 갚으려 해서가 아니라 남의 재물을 가로채려 해서이니, 세상에 어찌 이처럼 흉악하기 짝이 없는 사람이 있단 말입니까! 이에 대해서는 죄상을 열거하지 않더라도 본래 적용해야 할 형률이 있습니다.

김치걸의 아들 김덕추金德秋는, 아들더러 아버지의 죄를 증명하게 할 수 없도록 법률에 정해져 있으므로 진술을 받지 못하였습니다."

○ 2차 검안보고서의 발사는 다음과 같다.

"【중간을 생략하였다.】 참으로 김치걸이 진술한 것처럼 소를 타고 술에 취해 장난을 치다가 죽었다면, 어찌 맹랑한 사건이 아니겠습니까! 이암회가 몹시 흉악하다고는 하지만, 자기 아버지의 병을 이용해서 갑자기 남을 허위로 협박하여 돈과 재물을 요구한 것은 사리에 어긋납니다. 김치걸이 몹시 어리석다고는 하지만, 범행을 저지른 일이 없었다면 이암회의 허위 공갈에 겁을 먹고서 돈과 재물을 낭비하였다는 것은 더욱 사리에 맞지 않습니다.

더구나 두 장의 증서를 마치 몸을 보호해 주는 부적처럼 여러 해 동안 몰래 간직하였다가 끝내는 범죄 사실을 증명해 주는 증거로 삼았습니다. 이를 미루어 보면 애당초 살해한 사실을 알 수가 있습니다. '소를 타다가 도로 떨어져서 얼굴에 티끌 자국이 있었습니다.'라는 말로 말하자면, 김일걸의 정직한 진술을 반박할 수가 없게 되자 소에서 떨어져서 죽었다는 의혹의 단서를 은근히 제기하였으니, 사건이 오래되기도 전에 농간이 벌써 생겨난 것입니다."

○ 다산의 의견은 다음과 같다.

"만약 1차 검안보고서의 내용이 맞다면, 이암회는 원수와 개인적으로 합의하여 자기 아버지의 시체를 가져다가 목을 매어 죽은 것처럼 가장한 것이다. 이러한 범죄는 아들이 아버지를 죽인 범죄와 무슨 차이가 있는가! 재물을 탐내어 시체를 팔고 증서를 간직하고서 협박의 단서로 삼았으며, 그렇게 14년이나 되었는데도 기회를 엿보아 끊임없이 뇌물을 요구하였다. 그러다가 끝내 자신의 끝없는 욕심을 채우지 못하게 되자 그제야 고소하였다. 이와 같은 사건에 대해 어찌 사건의 근본 원인을 추구할 필요가 있겠는가! 가령 범인이 남의 목을 베고 배를 갈랐다고 하더라도 이것은 부차적인 일이다. 이암회야말로 국문鞫問하고 신문訊問해야 한다. 하물며 아버지의 시체를 가져다가 목을 매어 죽은 흔적을 가장하였으니 더 말할 것이 있겠는가!

두 차례 검안보고서에서는 모두 범인에게만 중점을 두고서 이치를 따져 서술하였고, 이암회에 대해서는 대충 언급하고 말았다. 이것은 살인 사건의 처리 규정에 구애를 받았기 때문이지만, 변통할 줄을 모르는 것이다. 유족이 범인과 개인적으로 화해할 경우에도 적용하는 형률이 있고 남에게 죄를 덮어씌운 경우에도 적용하는 형률이 있으나, 이암회의 죄에 대해서는 곧바로 자식이 아버지를 살해하였을 때의 형률을 참조하여 적용해야 윤리와 기강을 바로잡을 수가 있고 풍속과 교화를 돈독히 할 수가 있으니, 개인적으로 화해하거나 남에게 죄를 덮어씌운 죄로만 이야기를 해서는 안 된다."

2. 죄를 뒤집어씌워 허위 고소를 하다(2)

【아내를 죽인 것처럼 증언하도록 증인을 사주하고, 뇌물을 요구하였으나 뜻을 이루지 못하였다. 사건의 근본 원인은 재물을 아꼈기 때문이며, 사망의 실제 원인은 발에 걸어 차였기 때문이다.】

○ 배천白川의 백성 조재항趙載恒이 그의 아내 윤 조이尹召史를 죽였다.
○ 검안보고서의 내용은 빠졌다.
○ 주상의 판결은 다음과 같다.
"대체로 살인 사건을 처리할 때 사망의 실제 원인에 중점을 두더라도 반드시 증거가 갖추어지기를 기다리는 이유는 사람의 목숨을 중시하기 때문이다. 이번 사건에서 윤 여인의 등에 난 상처는 위가 넓고 아래가 뾰족하여 배나무 잎사귀와 같다고도 하고 콩 잎사귀와 같다고도 하였으니, 그 상처가 발에 걸어차여서 생긴 상처인지는 원래 분명하지가 않다.
증거로 말하면 모두 근거할 만한 것이 없다. 유족이 근거로 제시하여 한 말이라고는 '온 마을에 파다하게 퍼졌습니다.'라는 것에 불과하였다. 결국 소문의 근원지는 법률상 심문해서는 안 되는 어린 여종이라고 결론이 났으니, 이것이 어찌 너무도 의심스러운 사건이 아니겠는가! 더욱이 발로 걷어차서 죽였다는 말이 온 마을에 파다하게 퍼졌다면, 윤 조이의 외삼촌인 조환趙鍰이 어찌하여 즉시 관아에 고소하지 않고 '후하게 장사를 지내 주어야 한다.'라는 말만 하여 뇌물을 요구하는 의사를 슬며시 내비쳤겠는가! 그들이 즉시 관아에 고소하지 않은 이유가 참으로 상세하게 탐문하려는 의도에서 나온 것이었다면, 결국에 탐문해 낸 것이 과연 무슨 일이기에 한 달을 넘긴 뒤에야 고소하였는가!

이러한 여러 가지 사항들은 모두 인정과 사리를 벗어난 것들이다. 그런데 전후에 검안한 관원들은 전혀 상세히 조사하지 않았으니, 어찌 살인 사건을 처리하는 규정이라고 하겠는가! 이 살인 사건의 핵심 증인은 어린 여종 한 사람뿐이다. 여종더러 주인의 죄를 증명하게 하는 것은 법률상 금지하는 일이기는 하지만, 어린 여종의 입에서 나와 이가원李可遠의 귀에까지 전해졌으니, 그사이에 그 말을 전달한 사람이 반드시 있을 것이다. 그런데 소문이 어떻게 전해졌는지 그 경로는 조사하지 않고 '온 마을에 파다하게 퍼졌습니다.[一村喧傳]'라는 4자만 가지고서 범행을 저지른 확실한 증거로 삼았으니, 이것이 참으로 무슨 사건을 처리하는 규정이란 말인가!

나중에 감영監營의 제사題詞에 따라 한 차례 철저히 심문하였으나, 이가원이 말하기를 '뜰 가에 앉아 있다가 사람들의 말을 잠깐 듣고서는 소문의 근원지를 물어보려고 하였으나 사람들이 벌써 흩어졌습니다.'라고 하였으니, 어찌 이렇게까지 말이 허황하단 말인가! 조사한 관원은 더 이상 캐묻지 않고 감사도 더 이상 의심을 두지 않아 마침내 조재항을 주범이라고 쉽게 기록하여 보고하였으니, 어찌 살인 사건을 신중히 살핀다는 취지이겠는가! 1차 검안한 관원과 2차 검안한 관원은 모두 의금부에서 잡아다가 처리하게 하라. 경은 무거운 쪽으로 추고推考하겠다. 경이 조사할 관원을 별도로 정하여 여러 가지 방법으로 조사하게 한 뒤에 그 결과를 보고하라."

○ 조사한 관원의 보고서는 다음과 같다.

"이가원이 전후로 진술하면서 제기한 말들은 한두 가지가 아닙니다. 그중 '짓찧어지고 부딪쳤다.'라는 것은 이렇습니다. 이제 배 여인裵女人과 복덕卜德과 구월九月 등 세 여자가 진술한 내용으로 보면, 부엌 안을 엿보았다고 한 것과 들판에서 노래 부른 것은 전적으로 복덕이 한 짓으로 귀결됩니다. 그런데 복덕이 진술하기를 '전에는 이가원에게서 부탁을 받았고, 지금은 조재풍趙載豐에게서 부탁을 받았습니다.' 하였습니다. 여자의 마음은 일정하지가 않고 부탁을 받은 것은 똑같으나, 두 사람의 부탁 중에 반드시 하나는 옳을 것입니다. 가령 전에 받은 부탁이 허위라고 한다면 나중에 받은 부탁은 진실이라는 것을 알 수 있습니다. '가련하다.'라는 내용의 노래는 '이가원의 지시에 따라 만들어 낸 것입니다.' 하였고 이가원도 이에 대해 스스로 변명하지 못하였으니, 농요農謠 한 가지도 이가원의 사주에 의해서 만들어 낸 것으로 귀결됩니다.

배 여인과 오월五月이 또 말하기를 '수상한 말을 이가원의 아내로부터 들었습니다.'라고 하였으니, 이것도 이가원이 스스로 만들어서 스스로 퍼뜨린 것입니다. 이가원이 처음부터 끝까지 증거라고 내세우는 것은 구월이 우물가에서 한 말입니다. 그러나 이제 이가원이 있던 곳과 우물과의 거리에 대한 구월의 대답을 듣고서는 말이 궁색해지고 사기가 꺾이어 '그 소리만 들었을 뿐이고 원래 질문은 없었습니다.'라고 하거나 '문서를 기록할 때 아마도 잘못 썼을 것입니다.'라고 하면서 변명하지 않고 인정하였습니다.

이가원이 본래의 증인으로 내세운 사람은 조환 한 사람에 불과하였으나, 조환의 진술이 나오자 이가원의 말이 마침내 궁색해졌습니다. 후하게 장사를 지내 주어야 한다고 말한 사실을 자백하였을 뿐만 아니라 마을 모임에 관한 일을 먼저 발설한 사실까지도 자백하는 등 스스로 주장하여 허위 고소를 한 죄를 하나하나 인정하였습니다.

어머니가 없는 윤 여인을 조환이 가엾게 여겨 몸소 길러 같은 마을 사람에게 시집보내 주고 아침저녁으로 보살펴 주었으니, 이름은 외삼촌과 생질녀 사이라고 하지만 친밀감은 어머니와 딸의 사이나 한 가지였습니다. 가령 윤 여인이 참으로 자기 남편의 발에 차여서 죽은 것이라고 한다면, 한편으로는 슬퍼하고 한편으로는 분노하면서 기어이 복수하려는 마음을 가질 사람으로 조환보다 더할 사람이 없어야 합니다. 그런데 윤 여인의 가까운 친척인 조환은 관아에 고소하는 것을 힘껏 만류하였으나, 먼 친척인 이가원은 살인 사건을 성립시키려고 힘껏 도모하였습니다.

이가원이 몸소 이웃 마을까지 가서 몇 개월 동안 조문弔文하러 오지도 않았던 옛날 종을 억지로 불러와서 관아에 고소하게 한 것이 어찌 일반적인 사리를 벗어난 일이 아니겠습니까! 이가원이 남의 재앙을 즐기는 마음을 품고서 형장을 맞고 정배되었던 원한을 갚으려고 하였으며, 생각하지도 않았던 재물을 탐내어 후하게 장사를 지내 주어야 한다는 말을 은근히 내뱉었습니다. 그러다가 여러 증인의 진술이 바뀌어 처음에 계획했던 것이 수포로 돌아가게 되자, 묻는 대로 모두 자백하여 거의 미진한 부분이 없었습니다. 다만 노래를 지어서 많은 사람을 현혹하고 남을 사주하여 허위로 진술하게 했다는 문제에 대해서만은 여전히 원통하다고 말합니다. 아마도 애매모호한 계획으로 요행히 살아날 길을 구차하게 도모하기 때문인 것 같습니다. 남을 허위 고소하면 그에 해당하는 똑같은 죄로 처벌하는 것을 단연코 그만둘 수가 없습니다.

조환은 이가원의 지시에 따라 조재항을 아내를 살해한 죄로 몰아갔으나, 늙고 병들었으며 어리석어 스스로 사건을 주도할 수가 없었으니, 그 실제 정황을 살펴서 참작해 주어야겠습니다."

○ 황해도에서 조사하여 다음과 같이 아뢰었다.

"애당초 조재항의 분노를 일으킨 계기는 한 되의 쌀에 불과하였고, 결국 윤 여인이 목숨을 잃은 것은 전적으로 뜻밖에 만난 재앙 때문이었습니다. 그런데 이가원은 명색이 먼 친척으로서 힘껏 만류하는 친 외삼촌의 말을 듣지 않고, 후한 이익으로 유혹하여 멀리서 살고 있던 옛날 종을 억지로 불러다가 기어이 관아에 고소하게 하였습니다. 그리하여 매장한 지 40일이 지난 뒤에 관을 꺼내어 시체를 검안하여, 부녀자의 시신을 차마 노출시키고 오작仵作(검안하는 실무자)의 손에 검안을 받게 하였으니, 이것이 차마 할 수 있는 일입니까! 아! 몹시 잔인합니다.

뇌물을 요구하려던 계획이 통하지 않자 이어서 원한을 갚으려는 마음을 먹고, 여종들과 남종들을 내세워서 이웃의 증인 역할을 맡게 하는 등, 온갖 방법으로 허위 사실을 만들어서 기어이 악독한 짓을 행하려고 하였습니다. 복덕이 부엌 안을 엿보았다고 한 말도 그가 사주한 것이고, 배 여인이 밭에서 했던 말도 그가 사주한 것이며, 같이 김을 매던 여인들이 '한 되의 쌀 때문에 죽었으니 가련하다.'라고 부른 노래도 그가 사주한 것이었습니다. 오월이 길에서 했다는 말도 그 근원지가 도리어 이가원의 아내로 지목되었고, 구월이 우물가에서 했다는 말도 대질 심문하자 이가원의 핑계 대는 말이 꿀렸으니, 그가 스스로 만들어서 스스로 퍼뜨리고 없던 일을 있었던 것처럼 만들어 낸 자취가 하나하나 탄로 나서 스스로 해명할 말이 없었습니다. 그런데도 여전히 형장을 견디면서 범행을 부인하고 실토할 듯 말 듯 애매모호하게 진술하면서 끝내 인정하려고 하지 않았습니다.

조환은 후하게 장사를 지내 주어야 한다는 말과 마을의 모임에 관한 일에 대해서는 사실대로 폭로하였으나, 애당초 강력하게 만류하지 못하고 중간에 남이 시키는 대로 허위 진술을 한 것에 대해서는 법률 조문으로 따져 볼 때 본래 해당 형률이 있습니다.

위의 두 사람은 신의 감영에 그대로 가두어 두고서 처분을 기다리겠습니다."

○ 다산의 견해: 주상의 판결문이 이제 분실되었으나, 즉시 조재항을 살려 주라고 명하였다. 그러므로 유중채柳重彩의 살인 사건에 대한 주상의 판결문 안에서 아내를 죽였으나 살려 주도록 한 사람을 하나하나 열거하였는데, 조재항도 그 안에 포함되었던 것이다.[6]

○ 다산의 의견은 다음과 같다.

"《대명률》에는 남에게 죄를 뒤집어씌우거나 허위로 고소한 경우에 적용하는 형률이 있어, 항렬이 높은 친족의 시체, 항렬이 낮은 친족의 시체, 가까운 친척의 시체, 먼 친척의 시체에 따라 적용하는 형률이 각각 다르며, 사사로이 남에게 죄를 뒤집어씌운 경우에는 그에 대한 벌이 무겁기도 하고 가볍기도 하다.[7] 만약 관아에 고소하였다면 모두 허위 고소를

---

6 유중채柳重彩의……것이다: 안성安城의 유중채가 자기 아내 이 여인李女人이 도망쳤다고 의심하고서는 구타하여 그날로 죽게 하였다. 정조가 이 사건을 판결하면서, 아내를 죽게 했지만 살려 주었던 죄수들을 두루 열거한 뒤에 유중채도 그들과 마찬가지로 살려 주어야 한다고 하면서 사형을 감하여 정배하게 하였다. 정조가 열거한 죄수 중에 조재항의 이름도 보인다.《심리록審理錄》을사년 경기,《일성록日省錄》정조 9년 7월 22일

7 대명률에는……하다:《대명률》〈형률·인명〉'자손이나 노비를 죽이고서 남에게 죄를 뒤집어씌운 사람〔殺子孫及奴婢圖賴人〕'의 조문에 나오는 내용이다. 그 조문에 의하면, 자손이 죽은 조부모나 부모의 시체를 가지고서 남에게 죄를 뒤집어씌운 경우에는 100대의 형장을 치고서 3년의 도형에 처하고, 1년 상복을 입는 친족의 시체를 가지고서 남에게 죄를 뒤집어씌운

한 혐의로 그에 해당하는 형률을 적용한다. 아내를 죽인 죄는 교형絞刑에 해당하니, 허위 고소를 한 사람도 교형에 처해야 한다. 다만 윤 여인은 발에 걷어차여서 죽은 것 같으니, 이가원이 사람을 동원하여 일을 꾸미고 노래를 지어 남을 사주한 죄는 터무니없이 허위 고소를 한 사람의 죄와는 차이가 있다."

3. 죄를 뒤집어씌워 허위 고소를 하다(3)

【아버지가 죽었으나 고소하지 않고 원수를 놓아주고서 뇌물을 요구하였다. 사건의 근본 원인은 홧김에 싸웠기 때문이며, 사망의 실제 원인은 구타를 당하였기 때문이다.】

○ 연안延安의 백성 정통의鄭通義가 송덕원宋德元을 죽였다.
○ 황해 감영黃海監營의 제사題詞는 다음과 같다.
"이 사건은 목격한 증인이 없을 뿐만 아니라 더욱이 주범에게서 진술을 받은 일이 없으니, 살인 사건을 성립시키는 문제는 아직 의논하기가 어렵다. 그러나 급소를 다친 것이 사망의 실제 원인이 된 것은 매우 중요한 증거일 뿐만 아니라 더욱이 살갗을 뚫은 부위가 넓은 것은 칼에 의해 상처를 입었을 경우와 합치된다. 그리고 가래【철초鐵鍬는 우리말로 가래라고 한다.】를 던져 얼굴을 맞힌 사실은 검안하는 장소에 있던 사람들이 모두 알고 있었다.
그뿐만 아니라 정통의가 송덕원의 죽음을 보고서는 달아나 피하였고

경우에는 80대의 형장을 치고서 2년의 도형에 처하며, 9개월·5개월·3개월 상복을 입는 친족의 시체를 가지고서 남에게 죄를 뒤집어씌운 경우에는 각각 단계적으로 한 등급씩 낮추어 처벌하며, 항렬이 높은 친족이 항렬이 낮은 친족의 시체를 가지고서 남에게 죄를 뒤집어씌운 경우에는 80대의 형장을 치도록 하였다.

유족을 만류하여 합의하기를 요구한 사실은 송덕원이 그에게 살해되었다는 진짜 증거이니 변명할 말이 없다는 것을 알 수가 있다. 따라서 자백을 받아 목숨으로 보상하게 하는 것을 단연코 그만둘 수가 없다. 사람을 살해하고 감히 도피하여 살인 사건을 마무리 짓지 못하게 하였으니, 그의 소행은 너무도 흉악하고 음흉하다. 주범 정통의를 각별히 탐문하여 기어코 며칠 이내로 체포하라.

유족인 송천년宋千年으로 말하면, 자기 아버지가 구타를 당한 뒤에는 범인을 붙잡지 않고서 미리 고발장을 제출하였고, 자기 아버지가 죽고 난 뒤에는 원수에게 재물을 받아 내려다가 뒤늦게 고소하였으니, 이보다 더 윤리를 무너뜨리는 일은 없었다. 합동으로 조사할 때에 한 차례 엄중히 형장을 치고 진술을 받아 내라.

개인적으로 합의하려고 계획한 사실은 전하는 소문이 파다할 뿐만 아니라 피해자 가족의 진술도 명백하였으니, 누가 먼저 합의할 것을 요구했는지 및 누가 중간에서 성사시켰는지를 하나하나 철저히 조사해야 할 일이다. 그런데 그 단서만 꺼내 놓고 끝내 그 결말은 없으니, 어찌 상세히 살피지 못하였는가!

정처관丁處寬은 정통의의 집과 울타리를 사이에 두고 사는 사람이니, 송덕원이 구타당하던 상황을 반드시 목격하였을 터인데도 전해 들었을 뿐이라고만 말을 하여 진실을 숨기는 기색이 뚜렷하였다. 아울러 다시 심문하라. 정광이鄭光伊는 그의 아버지 정통의가 도피한 이상 우선 잡아다 가두는 것이야 본래 당연한 일이다. 그러나 그에게서 진술을 받기까지 한 것은 아들더러 아버지의 죄를 증명하게 하는 혐의가 있다. 2차 검안한 관원이 심문해야 할 사람은 심문하지 않고 심문하지 않아야 할 사람은 심문하였으니, 매우 소홀히 한 일일 뿐만 아니라 규정을 위반한 일이기도 하다.

사망의 실제 원인을 기록하는 것은 매우 중요한 일인데도 기록해야 할 곳에 기록하지 않았으니, 완전히 누락한 것이나 다름이 없다. 통지하다[通告]와 같은 단어들은 더구나 《무원록》에 실려 있는 것이 아닌데, 이러한 단어를 검안보고서에 기록하는 새로운 규정을 만들어 냈다. 이러한 잘못을 저지른 1차 검안한 관원에 대해서도 경고가 있어야 한다. 1차 검안한 관원과 2차 검안한 관원의 형리刑吏는 모두 목에 칼을 씌워서 감영으로 올려보내라."

○ 다산의 견해: 아버지가 죽었으나 고소하지 않고 원수에게 재물을 요구하여 아버지의 시체를 팔려고 계획했으니, 이것이 남에게 죄를 뒤집어씌운 것이 아니고 무엇이란 말인가! 이것은 스스로 죽이고서는 남에게 살해당하였다고 허위 고소를 하는 경우와는 다르지만, 시체를 팔려고 한 죄는 징계하지 않을 수가 없다. 그런데도 그 죄가 성립되지 않는다고 할 것인가! 범인이 도망하고 나서야 고소한 것은 뇌물을 받았음이 분명하다. 송천년을 엄중히 조사하여 통렬하게 죄를 다스리는 것은 그만두어서는 안 된다.

4. 죄를 뒤집어씌워 허위 고소를 하다(4)

【아버지가 자살하자 남을 허위 고소하여 원한을 갚으려고 하였다. 사건의 근본 원인은 원한을 갚으려고 하였기 때문이며, 사망의 실제 원인은 간수를 마셨기 때문이다.】

○ 연안延安의 백성 이원복李元卜이 조기리趙綺里를 죽게 하였다는 이유로 피고被告가 되었다.
○ 1차 검안보고서의 발사跋詞는 다음과 같다.

"이번 사건에서 조기리의 시신을 먼저 마른 채로 검안하고 다음에 또 물로 씻어 낸 뒤에 검안하였습니다. 그 결과 오른쪽 이마의 살갗이 벗겨진 부위는 겨우 콩 조각만 한 크기로 손톱에 긁힌 자국이 분명하였으니, 상처라고 할 수가 없습니다. 시체의 앞면과 뒷면 및 온몸의 위아래가 평상시처럼 순전히 황색이었으니, 구타를 당하였다고 할 수도 없습니다.

유족의 진술에 처음에는 '구타를 당하였습니다.'라고 하여 원한을 갚으려는 계획을 실행하려고 하였다가, 느닷없이 '간수를 마셨습니다.'라고 하여 묻지도 않은 말을 갑자기 내뱉었습니다. 그래서 먼저 간수 그릇을 찾아보다가 창고 안에서 찾아냈습니다. 간수 그릇을 놓아두었던 곳은 땅이 움푹 파여 자국이 생겼으며, 그 자국의 둘레를 살펴보니 과연 간수 항아리의 둘레와 일치하였습니다. 구리 그릇에 죽은 조기리의 침을 달여 보아도 과연 소금이 되었으며, 손으로 문질러 보니 가는 모래처럼 생겼습니다. 그러므로 사망의 실제 원인은 '간수를 마시고 죽게 되었다.'라고 기록하였습니다.

조기리는 조노적趙老赤의 아버지입니다. 아들이 손도損徒[8]의 벌을 당하여 마을 안에서 얼굴을 들기가 어려운 상황인 데다가 자신까지도 이원복과 싸움을 벌이고서는 또다시 마음속에 원한을 품었습니다. 그가 갑자기 자살하여 세상을 떠난 것은 이 때문이었습니다. 그러나 이원복이 애당초 범행을 저지르지 않은 것에 대해서는 삼흥三興이 매우 명백하게 진술하였고 이웃의 세 사람들도 똑같은 말로 진술하였습니다. 이원복은 우선 피고로 기록하였습니다. 침을 달였던 구리 그릇과 간수를 담았

---

8 손도損徒: 성균관 유생儒生에 대한 가벼운 징계의 하나로, 함께 합격한 유생과 떨어져 앉게 하거나 식당에 들어가지 못하게 하였다. 손도는 유생 이외에 단체의 회원이나 마을의 사람이 잘못을 저질렀을 때에도 시행하였다. 뒤에 나오는 내용으로 볼 때 조노적이 젊은이로서 어른을 업신여겨 마을에서 손도의 처벌을 받았던 것으로 보인다.

던 항아리는 종이로 싸고 관인官印을 찍어 봉해 두고서 2차 검안을 기다리겠습니다."

○ 다산의 비평은 다음과 같다.

"《증수무원록》〈조례·중독사中毒死〉'소금 간수를 마시고 죽은 경우[服鹽滷死]'의 조항에 '머리카락이 헝클어지고, 손톱이 떨어져 나가며, 가슴 앞에 손톱자국이 있다. 몸에 물집이 생기지 않고, 배가 부풀어 오르지 않는다.'라는 내용들이 있다. 간수를 마신 것이 사망의 실제 원인이라고 한다면, 이러한 증상들에 대해서도 조사하여 증명해야 하는데 이번 검안보고서의 발사에서는 전혀 거론하지 않았으니, 허술하다. 게다가 일반적으로 사람이 흘린 침은 모두 짠맛이 있고 이를 달이면 소금이 된다. 그러므로 간수를 먹고 죽은 사람이 흘린 침만 소금이 되는 것이 아니고 보면,【《증수무원록》〈조례·중독사〉'소금 간수를 마시고 죽은 경우' 조항의 주注에 나온다.】 침을 달여서 소금이 되었다는 한 가지 이유만을 명확한 증거로 제시하는 것도 허술하다."

○ 황해 감영黃海監營의 제사題詞는 다음과 같다.

"시체의 온몸을 검안하였으나 의심할 만한 상처가 없었고, 삼흥이 싸움을 말릴 때에도 범행을 저지른 상황을 보지 못했다. 그뿐만 아니라 간수 그릇이 텅 비어 있었던 사실은 피해자 가족의 진술에서 나왔고, 죽은 조기리의 침을 달여 소금이 된 것도 검안하는 현장에서 증명하였다. 따라서 간수를 마시고서 죽게 되었다는 것은 결단코 의심할 점이 없으며, 살인 사건을 성립시키는 문제는 의논할 수 있는 사안이 아니다. 그러니 시체를 즉시 유족에게 내주라.

이원복으로 말하면, 조노적이 젊은 사람으로서 어른을 업신여긴 일은 죄가 없다고 할 것은 아니지만, 술에 취해서 저지른 사소한 실수를 이유로 고발장을 제출하고 마을 안에서 무거운 벌을 시행하여 그의 아버지를 자살하게 하였다. 조노적으로 말하면, 자기 어머니가 고소하는 것을 즉시 만류하지 않아 자기 아버지의 시체를 여러 날 동안 노출시키게 하였다. 어느 모로 보나 완전히 풀어 줄 수는 없으니, 각각 한 차례씩 엄중히 형장을 치고서 풀어 주라."

5. 다른 사람에게 죄를 떠넘기다(1)

【죽을까 두려워서 구호하여 치료해 주고는 도망간 사람에게 혐의를 떠넘겼다. 사건의 근본 원인은 원한을 갚으려고 하였기 때문이며, 사망의 실제 원인은 발에 차였기 때문이다.】

○ 낙안樂安의 백성 손병든놈孫病漢[9]이 한 조이韓召史를 죽였다.
○ 검안보고서의 내용은 빠졌다.
○ 주상의 판결은 다음과 같다.

"낙안의 죄수 손병든놈은 지난번에 판결할 때에도 오로지 이 죄수가 주범이라는 사실을 몰랐던 것이 아니다. 다만 그의 이름을 통해 그 사람을 상상해 볼 때, 병으로 신체에 장애가 있는 놈이라면 꼭 살인의 범죄를 저질렀다고 볼 수는 없을 것이라고 생각하기도 하였다. 그리고 그가 그동안 말을 바꾸어 가면서 도망 중인 최혹동崔或同의 아내에게 줄곧 혐의를 떠넘겼던 것도 조금이나마 의심해 볼 만한 단서가 되었다. 그래서 최혹동의 아내가 체포되면 샅샅이 조사해서 아뢰게 하였던 것이다.

이제 최혹동 아내의 진술을 받고 보니, 한 여인이 발에 걸어차일 때의

---

9 손병든놈孫病漢: 《심리록》과 《일성록》에는 모두 손병든놈孫病入老昧으로 표기되어 있다.

광경을 손바닥 들여다보듯이 환히 알 수 있게 되었다. 손병든놈이 우황牛黃과 닭죽을 바로 앞에서 직접 전해 주었을 뿐만 아니라, 손병든놈의 집은 허물고 최혹동의 집은 팔고서 30리 떨어진 이웃 고을로 옮겨 가서 살고 있던 최혹동 부부와 3년이 지나도록 서로 소식을 주고받았으면서도 번번이 도망 중인 최혹동의 아내에게 혐의를 떠넘기는 등 각종 진실을 은폐했던 자취가 모두 명백히 드러났다. 형조가 아뢴 내용 중에서 이른바 '허위로 끌어댄 것은 얼음 녹듯이 의심이 풀렸으며, 진실을 은폐한 행위는 도리어 번복할 수 없는 확실한 증거가 되었습니다.'라고 한 것은 참으로 적합한 표현이다. 조사하는 관원을 특별히 타일러서 형장을 쳐서 내막을 알아내게 하라.

허위이거나 진실이거나 간에 최혹동의 아내는 싸우던 현장 옆에서 목격했던 증인이고, 범인이 구실로 삼아 죄를 벗어나려고 혐의를 떠넘긴 당사자이다. 최혹동 부부가 경계를 접하고 있는 이웃 고을에 옮겨 살고 있었고 최혹동의 아내가 항상 장터를 드나들고 있었으니, 최혹동의 아내를 체포한다는 명목을 내세웠지만 사실은 전혀 의심을 두지 않았던 것이다. 그러다가 여러 해 동안 조사를 진행한 뒤에야 잡아다가 심문한 것은 사건을 처리하는 규정으로 헤아려 볼 때 대단히 지체하고 허술히 한 일이다. 해당 낙안 군수는 죄상을 따져 처벌하였으므로 거론하지 말고, 수령을 단속하지 못했던 전임과 현임 도신道臣은 모두 추고推考하라.

두 차례 검안할 때의 시장屍帳이 약간씩 서로 다른 것은 이제 소급해서 따질 필요가 없게 되었다. 그러나 시체를 검안하는 일은 매우 엄중하고 서둘러야 할 일이므로, 날씨가 추워서 꽁꽁 어는 시기라고 하더라도 검안하는 시각을 조금이라도 지체할 수가 없다. 그러한 사실은 살인 사건이 난 고을을 지나가던 수령에게도 검안을 행하게 하였던 법을 살펴보면 알 수 있는 일이다. 그런데 순천順天, 광양光陽, 보성寶城 등 세 고을 수령은 서로 사정이 있다고 미루다가 여름철에 증거로 삼을 수 없을 정도로 시체가 썩어 문드러지게 하였으니, 참으로 너무나 해괴하다. 전 도신이 즉시 장계를 올려서 처벌하지 않고 형리만 처벌한 것은 너무 관대하게 처리한 실수이다. 전 도신을 무거운 쪽으로 추고하라. 세 고을의 수령은 세곡稅穀을 조운선漕運船으로 실어 보내고 나면 모두 즉시 의금부로 잡아다가 심문하여 죄를 정하라. 이 한 가지 사례를 보면 나머지 다른 고을에서도 어떻게 하는지를 알 수가 있다. 그러니 형조에서는 이 판결문을 가지고 여러 도에 통지하여 '만약 검안할 때 회피하려고 공문을 보내는 수령이 있으면 숨겨 두지 말고, 곧바로 「의금부로 잡아다가 엄중히 처벌하소서.」라는 내용으로 문장을 만들어 장계로 보고하라.'라고 엄중히 타일러서 알리라. 이어서 형조의 수교受敎에도 기록해 두라."

○ 주상의 판결에 대한 다산의 견해: 살인 사건이 발생하였는데 도망한 사람이 있으면, 범인은 으레 그 도망한 사람에게 혐의를 떠넘기기 마련이고, 검안하는 관원도 으레 그 도망한 사람을 의심하기 마련입니다. 이것은 도망간 사람의 행적에 충분히 의심할 만한 점이 있어서입니다. 그러나 때마침 이사를 가서 살고 있는 사람을 골라서 범죄를 저지르고 도망하였다고 하는 경우와 범인이 자기가 시키는 대로 따르는 사람을 도망가게 하고서는 그 사람에게 혐의를 떠넘기는 경우도 종종 있습니다. 살인 사건을 깊이 배우려고 하는 사람은 이러한 종류의 행태를 알아 두어야 합니다.

6. 다른 사람에게 죄를 떠넘기다(2)

【노름판에서 범행을 저지르고서는 도망친 종에게 혐의를 떠넘겼다. 사건의 근본 원인은 홧김에 싸웠기 때문이며, 사망의 실제 원인은 구타를 당하였기 때문이다.】

○ 위원渭原의 백성 이명중李明重이 조정화趙丁化를 죽였다.

○ 2차 검안보고서의 발사跋詞는 다음과 같다.

"이번 사건에서 조정화의 시체 앞면은 앞이마 위의 뼈가 부서져 구멍이 났고 오른쪽 어깨의 아래가 검붉고 단단하였습니다. 뒷면은 늑골 아래에 콩잎만 한 크기의 상처가 나 있고 피멍이 들고 단단하였습니다. 구타를 당한 여러 곳은 모두 급소였습니다. 등잔걸이라는 물건은 위가 가볍고 아래가 무거운데, 이것을 잡고서 휘둘러 구타하는 사이에 등불은 꺼져 버려 맞은 부위가 깨져서 다쳤는지를 분별할 수가 없었습니다. 그래도 분노가 가라앉지 않아서 발로 걷어차기까지 하자, 안팎으로 상처를 입고 그대로 목숨을 잃게 되었습니다. 그러나 발에 걷어차인 상처에는 살갗이 터진 곳이 한 군데도 없었고, 구타당한 상처에는 뼈가 부러지기까지 하였습니다. 그러므로 사망의 실제 원인은 '구타를 당하여 죽게 되었다.'라고 기록하였습니다.

대체로 방탕한 사람들이 모여서 돈치기 놀이를 하다가 갑자기 싸움이 벌어져 이러한 살인 사건이 있게 되었습니다. 장돌將乭은 이명중의 종이나 마찬가지이고 사봉士奉도 이명중의 머슴이지만 똑같은 말로 이명중의 범행을 증명하고 숨기는 일이 없었으니, 이명중이 주범이라는 사실은 더 이상 의심할 것이 없습니다. 그런데 이명중은 노름판에서 돈치기할 때에는 이러한 일이 없었다고 하고, '그날 밤에 옛날 살던 고을에 가서 채인륭采仁隆과 짝을 지어 낚시질을 하였습니다.' 하였습니다. 그래서 채인륭이란 사람을 붙잡아 조사해 보니 '낚시질은 그만두고라도 그날을 전후해서는 애당초 만나지 않았습니다.' 하였습니다. 이명중이 죽을 상황에서 살아 볼 셈으로 속이는 말을 하였으니, 그의 범행 사실은 더욱 분명해졌습니다. 그러므로 주범은 이명중으로 기록하였습니다.

간악한 정상이 탄로 나자 또 말을 바꾸어 도망한 종 임돌壬乭에게 혐의를 떠넘겼으나, 관아에서 체포해 주기만을 청할 뿐이고 붙잡아 바치려는 생각이 없었습니다. 이명중의 아버지 이몽령李夢齡은 위원군渭原郡의 토착 부호로서, 감히 사건을 미궁에 빠지게 할 계획을 세우고서는 한편으로는 아들 이명중더러 거짓 진술을 하게 하고 한편으로는 임돌에게 은밀히 부탁하여 고의로 도망가게 하였습니다. 그가 이러한 계획을 세운 것은 속을 들여다보는 것처럼 분명히 알 수 있습니다. 그러나 아버지와 아들 사이의 지극한 정으로는 온갖 방법을 다 동원해서 자기 아들을 살리려고 하는 것이 이상한 일은 아닙니다. 그러므로 그대로 두고 죄를 묻지 않았습니다.

범행에 사용했던 등잔걸이는 그림을 그려서 감영監營으로 올려보냅니다.”

○ 다산의 비평은 다음과 같다.

“구타를 당한 상처가 서너 곳이나 된다 하더라도 그중의 한 곳만을 골라잡아서 목숨을 잃게 한 상처로 삼는 것이 살인 사건을 처리하는 법이다. 앞이마의 뼈가 부서진 곳은 다른 상처와는 비교할 수 있는 게 아니고 보면, 이 한 곳의 상처를 골라잡아서 사망의 실제 원인으로 정해야 한다. 그런데 여러 상처를 통틀어 잡아서 구타를 당하였다고 뒤섞어서 말하였고, 더욱이 ‘안팎으로 상처를 입고’라고 두루뭉술하게 말했으니 그래서야 되겠는가! 몹시 허술하고 잘못된 것이다.

○ ‘장돌은 이명중의 종이나 마찬가지이고 사봉도 이명중의 머슴입니다.’ 하였고 보면, 종더러 주인의 범죄를 증명하게 하는 것은 법률상 금지하고 있는 일인데 검안하는 관원이 그렇게 하였단 말인가! 주상의 판결에 이르기를 ‘같은 무리끼리 결탁하여 상전을 허위로 모함한 일이다.’라고 하였으니, 아! 성상께서 굽어살피시는 범위는 끝이 없다고 하겠다.”

○ 주상의 판결은 다음과 같다.

"상처가 여기저기 어지러이 나 있고 증언도 명백하였으니, 범행을 저지른 사실은 더 이상 의심할 여지가 없다. 그런데도 줄곧 범행을 부인하고 있으니 더욱 흉악하다. 그러나 사망한 조정화가 영만永萬의 집에서 구타를 당하고 임돌의 방에서 목숨을 잃었으니, 이것이 의심스러운 점이다. 간음하였기 때문에 구타하여 죽였다는 말은 그대로 믿을 것이 못 된다고 하더라도, 먼 지방의 종과 주인 사이의 구분은 본래 엄격하지 않아서 같은 무리끼리 결탁하여 상전을 허위로 모함한 일이 반드시 없다고 보장하기도 어렵다.

임돌이 내내 도망 상태에 있고 여태까지 체포되지 않아서 주범이 혐의를 떠넘기는 구실로 삼게 하고 있으니, 살인 사건을 처리하는 규정으로 헤아려 볼 때 허술하다고 하겠다. 이명중에 대해서는 우선 형장 치는 것을 중지하고, 도망 중에 있는 임돌은 기한을 정해서 체포하여 엄중히 조사해서 결말을 지으라고 평안도에 분부하라."

7. 다른 사람에게 죄를 떠넘기다(3)

【노름판에서 범행을 저지르고서는 한패였던 사람에게 혐의를 떠넘겼다. 사건의 근본 원인은 재물을 다투었기 때문이며, 사망의 실제 원인은 발에 차였기 때문이다.】

○ 영유永柔의 백성 강득손康得孫이 김복동金福同을 죽였다.
○ 1차 검안보고서의 발사跋詞는 다음과 같다.

"사망의 실제 원인은 '발에 걸어차여 죽게 되었다.'라고 기록하였습니다. 김복동을 발로 걸어찬 사람은 강득손이 아니면 신장명申長明이지만, 현장에서 목격한 사람이 없기 때문에 두 사람이 서로 혐의를 떠넘기고 있습니다. 그러나 김복동이 발에 걸어차인 뒤로부터 언제나 말하기를 '강득손이 나를 발로 걸어찼다.' 하였으니, 이것은 유족의 진술인 셈입니다. 강득손이 김복동을 찾아가서 따질 때에는 김복동이 대답하기를 '내가 술에 취하여 정신이 없기는 하였지만 어찌 나를 구타한 사람을 모르겠는가!' 하였습니다. 강득손이 이에 대해 대답할 말이 없었으므로 말하기를 '어쩔 수가 없다.' 하였습니다. 이것은 이장里長의 진술입니다. 그러므로 강득손을 주범으로 기록하였습니다.

신장명은 원지기院直 모자母子[10]의 진술이 있어서 사건과 관련된 사람이라고만 말할 수가 없으므로 피고被告로 기록하였습니다."

○ 다산의 비평은 다음과 같다.

"고소란 유족이 고소하는 것이다. 유족이 고소하고 그 사람이 실제로 범행을 저지른 경우에는 주범이라고 이름을 붙이고, 유족이 고소하였으나 애당초 그 사람이 실제로 범행을 저지르지 않은 경우에는 피고라고 이름을 붙이니, 이것이 법규이다. 이번 사건에서 신장명의 경우에는 원지기의 허위 진술이 있었으나 본래 유족의 고소는 없었는데, 어떻게 피고라고 할 수 있겠는가! 유족이 갑甲을 고소하였으나 법관이 을乙을 주범으로 지목하면 을을 주범이라 하고 갑을 피고라고 하니, 이것이 본래 살인 사건을 처리하는 격식이다. 유족은 갑을 고소하고 이장里長은 을을 허위 고소하였는데, 을을 피고라고 할 리가 있겠는가! 1차 검안할 때 이처럼 격식을 위반하였으나 감사가 허물에 대해 책망할 줄을 몰랐으니, 이것도 허술한 점이다.

그렇다면 어떻게 해야 하는가? 신장명은 사건과 관련된 사람이다. 신

---

10 원지기院直 모자母子: 안 조이安召史와 한진빈韓辰彬을 가리킨다.

장명이 만약 범행을 저지른 일이 있으면 당연히 주범이 되어야 한다. 이와 같이 처리하면 된다."

○ 평안도에서 다음과 같이 아뢰었다.

"이 살인 사건으로 말하면, 다치면 빨리 죽을 수 있는 부위를 구타당하였고 구타당한 지 3일 안에 목숨을 잃었으니, 목숨으로 보상하는 문제는 더 이상 의심할 것이 없습니다. 죽은 김복동이 이미 강득손에게 구타를 당하였다고 분명히 말을 하였고, 이장도 모두 실제의 정황을 들었습니다. 그런데도 자루를 뒤져서 쇠를 훔쳤다고 다른 사람을 모함하여 끌어들였고, 목에 씌운 칼을 부수고 감옥을 탈출하여 도망가서 살아 보려고 하였으니, 그러한 정상을 따져 보면 하나하나 흉악합니다.

처음에 신장명이 범인이라고 증언했던 안 조이安召史도 마지막에는 정직하게 진술하였고, 중간에 진실을 숨겼던 김만채金萬采도 곧바로 진술을 바쳤습니다. 그렇게 되자 강득손이 더 이상 꾀를 낼 수가 없고 힘도 부쳤으므로 '술에 취하고 나서 소란을 일으켰으나 거의 장난질이나 마찬가지였습니다.'라고만 하였는데, 서원書院 안에서 싸울 때 마침 목격한 증인이 없었습니다. 법률에 따라 처벌하는 것은 흔들림 없이 추진해야겠지만 정황상으로는 참작할 만한 여지도 있습니다. 신장명을 위협하여 증서를 강제로 받아 간 일과 한진빈韓辰彬과 부화뇌동하여 사건의 실상을 현혹하려고 한 일은 그에게는 더욱 범인으로 단정할 수 있는 확실한 증거입니다. 이처럼 흉악하고 교활한 자를 법률에 따라 처형하지 않는다면, 나라의 법률은 시행할 곳이 없어질 것입니다. 전처럼 합동으로 조사하여 기어코 내막을 알아내겠습니다."

○ 주상의 판결은 다음과 같다.

"강득손을 범인이라고 증언한 사람은 8명이나 될 정도로 많지만 모두 전해 들은 사람들이고, 신장명을 범인이라고 증언한 사람은 1명에 불과하지만 번번이 직접 목격하였다고 하였다. 모든 사람이 똑같이 말을 하면 적은 사람이 많은 사람을 이기기가 어려우나, 눈으로 목격한 것을 귀하게 여기고 귀로 전해 들은 것을 하찮게 여기니 눈으로 목격한 1명이 귀로 전해 들은 8명을 복종시킬 수가 있다.

신장명을 위협하여 강제로 증서를 받은 일과 한진빈과 부화뇌동하여 몰래 감옥을 탈출한 일은 강득손이 범인이라는 확실한 증거이기는 하지만, 안 조이가 6차례 진술을 바치면서 여러 차례 진술을 바꾸기는 하였으나 결국 신장명을 범인이라고 증언한 것이 적어도 5, 6차례나 된다. 이웃에 살아서 서로 정이 두터웠다고 하더라도, 친족도 아닌데 어찌 혹독한 형장刑杖을 연이어 받으면서까지 앞서 한 진술을 고수하였겠는가! 그들 사이에 무슨 뇌물을 몰래 주고받았기 때문인지도 모르겠고, 아니면 순전히 노망이 든 사람이라서 자기 몸을 아끼지 않았기 때문인지도 모르겠다. 이러나저러나 하나하나가 의문투성이니, 번복할 수 없는 확실한 증거가 되었다고 해서 그대로 두고 따져 보지 않을 수가 없다. 다시 도신道臣을 시켜 직접 맡아서 상세히 조사하여 보고하게 하고 보고가 올라온 뒤에 형조에서 내게 물어 처리하라."

○ 평안도에서 다음과 같이 조사하여 보고하였다.

"이 살인 사건의 주범은 강득손이 아니면 신장명입니다. 증거로 말하면 열 번 귀로 들은 것이 한 번 눈으로 본 것만 못한 법이니, 신장명은 주범의 혐의를 벗어나기 어렵습니다. 그러나 지금 와서는 안 조이가 앞서 했던 진술을 싹 바꾸었고 그녀가 말한 내용이 모두 조리가 있으니, 신장명을 범인이라고 했던 한 사람의 증언마저도 또다시 허위로 귀결되었습니다. 강득손이 이러한 상황에 이르러서는 어떻게 변명하겠습니까!

애당초 소란의 실마리는 술에 취한 곳에서 시작되었으나, 마침내 구타하고 발로 걷어차서 사망하는 지경까지 이르렀습니다. 서원이 길가에 있고 당시는 장날이어서, 온종일 사람들이 왕래하는 동안 도박하던 사람들만 왕래하지는 않았을 것이고, 반나절이나 싸우는 동안 반드시 목격한 사람이 있었을 것입니다. 그러나 다른 목격한 사람은 놓아두고라도 원지기 모자조차도 보지 못했다고 하였습니다. 따라서 사망의 실제 원인은 명백하다고 하겠으나, 목격한 증인은 확보할 수가 없습니다.

그동안 조사하는 관원들이 모여 조사하여 재차 삼차 규명한 결과 강득손이 주범이라는 것은 번복할 수 없는 확실한 증거가 되었습니다. 다시 조사하는 관원더러 엄중히 조사하여 내막을 알아내게 하겠습니다. 신장명은 이제 우선 그대로 가두어 두고서 처분을 기다리겠습니다."

○ 주상의 판결은 다음과 같다.

"8명의 증언은 전해 들은 말이기는 하지만, 죽은 사람의 말은 범행을 판단할 수 있는 확실한 증거이다. 사건과 관계도 없는 사람을 허위로 끌어들이고 이웃 사람의 진술을 거짓으로 만들어 냈으며, 심지어 목에 씌운 칼을 풀고서 도피하기까지 하였으니, 나라에 형률이 있다면 강득손은 감옥의 문을 살아 나가서는 안 된다.

신장명은 이러한 내용으로 깨우쳐 주고 즉시 풀어 주라. 강득손은 연이어 신문하여 기어코 자백을 받아 내라. 안 조이 모자는 진술을 할 때마다 말을 바꾸어 이 사건을 미궁에 빠뜨렸으니, 그들이 아무리 어리석다고는 하지만 어찌 이와 같이 할 수 있단 말인가! 안 조이는 형벌을 면제해 주는 나이를 넘겼으니, 참작하여 형장을 친 뒤에 풀어 주라. 그녀의 아들 한진빈은 형장을 치고 먼 지역에 정배하여 평안도 백성에게 나라의 법이 있다는 것을 알게 하라.

왕에게 아뢰는 문서는 신중히 작성해야 한다. 하물며 살인 사건과 관계된 문서는 한 글자 한 글귀에 따라 사람이 죽느냐 사느냐가 판가름 나니 더 말할 것이 있겠는가! 따라서 문목問目(심문할 내용을 조목별로 적은 것)과 발사 이외에는 으레 사건을 담당하는 관원이 감히 조금이라도 더 수정하거나 다듬지 못한다. 그런데 요즈음 평안도의 사건 기록을 보면 너무나 지나치게 다듬어서 죄인의 진술조차도 모두 논리적으로 작성하여 법률을 왜곡하였으니, 살인 사건을 처리하는 격식을 많이 잃었을 뿐만 아니라 실질에 힘쓰는 취지도 아니다. 해당 도신은 추고하라. 그리고 형조에서 관문關文을 보내 주의를 주라."

8. 다른 사람에게 죄를 떠넘기다(4)

【관아의 차인을 목 졸라 죽이고서는 이장에게 혐의를 떠넘겼다. 사건의 근본 원인은 뇌물을 요구하였기 때문이며, 사망의 실제 원인은 구타를 당하였기 때문이다.】

○ 황주黃州의 백성 한덕로韓德老가 강사운姜士云을 죽였다.
○ 조사한 관원의 보고서는 다음과 같다.
"이 살인 사건으로 말하면, 사형의 죄를 지은 죄수는 정직하게 진술하여 조금도 머뭇거리는 일이 없었고, 이장里長은 다친 강사운을 치료하여 살리려고 애를 써서 마치 범행을 저지른 일이 있는 것처럼 하였습니다. 한오손韓五孫의 사촌 동생 한덕로에 대한 증언과 박희경朴希景의 세 차례 모순된 진술은 참으로 형조에서 아뢴 내용과 같이 모두 의심스러운 점이 있었습니다. 그래서 심문해야 할 사람들을 관문의 내용에 따라 각각 엄중하게 형장을 쳐서 여러 가지 방법으로 조사해 보니, 문서의 내용 중 허술했던 부분은 자연히 일치하였고, 전해 들은 소문 중 의혹이 있었던 부분은 모두 해소되었습니다.

한덕로는 말을 들어 보고 모양을 살펴보니 흉악하고 사나웠으며, 많은 사람과 대질 심문할 때에도 마치 옆에 사람이 없는 것처럼 방자하게 오로지 공갈만 쳐 댔습니다. 얼굴을 마주 대하고서 대질하여 따질 때가 되자 목에 씌운 칼을 들어서 치려고까지 하였습니다. 조사하는 장소에서도 이처럼 방자하였으니 마을에서는 얼마나 악행을 저질렀는지 알 수가 있습니다. 그러니 그가 모진 주먹질과 사나운 발길질로 사람을 죽이기까지 한 것이 무슨 괴이할 바가 있겠습니까!

사망한 강사운은 방주인坊主人[11]의 품팔이로서, 예전에 죄인을 붙잡으러 다니던 관아 차인의 위세를 믿고 평상시 뇌물을 요구하던 오랜 버릇에 젖어 있었는데, 길에서 한덕로를 만나자 꽉 붙들고 놓아주지를 않았습니다. 한덕로는 본래 자취를 숨기고 도망한 사람으로서 도피하기에 급급하였으므로, 강사운의 목을 조르기도 하고 신낭腎囊을 잡아당기기도 하였으나, 애당초 사람을 죽이려는 마음이 있었던 것은 아니었는데 강사운이 죽게 되었습니다.

한덕로가 두 차례 검안할 때 정직하게 진술하였던 까닭은 많은 사람이 함께 지켜보는 초기라서 감히 전부 숨기지를 못하였던 것이고, 합동조사할 때 앞서 진술했던 말을 번복하였던 까닭은 그의 어머니의 종용을 받고 난 뒤라서 갑자기 이장에게 혐의를 떠넘겼던 것입니다. 그러나 이장인 김두환金斗煥이 강사운을 붙들어 주었다는 말은 원래 근거가 없었고, 한덕로가 작은아버지의 집에 가서 잠을 잤다는 진술도 자연히 터무니없는 말로 밝혀졌으니, 애당초 경솔하게 자백했던 내용은 의심할 것이 없습니다.

---

11 방주인坊主人: 조선 시대에 주州, 부府, 군郡, 현縣과 방坊 사이의 심부름을 맡아 하던 사람으로, 면주인面主人이라고도 불렀다.

김두환은 콩과 보리조차 구별하지 못할 정도로 몹시 어리석고 못난 사람으로서, 친척 하나도 없이 타향살이하는 외로운 처지입니다. 그가 마을의 이장이 되어 항상 방주인이 시키는 일을 해 왔기 때문에 강사운과는 평소에 왕래하면서 서로 안면을 익히 알고 지냈습니다. 그런데 강사운이 방주인에게서 쫓겨난 사실을 숨기고 관아의 명령으로 차출되어 나온 것이라고 핑계를 댔습니다. 그러다가 강사운이 남에게 구타를 당하여 길가에 누워 있자, 김두환이 강사운을 업고 가서 치료하여 살리려고 애를 썼으니, 일반적인 사람의 심정으로 볼 때 당연한 것입니다. 이른바 이장이라는 자리는 힘든 일이라서 사람들이 맡지 않으려고 회피하기 때문에 이 자리에 차출된 사람은 모두 천한 자들입니다. 김두환과 강사운은 서로 처지가 엇비슷하였으며 정도 깊이 들고 안면도 익숙하였으니, 어떻게 업고 가서 치료하여 살리지 않을 수 있겠습니까! 이런 일 때문에 그가 범행을 저지른 것으로 의심해서는 안 되겠습니다.

한오손은 어리석기 짝이 없는 사람으로서, 사촌이 아무리 귀하다고는 하지만 한덕로의 범행은 한 사람이 변명할 수 있는 일이 아닌데도 보고 들은 것만 가지고서 많은 사람을 따라 혐의가 없다고 증명하였으니 본래 책망할 거리가 못 됩니다. 더구나 한덕로조차도 순순히 말로만 심문할 때에 자기의 입으로 범행을 숨기지 못하였는데, 한오손이 친척이라는 인정만 가지고서 어찌 엄중히 조사하는 날에 대신 숨길 수가 있겠습니까! 한오손으로서는 한덕로가 맨 먼저 실토했던 말에 따라 강사운이 구타당하여 죽은 상황을 고하는 것이 사리에 있어서 당연하지, 한덕로의 가까운 친족으로서 혐의가 없다고 증언하여 별도의 숨겨진 진실이 있는 것처럼 의혹을 불러와서는 안 됩니다.

박희경은 노쇠한 귀머거리로서 말에 조리가 없으니 본래 이러니저러니 따질 것이 못 됩니다. 앞서는 '강사운이 스스로 구타를 당하였다고

말하였습니다.' 하였다가 나중에는 '강사운이 말을 하지 못하였습니다.'
하였으니, 모두 순박하고 정직한 탓이고 거짓으로 꾸며 대는 것은 없는
듯하였습니다. 이러한 것 때문에 의심을 가져서도 안 되겠습니다.

그 외의 사람들은 모두 앞서 진술한 것과 똑같아서 별달리 조사할 만
한 단서가 없습니다."

○ 다산의 의견은 다음과 같다.
"일반적으로 남에게 혐의를 떠넘기는 사건은 1차 검안할 때에는 그래
도 받아들여서 심리할 수가 있지만, 시일이 오래 지나 처음 진술을 번복
한 경우에는 의심을 가질 것이 못 된다. 여러 해가 지난 뒤에라도 천하고
약한 사람이 귀하고 강한 사람에게 혐의를 떠넘기는 때에는 간혹 사안을
번복할 만큼 진실한 경우가 있기도 하다. 그러나 귀하고 강한 사람이 천하
고 약한 사람에게 혐의를 떠넘기는 때에는 진실한 경우가 하나도 없다. 앞
에 나오는 이명중李明重의 사건과 이번 한덕로의 사건이 그런 경우이다."

9. 다른 사람에게 죄를 떠넘기다(5)

【친족을 살해하고서는 이웃 아이에게 죄를 떠넘겼다. 사건의 근본 원인은 홧김에 싸웠
기 때문이며, 사망의 실제 원인은 구타를 당하였기 때문이다.】

○ 구성龜城의 백성 최수진崔守珍이 최능통崔能通을 죽였다.
○ 평안도에서 다음과 같이 아뢰었다.
"노름판에서 싸움이 일어난 데다가 더욱이 어두운 밤중에 구타하여
죽였으므로, 주범은 쉽게 혐의를 떠넘기는 말을 하였고 종범들은 도리어
목격한 증인으로 귀결되었으니, 살인 사건을 처리하는 격식으로 따져 볼

때 의심을 품을 만한 단서가 있습니다.

백 조이白召史【죽은 사람의 어머니이다.】가 '최수진의 아버지가 와서 최능통이 구타당하였다고 전해 주었습니다.'라고 진술하였으니 근거할 만한 증거가 명백히 있으며,【최수진의 아버지는 최태규崔太圭이다.】 최태규【범인의 아버지이다.】가 '즉시 백 조이에게 가서 최능통이 구타당하였다고 알려 주었습니다.'라고 진술하여 굳게 숨기지를 못하였습니다. 그러나 백 조이는 '최수진이 구타하였다는 말을 그의 아버지【최태규이다.】에게서 들었습니다.' 하였고, 최태규는 '전금동全金同에게 구타당하였다고 즉시 가서 전해 주었습니다.' 하였습니다. 두 사람을 서로 대질시켰으나 끝내 하나로 모아지지 않았습니다. 그런데도 백 조이를 애당초 심문하지 않은 것은 본래 검안한 관원의 실수이고, 최태규를 이제야 샅샅이 조사하려고 하는 것은 도리어 자식의 죄를 증명하게 하는 혐의가 있습니다.

전금동은 남이고 최수진은 가까운 친족인데,【모두 최씨의 친족이다.】 백 조이가 갑자기 주범인 남을 놓아두고서 사건과 관계가 없는 가까운 친척을 허위로 끌어들인다는 것은 일반적인 사람들의 심정으로 헤아려 볼 때 그럴 리는 없을 듯합니다. 애당초 최태규가 백 조이에게 가서 전할 때에는 최능통이 아직 죽기 전이었으므로, 급박하게 전하느라 아버지로서 아들을 위해 숨겨 줄 생각을 하지 못한 것은 그래도 괴이하게 여길 점이 없습니다. 그러다가 이제 와서 사실을 조사하게 되어서는 최수진이 반드시 죽을 사건이 되게 생겼으므로, 사안이 결정되고 난 뒤에야 최태규가 주범의 혐의를 다른 사람에게 떠넘기는 것은 상황으로 보아 당연합니다.

최태규가 또 진술하기를 '전금동이 다행히 혐의를 피하게 되었기 때문에 100금金의 돈을 마련해 주어【최태규에게 준 것이다.】 최수진의 옥바라지를 할 비용으로 쓰게 하였습니다.'라고 하였습니다. 그러나 범인의 아버지를 돈으로 매수하여 아들의 범죄를 증명하게 한다는 것은 이치에 맞지 않는 말입니다. 그뿐만 아니라 가령 정말로 이러한 일이 있었다고 하더라도, 그러한 사실을 범죄의 진상으로 제기하여 자기 아들의 원통함을 호소하였다면 스스로 해명할 수 있는 단서가 되기에 충분하였을 것입니다. 그런데도 그렇게 하지 않고서 사실을 숨긴 채 발설하지 않고 몰래 스스로 받아서 썼다가, 이제 조사하는 장소에서 말이 궁색할 때가 되어서야 그러한 사실을 구실로 삼아 현혹할 셈을 하려고 하였으니, 그의 심술을 따져 보면 몹시 흉악하고 교활합니다. 그러니 그의 아버지가 강력하게 변명한다고 해서 그의 아들이 주범이라는 사실을 의심해서는 안 됩니다.

최수진은 전처럼 합동 조사하여 기어코 내막을 알아내게 하는 것이 좋을 듯합니다. 형조에서 주상께 여쭈어 처리하게 해 주소서."

○ 다산의 비평은 다음과 같다.
"논리가 정연하니 주상께 아뢴 심리한 의견 중 훌륭한 것이다."

○ 주상의 판결은 다음과 같다.
"최수진의 살인 사건은 다음과 같이 판결한다. 사람을 죽이는 변괴가 어두운 밤에 발생하였으니, 주범과 종범을 분별하여 밝히기가 가장 어렵다. 최태규의 도리로는 아들인 최수진을 위해 숨겨 주려고 하는 것은 참으로 이상한 일이 아니다. 그런데 처음에는 무슨 마음으로 구타한 사실을 최능통의 어머니에게 직접 전해 주었다가, 나중에는 무엇 때문에 다른 사람에 죄를 옮기려고 하였는가! 도신이 아뢴 내용 중에서 '급박하게 전하느라 아버지로서 아들을 위해 숨겨 줄 생각을 하지 못한 일은 그래도 괴이하게 여길 것이 없습니다. 사안이 결정되고 난 뒤에야 최태규가 주범의 혐의를 다른 사람에게 떠넘기는 것은 상황으로 보아 당연합니다.' 라고 한 것은 참으로 매우 정확하게 파악한 말이다.

최태규는 아버지로서 자기 아들이 죽을 지경에 빠져 있는 것을 목격하였으면서도 도대체 무슨 마음으로 차마 다른 사람의 많은 재물을 착취하려고 도리어 유족을 속여서 뇌물을 받았단 말인가! 이것을 통해서도 사건이 오래되자 전혀 거리낌 없이 농간을 부렸다는 사실을 알 수가 있다.

백 조이로 말을 하더라도, 아들을 위해 복수하려는 마음으로는 원수에게만 기꺼이 복수하려고 할 뿐이지 어찌 다른 생각을 가지겠는가! 더구나 전금동은 이웃 아이이고 최수진은 가까운 친족인데, 죽여야 할 이웃 아이를 놓아두고서 죄도 없는 가까운 친족을 끌어들인다는 것은 일반적인 사람의 심정으로 헤아려 볼 때 어찌 그럴 리가 있겠는가! 이번에 다시 조사하라고 명한 것은 참으로 죽을 상황에 있는 사람이라도 살려줄 수 있는 방도를 찾아보려는 취지에서 나왔으나, 사건의 정황을 참작해 볼 때 용서할 만한 단서가 없는 듯하다. 우선 전처럼 합동으로 조사하게 하라."

○ 주상의 판결에 대한 다산의 견해: 최태규가 말하기를 '전금동이 저희 집에 뇌물을 주었습니다.' 해 놓고, 또 말하기를 '전금동이 유족에게 뇌물을 주었습니다.' 하여, 그 말을 여러 차례 바꾸었으니, 어떻게 신뢰하겠습니까!

10. 다른 사람에게 죄를 떠넘기다(6)

【낫으로 목을 베어 죽이고서는 아우가 형을 죽였다고 말하였다. 사건의 근본 원인은 술김에 싸웠기 때문이며, 사망의 실제 원인은 낫에 찔렸기 때문이다.】

○ 평양平壤의 백성 강귀동康貴同이 이기동李己同을 죽였다.

○ 1차 검안보고서의 발사跋詞는 다음과 같다.

"시신의 목 왼쪽에 나 있는 낫에 베인 상처로 말하면, 위쪽은 얕고 좁으며 아래쪽은 깊고 넓어지다가 식도食道와 기도氣道가 끊어지기까지 하였습니다. 강귀동이 오른손으로 낫을 잡고서 이기동의 얼굴을 마주 대한 상태에서 찍어서 베였기 때문에 목 왼쪽에 상처가 났는데, 낫에 찍히기 시작한 위쪽 부위는 얕고 좁게 베였고, 뒤통수와 뒤 목덜미 쪽으로 낫이 빠진 아래쪽 부위는 깊고 넓게 베였으며, 결분골缺盆骨(쇄골 부위)까지 이어졌습니다. 이러한 증상은《무원록》〈조례·인상사〉의 조항과도 합치됩니다. 그러므로【다산이 비평하기를 '이상 15자는 군더더기이다.' 하였다.】 사망의 실제 원인은 '낫에 찔려 죽게 되었다.'라고 기록하였습니다.

강귀동은 낫으로 구타한 사실을 이대성李大成에게 떠넘기려고 합니다. 하지만 싸우고 난 뒤 결박을 당할 때에 그의 세 형제가 혼자인 이대성을 두려워할 것이 무엇이 있어서 순순히 결박을 당하였겠으며, 그의 아우 두 사람은 또 무슨 이유로 함께 도망하였겠습니까! 마을 사람들이 모여들었을 때에도 무엇 때문에 '이대성이 낫으로 자기 형을 찍었다.'라고 스스로 앞장서서 말을 하여 그의 변명할 단서로 삼았겠습니까! 강귀동이 이 사건의 주범이라는 사실은 단연코 의심할 것이 없습니다. 그러므로 주범은 강귀동으로 기록하였습니다.

강귀동의 아우 강가동康加同과 강소동康小同 등은 힘을 합쳐 힘께 싸웠다고 하였으니, 똑같이 진술을 받아야 합니다. 그러나 아우더러 형의 죄를 증명하게 하는 일이고 현재 도망하여 붙잡히지도 않은 상태이므로 우선 주의를 주어 탐문하여 붙잡게 하겠습니다."

○ 다산의 비평은 다음과 같다.
"이와 같은 사건에 대한 심리 의견은 글자 한 자조차도 신중해야 한다.

그런데 처음에는 '찍어서 베었다.[斫割]'라고 하고서는 뒤이어 '낫으로 구타하였다.'라고 하였으니, 그래서야 되겠는가! 찍어서 베기까지 한 것은 고의적으로 저지른 일이고, 구타하다가 찍은 것은 잘못으로 저지른 일이다. 낫에 찍히기 시작한 부위의 상처는 얕고 좁으며 낫이 빠진 부위의 상처는 깊고 넓었으니, 낫으로 후려쳐서 식도와 기도를 자른 것이다. 도신道臣의 장계狀啓와 형조의 계사啓辭에서 결국 고의적으로 저지른 행위인지 잘못으로 저지른 행위인지 판단하지 못하고 애매하게 처리한 것은 '구타하다.[打]'라는 1자가 빌미가 되어서이다.

하물며 이 사건에서는 사망의 실제 원인을 '베였다.[被割]'라고 해야 하는데 무슨 이유로 '낫에 찔렸다.[被刃]'라고 한 것인가! '베였다.'라고 하면 벤 사람이 주범이 되지만, '낫에 찔렸다.'라고 하면 낫이라는 것은 본래 감정이 없는 물건이니 죄를 물을 수가 없다. 그러니 사건에 대한 심리 의견을 글로 작성하는 것도 어렵지 않겠는가!"

○ 2차 검안보고서의 발사는 다음과 같다.

"사망의 실제 원인은 '낫에 찔려 죽게 되었다.'라고 기록하였습니다. 주범은 강귀동으로 기록하였습니다."

○ 평안도에서 다음과 같이 아뢰었다.

"이 사건으로 말하면, 강귀동이 아무 말 없이 결박을 당한 것은 스스로 꿀려서이고 강귀동의 두 아우가 도피한 것은 더욱 분명한 증거입니다. 그뿐만 아니라 강귀동이 부부 싸움을 하고 난 뒤에 벌인 일이고 보면 강귀동이 남에게 화풀이를 한 것이고, 사물을 분별하기 어려운 어두운 밤과 달리 대낮에 저지른 일이고 보면 이대성이 반드시 잘못 알고 찔렀을 리가 없습니다. 그런데도 강귀동이 감히 두서없는 말로 이대성에게 혐의를 떠넘길 셈을 한 것은 대단히 흉악합니다. 형장을 쳐서 자백을 받아 내는 것을 그만둘 수 없습니다."

○ 주상의 판결은 다음과 같다.

"강귀동의 살인 사건은 다음과 같이 판결한다. 이기동이 목숨을 잃은 것은 전적으로 강귀동이 낫으로 찍었기 때문이었다. 그런데도 1차 진술과 2차 진술에서 잠깐 실토하다가 곧바로 입을 다물고, 처음부터 끝까지 '이대성이 잘못 알고 자기 형을 죽인 것입니다.'라고 혐의를 떠넘겼으니 본래의 죄명 이외에 인륜을 해치는 죄까지도 저지른 것이다. 그러니 사건을 성립시켜 목숨으로 보상하게 하는 것에 대해서는 의문을 가질 수가 없다. 그러나 살인 사건의 처리 규정은 매우 엄중하여 사망의 실제 원인이 분명하더라도 반드시 증거가 갖추어질 때까지 기다렸다가 판결하도록 하였으니, 그처럼 법을 제정한 본래의 취지가 어찌 괜한 것이겠는가! 이와 같이 한 뒤에야 사람의 목숨을 중시하고 백성의 마음을 복종시킬 수가 있기 때문이었다.

이번 사건에서 강귀동은 사납고 흉악한 사람이라고 하지만, 그도 인간의 본성을 갖추고 있는 사람이다. 그러니 자기 아내를 구타하고 자기 어버이에게 공손하지 않으며 다른 사람 때문에 화가 나서 자기 형에게 화풀이하는 짓은 본성을 잃은 사람이 아니라면 분명히 술에 잔뜩 취해서일 것이다. 그가 소란을 일으키게 된 경위와 범행을 저지른 광경에 대해서는 목격한 증인들에게 상세히 심문한 뒤에야 실제 정황을 파악할 수가 있다.

이 사건의 명확한 증언으로는 유족을 제외하면 임 조이任召史 및 존위尊位와 이장 등의 진술뿐이다. 그런데 임 조이는 '온 마을 사람들에게 들었습니다.' 하였고, 면임面任은 '눈으로 보지는 못했으나 한 마을의 여러 사람이 모두 모였습니다.' 하였다. 2차 검안보고서의 결론에서는 온 마을 사람들의 공정한 여론만을 가지고서 무리하게 사형으로 판결해야 하는 분명한 증거로 삼았다. 그러나 이른바 온 마을 사람을 애당초 잡아와서 진술을 받지도 않았고 임 조이의 말 한마디에만 의거하여 갑자기 사건을 성립시켰으니 사건을 처리하는 규정으로 헤아려 볼 때 너무도 허술하지 않은가! 1차 검안한 관원과 2차 검안한 관원을 모두 무거운 쪽으로 추고推考하라.

그 당시 검안보고서에 대한 도신의 제사題詞 가운데 '이 사건은 실수로 저지른 살인이 아니라 분명히 의도를 가지고서 고의로 찔러 죽인 것이다.'라고 한 내용이 있었다. 그런데 강귀동의 본래 심정을 샅샅이 추궁해 보지도 않았는데 도신도 어떻게 꼭 그렇다고 확신할 수 있겠는가! 억측하여 판결한 실수에 대해 경고가 없어서는 안 된다. 해당 도신을 추고하라. 대체로 범죄는 범죄이고 사건 기록은 사건 기록이니, 이처럼 허술한 사건 기록을 기록하여 보고할 사안에 포함시켜 둘 수가 없다. 다시 도신을 시켜서 특별히 조사를 행하게 하고 이어서 의견을 갖추어서 장계로 보고하게 하라."

○ 평안도에서 다음과 같이 조사하여 보고하였다.

"이 사건은 사망의 실제 원인이 정확하지만 증거가 분명하지 않습니다. 증거가 분명하지 않기 때문에 주범인 사람도 감히 혐의를 떠넘길 계획을 하고서는 심지어 윤리를 어그러뜨리는 말까지 하여 이대성에게 억지로 덮어씌웠습니다. 그러자 이대성은 지나치게 겁을 먹고서는 진술을 바꾸어 처음에는 '이웃집에서 담배를 피웠습니다.'라고 하였으나 끝내 터무니없는 것으로 판명이 되었고, 마지막에는 '저의 조카가 형의 죽음을 전해 주었습니다.'라고 하였으나 또다시 허위로 결론이 났습니다. 이것은 잔꾀를 부리려다가 제 꾀에 넘어간 것으로 의혹을 불러올 만한 행적이었습니다만, 강귀동의 진술이 거의 이치에 맞지 않았기 때문에 이대성이 이 사건의 주범이 되는 것을 면할 수 있었습니다.

이제 이대성을 너그럽게 용서하는 마음으로 강귀동에게까지 미루어서 생각해 보면 이렇습니다. 강귀동은 이기동과 이웃에 살면서 평소에 원한이 없었습니다. 게다가 이대성이 애당초 싸움을 말린 것은 같은 마을에 사는 사람의 호의에서 나왔고, 강귀동이 갑자기 화풀이를 한 것은 술에 취한 사람들의 일반적인 버릇에 불과합니다. 싸움이 점차 격렬해져서 상황이 좋지 않게 흘러가자 이기동이 아우를 위해 싸움을 만류한 것도 그만둘 수 없었던 일이었습니다. 강귀동으로서는 이기동에게 화를 낼 만한 단서가 조금도 없으니 어찌 화를 전가할 리가 있겠습니까! 속에 분노가 가득 찬 상태에서 술 취한 눈에 보이는 것이 없다 보니 생긴 일일 뿐입니다. 세 사람이 서로 뒤엉켜 붙잡고서 이놈 저놈 하며 온 마당이 싸움터가 되어 구타하기도 하고 만류하기도 하다가, 낫을 잡은 손이 비껴나가 엉뚱하게 맞게 된 것입니다. 강귀동으로서는 이기동을 죽이려는 마음이 반드시 있었다고 할 수 없으나, 이기동은 불행하게도 강귀동 때문에 죽게 되었습니다.

다만 그들이 싸울 때에 온 마을이 텅 비어 있어서 어렴풋이 전해 들어 알게 되었고, 담장을 사이에 두고 사는 술집의 노파 한 사람만 있었습니다. 그리하여 이대성은 이기동의 아우라는 이유로 정상 참작을 해 주었으나, 강귀동은 남이라는 이유로 죄를 면하지 못하였습니다. 그러므로 서로 혐의를 떠넘기면서 결말이 날 기약이 없습니다.

대체로 살인 사건을 심리하는 법은 정황과 행적과 법률 세 가지를 참작하여 판결하는 것에 불과합니다. 이 사건은 정황으로 보면 이기동을 반드시 죽여야 할 실마리가 없고, 법률로 보면 사건을 목격한 증인이 없습니다. 이제 행적만 가지고서 논하자면 '이대성이 사람을 잘못 알고 자기 형을 찌르는 일은 결코 없었을 것이며, 강귀동이 술 취한 김에 범행을 저지른 사실은 더 이상 의심할 것이 없습니다.'라고 하겠습니다. 그렇다고 갑자기 강귀동을 목숨으로 보상하는 죄로 곧바로 몰아가는 것도 사건을 자세히 살펴 심리하는 방도가 아닌 듯합니다. 그러나 사건을 처리하는 규정은 매우 엄중하여 경솔히 의논하기가 어렵습니다. 그러므로 감히 정황과 법률을 상호 참작해서 이치를 따져 서술하여 보고하니, 다시 형조에서 주상께 여쭈어 처리하게 하소서."

○ 다산의 의견은 다음과 같다.

"이대성은 이기동의 아우이다. 세상에 싸우던 상대를 놓아두고 자기 형을 찌를 사람이 있겠는가! 강귀동이 허위로 이대성을 범인이라고 끌어들인 것은 사형의 죄를 지은 죄수의 마구 지껄이는 말에 불과하고, 이대성이 진술을 번복한 것은 어리석은 백성이 겁을 먹고서 한 짓이다. 그런데 이제 이대성을 용서해 주는 김에 강귀동까지 용서해 주자고 하는 것이 옳은가! 도신이 그렇게 서술한 이유는 범인이 죽은 사람에게 본래 화를 낼 만한 일이 없어 대번에 죽여야 할 리가 없기 때문에 깊이 의문을 품고 있다가 점차 너그럽게 용서해야 한다는 말을 하게 된 것이다.

그러나 아무런 이유도 없이 화를 내고 칼을 빼들어 사람을 죽인 경우에는 그 죄가 더욱 무거운데, 어찌 이치에 맞지 않는 이유로 용서해 줄 수 있겠는가! 주먹으로 때리고 발로 걷어차서 죽은 경우에는 '그가 죽을 줄은 생각지도 못하였습니다.'라고 말할 수도 있고, 몽둥이로 치거나 절굿공이를 던져 죽은 경우에는 '불행하게도 우연히 맞은 것입니다.'라고 말할 수도 있다. 그러나 이제 날카로운 낫을 직접 잡고 가서 식도와 기도를 끊어 놓고서는 잘못 저지른 것이라고 떠넘기려고 한다. 그리하여 죽여야 할 사람은 죽이지 않고 원통하게 죽은 사람은 보상을 받지 못하게 된다면, 공평한 심리가 어디에 있단 말인가!"

○ 주상의 판결은 다음과 같다.

"강귀동의 살인 사건은 다음과 같이 판결한다. 한 차례 조사하고 두 차례 조사하였으나 여태까지 결말을 짓지 못하고 있는 이유는 증거가 갖추어지지 않았기 때문이다. 이제 와서 임 조이의 담장 너머로 들었다는 말은 갈수록 더욱 아리송해졌고, 김가金哥가 죽고 난 뒤에는 철저히 조사할 길마저 없어졌다. 그러자 도신의 장계에서 정상을 참작하여 용서해 주어야 한다는 의견과 형조의 계사에서 법대로 집행해야 한다는 말이 나오게 되었던 것이다.

그러나 정황이나 법률을 막론하고 세상의 일이란 상식을 벗어나지 않는 법이다. 이대성이 싸움을 말린 것은 호의에서 나왔고 이기동이 아우를 구한 것도 지극한 정에서 나왔으니, 강귀동으로서는 원망하거나 화를 낼 일이 조금도 없었다. 그런데 저 강귀동이 아무리 흉악하기 짝이 없는 사람이라 하더라도 사람으로서의 마음이 조금이나마 있다면, 어찌 차마 원한이 없는 처지에서 원한을 품고 화를 낼 사람도 아닌 사람에게 화를 내어 기어이 낫을 휘둘러 그 자리에서 찔러 죽이고야 말려고 하였겠는가! 종로에서 뺨 맞고 한강에서 눈을 흘긴 것은 무식한 탓에서 나온 행위이더라도, 갑甲 때문에 화가 나서 을乙에게 화풀이한 것이 어찌 고의로 죽이려는 마음이었겠는가! 이것은 본래 상식으로 볼 때 있을 수 없는 일이다.

술집 노파의 진술과 유족의 진술로 보더라도, 강귀동이 술에 잔뜩 취해 인사불성이었던 사실은 미루어 알 수가 있다. 술은 본래 사람을 미치게 하는 약이고 술에 취하면 정신을 차릴 수가 없으니, 얼굴 앞에 있던 이기동을 반드시 살피지 못하였을 것이고, 손에 낫을 쥐고 있다는 사실도 반드시 잊어버렸을 것이다. 어지럽게 소리를 지르고 마구 날뛰면서 한 덩어리로 뒤엉켜 있던 상황에서 강귀동이 우연히 낫을 잘못 던졌을 뿐만 아니라 이기동도 아무런 생각 없이 스스로 부딪친 것이 아니라고 어떻게 보장하겠는가! 이것은 일반적인 상식으로 얼마든지 생각할 수 있는 일이다.

이제 세월이 오래 지나서 샅샅이 조사할 곳이 없으니, 사망의 실제 원인이 분명하다는 사실만 가지고서 살인 사건을 성립시키는 범죄의 진상으로 삼는다면, 아무래도 자세히 살피고 신중히 심리하는 방도에 흠이 있는 일이다. 다시 도신을 시켜서 직접 맡아 조사한 뒤에 의견을 내어 하나로 결론을 지어서 장계로 보고하게 하라. 살인 사건을 심리하는 격식으로는 반드시 죽을 상황에서도 살려 줄 수 있는 길을 찾고 의심이 없는 상황에서도 의심을 가져야 한다. 그러나 강귀동이 이대성에게 혐의를 떠넘긴 것은 죽을 상황에서 살아나 보려고 내뱉은 몹시 윤리를 손상하는 말이다. 그런데 도신의 장계에서 이것을 가지고 의혹을 품는 단서로 삼고 애매모호한 죄에 두었으니, 어찌 도신의 위치에 있는 사람이 이처럼 사리에 어긋나는 말을 할 줄 생각하였겠는가! 해당 도신은 추고推考하라. 이대성은 즉시 풀어 주라.”

○ 주상의 판결에 대한 다산의 의견은 다음과 같다.

“사람을 죽인 것은 큰 죄이고, 술김에 사람을 죽인 것은 더욱 큰 죄이며, 곧바로 낫으로 베어서 죽인 것은 더욱 용서할 수 없는 큰 죄입니다. 반복해서 조용히 헤아려 보아도 신은 그를 살려 줄 수 있는 길을 찾지 못하겠습니다.”

상형추의

9

1. 다른 사물 때문에 죽었다고 핑계를 대다(1)

【파리한 백성을 구타하여 죽이고서는 말이 걷어차서 죽었다고 혐의를 떠넘겼다. 사건의 근본 원인은 홧김에 구타하였기 때문이며, 사망의 실제 원인은 구타를 당하였기 때문이다.】

○ 경주慶州의 백성 김암외金巖外가 김아동쇠金牙同金를 죽였다.
○ 검안보고서의 내용은 빠졌다.
○ 주상의 판결은 다음과 같다.

"말이 김아동쇠를 찬 것이 결코 아니고, 사람이 구타한 것이 분명하다. 주범 김암외는 진영鎭營의 건장한 군졸이고, 죽은 사람 김아동쇠는 소금을 파는 파리한 백성이다. 한 사람은 말을 타고 한 사람은 소금 실은 말을 끌고 가다가 두 마리 말이 서로 부딪쳤다. 김암외가 이 때문에 화를 내어 점차 서로 싸움으로 번져 손으로 잡아끌고 돌로 때렸다. 양쪽 이마, 뒷목, 뺨, 등줄기 등의 부위에 매우 많은 상처가 생겼을 뿐만 아니라 게다가 그 상처의 길이와 너비도 모두 넓고 커서 온몸에 거의 빈틈없이 다친 흔적이 나 있었다.

증인의 진술을 참고해 보면 범행을 저지른 자취가 불을 보듯 명확하다. 그리고 말굽에 걷어차였다면 어찌 이와 같이 상처가 날 수 있겠는가! 검안한 관원이 '소금을 실은 말이나 사람을 태운 말의 발굽에 차였다면 어찌 이마 양쪽과 귀뿌리의 뒤까지 상처가 나겠습니까!'라고 하였으니, 그 말도 명확하다. 이 사건을 판결하는 사람은 김암외는 강하고 김아동쇠는 약하다는 사실을 살펴서 말이 찼는지 사람이 구타하였는지를 구별해야 한다.

이 문서를 가지고 반복해서 따져 보면, 이 사건의 주범이 김암외가 아니고 누구겠는가! 그러나 주범이 진술하기를 '길을 가던 사람과 무슨 원한이 있겠습니까!' 하고 또 진술하기를 '만약 제가 범행을 저질렀다면 어찌 도망하여 피하지 않았겠습니까!' 하였다. 이 두 가지 진술은 거짓으로 꾸며 댈 꾀에서 나온 것이기는 하지만, 찬찬히 따져 볼 단서가 되기도 한다. 이는 도신道臣과 조사하는 관원에게 달렸으니, 만일 의문의 단서가 있으면 자연히 이치를 따져 나에게 보고할 것이다. 김암외를 우선 전처럼 합동으로 심문하게 하라."

○ 주상의 판결에 대한 다산의 견해: 사람이 말굽에 차일 경우에는 한 차례만 차여도 고꾸라져서 재차 차이지는 않는 법인데, 온몸에 상처를 입을 리가 있겠습니까! 진영의 군졸이 허리에는 붉은 포승줄을 차고 머리에는 붉은 털모자를 쓰고서, 좋은 말을 타고 큰길을 독차지한 채 호기롭게 마구 달려왔을 테니, 느릿느릿 걸어오는 소금 장수가 하루살이처럼 하찮게 보였을 것입니다. 그 보잘것없는 사람이 당돌하게 부딪치자 한주먹에 때려 죽였으니 이루 다 말할 수 있겠습니까! 이러한 자들에게 모욕을 당한 사람들이 어찌 모두 지난 시기의 묵은 원한이 있어서겠습니까! 이는 의심할 것이 못 됩니다.

2. 다른 사물 때문에 죽었다고 핑계를 대다(2)

【연약한 부녀자를 구타하여 죽이고서는 말에게 짓밟혀서 죽었다고 혐의를 떠넘겼다. 사건의 근본 원인은 홧김에 구타하였기 때문이며, 사망의 실제 원인은 구타를 당하였기 때문이다.】

○ 부안扶安의 사노私奴 서산西山이 한 조이韓召史를 죽였다.

○ 전라도에서 다음과 같이 조사하여 보고하였다.

"이 살인 사건의 핵심은 사람이 걷어찼는지 말이 짓밟았는지를 분별하는 데 전적으로 달려 있습니다. 1차 검안보고서와 2차 검안보고서의 시장屍帳을 상세히 살펴보고 각 증인 등의 진술을 참고해 볼 때, 이 사건은 사람이 구타하여 죽인 것이 분명하고 말이 상처를 입혀 죽은 것이 결코 아닙니다.

시장으로 말하면, 왼쪽 이마의 살갗이 벗겨진 것, 왼쪽 눈꺼풀이 부어오른 것, 좌우의 태양혈太陽穴과 눈썹 사이가 푸른색을 띠고 약간 단단한 것, 왼쪽 뺨이 피멍이 들고 약간 단단한 것, 왼쪽 귓불이 자주색을 띠고 약간 부은 것, 왼쪽 턱이 검푸른 색을 띠고 약간 부은 것, 뒷머리털이 자라는 경계와 왼쪽 귀뿌리 및 왼쪽 목이 검고 단단한 것 등의 상처는 모두 목숨을 잃을 수 있는 급소 부위에 난 것들입니다. 이것들이 참으로 말에게 짓밟혀서 생긴 상처이고 얼굴에 이렇게까지 많은 상처가 났다고 한다면, 피가 터지고 살이 문드러져 그 자리에서 죽게 되는 것이 당연하지 어찌 살갗이 벗겨지고 부어오르기만 한 상처를 입고서 6, 7일이나 끌다가 죽겠습니까!

게다가 말이 마구 달릴 때는 그 보폭이 매우 크지만, 사람의 얼굴은 접시만 한 크기에 불과할 뿐입니다. 가령 말에게 잘못 짓밟혔다고 하더라도 한곳이 집중적으로 다치고 부서지는 것은 그럴 수도 있는 일이라고 하겠으나, 어찌 눈·귀·이마·눈썹·뺨·목·턱 등 이처럼 매우 많은 부위를 골고루 다칠 리가 있겠습니까! 더구나 말굽의 편자에 찍힌 상처는 한군데도 없고, 《증수무원록》〈조례·인마답사人馬踏死〉의 조항을 참조해 보아도 합치되는 점이 없으니, 말에 밟혀서 죽은 것이 아님을 환히 알 수 있습니다.

게다가 1차 검안할 때와 2차 검안할 때에는 서산이 진술하기를 '제가 탄 말이 뛰쳐나가서 한 여인[韓女]을 들이받아 쓰러뜨렸습니다.' 하였는데, 이제 와서는 진술하기를 '한 여인을 부축하여 세워서 말의 등에 태우던 사이에 말이 거부하여 떨어져서 그대로 짓밟히게 되었습니다.' 하였습니다. 5년 동안 고정태高丁太를 태우던 말이 이제 갑자기 한 여인을 태우려고 하였겠습니까![12] 더구나 목격한 증인인 오인재吳仁才는 서산이 주먹으로 때리고 발로 걸어차는 것을 목격하였고, 이용봉李龍奉과 박봉손朴鳳孫은 한 여인이 쓰러져서 피를 흘리는 것을 보았으며, 그러한 사실을 아주 분명하게 진술하였습니다.

그뿐만 아니라 '한 여인이 돌로 때렸습니다.'라고 한 말도 본래 서산의 진술이었으니, 서산이 그 자리에서 보복하였으리라는 것은 말을 하지 않아도 알 수 있습니다. 그런데 이제 와서는 도리어 사실을 숨기고 '한 여인이 돌로 때린 일은 없었습니다.'라고 하였으니, 죽을 상황에서 살아보려는 사람이 무슨 짓인들 못 하겠습니까!

한 여인이 말에 짓밟혀서 죽었다는 말이 이미 터무니없는 것으로 밝혀진 이상 서산이 한 여인을 구타하여 죽인 사실은 의심할 것 없이 명백합니다. 따라서 법에 따라 목숨으로 보상하게 하는 것을 단연코 그만둘 수가 없습니다. 위에서 거론한 죄인 사노 서산은 더욱더 엄중히 형장을 쳐서 기어코 내막을 알아내겠습니다."

○ 주상의 판결은 다음과 같다.

"걸어차서 생긴 상처와 들이받아서 생긴 상처는 사람이 그랬거나 말

---

12 5년……하였겠습니까: 《심리록》과 《일성록》에 의하면, 이 살인 사건은 서산西山이 고정태高丁太를 욕하자, 한 조이韓召史가 어른을 능멸한다며 서산을 꾸짖고 돌로 때리면서 시작되었다. 서산은 한 여인이 고정태의 말에 짓밟혀서 죽은 것이라고 떠넘겼다. 고정태의 태太 자가 《심리록》에는 태泰로, 《일성록》에는 대大로, 《승정원일기》에는 태太로 되어 있다.

이 그랬거나 똑같다고 말해서는 안 되고, 주먹으로 때리거나 돌로 때린 것은 몽둥이로 구타하거나 칼로 찌른 것과 다름이 없다. 도신의 장계와 형조의 계사啓辭 모두 매우 정확하게 서술하였으니, 서산을 우선 전처럼 합동으로 심문하게 하라."

○ 주상의 판결에 대한 다산의 견해: 《증수무원록》〈조례·인마답사〉에 이르기를 '소나 말이 급소 부위를 짓밟으면 밟히자마자 즉시 죽되, 뼈가 부러지기도 하고 창자와 장기가 밖으로 빠져나오기도 한다. 나귀나 노새가 짓밟아서 생긴 상처는 말에 짓밟혀서 생긴 상처보다는 작고, 그 상처의 자국은 엉겨서 형태를 이룬다.' 하였으니, 주먹으로 때리거나 발로 걷어차서 생긴 상처와 어찌 구별하기 어려울 것이 있겠습니까!

3. 강한 세력을 가진 사람이 학대하다(1)

【힘없는 백성은 제재를 당하였고, 지방의 세력가는 분풀이를 하였다. 사건의 근본 원인은 술김에 싸웠기 때문이며, 사망의 실제 원인은 발에 차였기 때문이다.】

○ 경주慶州의 백성 최주돈崔柱敦이 이세태李世泰를 죽였다.
○ 경상 감영慶尙監營의 제사題詞는 다음과 같다.
"상처는 모두 급소에 여기저기 어지러이 나 있고 주범은 형장을 치며 신문하지도 않았는데 자백하였다. 따라서 격식을 갖추어 합동으로 심문하고 2차 심리를 진행한 뒤에 주상께 보고하는 것은 차례로 진행해야 할 일이다. 주범이 전후로 진술하면서 모두 술에 취한 상태에서 벌어진 일이라고 말을 했던 것은 그의 흉악하고 교활한 마음으로 '술김에 사람을 구타하였다고 하면 아마도 정상을 참작하여 용서해 줄 것이다.'라고 망령되이 생각하였기 때문이다. 그러나 술에 잔뜩 취해 사람을 죽인 경우에는 원래 사형을 감해 주는 법이 없다.

게다가 그가 참으로 술에 취해서 거의 제정신이 아니었다고 한다면, 좀도둑이라는 모욕을 어떻게 기억할 수 있겠으며, 발로 걷어찬 사실을 어떻게 생각해 낼 수 있겠는가! 그가 화를 내고 범행을 저지른 것은 모두 차례차례 진행되었으니, 술에 잔뜩 취한 사람이 이리 넘어지고 저리 자빠진 것과는 달랐다. 그런데 그가 어떻게 감히 술에 취해서 벌어진 일이라고 진술하여 은연중에 사건을 애매모호하게 만들 꾀를 내었는가! 그러나 검안하는 격식으로 볼 때에는 그가 술에 취했는지 취하지 않았는지도 유족 및 목격한 증인 들에게 한 차례 물어보았어야 하였다. 그런데도 1차 검안할 때와 2차 검안할 때 모두 거론한 일이 없었으니, 어찌 허술하지 않겠는가! 두 차례 검안할 때의 형리刑吏에 대해서는 우선 과실을 기록해 두었다가 고과考課에 반영하라.

현감縣監은 그대로 합동 조사관으로 정하고, 이 제사를 가지고서 심문할 항목을 만들어서 엄중히 형장을 치며 심문하여 자백을 받아 내라. 1차 검안보고서의 내용 중 김천부金千夫의 진술에서만 3일이라고 말하였으니, 이는 틀림없이 해당 서리가 잘못 쓴 탓일 것이다. 각별히 조사하여 다스리라고 낱낱이 공문을 보내 알려서 시행하라."

○ 다산의 견해: 검안보고서에 진술을 받아 기록할 때 하루에 처리할 수가 없으면 3, 4일이 걸리기도 하고 5, 6일이 걸리기도 한다. 그러나 검안할 때에는 각각 다른 날 받은 진술일지라도 모두 '같은 날 다시 심문하니'라고 기록하는 것이 관례이다. 이것은 반드시 바로잡아야 할 일이다. 살인 사건에서 진술하는 사람들이 첫날에는 정직하게 진술하였다가 며칠 지난 뒤에는 말을 바꾸기도 하고, 첫날에는 사실을 숨겼다가 며칠 지

난 뒤에는 정직하게 진술하기도 한다. 그 사이의 날짜가 얼마나 되는지와 시각이 얼마나 되는지에 따라 사건의 정황을 깊이 캐내어 진실과 허위를 판가름할 수가 있으니, 관계되는 일이 크다고 하겠다. 그런데 어찌 5, 6일 동안 진술한 것을 통틀어 '같은 날에 다시 심문해 보니'라고 말할 수 있겠는가! 이것은 반드시 형률을 담당한 관원이 주상에게 아뢰고 나서 팔도에 공문을 보내 알린 뒤에야 잘못된 습관을 없앨 수 있을 것이다.

○ 주상의 판결은 다음과 같다.

"이 살인 사건은 다음과 같이 판결한다. 온몸에 성한 곳이라고는 하나도 없이 상처를 입고서 그날로 목숨을 잃었으므로, 증언을 듣기도 전에 벌써 범행을 자백하였다. 따라서 당시에 그가 술에 취했는지 취하지 않았는지는 애당초 심문할 것도 없는 일이지만, 그의 범죄 행적을 따져 보면 심보가 몹시 음흉하고 끔찍할 뿐만이 아니다. 이 외에 또 한심한 점이 있다.

최주돈이 한창 혈기 왕성한 장정이라고는 하지만, 이세태도 노쇠한 사람은 아니다. 따라서 서로 싸울 때는 둘 다 똑같이 술에 잔뜩 취한 상태였으니, 설사 강약의 차이는 있더라도 한쪽만 일방적으로 주먹질과 발길질을 할 리가 없다. 그러나 끈을 풀어 그의 손을 묶어 놓고서 마음대로 구타하였는데도 처음부터 순순히 당하면서 감히 저항하지 못하였다. 이것은 다른 이유가 없다. 평소 양민良民이 지방의 세력가를 사나운 호랑이보다 더 무섭게 여기다가 점차 위축되는 지경에 이르렀기 때문이다. 심지어 끈에 묶이고 구타를 당하였는데도 감히 반항조차 못 하였으니, 어찌 최주돈 한 사람과 이세태 한 사람만 그럴 뿐이겠는가!

지방의 세력가가 이렇게까지 양민을 학대하는데도 수령이란 자가 남의 일처럼 여기고 보살펴 주지를 않으니, 법률과 사리로 헤아려 볼 때 어찌 이럴 수가 있는가! 이처럼 위세를 부리고 잔혹한 짓을 행하는 자들에 대해서는 결코 하루라도 형률의 집행을 늦출 수가 없다. 특별히 주의를 주어 합동으로 심문해서 기어코 자백을 받아 내게 하라."

○ 주상의 판결에 대한 다산의 견해: 이 사건도 술에 취한 상태에서 저지른 살인입니다. 그러나 체력의 강약과 집안의 강약이 본래 같지 않기 때문에 최주돈의 죄를 강한 사람이 약한 사람을 죽인 것으로 보아 매우 엄중한 처분을 내리신 것입니다. 이러한 판결을 통해서 보면, 앞 편篇에서 나왔던 천봉기千奉己의 살인 사건에 대한 판결[13]은 일시적인 임시방편에서 나온 하교이므로 법관이 감히 인용할 수 있는 판결이 아닙니다.

4. 강한 세력을 가진 사람이 학대하다(2)

【사나운 백성이 꾸짖으며 모욕하자, 지방의 세력가가 위엄을 보여 주었다. 사건의 근본 원인은 홧김에 구타하였기 때문이며, 사망의 실제 원인은 구타를 당하였기 때문이다.】

○ 함평咸平의 백성 안승렴安承廉이 박유재朴有才를 죽였다.
○ 1차 검안보고서의 발사跋詞는 다음과 같다.
"이번 사건에서 시신의 앞면은 숨구멍 옆이 뚫려 있고 태양혈太陽穴 주변이 단단하였는데, 두 곳은 모두 다치면 빨리 죽을 수 있는 부위입니다. 그 나머지 상처들도 모두 여기저기 어지러이 나 있었는데, 다 구타를 당한 흔적이었습니다. 그러므로 사망의 실제 원인은 '구타를 당하여 죽게

---

13 천봉기千奉己의⋯⋯판결: 〈상형추의〉 7 '고의로 죽였는지 과오로 죽였는지를 밝히다(故誤之辨)'에 나온다. 천봉기가 술에 취해 조중달趙中達과 싸우다가 조중달이 죽었다. 정조가, 술에 취해서 실수로 저지른 살인으로 보아 천봉기를 형장을 치고 풀어 주도록 판결하였다.

되었다.'라고 기록하였습니다.

박유재의 본성本性으로 말하면 그의 아내조차도 자기 남편이 서로 싸울 것을 우려하여 안의윤安義允에게 먼저 알렸고, 사건의 내막으로 말하면 박유재의 형이 개인적으로 화해하기를 간청하고 박유태朴有泰를 뒤따라 만류하였습니다. 박유재가 미치광이처럼 제멋대로인 사람이 아니라면 그의 아내가 어찌 서로 싸울 것을 우려하는 마음을 가졌겠으며, 박유재가 범행을 저지르지 않았다면 박유재의 형이 어찌 화해하기를 간청하는 말을 하였겠습니까!

애당초 박유재가 큰 소리로 이름을 부르면서 꾸짖고 모욕하며 윗사람과 아랫사람의 이름을 모두 거론하였으나, 200호 가까운 큰 마을에서 머리를 내민 사람이 하나도 없었고 저 안승렴만 혼자 나서서 대적하여 맨 먼저 손을 대기 시작하였습니다. 박유재의 옷자락을 잡고서 쓰러뜨리고, 이어서 또 문설주에 묶어 놓고 오줌을 담아서 입에 퍼부었으니, 이것은 모두 안승렴의 소행이었습니다.

안승렴이 말하기를 '서숙庶叔과 함께 힘을 합쳐서 이러한 짓을 하였습니다.'라고 하였으나, 이른바 서숙은【서숙은 안의윤을 말한다.】 나와서 싸움을 말렸을 뿐이니 어찌 오줌을 퍼부을 리가 있겠습니까! 안승렴이 또 말하기를 '서숙이 시장에서부터 싸웠습니다.'라고 하였으나, 그 마을에서 시장까지는 큰 다리 하나를 건너야 해서 거의 몇 리가 넘는 거리인데, 어찌 시장에서부터 큰 소리로 이름을 부를 리가 있겠습니까! 더구나 석숭石崇이 진술하기를 '시장 안에서는 본래 다툰 일이 없었고 저와 함께 돌아왔습니다.'라고 하였으니, 안승렴이 사건을 애매모호하게 하려는 꾀에서 한 말이었으나 결국은 제 꾀에 넘어간 꼴이 되고 말았습니다.

싸우는 곳으로 안의윤이 달려가 보았을 때는 이미 박유재가 쓰러져 있었으니, 안승렴이 손찌검을 하지 않았다면 어찌 스스로 쓰러졌겠습니까! 모질게 손찌검을 하고 사납게 발길질을 하였으리라는 것은 이를 통해서 알 수가 있습니다. 박유재를 결박하고 입에 오줌을 퍼부을 때에는 안의윤도 동참하였으나, 박유재가 살아 있을 때에 '안승렴이 손으로 때리고 발로 걷어찼다.'라고만 말하였으니, 박유재가 목숨을 잃게 된 것은 그야말로 안승렴 때문이었습니다. 그러므로 주범은 안승렴으로 기록하였습니다. 안의윤은 싸움을 말릴 생각은 하지 않고 도리어 악행을 도와주어 문설주에 묶고 입에 오줌을 퍼부었으니, 범행을 저지른 것이 적지 않습니다. 그러므로 종범으로 기록하였습니다."

○ 전라 감영全羅監營의 제사題詞는 다음과 같다.
"이 검안보고서를 보면 수많은 상처는 우선 놓아두고 따지지 않는다고 하더라도, 숨구멍이 뚫려서 피가 흘러 있고 오른쪽 늑골의 살갗이 벗겨지고 자주색을 띠며 단단하였으니, 이것들은 모두 다치면 빨리 죽을 수 있는 급소 부위에 난 상처이다. 술에 잔뜩 취한 사람을 결박하고 내동댕이쳤으며, 오물을 입안에 퍼 넣고 나막신으로 머리를 구타하였고, 급소이건 아니건 구분하지 않고 손으로 때리고 발로 걷어찼다. 그러다가 숨이 끊어지려고 할 때가 되어서는 또 업어서 먼 곳으로 보내게 하였는데, 하룻밤이 지나자마자 마침내 목숨을 잃게 되었다.
안승렴이 첫 번째 진술할 때에 옷자락을 잡기만 하였다고 말하였다가 제 꾀에 넘어간 꼴이 되었고, 두 번째 진술할 때에는 머리를 구타하고 옆구리를 걷어찬 상황을 변명 없이 자백하였다. 그뿐만 아니라 안의윤이 아직 도착하기도 전에 안승렴이 벌써 구타하였고 박유재가 죽을 때가 되어서 했던 말도 매우 명백하였으니, 온몸에 난 상처가 누구의 손에서 나왔겠는가! 안승렴에게 목숨으로 보상하는 형률을 적용해야 하는 것은 더 이상 의논할 필요가 없다. 1차 검안한 관원을 그대로 합동 조사관으로 정하니, 안승렴이 범행을 저지른 내막을 조사관끼리 날짜를 잡아 모여서 엄중히 형장刑杖을 치며 심문하여 자백을 받아 내라.

안의윤으로 말하면, 싸움을 말리기는커녕 도리어 악행을 도와주었고, 오줌을 입에 퍼 넣자는 말을 앞장서서 꺼내고 문설주에 묶자는 의견을 주장하였으니, 범행을 거든 종범의 죄를 피하기가 어렵다. 그뿐만 아니라 숙부와 조카가 상의하여 사건의 내막을 현혹시킬 생각을 하고서는 첫 번째 진술할 때부터 스스로 주범이라고 나섰으니, 그 정상을 따져 보면 더욱 몹시 통분하고 악랄하다. 한 차례 엄중히 형장을 치고 진술을 받아서 보고하라.

1차 검안보고서와 2차 검안보고서에 기록된 안승렴의 진술에서는 '박유재를 데리고 회경會京의 집으로 갔습니다.' 하였으나, 회경의 진술에서는 '끝내 데리고 가지 않았습니다.' 하였다. 이처럼 두 사람의 진술이 서로 어긋났는데, 어찌하여 대질시키지 않았는가! 1차 검안할 때와 2차 검안할 때의 형리刑吏는 모두 과실을 기록해 두었다가 고과考課에 반영하라."

○ 다산의 의견은 다음과 같다.

"세상에서 가장 증오하고 우선적으로 죽여야 할 사람은 술기운을 빌려 도로에서 큰 소리로 이름을 부르고 몇백 호나 되는 큰 마을 사람들의 이름을 모두 거론하면서 더할 나위 없이 꾸짖고 모욕하는 못된 백성이다. 그런데 몇백 호나 되는 큰 마을에서 감히 대꾸하는 소리를 내는 남자가 하나도 없었다. 안승렴은 옛날이나 지금이나 박유재와는 은혜도 없었고 원한도 없었으나, 혈기에서 나오는 분노 탓으로 모든 사람들에게 두루 해당되는 일을 혼자 떠맡아 한 마을을 위해 흉악한 사람을 제거하고 치욕을 씻으려고 생각하였으니, 안승렴도 '정의에 따라 사람을 죽인 경우[14]라고 할 수 있다.

다만 행위가 해괴하고 형벌이 잔혹하여, 오물을 입에 퍼 넣은 것은 명백히 법률을 위반하였고, 나막신으로 머리를 구타한 것은 순전히 악습에서 나왔다. 이것은 포악한 사람을 시켜서 포악한 사람을 바꾸는 일이며 오랑캐를 시켜서 오랑캐를 공격하는 꼴이다. 그리하여 마침내 싸움의 대의명분은 사라지고 일반적인 살인 사건이 되고 말았으니, 못된 백성이 큰 소리로 이름을 불러 대는 악습에 대한 문제는 슬그머니 뒷전으로 밀려나고 먼 지방의 백성이 위세를 부리는 습관만 뚜렷이 부각되었다. 이것은 안승렴이 죽어야 하는 이유이다.

만약 안승렴이 마을 백성을 불러다가 박유재를 결박하게 하고 한편으로는 고을에 신고하여 징계해 주기를 청하였다면 최상의 방법이 되었을 것이다. 그렇게 하지는 않더라도 이장을 부르고 나무를 꺾어 몽둥이를 만든 뒤에 마을의 원로들이 공식적으로 모여서 구타하여 죽게 하였더라면 백성을 위해서 해악을 제거한 것이라고 말할 수도 있었을 테니, 그의 죄가 반드시 죽여야 할 정도까지는 이르지 않았을 것이다. 이런 점까지는 생각하지 못하였으니, 애석하다.

안의윤으로 말하면, 정실 조카를 위해서 스스로 주범을 자처하였으니, 이는 찾아보기 힘든 매우 착한 행실이며 악랄한 정상이라고는 찾아볼 수가 없다. 그런데도 교화를 베풀고 풍속을 돈독히 하는 자리에 있는 감사가 이 사람을 죄인으로 지목하였으니, 이것도 타당성이 부족한 듯하다."

---

14 정의에……경우: 《주례周禮》〈지관·조인〉에서 '정의에 따라 사람을 죽인 경우에는 원수를 갚지 못하게 하고, 원수를 갚으면 죽인다.'라고 한 말을 원용한 것이다.

○ 주상의 판결은 다음과 같다.

"상처가 여기저기 어지러이 나 있고 사망의 실제 원인이 명백한 것은 우선 그만두고라도, 악행을 저지를 때의 행위만 가지고서 논하면 박유재를 결박한 것만으로도 부족하여 내동댕이쳤고 내동댕이치는 것으로도 부족하여 구타하였으며, 오물을 입안에 퍼 넣고 나막신으로 머리를 구타하였다. 이 사건은 사납고 악랄한 짓은 빠짐없이 갖추어져서 그동안 있었던 수많은 살인 사건 중에서도 거의 보기 드문 것이었다. 양반으로서 천한 사람에게 모욕을 당하였으면, 고을에 고발하거나 감영에 고발하면 되니 처리하기에 무엇이 어렵단 말인가! 그런데도 제멋대로 능멸하고 학대하여 조금도 거리낌이 없었으니, 나라의 법을 안중에 두었더라면 어찌 이와 같이 할 수 있겠는가! 이러한데도 2차 심리를 하여 목숨으로 보상하게 하지 않는다면 시골의 백성이 위세를 부리는 버릇을 어떻게 징계하겠는가! 안승렴을 각별히 엄중히 형장을 치며 심문하여 기어코 내막을 알아내라."

5. 강한 세력을 가진 사람이 학대하다(3)

【시골의 세력가가 친척을 비호하고, 과부가 잔인하게 살해되었다. 사건의 근본 원인은 묏자리를 다투었기 때문이며, 사망의 실제 원인은 구타를 당하였기 때문이다.】

○ 용인龍仁의 백성 김원철金元喆이 박 조이朴召史를 죽였다.
○ 1차 검안보고서의 발사跋詞는 다음과 같다.

"김가金哥와 박가朴哥 두 집안은 똑같이 양반이라는 이름이 있습니다.【반명班名은 양반이라는 이름이 있다는 의미이다.】 그런데 김가 집안에서 자기 집안의 묘를 사사로이 파헤쳤다는 핑계로 박가 집안의 연로한 부녀자를 사사로이 결박하였습니다. 결박한 일을 김원철이 자백하였으니, 홧김에 반드시 구타할 수밖에 없는 상황이었습니다.

간수를 마시고 죽었다는 말은 그가 거짓으로 꾸며 댄 말이기는 하지만, 은비녀로 시험해 보아도 색깔이 변하지 않아 전혀 흔적이 없었고, 박조이의 침을 받아서 달여 보았으나 전혀 소금기가 없었으니, 《증수무원록》〈조례·중독사〉 '소금 간수를 마시고 죽은 경우[服鹽滷死]'의 조문에 나오는 증상과도 전혀 합치되지 않습니다.

온몸의 다친 흔적은 이루 다 셀 수 없을 정도로 많았습니다. 앞면은 양쪽 젖과 가슴 한복판의 사이에 피멍이 들고 단단한 곳이 한 군데만이 아니었으며, 뒷면은 등과 늑골의 사이에 소리가 나고 단단한 곳이 있었는데 거의 1자가 넘을 정도의 크기였습니다. 이곳은 모두 다치면 반드시 죽게 되는 급소 부위입니다. 그러므로 사망의 실제 원인은 '구타를 당하여 죽게 되었다.'라고 기록하였습니다.

대체로 솔밭마을은 본래 어가魚哥 집안의 집성촌으로, 어가의 성을 가진 집이 거의 수십 가구가 넘으며, 전후좌우가 모두 어가의 종들입니다. 김원철 형제는 문신文臣인 전 현감縣監 어사필魚史弼의 사위로서, 김가 집안의 종들도 그 사이에 간간이 뒤섞여 있습니다. 두 집안이 사이좋게 서로 의지하여 억압을 행사하는 것이 버릇이 되었지만, 100여 호나 되는 큰 마을에서 감히 따질 수가 없었으므로 백성의 비난하는 말이 본래 파다하였습니다.

지금 벌어진 사건을 가지고 보더라도, 살인 사건과 관련된 사람을 감히 스스로 숨겨 주었고, 각 사람들에게서 진술을 받기도 전에 먼저 현혹시킬 생각을 하였습니다. 어사필은 감히 '소금 간수를 스스로 마셨습니다.'라는 말을 수령 앞에서 발설하였으니, 어찌하여 이렇게까지 거리낌이 없단 말입니까!

제가 생각해 볼 때 이 김원철의 죄악은 전적으로 어가의 버릇에 점차 물들었기 때문에 생긴 것으로 보입니다. 점화占化라는 여자는 어사필의 여종으로서, 어사필이 종용했던 상황에 대해 이미 면전에서 진술하였고, 소금 간수가 담긴 항아리를 가져올 때도 젖어 있지 않았다고 말하였습니다. 그러자 어사필이 얼굴이 발개지고 기가 죽었으며, 점화를 때려죽이겠다고 큰소리를 치면서 위협하여 점화가 도망가서 피하게 되었습니다. 살인 사건을 처리하는 격식은 매우 중대한 것인데, 명색이 조정의 관원이라는 자가 이러한 행동을 하였습니다.

소금 간수가 담긴 항아리는 봉인封印하여 박겸최朴謙最의 집에 보관해 두고서 2차 검안을 기다리겠습니다. 박겸최는 박 조이와 남매 사이인데도 세력의 강약을 따져서 박서정朴瑞鼎에게 고소장을 제출하게 하였으니, 격식을 손상하였습니다. 그러나 마을에 박가라고는 그의 한 집만 있어 마치 많은 초楚나라 사람 가운데 제齊나라 사람 한 명만 있는 것처럼 두려워하였으니, 그의 본래 심정을 생각해 보면 도리어 불쌍합니다. 우선 그 죄를 용서하여 누이의 시체를 거두어 장사를 지내게 하겠습니다.

가엾은 이 박 조이는 과부로 외롭게 살면서 몹시 한스러운 마음을 속에 품고 있었는데, 김가의 무덤을 파서 옮길 기약이 점차 없어지자 사사로이 파서 옮기려는 계획을 세웠으니 이것도 가엾습니다. 호미 하나로 잠시 파헤친 것은 한 줌의 흙에 불과한데, 이처럼 사소한 죄 때문에 마침내 살해되기까지 하였으니, 또한 슬프지 않겠습니까! 박 조이가 죽을 때가 되어서도 자기 딸에게 신신당부한 유언이라고는 김가의 무덤을 반드시 파서 옮기라는 것 한 가지뿐이었습니다.

그 산송山訟은 감영監營에 세 차례나 호소하여 김가로부터 파서 옮기겠다는 다짐을 받은 지 여러 해가 되었으니, 이제는 파서 옮기도록 독촉하여 죽은 사람의 한을 풀어 주어야겠습니다. 사건과 관련된 사람들인 김형철金亨喆과 김이철金利喆 및 사노私奴 홀란忽亂과 사비私婢 정월正月 등은 모두 숨거나 도피하여 찾을 수가 없습니다. 그러므로 어사필의 아우 어사영魚史榮을 목에 칼을 씌워서 엄중히 가두어 두고 그들을 잡아다가 바치게 하겠습니다."

○ 다산의 비평은 다음과 같다.

"어사필은 명색이 조정의 관원으로서 검안하는 현장에 비집고 들어가서는 그의 죽음에 대해 모른다고 하면서도 '간수를 마시고서 죽었습니다.'라고 속였으며, 숨김없이 진술한 여종에게 화를 내어 '때려죽이겠다.'라고 으름장을 놓았으니, 그의 사람됨을 알 수가 있으며 그의 죄가 참으로 무겁다고 하겠다.

그러나 군자君子를 귀하게 여기는 이유는 체통을 잃지 않기 때문이다. 조정의 관원에게는 진술을 받을 수 없다는 점에서 보면 어사필은 목록 안에 포함된 사람이 아니고, 사건이 일어날 당시 산에 올라간 적이 없다는 점에서 보면 어사필은 종범이 아니다. 검안보고서가 끝내 기어이 주상에게 보고되었으니, 본래는 감영에 보고한 것이지만 결국은 주상에게 보고하는 문서이다. 그런데 한 고을의 수령이 조정 관원의 죄악을 열거하여 주상에게 보고하는 문서에 기록하였으니, 어찌 체통을 손상하지 않았겠는가!

참으로 어사필을 그대로 둘 수가 없다고 한다면, 검안보고서 이외에 한 장의 문서를 별도로 갖추어서 어사필의 조급하고 방자한 죄를 자세히 서술하여 상급 관사에서 주상에게 보고해 주기를 청해야 한다. 그러고 나서야 본 고을에서 그의 아우를 가두고 그의 종에게 형장刑杖을 치고 그의 여종을 탐문하여 찾고 그의 친족에게 곤욕을 주어 위세를 부리던 버릇을 억누른다면 또한 옳지 않겠는가! 어사필의 소행으로 말하면,

한편으로는 사정에 어두운 시골 사람이어서이고 한편으로는 어리석어서 이므로, 본래 체통을 모르는 데서 나왔다. 그런데 고을 수령마저도 덩달아서 체통을 손상하여 윗사람이나 아랫사람이 서로 잘못을 저질렀으니, 어떻게 바로잡을 수 있겠는가!

게다가 이른바 김가의 무덤을 파서 옮기도록 독촉해야 한다는 것도 검안보고서에서는 쓸데없는 말이다. 검안보고서는 검안에 관한 문서이니, 검안에 관한 문서에 무덤을 파서 옮기도록 독촉하기를 청하는 말을 기록한 것은 어찌 군더더기가 아니겠는가! 감영으로부터 판결을 받았고 김가로부터 다짐까지도 받았으나 3년이 지나도록 파서 옮기지 않아, 혈혈단신의 과부가 한 뼘 길이의 호미를 쥐고서 한 움큼의 흙을 파냈다가 마침내 죽음을 당하게 되었으니, 이것은 누구의 잘못인가! 이 지방을 주관하는 사람도 수령이고 이 산송을 판결한 사람도 수령인데, 시간을 끌며 지체하는데도 파서 옮기도록 독촉하지 않아서 이처럼 큰 변괴가 발생하게 하였다. 그런데도 시체를 검안하고 올리는 문서에 무덤을 파서 옮기게 해야 한다는 말을 덧붙여 진술하였으니, 너무 늦지 않았는가! 독촉하려고 하였으면 독촉하면 되지 또 어찌하여 상급 관사에 요청하였는가! 고을의 보고와 감영의 장계에서는 모두 어사필의 죄를 논하였으나 주상의 판결문에서는 그에 대한 답변이 없었던 것은 체통이 그렇지 않기 때문이었다. 성상의 의도가 어찌 은미하지 않겠는가!"

○ 경기에서 다음과 같이 아뢰었다.

"김원철이 자기 아내가 죽은 뒤 박 여인 남편의 종중산에서 내려온 줄기와 매우 가까운 곳에 몰래 매장하자, 박 여인이 멀고 험한 길도 마다하지 않고 감영과 고을까지 찾아가서 고소하여 김가로부터 파서 옮기겠다는 다짐을 여러 차례 받았으나 끝내 이장移葬하지 않았습니다. 박 여인이 슬픔과 분노를 견디지 못하다가 호미를 쥐고 산으로 올라가서 한 움큼의 흙을 파헤치자마자 김가들의 주먹질이 바로 이어졌습니다.

김가와 박가 두 집안은 모두 시골의 벼슬하지 못한 양반으로서, 묏자리에는 주인과 타인의 차이가 있었고 남자와 여자는 안팎의 구분이 있었습니다. 그런데 김원철이 형제들을 이끌고 노비들을 거느리고서 산 위로 올라가서 곧장 박 여인을 결박하고 마음대로 구타하여 결국 3일 안에 목숨을 잃게 하였습니다.【이 아래는 고을의 보고와 대체로 동일하다.】

전 현감 어사필로 말하면, 장인과 사위 사이에 기어이 서로 숨겨 주려고 한 일은 사람의 심정으로 볼 때 이렇게 한 것을 괴이하게 여길 바가 없습니다. 그러나 죄인을 숨겨 주어 관아에서 붙잡지 못하게 하였고, 검안하는 현장에 갑자기 들어와서 자신은 체면을 고려하지 않았으며, 더욱이 간수를 마시고서 죽었다는 말을 지어내어 죽은 사람을 허위로 모함하였으니, 명색이 조정의 관원이란 자가 어찌 감히 이와 같이 하였단 말입니까! 나라의 기강으로 볼 때 그대로 둘 수가 없습니다."

○ 주상의 판결은 다음과 같다.
"김원철의 살인 사건은 다음과 같이 판결한다. 사람을 죽이면 목숨으로 보상하는 것은 나라의 법이 매우 엄중하니, 이 죄수를 살려 주려고 해도 참으로 어떻게 할 수가 없다. 시골의 세력가로서 의지할 곳 없는 과부를 죽였는데, 너무도 음흉하고 교활하게 모의를 하였고 더욱이 잔혹하게 범행을 저지르기까지 하였다. 박 여인이 호미를 쥐고서 산으로 올라간 일은 길을 가던 사람조차도 들으면 눈물을 흘릴 터이고, 간수를 마시고서 죽었다는 말은 간악한 꾀를 도리어 더욱 드러나게 하였을 뿐이다. 그의 정상은 하나하나 통분하고 악랄하니 형조가 논한 그의 죄상에 대해서는 본래 이견이 없다. 그러나 살인 사건을 처리하는 격식은 자세히 살피고 신중히 처리하도록 노력해야 하고 사람들의 견해에는 이견이 많을 수도 있으므로, 다시 신임 도신道臣이 직접 맡아 상세히 조사하고 의견을 내어 장계로 보고하게 하더라도 사건을 신중히 조사하고 죄수를 가엾게 여기는 취지에 해가 되지 않을 것이다. 이러한 뜻으로 경기에 공문을 보내 알리라."

6. 강한 세력을 가진 사람이 학대하다(4)

【시골의 세력가가 여종을 비호하고 이웃의 부녀자가 학대를 받았다. 사건의 근본 원인은 홧김에 구타하였기 때문이며, 사망의 실제 원인은 결박하고 불로 지졌기 때문이다.】

○ 파주坡州의 백성 김진하金鎭夏가 주 조이朱召史를 죽였다.

○ 검안보고서의 내용은 빠졌다.

○ 주상의 판결은 다음과 같다.

"김진하의 살인 사건은 다음과 같이 판결한다. 살인 사건이 무수히 많았지만 이 살인 사건처럼 몹시 끔찍하고도 악독한 경우는 없었다. 불로 지지는 형벌은 폐지하여 사용을 금지한 것이고, 여종들이 사사로이 질투한 것은 치욕을 갚을 일도 아니었다. 그런데 유감을 품고 있던 사나운 종을 보내어 죄도 없는 양인 여자를 몰아오게 하여, 들보 위에 높이 매달아 기어이 죽이려는 마음을 먹었을 뿐만 아니라 더욱이 뜰에 불을 피워 잔인한 형벌까지 시행하였다. 사건과 관련이 있는 여인을 종용하여 도망간 종에게 혐의를 떠넘기게 하였고, 마지막에는 '듣지도 못했고 알지도 못했습니다.'라고 말하였다. 집안에서 일어난 살인의 변괴가 이처럼 끔찍하고 악독한데, 안에 있었다고 핑계를 대지만 그가 어찌 감히 몰랐겠는가!

더구나 김귀추金貴秋가 진술하기를 '양반들이 서 있기도 하고 앉아 있기도 하였습니다.' 하였고, 김진하가 홧김에 소리를 내지르던 상황까지도 그림으로 그리듯이 자세히 말하였다. 이것 한 가지야말로 그가 범죄를 저질렀다는 확실한 증거이니, 나라에 형률이 있다면 어떻게 시행하지 않을 수 있겠는가! 살인 사건을 성립시켜 목숨으로 보상하게 하는 것은 호놈好漢[15]의 체포 여부와는 관계가 없다. 김진하를 전처럼 합동으로 심문하여 기어코 자백을 받아 내라. 호놈을 체포하려고 여러 해 동안 포교捕校를 내보냈으나 여태 붙잡지 못하고 있으니 대단히 해괴하다. 기한을 정해서 체포하게 하고 함께 진술을 받은 뒤에 장계로 보고하라."

○ 주상의 판결에 대한 다산의 의견은 다음과 같다.

"영조께서 불로 지지는 형벌을 없앤 것[16]과 한漢나라 문제文帝가 육형肉刑을 없앤 것[17]은 영원히 같이 빛날 것입니다. 그런데 지방의 세력가로서 위세를 부리는 무리가 번번이 불로 지지는 형벌을 사용하니, 이들은 세상을 어지럽히는 백성입니다. 나라에서 없앤 형벌을 사사로이 사용하는 자에게는 갑절로 무거운 형률을 적용해야 합니다."

---

15 호놈好漢: 《심리록》과 《일성록》에는 호놈好老味으로 기록되어 있다.

16 영조께서······것: 1733년(영조 9)에 불로 지지는 형벌[烙刑]을 없앤 일을 가리킨다. 이러한 규정은 이후 《속대전》 〈형전刑典·추단推斷〉에도 반영되었다.

17 한漢나라······것: 중국 한나라 문제文帝 때 죄를 지은 태창 영太倉令 순우의淳于意가 육형肉刑을 받게 되었는데, 그의 막내딸인 제영緹縈이 아버지 대신 자신을 관비官婢로 삼게 해 달라는 상서上書를 올리자, 문제가 육형을 없앤 일을 가리킨다. 육형이란 코를 베거나 발뒤꿈치를 베는 등 신체의 일부를 불구로 만드는 형벌이다.

7. 강한 세력을 가진 사람이 학대하다(5)

【여관 주인에게 횃불잡이를 세우라고 요구하다가, 지방 세력가의 심부름꾼이 채찍을 휘둘렀다. 사건의 근본 원인은 홧김에 구타하였기 때문이며, 사망의 실제 원인은 발에 걸어차였기 때문이다.】

○ 김포金浦의 백성 이동이李同伊가 황두명黃斗明을 죽였다.

○ 검안보고서의 내용은 빠졌다.

○ 주상의 판결은 다음과 같다.

"이동이의 살인 사건은 다음과 같이 판결한다. 사대부나 서인庶人을 막론하고 개인적인 행차에 말구종이 필요하면, 횃불을 세우는 일과 말로 짐을 실어 나르는 일을 반드시 여관 주인에게 마련해 내라고 요구하며 마구 채찍질을 해 댄다. 심지어 갓을 빼앗고 앞장세우기도 하고 머리를 풀어서 뒤에 묶기도 하다가, 종종 살인의 변고가 발생하기도 하는데, 이러한 일은 지방 고을의 고질적인 폐단이라고 들었다.

이동이의 이 살인 사건을 보면, 세력을 믿고서 난동을 부리고 가슴을 걸어차고 등을 채찍질하여 시골의 힘없는 백성을 죄도 없이 죽게 하였으니, 형률에 따라 목숨으로 보상하게 해야 하는 것은 더 이상 의논할 필요도 없다. 더구나 사건과 관련된 사람인 유삼봉劉三奉은 이미 형장을 치고 풀어 주었으니, 이동이가 주범이라는 사실은 더욱 의심할 단서가 없다. 우선 전처럼 합동으로 심문하게 하라.

그리고 큰길이 나 있는 고을의 수령을 엄중히 타일러서 행인이 여관 주인을 괴롭히는 폐단을 적발하는 대로 엄중히 다스리라고 말을 만들어서 경기에 공문을 보내 알리라."

○ 주상의 판결에 대한 다산의 의견은 다음과 같다.

"여관 주인에게 횃불잡이를 세우라고 요구하는 일은 완전히 금지할 수는 없습니다. 왕명의 수행, 왕명의 전달, 관문關文의 전달, 공문의 통지, 공물貢物의 수송, 식료품의 진상 등 공무를 행하기 위한 모든 행차에는 횃불잡이를 내도록 허락하고 나머지는 엄중히 금지해야겠습니다. 공무를 행하기 위해 행차할 때에는 감영監營에서 횃불잡이를 세우도록 허가하는 증명서를 별도로 발급하여 증표로 삼게 하고, 그 이외에 개인적으로 행차할 때에는 모두 당사자가 횃불을 사고 사람을 고용하도록 규정을 엄격히 세워 각각 준행하게 한다면 아마도 그러한 폐단이 다소 종식될 것입니다."

8. 강한 세력을 가진 사람이 학대하다(6)

【창고의 뜰로 양곡을 날랐는데, 창고의 종이 곡괭이해을 들어 구타하였다. 사건의 근본 원인은 홧김에 구타하였기 때문이며, 사망의 실제 원인은 구타를 당하였기 때문이다.】

○ 안성安城의 관노官奴 개남介男이 윤명준尹明俊을 죽였다.
○ 검안보고서의 내용은 빠졌다.
○ 주상의 판결은 다음과 같다.

"이 살인 사건은 다음과 같이 판결한다. 대체로 가난한 백성이 환자곡還上穀을 바칠 때【환자還上로 받은 곡물을 가리킨다.】 힘들고 괴로운 상황에 대해서는 내가 평소부터 가엾게 여겨 왔다. 아내는 방아를 찧고 남편은 가마니를 짜서 쌀독의 남은 쌀까지 다 긁어다가 바치니 곡식의 낱알마다 모두 그들의 고생이 담겨 있다. 간혹 수확한 논에 떨어져 있는 벼들을 거두어들이더라도 조세로 바쳐야 할 양을 충당하지 못하면 쟁기질할 소를 팔고 밥을 짓는 솥도 팔며 남의 집에 품팔이를 하기도 하고 남에게 빌리기도 하면서, 제때에 바치지 못하여 관원이 자신을 질책할까 두려워하기만 한다.

그러다가 관아의 뜰에 도착하면 창고를 관리하는 자들이 그 안에서 거의 무제한으로 농간을 부린다. 한 말을 강제로 더 거두고도 부족하다고 하고 납부한 영수증의 발급을 아까워하면서 또다시 뜯어낸다. 그러다가 점차 구타하기 시작하여 그치지를 않는데도 남의 일처럼 여기며 본체만체하는 것은 더욱 심해지고 끝없는 요구는 계속된다. 관부에 들어가서 호소하려고 해도 또 뒤따라 저지하니, 힘없는 저 백성은 또한 무슨 죄란 말인가!

이번 개남의 살인 사건이야말로 이 사건을 통해 다른 사건까지도 알수 있게 해 주는 것이다. 가령 윤명준이 환곡의 양을 채우지 못했다고 하더라도, 윤명준이 개남에게 무엇을 잘못했단 말인가! 그런데도 자기와 상관도 없는 일로 갑자기 화를 내어 아무런 죄도 없는 백성을 감히 구타하여 이 곡을 가지고서 저 윤명준의 허리와 배를 향해 던졌다. 다친 상처가 이처럼 여기저기 어지러이 나 있고 더욱이 증거가 저처럼 명확하였을 뿐만 아니라 발로 걷어찬 일은 그도 자백하였으니, 목숨으로 보상하는 형률을 어떻게 피하겠는가!

힘없는 백성을 가엾게 여기는 조정의 정책으로 볼 때 별도로 의견을 내어 어느 한쪽을 편들어서는 안 된다. 개남을 우선 전처럼 합동으로 심문하게 하라. 수많은 관아의 종들로서 부역에 나아갈 자들이 무수히 많은데, 우두머리 종인 동춘東春이 기어이 이 관노에게 부역을 맡겨 도망가게 한 것은 과연 무슨 곡절이 있는가! 그 정상을 따져 보면 징계가 없어서는 안 된다. 경기에서 무거운 쪽으로 죄를 처벌하라."

○ 주상의 판결에 대한 다산의 의견은 다음과 같다.

"우두머리 종을 어찌 처벌해야겠습니까! 명색이 수령이란 자가 관노를 풀어놓아 평민을 살해하게 하였으니, 주먹질과 발길질을 하는 것만으로도 악랄하다고 할 수 있는데 곡을 들어서 등을 후려쳤으니 누가 즉시 죽지 않겠습니까! 그 당시의 군수郡守는 죄가 없다고 할 수 없는데 당시 법을 집행하던 신하가 죄상에 대해 아뢰지 않았으니, 허술하였습니다."

9. 협박을 받고 자살하다(1)

【차인을 규합하여 붙잡아 가겠다고 협박하자 일곱 사람이 못에 투신하여 죽었다. 사건의 근본 원인은 벼를 도둑맞았기 때문이며, 사망의 실제 원인은 스스로 못에 빠졌기 때문이다.】

○ 재령載寧의 백성 이경휘李景輝가 최 조이崔召史를 협박하자, 어머니와 자식 등 일곱 사람이 죽게 되었다.

○ 조사한 관원의 보고서는 다음과 같다.

"이경휘가 최 조이와는 5촌 숙부와 조카 사이의 친척인데, 몇 줌의 버려진 이삭 때문에 마침내 한집안의 악명惡名을 뒤집어썼습니다. 이경휘가 잔인하게도 얼굴을 마주 보고서는 최 조이를 도적이라고 부르고, 홧김에 집을 수색하여 도둑질한 물건을 찾으려고 하였습니다. 이경휘가 구박한 상황과 협박하여 빼앗을 때의 모욕은 곧장 사람을 아주 죽고 싶도록 만들었습니다.

이경휘는 최 조이에게 좀도둑이라는 누명을 씌우고서는 관아에 신고하려고 하였을 뿐만 아니라,【'신고하다.'의 신申 자는 본래 정呈으로 되어 있다.】 더욱이 도둑을 체포하는 포교에게 호통을 쳐서 붙잡아 바치게 하려고 하였으니, 최 조이로서는 좀도둑이라는 악명을 벗을 수 있는 때가 없게 되었고 다음 날 아침이면 소송을 불러오게 될 판이었습니다. 그러자 속이 좁은 여자로서는 부끄럽기도 하고 겁도 났으며 궁지에 몰리고 위축된 상황에서 관아의 명이 도착하자 혼비백산하였습니다. 경솔하게 문을 나서기는 하였으나 애당초 정해진 계획은 없었는데, 포구의 물가에 도착해 보니 앞날이 아득하였습니다. 하늘을 올려다보고 땅을 굽어보다가 갑자기 살려는 생각을 버리고서 딸을 끌고 아들을 업고서는 일곱 사람이 모두 물에 빠졌습니다. 당시의 정황은 사람을 눈물짓게 합니다.

만약 목숨으로 보상하게 하는 법이 없다면 모르지만 나라에 법이 있다면 이경휘와 같은 사람은 그 몸을 일곱 번 죽이더라도 일곱 사람의 목숨을 보상하기에 부족합니다. 그러나 일반적인 형률로 그의 죄상을 의논하면 최 조이를 협박한 죄 이외에는 더 이상 심문할 것이 없으니, 정황과 법률을 참조하여 특별히 준엄하게 판결해서 일곱 사람의 원통한 혼을 위로해 주소서."

○ 다산의 의견은 다음과 같다.

"이 살인 사건에서 사망의 실제 원인과 주범을 정하는 것은 두 가지 예가 있다. 사망의 실제 원인을 '스스로 물에 빠져서 죽게 되었다.'라고 한다면 이경휘는 피고라고 해야 하고, 사망의 실제 원인을 '협박을 받고 스스로 물에 빠져서 죽게 되었다.'라고 한다면 이경휘는 주범이 되어야 한다.

내 나름대로 이 사건을 따져 본 결과는 다음과 같았다. 이경휘가 최 조이를 협박한 죄가 있는 이상 피고라는 이름을 붙였다고는 하지만 목숨으로 보상하게 할 수는 있어도 피고 두 글자 때문에 마침내 죄에서 벗어나는 명목으로 삼게 할 수는 없다. 이것이 첫 번째 예이다. 범犯이란 죄를 범하였다는 의미이지 남의 신체를 범하였다는 말은 아니다. 위세와 힘으로 남을 협박하여 죽게 하였으면, 남을 범하지는 않았더라도 어찌 죄를 범하지 않았다고 하겠는가! 그러니 그 사람을 주범이라고 이름을 붙이더라도 불가할 것이 없다. 이것이 또 한 가지 예이다.

세속에서는 모두 주범이란 남의 신체를 범한 범인이라고 생각한다. 그래서 스스로 물에 빠져 죽은 사건과 스스로 목을 매어 죽은 사건 등에서는 죄인을 모두 피고라고 이름을 붙이고 주범이라고 이름을 붙이지 않는 것이 불변하는 규정으로 굳어져서 깨뜨릴 수가 없다. 만약 협박하였다는 죄목을 가지고서 주범이라고 기록한다면 감영의 제사에서 반드시 책망이 있게 될 것이다. 이것은 수령이 알아 두어야 할 일이다. 그러나 이 살인 사건에서 1차 검안보고서와 2차 검안보고서에서는 틀림없이 주범으로 기록하였기 때문에 주상의 판결에서 곧장 '주범 이경휘'라고 하였으니, 이것은 또 근래의 규례 중 별도의 규례이다."

○ 주상의 판결은 다음과 같다.
"이경휘의 살인 사건은 다음과 같이 판결한다. 논에 곡식 다발을 버려 두고 이삭을 흘려 둔 것은 애당초 주워 가서 이득을 보게 하려는 생각에서 나왔으나, 신발을 벗고 끈을 푼 사람은 마침내 물에 투신한 혼이 되고 말았다. 형과 아우, 숙부와 조카, 어머니와 아들이 줄지어 빠져서 일곱 사람이 모두 목숨을 잃었으니, 예로부터 살인 사건이 무수히 많았지만 어찌 이처럼 참혹하고 가련한 경우가 있었겠는가!

주범 이경휘가 손수 칼을 잡고서 사람을 죽이지는 않았지만, 매를 맞았던 원한을 갚으려는 생각으로 좀도둑이라는 악명을 억지로 뒤집어씌우고 호통을 치며 협박하여 못 하는 짓이 없었다. 그리하여 결국은 일곱 사람의 목숨을 마침내 일시에 죽게 하였으니, 협박한 죄를 그가 어떻게 피하겠는가! 더구나 한집안의 친척으로서 이처럼 내부에서 싸우다가 살인하는 변괴가 발생하였으니, 풍속의 교화를 돈독히 하려는 조정의 정책으로 볼 때 더욱이 어찌 대수롭지 않게 보아 넘길 수 있겠는가! 이경휘를 각별히 엄중하게 형장을 치며 심문해서 기어코 법에 따라 처형하라고 심문하는 관원에게 엄중히 타이르라."

○ 주상의 판결에 대한 다산의 의견은 다음과 같다.

"살인 사건을 판결하는 것은 세상의 공평성을 실천하는 일입니다. 사지 중 한 곳도 다친 데가 없더라도 범행을 저지른 죄상이 몹시 흉악하면 살인한 것으로 판결해야 하고, 반면에 10명이 같이 죽었더라도 범죄를 저지른 죄상이 무겁지 않다면 사형의 죄를 낮추어 주어야 합니다. 살인 사건에서는 그 죄가 무거운지 가벼운지만 따져야지 그 죽은 사람이 많은지 적은지를 어찌 따지겠습니까!

최 조이 등 어머니와 자식 일곱 사람이 일시에 물에 투신한 사건을 얼핏 들으면 어느 누구인들 놀라운 마음을 갖지 않겠습니까! 그러나 최 조이의 문제는 우선 한쪽에 놓아둔 채 머리에서 지워 버리고, 이경휘가 저지른 범죄 한 가지만 가지고 반복해서 철저히 따져 볼 필요가 있습니다. 그리하여 만약 그러한 계획이 기어이 최 조이를 협박하여 죽이려는 생각에서 나온 것이고, 또 그 일이 자살할 수밖에 없는 것이었으며, 더욱이 그 정황이 일곱 사람 모두 죽을 수밖에 없는 것이라야, 이경휘는 협박하여 살인한 사람이 되고 더욱이 일곱 사람을 협박하여 살인한 사람이 됩니다.

만약 이경휘의 소행이 화를 낼 만도 하고 한스러워할 만도 하지만 최 조이가 죽을 만한 필연성은 없었으며, 부끄러워할 만도 하고 두려워할 만도 하지만 최 조이가 죽을 만한 필연성은 없었으며, 최 조이가 죽을 만한 필연성은 있어도 아들과 딸까지 아울러 죽을 만한 필연성이 없었다면, 이경휘는 사람을 능멸하고 사람을 모함한 죄는 있지만 사람을 죽인 죄는 없으며, 사람을 죽인 죄는 있을 수 있으나 일곱 사람을 아울러 죽인 죄는 없습니다. 이제 만약 일곱 사람이 모두 죽은 죄를 죄다 이경휘의 등에 얹어서 그 책임을 무겁게 지도록 한다면, 이경휘로서는 억울할 것입니다.

최 조이는 '조이'라고 부른 것을 보면 백성 중에서도 천한 사람이고, 이경휘는 최 조이와 숙부와 조카 사이인 것을 보면 그도 백성 중에서 천한 사람입니다. 미천한 백성이 볏단을 잃어버리면 이웃과 친척을 잘못 의심하여 그들과 싸움을 벌이는 것은 마을에서 일상적으로 일어나는 일입니다. 마침 포교를 만나자 그와 개인적으로 짜고서는 짐짓 호통을 쳐서 훔쳐 간 물건을 찾아내려고 한 것도 마을에서 일상적으로 일어나는 일입니다.

설사 포교가 최 조이를 관아의 뜰로 잡아들였다고 하더라도 훔친 물건이 없으면 포교가 책임을 지고, 훔친 물건이 있으면 최 조이의 죄는 태笞를 치는 것에 불과합니다. 만약 사리를 조금 아는 사람이 그러한 호통을 들었다면 웃어넘기거나 비웃어 버리고 전혀 끄떡도 하지 않았을 테니, 이것이 어찌 죽을 일이겠습니까!

좀도둑이라는 이름이 아무리 더럽다고는 하지만, 짐승과 간음하고 병아리를 밴 것으로 간음의 증거를 삼는 등 세상이 발칵 뒤집힐 만큼 놀라운 죄악과는 똑같이 취급할 수가 없습니다. 시골의 우물가에서 소리를 지르고 손바닥을 치면서 남을 모함하여 도둑이라고 부르는 소리는 매일매일 언제나 일어났다가 사라지는 일상적인 일입니다. 만약 이러한 일 때문에 번번이 모두 자살한다면 시골에는 사람의 씨라고는 없게 될 것입니다.

더구나 이번 사건처럼 어머니와 자식 등 일곱 사람이 한꺼번에 죽은 일은 틀림없이 예사로운 재변이 아니라, 반드시 귀신이 조롱하였거나 정신이 혼미해져서 갑자기 한순간의 비뚤어진 생각으로 일곱 사람의 생명을 끊었을 것입니다. 만약 살인한 죄를 따진다고 한다면, 최 여인에게 죄가 있습니다. 스스로 죽은 것도 살인이고 자녀를 죽인 것도 살인입니다.

신의 어리석은 견해를 말씀드린다면, 최 여인이 살인한 죄만 보이고 이경휘가 살인한 죄는 보이지 않습니다. 게다가 이경휘가 협박한 것도 태를 치는 벌로 두렵게 했지 교형이나 참형의 형률로 두렵게 했던 것은 아니니, 협박하여 죽게 한 죄목도 합당하지 않은 듯합니다. 다만 그들은 5촌의 숙부와 조카 사이이니, 사소한 볏단 때문에 구박하고 능멸한 것을 본래의 죄로 삼아야 할 뿐입니다. 이러한 죄로 형률을 적용해야 살인 사건의 판결이 공평해집니다.

검안한 관원의 보고서, 조사한 관원의 보고서, 도신의 장계, 형조의 계사 모두 일곱 사람이 한꺼번에 죽은 사실 한 가지에 대해서만 너무도 지나치게 놀라워하고 너무도 무겁게 죄상을 따졌습니다. 그래서 주상의 판결에서도 뭇사람의 의견을 그대로 따라서 윤허하셨던 것입니다. 그러나 신의 생각은 그렇지 않습니다. 만약 신이 형조에 있었다면 반드시 다른 심리 의견을 올렸을 것입니다."

10. 협박을 받고 자살하다(2)

【증거도 없는데 도둑으로 의심을 받자, 원통한 마음을 품고 못에 투신하였다. 사건의 근본 원인은 보리를 잃어버렸기 때문이며, 사망의 실제 원인은 스스로 물에 빠졌기 때문이다.】

○ 대구大丘의 백성 김억준金億準이 배 조이裵召史를 협박하여 죽게 하였다.

○ 1차 검안보고서의 발사跋詞는 다음과 같다.

"배 조이가 다른 사람과 싸우고 난 뒤에 물에 빠져서 죽었으니, 실제로 상처를 입고 죽었는지와 물에 빠뜨려 죽였는지에 의심을 두었습니다. 그래서 시체를 검안할 때 사용하는 물품으로 씻어 내고 직접 눌러보니, 온몸의 위아래에 옷으로 가려진 부분은 살빛이 여전하였고 별다른 상처가 없었습니다. 다만 눈꺼풀과 뺨이 떨어져 나가 남아 있지 않았으며, 목 위와 허벅지 아래의 살갗이 드러나거나 살이 두꺼운 부위는 벗겨지고 구멍이 나 있었으며 군데군데 서로 연결이 되었습니다. 상처의 크기는 위에 기록한 것과 같았습니다. 그런데 원래 피멍이 없고 거의 다 부드러운 점으로 보면, 이것은 살아 있을 때 생긴 상처가 아니라 틀림없이 죽은 뒤에 떨어져 나간 듯합니다.

유족과 시체를 건져 낸 사람들이 모두 진술하기를 '배 조이가 물에 빠지고 난 뒤 하룻밤이 지나고 나서야 기다란 나무와 기다란 장대로 온종일 찾다가 겨우 건져 냈습니다.' 하였습니다. 입고 있던 옷은 모두 벗겨지지 않은 채 그대로였고 못에는 물고기들이 가득하였으니, 옷으로 가려지지 않은 부위는 기다란 나무에 부딪혀서 생긴 상처일 수도 있고, 살이 다소 두꺼운 부위는 물고기들이 물어뜯어서 생긴 상처일 수도 있겠습니다. 배가 부풀어 올라 있는 점, 두 손이 앞쪽으로 향해 있는 점, 손톱에 모래와 진흙이 끼어 있는 점, 살이 황백색인 점은 하나하나 《무원록》〈조례·익수사溺水死〉'스스로 물에 빠져 죽은 경우[自溺死]'의 조문과 일치합니다.

제방의 물에서 본 마을까지의 거리는 2리쯤이고, 그 물의 깊이를 재어 보니 수문水門 부근이 포백척布帛尺으로 4자 7치였습니다. 배 조이가 혼자 제방가에 와서 곧장 스스로 투신한 사실을 목동인 배해수裵海壽가 분명히 목격하였으니, 그녀가 스스로 물에 빠져서 죽은 사실은 참으로 의심할 것 없이 확실합니다. 그러므로 시장屍帳에 사망의 실제 원인은 '스스로 물에 빠져서 죽게 되었다.'라고 기록하였습니다. 애당초 김억준이 말싸움을 한 정황에 대해서는 풍헌風憲과 이장里長이 모두 신고한 일이 있었습니다. 그러므로 김억준은 피고被告로 써넣었습니다.

유족이 처음에 고소하지 않아 마치 개인적으로 화해한 듯한 행적이 있었기 때문에 여러 방법으로 캐묻고 별도로 염탐해 보았는데, 김억준은 범행을 저지른 적이 없을 뿐만 아니라 더욱이 크게 싸우지도 않았습니다. 참으로 피해자 가족의 진술처럼 실제로 이 사건에는 숨겨진 진실이 없었으니 검안을 행하려고 하지 않은 점도 괴이하게 여길 것이 없었습니다.

그러나 도둑질을 당해 보리를 잃어버리고서 별달리 증거도 없는데 75세의 늙은 여인에게 의심을 품었습니다. 한 차례 추궁한 것만으로는 부족하여 다음 날 재차 찾아가서 끊임없이 범인으로 확신하였으니, 범행을 저지르지는 않았더라도 어찌 위협한 것이 아니겠습니까! 저 노파가 분노를 이기지 못하고 스스로 물에 빠져 죽기까지 하였으니, 이것은 노망에서 나온 행동이라고 하더라도 협박한 상황을 상상해 볼 수 있습니다. 근본 원인을 따져 보면 첫째도 김억준이고 둘째도 김억준이니, 협박한 죄를 어떻게 면할 수 있겠습니까!

그러나 검안, 증인, 사망의 실제 원인, 피고 모두 의심할 것이 없습니다. 이와 같은 사건은 2차 검안을 행할 필요가 없으므로 2차 검안할 관원을 지정하여 와 달라고 청하지 않았습니다. 시신은 회灰로 싸서 봉인封印해 두고서 처분을 기다리겠습니다. 김억준은 목에 칼을 씌워서 엄중히 가두어 두겠습니다. 이러한 연유로 첩정牒呈을 올려 보고합니다."

○ 다산의 비평은 다음과 같다.

"이번 검안보고서의 발사를 보면, 노련하고 공평하여 마치 중국 한漢나라 조정의 노련한 관리처럼 규정에 대해 익숙하니, 참으로 본받을 만하다.

126

이 사건의 근본 원인은 바로 앞에 나오는 이경휘李景輝의 사건과 매우 닮았다. 저 사건에서 서로 다투었던 것은 몇 줌의 벼였고, 이 사건에서 서로 다투었던 것은 몇 줌의 보리였다. 가령 배씨 노파가 아들을 안고 딸을 끌고서 일곱 명이 같이 물에 빠져서 죽었다면, 조사보고서에서 이처럼 서술하여 판결하기가 쉽지 않았을 것이다. 마침 배씨 노파가 홀몸으로 물에 빠져서 죽은 것이 다행일 뿐이다. 이러한 사건에서는 이 저지른 범죄가 가벼운지 무거운지를 살펴보아야 하고 저 물에 빠져서 죽은 사람이 많은지 적은지는 따지지 말아야 하니, 사건을 조사하는 관원은 이래야 한다."

11. 협박을 받고 자살하다(3)

【주인과 다툰 머슴이 격분하여 술김에 목을 매어 죽었다. 사건의 근본 원인은 재물을 아꼈기 때문이며, 사망의 실제 원인은 스스로 목을 매었기 때문이다.】

○ 문화文化의 백성 황후룡黃厚龍이 최중현崔中賢을 협박하여 죽게 하였다.

○ 1차 검안보고서의 발사跋詞는 다음과 같다.

"이번 사건에서 최중현의 죽음은 몹시 허황합니다. 애당초 서로 싸우게 된 원인은 새경이 많은지 적은지 때문이었는데 점차 독기를 부려 칼을 뽑아 들기까지 하였습니다. 최중현이 잠깐 달아나려고 생각하였다가 도로 들어와서 어둠 속에서 목숨을 버렸는데, 목격한 증인이 없어 참으로 의아하니, 분결에 벌인 일입니까? 아니면 술에 취한 상태에서 벌어진 실수입니까?

다만 최중현은 목을 맬 때 어두운 밤이라서 아는 사람이 없다는 것을 생각하지 못하고 주인집에 공갈하려는 계획으로 벌인 일이었으나, 술에 잔뜩 취하여 깨어나지를 못하고 그대로 목숨을 잃게 된 것이 분명합니다. 만약 그렇지 않다고 한다면, 살기를 좋아하고 죽기를 싫어하는 것은 사람의 일반적인 마음인데 사소한 일 때문에 유감을 품고서 죽지 않아야 할 상황에서 기꺼이 죽을 리가 있겠습니까! 높은 곳을 놓아두고 낮은 곳으로 나아가서 무릎을 꿇고 자기 몸을 해쳤으니, 다른 사람이 목을 매단 사건이 아니라는 것도 분명합니다.

삼가 《무원록》〈조례·늑액사勒縊死〉 '스스로 목을 매어 죽은 경우[自縊死]'의 조문을 살펴보니 '목을 매단 곳의 높낮이와 관계없이 간간이 땅에 꿇어앉아 죽은 경우도 있다.' 하였고, 또 이르기를 '위에 줄을 묶은 곳과의 거리가 1자 이상이라야 가능하다.' 하였으며, 또 이르기를 '목구멍 위쪽에 스스로 목을 매었으면 어금니를 악물고 혀가 이에 닿으며 손은 쥐고 있다.' 하였고, 또 이르기를 '목을 맨 곳이 좌우 귀의 뒤쪽까지 엇갈려 지나간다.' 하였으며, 또 이르기를 '목에 난 상처가 한 바퀴를 돌지 않는다.' 하였고, 또 이르기를 '들보 위에는 먼지가 어지럽혀져 있는 경우가 많다.' 하였습니다. 이번 사건에 나타난 증상이 하나하나 부합되므로 더이상 의심할 것이 없습니다. 그러므로 사망의 실제 원인은 '스스로 목을 매어 죽게 되었다.'라고 기록하였습니다.

유족 최상기崔相己가 진술하기를 '아버지가 황후룡에게 목이 졸렸습니다.' 하였습니다. 그러나 최중현이 목을 매던 날 밤은 황후룡이 읍내에서 숙박하던 날로, 고보을高甫乙의 진술로 분명하게 증명이 되었고 오화경吳化庚의 말도 참작해 보기에 충분합니다. 그렇다면 황후룡이 강제로 사람을 몰아냈다는 말은 변명할 거리도 안 됩니다. 그러나 머슴과 주인 사이에 칼을 잡고 대적하다가 주인에게 화를 전가하는 것이 급급해지자 목숨을 거는 행동까지 하였으니, 주인이 머슴을 잘 대접해 주지 않아서 점차 그러한 악행을 불러왔다는 것을 알 수 있습니다. 따라서 황후룡으로서는 최중현이 자신 때문에 죽게 된 죄를 어떻게 면할 수 있겠습니까! 그러므로 피고被告는 황후룡으로 기록하였습니다.

황석령黃碩齡은 몹시 늙었다고는 하지만 집안의 어른인데도 어찌하여 집안을 잘 다스리지 못하여 집에서 살인의 변괴가 일어나게 한 것입니까! 그러니 죄가 없다고 할 수 없습니다. 2차 검안할 관원으로는 장련 현감長連縣監으로 정하고 공문을 보내 이곳으로 와 달라고 요청하겠습니다. 군수郡守는 이곳에서 관아로 돌아갔습니다."

○ 다산의 비평은 다음과 같다.
"이 검안보고서의 발사는 다음과 같이 작성되어야 한다. '황후룡이 머슴을 야박하게 대접하여 자살하기까지 하였습니다. 그의 죄를 엄중히 징계해야 하겠으나, 범행을 저지르지 않은 데다가 협박한 일도 없으므로 피해자 가족의 진술은 자연히 거짓으로 속인 셈이 되었습니다. 그러므로 피고로 기록하였습니다.' 그런데 이제 죄상을 서술하여 판결한 것은 논리가 어긋나서 마치 피고를 주범에 버금가는 범인의 명목이라도 되는 것처럼 서술하였으니, 이는 폐단이다."

○ 조사한 관원의 보고서는 다음과 같다.
"최상기가 진술하기를 '목이 졸렸습니다.'라고 하였으나, 마침 그날 황후룡이 길을 나서 읍내에서 숙박하였습니다. 그에 대해서는 숙식을 제공한 주인 이 조이李召史의 진술과 황후룡과 같이 잠을 잤던 고보을의 말이 저처럼 명백하였습니다. 그뿐만 아니라 두 차례 검안할 때 확인한 증상이 모두 스스로 목을 매어 죽었을 때의 증상과 부합되었으니, 살인 사건을 성립시키는 것은 거론할 수 있는 일이 아닙니다.

애당초 최중현이 황후룡에게 요구했던 것은 홑바지에 불과하였으나, 황후룡은 약속한 것이 아니라는 핑계를 대면서 끝내 요구에 응하지 않았습니다. 그러다가 최중현이 외출하는 날에 이미 지급했던 새경까지 아울러 또 도로 빼앗으려고 하였습니다. 그러자 최중현이 이 일로 격분하여 술김에 다시 찾아와서 칼을 빼 들기까지 하였으나 끝내 후련하게 분풀이를 하지도 못하였습니다. 심지어 목을 매기까지 하였으나 한밤중에 아는 사람이 없었고 술에 잔뜩 취해서 깨어나지를 못하고 스스로 자기 몸을 해치게 되었으니, 사람의 부질없는 죽음으로는 이보다 더한 것이 없습니다.

그러나 황후룡이 인색한 탓에 이처럼 스스로 목을 매어 죽는 일이 발생하였으니, 황후룡으로서는 자신 때문에 죽게 된 죄를 어떻게 면할 수 있겠습니까! 《대명률》〈형률·인명〉 '사람을 협박하여 죽게 한 경우[威逼人致死]'의 조문에 이르기를 '일 때문에 사람을 협박하여 죽게 한 경우에는 100대의 장杖을 치고 장례 비용으로 은 10냥까지 아울러 징수한다.' 하였습니다. 이 사건은 협박한 경우와는 엄청난 차이가 있으므로, 이 법률 조문을 참조하여 적용하는 것은 합당하지 않은 듯합니다. 어리석고 식견이 얕은 신의 견해로는 감히 갑자기 의논할 수가 없습니다."

○ 다산의 비평은 다음과 같다.

"황후룡의 죄는 인색한 것뿐이었지, 어찌 협박한 적이 있는가! 협박한 죄로 논한다면, 칼을 뽑아 들고 악행을 저지르며 고용한 주인을 능멸한 자가 협박한 죄를 받아야 할 것이다. 살인 사건을 심리하는 사람이 언제나 죽은 사람은 편을 들고 산 사람은 억누르며 그의 죄를 억지로 찾아서 형률을 적용하려고 하니, 이것도 하나의 폐단이다."

상형추의 ❀

10

1. 복수한 정상을 참작하다(1)

【원수를 사형하지 않자 사사로이 죽여 창자를 꺼냈다. 사건의 근본 원인은 정의로운 분노가 일어났기 때문이며, 사망의 실제 원인은 찔렸기 때문이다.】

○ 강진康津의 백성 윤항尹恒이 윤언서尹彦緖를 죽였다.

○ 1차 검안보고서는 다음과 같다.

"이달 2일에 도장都將 김몽룡金夢龍이 다음과 같이 급히 보고하기를 '방금 관문官門 밖에 어떤 백성이 어깨에 붉은 물체를 메고 허리에 띠와 같은 것을 칭칭 감고서 북쪽을 향해 꿇어앉아 있었습니다. 그래서 무엇이냐고 물어보니, 대답하기를「개의 창자입니다.」하였습니다. 다시 물어보니 대답하기를「원수의 창자입니다.」하였습니다.'라고 하였습니다. 그래서 그 사람을 불러서 물어보니 대답하기를 '죽은 아버지 윤덕규尹德奎가 집안의 서얼庶孼인 윤언서에게 살해되었기 때문에 윤언서를 찔러 죽이고 창자를 허리에 감고서 왔습니다.' 하였습니다.【중간을 생략하였다.】

시장屍帳에 기록하기를 '식도食道와 기도氣道로부터 왼쪽 귓불 아래까지 칼에 찔린 부위는 가로 길이가 5치이고 너비가 8푼이며 구멍의 깊이가 1치 2푼이었으며, 살갗이 터지고 살이 뚫렸습니다. 칼에 찔린 배의 부위는 둘레가 1자 7치이고 너비가 5치 8푼이었으며, 살갗이 터지고 살이 뚫렸으며 오장五臟이 솟구쳐서 반쯤은 나와 있고 반쯤은 안에 들어 있는데 구불구불 서로 엉겨서 측량할 길이 없었습니다. 주범이 베어 내서 어깨에 메고 온 창자는 29자 2치입니다.' 하였습니다."【건륭乾隆(무신년 1788, 정조 12) 1월 3일이다.】

○ 1차 검안보고서의 발사跋詞는 다음과 같다.

"식도와 기도 및 배의 상처는 모두 급소에 난 것으로 목숨을 잃게 한 것입니다. 마음대로 마구 찔러서 가로 길이와 너비가 넓고 크며, 오장이 솟구쳐 나와서 보기에도 몹시 끔찍하였습니다. 사망의 실제 원인은 '찔려서 죽게 되었다.'라고 기록하였습니다.

윤항이 진술하기를 '저의 아버지 윤덕규가 집안의 서얼인 윤태서尹泰緖 및 윤언서에게 구타를 당한 뒤 화병이 들어서 마침내 목숨을 잃게 되었습니다. 그래서 기어이 복수하려다가 이렇게 되었습니다.' 하였습니다. 그러나 윤덕규의 시체를 검안한 문서를 보면, 몸에 애당초 사망 원인으로 지목할 만한 상처가 없었고 게다가 구타를 당한 지 38일 만에야 사망하였으니, 대소의 보고기한保辜期限[18]이 지나서 사망한 셈입니다. 그래서 서얼이 정실正室 자손을 능멸한 죄로만 4차례 엄중히 신문하였습니다.

전후의 검안보고서에 윤덕규를 구타하여 죽였다는 기록이 없는데 이번 진술에서는 대대로 원한이 있다는 말까지 아울러 거론하였으니, 복수하였다는 말은 아무래도 명백하지가 않습니다. 그뿐만 아니라 법률 조문으로 논하면, 《속대전》〈형전刑典·살옥殺獄〉에 '아버지가 다른 사람과 싸우다가 입에 물려서 썩는 상처를 입고 60일 후에 죽었는데, 그의 아들과 딸 및 며느리가 원수를 멋대로 죽인 경우에는 《대명률부례大明律附例》〈형률刑律·투구鬪毆〉의 「사지와 몸뚱이를 부러뜨린 경우에는 보고기한을 20일까지 연장한다.」라고 한 조례條例에 따라 아들에게는 멋대로 죽

---

18 대소의 보고기한保辜期限: 보고기한은 남을 구타하여 상처를 입힌 사람에게 의무적으로 피해자의 상처를 치료해 주도록 정한 기간을 가리킨다. 이 보고기한은 범행에 사용한 흉기에 따라 각각 기간을 다르게 정하였다. 즉 손발이나 다른 물건을 사용한 경우에는 정식 기간 20일과 여유 기간 10일, 칼 및 끓는 물이나 불을 사용한 경우에는 정식 기간 30일과 여유 기간 10일, 사지와 몸뚱이를 구타하여 상처를 입히거나 뼈를 부러뜨리거나 낙태시킨 경우에는 정식 기간 50일과 여유 기간 20일을 적용하였다. 정식 기간이나 여유 기간 안에 해당 상처로 인해 사망하면 사형의 죄로 처벌하였다. 《황조통지皇朝通志》〈형법략刑法略·형제刑制〉

인 경우에 적용하는 본래의 형률만 적용하고 며느리와 딸은 용서해 준다.'라고 하였습니다. 윤덕규의 손가락 살갗이 벗겨진 것은 둘레가 6푼에 불과하고 애당초 썩은 상처의 흔적이 없었으며, 신낭腎囊이 부어올랐다고는 하지만 양쪽 고환睾丸이 온전하고 보고기한도 지나서 죽었으니, 살인 사건으로 논할 수가 없을 듯합니다.

게다가 윤항이 말한 그의 아버지가 부쳤다는 서찰에서도 '구타를 당하였다.'라고만 하였을 뿐입니다. 만약 그 서찰이 자기 아버지가 살아 있을 때 썼다면, 어찌하여 즉시 관아에 신고하지 않고 이제야 바친 것입니까! 정상을 참작하여 죄를 정한다면 의문점이 있을 경우에는 가벼운 쪽으로 처벌하는 사안에 가깝지만, 문서를 갖추어서 법에 따라 처리한다면 살인한 죄를 어떻게 피하겠습니까! 그러므로 주범은 윤항으로 지정하였습니다."【1차 검안한 관원은 강진 현감康津縣監 성종인成種仁이다. ○ 다산의 견해: 이 당시에 윤항의 형 윤침尹忱과 서숙부庶叔父 윤덕래尹德來가 윤언서를 에워싸고서 윤항에게 칼로 찌르게 하였다. 윤덕래는 도망 중이었는데 그 뒤에 윤항과 윤침 두 사람이 모두 수감되었다.】

○ 다산의 비평은 다음과 같다.

"배를 갈라 창자를 꺼내어 잘라서 어깨에 멘 사건인데, 사망의 실제 원인을 겨우 '찔려서 죽게 되었다.'라고 하는 것이 옳은가! 법률 조문에도 근거가 있으니, '갈라졌다.[被割]'라고 해야 한다. 만약 쇠나 칼에 다쳐서 죽은 경우를 통틀어서 '찔렸다.[被刺]'라고 한다면, 도끼로 자르거나 칼로 끊은 경우도 똑같이 기록할 것인가!"

○ 다산의 의견은 다음과 같다.

"시골의 고루한 사람이 직접 큰 사건을 일으키고 관아의 뜰에 들어

갔으니, 자기 아버지가 죽게 된 까닭을 어떻게 잘 말할 수 있겠는가! 사망의 실제 원인은 음경陰莖이 뽑혔기 때문인데, 손가락의 살갗이 벗겨진 것, 두 사람이 대대로 원한을 품고 있던 것, 구타를 당하여 화병이 든 것, 정실 자손과 서얼 자손의 차이가 있는 것 등 거칠고 잡다한 말을 윤항이 이것저것 어수선하게 진술하였다.

더욱이 법관法官마저 그의 거칠고 잡다한 말만 편파적으로 채취하여 살인 사건을 성립시키지 못한다는 자신의 본래 의도를 스스로 밝혔고, 신낭이 부어올랐다는 가장 중요한 진술을 별것도 아닌 것처럼 말미에 덧붙여 놓았으니, 이것도 공평하지 못하다고 말할 수 있다. 사지와 몸뚱이를 부러뜨린 경우조차도 보고기한을 20일까지 늘려 주었는데, 소중한 것으로 따지면 신낭이 어찌 사지와 몸뚱이 정도일 뿐이겠는가! 양쪽의 고환이 온전한 것도 어찌 아버지를 여읜 아들들에게 은덕이라고 내세울 만하겠는가!"

○ 2차 검안보고서의 발사는 다음과 같다.

"《대전통편》〈형전·살옥〉에 이르기를 '아버지가 남에게 구타를 당하여 상처를 심하게 입자, 아들이 그 구타한 사람을 구타하여 죽게 한 경우에는 사형을 감하여 정배定配한다.' 하였고, 또 이르기를 '아버지가 살해되어 살인 사건이 성립되었으나 샅샅이 조사하기를 기다리지 않고 원수를 제멋대로 죽인 경우에는 사형을 감하여 정배한다.' 하였습니다. 그러나 윤덕규의 1차 검안보고서와 2차 검안보고서에는 살해되었다고 볼 만한 증거가 조금도 없고 보면, 윤항의 흉악하고 끔찍한 범행은 자연히 사람의 목숨을 터무니없이 해친 것으로 귀결되니, 법에 따라 시행해야 하는 형률을 피하기가 어렵습니다."【2차 검안한 관원은 장흥 부사長興府使 윤수묵尹守默이다.】

○ 전라 감영全羅監營의 제사題詞는 다음과 같다.

"아버지의 원수를 갚은 것이라는 말이 죄수의 진술에서 나왔으므로 윤언서가 원수인지를 철저히 조사하지 않을 수가 없다. 윤항의 아버지 윤덕규와 윤태서·윤언서 등이 정실 자손과 서얼 자손으로서 서로 능멸하여 본래 집안의 원한이 있었는데, 보리 때문에 서로 다투어 끝내는 창고 뜰에서의 싸움으로까지 번졌다. 그 싸움이 있고 나서 38일 만에 윤덕규가 병에 걸려서 죽게 되었다.

검안을 행하던 때에 증인들에게 두루 물어보았으나 살해당한 상황을 보지 못했다고 하였고, 온몸의 위아래에 다쳐서 생긴 상처의 흔적도 전혀 없었다. 반드시 복수하려는 마음을 가진 윤항조차도 별다른 말이 없었으니, 그의 아버지가 구타당한 것을 누가 보았고 누가 알겠는가! 그도 어느 부위를 지정하여 목숨을 잃게 한 원인이라고 하겠는가! 엄지손가락이 구부러져서 다친 곳은 본래 급소가 아니고, 신낭이 팽창한 것도 상처가 아니다. 가령 신낭이 뽑혀서 이처럼 팽창되었다면, 틀림없이 즉시 목숨을 잃고 말았을 텐데, 어떻게 38일이나 지나서야 죽을 수 있겠는가! 윤덕규가 죽은 지 7일이 되어서야 검안을 행하였는데, 음낭이 부어서 커진 것은 무더운 시기라서 시체에 변화가 생겨서이니 어떻게 이것을 가지고서 살해되었다고 말할 수 있겠는가!

더구나 윤태서는 형이고 윤언서는 아우이다. 가령 살인 사건을 성립시킨다고 하더라도 집안의 어른을 처벌한다는 취지[19]로 헤아려 볼 때 윤태서가 주범이 되어야 하고 윤언서는 종범에 불과하다. 그런데 주범을 놓아두고 종범을 살해한 것은 또 무슨 까닭인가! 복수의 대의명분으로 볼

---

19 집안의……취지:《대명률》〈명례율名例律·공범죄분수종共犯罪分首從〉에서 '집안 사람이 함께 범행을 저지른 경우에는 집안 어른만 처벌한다.'라고 한 조항을 가리킨다. 이 조항은《전율통보》〈형전·추단推斷〉에도 수록되었다.

때 어찌 주범과 종범을 구분하지 않을 수 있겠는가! 상처도 없고 보고기한이 지나서 죽은 사건의 경우에 국가의 법률을 시행할 수 없다는 것은 그도 스스로 알고 있으니, 이번에 저지른 범행은 단지 묵은 유감을 풀고서는 복수한 것이라고 핑계를 댄 사건에 불과하다.

자기 할아버지 때부터 원한이 있었다는 사실이 어떻게 살인을 해도 된다는 공정한 증거가 될 수 있겠는가! 자기 아버지의 유서를 빙자하지만 그것도 어찌 복수해도 된다는 명확한 증거가 되겠는가! 윤언서는 윤덕규를 살해한 사람이 아닌데 윤덕규의 아들이 윤언서를 살해하였으니, 어떻게 아버지의 원수를 갚은 것이라는 말만 가지고서 조금이나마 정상을 참작하여 용서해 주는 단서로 삼을 수 있겠는가! 윤항을 법대로 사형하는 것은 당연하니 더 이상 의논할 수가 없다."【전라도 관찰사는 심이지沈頤之이다. 1월 10일이다.】

○ 다산의 비평은 다음과 같다.

"신낭이 팽창하여 박처럼 커졌는데도【시장에 그처럼 기록되어 있다.】 다친 흔적이 없다고 한 것은 옳지 않은 듯하다. 본래 빨리 죽을 수 있는 상처가 아닌데도 오래도록 목숨이 연장된 것을 의심하는 점도 옳지 않은 듯하다. 다만 윤태서를 죽이지 않고 윤언서를 죽인 것은 원수에 대한 보복을 정확히 하지 못했으니, 그 점을 문제 삼아야 한다."

○ 형조가 다음과 같이 아뢰었다.

"윤덕규의 어린 딸 윤임현尹任賢이 격쟁擊錚하여 억울한 사정을 다음과 같이 진술하였습니다. '소녀는 고故 감사監司 윤복尹復의 7대손이며, 17세의 아직 혼인하지 않은 여자아이로서 하늘과 땅처럼 끝이 없는 슬픈 일을 당하였습니다. 소녀의 아버지 윤덕규가 지난해 3월에 집안의 서얼인 윤태서와 윤언서 형제에게 구타를 당하여 38일 만에 사망하였습니다. 그런데 검안한 관원이 「상처가 분명하지 않으며, 관아에 제때 고소하지 않았습니다.」라고 애매모호하게 감영에 보고하여 끝내 살인 사건이 성립되지 못하였습니다.

그래서 지금은 돌아가신 할아버지가 분통한 마음을 견디지 못하고 식음을 전폐하다가 3일 만에 자살하였고, 지금은 돌아가신 어머니도 원한이 맺혀 피눈물을 흘리다가 이어서 또 목숨을 잃었습니다. 한집에서 세 사람이 죽게 된 것은 이 두 명의 원수 때문이었으므로, 두 오라버니인 윤침과 윤항이 하늘에 닿도록 원통함을 호소하고 부모를 위해 복수하려는 마음을 항상 품고 있었습니다.

그러다가 올해 1월 1일에 두 오라버니와 서숙부인 윤덕래가 감옥에서 윤언서가 나오는 것을 몰래 엿보다가 세 사람이 손수 칼을 잡고서 윤언서의 배를 가르고 간을 씹었으며, 아버지의 무덤을 찾아가서 곡을 하고서 관아에 나아가 자수하였습니다. 그러자 두 오라버니와 서숙부가 모두 목에 칼이 씌워진 채 수감되었고, 원수인 윤태서는 마침내 즉시 풀어 주어 돌려보냈습니다. 예로부터 지금까지 세상에 어찌 이런 일이 있었겠습니까! 삼가 바라건대 법은 법대로 집행하고 원수는 원수대로 갚도록 하여, 원수 윤태서도 목숨으로 보상하게 하고 두 오라버니와 서숙부에 대해서는 즉시 처분을 내려 주소서.' 하였습니다."【4월 4일이다.】

○ 주상의 판결은 다음과 같다.

"의문점이 있는 사건이니, 형조의 세 당상관이 각각 의견을 갖추어 이치를 따져 보고하라."

○ 신 김종수金鍾秀가 다음과 같이 아뢰었다.【형조 판서 김종수이다.】

"애당초 윤덕규가 죽게 되었을 때 그대로 살인 사건을 성립시키지 않았던 이유는 보고기한 안에 죽었는지 그렇지 않은지로 판단을 하였기 때문인 듯합니다. 그러나 윤태서와 윤언서를 무죄로 풀어 준 것은 경솔히 처리한 잘못을 면하기 어려우니,【다산의 견해: 윤태서는 무죄로 석방된 적이 없다.】윤침과 윤항이 죽은 아버지의 유서에 근거하여 복수한 것은 따져 볼 만한 여지가 있습니다.

가령 윤침과 윤항이 애당초 관아에 고소하지 않고 곧장 범행을 저지르고 자수하여 처벌해 주기를 청했다고 하더라도, 한유韓愈의 '경전經典을 인용하여 의논할 수 있게 한 것이다.'[20] 라는 말을 적용할 수 있습니다. 더구나 관아에 고소하고 목숨으로 보상하게 해 줄 것을 청하였으나 허락을 받지 못한 뒤에야 원수를 살해하였으니, 그들의 죄는 본래 그다지 무겁지가 않습니다. 그리고 윤덕규 부자父子와 아내 등 세 사람이 일시에 목숨을 잃었고, 남아 있던 유족 3인은 4개월째 감옥에 굳게 갇혀 있으며, 혼인하지 않은 딸이 천 리 먼 길을 올라와서 대궐에 호소하는 일이 있기까지 하였으니, 정상이 가련합니다. 모든 민사 사건과 형사 사건은 원고와 피고 양쪽의 진술을 공정하게 듣고 판결하는 것을 소중하게 여깁니다. 더구나 살인 사건을 처리하는 일은 까딱하면 사람의 목숨과 관계되기 때문에 더욱이 한쪽의 말만 가지고서 대번에 판결을 해서는 안 됩니다. 도신道臣이 직접 사건을 맡아 상세히 조사해서 주상께 보고하게 한 뒤에 형조에서 주상께 여쭈어 처리하는 것이 어떻겠습니까?"

---

20 경전經典을……것이다: 한유의 〈복수장復讎狀〉에 나오는 말이다. 한유가 법률 안에 복수에 대한 조문이 없는 이유를 무분별한 살인을 방지하기 위해서라고 설명하면서, '경전에서 그 뜻을 꼼꼼히 규명하고 법률에서 그 조문을 깊이 연구하는 것은 법을 담당한 관리로서는 하나같이 법에 의해 판결하게 하고 경전에 밝은 선비로서는 경전을 인용하여 의논할 수 있게 하려는 의도에서 나왔습니다.'라고 하였다.

○ 신 홍수보洪秀輔가 다음과 같이 아뢰었다.【형조 참판 홍수보이다.】

"그의 아버지 윤덕규가 과연 윤언서 형제에게 구타를 당하여 살해되었다는 사실이 의심할 것 없이 명백해야 《주례》에서 말한 '사람을 죽였으나 정당성을 확보하지 못한 자는 아들이 복수할 수 있다.'[21]라는 글과 합치됩니다.【다산의 견해: 이 단락은 베껴 적는 과정에서 오류가 있었던 것 같다.】

그러나 윤덕규가 구타를 당한 지 38일이나 지나서야 목숨을 잃었으니, 이것이 첫 번째 의문점입니다. 윤침이야 입양入養되어 멀리 떨어져서 살았다고 하더라도, 그의 할아버지와 아우는 모두 집에 살고 있으면서도 즉시 관아에 고소하지 않다가 7일이 지난 뒤에야 고소장을 제출하였으니, 이것이 두 번째 의문점입니다. 그러나 윤침과 윤항의 무리가 분노를 축적해 두고 있다가 기회를 엿보아 윤언서의 배를 가르고 간을 씹은 것을 보면, 윤덕규가 구타를 당해서 죽게 되었다는 사실을 확실히 알 수 있습니다.

윤태서의 경우에는 본래 윤언서와 같이 범행을 저지른 사람이니, 자기 아우가 죽었다고 해서 완전히 석방해 주어서는 안 됩니다. 그러나 두 가지의 의문점이 있는 데다가 사건의 정황도 멀리서 헤아려 알기가 어려우므로 다시 도신이 상세히 조사한 뒤에 보고하게 하는 것이 어떻겠습니까?"

○ 신 김노영金魯永이 다음과 같이 아뢰었다.【형조 참의 김노영이다.】

"만약 윤덕규가 구타를 당하지 않았다고 한다면, 윤침과 윤항의 무리

---

21 사람을……있다: 이 말은 《주례》에 나오는 말이 아니고 《주례》의 글에 대한 한유의 해석이다. 즉 한유가 〈복수장〉에서 《주례》 〈지관·조인〉에 나오는 '정의에 따라 사람을 죽인 경우에는 원수를 갚지 못하게 하고, 원수를 갚으면 죽인다.'라고 한 구절을 풀이하여 '사람을 죽였으나 정당성을 확보하지 못한 자는 아들이 복수할 수 있음을 밝힌 것이다.'라고 하였다.

가 어찌 칼을 품고서 기회를 엿보다가 윤언서의 배를 가르고 간을 씹었겠습니까! 만약 윤덕규가 구타를 당했다고 한다면, 어떻게 38일이나 오래 끌다가 죽었는데도 끝내 명확히 드러난 상처가 없는 것입니까! 그러나 당시에 관아에 몸소 나아와서 고소하였고 윤태서를 잡아다가 가두었으니, 윤덕규가 구타를 당한 사실은 확실하게 알 수 있습니다. 그러니 윤침과 윤항의 무리가 한 이러한 행동은 복수를 한 것이라고 치부하더라도 불가하지 않습니다. 그러나 한쪽의 말만을 그대로 다 믿기가 어렵습니다."

○ 주상의 판결은 다음과 같다.
"그의 죄를 관아에 고소하지 않았더라도 멋대로 죽인 죄가 되지는 않는다. 그뿐만 아니라 검안한 관원이 애매모호하게 감영에 보고한 것은 매우 사리에 맞지 않은 일이고, 고을의 수령이 한쪽 편만 들어준 것은 더욱이 일반적인 상식과 어긋난다.

조정에서 각 도에 감사를 둔 것은 두루 순찰하는 책임을 맡기고 풍속의 교화를 관장하게 하려는 목적이었다. 그런데 도내에 이처럼 억울한 사건이 발생하였는데도 까마득히 모르는 것처럼 하였다. 그리하여 흉악하고 사나운 서얼은 요행히 처벌을 피하게 되었고, 죄 없는 두 사람은 도리어 느닷없는 재앙을 당하여 이 어린 여자가 원통함을 호소하는 일이 있게 하였으니, 정황으로는 가련하고 법률로는 합당하지 않다. 도신이 이처럼 직무를 수행하지 못하였으니, 조사한 관원과 고을 수령이 잘못 판결하고 자신의 오류를 정당화하는 것은 차례로 일어날 수밖에 없는 일이었다. 해당 감사 심이지를 우선 무거운 쪽으로 함사추고緘辭推考[22]하라.

---

22 함사추고緘辭推考: 잘못을 저지른 관원에게 서면으로 심문하고 서면으로 답변을 받아 그

이 사건은 어찌 반드시 상세히 조사를 해 본 뒤에야 알 수 있는 것이겠는가! 윤침 등은 보증인을 세우고 풀어 주며, 윤태서는 도로 가두라. 감사는 감영에 비치해 둔 사건 문서를 낱낱이 거론하고, 이어서 지레 판결하게 된 경위를 물어본 뒤에 며칠 이내로 장계로 보고하게 하라."

○ 전라도에서 조사하여 보고한 내용은 빠졌다.

○ 형조가 다음과 같이 아뢰었다.

"윤덕규가 목숨을 잃게 된 근본 원인으로 말하면, 해당 상처를 지정할 수가 없었고 보고기한도 지나서 죽었을 뿐만 아니라, 윤항이 진술하기를 '화병이 들어 마침내 목숨을 잃게 되었습니다.' 하였고, 윤덕래가 진술하기를 '결국 목숨을 잃게 된 원인은 여기에서 유래했다고 할 수도 있습니다.' 하였습니다. 애당초 고소할 때도 명확한 근거가 없었음을 알 수 있으니, 살인 사건을 성립시키지 못했던 것은 법률과 이치로 보아 당연합니다.

윤덕규의 사망이 윤태서 형제의 범행 때문이 아니라고 한다면, 윤항 형제가 '복수를 위해서 윤언서를 멋대로 죽였습니다.'라고 한 말은 《춘추공양전春秋公羊傳》 정공定公 4년에 '아버지가 죽음을 당하지 않아야 하는데 죽음을 당하였으면 아들이 원수를 갚는 것이 옳다.'라고 한 취지로 볼 때 서로 너무도 큰 차이가 나니, 법률대로 살인 사건을 성립시키는 것도 이상한 일은 아닙니다.

윤항이 윤언서를 찔러 죽이고서 스스로 관아에 고소하지 않았고 관아에 고소한 사람은 도장이었으니, 윤임현의 진술은 사실과 다른 점이

결과에 따라 수위를 정하여 징계하는 것이다. 일반적인 추고推考가 실질적인 징계의 효력을 상실하면서 영조 때부터 새롭게 등장한 것으로, 승정원에서 국왕에게 전지傳旨를 재가받으면 곧바로 사헌부에 내려 주어 추고하는 절차가 진행되었다.

많습니다. 대체로 이와 같은 사건은 죄를 따져 처벌해야 합니다. 다만 윤태서 형제가 악독한 성질을 믿고서 정실 가족을 능멸한 지가 오래되었습니다. 그리고 윤태서 형제가 윤덕규와 싸울 때에 떠밀었던 정황에 대해서는 목격한 증인이 있고, 윤덕규의 병이 위독해졌을 때의 유서도 증거로 바쳤습니다.

윤침과 윤항 등이 아버지의 죽음은 윤태서 형제 때문이라는 의심을 항상 품고 있다가, 점차 기어이 복수하겠다는 다짐을 하는 상황이 되었습니다. 그러다가 때마침 자기 어머니와 할아버지가 계속해서 죽게 되자 마침내 윤태서를 몹시 원한이 깊은 원수로 인식하였으니, 이는 충분히 그럴 수 있는 일입니다. 마지막에 범행을 저지른 것이 몹시 흉악하기는 하였지만, 서숙부와 조카가 모두 갇히고 목숨으로 보상해야 할 우려가 있게 되었으니, 연약한 여자가 대궐 밖에서 억울한 사연을 호소하면서 사실과 다른 말을 많이 하게 된 것도 깊이 책망할 일은 못 됩니다.

윤침과 윤항으로 말하면, 이른바 복수는 본래 허용해야 하는 사안이 아니고, 멋대로 죽이고 난 뒤에 관아에 고소하지도 않았으니, 정상을 참작하여 죄를 정하는 문제는 갑자기 의논하기가 어렵습니다. 윤태서로 말하면, 설사 윤덕규가 진짜 구타를 당하였다고 하더라도 윤언서 한 사람이 목숨을 잃은 것으로도 충분히 보상할 만하니, 윤태서의 죄는 그다지 무겁지가 않습니다. 그러나 이는 중대한 사건이고 의문점이 있는 사건이니, 저희 형조에서 감히 멋대로 정하기가 어렵습니다."

○ 다산의 비평은 다음과 같다.

"《춘추공양전》의 '아버지가 죽음을 당하지 않아야 하는데 죽음을 당하였으면 아들이 원수를 갚는 것이 옳다.'라는 말은 공양자公羊子가 오원

伍員의 일[23]에 대한 의견을 제시하기 위해서 했던 것이다. 오원이 초楚나라 평왕平王과는 본래 임금과 신하 사이의 도리가 있었다. 그러나 옛날 시대에는 수많은 제후국諸侯國이 별처럼 벌여 있었기 때문에 제후諸侯의 신하들이 아침에는 제齊나라의 신하였다가 저녁에는 초나라의 신하가 되고 송宋나라를 배반하고 위衛나라로 갔으며, 옛날에 섬기던 임금을 위해 상복喪服을 입기도 하고 옛날에 섬기던 임금을 전혀 모르는 사람처럼 여기기도 하여 임금과 신하의 본분이 본래 매우 엄격하지는 않았다. 그러므로 공양자가 이렇게 말을 하였던 것이다. 만약 세상이 통일되어 나라를 다스리는 임금이 하나만 있다면, 공양자의 이러한 의견은 하늘을 거스르고 윤리에 어긋나니 더 이상 거론할 수가 없다.

이제 토착 백성 중에 자기 아버지가 수령에게 죽음을 당했는데, 법률로 볼 때 자기 아버지의 죽음이 당연한 것이라면 원수를 갚을 수가 없고, 법률로 볼 때 자기 아버지가 죽어서는 안 되는데 고을 수령이 사적인 분노 때문에 죽였다면 아들이 원수를 갚을 수가 있다. 이럴 경우에는 공양자의 의견을 인용할 수가 있다. 그러나 이번 윤항의 사건은 원수의 입장에서 원수를 죽였지 본래 높은 사람과 낮은 사람이라는 신분적 차이는 없었으니, 죽음을 당해야 하는지는 본래 따질 일이 아니다. 그런데 형조가 아뢰면서 무엇 때문에 공양자의 의견을 인용하였는가!

《주례》〈지관·조인〉에 이르기를 '정의에 따라 사람을 죽인 경우에는 원수를 갚지 못하게 한다.' 하였다. 이것은 평민이 서로 죽인 경우에 인용할 수 있다. 그러나 윤태서가 윤덕규를 죽인 일은 본래 내세울 정의가 없

---

23 오원伍員의 일: 오원은 중국 춘추시대 초楚나라의 신하 오자서伍子胥로, 자기 아버지 오사 伍奢와 형 오상伍尙이 초나라 평왕平王에게 억울하게 죽자, 오吳나라로 망명하였다가 후일 오 나라 군대를 이끌고서 초나라를 공격하여 수도首都인 영郢에 들어가서 평왕의 무덤을 파헤 친 뒤 시체를 꺼내어 300번이나 매질하였다.《사기史記》〈오자서열전伍子胥列傳〉

으니, 정의로운지 정의롭지 못한지도 거론할 수가 없다. 그런데도 이처럼 경전을 인용하였으니, 어떻게 주상의 의도에 부응하고 살인 사건을 공평히 처리하겠는가! 과연 주상의 분노가 예측하지 못한 곳에서 일어났다.

윤항의 사건은 하늘도 놀라고 귀신도 놀랄 일이다. 윤항이 청조루聽潮樓[24] 아래에서 붉은 창자를 허리에 두르고 날카로운 칼을 손에 잡고서 동헌東軒을 바라보며 북쪽을 향해 무릎을 꿇고 앉았으니, 이것은 수많은 사람이 목격한 사실이다. 윤항이 몸을 묶고 자수하자 도장이 놀라서 바라보고 들어가서 수령에게 고하였으니, 그가 관아에 고소한 것은 너무도 분명한 사실이다. 그런데도 이제 관아에 고소하지 않았다고 하였으니, 또 어찌하여 허위로 말하였는가! 살인 사건에 대해 이처럼 심리하였으니, 또 어떻게 사람의 마음을 복종시키고 여론을 진정하겠는가!"

○ 주상의 판결은 다음과 같다.

"이 살인 사건은 이해하기가 어렵지 않다. 살인한 사람을 죽이는 것은 어느 시대 어느 세상에서나 통용되는 바뀔 수 없는 법이다. 그러나 부모를 위해 치욕을 갚고 분노를 표출하다가 사람을 구타하고 상처를 입히며 심지어 죽이기까지 한 경우에는 번번이 법률대로 적용하기를 접어 두고 용서해 주는 경우가 많았다. 대체로 법률 규정은 윤리를 가장 중시하기 때문에 죄의 경중을 비교해서 살려 둘지 풀어 줄지를 살폈으니, 이렇게 한 것은 충분히 보복할 수 있도록 허용하려는 취지였다. 수치와 분노가 원수라고 할 정도는 아니지만, 어버이를 위하는 것과 관계가 있는 일로 범행을 저지른 경우조차도 살려 주는 쪽으로 판결해야 하는데, 하물

---

24 청조루聽潮樓:《신증동국여지승람新增東國輿地勝覽》에 의하면, 전라도 강진현康津縣 객관客館의 남쪽에 있던 누대로, 강진 현감康津縣監으로 있던 오순종吳舜從이 세웠다고 한다.

며 이 살인 사건은 복수와 유사하니 더 말할 것이 있겠는가!

윤덕규의 죽음이 구타를 당했기 때문이거나 병 때문이거나 간에 또 보고기한 안이거나 보고기한이 지나서거나 간에 상처가 생긴 것도 사나운 서얼 때문이고 화병이 든 빌미도 사나운 서얼 때문인데, 윤태서와 윤언서 등 두 사람만은 윤덕규의 아들인 윤항과 윤침 무리의 원수가 아니란 말인가! 이제 도신의 말을 따른다면 원수를 갚을 수 있는 사람이 없게 될 터이고, 복수한다는 '복復' 한 글자도 법률 규정에서 삭제해야 한다. 더욱이 부모를 위해 치욕을 갚고 분노를 표출하다가 사람을 죽이거나 상처를 입힌 경우에도 한마디 말도 못 한 채 하나하나 목숨으로 보상하게 하고, 사형을 감해 주거나 장형杖刑과 유형流刑을 적용하거나 죄를 묻지 말도록 한 조문마저 하나하나 거두어서 모조리 불에 태워도 무방하다는 것인가!

도신의 직임은 검률檢律과는 다르니, 법률 규정과 윤리 중 어느 한쪽을 폐기할 수가 없다. 게다가 내가 문장을 지어서 판결을 내리고 난 뒤에도 자신의 오류를 정당화하고 자기의 견해를 고집하는 말을 아무렇지도 않게 장황하게 늘어놓았다. 예사로운 도리조차도 이러한 도신에게는 본래 요구하기가 어렵기는 하지만, 고을 수령을 두둔하고 흉악한 범인을 비호하여 마치 이 살인 사건이 성립되지 못할까 두려워하고 윤항을 사형하지 못할까 두려워하는 듯이 하였으니, 그의 의도를 이해할 수가 없다. 여러 말로 책망하는 것은 도리어 구차한 면이 있으니, 우선 묻어 두기로 하겠다.

그러나 이른바 1차 검안한 관원과 2차 검안한 관원 등은 결코 백성을 다스리는 수령의 직임에 그대로 두어 풍속의 교화를 어지럽힐 수가 없다. 우선 살인 사건을 잘못 판결한 죄를 시행하고, 의금부에서 잡아다가 심문하여 처벌하게 하라. 이 사건을 살인 사건으로 성립시키는 문제는 이제 거론할 수가 없다. 이어서 형조에서 판결한 문장의 내용을 낱낱이 거론하여 여러 도에 공문을 보내 알려서 교화를 돈독히 하고 윤리를 숭상하는 정치에 각각 유념하게 하라."

○ 주상의 판결에 대한 다산의 의견은 다음과 같다.

"이 살인 사건을 판결하려고 하면 먼저 윤태서의 사건을 논의해야 합니다. 대체로 시골의 어리석은 백성은 양반이나 상민을 막론하고 살인 사건의 처리 규정과 법률 규정을 모르니, 상처가 무엇이고 사망의 실제 원인이 무엇인지, 주범과 종범이 무엇인지, 소보고기한小保辜期限이 무엇이고 대보고기한大保辜期限이 무엇인지를 어떻게 알겠습니까! 그저 아버지가 아무개 때문에 죽었다는 말을 들으면 자식은 복수하는 것이 당연할 따름입니다.

만약 윤침 형제가 법률의 취지를 조금이나마 알아서 법률에 나오는 것처럼 관아에 고소하고 경전에 나오는 것처럼 법률을 인용하였다면, 그들 아버지가 죽은 사건은 반드시 살인 사건으로 성립되었을 것입니다. 그 이유는 이렇습니다. 애당초 윤태서가 범행을 저질렀을 때, 윤덕규를 능멸했던 것도 대수롭지 않은 일이고 엄지손가락을 부러뜨린 것도 대수롭지 않은 일이었습니다. 윤덕규의 신낭을 뽑은 것만이 유일하게 윤태서의 실질적인 범행으로 인정할 수 있는데, 윤덕규의 시체도 실제로 신낭이 부어올라 있었습니다.【시장에 이르기를 '신낭이 마치 박처럼 부어올라 있었습니다.' 하였다.】

따라서 윤침이 관아에 고소할 때 신낭이 뽑힌 것을 자기 아버지가 목숨을 잃게 된 실제 원인으로 지목하였다면, 그러한 상황에서 검안하는 관원이 어찌 감영에 애매모호하게 보고할 리가 있겠습니까! 검안하는 관원이 시체를 눌러 보고 씻어 내어 신낭이 부어오른 것을 살펴보았으면, 어쩔 수 없이 사망의 실제 원인으로 지목하였을 것입니다. 사지를 부러뜨리거나 뼈를 부러뜨리거나 깨물려서 썩는 상처를 입은 경우에 대해서는 법률 조문에 이르기를 '보고기한을 50일까지로 늘린다.' 하였고, 법전에는 이르기를 '보고기한을 70일까지로 늘린다.' 하였습니다.[25] 사지와 몸뚱이도 그러한데 하물며 신낭이야 더 말할 것이 있겠습니까![근래에 병영兵營의 백성 중에 남의 신낭을 뽑은 사람이 있었는데, 다친 사람이 생사를 넘나들자 인삼人蔘을 많이 써서 200여 일이 되어서야 고생 끝에 살아났다.]

진술한 말이 분명한 이상 반드시 살인 사건을 성립시켰을 텐데, 도리어 '욕을 하였습니다.', '엄지손가락이 부러졌습니다.', '비통하였습니다.', '화가 났습니다.'라는 등 어수선하게 말을 하여 확실하게 지적하는 말이 없다가 그다지 중요하지 않은 말을 건성으로 하듯이 '신낭이 뽑혔습니다.'라고 덧붙여 진술하였습니다. 그래서 신낭이 부어오른 증상이 시장에 명확히 기록되었으나, 검안했던 관원은 이를 대수롭지 않은 일로 치부하였고 감사도 시일이 오래되어 시체에 변화가 생긴 것으로 보았습니다. 더운 시기에 시체가 부어오르는 것은 실제 의례적으로 나타나는 증상이니 온몸이 두루 부어오르고 동시에 변화해야지 어찌 신낭만 부어오르겠습니까! 이는 목숨을 잃게 된 실제 원인이고 법률 규정에서 보고기한을 늘려 준 경우에 해당하는 것이 분명합니다.

윤덕규가 윤태서 때문에 죽은 것은 분명하였으나, 윤침과 윤항 두 사람이 사망의 실제 원인이 얼마나 중요한지는 모르고 아버지가 원수 때문에 죽었다는 사실만 알았습니다. 그러다 보니 말을 해도 명확히 진술하

---

25 사지를……하였습니다: 《대명률》〈형률·투구鬪毆〉'보고한기保辜限期'에서는 '사지 또는 몸을 부러뜨린 경우 및 뼈를 부러뜨리거나 낙태시킨 경우에는 손이나 발 및 다른 물건을 따지지 않고 모두 50일의 보고기한을 적용한다.' 하였고, 《전율통보典律通補》〈형전刑典·고한辜限〉에서는 앞의 《대명률》에서 말한 경우에 20일의 보고기한을 추가로 늘린다고 하였다.

지 못하였고 슬퍼하면서도 진상을 드러낼 줄을 몰라, 살인 사건을 크게 잘못되게 하였고 아버지의 죽음에 대해 보상을 받지 못하게 하였습니다. 그런데도 또 자기 자신을 반성하지 못하고 법관法官을 원망하기만 하다가 수령과 백성이 서로 잘못을 저질러 어떻게 할 방법이 없게 되자, 마침내 이처럼 멋대로 살인하는 행동이 있게 되었습니다.

검안보고서를 얼핏 보면 이치에 맞는 듯하지만, 시장을 상세히 살펴보면 진실을 놓친 것이 분명합니다. 도신의 장계와 형조의 계사에서도 이러한 숨겨진 진실을 끝내 드러내지 못한 것이 애석합니다. 윤항이 윤태서를 놓아두고 윤언서를 죽인 것은 용서해 줄 만합니다. 당시 두 사람이 힘을 합쳐서 범행을 저질렀으니, 나라의 법으로 보면 그중 어른을 잡아서 처벌해야 하지만, 개인적인 원한으로 보면 똑같이 내 아버지의 원수인 셈입니다. 그러니 그중 한 사람만을 죽이더라도 목숨을 보상하기에 충분합니다.

윤태서와 윤언서 두 형제가 감옥에서 나오던 날에 윤태서가 나오기까지 기다렸다가는 마침내 뜻을 이루지 못할 우려가 있었기 때문에 감옥에서 윤언서가 나오자마자 즉시 살해하였으니, 형과 아우를 언제 구분하겠습니까! 더구나 누가 더 무거운 범행을 저질렀으며 누가 더 심하게 악행을 저질렀는지는 그들 스스로 알 뿐이고, 윗사람이 상세히 알 수 있는 일이 아니었습니다. 할아버지와 어머니의 죽은 시기가 마침 그때와 겹쳤다고는 하지만, 먼저 죽은 사람이나 뒤에 죽은 사람이나 모두 원통한 마음을 품고 죽었을 텐데, 자식의 마음으로는 도리어 깊이 비통해하는 마음이 없었겠습니까!

형조가 이치를 살피고 정황을 서술하면서 자애로운 말은 한마디도 없고 《춘추공양전》을 잘못 인용하였다가 주상의 분노를 촉발하였으니, 어찌 애석하지 않겠습니까! 다만 생각건대 복수는 보복하는 것이 목적이므로 원수를 죽여서 목숨으로 보상하게 하면 그만이지 또 무엇을 더 구하겠습니까! 그런데 배를 가르고 장기를 꺼내어 행동이 흉악하고 끔찍하였으며, 창자를 허리에 두르고 피를 뒤집어써서 들은 사람들이 놀라고 해괴하게 여겼습니다. 나라의 법을 살펴보아도 이처럼 사나운 형벌은 없었으니, 이에 대해서는 징계를 해야겠습니다."

2. 복수한 정상을 참작하다(2)

【원수를 잊고 지내는 듯하다가 오래 지나서야 기꺼이 복수하였다. 사건의 근본 원인은 묏자리를 다투었기 때문이며, 사망의 실제 원인은 구타를 당하였기 때문이다.】

○ 영월寧越의 백성 박내린朴來麟이 박성대朴成大를 죽였다.

○ 검안보고서의 내용은 빠졌다.

○ 주상의 판결은 다음과 같다.

"'복수를 허용하지 않으면 선왕先王의 교훈에 어긋나며, 복수를 허용하면 사람들이 법을 근거로 마음대로 원수를 죽일 것이다.'[26]라는 옛날 선유先儒의 말이 있다. 이 살인 사건이 그와 유사한 면이 있다. 그러므로 도신은 정상을 참작해야 한다는 말을 하였고, 형조 판서는 법률에 따라 처리해야 한다는 견해를 고집하였다. 나는 둘 다 일리가 있다고 생각한다.

박내린에게 박성대는 불반병不反兵의 원수[27]라고 할 수 있다. 박성대가

---

26 복수를……것이다: 중국 당唐나라의 문인文人 한유의 〈복수장〉에 나오는 말이다. 한유가 복수에 대한 규정이 법률에 자세히 규정되어 있어야 하는데도 복수에 대한 조문이 없는 이유를 설명하면서 이처럼 말하였다.

27 불반병不反兵의 원수: 불반병은 《예기禮記》의 〈곡례曲禮〉와 〈단궁檀弓〉에 나오는 말로, '집에 돌아가지 않고도 무기를 꺼내어 원수를 죽인다.'라는 의미이다. 아버지 또는 형제의 원수를 갚기 위해서는 항상 몸에 무기를 지니고 다니다가 원수를 만나면 집으로 돌아가서 무

박내린의 늙은 아버지를 죽였을 뿐만 아니라 더욱이 조상의 무덤에 불을 지르고 심지어는 악랄한 말을 내뱉기까지 하였으니, 그러한 상황에서 박내린이 손에 칼을 쥐고서 갈기갈기 찢어 죽였다고 하더라도 목숨으로 보상하게 하는 죄까지 이르지는 않았을 듯하다. 그런데 그가 아버지가 죽고 난 뒤에도 미련하여 움직일 줄을 모르는 것처럼 하였다. 그러다가 시일이 다소 오래 지나고 나서야 박성대를 구타하여 죽였고 즉시 관아에 신고하지도 않았으니, 《주례》〈추관·조사朝士〉에서 '원수를 갚으려는 자는 법관法官에 의해 원수의 범죄 사실이 장부에 기록되어 있으므로 원수를 죽이더라도 죄가 없다.'라고 한 말과는 너무도 차이가 있다.

그러나 박성대를 잠시 가두었다가 곧바로 풀어 준 것은 아버지가 죽을 때에 했던 부탁 때문이고, 박성대를 기어이 죽이고야 만 것은 원수를 갚으려는 계획 때문이었다. 박내린 아버지의 사망 소식이 전해지자마자 박성대가 몰래 도망하였고, 개인적으로 합의하였다는 말이 한창 떠돌자 박내린이 굳게 부인하였으니, 박성대가 범행을 저지른 사실과 박내린이 복수할 시기를 기다린 사실을 본래 파악할 수가 있다. 이와 같은 죄수에게는 특별히 관대한 은전을 베풀더라도 경전을 인용하여 정상을 참작해 주는 취지에 해가 되지 않을 것이다. 죄인 박내린을 특별히 사형을 감하여 정배하라."

○ 주상의 판결에 대한 다산의 견해: 박성대가 아버지를 죽인 원수라면 박내린의 죄는 60대의 장杖을 치고 말아야 합니다. 그런데 이제 사형을 감하여 정배하기까지 하였으니, 아마도 사건의 근본 원인에 그렇지 않은 이유가 있었던 듯합니다.

기를 찾아가지고 올 필요도 없이 그 자리에서 죽여야 한다는 말이다.

3. 복수한 정상을 참작하다(3)

【형이 물에 빠뜨려져서 죽은 것을 슬퍼하여 아우가 원수를 갚았다. 사건의 근본 원인
은 부역에 차출되었기 때문이며, 사망의 실제 원인은 구타를 당하였기 때문이다.】

○ 평산平山의 백성 김큰놈金大漢[28]이 김연석金延石을 죽였다.
○ 1차 검안보고서의 발사跋詞는 다음과 같다.
"이틀 사이에 두 사람이나 죽는 사건이 발생하였습니다.[29] 먼저 여러
사람의 진술을 받고 다음으로 시신을 검안하였으나, 김연석이 목숨을 잃
게 된 원인으로는 별달리 지목할 만한 단서가 없었습니다. 다만 김초동金
草同이 물에 빠져 죽던 날에 김초동의 유족들이 일시에 모두 나가서 김
연석을 결박하고 번갈아 서로 마구 구타하였으며, 이러한 사실을 증인
차막남車莫男 등이 자세하게 목격하였습니다. 그뿐만 아니라 팔오금에 결
박당하였던 흔적이 몹시 어지러이 나 있고 그 외의 다른 상처들도 매우
분명하였습니다. 그러나 몸에 난 상처는 빨리 죽을 수 있는 것이 아닌데
도 구타를 당한 다음 날에 갑자기 목숨을 잃었으니 참으로 의아하고 괴
이합니다.

독약을 먹고 죽은 것일 수도 있다는 생각이 들어서 은비녀로 시험해
보았으나 색깔이 변하지 않았고, 독약의 흔적을 두루 찾아보아도 발견할
수가 없었습니다. 그러나 김초동의 숙부와 조카 및 사촌 등 예닐곱 사람

---

28 김큰놈金大漢: 《심리록》과 《일성록》에는 김큰놈金老味으로 기록되어 있다.
29 이틀……발생하였습니다: 마을 제방을 쌓는 부역에 나아오지 않는다는 이유로 김연석金
延石이 김초동金草同을 꾸짖다가 벼랑에서 떠밀어 죽게 하자, 김초동의 동생인 김큰놈이 김
연석을 구타하여 죽였다. 김연석이 김초동을 죽인 사건은 〈상형추의〉 4 '자살인지 타살인
지를 구분하다(10)'에 나온다.

이 김초동이 물에 빠져 죽었다는 소식을 듣고서는 일시에 뛰쳐나가서 김연석을 결박한 뒤 발로 차고 손으로 구타하였으니, 이와 같이 하는 과정에서 안으로 급소를 다치고 그것이 빌미가 되어 목숨을 잃게 되지 않았다고 어떻게 보장하겠습니까! 애당초 앓는 병이 없는 데다가 더욱이 독약을 먹은 일도 없는데 구타를 당한 다음 날에 그대로 사망하였으니, 김연석이 내부의 장기를 다쳐 죽은 사실은 의심할 것 없이 확실합니다. 그러므로 사망의 실제 원인은 '구타를 당하여 죽게 되었다.'라고 기록하였습니다.

많은 사람이 마구 구타하였으므로 주범을 지정하기가 어려우나, 김큰놈이 가장 먼저 뛰쳐나간 사실은 그도 진술을 하였을 뿐만 아니라 가래자루로 구타하였다는 말이 여러 사람의 진술에서 나왔으니, 그가 발뺌하려고 해도 어떻게 주범을 피하겠습니까! 김수광金守光·김가팔金加八·김명광金暝光·김만춘金萬春·김괴매金怪梅 등은 이미 힘을 합쳐 김연석을 결박하였으니, 상식적으로 생각해 볼 때 그들도 함께 구타하였을 것입니다. 범행에 사용한 흉기인 나무로 된 가래 자루는 그림을 그려서 감영으로 올려보냅니다."

○ 다산의 비평은 다음과 같다.

"결박당한 것 때문에 죽었으면 결박당한 흔적에 대해 서술해야 하고, 구타당한 것 때문에 죽었으면 구타당한 흔적에 대해 서술해야 한다. 그런데 결박당한 흔적에 대해서만 상세히 서술하고 사망의 실제 원인은 '구타를 당하였다.'라고 하였으니, 세상에 이러한 법이 있는가! 구타당한 것 때문에 죽었으면 구타당한 흔적을 지정해야 하고 내부의 장기를 다친 것 때문에 죽었으면 내부의 장기를 다친 데 대해 서술해야 한다. 그런데 내부의 장기를 다쳤다고 지정해 놓고 사망의 실제 원인은 '구타를 당하였다.'라고 하였으니, 세상에 이러한 법이 있는가! '그 외의 다른 상처들도 매우 분명하였습니다.'라고 하였는데, 어찌하여 분명한 상처 중에서도 가장 분명한 상처를 선택하여 구타를 당한 실제 흔적으로 지정하지 않았는가!

일반적으로 내부의 장기가 다쳐서 죽은 경우에는 모두 장기가 끊어진 것이 원인이므로 대부분 가슴 한복판과 등에 상처가 나 있다. 따라서 설사 다섯 사람이 함께 구타하였더라도 가슴 한복판과 등을 누가 구타하였는지는 조사하여 밝혀야 한다. 더욱이 상처의 흔적이 분명하지 않은 경우에는 유견油絹을 사용하거나 유산油傘을 사용하여 해에 비춰서 상처가 드러나게 하는 것이 법이다.[30] 그런데 팔오금의 결박당한 흔적 한 곳만 지정하여 김큰놈을 형률에 따라 처형해야 할 확실한 증거로 삼았다. 아! 검안 결과가 원통하다."

○ 2차 검안보고서의 발사는 다음과 같다.

"가슴 한복판 한 곳의 상처는 둘레가 몇 푼입니다."【2차 검안한 관원은 연안 부사延安府使이다.】

○ 3차 검안보고서의 발사는 다음과 같다.

"이번 사건에서 시신의 앞면 상처는 이렇습니다. 뼈마디는 벌써 분리되었고 살갗과 살은 모두 사라졌으며, 배 부분과 하체는 모두 썩지는 않았으나 상처의 흔적을 따져 보면 의문점은 하나도 없었습니다. 왼쪽 어깨뼈의 살갗이 떨어져 나간 부분 아래쪽은 아직도 한 점의 단단한 살이 남아 있었는데, 그 모양은 말 등창의 혹과 같았고 그 크기는 장기판의

---

30 상처의……법이다: 《무원록》〈검복·검식〉 '세엄법洗罨法'에 나온다.

장將과 같았으며, 자주색을 띠고 단단하여 분명히 썩지 않게 생겼고 동그랗게 모여 있어 분명히 사라지지 않을 흔적이었습니다.

뒷면의 상처는 이렇습니다. 뼈마디 및 살갗과 살은 모두 썩어 문드러져서 한 차례 뒤집으면 모두 흩어질 판이었고, 머리가 떨어져 나가고 말 상황이었습니다. 등 뒤의 상처에 대해서는 유족이 '별 탈이 없습니다.'라고 하여 차마 손을 댈 수가 없었으므로 검안을 행하지 못하였습니다.

이제 한 점의 혹 덩어리를 목숨을 잃게 된 상처로 지정하는 것은 사망의 실제 원인과는 몹시 동떨어진 듯하나, 결박당한 것은 반드시 죽을 일도 아니고 구타를 당한 것은 근거할 만한 흔적이 없습니다. 그런데도 하룻밤 사이에 갑자기 사망한다는 것은 아무래도 이치에 닿지 않습니다. 온몸의 상처는 어깨뼈 아래의 이 상처 한 점에 불과한데 그 한 점의 상처는 본래 깨물려서 생긴 것이니, 이 살인 사건에서 사망의 실제 원인은 깨물린 것이 아니고 무엇이겠습니까! 한 조이가 입으로 깨문 사실은 그녀도 자백하였습니다. 그러므로 사망의 실제 원인은 '깨물려서 죽게 되었다.'라고 기록하였습니다.

유족의 진술에서는 김큰놈이 구타한 것을 가지고서 처음부터 끝까지 주범으로 지목하였으나, 김망급金望及의 진술에서도 '여섯 사람이 모두 구타하여 누가 주범인지를 모릅니다.' 하였고,【김망급은 김연석의 아버지이다.】 더욱이 김종복金宗福의 진술에서는 '김큰놈을 증오하였으므로 고소하였습니다.' 하였으니,【김종복은 김연석의 아들이다.】 김큰놈이 고소당한 것은 본래 사적인 의도에서 나왔고 꼭 실제의 주범이어서는 아닙니다. 그뿐만 아니라 현장에서 검안하였으나 전혀 상처가 없고 깨물린 상처 이외에는 지정할 만한 상처가 없었으니, 어떻게 깨물지도 않은 사람을 주범으로 지정할 수 있겠습니까! 사망의 실제 원인을 '깨물렸다.'라고 기록한 이상 주범은 한 여인으로 귀결되어야 합니다.

한 조이의 남편인 김초동이 실제로 김연석 때문에 물에 빠져서 죽었으니, 기어이 복수하려고 하는 것도 사람들의 일반적인 심정입니다. 많은 사람이 손으로 구타하였으나 그 기세는 산만하였고, 한 사람이 입으로 깨물었으나 그 독기는 맹렬하였습니다. 그러니 김연석이 죽은 것은 이 때문이 아니겠습니까! 《무원록》〈검복·검식〉에 이르기를 '많은 사람이 함께 구타한 경우에는 목숨을 잃게 한 원인을 지정하기가 어렵다. 예를 들어 죽은 사람의 신체에 두 가지 상처가 있는데 둘 다 목숨을 잃게 할 수 있는 것이면, 반드시 그 두 가지 상처 중에서 가장 중대한 상처 하나를 참작하여 목숨을 잃게 한 상처로 지정해야 한다.' 하였습니다. 두 가지의 상처가 있는 경우조차도 그중의 하나를 지정하는데, 하물며 하나의 상처 이외에는 더 이상 다른 상처가 없는 경우는 더 말할 것이 있겠습니까! 이것이 한 조이를 주범으로 단정한 이유입니다.

검안하는 관원의 직분은 시신에 나타난 증상에 대해 의견을 서술하기만 하면 되고 범인을 살려 주어야 한다는 주장은 가볍게 꺼내어서는 안 됩니다. 《대전통편》〈형전·살옥〉에 이르기를 '아버지가 남과 싸우다가 깨물려서 썩는 상처를 입고 60일 이후에 사망하였는데, 죽은 사람의 아들과 딸 및 며느리가 원수를 멋대로 죽인 경우에는 그 아들에게만 원수를 멋대로 죽였을 때 적용하는 본래의 형률을 적용하고 며느리와 딸은 용서해 준다.' 하였습니다. 아내가 남편의 원수를 갚는 것은 아들이나 딸이 갚는 것과 다름이 없으니, 법률로 볼 때 이 조문을 참조하여 적용해야 하므로 외람되게 하찮은 소견을 서술합니다. 뒷면을 검안하지 못한 것은 어쩔 수 없는 상황에서 나왔지만 격식에 벗어난 짓을 망령되이 행하였으므로 황공한 마음을 금할 수 없습니다."

○ 다산의 비평은 다음과 같다.

"이에 물렸다고 해서 빨리 죽는 법은 없고, 어깨뼈는 다쳤다고 해서 반드시 죽는 부위도 아니다. 그렇다면 고름이 생기지도 않고 살이 문드러지지도 않았는데 어떻게 다음 날 목숨을 잃기까지 하였으며, 이에 물린 자국도 생기지 않고 피도 나지 않았는데 어찌하여 구타를 당한 것보다 독기가 심하다고 하였는가! 세 사람이 함께 가면 반드시 두 사람의 말을 따르는 법이고 보면, 네 차례의 검안을 모두 행하였으니 그중 세 차례의 검안 결과를 따라야 한다. 세 번째 검안에서 사망의 실제 원인을 바꾸었으니, 나는 이것을 믿을 수가 없다."

○ 4차 검안보고서의 발사는 다음과 같다.

"이번 사건의 시신은 벌써 20일 가까이 되어 살갗과 살이 사라지고 백골만 남아 있습니다. 검안할 때 사용하는 물품으로 시신을 씻어 상세히 살펴보았으나, 온몸의 위아래에 손상된 뼈가 없고 붙어 있는 살갗이 없어 조금도 의심스러운 점이 없었습니다. 검안을 하였으나 이처럼 사망의 원인이 된 상처를 증명하지 못하였으니 사망의 실제 원인을 지정하기가 참으로 어렵습니다.

증언을 가지고서 헤아려 보면, 차막남 등이 3차 검안할 때의 진술에서 '김큰놈이 주먹으로 때리고 발로 걸어찼습니다.'라고 자세하게 단정적으로 말하였습니다. 자기 형이 물에 빠져 죽은 것을 그도 목격하지 못하였고 확실히 지목하여 가리켜 준 사람도 없었으나, 김연석이 밀어서 빠뜨린 것으로 알고 앞장서서 친족들을 거느리고 곧장 김연석에게로 갔으니, 반드시 주먹으로 때리고 발로 걸어찰 수밖에 없는 상황이었습니다. 급소를 부딪치고 2일 만에 목숨을 잃은 것도 괴이할 바가 없는 일이라고 하겠고, 살갗과 살이 사라지고 다친 흔적이 남아 있지 않은 것도 참으로 당연합니다.

유족인 김종복이 진술하기를 '구타를 당한 다음 날에 피를 토하고 죽게 되었습니다.' 하였습니다. 그러므로 사망의 실제 원인은 '구타를 당하여 죽게 되었다.'라고 기록하였습니다. 김큰놈은 '차분히 결박하였고 애당초 손찌검을 하지 않았습니다.'라고 하였으나, 증언이 갖추어졌으니 어떻게 감히 변명하겠습니까! 그러므로 주범으로 기록하였습니다.

한 조이로 말하면, 김연석을 입으로 깨물고 더욱이 호미 자루로 구타하고 또 가래 자루로 구타한 사실은 목격한 증인들의 진술에 전혀 착오가 없었습니다. 이른바 가래 자루는 그 길이가 4자이고 둘레가 6치이며 쇠나 돌처럼 단단하였습니다. 이것으로 사람을 구타하면 반드시 뼈가 부러졌을 터인데도 이번 시신에는 뼈가 부러진 곳이 전혀 없었으니 맹렬하게 구타하지 않았다는 것은 이를 통해 알 수 있습니다. 다섯 명의 김가 놈들까지 아울러 종범으로 기록하였습니다."

○ 다산의 비평은 다음과 같다.

"김초동이 김연석 때문에 죽었다는 사실은 검안보고서를 살펴보면 의심할 것 없이 확실하였다.【앞의 〈상형추의〉 4 '자살인지 타살인지를 구분하다(10)'에 나온다.】 그런데 이제 김초동의 죽음을 의문점이 있는 것으로 귀결시켰다. 검안하는 관원 중에 노련하지 않은 사람은 '주범인 사람에 대해서는 그의 죄를 논하기만 하면 되지 정상을 참작해 주어서는 안 된다.'라고 생각하기 때문에 이처럼 까닭 없이 헐뜯는다.

○ 더욱이 시일이 오래 지난 시체는 살갗과 살이 사라졌다고 하더라도 목숨을 잃게 한 진짜 상처는 사라지지 않고 흔적이 남아 있다. 그런데 이제 '살갗과 살이 사라지고 다친 흔적이 남아 있지 않습니다.'라고 하였으니, 이것도 몹시 서투르다."

○ 황해 감영黃海監營의 제사題詞는 다음과 같다.

"이 살인 사건은 하나하나 모두 일반적이지 않아서 완전히 결말을 지을 수가 없다. 1차 검안으로 말하면 이렇다. 왼쪽 어깨뼈의 깨물린 상처와 오른쪽 어깨뼈의 구타당한 흔적은 애당초 빨리 죽을 수 있는 급소 부위가 아니다. 그런데 상처가 심한지 가벼운지는 따지지도 않고 사망의 실제 원인을 억지로 지정하였으니, 이것은 너무도 의심스러운 일이다. 한조이가 이로 깨문 사실은 분명히 자백하였지만, 김큰놈이 손으로 구타한 사실은 증인들의 진술로는 증명할 수가 없었다. 그런데 유족의 진술에만 의거하여 마침내 주범을 지정한 것도 충분히 합당한 판단인지는 모르겠다.

2차 검안으로 말하면 이렇다. 가슴 한복판의 상처가 뚜렷하다고 한 이상 목숨을 잃게 한 상처임이 분명하여 의문을 가질 만한 단서가 없는 듯하다. 그런데 1차 검안에서는 나타나지 않았다가 2차 검안할 때에서야 나타나고 살색과 상처의 크기가 뚜렷하여 명백하였으니, 이럴 리가 있는가! 검안할 때 있기도 하고 없기도 한 이런 상처를 가지고서 매우 엄중한 사망의 실제 원인으로 단정하였으니, 아무래도 사건을 자세히 심리하는 정치에 흠이 있는 일이다.

3차 검안으로 말하면 이렇다. 어깨뼈의 사소한 상처는 살이 문드러졌는데도 여태 남아 있고, 가슴 한복판의 심한 상처는 살이 사라지지 않았는데도 먼저 없어졌으니, 도대체 무슨 까닭인가! 눈 아래에는 구타당한 상처의 흔적이 없고 어깨 위에는 이에 깨물린 상처가 있으니, 사망의 실제 원인을 고치고 주범을 바꾸는 것은 이치로 보아 당연한 일이다. 그러나 깨물린 상처가 남아 있는 시체는 생전에 독기가 드러나서 여러 날을 끌다가 진물이 흥건하게 생기고 살갗과 살이 문드러진 뒤에야 목숨을 잃게 된다. 이것은 《무원록》〈조례·구타사毆打死〉에 기록되어 있다.

그런데 오늘 깨물린 상처를 입고 다음 날 목숨을 잃었으니, 사리로 헤아려 볼 때 전혀 있을 수 없는 일이다.

4차 검안으로 말하면 이렇다. 4차 검안한 결과로는 온몸의 위아래에 전혀 상처 한 점도 없었다. 그러나 사망에 중대한 영향을 미친 상처일 경우에는 '뼈에 붙은 살이 썩지 않고 벌레가 먹지 못한다.'라고 《무원록》 〈검복·검식〉의 조문에 기록되어 있다. 그런데 살갗과 살이 모두 사라지고 심한 상처와 가벼운 상처도 모두 없어졌으니, 2차 검안에서 지목한 가슴 한복판의 상처와 3차 검안에서 지목한 어깨뼈의 깨물린 상처는 사망하게 한 실제 원인이 아니라는 것이 분명해졌다. 4차례 검안한 보고서들을 낱낱이 살펴보았으나 한 점의 의혹을 해소하기 어려우니, 어떻게 완전히 결말을 지어야겠는가!

증언으로 말하면, 4차례 검안하는 현장에서 유족과 목격한 증인들이 전후로 진술한 내용이 뒤섞이고 바뀌어서 서로 합치되는 것이 하나도 없었다. 어떤 사람은 '삼형제가 결박하고 함께 구타하였습니다.' 하고, 어떤 사람은 '다섯 사람 등이 한데 뒤엉켜서 일제히 구타하였습니다.' 하며, 어떤 사람은 '삽자루로 마구 구타하였습니다.' 하고, 어떤 사람은 '가래 자루로 마구 구타하였습니다.' 하며, 어떤 사람은 '호미 자루로 구타하였습니다.' 하고, 어떤 사람은 '모가 난 몽둥이로 구타하였습니다.' 하며, 어떤 사람은 '김큰놈이 앞장서서 먼저 범행을 저질렀습니다.' 하고, 어떤 사람은 '한 조이가 가장 맹렬하게 구타하였습니다.' 하며, 어떤 사람은 '따귀를 때렸습니다.' 하고, 어떤 사람은 '상투를 잡아당겼습니다.' 하며, 어떤 사람은 '주먹으로 구타하였습니다.' 하고, 어떤 사람은 '발로 걷어찼습니다.' 하며, 어떤 사람은 '누가 먼저 범행을 저질렀는지 모릅니다.' 하고, 어떤 사람은 '여러 사람이 모두 범행을 저지르지 않았습니다.' 하였다. 이처럼 진술을 여러 번 바꾸어서 그때마다 서로 반대가 되니, 어떻게 신뢰하겠는가!

이제 사망의 실제 원인과 주범은 1차 검안보고서와 합치되고, 4차례의 검안을 행하여 그중 3차례의 검안 결과가 똑같이 결론을 내렸으니, 사망의 실제 원인은 구타를 당한 것이고 주범은 김큰놈이라는 것으로 사건을 판결해야 한다. 그러나 김큰놈의 형이 본래 김연석 때문에 물에 빠져 죽었으니, 몹시 애통한 아우의 심정으로는 언제 어디서나 원수를 갚는 것이 당연한 일이다. 따라서 사람의 심정으로 따져 보면 참작하여 용서해 주어야 한다. 그뿐만 아니라 예로부터 사망의 실제 원인과 주범을 이처럼 확실히 지정할 수가 없는데도 살인 사건을 성립시킨 경우는 없었다. 김큰놈을 살려 주기는 어렵더라도 사형해야 한다고 갑자기 의논하는 것은 너무 부당하지 않을 수 있겠는가!

송화 현감松禾縣監과 은율 현감殷栗縣監을 조사하는 관원으로 차출한다. 이 사건의 핵심은 전적으로 김초동이 남에게 떠밀려 물에 빠져서 죽은 것인지 스스로 물에 빠져서 죽은 것인지를 구분하는 데에 달려 있다. 조사할 관원들이 날짜를 잡아 모여 조사해서 심문을 받아야 할 각각의 사람들에게서 모두 진술을 받으라. 만약 정직하게 진술하지 않으면 엄중히 형장刑杖을 쳐서 샅샅이 심문하라. 그런 뒤에 네 차례의 검안 문서를 참고하고 각각 의견을 갖추어서 서술하여 보고하라.

1차 검안에서는 사망의 실제 원인을 '구타를 당하였습니다.'라고 해 놓고 또 결론에서는 '내부의 장기를 다쳤습니다.'라고 하였으니, 두루뭉술하게 서술한 것에 가깝다. 2차 검안할 때 은비녀를 시험하지 않은 것은 허술히 한 실수를 피하기 어렵고, 3차 검안할 때와 4차 검안할 때 시체의 뒷면을 검안하지 않은 것은 검안보고서에서 문장으로 사정을 밝히기는 하였으나 아무래도 검안을 행하는 격식은 아니다. 한 조이가 이로 깨물고 손으로 구타한 사실에 대해서는 그녀가 한마디 한마디 자백하였는데도 김종복이 기어이 김큰놈을 고소한 것은 숨겨진 진실이 있는 듯하다. 그런데도 그동안 네 차례 검안하면서 전혀 심문하지 않았으니, 살인 사건을 신중히 심리하는 격식을 너무도 잃었다. 해당 형리刑吏의 과실을 모두 기록해 두었다가 고과考課에 반영하라. 시체는 유족에게 내주어 매장하게 하라."

○ 다산의 비평은 다음과 같다.
"4차례 검안보고서의 내용을 논박한 것은 모두 이치에 맞으니, 네 고을의 수령들이 부끄러운 줄을 알았을 것이다."

○ 조사한 관원의 보고서는 다음과 같다.
"이 살인 사건의 핵심은 김초동이 스스로 물에 빠져서 죽은 것인지 남에게 떠밀려 물에 빠져서 죽은 것인지를 구분하는 데에 달려 있을 뿐입니다. 그러나 김연석과 김초동 두 사람이 본래 제방 위에 대치하여 서 있다가 한 사람이 물에 빠져 죽었으나, 증명해 줄 사람이 없고 물어볼 곳이 없습니다. 다만 차막남이란 사람은 김연석의 동서로 울타리를 사이에 두고 함께 살아서 친밀한 정이 남다른데, 김초동이 물에 빠뜨려져서 죽었다는 말을 차막남이 처음으로 전하였습니다. 그러한 말의 근원지를 차막남에게 물어보자 김연석이 스스로 실토한 말이라고 하였으니, 김초동이 물에 빠뜨려져서 죽게 되었다는 것은 분명합니다.

김종복이 진술하기를 '아버지 김연석이 제방 위에 서 있다가 큰소리로 외치기를 「김초동이 목욕하다가 마침내 물에 빠져 죽었다.」 하였습니다.' 라고 하였습니다. 김연석이 구타를 당한 뒤에도 '김초동이 목욕하다가 물에 빠져 죽었다.'라고 말한 데 대해서는 더 이상 억울해하지 않았으니, 그가 실제로 범행을 저질렀다는 것이 분명합니다.

이제 김연석의 시체에 대해 서술하겠습니다. 심문을 받아야 하는 각 사람이 진술하기를 '힘을 합쳐 김연석을 결박하고 난 뒤에 한 조이가 혼자 나서서 주범을 떠맡아 깨물기도 하고 구타하기도 하였습니다. 김큰놈 등 다섯 사람은 애당초 범행을 저지르지 않았습니다.' 하며 똑같은 말로 굳게 부인하였습니다. 그러나 김종복이 진술하기를 '김큰놈이 먼저 범행을 저질렀을 뿐만 아니라 주먹으로 구타하고 발로 걷어찼으며, 이어서 또 몽둥이로 구타하였습니다. 실제로 범행을 저지른 이 사람을 놓아두고서 한 여인으로 옮겨 지목하는 것은 마음에 차마 할 수가 없었습니다.' 하였습니다. 가슴 한복판이 발에 걷어차였다면 어찌 빨리 죽지 않겠습니까! 하룻밤 사이에 피를 토하고 죽은 것은 분명히 내부의 장기가 다쳤기 때문입니다.

한 조이가 혼자 나서서 주범을 떠맡고 김큰놈이 온갖 말로 발뺌을 하는 이유는 아내가 남편의 원수를 갚으면 그에 대한 형률이 가벼우나 아우가 형의 원수를 갚으면 그에 대한 형률이 분명하지 않아서입니다. 그러므로 이처럼 어리석은 백성조차도 계산을 해 보아 이렇게 한 사람은 자백하고 한 사람은 부인하는 것입니다. 두 살인 사건의 내막은 이와 같은 것에 불과합니다."

○ 다산의 비평은 다음과 같다.
"피를 토하고 죽은 것은 내부의 장기가 손상되었다는 분명한 증거인데도 그동안 네 차례 검안하면서 전혀 이에 대한 언급이 없었으니, 이처럼 소홀하고 잘못하였다."

○ 황해 감영의 제사는 다음과 같다.
"차마택車碼宅은 김연석의 친사돈이고【우리나라의 말에 남녀가 결혼하면 그 두 집안의 부모를 사돈査頓이라고 한다.】차막남은 김연석의 동서인데도 오히려

'김초동이 떠밀려서 물에 빠져 죽었습니다.'라는 말을 숨기지 않았으니, 김초동이 물에 빠뜨려져서 죽은 것이 분명하다. 저 김큰놈이 형을 위해 복수하려는 마음을 가지고서 홧김에 김연석을 결박하였는데 그러한 상황에서 손으로 구타하지도 않고 발로 걸어차지도 않을 리가 있겠는가! 급소에 심한 상처를 입은 것이 아니라고 한다면 어찌하여 다음 날 목숨을 잃었는가!

원수를 멋대로 죽인 경우의 형률에는 아들이 복수한 경우와 아우가 복수한 경우를 구분하지 않은 것 같으나, 아우가 형의 원수를 갚은 경우에 대해서는 법률 조문에 형률이 실려 있지 않다. 따라서 사건을 자세히 심리하는 방도로 볼 때 가볍게 처벌하는 법을 적용하는 것은 의논하기가 어렵다. 4차 검안한 관원을 그대로 합동 조사관으로 정하니, 심문할 때를 기다려 모여 심문해서 구타하여 죽인 내막에 대해 기어코 자백을 받아 내라.

'간장 항아리'나 '쌀뜨물'이라는 말 속에 사건의 내막을 캐낼 수 있는 단서가 있을 듯하나, 1차 검안에서는 애당초 제기하지도 않았고 조사한 관원은 그 단서를 끄집어내기만 하였으니, 모두 소홀히 한 실수가 있었다. 3차 검안에서 어깨뼈의 깨물린 상처를 다음 날 목숨을 잃게 된 실제 원인으로 삼은 것은 법률 조문을 위반하였다. 1차 검안한 관원과 3차 검안한 관원의 형리는 형벌을 집행하는 시기가 되면 목에 칼을 씌워서 감영으로 올려보내라. 앞서 내린 제사에서 거론했던 2차 검안한 관원과 4차 검안한 관원의 형리 및 두 차례 조사한 관원의 형리는 모두 과실을 기록해 두었다가 고과에 반영하라.

한 조이는 같은 세상에서 원수와 함께 살 수 없다는 명분도 있고 주범의 죄를 저지른 것도 아니니, 사건에 관련된 사람들과 함께 풀어 주라."

○ 다산의 의견은 다음과 같다.

"김초동이 참으로 물에 빠뜨려졌기 때문에 죽었다면, 김연석은 죽여야 될 사람이다. 죽여야 될 사람이 원통한 사람의 집에서 죽었는데도 법에 정해진 대로 살인 사건을 성립시키고 날짜를 잡아 모여서 심문하도록 한 것은 이치에 맞는 처분인지를 모르겠다."

4. 복수한 정상을 참작하다(4)

【누이동생이 물에 투신하여 죽은 것을 오라버니가 애통하게 여겨, 누이의 시어머니가 협박하여 죽인 것이라고 하면서 죽였다. 사건의 근본 원인은 정의로운 분노가 일어났기 때문이며, 사망의 실제 원인은 구타를 당하였기 때문이다.】

○ 진주晉州의 사노私奴 권복순權福順[31]이 누이동생의 시어머니를 죽였다.

○ 검안보고서의 내용은 빠졌다.

○ 주상의 판결은 다음과 같다.

"목숨을 잃게 된 원인이 병이 들었기 때문인지 구타를 당하였기 때문인지 및 범행을 이 사람이 저지른 것인지 저 사람이 저지른 것인지는 우선 따지지 않더라도, 살인 사건을 심리할 때 정상을 참작하는 법이 없다면 그만이지만, 그렇지 않다면 이 사건의 범인은 본래 살려 줄 수는 있어도 죽여서는 안 된다. 피고인 권복순과 죽음을 당한 며느리 권복점權福占은 오라버니와 누이동생 사이이다. 형제자매의 지극한 정은 사람이

---

31 권복순權福順: 저본에는 성姓이 밝혀져 있지 않으나 《심리록》과 《일성록》에 의거하여 밝혔다. 다만 원문을 교감하지는 않았다.

면 누구나 똑같다. 오라버니 권복순과 누이동생 권복점은 두 살 터울의 혼인할 나이였고 두 사람 모두 10세 이전에 부모를 잃었으므로, 기댈 곳 없이 외로운 신세로 서로 의지하며 살아왔다.

집안 식구가 모두 죽음을 당하고 살아남은 두 사람이 각각 혼인을 하게 되었으니, 서로 기대하고 아끼는 마음은 다른 사람들보다 열 배나 더하여 시댁에서 하루라도 편치 않을까 염려하였다. 그러다가 욕설을 마구 퍼부어 대는 시어머니의 악행을 어떻게 할 수가 없었고, 뼈를 삭일 만큼 헐뜯는 시어머니의 막말에 며느리는 탄식할 수밖에 없었다. 점심 들밥을 머리에 이고 나갔으나 저녁밥을 지을 때가 되어도 돌아오지 않았는데, 집으로 돌아가자니 돌아가자마자 화풀이를 당할 테고 도망가자니 도망갈 곳도 없었다. 처량한 신세를 슬퍼하고 기구한 운명을 한탄하면서 해도 저문 텅 빈 강가를 끊임없이 방황하다가 끝내는 단풍이 곱게 물든 수풀에서 물에 투신하여 죽고 말았다.

권복점의 끔찍하고 측은한 정황과 마음속에 맺힌 원통한 사정은 길을 가던 사람조차도 들으면 눈물을 훔치게 한다. 하물며 그녀의 오라버니인 권복순은 예전의 비통함이 아직 사라지기도 전에 새로운 슬픔이 갑자기 찾아왔으니 더 말할 것이 있겠는가! 그러한 상황에서 하늘과 땅처럼 끝이 없는 억울한 마음을 어떻게 해야 해소하겠는가! 이에 권복점의 남편을 끈으로 결박하고 시어머니를 구타하여, 한을 품고 죽은 누이동생을 애도하고 시어머니가 협박하여 죽인 것을 따져서 조금이나마 복수하고 화풀이할 방도로 삼은 것은 하늘의 이치로 보아 그만두려고 해도 그만둘 수 없는 일이었다. 정상을 참작해 주는 법을 이 죄수에게 적용하지 않는다면 누구에게 시행할 것인가! 권복순을 특별히 풀어 주라."

○ 주상의 판결에 대한 다산의 견해: 원래의 검안보고서를 보지 못했

으므로 사건의 근본 원인을 상세히 알 수가 없으나, 사망의 실제 원인은 반드시 병환 때문일 것이며 권복순이 피고인으로 기록되었을 것입니다. 그러므로 주상의 판결문 앞머리에서 '병이 들었기 때문인지 구타를 당하였기 때문인지'라고 하였고, 또 '피고인 권복순'이라고 하였던 것입니다. 권복순의 죄에 대해서는 의문점이 있었고 그의 정황은 비참하였기 때문에 이처럼 처분하였습니다. 만약 구타하여 죽인 것이 명확하였다면, 반드시 완전히 석방해 주기까지는 않았을 것입니다.

속이 좁은 부녀자들이 순식간에 자살하는 것을 모두 협박 때문에 죽었다고 장담할 수는 없습니다. 발끈 성을 내는 말 한마디에 쇠와 돌처럼 한이 맺혀 못에 투신하는 변고를 일으키는 경우가 매우 많습니다. 그러니 이것을 가지고서 시어머니의 악행을 정해서는 안 됩니다. 반드시 간음하였다고 모함하거나 도둑질하였다고 모함하여 이 세상에서 스스로 용납될 수 없다고 판단하고, 이러한 이유로 자살해야만이 복수할 수가 있습니다. 권복순의 경우에는 구타하기만 하고 죽이지는 않아 이 사건이 의문스러웠기 때문에 이전의 판결을 참조하여 살려 주도록 판결하였던 것입니다.

5. 복수한 정상을 참작하다(5)

【사람을 사서 원수를 갚았는데, 본래 개인적인 원한이 있기 때문이었다. 사건의 근본 원인은 원한을 품고 있었기 때문이며, 사망의 실제 원인은 찔렸기 때문이다.】

○ 송화松禾의 백성 오억춘吳億春이 안종면安宗冕을 죽였다.
○ 형조가 다음과 같이 아뢰었다.

"송화현에서 구속하여 심문하고 있는 죄인 정큰아기鄭大兒[32]의 살인 사건은 다음과 같습니다. 안종면이 찔려서 죽었다는 것은 확실하다고 하겠으나, 살인 사건을 판결하는 법은 반드시 범행이 분명하게 밝혀지고 증거가 갖추어지기를 기다린 뒤에야 사건을 성립시킵니다. 그런데 이 사건은 칼날에 찔릴 때에 대해서는 범행의 증거를 잡지 못한 데다가 더욱이 조사하는 날에는 범행을 증명할 수도 없었습니다. 다만 정 여인[鄭女]이 본래 평소에 남편의 원수를 갚겠다고 앞장서서 말하였고 더욱이 연전에 칼을 품고 다녔다는 소문까지 있었으며, 거주하는 집이 안종면의 집과 마주 보고 있었습니다. 그래서 유족이 이것을 이유로 고소하였고 검안하는 관원도 이것을 이유로 의문을 품어, 마침내 살인 사건을 성립시키고 2년이나 판결을 내리지 못한 채 죄수를 가두어 두고 있습니다.

이 안종면은 평소의 행적을 하나하나 되짚어 보아도 달리 원한을 맺은 사람이 없었는데 밤중에 잠을 자다가 갑자기 칼날에 찔리는 변고를 당하였으니, 별의별 생각이 다 들었고 모든 사람이 의심되었습니다. 다만 오래도록 원한을 품어 왔던 정 여인을 콕 집어서 고소하였습니다. 그러나 검안한 관원의 발사跋詞에 이르기를 '안종면은 머리를 남쪽으로 하여 처마를 향해 누워 있었고 범인은 섬돌에 서서 칼날을 휘둘렀으니, 손을 놀리기가 매우 쉬웠고 위치도 편리하였습니다.' 하였습니다. 그러나 이제 상처를 살펴보면 위는 넓고 아래는 뾰족하여 범행을 저지를 때 위쪽에서부터 손을 대기 시작하여 아래쪽에서 손을 거둔 것이 분명하고, 대청 아래에 선 채로 바깥에서 칼날을 휘두른 것은 결코 아니니, 검안한 관원이 서술한 의견이 타당한지를 모르겠습니다.

그뿐만 아니라 당일에 거접居接한 유생儒生 23명이[무리를 지어 모여서 기

---

32 정큰아기鄭大兒: 《심리록》과 《일성록》에는 정큰아기鄭大隱阿只로 표기되어 있다.

예를 익히는 것을 세속에서 거접이라고 한다.】대청 한 곳에 같이 묵으면서 거꾸로 눕기도 하고 바로 눕기도 하였으며, 그날 밤은 캄캄한 데다가 하늘에서는 비마저 내렸으니 누가 여기에 있고 누가 저기에 있는지를 외부 사람이 어떻게 알겠습니까! 범행에 사용한 흉기가 칼이거나 낫이거나 간에 행적이 당돌하였다는 점과 범행이 대범하였다는 점으로 보아 여인이 저지를 수 있는 일이라고 할 수 없습니다.

다만 사리로 미루어 보면, 안종면 및 수많은 유생 중에는 누군가와 원한이 있는 사람도 그 속에 뒤섞여 있었을 테니, 사람을 잘못 알고 잘못 찔렀거나 바깥 사람과 짜고 내부 사람이 호응하여 곧장 찔렀을 수도 있습니다. 매우 의심스럽고 괴이한 일이기는 하나 멀리서 헤아릴 수가 없습니다.

사건과 관련된 사람인 최선중崔先中이 진술하기를 '저는 행랑에 머물러 사는 사람으로, 막 잠이 들어 곤히 자다가 갑자기 도둑이나 호랑이를 쫓는 듯한 소리를 듣고서는 놀라 일어나 나가서 대청 위를 살펴보았습니다. 이때 어떤 사람이 말하기를 「안 진사安進士의 창자가 드러났다.」 하였으므로 감히 나아가서 보지는 못하고 재실齋室 문에 물러서 있었습니다. 오억춘이 그의 집에서 재실 문으로 와서 묻기를 「재실 안에서 무슨 사고가 있느냐?」 하여, 제가 대답하기를 「나도 사태를 모르겠다.」 하였습니다. 오억춘과 말을 주고받고 있을 때 대청에 불이 켜져서 안종면의 창자가 나와 있고 피가 흘러 있는 것을 바라보았습니다.' 하였습니다.

그는 행랑에 머물러 사는 사람이니 재실의 문을 열고 닫는 것을 결코 모를 리가 없습니다. 게다가 대청 위에서 변고가 발생하였다는 말을 들었으면 상식적으로 따져 볼 때 놀라고 두려워 달려가서 상세히 물어보고 자세히 살펴보아야 할 일입니다. 그런데도 이제 도리어 태연히 나와서 있었고, 오억춘이 와서 물어볼 때도 대수롭지 않게 응대하고 태연자약하여 예사로운 일처럼 여겼습니다. 그가 '감히 나아가서 보지는 못하고 창자가 나와 있는 것을 바라보았습니다.'라고 말한 것도 전혀 이치에 맞지 않습니다. 그의 행적을 살펴보면, 문을 닫은 사람과 대청에 올라간 일을 반드시 먼저 알고 있었을 터인데도 깜짝 놀라는 기색이 없었습니다. 그러므로 사건과 관련된 이러한 사람은 엄중히 조사해야 합니다.

그날 밤에는 비가 축축이 내렸으므로 반드시 진흙 자국이 있을 터인데, 담장을 넘고 문을 넘은 범인의 발자취를 어찌하여 추적하지 않았단 말입니까! 이것도 심문해야 합니다. 밤중에 문을 닫은 사람이 당연히 있었을 것이고, 그 문을 열고 닫은 사람은 사실상 이번 살인 사건과 관계가 있습니다. 그런데 재실지기 김여종金呂宗이 진술하기를 '외양간에 소가 있어 밤마다 명심하고 문을 닫았습니다. 그런데 어젯밤에 변괴가 발생한 뒤에 보니 문이 열려 있었습니다.' 하였고, 같이 지내고 있는 유생들은 진술하기를 '거접한 이후로 아무 때나 출입하였고, 재실 문은 자물쇠로 채워져 있는 일이 없었습니다.' 하였습니다. 양쪽의 진술이 이처럼 서로 어긋났고 하나로 모아지지도 않았습니다.

칼날로 찌를 때 손을 대기 시작한 부위와 손을 거둔 부위에 대해서는 애당초 기록하지 않았으니 매우 허술히 한 일입니다. 해당 1차 검안한 관원과 2차 검안한 관원은 모두 무거운 쪽으로 추고推考하소서. 도신道臣은 괜한 오해를 받을 수도 있다고 하면서 사건에 개입하지 않았으나, 그렇다면 어떻게 범죄의 행적을 지적하겠습니까! 의문점이 잡히더라도 자세히 살펴야 하는데, 더구나 드러난 행적도 없고 붙잡힌 증거도 없이 갑자기 살인 사건을 성립시켰으니, 살인 사건을 처리하는 격식으로 헤아려 볼 때 매우 사리에 어긋난 일입니다.

정 여인은 우선 형장을 치며 심문하는 것을 중지하고 다시 도신이 직접 맡아서 상세히 조사한 뒤에 이치를 따져 장계로 보고하게 하는 것이 어떻겠습니까?"

○ 다산의 비평은 다음과 같다.

"형조의 계사啓辭에서는 상처의 위쪽이 넓고 아래쪽이 뾰족하다는 이유로 '바깥에서 칼날을 휘두른 것이 아님을 알 수 있습니다.' 하고, 또 칼날을 휘두를 때 칼날을 대기 시작한 부분과 칼날을 거두어들인 부분에 대해 '시장屍帳에 기록해야 합니다.' 하고서 검안한 관원을 추고하기를 청하기까지 하였다. 아! 애석하다. 이처럼 허술하였는데도 형벌을 밝히고 법률을 지키려고 하였으니, 또한 어렵지 않겠는가!

《무원록》〈조례·인상사〉에서 칼날을 대기 시작한 부분과 칼날을 거두어들인 부분의 상처가 가볍거나 심하다고 말한 것은 스스로 베었을 때의 상처를 가리킬 뿐이다. 일반적으로 목구멍이나 배를 스스로 벨 경우에 처음에는 독한 마음으로 칼을 잡고 스스로 찔렀더라도 칼날이 살가죽을 파고든 뒤에는 고통이 심하고 정신이 아득하여 자연히 손의 힘은 약해지고 칼질은 가벼워지고 만다. 그러므로 칼날을 대기 시작한 부분은 심한 상처가 나더라도 칼날을 거두어들인 부분은 반드시 가벼운 상처가 난다. 이것은 자연스러운 이치이고 바꿀 수 없는 형세이다.

그러나 남에게 찔린 상처는 어찌 꼭 그렇겠는가! 그러므로 《무원록》〈조례·인상사〉의 조문에 이르기를 '칼날로 상처를 입은 부위의 흔적은 양쪽 끝이 뾰족하고 작으며, 칼날을 대기 시작한 부분과 칼날을 거두어들인 부분의 상처에 가볍거나 무거운 차이가 없다.' 하였다. 전에 이러한 조문을 본 적이 없으면서도 칼날로 상처를 입은 사건을 판결하려고 한다면 어려운 일이다.

안종면이 머리를 남쪽에 두고 처마를 향해 누워 있었으니, 범행을 저지른 사람은 대청 아래에 서서 바깥에서 칼날을 휘둘렀을 가능성이 이루 다 말할 수 없이 크다. 더구나 범행에 사용한 흉기는 김봉규金奉圭의 낫이었다. 낫으로 남의 배를 벨 경우에는 낫이 들어가기 시작한 부위는 날카롭고 가벼운 기세이며, 낮이 빠질 때에는 휘어지고 무거운 기세이다. 그러니 그 상처가 처음에는 작았다가 나중에는 커질 가능성은 이루 다 말할 수 없이 크다. 아래 부위가 뾰족한 것은 낮이 들어가기 시작할 때의 상처이고, 위쪽 부위가 넓은 것은 낮이 마지막으로 빠질 때의 상처이다. 먼저 아랫배에서 시작하여 윗배까지 그어진 것은 범인이 대청 아래에 서서 바깥에서 낮을 휘둘렀기 때문이다.

사리로 생각해 보더라도, 23명이 거꾸로 눕기도 하고 똑바로 눕기도 하여 마치 대나무를 엮어 놓은 것처럼 빽빽하게 서로 어지럽게 뒤섞여 누워 있는데, 어떤 멍청한 도적이 대청 위로 올라서서 남의 팔과 허벅지를 밟고 남의 배를 짓밟아서 자신이 넘어지는 사태를 스스로 초래하려고 하였겠는가! 이와 같은데도 추고하기를 청하였으니 검안한 관원이 승복하지 않을 것이다."

○ 조사한 관원의 보고서는 다음과 같다.

"대체로 이 살인 사건은 이렇습니다. 현재는 형장을 사용하지 않는 기간이기는 하지만 아직 범죄의 진상을 밝혀내지 못하였고, 사건은 한 해가 지났는데 그사이에 증언이 여러 차례 바뀌었습니다. 안종면이 찔리던 날은 작년 7월 3일이니, 시간은 벌써 1년이 되었는데 사건의 내막은 의문투성이여서 사실상 결말을 짓기가 어렵습니다.

유족은 오로지 정큰아기만을 콕 집어서 고소하였으나, 옛날의 묵은 원한이 있다는 사실에만 근거했을 뿐이고 원래 사건이 일어나던 날 밤의 행적 중에서는 딱히 지적할 만한 혐의가 없으니, 정큰아기를 주범으로 귀결시키는 것은 사실상 타당한 일이 아닙니다. 그러므로 심문을 받아야 할 각 사람에게 차례대로 자세히 추궁하고 반복해서 세밀히 심문해 보니, 재실에 있던 유생들은 똑같이 원수를 갚고 싶어 하는 마음이 충분히 있었으나 의심할 만한 단서는 조금도 없었습니다. 따라서 이 유생들이 내부에서 호응하였을 가능성은 거론할 바가 아닙니다. 게다가 그들은 모두 원한을 맺은 일이 없었으니, 원한 맺힌 사람이 잘못 죽였을 리도 없습니다.

부엌방에서 묵던 김여경金呂京 부자父子, 재실의 문 옆의 행랑채에서 자다가 일어났던 최선중 부부, 맞은편 집에서 혼자 나왔던 김시위金時位, 맨 먼저 도착하여 변고를 물었던 오억춘이 이 살인 사건의 가장 핵심 인물입니다. 그래서 그들이 전에 진술했던 내용 중에서 실마리가 드러난 것에 대해 조목조목 철저히 조사하고 여러 방법으로 심문해 보니, 앞뒤가 서로 맞지 않는 말 속에서 단서가 점차 드러났고 이 사람과 저 사람을 서로 대질시키는 과정에서 근본 원인이 저절로 드러났습니다. 마지막에는 여러 사람의 진술이 일부러 노력하지 않아도 저절로 똑같아졌고 주범도 변명 없이 자백하였습니다.

다만 저 최선중, 김여경, 김시위는 본래 안종면과 은혜나 원망이 조금도 없었으며, 범인의 부탁을 받고서 증인이 되어 준 죄가 있기는 하지만 범인과 결탁하여 일을 함께 꾸민 행적은 별달리 없었습니다. 오억춘은 처음 조사할 때부터 행동거지가 불안정하고 말이 허황하여, 처음에는 끌어들여서는 안 될 사람을 끌어들여 '수상한 행적이 있습니다.'라고 지적하였다가, 갑자기 '유족과 유생 들이 저더러 「정 여인과 부화뇌동하여 안종면을 찔러 죽였다.」 하였습니다.'라고 하였습니다. 이것은 다른 사람들이 진술하지 않았던 말입니다. 그가 또 안종면과 평소에 서로 친하게 지냈던 일을 말하여 오명담吳命淡을 위해 복수하려는 생각이 애당초 없었다는 증거로 내세우는 등 앞서 했던 말을 자꾸 되풀이하고 여러 차례 변명하였습니다. 이것도 심문 항목에서는 언급하지 않았던 점입니다.

정 여인이 칼을 품고 다니던 날에 오억춘이 몽둥이를 가지고 대문에서 기다리던 상황을 김홍대金興大가 증언하였고 복덕福德이 목격하였으며, 그도 감히 굳게 숨기지를 못 하고 결국은 자백하였습니다. 「안종면이 화를 품고서 밥을 먹지 않았다.」라고 한 말은 오억춘이 시킨 것입니다.'라는 말이 또 김여경, 최선중, 김홍대 등의 진술에서 나왔습니다. 안종면이 찔릴 때에 재실의 문 옆에 있던 최선중이 놀라 깨어나서 즉시 일어났고, 맞은편에 살던 김시위가 소리를 듣고 막 나왔습니다. 그러나 대청 위에는 아직 불이 켜지지도 않고 마을 안의 사람들은 코를 골며 한창 잠에 떨어져 있었는데, 집이 멀리 떨어져 있는 그가 맨 먼저 재실의 문에 도착해 있었으니 실제의 행적을 숨길 수가 없었고 속마음이 저절로 탄로 났습니다.

그러므로 정수동鄭守同의 아내, 최춘망崔春望, 김시위 등을 하나하나 끌어들여 그가 소리를 듣고 나서 대문을 나선 상황을 증명하였으나, 아내를 보내 그들에게 거짓 증언을 해 주도록 부탁한 사실을 끝까지 숨기기는 어려웠고 부탁을 받았던 세 사람도 똑같은 말로 인정하였습니다. 그뿐만 아니라 그의 아내는 말하기를 '저녁 10시쯤 전후하여 대문을 나섰는데 돌아오는 것은 보지 못하였습니다.' 하였으나, 그는 진술하기를 '아내를 발로 깨우고 소리를 듣고서는 대문을 나섰습니다.' 하였습니다. 여러 사람의 진술은 뚜렷이 근거할 만하였으나 그의 말은 하나하나 서로 어긋났으므로, 기가 죽고 할 말이 없어져서 곧장 사실을 털어놓았습니다.

순순히 말로만 심문하였는데 그가 갑자기 승복한 것도 매우 괴이하였습니다. 그래서 다시 심문하여 그가 하고 싶은 말을 다하게 하였습니다. 그러자 그들이 원한을 맺게 된 계기를 낱낱이 언급하고 정 여인이 복수하려고 하였다는 말까지도 언급하였으나, 정 여인과 함께 모의한 사실은 끝까지 말하지 않았습니다.

이 사건의 경위를 말하면 이렇습니다. 오억춘이 오명담과는 서로 의기투합한 사이였고 정 여인으로부터는 양육해 준 은혜를 입었는데, 그의

5촌 당숙인 오명담이 사실상 안종면의 고소 때문에 죽게 되었고 더욱이 그의 형제도 안종면의 고소 때문에 형장을 맞게 되었습니다. 그러므로 오억춘과 정 여인이 똑같이 원수를 갚으려는 계획은 더욱 절실하였고 칼을 빼들어 찌르고 싶은 분노는 갈수록 깊어졌습니다. 그러다가 유생들의 모임이 있는 때를 맞아 복수하려는 계획을 실천할 수 있게 되었습니다. 그래서 김봉규와 안팎으로 서로 호응하여 많은 뇌물을 주기도 하고 미인계로 유혹하기도 하여, 낫을 놓아두는 곳을 물어보고 재실의 문을 언제 여닫는지를 탐문한 뒤에야 밤을 틈타 안종면의 배를 가르고 마음껏 범행을 저질렀습니다.

그리고 '소리를 듣고 대문을 나섰다.'라는 증언을 해 달라고 김시위 등 세 사람에게 부탁하였고, '화를 품고서 밥을 먹지 않았다.'라는 증언을 해 달라고 감옥에 있는 김여경에게 부탁하였습니다. 그리하여 한밤중에 칼로 찌른 사건의 범인을 한 재실에서 같이 잠을 자던 사람에게 돌리려 하였습니다. 그러다가 정상이 탄로 나자 자수하여 실토하고, 범행의 절차와 흉기의 사용에 대해 낱낱이 정직하게 진술하였으며 확실하게 근거가 있었습니다. 그러므로 오억춘을 주범으로 정하였습니다. 김봉규로 말하면, 낫을 빌려주고 내부에서 호응한 상황에 대해서는 그도 자백하였기 때문에 종범으로 분류하고 모두 엄중히 가두어 두었습니다.

정큰아기는 주상의 특별 하교에 따라 보증인을 세우고 풀어 준 죄인이므로 애당초 함께 심문하지 않았습니다. 그러다가 오억춘이 범행을 자백한 마당에 정 여인으로서는 지시한 죄를 면하기 어렵기 때문에 한 차례 진술을 받고 도로 보증인에게 넘겨주었습니다. 최선중, 김여경, 김시위, 김홍대 등은 심문할 만한 실마리는 없으나 남의 유혹과 협박을 받아 앞뒤로 진술을 바꾸었으니 엄중히 형장을 쳐서 징계하지 않을 수가 없기 때문에 이들도 모두 엄중히 가두어 두었습니다. 그 나머지 사건과 관련된 사람들은 판결을 미룬 채 가두어 두기가 어려웠으므로 모두 보증인에게 넘겨주었습니다.

범행에 사용한 흉기는 김봉규가 '그 낫을 재차 단련하였습니다.'라고 진술하였으므로 검안할 때 사용하는 물품으로 시험해 보았는데, 드러난 것은 없으나 범행에 사용된 흉기이므로 그림을 그려서 감영으로 올려보냅니다. 조사하는 관원으로 말하면, 경관직京官職으로 자리를 옮긴 서흥 현감瑞興縣監의 후임이 되었다는 첩정牒呈에 대한 제사가 방금 도착하였고[33] 조사 문서도 거의 마무리되어 가므로 애당초 신천 군수信川郡守를 조사관으로 지정하여 와 달라고 청하지 않았습니다."

○ 황해도에서 다음과 같이 조사하여 아뢰었다.

"이 살인 사건의 주범을 밝혀내지 못했던 이유는 참으로 범인이 안종면을 찌를 때 사용한 흉기는 안종면과 원수인 집의 맞은편에서 나왔고, 유족이 지목하여 고소한 사람과 옥리獄吏가 억측한 범인도 모두 평소에 안종면과 원한을 맺었던 정 여인 한 사람을 벗어나지 않았기 때문이었습니다. 이러한 선입견에 한번 사로잡히자 거기에서 벗어나지 못하고 세 차례 검안보고서에서 모두 똑같은 사람을 주범으로 지정하였습니다.

정 여인에게는 의심할 만한 정황이 있었으나 범죄의 진상을 포착하지 못하였고, 오억춘에게는 의심할 만한 행적이 있었으나 처음에는 거기까지 생각하지 못하였습니다. 그리하여 조사하여 밝혀내지를 못 하였

---

33 조사하는……도착하였고: 1783년(정조 7) 6월 24일에 서흥 현감瑞興縣監이던 임준호林濬浩가 영평 현령永平縣令에 제수되었다가 다음 날 돈녕부 주부敦寧府主簿로 옮기고 29일에 호조 정랑戶曹正郎 박일원朴一源과 자리를 서로 바꾼 것으로 보아, 경관직京官職으로 자리를 옮긴 사람은 임준호를 가리킨다. 그리고 임준호가 맡았던 서흥 현감의 후임으로 윤광호尹光濩가 임명된 것으로 보아, 이 당시 조사하는 관원은 윤광호를 가리킨다.

고 사건을 결말지을 길이 없었습니다. 매우 다행스럽게도 보증인을 세우고 정 여인을 풀어 준 끝에 다시 조사하는 일이 있고 나서야, 이른바 주범에 대해서는 감히 거론하지 않았고 사건과 관련된 증인에게만 별도로 더 캐물었습니다.

사건과 관련된 사람들이 판결을 받지 못한 채 갇혀 있은 지 벌써 1년이 지나자, 오억춘의 위협을 두려워하던 사람들은 공포와 분노가 번갈아 일어났고 오억춘의 청탁을 받았던 사람들은 의심과 겁이 아울러 생겨났습니다. 재삼 심문하는 사이에 증언이 자세히 갖추어졌고 대질 심문하는 과정에서 사건의 실마리가 점차 드러나서, 마침내 주범이 자백하여 범인을 파악하게 되었습니다. 그리하여 직접 낫으로 찌른 사람은 오억춘이라는 사실을 알게 되었고 지시한 사람은 결국 정 여인으로 귀결되었습니다. 만약 이번에 다시 조사하는 일이 없었다면 사건이 오래 지나 농간이 발생하였을 것이니, 결국 어떻게 조사해서 밝혀냈겠습니까![중간은 생략하였다.]"

○ 형조가 다음과 같이 아뢰었다.

"애당초 사건이 발생하던 날 밤에 오억춘이 가장 먼저 소식을 듣고서는 급히 먼저 도착하였습니다. 오억춘이 최선중과 이야기를 나눈 점은 의심스러운 면이 있었으나, 사람을 몰래 해치우고서 그 현장에 버젓이 나타난다는 것은 사실상 일반적인 상식으로는 생각할 수 있는 일이 아니었기 때문에 과연 처음에는 오억춘이 범인일 것이라고는 생각하지 못하였습니다.

이제 여러 사람의 진술을 보면, 오억춘이 감옥 안에서 은밀히 부탁하였다는 말을 증인들이 모두 실토하였고, 오억춘이 자정쯤 전후하여 대문을 나섰다는 말을 그의 아내조차도 숨길 줄을 몰랐습니다. 더구나 김봉규는 낫을 빌려주었다고 진술을 하였고 오억춘도 직접 낫으로 찔렀다고 자백하였으니, 오억춘이 안종면을 찔러 죽인 사실은 더 이상 의심할 수가 없습니다.[중간은 생략하였다.]"

○ 주상의 판결은 다음과 같다.

"이 살인 사건을 다시 철저히 조사하게 한 이유는, 범죄의 정황이 몹시 흉악하고 범죄의 증거를 포착하지 못하였으나 반복해서 조사해 보아도 여자 한 사람이 혼자 저지를 수 있는 일은 결코 아니어서였다. 이제 와서는 의문의 단서가 점차 드러나고 범죄의 진상을 감추기가 어렵게 되었다. 결국 주범은 내가 생각했던 사람을 벗어나지 않았으니, 몹시 밝은 하늘의 이치를 어떻게 속일 수 있겠는가!

대체로 오억춘의 당초 소행은 말 한마디 한마디가 모두 허황하였고 행동 하나하나가 모두 변화무쌍하였다. 재실의 문 밖에 먼저 도착한 것과 감옥 안에서 은밀히 부탁한 것만도 너무나 수상하였다. 더욱이 안종면과 평소 사이가 도타웠다는 사실을 마치 몰라줄까 두려운 것처럼 열심히 설명하였고, 그날 저녁에 밥을 먹기가 싫었다는 사실을 억지로 찾아내어 명확한 증거로 삼았다. 그러나 앞뒤로 치밀하게 세운 계획은 모두 뒤죽박죽이 되어 버렸고 사건의 수많은 맥락은 참으로 스스로 범행 사실을 자인하는 꼴이 되어 버렸다. 낫을 빌린 사실은 그가 자백하였고, 몽둥이를 가지고서 기다린 행적은 의심하지 않은 사람이 없었다.

사건이 발생한 지 1년이 지나고 세 번째 조사를 하고 나서야 서로 호응한 상황을 변명 없이 승복하였으니, 살인 사건의 내막이 이 정도까지 밝혀졌으면 의심할 것이 없다고 할 수 있다. 그러나 오억춘의 사건에서 아직도 시원하게 풀리지 않는 점이 있다. 참으로 오명담과는 양육을 받은 은혜가 있기는 하지만 친족 관계로는 3개월이나 5개월의 상복을 입는 친족에 불과하고, 정 여인과는 술을 함께 마시는 친분이 있기는 하지만 사소한 은혜는 밥 한 그릇을 얻어먹은 것이나 다름이 없으니, 결코 이런 것 때문에 오억춘이 목숨을 걸고 복수할 리는 없기 때문이다. 더구나 한밤중에 사람을 찔러 죽이는 것은 매우 중대한 일이니, 평소 이를 갈며 복수를 다짐한 경우가 아니라면 결코 하룻저녁에 마음먹을 수 없다.

이른바 사사로운 원한이라는 것도 오래전의 일이다. 닭을 훔쳤다는 오래전의 비방은 아주 사소한 일이었고, 말을 빌려 타는 친분은 더욱 친밀하였다. 남을 위해 복수하는 것은 협객俠客조차도 어려워하는 일이고 살기를 좋아하고 죽기를 싫어하는 것은 우리 인간들의 일반적인 심정이니, 눈을 흘길 정도의 사소한 원망 때문에 시작하여 끝내 3자 남짓한 낫으로 흉악한 범행을 저지른다는 것은 전혀 이치에 맞지 않다. 따라서 순순히 말로만 심문하였는데도 자백하였다고 해서 의심스러운 사건을 대번에 판결해서는 안 된다. 주범 오억춘에게는 더욱 엄중히 형장을 쳐서 이 밖에 숨겨진 진실을 하나하나 자백을 받아 내라.

정 여인으로 말하면, 남편을 위해 복수하려는 마음을 항상 품고 있었고 예전에 칼을 품고 다닌 행적도 있었으며, 조만간 기어이 복수하고야 말겠다는 말을 친척도 듣고 이웃과 마을에도 전해졌다. 따라서 이처럼 원수가 가까이 있는 기회를 틈타 몰래 당질堂姪(5촌 조카)인 오억춘과 함께 사건을 모의한 것은 이치상 반드시 그럴 수밖에 없고 불을 보듯 명확하다. 그러나 남의 손을 빌려 복수하려던 계획이 성공하고 나자 자신이 나서서 혐의를 뒤집어쓰려던 생각은 점차 사그라져서 살해할 계획을 준비한 사실을 한결같이 굳게 부인하였으니, 그녀의 심보와 행적을 따져 보면 더욱 몹시 교묘하고 악랄하다. 도신이 조사하는 관원에게 분부하여 정 여인을 엄중히 신문해서 자백을 받아 내게 하라.

김봉규로 말하면, 혼인하기로 약속하자는 오억춘의 말을 기꺼이 받아들였고 낫을 놓아둔 곳을 오억춘에게 가리켜 주었다. 종범의 형률은 사건이 발생하였을 때 잠을 자고 있었는지는 본래 상관없이 적용하지만, 내부에서 호응한 행적은 끝까지 다 밝혀내지 못하였고 낫에 피가 묻어 있었다는 말도 결말을 짓지 못하였다. 엄중히 형장을 치고 다시 조사해서 기어코 사실을 자백하게 하라.

검안한 관원과 도신은 본래 내가 처분을 내려야 할 사람들이다. 이제 사건을 번복하고 난 뒤에는 사실을 잘못 파악한 죄가 더욱 드러났으니, 사람의 목숨을 중시하고 후일의 폐단을 막는 방도로 볼 때 지난 일이라고 해서 그대로 둘 수는 없다. 그 당시 1차 검안한 관원과 2차 검안한 관원을 모두 의금부로 잡아다가 심문하여 처리하라. 해당 도신은 무거운 쪽으로 함사추고하라."

상형추의

❀

11

1. 인정과 도리로 보아 용서하다(1)

【곤경에 처한 아버지를 구하려다가 남을 구타하여 죽게 하였다. 사건의 근본 원인은 술 김에 싸웠기 때문이며, 사망의 실제 원인은 구타를 당하였기 때문이다.】

○ 부평富平의 백성 신복쇠申福金가 송창준宋昌俊을 죽였다.

○ 검안보고서의 내용은 빠졌다.

○ 주상의 판결은 다음과 같다.

"싸우던 장소를 생각해 보면 술집이었고 싸우던 시기를 말하자면 무더운 철이었다. 죽음을 당한 송창준은 술에 취한 데다 더위까지 먹었다. 굶주리기를 밥 먹듯 하던 사람이 죽지 않고 겨우 살아 있는 상황에서 갑자기 소란을 일으키고 술주정까지 벌이다가 신복쇠의 아버지를 붙잡고서 실랑이를 벌이고 이어서 한바탕 싸움이 벌어지게 되었다.

만약 신복쇠가 구타를 당하여 다치는 자기 아버지를 멀뚱멀뚱 바라보기만 하고 구원하지 않았다면, 풍속을 돈독히 하고 인륜을 중시하는 조정의 정치로 볼 때 먼저 신복쇠부터 무거운 형률로 다스리고 다음으로 원래 사건의 전말을 따져 보아야 한다. 그러나 그가 힘껏 아버지를 보호하고 앞장서서 구원하여 급박한 상황에서 아버지를 벗어나게 하였다. 이것은 하늘의 이치와 인간의 심정으로 볼 때 당연한 일이며, 참으로 권장할 수는 있어도 죄줄 수는 없다.

게다가 그로서는 아버지를 보호해야 하는 다급한 심정이었고 사람을 죽일 경우의 법에 대해서는 잘 모르는 상황이었으므로 홧김에 한 손찌검은 자연히 매섭고 모질게 가해질 수밖에 없었던 것이니, 상처가 있는지 없는지는 본래 말할 거리가 못 된다. 게다가 시장屍帳을 살펴보면, 명치가 약간 딱딱한 한 곳을 제외하고는 달리 다친 흔적이 없었다. 죽은 송창준이 죽을 때에 부탁하면서도 오히려 고소할까 염려하였고, 꿈을 꾸고 난 뒤에 꿈풀이를 한 말에서는 신에게 기도해 보라고까지 하였다.

그뿐만 아니라 《속대전》〈형전·살옥〉에 이르기를 '아버지가 남에게 구타를 당하여 심한 상처를 입자 그 아들이 가해자를 구타하여 죽게 한 경우에는 사형을 감하여 정배定配한다.' 하였으니, 이 조문을 근거로 삼기에 충분하다. 게다가 빈속에 지나치게 술을 마시고 무더위에 병이 생긴 사실은 1차 검안보고서의 발사跋詞에 매우 명백하였다. 그러니 법률에 따라 처벌해야 한다는 경들의 주장은 너무나 지나치다. 신복쇠는 도신道臣이 형장을 치고 풀어 주게 하라. 이는 신복쇠에게 형장을 침으로써 남을 구타한 죄를 징계하고 신복쇠를 풀어 줌으로써 아버지를 보호한 정성을 권장하여, 조정에서 이렇게 조치한 본래 의도가 법률대로 적용하지 않고 풍속을 돈독히 하려는 취지에서 나왔다는 사실을 지방 고을에서 환히 알게 하려는 것이다."

○ 주상의 판결에 대한 다산의 견해: 이 살인 사건에 대한 신의 생각은 이렇습니다. 송창준은 본래 굶주려서 거의 죽을 지경인 사람으로서 갑자기 술에 취하고 밥을 배불리 먹은 데다 더위 먹은 증세까지 있었으니, 신복쇠에게 맞아서 생긴 상처가 심하지 않았더라도 충분히 사망할 수 있었습니다. 따라서 아들이 아버지를 보호하기 위해 구타했다는 이유만으로 정상을 참작해 준 것은 아닙니다.

2. 인정과 도리로 보아 용서하다(2)

【곤경에 빠진 어머니를 구하려다가 남을 구타하여 죽게 하였다. 사건의 근본 원인은 정의로운 분노 때문이며, 사망의 실제 원인은 걷어차였기 때문이다.】

○ 재령載寧의 백성 이후상李厚相이 공 조이孔召史를 죽였다.

○ 조사한 관원의 보고서는 다음과 같다.

"이번 살인 사건은 시체에 상처가 여기저기 어지러이 나 있고 증거가 갖추어졌으므로 주범이 진술하면서 감히 완전히 숨기지를 못하였습니다. 따라서 법률 조문으로 따져 보면 사실상 목숨으로 보상해야 합당하지만, 사건의 정황을 참작해 보면 참으로 논의할 점이 있습니다.

이후상의 어머니 방 조이方召史와 사망한 여자 공 조이는 10촌 동서 사이의 친척입니다. 나이가 곱절이나 많은 방 조이가 손위 동서이고 까마득히 어린 공 조이가 손아래 동서입니다. 까마득히 어린 손아래 동서가 나이 많고 연로한 손위 동서에게 덤벼들어, 처음에는 머리채를 휘어잡았고 더욱이 끝에 가서는 뺨을 때리기까지 하였습니다. 명색이 아들인 이후상이 이러한 상황을 목격하고도 옆에서 팔짱을 낀 채 멀뚱멀뚱 구경만 하고 아무런 걱정도 하지 않는다면 너무도 큰 불효입니다. 그 당시에 이후상으로서는 분통한 마음이 극에 달하여 화가 머리끝까지 치솟아 자기도 모르게 저절로 주먹질을 하고 저절로 발길질을 하였습니다. 그리하여 공 여인은 벌써 심한 상처를 입었으니, 어느 겨를에 그녀의 생사를 따지겠습니까!

《속대전》〈형전·살옥〉에 이르기를 '아버지가 남에게 구타를 당하여 심한 상처를 입자 그 아들이 가해자를 구타하여 죽게 한 경우에는 사형을 감하여 정배定配한다.' 하였습니다. 이제 이후상의 어머니는 상처가 그다지 심하지는 않다고 하더라도, 정상을 참작하여 법률을 적용하는 문제는 논의할 만합니다."

○ 주상의 판결은 다음과 같다.

"재령 이후상의 살인 사건은 봉산鳳山 박봉손朴奉孫의 사건[34]에 비하면 다소 다르다고 하더라도, 평산平山 정대원鄭大元의 사건[35]에 비하면 그다지 서로 차이가 없다. 인정과 이치로 미루어 보고 사건의 정황을 참작해 보면 용서해 줄 만한 실마리는 충분히 있어도 기어이 죽여야 할 죄는 조금도 없다.

아들이란 자가 자기 어머니가 남과 서로 싸우다가 밀쳐지고 쓰러지는 것을 보고도 허겁지겁 달려가서 만류하고 서둘러 구원하지 않는다면, 인간의 도리가 있다고 할 수 있겠으며 지극한 정이 있다고 할 수 있겠는가! 분노가 한순간에 치솟아 성난 주먹을 내질러 구타하기도 하고 걸어차기도 하여 스스로 멈추지 못한 것은 본래 그럴 수밖에 없는 형세이다. 이제 만약 모질게 구타하고 맹렬히 걸어차서 그대로 죽게 되었다는 이유만으로 고의적으로 저지른 살인의 죄를 적용한다면, 법관이 심리한 의견을 아뢰는 방도로는 법도를 지켰다고 하겠지만, 조정에서 풍속을 권장하는 정치로 볼 때에는 타당성이 결여된 것 같다. 형조가 대책을 마련하여 보고한 내용은 너무도 고집스럽고 융통성이 없다. 이후상은 사형을 감하여 3년의 도형으로 정배하라."

○ 주상의 판결에 대한 다산의 견해: 박봉손, 정대원, 이후상 세 사람의 범죄가 모두 똑같으나 정대원과 이후상은 도형으로 정배하고 박봉손만 완전히 석방하였던 이유는 저 박봉손이 죽인 배종남裵從男은 본래 의

---

34 봉산鳳山 박봉손朴奉孫의 사건: 박봉손의 의붓형인 배종남이 피[稷] 자루를 빌려주지 않는다는 이유로 아버지를 때리고 욕설을 퍼붓자, 박봉손이 쥐어박고 차서 4일 만에 죽게 한 사건이다.

35 평산平山 정대원鄭大元의 사건: 김광로金光魯가 정대원 어머니의 과거 허물을 폭로하자, 정대원이 화가 나서 김광로를 구타하고 걸어차서 이튿날 죽게 한 사건이다.

붓아들로서 의붓아버지를 구타하여 그 죄가 죽여도 되어서였습니다.

3. 인정과 도리로 보아 용서하다(3)

【의붓아들이 의붓아버지를 구타하자, 친아들이 곤경에 처한 아버지를 구원하였다. 사건의 근본 원인은 재물을 아꼈기 때문이며, 사망의 실제 원인은 걷어차였기 때문이다.】

○ 봉산의 백성 박봉손이 배종남裹從男을 죽였다.
○ 황해도에서 다음과 같이 아뢰었다.

"이 살인 사건은 사망의 실제 원인이 명확하고 증거가 갖추어졌으니 박봉손이 주범이란 사실에는 더 이상 의문이 없습니다. 그런데 그의 아버지 박작은상朴小尙[36]은 자신이 연로하다는 것만 믿고서 아들을 대신하여 스스로 혐의를 떠안았고, 박봉손은 줄곧 범행을 부인하였습니다. 이렇게 한 이유는 서로 떠넘기면서 사건을 애매모호하게 하여 아버지와 아들이 모두 죄를 모면하려는 계획에서 나왔으나, 죄 위에 죄를 더 추가하여 자연히 용서받을 수 없는 지경까지 이른 것입니다. 일상적인 법률로 따져 보면 본래 가볍게 의논하기가 어려우나, 그 사건의 근본 원인으로 보면 정상을 참작해 줄 수도 있겠습니다.

박봉손의 아버지는 배종남의 함께 사는 의붓아버지로, 아버지라 부르고 아들이라 불러 친아들이나 다름이 없었습니다. 그런데 한 자루의 피[稷]를 주지 않고 아끼는 것 때문에 화를 내고 거리낌 없이 손찌검을 하여 붙잡아 억누르고 구타해서 가슴에 상처를 입혀 피를 흘리게까지 하였습니다. 그러니 박봉손으로서는 이처럼 위급한 상황을 보고서 어떻게 아버지를 위해 방어하느라 도리어 의붓형을 구타하고 걷어차지 않을 수

---

36 박작은상朴小尙:《심리록》과 《일성록》에는 박작은상朴者斤尙으로 표기되어 있다.

있겠습니까! 선천적으로 부여받은 본성이 자극을 받아 분노의 기세가 불타오르듯 치솟아서 상처가 가벼운지 무거운지 또는 죽는지 사는지는 돌아볼 겨를이 없었습니다. 그러니 그가 맹렬하게 걷어찼다고 하더라도 괴이하게 여길 리가 없고, 배종남이 갑자기 죽었다고 해도 숨길 일이 못 됩니다. 그런데 어리석은 박봉손이 스스로 겁을 먹고서는 사실대로 털어 놓으려 하지 않고, 자기 죄를 벗어나려는 망령된 생각에만 급급하여 도리어 아버지를 보호하려던 본래의 심정과 어긋나게 되었습니다.

삼가 《속대전》 〈형전·살옥〉을 살펴보니 이르기를 '아버지가 남에게 구타를 당하여 심한 상처를 입자 그 아들이 가해자를 구타하여 죽게 한 경우에는 사형을 감하여 정배한다.' 하였습니다. 이번 박봉손의 사건은 아마도 이 조문을 적용하기에 적합한 듯합니다. 그러므로 감히 의견을 서술하고서 처분해 주시기를 기다리겠습니다."

○ 주상의 판결은 다음과 같다.

"박봉손은 친아들이고 배종남은 의붓아들이다. 아버지라 부르고 아들이라 부르며 양쪽 다 서로 똑같았으니, 아버지와 아들의 명분은 이 세상에서 피할 길이 없었다. 그런데 한 자루의 피 때문에 욕설을 내뱉고 마음껏 손찌검을 하였으며 더 나아가서 가슴에 상처를 입혀 피를 흘리게까지 하였으니, 길을 가던 모르는 사람조차도 선천적으로 부여받은 본성을 갖추고 있다면 본래 팔을 걷어붙이고 나서서 분풀이를 하였을 것이다. 더구나 박봉손이 이러한 상황을 목격하고 앞장서서 아버지를 방어하고 힘껏 주먹질과 발길질을 한 것은 하늘의 이치와 인간의 심정으로 볼 때 그만둘 수 없는 일이었다.

애당초 살인 사건을 성립시켰던 것은 무슨 생각으로 하였는가? 도신道臣이 인용한 《속대전》 중의 사형을 감해 준다는 조문도 명백하지가 않다.

의붓아들로서 의붓아버지를 구타한 것을 어찌 길을 가던 모르는 사람이 구타하여 상처를 입힌 것과 비교할 수 있겠는가! 조정에서 법률을 반포한 것은 풍속의 교화를 우선하려는 목적이니 형률이 있거나 없거나 간에 인용할 필요가 없다. 박봉손을 즉시 풀어 주라.

살인 사건을 성립시킬 때의 검안 관원은 모두 무거운 쪽으로 추고推考하라. 그 당시의 도신으로 말을 하더라도, 왕명을 반포하여 백성을 교화하는 자리에 있는 도신이 문장으로 제사題辭를 지어 내어 기어이 살인 사건을 성립시키고야 말려고 하였으니, 이것은 참으로 무슨 마음에서 나왔는가? 아! 저 박봉손이 즉시 자백하지 않고 도리어 변명하려고 하였으니, 먼 시골의 어리석은 백성이 살인한 사람은 죽게 된다는 사실만 알고 복수가 무엇인지도 모르기 때문에 그런 것일 뿐이다. 미천한 부류라고 하더라도 그 사람의 장점을 부각해 주는 것이 당연하니, 어찌 깊이 책망할 필요가 있겠는가! 해당 감사는 추고하라."

○ 주상의 판결에 대한 다산의 의견은 다음과 같다.

"같이 사는 의붓아버지는 사망하면 자최齊衰 1년 상복을 입는 친족이니 그 명분이 매우 엄중하고, 의붓아버지를 구타하여 죽게 한 경우에는 그 죄가 참형斬刑에 해당합니다. 이와 같은 짓을 한 사람은 어느 누구나 때려죽일 수가 있는데, 하물며 자식으로서 아버지를 보호한 경우야 더 말할 것이 있겠습니까!"

○ 《대명률》〈형률·투구〉 '아내의 전남편 아들을 구타한 경우[毆妻前夫之子]'의 조문에 다음과 같이 말하였다.

"의붓아버지를 구타한 사람은【전에는 같이 살다가 지금은 같이 살지 않는 사람을 말한다.】 60대의 장을 치고 1년의 도형에 처하며, 뼈를 부러뜨리는 상처 이상을 입힌 사람은 일반 사람이 싸우다가 상처를 입힌 경우보다 1등급을 올려서 적용하되, 같이 살 경우에는 또 1등급을 올려서 적용하며, 죽게 한 경우에는 참형에 처한다. 본래부터 같이 살지 않았던 사람은 일반 사람이 구타한 경우와 동일하게 처벌한다."

○ 다산의 견해: 1년 상복을 입는 친족 어른을 구타한 경우에는 적용하는 형률이 이 조문보다 무겁다. 같이 사는 의붓아버지도 사망하면 1년의 상복을 입는데 구타한 경우에 적용하는 형률이 다소 가벼운 이유는 천륜天倫으로 맺어진 친족이 아니어서이다.

○ 《대명률》〈형률·투구〉 '아버지나 할아버지가 남에게 구타를 당한 경우[父祖被毆]'의 조문에 다음과 같이 말하였다.

"조부모나 부모가 남에게 구타를 당할 때 자손이 즉시 구호하다가 도리어 가해자를 구타하되 뼈를 부러뜨릴 정도의 구타가 아니면 죄를 묻지 않으며, 뼈를 부러뜨리는 상처 이상으로 구타하면 일반인이 싸우다가 상처를 입힌 경우보다 3등급을 감하여 적용하고, 죽게 한 경우에는 일반적인 형률에 따라 적용한다."

○ 다산의 견해: 우리나라 법전의 규정이 《대명률》에 비해 매우 가벼우니,[37] 아들이나 아우가 아버지나 형을 보호하는 것은 이치로 볼 때 금지하기가 어려운 일이기 때문이다. 정황이 진실일 경우에는 우리나라의 법전을 준용해야 하고, 정황이 절실하지 않은 경우에는 《대명률》을 인

---

37 우리나라……가벼우니: 《대명률》에서는 자손이 조부모나 부모를 구원하다가 가해자를 구타하여 죽게 한 경우에는 일반적인 형률을 적용하여 사형에 처한다고 하였으나, 《속대전》〈형전·살옥〉에서는 '아버지가 남에게 구타를 당하여 심한 상처를 입자 그 아들이 가해자를 구타하여 죽게 한 경우에는 사형을 감하여 정배한다.'라고 하였다.

용해야 한다. 박봉손의 경우에는 의심할 것 없이 우리나라의 법전을 적용해야 하니, 《서경》 〈주서·여형呂刑〉에서 '무거운 죄목에 해당하는 사건이더라도 정황으로 보아 가볍게 처벌하는 것이 적합하다면 처벌 등급을 낮추어서 적용하고, 가벼운 죄목에 해당하는 사건이더라도 정황으로 보아 무겁게 처벌하는 것이 적합하다면 처벌 등급을 올려서 적용한다.'라고 한 것은 이런 경우를 말한다.

4. 인정과 도리로 보아 용서하다(4)

【아버지의 행실이 음란하다고 말하자, 아들이 치욕을 갚았다. 사건의 근본 원인은 간음하였기 때문이며, 사망의 실제 원인은 구타를 당하였기 때문이다.】

○ 대구大丘의 백성 성성일成聖一이 맹춘孟春의 어머니[38]를 죽였다.
○ 검안보고서의 내용은 빠졌다.
○ 주상의 판결은 다음과 같다.
"살인 사건을 판결할 때의 기준은 '사망의 실제 원인[實因]'이라는 두 글자를 벗어나지 않는다. 그러나 정황을 참고하고 이치를 헤아려서 참으로 의심할 만한 점이 있고 정상을 참작해 줄 만한 사람에 대해서는, 사망의 실제 원인이 명백하다는 이유만으로 대번에 목숨으로 보상하게 할 것을 논의할 필요는 없다.

이번 성성일의 사건은 근본 원인을 따져 보면, 사안이 간음과 관계되고 행적이 분명하지 않아서 내가 꼬치꼬치 말하여 풍속의 교화를 손상

---

38 맹춘의 어머니: 《심리록》에서는 맹춘의 어머니 이름을 일단日丹이라고 하였다. 맹춘과 일단은 성태욱成泰郁의 여종이다.

하고 싶지는 않다. 그뿐만 아니라 사람의 일반적인 심정으로 미루어 보면, 이른바 성태욱成泰郁이라는 사람은 양반이라는 명분이 있는 데다가【우리나라의 말에 귀한 집안[貴族]을 양반兩班이라고 한다. '양반이라는 명분[班名]'은 귀한 집안이라는 명분을 말한다.】선천적으로 부여받은 본성도 갖추고 있는데, 어찌 차마 이처럼 아버지와 아들이 한 여자와 간음하는 행실을 하겠는가!

설사 정말로 그러한 짓을 저질렀다고 하더라도, 간음의 상대인 맹춘의 어머니로서는 본래 다른 사람이 알게 될까 두려워하여 굳게 숨기기에도 겨를이 없어야 했다. 그런데 도리어 마을 모임에서 자기 입으로 전파하고 더욱이 이장里長에게 수본手本(사실관계를 보고하는 서류)을 바치기까지 하였으니, 별다른 사정이 있지 않고서야 어찌 이럴 수가 있겠는가!

대체로 성태욱은 고향에서 타향으로 옮겨 와서 사는 사람으로서 재산이 넉넉하다는 소문이 있었고 부자와 형제도 번성하다고 알려졌다. 그러나 사방의 이웃들과는 화목하게 지내지를 못하여 시기와 증오가 이 한 사람에게 모두 몰려들었다. 이에 성치문成致文, 박홍술朴弘述, 김세정金世貞 등이 은밀히 유언비어를 퍼뜨려 개인적으로 품고 있던 유감을 풀려고 하였다. 그리하여 캄캄한 밤중에 일어나는 밝히기 어려운 일을 가지고서 터무니없이 날조한 말을 지어낸 뒤에 미련한 어머니를 종용하고【맹춘의 어머니를 가리킨다.】어리석은 딸을 사주하여,【맹춘을 가리킨다.】집을 허물고 마을에서 내쫓겠다는 말로 협박하기도 하고 양인良人으로 만들어 주고 전답도 얻게 해 주겠다는 말로 꾀어서 못 하는 짓이 없었다.

그러자 미련한 어머니와 어리석은 딸이 평소에 노비의 신분에서 벗어나 보려는 생각을 품고 있던 데다가 전답을 느닷없이 차지할 수도 있겠다는 욕심마저 생겨나자, 자기 입으로 전파하는 것으로도 부족하여 수본을 바치기까지 하였고 수본을 바치는 것으로도 부족하여 다짐侤音을 바치기까지 하는 등【다짐이란 자기의 죄를 인정한다는 글을 가리킨다.】기어이 남의 집안을 박살 내고 인간의 윤리를 어지럽혀서 그 마을에서 살 수 없게 하고야 말려고 하였다.

　이러한 상황이 되어서는 아무리 몰지각하고 몰염치한 사람이라고 하더라도 입을 꽉 다물고서 팔짱만 긴 채 태연하고 끄떡할 줄도 모를 수 있겠는가! 관아에 신고하여 사실을 밝히는 일은 깊이 생각할 겨를도 없이 홧김에 구타하는 것은 이상한 일도 아니다. 더구나 구타하여 생긴 상처는 즉시 죽을 수 있는 부위가 아니고 목격한 증인들도 모두 성태욱에게 유감을 품고 있던 사람들이니, 이것은 의심할 만하고 정상을 참작할 만한 일이 아니겠는가!

　아버지와 아들 네 사람이 일시에 힘을 합쳐서 구타하여 누가 먼저 범행을 저지르기 시작했는지와 누가 덩달아서 범행을 저질렀는지를 모른다. 그런데도 이제 의문스러운 행적을 억지로 지목하여 '이 사람이 주범이다.'라고 판결하려고 한다면, 살인 사건을 처리하는 격식과 너무도 어긋난다. 그뿐만 아니라 맹춘더러 성태욱의 범죄를 증명하게 함은 노비더러 주인의 범죄를 증명하게 하는 것이고, 성성일더러 성태욱의 범죄를 증명하게 함은 아들더러 아버지의 범죄를 증명하게 하는 것이다. 이것들은 모두 후일의 폐단과도 크게 관계가 된다. 검안한 관원과 조사한 관원 등을 모두 무거운 쪽으로 추고하라.

　형제와 부자가 애당초 힘을 합쳐서 범행을 저질렀으니, 아들로서는 자신이 죽겠다고 나서서 스스로 주범이라고 하여 살인 사건이 결말지어지지 않게 되기를 바라야 한다. 이것은 본래 하늘의 이치와 인간의 심정으로 볼 때 당연한 일이다. 그런데도 부질없는 말로 진술을 바치고 그럭저럭 범행을 거들거나 한 사람으로 자처하였으니, 또한 어리석다고 하겠다. 어찌하여 영남의 소박하고 후한 풍속에서 이처럼 인륜에 어긋난 사건이 일어났단 말인가! 성태욱은 사형을 감하여 정배하라. 그의 아들 성성일 등은 모두 한 차례 엄중히 형장을 치고 풀어 주라. 여종 맹춘은 본래 부담하던 부역을 그대로 진 채 육지와 멀리 떨어진 섬으로 보내 여종으로 삼으라."

○ 주상의 판결에 대한 다산의 의견은 다음과 같다.

"시골의 부유한 백성은 으레 인심을 잃게 되고 인심을 잃으면 으레 간음한 것으로 모함하여, 기어이 그의 집을 파산시키고 그 사람을 죽인 뒤 전답과 재산을 흩어지게 해서 그 여파로 생기는 이득을 누리려고 하니, 이것은 의례적인 습관이고 고질적인 습속입니다.【지금 전주全州에서도 이러한 사건이 있었다.】

통찰력이 뛰어난 전하께서 성태욱의 호소할 길 없는 원통한 사정을 살펴서 명백하게 밝혀 주셨으니, 아! 성대합니다. 다만 성치문, 박홍술, 김세정 등은 애당초 이러한 사건을 구상하고 모의하기 시작한 사람들이니, 간악한 정상이 탄로 난 이상 법률상 반좌율反坐律을 적용해야 합니다. 그런데도 주상의 판결문에서 거론하지 않은 것은 아마도 베껴 쓴 사람이 삭제하였기 때문인 듯합니다.

그리고 성성일 등으로 말하면, 아버지와 아들이 한 여자와 간음한다는 모함을 자기 아버지가 당하였으니, 아들의 처지에서는 마치 매가 새를 쫓는 듯한 기세로 떨치고 일어나서 이러한 사건을 구상한 사람이거나 사주를 받은 사람이거나 간에 모두 한주먹에 때려죽이는 것이 당연합니다. 그러니 어찌 죄가 있다고 할 수 있겠습니까! 이 사건은 정대원鄭大元의 사건[39]과 같이 실어야 하기 때문에 신이 일부러 여기에 편찬하여 기록했습니다."

---

[39] 정대원鄭大元의 사건: 평산平山에 사는 김광로金光魯가 정대원 어머니의 과거 허물을 폭로하자, 정대원이 화가 나서 김광로를 구타하고 걷어차서 이튿날 죽게 한 사건이다. 〈상형추의〉 11 '인정과 도리로 보아 용서하다(5)'에 나온다.

5. 인정과 도리로 보아 용서하다(5)

【어머니의 행실이 음란하였다고 말하자, 아들이 치욕을 갚았다. 사건의 근본 원인은 간음하였기 때문이며, 사망의 실제 원인은 걷어차였기 때문이다.】

○ 평산平山의 백성 정대원이 김광로金光魯를 죽였다.

○ 조사한 관원의 보고서는 다음과 같다.

"정대원이 김광로를 걷어차서 죽이고 자기 죄를 자수하였으니, 목숨으로 보상하는 벌을 적용해야 한다는 당위성에 대해서는 더 이상 이견이 없습니다. 그러나 그의 정황을 참작해 보면 이번 사건은 어머니를 위하는 마음에서 나온 것이었고, 그의 말을 들어 보아도 모두 사실대로 진술한 것입니다.

정대원은 10세에 아버지를 여의고 20년 동안 어머니를 모시고서 기댈 곳 없이 외롭고도 고생스럽게 서로 의지하면서 목숨을 부지하였습니다. 그러다가 어머니를 장사 지내고 나서 슬픔의 눈물이 마르기도 전에 어머니가 생전에 간음을 했었다는 추악한 모욕을 갑자기 들었으니, 어찌 차마 얼굴을 대할 수 있겠습니까! 김광로가 온갖 말로 추악한 소문을 뱉어 댔으니, 목숨을 아랑곳하지 않고 주먹으로 구타하고 발로 걷어차는 것은 자식의 일반적인 마음에서 나온 당연한 행위입니다. 가령 정대원이 그처럼 느닷없는 봉변을 당했는데도 웃으면서 말을 하였다면 몹시 불효한 것이니, 이러한 사람은 죽여도 된다고 말할 수 있습니다.

분노의 기세가 조금 가라앉고 본래의 마음이 곧바로 생겨나자, 평소 김광로와의 친분을 소급해서 생각해 보고 자기의 죄를 스스로 알고서는 숨기는 것 없이 사실대로 정직하게 대답하였으니, 정황은 가련하고 말투는 성실하여 사람을 충분히 감동시킬 만하였습니다. 그의 행적을 짚어 보고 마음을 따져 보면 거의 효성에서 나온 행위이자 효성 때문에 잘못을 저지른 것이니, 《논어論語》〈이인里仁〉에서 말한 '잘못한 것을 보면 그 사람의 인仁을 알 수 있다.'라고 하겠습니다.

삼가 《속대전》〈형전·살옥〉을 살펴보니 이르기를 '아버지가 남에게 구타를 당하여 심한 상처를 입자 그 아들이 가해자를 구타하여 죽게 한 경우에는 사형을 감하여 정배定配한다.' 하였으니, 효도로 다스리는 정치는 이렇게 해야 지극하다고 하겠습니다. 이번 사건에서 추악한 말로 어머니를 모욕한 짓은 아버지가 남에게 구타를 당하여 심한 상처를 입은 것과는 다르므로 《속대전》의 조문을 인용해서 규례로 삼을 수는 없습니다.

그러나 이전의 역사에서 찾아보면, 중국 북위北魏의 태무제太武帝가 고윤高允의 일을 칭찬하기를 '죽을 수 있는 상황이 닥쳐도 말을 바꾸지 않은 것은 신의[信]이고, 신하가 되어 임금을 속이지 않은 것은 곧음[貞]이다.' 하고서는 특별히 그의 죽을죄를 용서해 주었는데,[40] 주자朱子가 이 고사를 채취하여 《소학小學》〈선행善行·실명륜實明倫〉에 수록하였습니다. 고윤이 국가의 체면을 손상하는 내용까지도 드러내어 밝힌 것은 용서할 수 없는 죄이지만, 그의 곧음과 신의로 특별히 죽을죄를 용서받은 것입니다.

바닷가의 사납고 거친 지역에서는 도덕이라고는 찾아볼 수가 없고 속임수만 판을 치니, 무너진 풍속을 돌이켜서 바로 세우는 방도로 볼 때 이러한 사람을 특별히 용서해 주고 도리어 표창하는 것이 합당할 듯하기도 합니다. 그렇기는 하지만 범죄는 목숨으로 보상해야 할 죄에 해당하

---

40 중국……주었는데: 중국 북위의 태무제가 재위하고 있을 때 태자太子의 스승인 고윤高允이 최호崔浩와 함께 사서史書를 편찬하면서 국가의 체면을 손상하는 내용까지도 숨김없이 사실대로 기록하였다가 황제의 심문을 받게 되었다. 태자가 고윤을 살리기 위해서 변호하고 최호에게 책임을 떠넘기려고 하였으나, 고윤이 사실대로 말을 하였고 황제가 재차 물었을 때도 입장을 바꾸지 않자, 황제가 위에서 인용한 말을 하고 고윤을 살려 주었다.

고 법률에는 정상을 참작해 준다는 조문이 없습니다. 삼가 바라건대 조사한 문서를 속히 올리고 실제 정황을 자세히 진술하게 하여 예사롭지 않은 처분을 내려 주소서."

○ 주상의 판결은 다음과 같다.

"애당초 김광로가 정대원을 꾸짖고 모욕할 때에 간음을 행하였다는 죄목을 이미 죽은 정대원의 어머니에게 억지로 뒤집어씌웠다. 그런 상황에서 자식의 처지로는 당연히 차마 듣지 못하고 이 세상에서 함께 살 수 없다는 마음을 가지고서 강한 분노를 표출하고 대번에 해치워야 할 것이다. 이런 경우에는 법률로 보면 본래 용서해 주기가 어렵지만 정황으로 보면 반드시 용서해 주어야 한다. 이것이야말로 정상을 참작하여 처리하고 법률대로 적용하기를 보류해야 하는 점이다.

김광로가 죽게 되자 그가 김광로의 집으로 찾아가서 구타하여 죽인 전말을 자세히 말하였고, 또 1차 검안을 할 때, 합동 조사를 할 때, 2차 심리할 때에도 그가 진술하면서 조금도 숨김이 없었고 한번 목숨을 버려서 죽고야 말려는 생각을 가지고 있었을 뿐이니, 이것은 참으로 가련한 점이다. 더구나 《속대전》〈형전·살옥〉에 '아버지가 남에게 구타를 당하여 심한 상처를 입자 그 아들이 가해자를 구타하여 죽게 한 경우에는 사형을 감하여 정배한다.' 하였으니, 살아 있을 때 구타를 당하였거나 죽은 뒤에 모욕을 당하였거나 간에 자식으로서 분통하게 여기고 보복하려는 마음으로는 어찌 차이가 있겠는가! 이러나저러나 정대원을 살려 주는 것은 실제로 풍속의 교화에 도움이 되는 면이 있다. 정대원을 한 차례 엄중히 형장을 치고 도형으로 정배하라."

○ 주상의 판결에 대한 다산의 의견은 다음과 같다.

"간음하였다는 모함을 받는 것이 구타를 당한 것보다도 심하니, 왜 그렇겠습니까? 가령 여기에 있는 한 부인에게 묻기를 '너는 차라리 남에게 구타를 당하겠느냐, 아니면 간음하였다는 모함을 받겠느냐?'라고 한다면, 그 부인이 반드시 구타당하는 것은 감수하더라도 간음하였다고 모함을 받는 데 대해서는 죽을 때까지 목숨을 걸고 싸울 것입니다. 구타당하여 상처를 입는 부모를 보호하는 것은 그 사안이 아주 사소하지만, 원통하게 모함을 받는 부모를 위해 복수하는 것은 그 명분이 매우 중대합니다. 정대원의 사건은 이런 시점에서 판결을 내릴 수가 있습니다."

6. 인정과 도리로 보아 용서하다(6)

【아내가 음란한 행실을 하자, 남편이 간음한 사내를 죽였다. 사건의 근본 원인은 간음하였기 때문이며, 사망의 실제 원인은 구타를 당하였기 때문이다.】

○ 정주定州의 백성 문중진文中辰이 노명철盧明哲을 죽였다.
○ 검안보고서의 내용은 빠졌다.
○ 주상의 판결은 다음과 같다.
"한 사람이 사망한 사건에 세 사람이 주범으로 지목되었으니, 사건의 내막에 의문점이 있다는 것은 더 이상 거론할 필요가 없다. 그러나 대체로 노명철이 남의 아내와 간음하고서 도리어 데리고 살 속셈으로 약을 먹었다는 핑계를 대고서는 사건을 일으키고 거리낌 없이 이불을 가져다가 여자를 껴안고서 누우려고까지 하였으니, 해괴하고도 망측한 짓을 한 곳은 간음한 현장이나 다름이 없다.

문중진이 아무리 나약하고 못났다고 하더라도 어찌 한마디 말도 못하고 이를 기꺼이 받아들일 리가 있겠는가! 문중진은 나약하지만 그래도 남자이고, 그의 아내는 억세지만 그래도 여자이다. 아내를 빼앗긴 화풀이를 하는 남자로서는 한 번을 때리더라도 반드시 모질게 때렸을 것이고, 간통한 죄가 있는 여자로서는 두어 차례 때리더라도 반드시 살살 때렸을 것이다. 이러한 사리는 분별하기가 어렵지 않다. 그런데 갑자기 주범을 남편 대신 아내로 바꾼 것은 도대체 무슨 까닭인가?

전前 도신道臣 이성원李性源이 이에 대해 의문을 제기하여 조사를 행할 때에 '감히 남편을 대신하여 주범을 떠맡는다는 명분을 핑계로 정절을 잃은 허물을 덮으려고 하였다.'라는 내용으로 문장을 만들어 관문關文을 보내 문중진을 다시 가두도록 한 것은 동방녀東方女의 간악한 정상과 사특한 행태를 간파한 것으로 사건을 심리하는 격식을 깊이 파악한 조치라고 할 수 있다. 작년에 다시 조사할 때에는 정주목定州牧에서 가볍게 처벌해야 한다는 보고가 있었고, 올해 심리할 때에는 형조에서 살려 주어야 한다는 의견이 있었으니, 이러한 의견들도 일리가 있다.

그러나 유독 목숨을 잃게 한 상처에 대해서만, 어떤 사람은 '많은 사람이 빽빽이 모여 분노하였습니다.'라고 하였으나 목숨을 잃게 한 상처를 확실히 지목할 수가 없었고, 어떤 사람은 '세 사람이 함께 구타하였습니다.'라고 하였으나 누가 세게 구타하고 누가 약하게 구타하였는지를 분별할 수가 없었다. 만약 이와 같다고 한다면 노명철은 누구의 손에 죽었단 말인가? 동방영東方永은 이미 진술을 바꾸었으나, 문중진은 처음부터 끝까지 스스로 주범을 떠맡았다.

그뿐만 아니라 시간이 오래 지나면 온갖 농간이 다 발생하기 마련이다. 죄인에게 채우는 형구刑具는 본래 불필요한 비용을 지출하니 온 동네 사람들이 연명으로 호소한 것은 신뢰할 만하지만, 한글로 작성된 서찰이 이장里長과 관계가 없다면 3년 동안 주머니에 넣어 둔 것은 의심할 만하다. 그런데 이제 신뢰할 만한 것은 의심하고 의심할 만한 것은 신뢰하여 하루아침에 사건을 번복하여 주범을 바꾸어 정하였으니, 이러한 조치가 온당한지를 전혀 모르겠다. 그렇다면 문중진은 주범이고, 동방녀와 동방영은 종범이다.

주범이 결정되었으면 문중진은 죽어야 한다. 간통한 현장에서 간통한 사람을 죽이면 목숨으로 보상하지 않으나, 간통한 사내만 죽인 경우에는 원래 용서해 주는 법이 없으니 문중진은 참으로 죽어야 한다. 그러나 문중진을 어찌 죽일 수 있겠는가! 문중진은 본남편이고, 노명철은 간통한 사내이다. 간통한 사내가 본남편을 찾아와서 협박하고 적반하장으로 발악하며 온갖 추태를 부린다면, 소오노蘇五奴[41]처럼 몰지각한 사람이 아닌 이상 어느 누가 구타하지 않겠는가! 한 차례만 손찌검을 하였으나 그 기세는 반드시 모질었을 터이니, 8일 만에 목숨을 잃은 것도 매우 늦게 죽은 셈이다. 그러니 죽이려는 마음을 가지고서 죽일 수 있는 일을 행하여 그 자리에서 죽게 한 경우와 비교하면 이 사건은 너무도 차이가 있다.

그런데 지금 '간통한 사내만 죽인 경우에는 용서해 주지 않는다.'라는 조문 때문에 그 조문에 따라 목숨으로 보상하게 한다면, 이제부터 힘없고 나약한 백성은 자기 아내를 잃는 경우가 이루 다 말할 수 없이 많을 것이다. 살인 사건을 처리하는 격식에 따라 주범을 정한 것과 사리에 따라 가볍게 처벌하는 법을 적용하는 것은 모두 근거가 있다. 문중진은 한 차례 엄중히 형장을 치고 풀어 주라.

동방영은 특별히 풀어 주라. 동방녀로 말하면, 애당초 사건의 실마리가 모두 그녀 때문에 발생하였다. 그녀가 남편과 오라버니를 위해서 했

---

41 소오노蘇五奴: 정약용과도 교류가 있던 이학규李學逵의 문집 《낙하생집洛下生集》에 나오는 가상의 인물이다.

던 일도 용두사미가 되고 말았으니, 용서해 줄 만한 점은 적고 증오할 만
한 점은 많다. 엄중히 형장을 치고 정배하라."

○《대명률》〈형률·인명〉'간통한 사내를 죽인 경우[殺死姦夫]'에 다음
과 같이 말하였다.

"아내나 첩이 다른 사람과 간통하였는데, 간통한 현장에서 간통한 사
내와 간통한 아내를 직접 붙잡아 즉시 죽인 경우에는 죄를 묻지 않는다.
만약 간통한 사내만 죽인 경우에는 간통한 아내는 법률에 따라 죄를 물
어 처벌하고서 남편의 의사에 따라 남에게 대가를 받고 팔 수 있다."

○ 주상의 판결에 대한 다산의 견해: 간통한 사내만 죽인 경우에는 목
숨으로 보상한다는 명확한 조문이 없습니다.《대명률》과 우리나라의 법
전에 모두 이러한 말이 없으나 예로부터 서로 전하기를 '간통한 사내만
죽인 경우에는 살인 사건을 성립시켜 목숨으로 보상하게 한다.' 하였고,
어떤 사람은 말하기를《대명률》의 조문에 대한 해석상의 차이가 있다
보니 이와 같이 서로 전해지게 되었다.' 하였습니다.
《대명률》에서 말한 간통한 아내는 본래 간통한 사내와 동일한 죄로 처
벌받아야 하는데, 이제 간통한 사내만 혼자 죽고 간통한 아내는 아무 탈
이 없이 놓아두는 것은 법률의 원리와 어긋납니다. 그래서 그의 간음한
죄를 처벌하여 남편의 의사에 따라 남에게 대가를 받고 팔 수 있게 해
주었을 뿐이지 '간통한 사내만 죽인 경우에는 살인 사건을 성립시켜 목
숨으로 보상하게 한다.'라는 의미는 아닙니다.
게다가《속대전》〈형전·살옥〉을 살펴보면 '어머니가 다른 사람과 몰
래 간통하였는데, 그의 아들이 간통한 현장에서 간통한 사내를 찔러 죽
인 경우에는 참작하여 정배한다.' 하였고, 또《대전통편》〈형전·살옥〉에

서는 '아직 시집을 가지 않은 딸이 다른 사람에게 겁탈을 당하였는데, 그의 부모가 가해자를 간통한 현장에서 구타하여 죽인 경우에는 「사형해야 하지만 신고하지 않고 멋대로 죽인 경우에 적용하는 형률」에 따라 100대의 장을 친다.' 하였습니다.

세 가지 법전에 나온 조문들은 모두 간통한 사내만 죽인 경우에 적용하는 경우인데, 유독 아내와 간통한 사내를 죽인 경우에만 살인 사건을 성립시켜 목숨으로 보상하게 한다는 것은 타당하지 않은 듯합니다. 하나는 어머니가 간음한 경우이니 의논할 수가 없고, 하나는 겁탈한 경우이니 겁탈을 당한 딸에게는 죄가 없습니다. 윤리와 사정은 각각 다르더라도 간통한 현장에서 직접 눈으로 보고 즉시 찔러 죽인 경우에는 정황으로 보아도 용서해 줄 만하고 이치로 보아도 억울한 마음을 풀어 주어야 합니다. 하물며 《대명률》과 우리나라의 법전에 모두 명확한 조문이 없으니 더 말할 것이 있겠습니까!

○ 해남海南 정복남鄭卜男의 살인 사건에 대한 주상의 판결문 말미에 다음과 같이 하교하였다.[42]

"선왕 무인년(1758, 영조 34)에 하교하기를 '남녀가 한방에서 같이 밥을 먹었다면 간통한 현장과 무엇이 다르겠는가!' 하였고, 또 계사년(1773, 영조 49)에 하교하기를 '간통한 현장과 다름이 없는 곳에서 살인한 경우에는 완전히 결정하지 말고 장계로 보고한 뒤에 거행하라.' 하고 이어서 '서울과 지방에서 전지傳旨를 받들어서 준행하라.'라고 명하였으니, 이것은 모

---

42 해남海南……하교하였다: 《승정원일기》와 《일성록》 모두 1784년(정조 8) 3월 19일 기사에 수록되어 있다. 정복남鄭卜男의 살인 사건은 정복남이 소를 끌고 지나가던 중에 박군이朴軍伊가 소의 발굽에 차였다고 소란을 일으키자, 정복남이 박군이를 구타하고 발로 차서 그 자리에서 죽게 한 사건이다.

두 선왕의 수교受敎이다. 그러나 여러 도의 살인 사건 중 이러한 종류의 사건을 애당초 장계로 보고한 뒤 나에게 물어서 처리한 일이 없었다. 형조에서 여러 도에 별도의 관문關文을 보내 통지하여, '이와 같은 종류의 사건들은 완전히 결정하였거나 완전히 결정하지 않았거나 간에, 모두 대략적인 내용을 거론하고 이치를 따져 의견을 서술하고 원래의 문서 내용을 기록하여 장계로 보고하라.'라고 분부하라."

○ 주상의 판결에 대한 다산의 견해: 영조의 하교는 《수교집록受敎輯錄》에 당연히 실려 있어야 합니다. 하물며 선왕이신 정조께서 이와 같이 드러내어 밝히셨으니, 더 말할 것이 있겠습니까! 간통한 사람을 살해한 사건을 맡게 되면 이 판결문을 성인聖人의 경전처럼 인용하고 법전처럼 근거로 삼아야 합니다.

7. 인정과 도리로 보아 용서하다(7)

【형수가 음란한 행실을 하자, 시동생이 간통한 사내를 죽였다. 사건의 근본 원인은 간음하였기 때문이며, 사망의 실제 원인은 구타를 당하였기 때문이다.】

○ 금천金川의 백성 이이춘李二春이 김명철金命喆을 죽였다.
○ 황해도에서 다음과 같이 아뢰었다.
"이 살인 사건이 시작된 계기로 말하면, 하나는 슬픔과 분노가 격렬해졌기 때문이고 또 하나는 일이 벌어지고 나서 생길 일을 따져 보지 않았기 때문이었습니다. 유족이 진술하기를 '박춘복朴春福이 이인식李仁植 등에게 호령하기를 「네가 다리를 부러뜨려 죽일 수가 있는데도 너의 형수와 몰래 간음한 사람을 이와 같이 살살 때렸으니, 이가李哥의 집은 망할 것이다.」라고 하였습니다.' 하며 속에서 나오는 말을 입에서 나오는 대로 내뱉었습니다. 양쪽이 진술한 내용은 이를 크게 벗어나지 않았습니다. 이를 통해서 전후로 받은 지휘는 모두 박춘복에게서 나왔으며, 처음부터 끝까지 범행을 저지른 사람은 오로지 이이춘뿐임을 알 수 있습니다.

그렇지 않다면 살인 사건은 목숨으로 보상하는 데다가 그 사건에 대한 판결 결과가 아직 나오지도 않았는데, 아무리 어리석은 사람이라도 어찌 만일의 요행을 바라고 앞장서서 혼자 떠맡을 수가 있겠습니까! 이이춘은 아전이고 이인식은 다소 약아빠진 사람이다 보니, 사형수는 사형으로 확정하는 문서를 먼저 작성하고 난 뒤에 법에 따라 처형한다는 사실을 깨달았습니다. 그러고서는 사건이 오래된 틈을 타서 농간을 부려 죽을 상황에서 살아 볼 꾀를 낸 뒤 서로 지시하고 부탁하여 앞서 진술했던 내용을 갑자기 바꾸어 버리고 한입에서 나온 것처럼 똑같은 말로 진술을 바쳤습니다. 그러나 이이춘이 진술을 바꾸자 하나하나 궁색해졌습니다.

그뿐만 아니라 두 여자의 처지에서 보더라도 하나는 죽은 사람의 아내로서 당사자이고 또 하나는 스스로 목격한 사람이었으니, 주범을 고소하는 것은 매우 긴급한 일이었는데도 반드시 세 차례 심문할 때와 장례를 치르고 난 뒤까지 기다린 것은 도대체 무슨 의도였습니까! 이것은 현명한 사람을 기다리지 않고도 알 수가 있는 일입니다. 따라서 이이춘이 이 사건의 주범이라는 사실은 의심할 것 없이 확실합니다.

다만 《대명률》〈형률·인명〉 '간통한 사내를 죽인 경우[殺死姦夫]'를 살펴보면 '간통한 현장에서 간통한 사내와 간통한 아내를 직접 붙잡아 즉시 죽인 경우에는 죄를 묻지 않는다.' 하였는데, 이는 본남편이 죽인 경우를 가리켜서 말한 것입니다. 본남편이 죽인 경우에는 '죄를 묻지 않는다.'라고 하였으면, 남편은 없고 남편의 아우가 즉시 붙잡아 죽인 경우에도 정상을 논의할 수 있어야겠습니다. 그러나 이것은 법률에 없는 일이므로 특별히 형조에서 주상께 여쭈어 처리하게 해 주소서."

○ 다산의 의견은 다음과 같다.

"살인은 중대한 일이기 때문에 간통한 사람을 죽인 사람에 대한 법률은 본남편이 죽인 경우가 아니면 허용하지 않았고, 간통한 현장에서 죽인 경우가 아니면 허용하지 않았다. 이것은 대상을 마구 확대하여 경솔하게 허용할 수 있는 일이 아니다. 어머니와 간통한 사내를 그의 아들이 죽일 수 있도록 허용한 것과 시집가지 않은 딸을 겁탈한 사내를 그의 아버지가 죽일 수 있도록 허용한 것은 우리나라 법전의 규정이다. 그러나 허용할 수 있는 대상을 점차 확대하여 형수와 간통한 사내까지도 죽일 수 있도록 허용한다면 너무 지나치지 않겠는가! 하물며 간통한 현장에서 죽인 것도 아니니 더 말할 것이 있겠는가! 이것은 인용해서는 안 되는데 인용한 것이다."

8. 인정과 도리로 보아 용서하다(8)

【시집가지 않은 여자가 간음하였다는 모함을 받자, 간음하였다고 소문낸 노파를 직접 죽였다. 사건의 근본 원인은 간음하였다고 소문냈기 때문이며, 사망의 실제 원인은 찔렸기 때문이다.】

○ 강진康津의 김은애金銀愛가 안 조이安召史를 죽였다.
○ 검안보고서의 내용은 빠졌다.
○ 이덕무李德懋가 지은 〈은애전銀愛傳〉[43]에 다음과 같이 말하였다.

---

43 이덕무李德懋가 지은 은애전銀愛傳: 이덕무의 문집인 《청장관전서靑莊館全書》에 수록되어 있다.

"김은애는 성이 김씨金氏로, 강진현 탑동리塔洞里 양민良民의 집 딸이다. 이 마을에 안씨安氏 성을 가진 노파가 있었는데, 옛날에는 창기娼妓였다. 사람이 간사하고 허황하였으며 말이 많았다. 온몸에 옴이 퍼져 있어서 가려움을 견딜 수가 없었으며, 심술이 나면 더욱 말을 조심하지 않았다. 예전에 김은애의 어머니에게 쌀·콩·소금·메주를 꾸어다 쓰고는 하였는데, 김은애의 어머니가 꾸어 주지 않은 적이 있었다. 그러자 노파가 대번에 성을 내며 욕을 하고 앙갚음하려고 생각하였다.

이 마을에 사는 소년 최정련崔正連은 그 노파의 남편 누이동생의 손자이다. 나이가 열너덧 살로, 어리면서도 외모가 수려하였다. 노파가 남녀의 혼인에 대한 일로 최정련을 떠보고 나서 말하기를 '김은애와 같은 여자를 아내로 맞는다면 어떻겠는가?' 하니, 최정련이 웃으며 말하기를 '김은애 낭자는 아름다우니 어찌 매우 다행이 아니겠습니까!' 하였다. 노파가 말하기를 '네가 김은애와 이미 사사로이 간통을 하였다는 말을 앞장서서 떠들기만 하면, 내가 너를 위해 혼인이 성사되도록 하겠다.' 하니, 최정련이 대답하기를 '알겠습니다.' 하였다. 노파가 말하기를 '내가 옴을 앓고 있는데, 의원醫員의 말로는 이 가려움증을 치료하는 약값이 가장 비싸다고 한다. 혼사가 성공하면 네가 나를 위해 약값을 대 주겠느냐?' 하니, 최정련이 대답하기를 '말씀하신 대로 하겠습니다.' 하였다.

어느 날 노파의 남편이 외출했다가 집에 들어오자, 노파가 말하기를 '김은애가 최정련을 탐내어 나더러 중매를 서 달라고 부탁하여 우리 집에서 만나기로 약속하였습니다. 그런데 최정련의 할머니에게 발각이 되어 김은애가 담장을 넘어서 달아났습니다.' 하니, 남편이 심하게 꾸짖으며 말하기를 '최정련의 집안은 대대로 한미寒微하나, 김은애는 양민 집의 처녀이다. 입조심하고 말도 꺼내지 말라.' 하였다.

그러자 온 고을에 떠들썩하게 소문이 퍼져서 김은애가 거의 시집을 갈

수 없게 되었다. 오직 마을 사람 김양준金養俊만 김은애가 깨끗하다는 것을 깊이 알고 마침내 맞아들여 아내로 삼았는데, 모함하는 말은 더욱 퍼져서 차마 들을 수가 없었다.【최정련은 강진의 아전 최종렬崔宗烈의 아들이고, 김양준도 고을의 아전이었다.】

기유년(1789, 정조 13) 윤5월 25일에 안씨 노파가 큰소리로 외치기를 '애당초 최정련과 약속하기를 중매가 이루어지면 나에 대한 보답으로 약값을 대 주기로 하였다. 그런데 김은애가 갑자기 배반하고 다른 사내에게 시집을 가니, 최정련이 약속대로 지키지 않았다. 내 병이 이때부터 심해졌으니, 김은애는 참으로 나의 원수이다.' 하였다. 마을 안의 늙은이나 젊은이나 모두 서로 돌아보며 크게 놀라서 눈을 끔벅이고 손을 내저으며 감히 말을 꺼내지 못하였다.

김은애가 본래 굳세고 모진 면이 있었다. 노파로부터 모함하는 모욕을 당한 지 2년이나 되었는데, 이날에 이르러서는 더욱 부끄럽고 한스러워서 사실상 견딜 수가 없었다. 기어이 안씨 노파를 직접 갈기갈기 찢어 죽여 이 원통한 마음을 한번 풀어 보려고 하였으나, 그럴 수가 없었다. 다음 날 집안사람들이 없는 틈을 타서 안씨 노파가 혼자 자는 것을 엿보고서는 저녁 8시쯤 전후하여 부엌칼을 손에 쥐고, 소매를 걷고 치마는 걷어서 허리춤에 꽂은 뒤에 쏜살같이 걸어서 곧장 안씨 노파의 침실로 들어갔다. 방안에는 희미하게 등잔불 하나가 켜져 있고 노파가 혼자 앉아 있었는데, 잠자리에 들려고 상체는 드러낸 채 치마만 입고 있었다.

김은애가 부엌칼을 비껴들고 앞으로 다가가 눈썹과 눈을 모두 치켜세우고서 나무라기를 '어제 모함한 것은 평소보다 심하였다. 내가 너에게 시원하게 복수하려고 한다. 너는 이 칼 맛을 보아라.' 하였다. 안씨 노파가 속으로 '저가 본래 연약하니 어쩌지도 못할 것이다.'라고 생각하고서는 응대하기를 '찌를 테면 찔러 보아라.' 하니, 김은애가 대번에 큰소리로 대답하기를 '여부가 있겠는가!' 하였다. 그런 뒤 몸을 한쪽으로 기울이고 서는 순식간에 노파의 목구멍 왼쪽을 찔렀다. 노파가 그래도 살아 있어서 칼을 쥐고 있는 김은애의 팔을 급히 잡았다. 김은애가 재빨리 팔을 빼내어 또 목구멍 오른쪽을 찔렀다. 그러자 노파가 오른쪽으로 쓰러졌다. 김은애가 마침내 그 옆에 웅크리고 앉아서 왼쪽 결분골缺盆骨(쇄골 부위)을 찌르고, 또 어깨뼈·겨드랑이·위팔·목·젖을 찔렀는데, 모두 왼쪽이었다. 마지막에 가서야 오른쪽 등을 찔렀다. 두세 차례씩 찌르기도 하면서 재빠르고 날쌔게 찔렀으며, 한 차례 찌를 때마다 욕을 하면서 모두 열여덟 차례 찔렀다.

김은애가 칼에 묻은 피를 닦아 낼 겨를도 없이 마루를 내려와 대문을 나와서, 급히 최정련의 집을 향해 가면서 오로지 남아 있는 분통한 마음을 씻으려는 생각뿐이었다. 길에서 어머니를 만났는데, 어머니가 울며 만류하여 데리고 돌아갔다. 김은애의 당시 나이가 18살이었다.

이장里長이 관아에 달려가 고발하니, 강진 현감 박재순朴載淳이 채비를 잘 갖추고, 안씨 노파의 시체를 펴 놓고서 찔려서 죽은 상황을 검안하였다. 그리고 김은애에게 추궁하기를 '노파를 찌른 이유가 무엇이냐? 그리고 노파는 건장한 여자이고 너는 연약한 여자인데 이제 흉악하고 사납게 찔렀으니, 이것은 너 혼자 저지를 일이 아니다. 숨김없이 정직하게 고하라.' 하였다.

당시에 역졸役卒들은 흉악한 얼굴로 나란히 늘어서 있고 형구刑具는 땅에 가득 널려 있었으므로, 사건과 관련된 사람들은 위축되어 낯빛이 창백하였다. 김은애가 목에는 칼을 차고 손에는 수갑을 차고 다리는 쇠사슬로 묶여서 옴짝달싹 못 하게 꽁꽁 묶였으며, 몸이 약하여 축 늘어져서 거의 지탱할 수가 없었다. 그러나 두려워하는 얼굴도 없고 슬픈 말도 없이 의젓하게 대답하기를 '아! 수령은 저의 부모이시니, 죄수의 말을 한번 들어 주십시오. 처녀가 간음하였다는 모함을 받으면 몸을 더럽히지 않았더라도 더럽힌 꼴이 됩니다. 안씨 노파는 본래 창기로서 감히 처녀가 간음하였다고 모함하였으니, 어느 시대 어느 세상에서 어찌 이런 일이 있겠습니까! 죄수가 노파를 찌른 것은 어쩔 수가 없었기 때문입니다. 죄수가 아무리 어리석기는 하지만, 내가 사람을 죽이면 관아에서 나를 죽인다는 것은 전부터 들었습니다. 따라서 제가 어제 노파를 죽였으므로 오늘 처형당해야 한다는 것은 본래 알고 있습니다. 그렇기는 하지만 죄수가 노파는 찔러 죽였으나, 남을 모함한 형률은 관아에서 시행한 일이 없습니다. 관아에서 최정련을 때려죽여 주시기를 바랄 뿐입니다. 그리고 생각하건대 죄수가 혼자서 모함을 받았는데, 죄수를 도와서 노파를 함께 찌르는 이처럼 흉악한 범죄를 행할 사람이 누가 더 있겠습니까!' 하였다.

강진 현감이 한참이나 크게 탄식하였다. 그리고 안씨 노파를 찌를 때 김은애가 입었던 옷을 가져다가 살펴보니 모시 적삼과 모시 치마가 모두 붉은 피로 물들어서 적삼의 흰색과 치마의 푸른색을 거의 구별할 수가 없었다. 현감이 두려우면서도 장하게 여겨서 정상을 참작하여 풀어 주고 싶었으나, 법을 왜곡하여 적용할 수는 없었으므로 심리 결과의 의견을 어물어물 작성하여 관찰사에게 올렸다. 관찰사 윤행원尹行元도 조사하는 관원에게 주의를 주고서 같이 모의한 사람이 누구인지를 우선 밝혀내어 법에 따른 처벌을 완화해 주려고 하였다. 그러나 모두 아홉 차례에 걸쳐 신문하여 조사하였지만 진술이 여전하였다. 다만 최정련은 나이가 어리고 노파의 꾐에 넘어가 잘못을 저지른 것이기 때문에 그대로 두고 죄를 묻지는 않았다.

경술년(1790, 정조 14) 여름에 나라에 큰 경사가 있자,[44] 주상이 사형수를

---

44 경술년……있자: 정조의 정비正妃인 효의왕후孝懿王后 김씨金氏가 후사를 낳지 못한 상황에서, 1790년(정조 14) 6월 18일에 후궁인 수빈綏嬪 박씨朴氏가 원자元子를 낳은 일을 가리

기록해서 올리게 하였다. 이때 관찰사 윤시동尹蓍東이 이 살인 사건을 기록하여 올렸는데, 심리 결과에 대한 의견이 상당히 완곡하였다. 주상도 측은하게 여겨서 살려 주려고 하였으나, 그 사건을 중대하게 여겨서 형조에 명하여 대신과 의논하게 하였다. 대신大臣인 채제공蔡濟恭이 의견을 바치기를 '김은애가 원한을 갚은 것은 지극히 원통한 사정 때문이기는 하지만 살인죄를 저질렀으니, 신은 감히 참작하여 용서해 주어야 한다는 의견을 말할 수가 없습니다.' 하였다. 주상이 비답批答을 내리고【중간은 생략하였다.】 그의 죽음을 특별히 용서해 주도록 하였다."

○ 주상의 판결은 다음과 같다.

"세상에서 뼈에 사무치게 억울하고 분통한 일로는 정숙한 여자가 간음하였다고 모함을 당하는 것보다 더 지나친 일은 없다. 이러한 오명을 조금이라도 뒤집어쓰면 곧장 몹시 깊은 구렁텅이로 빠지게 된다. 구렁텅이는 무언가를 부여잡고 올라올 수도 있고 뛰어나올 수도 있지만, 이러한 오명은 해명하려고 해도 어떻게 해명하겠으며, 씻어 내려고 해도 어떻게 씻어 내겠는가! 이따금 너무도 억울하고 분통하여 도랑가에서 스스로 목을 매고 죽어서 명백한 진실을 드러내려고 하는 사람이 간혹 있기도 하였다.

김은애는 18세의 여자에 불과하다. 그는 깨끗하게 정절을 지키는 몸가짐을 보여 주었으나, 갑자기 음란하다는 허물을 뒤집어씌우는 모욕을 당하였다. 그러나 이른바 안씨 노파는 최정련이 김은애와 간통하였다는 헛소문을 거짓으로 지어내고, 날름거리는 혓바닥을 마구 놀렸다. 혼인하기 전에 이러한 모함을 당하였더라도 오히려 목숨을 끊어 진실과 허위를 분

킨다. 후일 이 원자가 순조가 되고, 수빈 박씨는 가순궁嘉順宮이 된다.

별해서 깨끗한 몸을 만들려고 하는 법이다. 하물며 새로운 남자를 만나 막 혼인하여 살고 있는 상황에서 사람을 해치는 귀신처럼 다시 마구 모질게 모함을 받았으니 더 말할 것이 있겠는가!

노파가 말 한마디를 경솔하게 내뱉자 모든 사람이 손가락질하여 자신의 편을 들어주는 사람은 없고 주위의 모든 사람이 다 적이 되어 버렸으니, 뼈에 사무치도록 억울하고 분통하여 죽어 버릴 생각을 하였다. 그러나 부질없이 용만 쓰고 헛되이 죽어 알아주는 사람도 없을까 두려웠다. 이에 부엌칼을 들고 원수의 집으로 달려가서 통쾌하게 설명하고 통쾌하게 꾸짖고 나서 결국은 환한 대낮에 흉악한 여자 하나를 찔러 죽였다. 그리하여 온 고을 사람들이 자기에게는 허물이 없다는 것과 저 원수에게는 보복해야 한다는 것을 환히 알게 하였다. 그러면서도 일반 여자들처럼 살인을 저질러 놓고도 도리어 태도가 돌변하여 요행히 실오라기 같은 목숨을 건질 수 있게 해 달라고 비는 짓은 하지 않았다.

이렇게 하는 것은 참으로 열렬한 사내조차도 행하기 어려운 일이고, 더욱이 속이 좁고 힘이 약한 여자가 억울하고 분통한 마음을 숨긴 채 도랑가에서 목을 매고 죽는 경우와는 비교할 일도 아니다. 만약 이러한 일이 중국의 춘추전국시대에 일어났다면 죽음을 두려워하지 않고 절개를 숭상한 그의 태도는 섭앵聶嫈[45]과 명성을 나란히 하였을 것이며, 사마천司馬遷도 이 일을 채택하여 《사기史記》〈유협열전游俠列傳〉의 끝에다가 기록하였을 것이다.

---

45 섭앵聶嫈: 중국 전국시대 섭정聶政의 누나이다. 섭정이 자신을 알아주었던 엄중자嚴仲子를 위해 당시 한韓나라의 재상 협루俠累를 죽이고서는 자신의 낯가죽을 벗기고 눈을 도려내고 죽었다. 한나라 애후哀侯가 섭정이 누구인지를 몰라 이름을 알아내기 위해 현상금을 걸었는데, 섭앵이 섭정의 이름, 협루를 죽인 이유, 누이에게 해를 미치지 않게 하기 위해 얼굴을 훼손하고 죽은 사실 등을 밝히고, 동생의 시체 옆에서 죽었다. 섭앵은 섭영聶榮으로 표기되기도 한다. 《사기》〈자객열전刺客列傳〉

그뿐만 아니라 과거 수십 년 전에【영조 때이다.】 황해도에도 이와 비슷한 살인 사건이 있었는데, 관찰사가 정상을 참작하여 용서해 주기를 청하자 조정에서 표창하고 즉시 풀어 주게 하였다. 그 여자가 감옥에서 나오자, 중매쟁이가 구름처럼 몰려들어 천금千金을 걸고 중매하려고 하였고, 그 여자는 끝내 선비의 아내가 되었다. 그 이야기는 지금까지도 미담으로 전해지고 있다. 지금 김은애는 시집간 뒤에 이러한 일을 실행하였으니, 더욱 뛰어나다고 할 수 있다. 김은애를 특별히 풀어 주라.

며칠 전에 장흥長興의 신여척申汝倜[46]을 살려 준 일은 윤리와 절개를 중시하는 취지에서 나온 것이었다. 지금 김은애를 특별히 풀어 준 것도 이와 같은 취지이다. 두 사건의 대략적인 내용 및 내가 내려 준 판결 내용을 베껴 도내에 반포하여서 윤리와 절개를 무시한 사람은 짐승과 다름이 없다는 사실을 알게 한다면, 풍속의 교화에 조금이나마 도움이 될 수도 있을 것이다."

○ 주상의 판결에 대한 다산의 견해: 가경嘉慶 신유년(1801, 순조 1) 겨울에 신이 강진현康津縣에 유배되어 민간에서 어렵게 살고 있을 때 다음과 같은 읍내 사람들의 말을 들었습니다. '김은애가 시집가기 전부터 벌써 최정련과 사사로이 간통을 했는데, 안씨 노파가 중매쟁이 노릇을 하여 항상 그 노파의 집에서 간음을 했습니다. 그 뒤에 이익이 적어지자 안씨 노파가 그러한 사실을 널리 퍼뜨렸는데, 김은애가 마침내 그 노파를 죽

---

46 장흥長興의 신여척申汝倜: 김순창金順昌이 동생인 김순남金順男에게 집을 보게 하고 아내와 함께 외출하였다가 돌아와서 보리 두 되가 축났다는 이유로 동생을 구타하였다. 같은 마을에 사는 신여척이 이 말을 듣고 김순창을 찾아가서 형제의 도리를 들어 꾸짖었으나 뉘우칠 줄을 모르자 구타하여 죽게 하였다. 신여척의 살인 사건은 〈상형추의〉 11 '정의로운 기개에 따라 저지른 살인을 용서하다(1)'에 나온다.

였습니다.' 그러나 여자들이 사는 곳의 일을 누가 알겠습니까! 간음과 관련한 소송은 한 차례 휘말리기만 하면 사람들도 덩달아 그대로 믿어 버립니다. 그러므로 속담에 이르기를 '도둑질했다는 누명은 결국 벗어나지만, 간음했다는 모함은 씻기가 어렵다.' 하였으니, 이것을 말합니다. 만약 실제로 간음을 저질렀다면 이치상 위축되는 것이 당연하지 이처럼 시원하게 죽일 수는 없을 것입니다.

9. 정의로운 기개에 따라 저지른 살인을 용서하다(1)

【형이 아우를 비호해 주지 않자, 이웃 사람이 정의에 따라 형을 죽였다. 사건의 근본 원인은 정의로운 분노가 일어났기 때문이며, 사망의 실제 원인은 걷어차였기 때문이다.】

○ 장흥長興의 백성 신여척申汝倜이 김순창金順昌을 죽였다.
○ 검안보고서의 내용은 빠졌다.
○ 이덕무李德懋가 지은 소전小傳[47]에 다음과 같이 말하였다.

"신여척은 장흥 사람이다. 같은 마을 사람 김순창이 자기 아우 김순남金順南을 남겨 두어 집을 보게 하고 아내와 같이 밭에서 김을 매고 돌아왔다. 아내가 보리를 되어 보고 2되가 모자라자 헐뜯기를 '시동생이 집에 있었는데 보리가 없어졌으니 참으로 이상스러운 일이다.' 하였다. 그러자 김순창이 김순남을 꾸짖기를 '내 집을 보라고 하였는데 내 곡식을 훔쳐갔으니, 도둑이 아니고 무엇이겠는가! 너는 자백하라.' 하였다.

김순남이 당시 병들어 누워 있었는데, 억울한 마음을 견디지 못하고

---

47 이덕무李德懋가 지은 소전: 이덕무의 문집인 《청장관전서靑莊館全書》〈은애전銀愛傳〉의 말미에 기록되어 있는 신여척에 관한 이야기를 가리킨다. 소전은 내용을 줄여서 간략하게 쓴 전기이다.

목메어 울었다. 김순창이 눈을 흘기며 말하기를 '도둑도 뉘우치고 우느냐!' 하고서는 절굿공이를 들어 아우의 뒤통수를 쳤다. 김순남이 몸져누워서 거의 살 수가 없었다. 이웃 사람들이 모두 모여들어 마음속으로 분노하면서도 차마 말을 꺼내지 못하였다. 다만 그중 전후담田厚淡이라는 사람만이 화해시키면서 말하기를 '옛말에 이런 말이 있다. 「한 말의 곡식도 찧어서 같이 먹을 수 있다.」[48] 그런데 2되의 보리가 무어 그리 큰일이라고 어찌하여 형제간에 서로 용서하지 못하는가!' 하니, 김순창이 욕을 그치지 않았다.

전후담이 신여척을 찾아가서 만나 개탄하면서 그 일을 말하였다. 그러자 신여척이 발끈하면서 팔을 걷어붙이고 일어서며 말하기를 '순창은 사람이 아니다.' 하고, 급히 김순창의 집으로 가서 김순창의 상투를 잡고 꾸짖기를 '뒷박의 보리는 아까울 것이 없으나, 형제는 싸워서는 안 된다. 아! 네 부모가 너희 두 사람을 낳고서, 서로 돌보며 살기만을 바라고 서로 싸우리라고는 생각하지도 않았을 것이다. 그런데 절굿공이로 병든 아우를 쳤으니, 너는 짐승이다. 짐승과는 친하게 지낼 수 없으니, 내가 네 집을 허물어서 우리 이웃으로 같이 살지 못하도록 할 것이다.' 하였다.

그러자 김순창이 신여척을 걷어차며 말하기를 '내가 내 막내아우를 때렸는데, 너의 일과 무슨 상관이 있느냐!' 하니, 신여척이 크게 화를 내며 말하기를 '나는 인간의 도리로 너한테 권하였는데 너는 도리어 나를 걷어찼으니, 나도 너를 걷어차겠다.' 하고 마침내 그의 배를 걷어찼다. 김순창이 푹 쓰러지더니 다음 날 죽었다. 집안사람들이 이 사실을 숨기고 관

---

48 한……있다: 중국 한漢나라 문제文帝가 반역한 아우 회남왕淮南王 유장劉長을 촉蜀으로 귀양 보내어 굶어 죽게 하자, 백성들이 '한 자의 베도 바느질하여 형제가 같이 옷을 지어 입을 수가 있고, 한 말의 곡식도 절구질하여 형제가 같이 밥을 지어 먹을 수 있는데, 형제는 두 사람인데 서로 용납하지 못하네.'라고 노래를 지어 문제를 비난하였다.

아에 고소하지 않다가 한 달이 넘어서야 발각이 되어 신여척이 감옥에 갇혔다. 이는 기유년(1789, 정조 13) 7월의 일이다."

○ 주상의 판결은 다음과 같다.

"옛날에 한 남자가 종로鍾路의 담뱃가게에서 야사野史를 읽어 주는 사람의 이야기를 듣다가, 영웅英雄이 가장 실의失意에 빠진 대목에 이르자 갑자기 눈을 부릅뜨고 거품을 내뿜으며 담배 써는 칼을 들고서 곧장 앞으로 나가 야사를 읽던 사람을 찔러 그 자리에서 죽게 하였다.

대체로 허무한 죽음이나 가소로운 살인은 이따금 일어나기도 하지만, 주도추朱挑椎[49]와 양각애羊角哀[50]와 같은 사람이 예로부터 지금까지 몇이나 되겠는가! 신여척이야말로 주도추와 양각애에 버금가는 사람이라고 하겠다. 형제 사이에 서로 싸우는 변고를 눈으로 보고서는 가슴에 불같은 노여움이 일었다. 신여척이 김순창과는 옛날이나 지금이나 은혜도 없었고 원망도 없었으나, 순간적으로 발끈하는 사이에 한데 뒤엉켜 싸우는 곳으로 달려 들어가서 상투를 잡고 걸어차면서 말하기를 '형제끼리 싸우는 것은 윤리의 변고이니, 너의 집을 허물고 우리 마을에서 내쫓겠다.' 하였다. 옆에서 구경하던 사람이 '네가 무슨 상관이냐!'라고 책망하자, 대답하기를 '나는 인간의 도리로 권하였는데 그는 도리어 화를 냈다. 그가 걸어찼으므로 나도 걸어찬 것이다.' 하였다.

---

49 주도추朱挑椎: 중국 당唐나라의 촉蜀 땅 사람으로, 두궤竇軌가 의복을 보내 주며 향정鄉正으로 삼으려고 하였으나, 의복을 버리고 산속으로 들어가 은거하였다.

50 양각애羊角哀: 중국 춘추시대 연燕나라 사람으로, 초楚나라 임금이 선비들을 잘 대우한다는 소문을 듣고 친구인 좌백도左伯桃와 함께 길을 나섰다가 추위와 굶주림에 시달리자, 좌백도가 자신의 옷과 양식을 모두 양각애에게 양보하고 죽었다. 양각애가 혼자 떠나 초나라에서 높은 벼슬을 하게 되자, 좌백도의 시신을 찾아 묻어 주고 자신도 자결하여 그 옆에 묻혔다.

아! 신여척이 죽는 것조차도 두려워하지 않았으니, 법관이 아니면서도 우애하지 않는 형제의 죄를 다스린 사람은 신여척을 말한 것이 아니겠는가! 사형수를 기록해서 올린 숫자가 1천1백여 명이 되는데, 그중에서 훨씬 뛰어나고 호락호락하지 않은 사람을 신여척에게서 확인하였으니 그 까닭이 있다. 신여척이라는 이름을 헛되이 얻은 것이 아니로다.[51] 신여척을 풀어 주라."

○ 주상의 판결에 대한 다산의 견해: 《주례》〈지관·조인〉에 이르기를 '정의에 따라 사람을 죽인 경우에는 같은 나라에서 함께 살지 못하도록 하여 원수를 갚지 못하게 하고, 원수를 갚으면 죽인다.'라고 하였으니, '정의에 따라 사람을 죽인 경우'란 신여척과 같은 사람을 말한 것입니다. 다만 정현鄭玄의 주注는 오류가 있어 그 의미가 명확하지 않습니다.[52] 【첫째 편인 〈경사요의〉에 나온다.】 '원수를 갚지 못하게 한다.'라는 말은 살해당한 사람의 아버지·아들·형·아우가 원수로 여기지 못하게 한 것입니다. 원수를 갚지 못하게 한 이상 죽이지 않는다는 것을 알 수 있습니다. 그렇다면 신여척에 대한 주상의 처분은 자연히 《주례》의 내용과 서로 합치되니, 이른바 《맹자孟子》〈이루 하離婁下〉의 '전대의 성인과 후대의 성인을 헤아려 보면 그 도는 동일하다.'라는 것으로, 어찌 성대하지 않겠습니까!

10. 정의로운 기개에 따라 저지른 살인을 용서하다(2)

【늙은이가 어린 여자와 간통하자, 이웃 사람이 술김에 죽였다. 사건의 근본 원인은 간

---

51 신여척이라는……아니로다: 신여척의 이름 중 척倜 자가 '뛰어나다.' 또는 '걸출하다.'의 의미가 있기 때문에 정조가 이처럼 말한 것이다.

52 정현鄭玄의……않습니다: 정현은 '의義'를 '마땅하다〔宜〕'의 의미로 해석하였다.

음하였기 때문이며, 사망의 실제 원인은 찔렸기 때문이다.】

○ 곡산谷山의 백성 김세휘金世輝가 윤택정尹澤廷을 죽였다.

○ 조사한 관원의 보고서는 다음과 같다.

"윤택정이 어린 여자와 간통하려고 하였더라도 어찌하여 남의 일에 간여한 것입니까! 김세휘가 술김에 윤택정을 찔러 죽인 일은 참으로 의아합니다. 그러나 아직 써 보지 않은 서릿발처럼 날카로운 칼을 숫돌에 갈고 '누구를 섬기겠느냐?'라고 가설적으로 질문하여 불평하는 것[53]은 본래 옛날 협객俠客들의 습성입니다. 이번 사건의 김세휘는 옛날 협객의 무리와 함께 논할 수는 없겠습니다. 그러나 술기운이 불쑥 치솟자 그 기운을 풀 길이 없다가, 어제 불평했던 일을 갑자기 기억하고서는 마음이 들뜨고 용기가 솟구쳐서 발걸음과 손놀림도 경쾌하게 달려가서, 귀신인 듯 사람인 듯한 상태에서 자기도 모르게 손이 가는 대로 찌르자, 윤택정이 죽었습니다.

그날의 광경을 상상해 보면, 이와 같은 데에 불과하였을 듯합니다. 그러나 시신의 상처가 저처럼 명확하고 주범이 살해한 사실은 변명하지 않고 자백하였으니, 김세휘가 목숨으로 보상해야 한다는 사실은 더 이상 의논할 필요가 없습니다."

○ 다산의 견해: 이 사건도 《주례》〈지관·조인〉에서 말한 '정의에 따라

---

53 누구를……것: 중국 송宋나라의 정치가 사마광司馬光이 자신의 저서인 《자치통감資治通鑑》에서 순욱荀彧을 평가했던 일을 원용한 것으로 보인다. 순욱이 위魏나라 무제武帝인 조조曹操를 도와 크게 공을 세운 일을 비판한 견해에 대해 사마광이 반박하면서 '한漢나라 말기에 세상이 몹시 혼란해져서 백성의 삶이 고통스러운 지경에 빠졌으니, 출중한 재주를 가진 사람이 아니면 그러한 백성을 구제할 수가 없었다. 그렇다면 순욱이 위나라 무제를 버리고 누구를 섬기겠는가?' 하였다.

사람을 죽인 경우'라고 할 수 있다. 주상의 처분도 반드시 살려 주었을 듯하나, 이제 주상의 판결문이 누락되어서 자세히 기록할 수가 없다.

11. 공적인지 사적인지를 판별하다(1)

【수영水營의 비장裨將이 타고 갈 역마를 내놓으라고 요구하다가 역졸을 죽게 하였다. 사건의 근본 원인은 홧김에 구타하였기 때문이며, 사망의 실제 원인은 구타를 당하였기 때문이다.】

○ 전주全州의 비장 민의철閔毅徹이 주성숙朱星叔을 죽였다.
○ 검안보고서의 내용은 빠졌다.
○ 주상의 판결은 다음과 같다.

"이 살인 사건은 갑甲을 편들면 을乙이 주범이 되고, 을을 편들면 갑이 주범이 된다. 석 달 동안 세 차례 조사하면서 진술 기록이 세 차례나 바뀌었으니, 살인 사건에서 이와 같이 상황 변화를 살펴서 사건 기록을 바꾼 경우는 들어 보지 못하였다. 반복해서 이치를 따져 보았으나 의심스럽고 헷갈려서 갈피를 잡지 못하겠다.

애당초 아직 조사가 완료되어 사건 기록이 갖추어지지도 않았는데 피고인被告人 이유신李維愼을 지레 풀어 준 것은 충청 감사와 조사한 관원이 너무도 잘못을 저질렀다. 전라 감사에게 사건을 이송한 뒤에도【완백完伯은 전라 감사를 가리킨다.】 그럴듯하면서도 타당하지 않은 이 사건에 대해 마치 어리석은 사람이 꿈 이야기를 하는 것처럼 두루뭉술하게 의견을 서술하였다. 그러므로 주의를 주어 다시 조사해서 기어코 의심이 없게 하였는데, 이번 사건 기록이 도리어 저번 사건 기록보다도 더 명료하지 못하였다.

이른바 주범으로 말하면, 두 사람을 느슨하게 심문하면 변명하는 진술을 하고 재촉하여 심문하면 범죄 사실을 인정하여 본래 신뢰할 수가 없었으니, 어찌 공정한 기록이라고 하겠는가! 이른바 목격한 증인 김엇만金旀萬은 몹시 어리석고 미천하여 동쪽과 서쪽도 구분하지 못하는 사람으로, 그동안 얼마나 많이 진술을 번복했는지 모를 정도이니 어찌 공정한 증인이라고 할 수 있겠는가!

주성숙을 구타한 사람이 참으로 누구인지, 주성숙의 죽음이 타살인지 자살인지,【인기人己는 자살인지 타살인지라는 말과 같다.】 어느 부위에 난 중대한 상처가 사망의 실제 원인으로 적합한지, 등나무 채찍이 범행에 사용한 흉기로 확실한지, 이유신이 역마를 바꾸어 탔는지 안 탔는지, 주성숙이 수행한 것이 사실인지 아닌지 등에 대해서는 대면 조사하여 직접 말을 들어 볼 때 캐묻지도 않았고, 김엇만과 이유신에게 승복한다는 다짐만 받은 뒤에 전에 올렸던 계본啓本을 그대로 베껴서 또다시 올려보냈으니, 전라 감사와 조사한 관원이 거행한 일은 참으로 대단히 해괴하다.

형조 참판은【아당亞堂은 참판이다.】 여러 차례 감사를 역임하여 이와 같은 살인 사건이 생소하지 않을 듯하니, 별도로 의견을 갖추어 서술하여 대책을 마련해서 보고하라. 재가받고 나서 전라도에 내려보내 다시 하나하나 샅샅이 조사한 뒤에 속히 결말을 짓게 하라."

○ 형조의 계사啓辭와 도신의 장계狀啓는 빠졌다.
○ 주상의 판결은 다음과 같다.
"이 살인 사건은 조사가 완료되어 사건 기록이 갖추어졌는데 갑자기 바꾸는 등 그럴듯하면서도 의문점이 많았다. 사망의 실제 원인은 우선 놓아두고라도 목격한 증인을 신뢰하기가 어려웠고, 목격한 증인은 우선 놓아두고라도 주범을 지목할 수가 없었다. 충청도에서 처음 조사한 기록은 충분히 진실을 파악하여 작성했는지 알 수가 없었고, 전라 감영全羅監營에서 재차 조사한 결과도 한층 의혹만 부풀려 놓았을 뿐이다.

팔을 부러뜨리더라도 죽지는 않고 발뒤꿈치를 베더라도 죽지는 않는 법이니, 손과 발에 입은 상처는 빨리 죽게 된 확실한 증거가 아니다. 이 것이 첫 번째 의문점이다. 범행을 저지른 것과 범행을 목격한 것에 대해 서는 김엇만이 가장 중요한 증인인데, 진술할 때마다 이랬다저랬다 하여 심문에 따라 번복하기를 우물의 두레박이 오르락내리락하는 것처럼 하였다. 이것이 두 번째 의문점이다. 민의철과 이유신 두 죄수 중 누가 주 범이고 누가 종범인가? 전라 감영에서 조사를 행할 때, '김엇만에게 주 리를 틀었습니다.'라는 말이【주리란 협곤夾棍으로, 두 다리 사이에 큰 나무를 끼우는 잔혹한 형벌이다.】 전前 충청 감사 권엄權襹이 진술한 말 중에서 나왔으니, 【원사爰辭란 충청 감사가 심문받을 때 진술한 말이다.】 잔혹한 고문을 해서는 무슨 말인들 받아 내지 못하겠는가! 그러니 김엇만의 진술은 공정한 증거라고 할 수가 없다. 이것이 세 번째 의문점이다.

그러나 그렇게 된 원인을 미루어 보고 반드시 그럴 수밖에 없었던 상 황을 참작해 보면 다음과 같다. 손이나 발에 상처를 입은 것으로는 즉시 목숨을 잃게 되지는 않으나, 손 부위에 상처를 입으면 그래도 걸을 수가 있지만 발등에 상처를 입으면 뼈가 시리고 관절이 아파서 걸을 수가 없 다. 더구나 배를 굶주린 사람으로서 본래 몸에 따뜻한 솜옷을 입고 있지 도 않았는데, 너른 들판에 쓰러져서 하루가 1년 같은 기나긴 밤을 지새 웠으니 북녘 바람과 쌓인 눈이 살을 에고 골수까지 추위가 파고들었을 것이다. 다행히 이웃 노파가 발견하여 구원해 준 덕분에 길에서 쓰러져 죽는 일은 겨우 면했다. 그러나 죽게 된 원인은 몸이 언 데다가 굶주렸기 때문이고 얼게 된 이유는 발이 손과는 다르기 때문이었다.

《대명률》을 살펴보면 '추울 때 의복을 벗겨서 죽게 한 경우에는 그 죄가 사람을 죽인 것과 동일하다.'[54] 하였다. 추울 때 발을 때려서 쓰러뜨려 얼고 굶주려서 목숨이 끊어지게 한 것은 추울 때 의복을 벗긴 것과 무엇이 다르겠는가! 이것을 가지고서 논하면, 사건의 근본 원인은 충분히 귀결시킬 점이 있다. 그러나 사망의 실제 원인을 기록하는 것은 억측하여 정하는 것을 철저히 금지하고 있으니, 위에서 인용한 법률 조문도 참으로 합당한지는 모르겠지만, 사망의 실제 원인을 '구타를 당하였다.[被打]' 2자로 기록한 것은 아무래도 합당하지가 않다. 이것이 여러 차례 조사하면서 판결을 내리지 못하고 있는 이유이다.

두 죄수의 소행으로 말하면, 이유신이나 민의철을 막론하고 그 마음을 따져 보면 모두 하찮은 분노를 풀고 거친 주먹질을 해 대고 말려는 데에 불과하였는데, 상황이 점차 때리는 강도가 세지고 쓰러져 있기를 오래 하다가 살인의 변고를 만들어 내었다. 만약 민의철이 주성숙을 구타한 사람이라고 가정한다면, 언제든지 구타할 수가 있었는데도 굳이 이유신과 서로 만났을 때에야 구타하였겠으며, 무슨 몽둥이로든 구타할 수가 있는데도 굳이 이유신이 쥐고 있던 채찍을 빌려서 구타하였겠는가! 민의철의 마부를 민의철 스스로 구타하였더라도, 이유신으로서는 내버려 두고 보기만 해도 될 터인데 또한 어찌하여 굳이 자신을 따르는 역졸에게 민의철의 말을 대신 끌게 하였단 말인가! 이런 점으로 보면 이유신을 주범으로 보기에 충분하다.

만약 이유신이 주성숙을 구타한 사람이라고 가정한다면, 주성숙의 형

---

54 추울……동일하다: 《대명률》에는 이러한 조문이 보이지 않는다. 다만 〈형률·인명〉 '다른 사람의 의복이나 음식을 제거한 경우[屛去人服食]'의 조문에 "물건을 다른 사람의 귀·코·구멍 속에 넣거나 다른 사람의 의복·음식물을 제거하여 다치게 한 경우에는 80대의 장杖을 친다." 하였고, 그 주注에 "추운 겨울에 다른 사람의 의복을 벗기거나, 굶주리고 목마른 사람에게 음식을 끊거나, 높은 곳에 오른 사람의 사다리를 사사로이 제거하거나, 말을 탄 사람의 고삐를 사사로이 제거하는 따위를 말한다." 하였다.

편없는 말을 탄 사람은 민의철이고 다른 말을 타고서 나중에 도착한 사람은 이유신인데, 본래 주성숙의 말을 탔던 사람은 편안히 앉아 있으면서 화를 내지 않았으나 스쳐 지나가는 사람이 대신 그 일을 떠맡고 나서서 구타한 셈이 된다.【이 문장의 위나 아래에 빠진 문장이 있는 듯하다.】 역졸이 복수하고 싶은 사람은 이유신이고 보면, 그 역졸의 입으로 이유신이 주범이라고 증명한 것을 믿을 수 있겠는가, 믿을 수 없겠는가? 이런 점으로 보면 민의철을 주범으로 보기에 충분하다.

이제는 도신의 장계와 형조의 계사 모두 새로울 것이 없다. 이 사건을 판결하려고 한다면 사망의 실제 원인을 먼저 정해야 하는데, 사망의 실제 원인이 의심스럽다고 한다면 무엇에 근거해서 목숨으로 갚게 할 것인가! 사망의 실제 원인이 하나로 모아졌다고 한다면 두 비장 중에서 누구를 주범으로 삼을 것인가! 형조의 낭청을 보내 좌의정과 우의정에게 물어 각각 확실하게 하나로 결론을 내리게 한 뒤에 분명하게 대책을 마련하여 보고하라."

○ 주상의 판결에 대한 다산의 의견은 다음과 같다.

"원래의 사건 기록 및 도신의 장계와 형조의 계사를 보지 못하였으니, 자세히 알 수가 없습니다. 그러나 범행을 저지른 사람은 민의철이고, 채찍을 빌려준 사람은 이유신입니다. 누가 되었건 간에 두 사람 모두 비장입니다. 《속대전》〈형전·남형濫刑〉에 이르기를 '각 영문營門의 비장으로서 곤장을 사용한 자는 무거운 형률로 처벌한다.' 하였으니, 태笞를 치는 것은 허용하였습니다. 《속대전》〈형전·남형〉에 또 이르기를 '각 고을의 군관軍官으로서 태나 장杖으로 사람을 죽인 자는 공적인 일을 수행하다가 저질렀으면 경중을 참작하여 죄를 정한다.' 하였습니다. 고을의 군관도 오히려 그러한데, 하물며 영문의 비장이야 더 말할 것이 있겠습니까!

다만 비장이 타는 말은 본래 하등의 말인데도 상등의 좋은 말을 내놓으라고 요구하였다면 원래 법을 어긴 것입니다. 더구나 태도 아니고 장도 아닌 등나무 채찍을 가지고서 자기 손으로 마구 때려 팔뚝을 상하게 하고 발등을 터지게 하여 눈이 내리는 밤에 얼어 죽게 하였으니, 그 죄는 참으로 용서할 수 없습니다. 그러나 사망의 실제 원인은 '굶주리고 얼었다.'라고 해야지 '구타를 당하였다.'라고 해서는 안 됩니다. 사망의 실제 원인이 그렇다고 한 이상 자연히 살려 주어야 합니다. 이것이 주상께서 판결을 어렵게 내리고 신중히 했던 이유입니다.

그러나 그가 이렇게까지 행동한 것을 보면, 머리채를 휘어잡고 손으로 치고 발로 차고 걷어차는 등 못 하는 짓이 없었을 것입니다. 그러니 주성숙이 내부의 장기를 심하게 다쳐서 움직일 수가 없었기 때문에 굶주리면서도 밥집으로 달려가서 밥을 달라고 하지 못하였고 얼면서도 문을 바라보기만 하고 따뜻한 곳으로 나아가지 못한 채 길 위에 쓰러져서 누워 있게 되었던 것입니다. 만약 내부의 장기를 다치지 않았더라면 한쪽 발이 병들었더라도 한쪽 발만으로도 걸을 수가 있으니, 마침내 쓰러져서 움직이지 못하는 지경까지 가지는 않았을 듯합니다. 그러나 검안보고서가 갖추어지지 않아서 감히 단정적으로 말하지는 못하겠습니다."

12. 공적인지 사적인지를 판별하다(2)

【풍헌風憲이 환곡의 납부를 독촉하다가 시골 백성을 죽게 하였다. 사건의 근본 원인은 공무 때문이며, 사망의 실제 원인은 구타를 당하였기 때문이다.】

○ 광주光州의 풍헌 최구첨崔具瞻이 사노私奴 독동禿同을 죽였다.
○ 검안보고서의 내용은 빠졌다.

○ 주상의 판결은 다음과 같다.

"최구첨의 살인 사건은 다음과 같이 판결한다. 머릿골의 상처가 뚜렷하고 조사 보고서의 증언이 갖추어졌다. 최구첨의 아들 최갑철崔甲哲의 상언上言 중에서 '머릿골의 상처는 오래전의 종기입니다.'라고 한 말은 원래 근거가 없고, 세중世中 등의 진술 중에서 '최구첨이 원한을 품고 있었습니다.'라고 한 말도 결말지을 수 없으니, 이제 와서는 사건의 내막에 대해 더 이상 논의할 필요가 없다.

다만 환곡還穀의 징수 부담을 분배하는 것은 공무公務이고 풍헌과 권농관勸農官은 등급의 차이가 거의 없으니, 곡물의 말질이 균등하지 못한 것은 본래 죄를 다스려야 할 일이고, 말을 공손하게 하지 않은 것도 책망해야 할 일이다. 순식간에 분노가 생겨나자 앞뒤를 치밀하게 생각할 겨를이 없어, 태笞를 찾을 겨를도 없이 말[斗]을 들어 구타하였다. 행동으로 말하면 해괴한 짓이고 법률로 말하면 위법한 짓이나, 사리로 따져 보면 개인적인 유감을 펴려는 생각에서 나온 것이 아니었고 그의 본심을 따져 보면 경계를 보여 주려는 생각에 불과하였다.

한 차례만 치고 곧바로 중지한 것을 보면 애당초 기어이 죽이려는 생각은 아니었음을 알 수 있고, 여러 방법으로 치료하여 구하려고 한 것을 보면 살리려고 했던 사실을 충분히 증명할 수가 있다. 흉기를 사용한 것은 법전에 규정된 태를 사용한 경우와는 다르지만 실제 정황은 공무 때문에 발생한 것으로 똑같이 귀결되니, 《속대전》〈형전·남형〉의 '면임面任과 이임里任으로서 태나 장杖으로 사람을 죽인 경우' 법률 조문을 참작하여 적용할 수 있을 것이다. 게다가 10년 동안 굳게 가두어 두고 여러 차례 고문하였으니 징계가 되었다고 하겠다. 최구첨을 한 차례 엄중히 형장을 친 뒤에 사형을 감하여 먼 변경 지역에 정배하라."

○《대명률》〈형률·단옥斷獄〉'법률 규정과 다르게 형벌을 집행한 경우'의 조문에 다음과 같이 말하였다.【〈형률·단옥〉에 나온다.】

　"관리 감독하는 관원이【유사有司와 군사 지휘관[管軍]을 가리킨다.】 공무 때문에【주도적으로 계획을 세워 직접 실행하는 것이다.】 다른 사람의 급소 부위를 불법적으로 구타하거나 자신이 직접 큰 몽둥이·쇠칼·손발로 남을 구타하여 부러뜨리는 상처 이상의 상해를 입혔을 경우에는 일반 사람이 싸우다가 상처를 입힌 경우의 죄보다 3등급을 감한다. 죽게 한 경우에는 100대의 장을 치고 3년의 도형徒刑에 처하며, 장례 비용으로 은銀 10냥을 징수한다. 남의 지시를 받아 실행한 사람은 각각 1등급씩을 감한다.【만약 공무가 아니면, 죄 없는 사람을 고의로 심문한 죄로 처벌한다.】 사람의 엉덩이와 허벅지 등 형장을 치는 부위를 법률에 따라 쳤으나 형장을 맞은 사람이 우연히 사망하거나【형장을 맞고 난 뒤이다.】 자살한 경우에는 각각 죄를 묻지 않는다."

○《대명률》 위의 조문에 대한 구주舊註에 다음과 같이 말하였다.

　"공무의 예를 들면, 유사가 돈과 양식을 재촉하여 징수하는 경우, 공적인 일로 국문鞫問하는 경우, 제작을 관할하는 경우, 공사 과정을 감독하는 경우, 그리고 군사 지휘관이 군마軍馬를 조련하는 경우, 무예武藝를 연습하는 경우, 군병을 독려하여 정벌하러 진군하는 경우, 성곽城郭이나 해자垓字를 수리하는 경우 따위이다. 그러나 여기에 한정될 필요는 없다. 모든 행해야 하는 공무로서, 사적인 감정이 개입되지 않고 사적인 일이 아니기만 하면 모두 해당된다."

○ 주상의 판결에 대한 다산의 견해: 관리 감독하는 관원이란 우리나라의 감관監官에 해당하고, 군사 지휘관이란 우리나라의 군관軍官에 해

당합니다.《대명률》의 주註에서 말한 유사에는 우리나라의 풍헌과 약정約正이 모두 그 안에 포함됩니다. 이번 사건에서 최구첨이 말[斗]을 들어 사람을 죽인 죄는《대명률》의 '큰 몽둥이나 쇠칼을 별도로 사용한 경우'와 그 정황이 서로 같으니, 100대의 장을 치고 3년의 도형에 처하며, 장례 비용으로 은 10냥을 징수하는 것이【은 4해解이다.】본래 적용할 법률입니다.

관찰사觀察使가 만약《대명률》을 알아서 일찍 이 조문을 인용하여 장계로 보고하였더라면 오래전에 판결하여 정배하였을 테니, 어찌 10년씩이나 굳게 가두어 두고 여러 차례 고문하기까지 하였겠습니까! 사대부士大夫가 법률을 읽지 않으면 이와 같이 백성에게 해독을 끼치게 됩니다. 그러니 항우項羽와 패공沛公을 주제로 시나 짓고 돈치기[馬弔]와 골패[江牌] 따위의 노름이나 하는 것을 어떻게 폐지하지 않을 수 있겠습니까!

13. 공적인지 사적인지를 판별하다(3)

【풍헌風憲이 군역軍役에 차출하였는데 도망가자, 도망간 군졸의 아버지가 태笞를 맞았다. 사건의 근본 원인은 공무 때문이며, 사망의 실제 원인은 구타를 당하였기 때문이다.】

○ 영원寧遠의 풍헌 임해성林海星이 김동춘金東春을 죽였다.
○ 검안보고서는 빠졌다.
○ 주상의 판결은 다음과 같다.

"군정軍丁을 충원하는 것은 공적인 일이고, 군역을 피해 도망간 것은 무거운 죄이다. 그의 아들이 군정으로 뽑히자 즉시 도망간 것은 정황으로 보아 분통스러운 일이고, 그의 아버지가 아들을 대신하여 처벌받은 것은 법률로 보아 당연한 일이다. 15세의 아이를 시켜서 16대의 태를 대략 친 것에서는 애당초 죽이려는 마음이 있었다고 볼 수가 없다.

설사 태를 맞은 것 때문에 죽었다고 하더라도 목숨으로 보상하게 한다는 조문은 없다. 더구나 두 차례 검안보고서에 기록된 태를 맞은 흔적이 있는 부위는 본래 다치면 빨리 죽을 수 있는 급소 부위가 아니다. 밤중에 탈출하였다가 이튿날 목숨을 잃었으니, 찬바람을 쐬어서 죽었는지 숨이 차서 죽었는지 모두 분명히 알 수가 없다.

연전에 평안 감사의 장계에서 《속대전》〈형전·남형〉 '면임·이임이 태나 장杖으로 사람을 죽인 경우'의 조문을 인용하여 '죄의 경중을 참작하여 죄를 정하소서.'라고 청한 것은 모두 근거가 있는 말이다. 이처럼 심리하는 날에 가볍게 처벌하는 법을 적용해야 하니, 임해성을 풀어 주라."

○ 《속대전》〈형전·남형〉 조문의 주註에 다음과 같이 말하였다.
"각 고을의 향소鄕所·군관軍官·면임·이임 등이 태나 장으로 사람을 죽인 경우에는 사적인 의도에서 발생한 것이면 법률에 따라 처단하고 공적인 일을 하다가 발생한 것이면 형벌의 남용 여부를 조사해서 경중을 참작하여 죄를 정한다. 색리色吏는 공적이거나 사적이거나를 막론하고 모두 일반 사람이 서로 살인하였을 경우의 예에 따라 처리한다."

○ 주상의 판결에 대한 다산의 견해: 임해성의 범죄는 《대명률》〈형률·단옥〉의 조문을 인용한다면, 죄를 묻지 않아야 할 사안에 해당하니 당시에 무죄로 풀어 주어야 할 사람입니다. 《속대전》〈형전·남형〉의 조문을 인용한다면, 경중을 참작하여 가벼운 벌을 적용해서 몇십 대의 태를 치고 즉시 풀어 주어야 할 사람에 불과합니다.

그런데 영원 군수寧遠郡守도 법률 조문을 읽지 않았고 평안 감사도 법률 조문을 읽지 않았으므로, 수령의 검안보고서에서도 법률 조문을 인용하지 않고서 가볍게 처벌하기를 청하였으며, 도신의 제사題辭에서도 법률 조문을 인용하지 않고서 즉시 형장을 치고 풀어 주게 하였습니다. 그러고서는 장황하게 사형수를 기록하여 보고하고 여러 해가 지난 뒤에야 겨우 《속대전》의 조문을 인용하였으나, 그것조차도 진정으로 사람을 사랑하는 마음이 없어 한 차례만 보고하고 말았습니다. 마침내 또 몇 해가 지난 뒤에 결국에는 온갖 정무를 보시는 가운데 주상을 번거롭게 한 뒤에야 석방의 은전을 받게 되었습니다. 아! 팔도의 살인 사건 중에 이와 같은 사건들이 무수히 많을 것입니다. 사대부들이 법률 조문을 읽지 않는 것은 참으로 큰 폐단입니다.

14. 공적인지 사적인지를 판별하다(4)

【풍헌風憲이 군포軍布를 징수하자, 사나운 백성이 목을 매어 죽었다. 사건의 근본 원인은 공무 때문이며, 사망의 실제 원인은 스스로 목을 매었기 때문이다.】

○ 봉산鳳山의 풍헌 김우태金遇泰가 설유신薛有信에게 형장을 쳤다.
○ 조사한 관원의 보고서는 다음과 같다.
"이번 살인 사건은 사망의 실제 원인과 증언이 모두 '스스로 목을 매어 죽었다.'라고 하여 별달리 의문점이 없습니다. 친족에게서 군포를 징수하는 것을 거부하고 풍헌이 태를 치며 처벌한 것에 대해 분노하여 심지어 목을 매어 죽기까지 하였으니, 황해도의 사나운 풍속을 알 수 있습니다.

풍헌의 직임을 맡고 있는 김우태가 군포의 납부를 엄하게 재촉하고 5대의 태를 친 것은 본래 그의 직분이니, 사나운 성질을 가지고 있어 대번에 자살하는 독기를 부리리라고는 어떻게 알겠습니까! 《대명률》〈형률·인명〉을 살펴보니 '관리나 왕명을 받아 공무를 수행하는 사람이 공무 때문이 아닌 일로 일반 백성을 협박하여 죽게 한 경우에는 100대의 장을 친다.'라고 하였는데, 이 사건은 왕명을 받아 공무를 수행하는 사람이 공무 때문에 죽게 한 사건입니다. 따라서 용서해 주어야 합니다."

○ 다산의 비평은 다음과 같다.

"이 사건에 적용할 법률 조문을 《대명률》에서 인용한다면, 〈형률·단옥〉에 '관리 감독하는 관원이 공무 때문에 사람의 엉덩이와 허벅지 등 형장을 치는 부위를 법률에 따라 쳤으나 형장을 맞은 사람이 우연히 사망하거나 자살한 경우에는 각각 죄를 묻지 않는다.'라고 한 것이【조문이 위의 '공적인지 사적인지를 판별하다(2)'에 나온다.】본래 적용할 조문이다. 그렇지 않으면 《속대전》〈형전·남형〉 '면임·이임이 태나 장으로 사람을 죽인 경우'의 조문이【조문이 위의 '공적인지 사적인지를 판별하다(3)'에 나온다.】참작하여 적용할 조문이고, '협박하여 죽게 한 경우'의 조문은 인용할 조문이 아니다. 사대부가 법률 조문을 전혀 읽지 않아서 법률 조문에 본래 적용할 조문이 있어도 막상 사건을 맡게 되면 인용할 수가 없다. 대부분이 이와 같다."

상형추의

❖

12

1. 인륜에 어긋나는 살인을 저지르다(1)

【남의 헐뜯는 말을 듣고 아들을 죽이고서는 다른 사람이 찔렀다고 모함하였다. 사건의 근본 원인은 밭을 빼앗겼기 때문이며, 사망의 실제 원인은 찔렸기 때문이다.】

○ 중화中和의 백성 이감정李甘丁이 자기 아들 이공원李共元을 죽였다.

○ 검안보고서의 내용은 빠졌다.

○ 주상의 판결은 다음과 같다.

"대낮에 칼로 찌른 정황이 여기저기 보이고, 도망 중인 22명은 모두 분명한 증인이라고 할 수가 없다. 게다가 그의 진술도 너무나 두서가 없었다. 대질 심문할 때가 되어서는 6촌과 7촌의 친족들도 감히 그를 편들지 못하고 모두 '사람을 죽인 사람은 죽여야 합니다.'라고 하였다. 이 한 가지 단서는 가장 믿을 만하다. 이 사건의 핵심을 공정하게 살펴보면, 그의 말은 종잡을 수 없는 것에 불과하였다.

모든 일은 일반적인 상식을 벗어나지 않는 법이다. 아버지가 앞에 있는 상황에서 범인이 아들을 찔렀는데 그 아버지란 자가 죽어 가는 아들을 버려두고서 허겁지겁 집으로 돌아가고 돌아보려고도 하지 않았다는 것은 참으로 이해가 불가능한 점이다. 만약 무슨 숨겨진 진실이 없다면 반드시 다른 간악한 정상이 있을 것이다. 그러나 내가 이러한 점에 대해서는 의심을 가질 만한 단서까지 꼬치꼬치 말하고 싶지는 않았으므로 평안도에 사건을 맡겨서 특별히 조사를 행하게 하였다. 해당 도신道臣도 나의 그러한 의도를 이해한 듯하였다. 그러나 해당 도신이 조사하여 보고한 것을 보자, 그의 말은 뜬구름을 잡는 것처럼 공허하였고 그의 일은 갈수록 오리무중이었으니, 도신의 일 처리가 참으로 매우 허술하였다.

지난번에 함사추고緘辭推考[55]를 하려다가 우선 그대로 두었다.

지금까지 여러 도의 살인 사건을 내가 직접 살펴본 지가 몇십 일이나 되었다. 의문점이 가득하다는 것을 알게 되었는데도 여전히 다시 방치해 둔다면, 이것이 어찌 사건을 자세히 심리한다는 본래 취지이겠는가! 이처럼 의심스러운 사건은 반드시 특례로 철저히 조사해야 진실을 파악할 수가 있다. 그뿐만 아니라 대체로 살인 사건은 한번 사건이 성립되고 나면, 도신은 마무리된 사건처럼 여기고 조사하는 관원은 바꿀 수 없는 사건처럼 간주한다. 그리하여 사건을 번복하여 살려 줄 수 있다는 것을 분명히 알면서도 개인적인 안면에 구애되거나 사건 기록을 다시 열람하기가 싫어서 그 사이에 한마디 말도 언급하려고 하지 않는다. 그렇다고 하면 사람의 목숨을 중시하고 살인 사건을 신중히 처리한다는 취지가 어디에 있는가!

즉시 평안 감사平安監司가 직접 사건을 맡아서 상세하고도 철저하게 조사하되, 이전의 조사 결과에 구애받지 말고 번복하는 것도 꺼리지 말며 소견대로 의견을 서술하여 장계로 보고하게 하라고 문장을 지어서 통지하라."

○ 평안도에서 조사하여 보고한 내용은 빠졌다.
○ 주상의 판결은 다음과 같다.
"이 살인 사건에서 김처원金處元을 주범으로 단정한 지가 이제 몇 해가 되었다. 세상의 일이란 일반적인 상식을 벗어나지 않는 법이니, 아버

---

55 함사추고緘辭推考: 잘못을 저지른 관원에게 서면으로 심문하고 서면으로 답변을 받아 그 결과에 따라 수위를 정하여 징계하는 것이다. 일반적인 추고推考가 실질적인 징계의 효력을 상실하면서 영조 때부터 새롭게 등장한 것으로, 승정원에서 국왕에게 전지傳旨를 재가받으면 곧바로 사헌부에 내려 주어 추고하는 절차가 진행되었다.

지란 자가 자기 아들이 남에게 찔린 것을 눈으로 보고도 즉시 원수를 갚지 않고 도리어 허겁지겁 집으로 돌아간다는 것은 일반적인 상식으로 볼 때 어찌 그럴 수가 있겠는가! 이러한 일의 정황은 본래 이해하기 어려운 것이 아니다. 그런데도 검안한 관원이 단지 '이감정은 이공원의 아버지이니 이치상 살인 혐의를 의심할 수가 없고, 김처원은 이공원과는 모르는 사람이니 밝히기 어려운 일이 있을 수도 있다.'라고 생각하였기 때문에 한쪽의 선입견에 사로잡혀서 반드시 죽여야 할 증거로 정하였던 것이다.

이 사건이 내게 보고된 뒤에는 인륜과 관계되는 사건이라서 의심해서는 안 되는 부분까지 의문을 가지고 싶지는 않았기 때문에 특별히 도신에게 다시 조사하게 하였으니 거기에는 말하지 않은 나의 의도가 있었다. 그러나 조사한 관원의 의견마저도 검안한 관원과 같아서 심문하여 받아 낸 진술이 깊숙이 감추어진 진실을 철저히 파헤친 것이라고는 그다지 없었다. 그래서 내가 마지못하여 의문이 생긴다는 판결을 내렸다. 실무를 담당하는 관원을 둔 의도가 어찌 공연한 것이겠는가! 이제는 사건의 조사를 마쳐 서류가 갖추어졌고 범인도 진실을 자백하였으니, 김처원의 원통함은 이제야 풀리게 되었고 이감정의 악행은 이제야 드러나게 되었다.

이 사건을 가지고서 미루어 보면 팔도의 이와 같이 중대한 살인 사건이 얼마나 될지 알 수 없으니, 어찌 측은하지 않겠는가! 형조에서 이 판결문을 가지고서 여러 도에 통지하여 검안하는 관원과 조사하는 관원이 각각 세밀히 읽어 보고 철저히 이해하여 실수로 사건을 잘못 판결하는 잘못에 빠지지 말게 하라.

이감정은 그의 범행을 따져 보면 죽이더라도 아까울 것이 없다. 《속대전》〈형전·살옥〉에서, 아버지가 아들을 죽이되 그 의도가 흉악하고 끔찍하면 사형에 처하도록 한 것은 마치 이 죄수를 위하여 준비된 것이나 마찬가지이다. 그러나 범죄의 정황을 아직 파악하지 못했을 때는 오히려 형벌을 잘못 시행할까 염려하였고, 범죄의 정황을 파악하고 나서는 도리어 인륜을 손상한 사건이라는 점에서 측은하였다.《논어》〈자장子張〉에서 '죄인을 가엾게 여기고 밝혀낸 것을 기뻐하지 말라.'라고 한 것이야말로 이를 가리킨다. 더구나 그가 진술하기를 '약간 경각심을 보여 주려고만 하였지 애당초 죽이려는 마음은 없었습니다.'라고 한 것은 이치로 보아도 그럴 만하다. 특별히 사형을 감하여 두 차례 엄중히 형장을 친 뒤에 육지에서 멀리 떨어진 험한 섬에 정배하라.

김처원으로 말하면, 이공원을 뒤에서 조종하여 아버지인 이감정에게 죄를 짓게 한 사람도 김처원이고, 이감정의 화를 돋우어서 아들인 이공원에게 화풀이를 하게 한 사람도 김처원이었다. 이감정의 밭을 빼앗으려는 계획에서 그러한 짓을 저질렀고 자신 때문에 이공원을 죽게 한 죄가 드러났으니, 후일을 징계하는 방도로 볼 때 4년 동안 판결을 받지 못한 채 갇혀 있었다는 이유로 대번에 무죄로 풀어 줄 수는 없다. 도신이 참작하여 처벌하고 풀어 주게 하라.

방삼복方三ト과 이망적李望赤은 모두 중요한 증인으로서, 감히 꾸며 대는 말을 하여 중대한 사건을 헷갈리게 하였으니, 엄중히 징계하지 않아서는 안 된다. 모두 한 차례 엄중히 형장을 치고 풀어 주라. 살인 사건을 처리하는 격식은 중대하므로 사건을 번복한 뒤로는 그 당시의 검안한 관원과 도신에 대해 모두 경고하지 않을 수가 없다. 그러나 일반적인 생각에 구애를 받고 이전의 사건 기록에 구애를 받은 점은 이상한 일이 아니라고 할 수도 있다. 그러므로 우선 조사하는 것은 면해 주되, 앞으로는 더욱더 유념하라고 함께 엄중히 타이르라."

○ 주상의 판결에 대한 다산의 의견은 다음과 같다.

"호소할 길이 없는 원통한 마음을 4년 동안이나 밝히지 못하였고 조사해도 헛물만 켜던 진상을 재차 조사하였으나 파악하지 못하였습니다. 그런데 멀리까지 내다보시는 전하의 통찰력과 가까이에서 뵙는 듯한 전하의 위엄으로 끝내 숨겨져 있던 사특한 정황을 다 드러나게 하고 억눌려 있던 원통한 사정을 기어이 펴게 해 주셨으니, 아, 성대합니다.

신이 형조에 있을 때의 일이 기억납니다. 선왕先王(정조)께서 함봉련咸奉連의 살인 사건[56]에 의문을 가지시고 자세히 살펴보게 하셨습니다. 그러자 형조 판서는 형조의 업무에 노련한 사람인데도 '이 사건은 번복할 수 없는 확실한 사안입니다.' 하였고, 형조 정랑도 형조의 업무에 노련한 사람인데도 '이 사건은 모두 종료된 사안입니다.' 하였습니다. 그러나 결국에는 지극히 원통한 마음을 그날에 풀었습니다. 이런 것을 통해서 보면 전국에서 원통한 사정을 품고 있다가 감옥 안에서 죽은 사람도 많을 것입니다.

○ 이감정이 아들을 죽인 죄는 도리어 작고, 남을 살인 혐의로 모함한 죄는 매우 큽니다. 아들을 찔러 목숨을 잃게 한 것은 의도하지 않고 우연한 상황에서 나왔으나, 남을 끌어들여 죄를 뒤집어씌운 것은 분명히 고의로 저지른 범죄에 속합니다. 그런데도 주상의 판결문에 이 문제를 거론하지 않은 이유는 당시에 연석筵席에 나아온 신하가 아뢴 일이 있어서일 것입니다.

선왕께서 재위하시던 초반에는 검안한 관원으로서 사건을 잘못 판결

---

56 함봉련咸奉連의 살인 사건: 1794년(정조 18)에 한성부 북부北部에 사는 함봉련이 서재흥徐再興을 구타하여 12일 만에 죽게 한 사건이다. 정조가 사형을 감하여 정배定配하도록 하였다.

한 사람 중에 엄중한 처벌을 당한 경우가 많았습니다. 그 뒤로는 도신과 형조의 관원이 '살인 사건을 번복하면 반드시 검안한 관원이 처벌받게 되니, 천한 사람을 살리려다가 도리어 귀한 사람을 상하게 된다.'라고 생각하여 번번이 진상을 숨긴 채 밝히지 않았습니다. 그러다가 만년이 되어서는 큰 사건을 번복하더라도 검안한 관원을 다스리시지 않았습니다. 이것은 모두 지극히 인자한 큰 덕을 지니시고 진정으로 측은하게 여기신 증거라고 하겠습니다. 아! 이를 어떻게 잊겠습니까!"

2. 인륜에 어긋나는 살인을 저지르다(2)

【아이에게 화풀이하다가 죽이고서는 다른 사람이 발로 밟아서 죽였다고 모함하였다. 사건의 근본 원인은 홧김에 구타하였기 때문이며, 사망의 실제 원인은 얻어맞았기 때문이다.】

○ 황주黃州의 백성 이춘세李春世가 자기 딸 이소련李小連을 죽였다.
○ 조사한 관원의 보고서는 다음과 같다.
"대체로 다른 사람에게 화가 나서 스스로 자녀를 때리는 것은 민간의 의례적인 습속입니다. 그러나 이번에 이춘세로 말하면, 한풀이를 할 때에는 술에 취한 두 놈을 마음껏 구타하였고 겁이 난 뒤에는 도리어 세 살짜리 딸을 때렸습니다.

2차 검안보고서의 발사를 읽어 보면, 이춘세가 어린 딸을 세차게 때리고 내동댕이친 상황과 어린 아기가 머리가 깨져 데굴데굴 구르는 모습은 정경이 눈에 선하여 사람들을 눈물짓게 합니다. 증인이 얻어맞은 곳을 손으로 지적하자 이춘세는 겁에 찬 눈동자가 초점을 잃은 채 흔들렸고, 검안한 관원이 눈앞에서 아들과 마지막 인사를 하라고 명하자 이춘세의 어머니는 머리를 숙인 채 말이 없었으니, 참으로 정황을 잘 형용하였다고 말할 수 있습니다.

이춘세가 처음부터 끝까지 책임을 떠넘기는 것이라고는 '대기大耆를 부축해서 들어가다가 택훈宅勳에게 밟혔습니다.'라는 말에 불과합니다. 그러나 그가 대기를 마음껏 구타한 뒤에 무슨 마음으로 그를 부축해서 들어갔겠습니까! 대기를 부축해서 들어갔다는 말이 거짓으로 꾸며 댄 것인 이상 택훈의 발에 밟혀서 죽었다는 진술도 자연히 터무니없는 것으로 귀결됩니다. 상처와 증언이 자연스럽게 일치되었고, 대질 심문하는 사이에 입장이 궁색하고 말이 구차하였습니다. 따라서 이소련이 얻어맞아서 죽었다는 사실과 이춘세가 주범이라는 사실은 의심할 것 없이 확실합니다. 이는 사실상 세상의 더할 나위 없는 악행이고 인륜의 큰 변괴입니다. 엄중히 형장을 쳐서 자백을 받은 뒤에 해당 형률을 시행하소서."

○ 다산의 의견은 다음과 같다.

"부모가 아들이나 딸을 구타하여 죽인 경우에는 100대의 장을 칠 뿐이고, 고의적으로 죽인 경우에는 60대의 장을 치고 1년의 도형에 처하며, 살해 의도가 흉악하고 끔찍한 경우에는 주상의 뜻을 여쭌 뒤에 결정한다. 이춘세의 경우에는 고의적으로 죽인 경우라고 할 수 있다. 그러나 60대의 장도 세차게 쳐야 그의 악행을 징계할 수 있다.

○ '검안한 관원이 눈앞에서 아들과 마지막 인사를 하라고 명하였다.'라는 것은 검안한 관원이 이춘세의 어머니에게 '네 아들이 이제 죽게 될 것이다. 너는 영원히 이별하는 인사를 하라.'라고 한 말로, 그의 기색을 살펴보려고 일부러 이런 말을 한 것이다.

그러나 내가 고을 수령으로 있을 때 살인 사건을 여러 차례 살펴보았는데 다음과 같은 폐단이 있었다. 범죄의 정황이 흉악하고 끔찍하지만 법률 조문으로는 사형에 해당하지 않는 사건일 경우에, 간악한 아전이 본래의 형률을 숨기고서 '네가 반드시 죽게 될 것이다.'라고 협박하여 많은 뇌물을 요구하고, 결국에 사형을 면하게 되면 그것을 빙자하여 자기의 공인 것처럼 하였다. 어리석은 백성은 법률과 규례를 모르기 때문에 자신이 죽고 사는 것은 아전의 손에 달린 줄로만 알았다.

여기에다가 더욱이 검안한 관원마저 덩달아 위에서처럼 협박하게 되면 중간에서 아전이 농간을 부리기가 더욱 편해진다. 따라서 이러한 사건을 맡게 되면 검안하는 관원은 많은 사람을 앞에 세워 놓고서 본래의 형률로는 사형에 해당되지 않는다는 사실을 분명히 말해서 범인의 우려를 해소해 주어, 범죄가 흉악하고 끔찍하더라도 명백히 밝게 하고 아전이 농간을 부리는 것을 예방해야 한다. 만약 죄악이 드러나면 매섭게 형장을 쳐서 징계해야 한다."

3. 인륜에 어긋나는 살인을 저지르다(3)

【아직 시집가지 않은 처녀가 몰래 간음하자 친오라버니가 거듭 찔러 죽였다. 사건의 근본 원인은 간음하였기 때문이며, 사망의 실제 원인은 찔렸기 때문이다.】

○ 신천信川의 백성 김몽득金夢得이 자기 누이동생 김큰아기金大兒[57]를 죽였다.

○ 검안보고서의 내용은 빠졌다.

○ 주상의 판결은 다음과 같다.

"김몽득의 살인 사건은 다음과 같이 판결한다. 양인良人 집안의 아직

---

57 김큰아기金大兒: 《심리록》에는 김큰아기金大隱阿只로 표기되어 있다.

시집가지 않은 처녀가 포악한 사람에게 몸이 더럽혀지는 일을 갑자기 당하거나 애매모호한 모함을 당하게 되면, 가문을 더럽힌 것 때문에 수치스럽고 분통하게 여겨 부모가 위협하여 죽게 한 경우도 있고 처자가 자살한 경우도 있다. 그러나 독약을 먹지도 않고 목을 매지도 않고 1자 남짓한 칼을 손에 쥐고서 한 차례 찌르고 두 차례 찔러서 기어이 죽고야 말았으니, 김 여인과 같은 정절은 보지 못하였다.

이 사건은 의문점이 한두 가지가 아니지만, 그것을 요약하자면 '그녀가 스스로 찌르고서 죽었다고 굳이 믿을 수도 없으며, 찔려서 죽었다고 억지로 귀결시킬 수도 없다.'라고 하겠다. 식도와 기도氣道의 상처는 깊이와 너비가 5치쯤이고, 칼로 찌르기 시작한 부분과 마무리 부분에는 한 차례 찌르고 또 찌른 흔적이 뚜렷하게 나 있었으니, 결코 어린 여자가 차마 할 수 있는 행위가 아니다. 이것이 그녀가 스스로 찔러 죽었다고 굳이 믿을 수도 없는 이유이다. 김 여인과 한집에 사는 사람이라고는 부모와 형제에 불과하다. 아직 시집가지 않은 처녀가 이웃 사람과 몰래 간음한 것은 부모에게 깊은 수치이기는 하지만, 형제가 대낮에 칼로 찌른다는 것은 더욱이 사람의 마음으로는 도저히 그럴 리가 없는 일이다. 이것이 찔려서 죽었다고 억지로 귀결시킬 수도 없는 이유이다.

이번 사건에서 김몽득을 주범으로 단정한 것은 다만 김몽필金夢必과 김까마귀金烏貴[58]의 한마디 증언 때문이었으나, 그들의 말도 너무나 명료하지가 않았다. 예를 들면 '한 손으로는 머리를 잡고 한 손으로는 낫을 잡고서 먼저 왼쪽을 베고 또 오른쪽을 베었습니다.'라는 말들은 여덟아홉 살의 어린아이가 눈으로 보고 입으로 전달할 수 있는 것이 아니다. 그뿐만 아니라 설사 그들의 말이 모두 사실로서 확실한 근거가 있다고 하

---

58 김까마귀金烏貴: 《심리록》과 《일성록》에는 김까마귀金可麻貴로 표기되어 있다.

더라도, 한 사람은 김몽득의 친동생이고 한 사람은 김몽득의 사촌 동생이다. 아우더러 형의 죄를 증명하게 하는 것은 그의 입장에서 보면 인륜을 손상하고 법률로 보면 위법이 된다.

사람을 죽이면 목숨으로 보상하게 한 법은 형벌을 사용하지 않아도 되는 세상을 만들기 위한 궁극적인 목적에서 나왔을 뿐만 아니라 그러한 과정에서 풍속의 교화를 뿌리내리도록 하려는 취지까지도 포함하고 있다. 그런데 하루아침에 진술을 받아서는 안 되는 아이에게 진술을 받아서 증명하게 해서는 안 되는 사건을 증명하였으니, 살인 사건을 처리하는 격식을 손상한다는 점과 후일의 폐단과 관계된다는 점에서는 과연 어떻겠는가! 그동안 황해도에서 조사하여 보고한 것과 형조에서 대책을 세워 아뢴 것에서 숨겨진 진실과 위반의 단서 들에 대해 빠짐없이 낱낱이 거론하였다. 그러나 의문점이 있는 것은 오히려 작은 일이고, 지켜야 할 것은 사건을 처리하는 격식이다.

가령 김몽득에게 참으로 의심스러운 혐의가 있다고 하더라도 어렴풋하고 분명하지 않은 것에 불과하다. 더구나 두 아이의 진술을 제외하면 원래 털끝만 한 의문도 없다. 지금 한창 심리하는 시기에 조정에서 처분할 때에는 사건을 처리하는 격식을 보아야 하니, 죄인이 요행히 처벌을 피하더라도 그 실수는 오히려 작지만 법전을 위반하면 그 실수는 크기 때문이다. 김몽득을 풀어 주어 살인 사건을 처리하는 격식을 중시하고 풍속의 교화를 돈독히 하려는 조정의 뜻을 보여 주라. 이어서 형조에서 여러 도에 관문關文을 보내 검안을 하거나 합동으로 조사할 때에 불법으로 진술을 받지 못하도록 함께 거듭 밝혀서 엄중히 타이르게 하라."

○ 주상의 판결에 대한 다산의 의견은 다음과 같다.

"아우더러 형의 죄를 증명하게 한 진술을 받아서 오라버니가 누이동생을 죽인 사건을 판결한 것은 풍속의 교화에 해를 끼칩니다. 이것이 주상께서 이처럼 처분하신 이유입니다. 그러나 만약 김몽득의 일이 집안의 공적인 분노에서 나오지 않고 부녀자들의 사적인 비방에서 나왔다면, 주상의 판결이 어찌 이 정도에서 그쳤겠습니까!

아직 시집가지 않은 처녀가 간음을 저지르는 것은 천한 사람들도 모두 큰 수치로 여기고, 간음한 누이동생을 오라버니가 멋대로 죽이는 것은 어리석은 백성이 죄가 없는 행위로 잘못 알고 있습니다. 수치와 분노가 마음속에서 슬그머니 일어나고 잘못된 습속에 대해서는 귀로 들어온 지도 오래되었기 때문에 갑작스러운 상황에서 이처럼 잔인한 짓을 행하게 되었습니다. 이 사건은 정상을 참작해서 용서해 줄 만한 정황이 충분히 있었기 때문에 성상께서 이 사건에서는 그 사실을 깊이 밝히고 싶어 하지 않으셨던 것입니다.

《대명률》〈형률·투구〉'1년 상복을 입는 친족으로서 항렬이 높은 사람을 구타한 경우[毆期親尊長]'의 조문에 '형이나 손위 누이가 아우나 누이동생을 죽이되 구타하여 죽인 경우에는 100대의 장을 치고 3년의 도형에 처하며, 고의적으로 죽인 경우에는 100대의 장을 치고 2000리의 유형流刑에 처한다.' 하였고, 아버지가 아들을 죽이되 그 의도가 흉악하고 끔찍한 경우에는 《속대전》〈형전·살옥〉에서 주상의 뜻을 여쭌 뒤에야 결정하게 하였습니다. 김몽득의 사건은 고의적으로 죽인 경우입니다. 그런데도 그를 무죄로 풀어 준 이유는 누이동생의 음란한 행실을 미워해 저지른 범죄라서 그의 정상을 참작하여 용서해 줄 만하여서였습니다."

4. 인륜에 어긋나는 살인을 저지르다(4)

【시집간 누이동생이 시댁에서 쫓겨나자, 친오라버니가 밀어서 물에 빠뜨렸다. 사건의 근본 원인은 간음을 부끄러워하였기 때문이며, 사망의 실제 원인은 물에 빠졌기 때문이다.】

○ 울산蔚山의 백성 견성민堅聖民이 자기 누이동생 견 조이堅召史를 죽였다.

○ 1차 검안보고서는 다음과 같다.

"이달 1일에 울산부 관내 태화강太和江의 나룻배 뱃사공 문순삼文順三이 찾아와서 다음과 같이 신고하였습니다. '저의 집은 나루터에 있습니다. 제가 앉아서 아침밥을 먹다가 나루터 입구를 바라보니 남자 한 명과 여자 한 명이 있었습니다. 남자는 검은 갓을 쓰고 여자는 흰옷을 입었는데, 그들이 뱃사공을 부르지 않고 스스로 배를 저어서 물을 건넜습니다. 그러다가 중류中流를 지나 아직 남쪽 언덕에 이르지 않은 지점에서 그 부인이 갑자기 물에 몸을 던졌는데, 그 남자가 구해 주지도 않고 남쪽 언덕에 도착하자 배를 대고서는 허겁지겁 달아났습니다. 제가 놀라움을 금치 못하고 급히 다른 배를 타고서 그곳에 도착하여 뒤쫓아 갔으나 행방을 알 수가 없었고, 두 사람의 자취도 탐문할 길이 없었습니다. 그 배 안에는 푸른 베로 만든 조그만 보자기에 싸여 있는 돈 30문文, 흰 모시로 만든 베 5자, 다리꼭지 3개, 겹저고리 한 벌, 해진 버선 한 켤레가 남겨져 있었으므로, 이것까지 아울러 바칩니다.'"

○ 발사跋詞는 다음과 같다.

"이번 사건에서 견 조이의 시신은 물속에 떨어져 있었는데, 그곳 물의 깊이가 7장丈이었습니다. 시신을 건져 내어 북쪽 언덕에 옮겨 놓고서 온몸을 살펴보았는데, 상처는 전혀 없고 손톱에는 모래와 진흙이 끼어 있었으니 익사한 것이 분명하였습니다. 살은 순백색이었고 배는 약간 부풀어 올라 있었으니 이것은 모두 《무원록》〈조례·익수사溺水死〉의 조문과 합치되었고, 나루터의 뱃사공이 바라보았으므로 목격한 증인도 있었습니다. 그러므로 사망의 실제 원인은 '물에 빠져 죽게 되었다.'라고 기록하였습니다.

곽임택郭臨澤과 이영신李永愼 등 여러 사람의 진술 내용으로 볼 때 견조이가 평소 사납고 독살스러웠다는 것은 모함하는 말이 결코 아니었습니다. 며느리와 시어머니가 서로 옥신각신 다투고 남편과 아내가 서로 미워하여 효도하지 않고 공손하지 않다가 끝내 쫓겨나기까지 하였고, 마을 사람들이 일제히 모여서 책망하기까지 하였습니다. 남편의 집에서 쫓겨난 데다가 더욱이 형제의 집에서도 편안히 있을 수가 없어 잠시 떠나갔다가 곧바로 돌아왔고 도망갔다가 또 돌아왔습니다. 길거리를 헤매다가 돌아갈 곳도 없이 궁박해지자, 속이 좁은 성질에 갑자기 물에 몸을 던진 일은 괴이하게 여길 것도 없습니다.

3년을 한집에서 살았으니 서로 좋아하는 감정도 있었을 터이고 친정으로 돌려보낸 것도 절박한 상황은 전혀 아니었으니, 견 여인이 물에 빠져 죽은 이유가 반드시 곽임택에게 소박을 맞아서라고 또한 어떻게 확신하겠습니까! 가장 주목해야 할 사람은 견성민으로, 행적도 의심스러운 면이 많고 마음도 측량하기가 어렵습니다. 그의 누이동생이 그믐날에 찾아온 사실을 그는 '말도 없이 몰래 왔습니다.'라고 하였으나, 누이동생의 뒤를 밟아서 쫓아온 것을 보면 쫓겨날 기미를 알고 있었던 듯합니다.

그런데도 어린아이를 버려둔 것에 대해서는 '공교롭게 그렇게 되었습니다.' 하고 푸른 보자기를 들고 온 것에 대해서는 '대수롭지 않게 보았습니다.' 하는 등 오로지 애매모호한 진술만 하여 단서를 헤아릴 수가 없었습니다. '광기를 부렸습니다.'라고 장황하게 말을 하고 '악행을 저질렀습니다.'라고 부각하여 한 말은 또 무슨 생각에서 한 것입니까! 언양彦陽에서의 말처럼 참으로 이러한 일이 있었다면 한방에서 살던 남편이 어찌 모를 리가 있겠습니까! 설사 그의 말과 같다고 하더라도, 뭍으로 곧장 갈 수 있는 길을 놓아두고 기어이 돌아가는 길인 강을 건너서 간 것은 도대체 또 무슨 까닭입니까?

나루터의 뱃사공을 부르지도 않고 혼자 강의 배를 저어 갔고, 누이동생이 물에 빠진 것을 목격하고서는 허둥대지도 않고 놀라지도 않았습니다. 손을 바삐 써서 구해 주지도 않았을 뿐만 아니라 더욱이 다급한 소리로 구원해 주기를 요청하지도 않은 채 태연히 뭍에 내려서 달아나고 돌아보지를 않았으니, 이것이 어찌 오라버니와 누이동생 사이의 일반적인 마음이겠습니까! 나루터의 뱃사공이 급히 뒤쫓아 갔으나 따라잡지를 못 하였고, 두 여인이 잡으려고 하였으나 꾸짖음을 당하였으며, 마침내 자취를 감추어 행방을 알 수가 없었으니, 세상에 어찌 이럴 수가 있습니까!

만약 '오라버니와 누이동생이 서로 의논한 뒤에 스스로 물에 빠져 죽는 누이동생을 그대로 두었다.'라고 한다면, 푸른 보자기에 싼 돈, 흰 모시, 다리꼭지, 버선은 또 무엇 때문에 배 안에까지 들고 온 것입니까? 실오라기 같은 목숨을 버리기로 마음을 먹고서 한없이 드넓은 강물에 몸을 던지러 가는데, 또 무슨 남은 미련이 있어서 이러한 재물을 들고 온단 말입니까! 이런 점을 통해서 보면 견 여인은 물에 떠밀어 빠뜨려서 죽었지 스스로 물에 빠져서 죽지 않았다는 것이 더욱 분명합니다.

이처럼 오라버니와 누이동생 사이에서 일어난 살인은 반드시 하루아침에 갑자기 생겨난 일이 아닐 것입니다. 어렸을 때의 성품과 행실 때문에 오라버니와 누이동생 사이의 정을 상한 데다가 더욱이 과부가 된 뒤에는 정절을 잃어버렸기 때문에 수치와 분노를 느꼈을 것입니다. 남편의 집에서도 용납을 받지 못하고 친정집으로 돌아가자, 온 집안의 골칫거리로 간주되어 마침내 이번의 변괴를 빚어내었습니다. 강의 중류에서 사방을 돌아보고서는 힘껏 한번 밀자, 나약한 누이동생이 물에 떨어졌습니다. 그러므로 견성민이 유족이라고는 하지만, 주범으로 기록하였습니다.

검안을 행하는 날에 즉시 견성민의 행방을 탐문하여 체포하게 하였는데, 2일 오후쯤이 돼서야 갑자기 스스로 출두하였습니다. 그가 한 말은 오로지 거짓으로 꾸며 댄 것들로, '집에 연로한 아버지가 있어서 화를 옮기게 될까 염려하였습니다.'라고도 하고, '이웃과 마을의 친족들이 모두 돌려보내라고 권유하였습니다.'라고도 하였습니다. 물에 밀어서 빠뜨린 혐의에 대해서는 범행을 부인하고 자백하지 않았으며 스스로 빠져 죽은 것이라고 몰아갔습니다. 순순히 말로만 심문해서는 결코 사실대로 자백하지 않았습니다.

2차 검안할 관원은 언양 현감彦陽縣監으로 정하고 공문을 보내 이곳으로 와 달라고 요청하겠습니다."

○ 다산의 견해: 이것은 건륭乾隆 경술년(1790, 정조 14) 4월 2일에 돌아가신 아버지께서 울산 부사蔚山府使로 계실 때 올린 검안보고서이다. 결국 자백을 받았는지는 알 수 있는 문서가 없으나, 견 여인이 물에 빠뜨려져서 죽었다는 사실은 의심할 것이 없다. 가령 견 여인이 자기 시어머니에게는 불효하였고 자기 남편에게는 순종하지 않았으며 과부가 된 뒤로 간음을 행하여 온갖 악을 다 갖추었다고 하더라도, 가족이 멋대로 죽여서는 안 된다. 견 여인의 부모가 죽이더라도 죄가 되는데, 하물며 오라버니로서 누이동생을 죽인 경우야 더 말할 것이 있겠는가! 과부가 정절을 지키지 않은 것은 본래 죽을죄가 아니니, 죽을죄가 아닌데도 죽였다면 어찌 처벌받지 않을 수 있겠는가![곽임택은 견 조이가 재혼하여 만난 남편이다.]

5. 인륜에 어긋나는 살인을 저지르다(5)

【간음한 시어머니가 며느리를 죽였는데, 입을 막으려는 목적에서 나온 계획이었다. 사건의 근본 원인은 간음하였기 때문이며, 사망의 실제 원인은 찔렸기 때문이다.】

○ 평산平山의 부녀자 최아기崔阿只가 자기 며느리 박 조이朴召史를 죽였다.

○ 1차 검안보고서의 발사跋詞는 다음과 같다.

"박 조이의 시체를 이미 매장해 버려서 시체를 다시 파내어 검안하기가 어려웠습니다. 그러나 유족이 진술하기를 '목을 매고 목을 찔러서 죽었으므로 그대로 즉시 몰래 매장하였습니다.'라고 하였으니, 살인 사건의 처리 격식을 중시하는 방도로 볼 때 시체를 다시 꺼내어 검안해야 하기에 규례대로 검안을 행하였습니다.

대체로 남에게 목이 졸려서 죽은 경우와 스스로 목을 매고서 죽은 경우 및 남에게 찔려서 죽은 경우와 스스로 찌르고서 죽은 경우는 더욱 신중하게 충분히 살펴야 합니다. 그런데 이번 박 여인의 경우에는 목이 졸린 데다가 더욱이 찔리기까지 하여 무슨 마음을 먹고 벌인 것인지 측량할 수가 없으나, 매장한 지가 오래되어 시체의 형체로는 증명하기가 어려웠습니다. 그뿐만 아니라 원고는 증거로 제시하는 물증이 없었고 증인은 확실히 목격했다는 진술이 없어서 여러 방법으로 조사해 보았으나 판결할 수가 없었습니다.

목구멍 뼈에 나 있는 칼에 찔린 두 곳의 상처는 길이와 너비 및 깊이가 1, 2푼이 되기도 하고 3, 4푼이 되기도 하였습니다. 게다가 뼈가 단단한 부위였으므로 처음에 무딘 칼로 시험해 보았으나 뚫지를 못 하였습니다. 칼날에 상처를 입은 식도와 기도의 부위는 살갗과 살이 비어 있고 연해서 찌르면 반드시 죽는 곳입니다. 자기의 목을 스스로 한 차례 찌르는 것조차도 본래 일반 사람은 할 수 있는 일이 아니고 보면, 스스로 재차 삼차까지 찌르는 것은 참으로 이치에 맞지 않습니다.

그러나 평소 속이 좁은 그녀의 성품으로 구박하는 시어머니의 학대를 받게 되자, 스스로 자기 목숨을 해친 것이 아니겠습니까! 다시는 시어머니의 손아귀에 놀아나지 않겠다고 맹세하여 날마다 다짐해 오다가 결연히 자살하였다는 것은 의심할 바 없이 명확합니다. 남에게 살해되었다고 하기에는 사지와 몸뚱이에 묶였던 자국이 없고 손바닥에 칼을 막으면서 생긴 상처도 없습니다.

게다가 목이 졸린 흔적으로 말을 하자면, 이른바 시렁의 높이는 8자에 불과하여 물건을 밟고 올라서서 목을 걸 수 있는 공간이 나올 수가 없었습니다. 더구나 부드럽고 신축성이 있는 너른 베는 질기고 단단한 끈과는 다른 데다가 더욱이 두 무릎을 꿇고 앉아서 목을 매어 자살하는 것은 공중에 목을 매어 자살하는 것처럼 위급한 상황이 아닙니다. 그렇다면 당시에 박 여인이 죽으려다가 죽지 못하자 더욱더 독기가 생겨 점차 한번 시작하면 끝장을 볼 셈을 하고서는 벌떡 일어나서 생각을 바꾸는 사이에 한 차례 찌르고 두 차례 찔러 끝내 자살하기에 이르렀을 것입니다. 오른손이 부드럽고 눈을 감고 있는 증상은 《증수무원록》〈조례·인상사〉 '스스로 베어서 죽은 경우[自割死]'의 조문과 일치합니다. 그러므로 사망의 실제 원인은 '스스로 목을 찔러 죽게 되었다.'라고 기록하였습니다.

최 여인은 양반 집안의 과부로서 행실이 단정하지 못하여 사람들 사이에 말이 파다하게 퍼져 있었으니, 그녀의 며느리로서도 반드시 정성을 다하여 잘 섬기지는 않았을 것입니다. 그런데도 스스로 반성할 생각은 하지 않고 도리어 성난 감정을 품고서 날마다 구박하였습니다. 박 여인이 항상 원한을 품고 있다가 말씨와 얼굴에 드러낸 것도 한두 차례가 아니었습니다. 화가 나서 꾸짖는 말을 자기 아버지에게 내뱉었고, 분개한 기색을 자기 시어머니에게도 숨기지 않았습니다. 그러다가 결국에는 자살하고야 말았으니, 최 여인이 억지로 찌르지는 않았으나 구박하여 죽게 한 죄를 어떻게 감히 피하겠습니까!

이차망李次望은 박 조이의 집을 왕래하기는 하였으나 원래 지목할 만한 간음의 증거가 없으니, 우선 엄중히 가두어 두고서 처분을 기다리겠습니다."【1차 검안한 관원은 평산 부사 정경증鄭景曾이다.】

○ 다산의 비평은 다음과 같다.

"칼로 찌른 곳이 모두 세 구멍이다. 그중 하나는 깊이가 1, 2푼이고, 또 하나는 깊이가 3, 4푼이며, 또 하나는 안이 비어 있어 깊이를 잴 수가 없다. 일반적으로 자기 목구멍을 스스로 찌르는 경우에는 모두 한 번만 찌르고 말지 어찌 재차 찌르겠는가! 그런데 '처음 찌른 것은 몹시 얕았고, 재차 찌른 것은 다소 깊었으며, 세 번째 찌르고서야 안에까지 꿰뚫었다.'라고 할 것인가! 1, 2푼 깊이로 찔렀던 칼을 도로 뽑아서 3, 4푼 깊이로 재차 찌르는 것은 그래도 가능하다고 하겠으나, 3, 4푼 깊이로 찌른 칼을 또 뽑아서 다시 찌른다는 것은 결코 그럴 수 없다. 이것은 전광田光[59]과 섭정聶政[60]조차도 저지를 수 없는 일인데, 연약한 여자가 했다고 할 것인가!

처음에는 스스로 찌르는 경우에 재차 찌르기가 어렵다는 논리를 펴고서 '참으로 이치에 맞지 않습니다.'라고 단정하였으나, 이어서는 속이 좁은 여자의 성품은 변화시키기가 어렵다는 논리를 펴고서 '의심할 것 없이 명확합니다.'라고 말을 뒤집었다. 저 논리나 이 논리나 본래 두 가지가 아니다. '스스로 찌르는 경우에 재차 찌르기가 어렵다.'라고 하였던 이유

---

59 전광田光: 중국 전국시대 때 연燕나라의 협객俠客이다. 연나라의 태자 단丹이 진시황秦始皇을 죽이기 위해 전광에게 부탁하였으나 전광이 자신은 늙어서 거행할 수 없다고 하면서 대신 형가荊軻를 추천하였다. 태자가 그러한 계획이 누설될까 염려하자 전광이 태자를 안심시키기 위해 자결하였다. 《사기》〈자객열전〉

60 섭정聶政: 중국 전국시대 때의 협객이다. 섭정이 자신을 알아주었던 엄중자嚴仲子를 위해 당시 한韓나라의 재상 협루俠累를 죽이고서는 자신의 낯가죽을 벗기고 눈을 도려내고 죽었다. 한나라 애후哀侯가 섭정이 누구인지를 몰라 이름을 알아내기 위해 현상금을 걸었는데, 섭정의 누나인 섭앵이 섭정의 이름, 협루를 죽인 이유, 누이에게 해를 끼치지 않게 하기 위해 얼굴을 훼손하고 죽은 사실 등을 밝히고, 동생의 시체 옆에서 죽었다. 《사기》〈자객열전〉

는 일반적으로 생명이 있는 사람이면 누구나 자기 몸을 아끼기 때문에 찌르고 나면 고통을 느껴서 자연히 재차 찌를 수가 없어서이다. 원한이 깊거나 얕거나 간에, 비통이 크거나 작거나 간에 이처럼 자연스러운 이치를 깨뜨릴 수가 없다. 더욱이 어떻게 속이 좁은 성품은 변화시키기 어렵다는 말을 가지고서 억지로 '의심할 것 없이 명확합니다.'라고 말할 수 있겠는가!

팔에는 묶였던 흔적이 없고 손에는 칼을 막으면서 입은 상처가 없었으니, 이것은 분명히 범행을 도와준 사람이 있음을 의미한다. 그런데도 이것을 의심하지 않고 스스로 찔렀다고만 의심한 것은 무엇 때문인가? 상처가 스스로 찔렀을 때의 증상과 합치되면 두 가지는 스스로 찌른 증거가 되지만, 상처가 스스로 찔렀을 때의 증상과 어긋난다면 두 가지는 범행을 도와준 사람이 있다는 증거가 된다. 그런데도 이를 세밀히 조사하지 않았으니, 애석하다."

○ 또 다음과 같이 비평하였다.

"'목을 찔렀다.[刺項]'라는 두 글자는 어법에 맞지 않는다. 목[項]은 뒷면에 있는데 어떻게 찌르겠는가! 목[頸]은 앞목이나 뒷목이나 통틀어 사용하는 이름이다. 그러므로 《예기》〈옥조玉藻〉에서는 '머리와 목은 반드시 곧게 한다.[頭頸必中]' 하였고, 《주례》〈동관冬官·고공기考工記〉에서는 '삼등분하여 그중 3분의 1을 뺀 수치로 목의 둘레를 삼는다.' 하였으니, 모두 목의 전체를 말한 것이다. 정씨丁氏의 운서韻書[61]에서는 '경頸은 앞에 있는 목이고 항項은 뒤에 있는 목이다.' 하였으니, 이는 '목을 찌르는

---

61 정씨丁氏의 운서韻書:《오주연문장전산고五洲衍文長箋散稿》를 참고해 볼 때 중국 송宋나라의 정도丁度가 편찬한 《집운集韻》을 가리킨 것으로 보인다.

것[刎頸]' 때문에 그렇게 말한 듯하다. 그러나 《설문해자說文解字》에서는 '목[頸]은 머리의 줄기[頭莖]이다.' 하였으니, 앞목과 뒷목을 통틀어 부르는 이름이다. 그러므로 《무원록》〈검복·시장식屍帳式〉의 그림에서 목의 뒤를 항경項頸이라 하고 목의 앞을 함해頷頦라고 하였다."

○ 2차 검안보고서의 발사는 다음과 같다.

"많은 시일이 지난 뒤에서야 유족이 고소한 데다가 더욱이 중간에 시신을 매장하여 시신의 상태에 변화까지 생겼습니다. 여러 차례 시신을 씻어 내고 닦아 내기도 하였고 한참 동안 증기를 쐬이고 물건으로 덮어 씌우기도 하였으나, 온몸이 썩어 문드러져서 검안을 행하기가 몹시 어려웠습니다. '목이 졸리고 더욱이 찔렸습니다.'라는 여러 사람의 진술이 자세하였지만, 목을 두루 살펴보아도 졸린 흔적을 발견하지 못하였습니다. 아마도 목을 맬 때 단단히 조이지 않아서 이 때문에 죽지는 않았기 때문에 목을 맨 흔적이 나타나지 않은 것 같습니다.

목구멍 뼈에 난 두 곳의 상처는 모두 심각하지 않았고, 식도와 기도의 칼에 의해 난 한 곳의 상처는 길고도 깊었습니다. 식도와 기도는 한 차례만 찔러도 죽을 수가 있는 급소인데, 목구멍까지 찔려서 생긴 구멍 1개와 목에만 찔려서 생긴 구멍 2개가 나 있는 것은 매우 괴이합니다. 박 여인이 수건으로 목을 맸지만 느슨하여 죽지는 않았고 목구멍 뼈를 두 차례 찔렀으나 칼이 무뎌서 들어가지 않자, 이에 목구멍의 빈 곳을 골라서 한 차례 찔러 죽을 계획을 이루었습니다. 그녀가 계획을 세워서 차례로 시행한 것은 상상할 수 있을 정도로 명백합니다. 만약 남에게 살해되었다고 한다면, 사지에는 묶였던 흔적이 없고 두 손에는 칼날을 막다가 부딪친 흔적이 없으니 어찌 이상하지 않겠습니까!

이제 법률 조문을 살펴보면, 상처의 위·중간·아래에 따라 그 깊이가 각각 다르고 칼로 찌르기 시작한 부분과 칼을 거두어들인 부분은 왼쪽과 오른쪽이 다르니, 《무원록》〈조례·인상사〉 '스스로 베어서 죽은 경우'의 조문과 하나하나 합치됩니다. 그러므로 사망의 실제 원인은 '스스로 목을 찔러 죽게 되었다.'라고 기록하였습니다.

박 여인이 이처럼 젊은 나이에 이처럼 칼날로 찌르는 짓을 벌인 것은 시어머니와 며느리 사이에 흔히 서로 맞지 않았던 것이 원인이라고 할 수는 없겠습니다. 반드시 그녀의 마음에 살아도 죽느니만 못한 수치와 원한이 있어서 이런 짓을 벌였을 것입니다. '우리 딸이 덕에 누累가 있었습니다.'라는 박장혁朴長赫의 말과 '두 차례 불을 냈습니다.'라는 조종걸趙宗傑의 진술로도 상상해 볼 수가 있겠습니다. 초가집의 지붕을 이는 날은 실수로 불을 내기가 몹시 쉽고, 마을 안의 다른 사람 집 지붕에 불이 난 것은 자기와 아무런 관계도 없습니다. 그런데도 이리저리 날조하고 점차 사특한 말로 발전하였으니, 시골의 왁자지껄한 말들은 참으로 통분스럽습니다. 가혹한 시어머니의 입이 아니었다면 어찌 새로 들어온 며느리의 귀에까지 그 말이 들어갔겠습니까! 이것 때문에 목숨을 버린 것이 불을 보듯 뻔하니 그 정경을 상상해 보면 몹시 측은합니다.

다만 그녀의 아버지란 자가 뒷일을 잘 처리하지 못하였습니다. 이치에 맞지도 않는 고소장을 제출하도록 위협하였고 윤리를 무시하는 수기手記를 억지로 받아 냈으며, 점차 강도를 높여 세 차례나 진술을 번복하였습니다. 그리하여 최 여인을 꼼짝없이 간음을 저지른 것으로 곧장 몰아갔으나, 아들더러 어머니의 죄를 증명하게 하는 것은 공정한 증거가 될 수 없다는 사실을 전혀 몰랐습니다. 두 여종의 말은 종으로서 주인의 죄를 증명하게 하는 것이기 때문에 심문해서는 안 됩니다. 그러나 기왕 목격했다고 하였기 때문에 의례적으로 한 차례 심문하니, '1차 검안할 때에는 허위로 고하였습니다.'라는 내용으로 뜬금없이 자백하였습니다. 완전히 몰지각하고 벌레처럼 어리석어서 전에 신고했던 말과 지금 번복한 말 모두 신뢰할 수가 없습니다.

　대체로 최 여인은 말을 들어 보고 모습을 살펴볼 때 상당히 순하지 못하였으니, 가령 시어머니가 된다면 그 아래에서 며느리 노릇을 하기가 어려울 것 같았습니다. 그러나 박 여인이 시집간 지는 겨우 90일밖에 안 된 데다가 중간에 60일은 돌림병 때문에 따로 살았으니, 앞뒤로 함께 산 기간을 통틀어 계산해 보면 30일에 불과합니다. 시어머니가 평상시에 며느리를 꾸짖는 것이 아무리 가혹하다고 하더라도 그동안 괴로움을 당한 것이 어찌 죽음을 결심할 정도까지야 되겠습니까! 윤리에 어긋난 짓을 하였다는 시골의 소문을 제기하여 집안의 죄도 없는 며느리를 죽였으니, 그녀의 심보와 행적을 따져 보면 몹시 통분스럽습니다. 위협하여 죽게 한 죄로 처벌하더라도 참으로 지나치지 않습니다."【2차 검안한 관원은 배천 군수白川郡守 이서회李瑞會이다.】

　○ 다산의 비평은 다음과 같다.

　"거취를 선택하는 것을 택擇이라 하고, 따져 보고 헤아리는 것을 계計라 하며, 계획하여 안배하는 것을 설시設施라 한다. 아! 손으로 칼을 뽑아 들어 자기 목구멍을 스스로 찌르는 사람이 어느 곳을 찌를지 선택할 겨를이 있겠으며, 따져 보고 헤아릴 겨를이 있겠으며, 계획하여 안배할 겨를이 있겠는가! 자기 목구멍을 재차 찔러 그 깊이가 4푼이나 된 사람이 정신이 남아 있어서 목구멍의 빈 곳을 다시 골라 찔러서 자기가 마음먹은 대로 이루고 자기가 계획 세운 대로 돌아가게 할 수 있겠는가! 살인 사건을 이처럼 심리하였으니, 또한 억울한 일이다.

　○《증수무원록》〈조례·인상사〉'스스로 베어서 죽은 경우'의 보주補注

에 이르기를 '목구멍 아래에 자기가 칼로 낸 상처는 한 군데만 있어야 하니, 상처를 내고 난 뒤에는 다시 벨 수가 없기 때문이다.' 하였다. 이와 같이 명백한 조문을 어찌하여 인용하지 않고 합당하지도 않은 조문을 잘못 지정하여 애매모호하게 엄폐해서야 되겠는가! 스스로 칼로 찌를 경우에 왼손으로 찌를 때의 상처와 오른손으로 찌를 때의 상처 및 칼로 찌르기 시작한 부분과 칼을 거두어들이는 부분의 상처에 대한 조문은 정밀하고 착오가 없는데, 이 시신의 상처와 서로 합치될 리가 있겠는가! 너무도 허위가 심하다.

○ '아들더러 어머니의 죄를 증명하게 하는 것은 공정한 증거가 될 수 없다.'라는 말은 '억울한 누명을 벗겨 주는 사건에서 아들더러 어머니의 죄를 증명하게 해서는 안 된다.'라는 의미이다. 이번 사건에서 최 여인의 아들 조광선趙匡善의 수기는 박장혁의 협박에 따라 작성된 문서이다. 따라서 아들더러 어머니의 죄를 증명하게 한 것에 대해서는 '윤리를 손상하고 사리에 어긋납니다.'라고 배척하기만 하면 되지, '공정한 증거가 되지 못합니다.'라고 배척해서는 안 된다."

○ 황해 감영黃海監營의 제사는 다음과 같다.

"스스로 목을 매거나 스스로 찌르는 일은 흔히 일어난다. 그러나 이번 사건에서 박 여인의 시체에는 목을 맨 흔적과 칼로 찌른 흔적이 같이 나 있어 다른 사람이 그렇게 했는지 자기가 그렇게 했는지를 분별하기가 어렵다. 두 차례 검안보고서를 여러 차례 읽어 보았으나, 너무 많이 생각하여 의혹만 키울 뿐이었다.

네 차례 칼로 찌른 흔적은 두 차례 검안보고서의 기록이 서로 부합하니, 박 여인의 죽음이 목을 맨 사실 때문이 아님은 의심할 바 없이 명백하다. 더욱이 칼로 찌르기 시작한 부분과 칼을 거두어들인 부분에 난 상처는《증수무원록》〈조례·인상사〉 '스스로 베어서 죽은 경우'의 조문과도 일치하니, 살인 사건을 성립시켜야 한다는 것은 더 이상 말할 필요가 없다.

다만 이 박 여인이 속이 좁은 성품이기는 하지만, 시집온 지 몇 개월 동안 부부 사이에 금슬이 좋다고 하였을 뿐만 아니라 더욱이 시어머니와 며느리가 서로 의지하여 감언이설로 이간질하는 일도 없었으니, 세상을 살 만한 보람은 있어도 죽을 만한 명분은 없었다. 따라서 그녀가 목을 매고 게다가 칼로 찔러 기어이 죽고야 만 이유를 참으로 이해할 수가 없다. 여종더러 주인의 죄를 증명하게 하는 것과 아들더러 어머니의 죄를 증명하게 하는 것은 모두 법의 취지가 아니다. 그뿐만 아니라 전후의 서로 어긋나는 진술은 신뢰할 수가 없고, 박장혁이 조광선을 협박하여 받아 낸 수기도 거론할 것이 아니다.

조종걸趙宗傑로 말하면, 아들더러 어머니의 죄를 증명하게 하는 글을 작성할 때 애당초 간여하였고, 박 여인이 두 차례 불을 냈다는 말까지도 나중에 전파하였다. 겉으로는 이를 유언비어로 귀결시켰으나, 그의 실제 목적은 박 여인의 덕에 누를 끼치려는 것이었다. 이것을 가지고서 미루어 보면, 숙모와 조카 사이에 반드시 말을 전달하여 최 여인의 귀에까지 들어갔을 테니, 자기 며느리에게 대놓고 말하지는 못 했더라도 어찌 말씨나 얼굴에 드러나지 않았겠는가! 막 시집온 며느리가 부끄러워서 얼굴을 들지 못하고 추악한 소문을 씻기가 어렵게 되자 차라리 죽는 것이 낫겠다는 결심을 하고서 자살하는 것은 이치와 상황으로 보아 반드시 그럴 수밖에 없는 일이다. 위의 조종걸은 한 차례 엄중히 형장을 치고 심문하라.

유족 박장혁으로 말하면, 만일 억울함을 풀고 싶었다면 어찌하여 즉시 고소하지 않았는가! 그러기는커녕 도리어 협박을 일삼아 '범행을 인정하는 수기를 작성하면 관아에 고소하지 않겠다.'라고 하여 수기를 억지로 받아 냈고, 아들이 어머니의 죄를 증명하는 추악한 말을 자기 입으로 불러 주어 시어머니가 며느리를 죽인 증거로 삼으려고 하였다. 그의 소행을 보면 그도 너무나 형편이 없다. 한 차례 엄중히 형장을 치고 샅샅이 심문하라.

조광선이란 자가 또 '죽는 것이 사는 것보다 낫다.'라는 등의 말로 수기를 작성하여 증명한 뒤로는 이 살인 사건의 중요한 관련인이라고 할 수 있다. 그에게서도 진술을 받아 첩정牒呈으로 보고하라.

최 여인으로 말하면, 며느리의 덕에 누가 있다는 말에 대해서는 꼬치꼬치 따질 필요도 없고 살인의 변고는 그 까닭을 측량할 수가 없지만, 사실상 잘못은 그녀에게 있으니 며느리를 구박하여 죽인 죄를 그녀가 어떻게 면할 수 있겠는가! 한 차례 엄중히 형장을 치고 진술을 받아 첩정으로 보고하라.

이차망李次望으로 말하면, 상중에 있는 몸으로 행실을 삼가지 않아서 두 여종의 진술에서 이름이 거론되기까지 하였으니, 그도 그대로 두고 거론하지 않을 수가 없다. 30대의 장杖을 치고 참작하여 풀어 주라."【황해도 관찰사는 홍병찬洪秉纘이다.】

○ 다산의 비평은 다음과 같다.

"이른바 수기라는 것은 박장혁이 조광선을 속여 '너의 어머니가 내 딸을 죽이고서는 스스로 목을 찌르고서 죽었다고 모함하였으니, 그 뜻을 관아에 고소하려고 한다. 그러나 네가 「이번에 죽은 아내를 우리 어머니가 죽였다.」라고 수기를 작성해 준다면, 내가 관아에 고소하지 않고 그 수기로 증서를 삼겠다.' 하자, 조광선이 어리석고 무식하여 박장혁이 입으로 불러 준 대로 이 수기를 작성하였다. 이것이 이른바 수기에 대한 일이다.

조광선이 아무리 어리석고 무식하다고 하더라도 자기 아내가 자기 어머니의 손에 죽지 않았다면, 반드시 이러한 수기를 작성하려고 하지는 않았을 것이다. 아들더러 어머니의 죄를 증명하게 하는 것을 법률상으로는 금지하고 있지만, 단서를 찾아내기 위해서는 이치상 구애받지 않는다. 재차 찌르고 삼차 찔러서 상처가 생긴 것은 하나의 의문점이고 박장혁이 불러 준 대로 조광선이 수기를 작성한 것도 하나의 의문점이다. 이 두 가지 의문점을 가지고서 사건의 근본 원인을 따져 본다면 불가할 것이 무엇이 있기에, 기어이 박장혁에게 엄중히 형장을 치게 하였는가! 잘못이 크다고 하겠다."

○ 황해도에서 다음과 같이 조사하여 아뢰었다.

"신이 부임하던 날에 평산의 유학幼學 박용해朴龍海가 '저의 누이동생이 남에게 살해되었으나 살인 사건으로 성립되지 못하였으니 너무도 원통합니다.'라고 맨 먼저 와서 고소하였습니다. 그래서 신이 놀라움을 금치 못하여 조사하여 처리하겠다고 허락하였습니다.

그 뒤로 1차 검안보고서와 2차 검안보고서를 상세히 살펴보고 길에 떠도는 말들을 은밀히 탐문해 보고 나서, 이리저리 생각해 보고 반복해서 깊이 따져 보아도 살해 수법의 잔혹성과 사건 정황의 의문점은 전에 듣지 못했던 것이었습니다. 만약 이 사건을 스스로 목을 찔러서 죽은 것이라고 한다면 다음과 같은 문제점이 있습니다. 이미 자기 목을 스스로 매고 나서 한 차례 두 차례 찌르기 시작해서 서너 차례까지 찌른다는 것은 연약한 여자가 저지를 수 있는 일이 결코 아닙니다. 그뿐만 아니라 《증수무원록》〈조례·인상사〉 '스스로 베어서 죽은 경우'의 보주補註에 이르기를 '목구멍 아래에 자기가 칼로 낸 상처는 한 군데만 있어야 하니, 상처를 내고 난 뒤에는 다시 벨 수가 없기 때문이다.' 하였습니다. 이 조문대로라면 찌른 상처가 서너 곳이나 나 있는 이번 사건을 스스로 찔러서 죽은 것이라고 귀결시켜서는 안 됩니다.

만약 이 사건을 남에게 찔려 죽은 것이라고 한다면 다음과 같은 문제점이 있습니다. 집 안에는 남편과 계모繼母만 있었을 뿐입니다. 박 여인이 시집온 지 아직 몇 달밖에 지나지 않았으니 부부가 아직 서로 미워하지도 않았고, 시어머니와 며느리가 서로 말다툼한 일도 없었습니다. 따라서 남편이 아내를 죽이거나 시어머니가 며느리를 죽인다는 것은 모두 사리에 벗어난 일입니다.

그런데도 각 사람은 오로지 애매모호하게 진술하기만 하고 확실하게 지적해서 진술한 사람이 하나도 없었습니다. 최 여인의 집에 평상시 왕래하는 내외의 친족들이 무수히 많은데, 그녀의 여종인 사단四丹은 친족이 아닌 이차망을 범인으로 지목하면서 말하기를 '이차망이 항상 최 여인과 대면하여 이야기를 주고받았습니다.' 하였습니다. 그 여종이 목격하고서 이처럼 구두로 진술한 이상 이 사건의 단서가 되기에 충분합니다. 그런데 2차 검안할 때가 되자 곧바로 진술을 바꾸어서 의혹을 불러왔습니다.

최 여인이 뽕잎을 썰기 위해 상도桑刀를 사용하려고 생각하였다면, 본래 스스로 즉시 찾아야 합니다. 게다가 며느리의 방이 겨우 한 칸 건너서 있었는데, 어찌하여 며느리를 불러서 물어보지 않고 기어이 바깥에서 일을 하고 있던 아들 조광선을 불러서 그 칼을 찾은 것입니까! 그 칼을 다른 곳에서 찾아보지도 않고 곧장 '그 칼이 네 방에 있을 듯하다.'라고 한 것은 더욱이 무슨 의도입니까?

그 외에도 의문점이 한두 가지가 아닙니다. 그런데도 1차 검안할 때와 2차 검안할 때에 전혀 자세히 조사하지도 않고 곧장 '두 손이 부드럽고 눈이 감겨 있었습니다.[右手軟眼合]'라는 5자만 가지고서 《무원록》〈조례·인상사〉'스스로 베어서 죽은 경우'의 조문을 인용하여 일치한다고 하면서 박 여인이 사망한 실제 원인을 단정하였습니다. 그러나 《무원록》〈조례·인상사〉 '남에게 찔려서 죽은 경우[被人殺死]'의 조문에 '일반 사람이 평소에 오른손잡이라면, 누워 있는 사람이 저항할 경우에 칼의 뾰족한 부분이 반드시 아래쪽을 향하고 상처가 오른쪽 어깨의 우묵한 부분까지 나게 된다.' 하였습니다. 검안보고서에 기록된 '서슬 퍼런 칼날이 모두 오른쪽을 겨냥하였습니다.'라는 것을 가지고서 《무원록》의 이 조문과 대조해 본다면, 박 여인이 누워 있는 상태에서 남에게 찔렸다는 것은 전혀 의심할 바가 없습니다.

한창 이 단서를 가지고서 철저히 조사하려고 하였는데, 이제 박용해가 격쟁擊錚하여 원통한 사정을 호소한 일로 인해서 내린 판결문 안에 '도신이 직접 맡아 엄중히 조사하게 하라.'라는 명이 있었습니다. 신이 주상의 뜻을 삼가 준행하여 사건과 관련된 사람들을 모두 붙잡아다가 신의 감영 감옥에 가두고서, 신과 별도로 정한 조사관이 함께 모여 조사하였습니다.

사단이 진술하기를 '박 여인은 이차망이 집에 왕래하는 것을 보고서는 괴이하고 가증스럽다는 등의 말을 저와 주고받았습니다.' 하였는데, 이것은 1차 검안할 때 진술했던 것에 비해서 더욱 상세합니다. 최 여인이 아이를 낳았다는 말은 염탐할 때마다 여러 차례 들었기 때문에 시험 삼아 물어보니, 조광진趙匡辰과 사단의 진술이 한입에서 나온 것처럼 똑같았습니다.

박 여인이 사망하던 날에 최 여인이 갑자기 새 옷으로 갈아입었기 때문에 조광진이 '마음속으로 매우 의아하게 여기고 옛 옷을 자세히 살펴보니 핏자국이 여기저기 어지러이 나 있었는데, 혹시라도 보게 될까 염려하듯이 최 여인이 힘껏 빼앗아 갔습니다.' 하였습니다. 두 사람을 대질시키자 최 여인의 말이 하나하나 꿀렸고 '네가 나를 죽이려고 하는구나.'

라고만 하였으니, 최 여인이 범행을 저지른 정황은 자백을 받지 않아도 불을 보듯이 뻔합니다.

신이 나름대로 그 당시 정황을 정리해 보면 이렇습니다. 최 여인은 자기 아들이 어렸기 때문에 마음껏 간음을 저지르다가, 서로 간음한 행적이 새로 들어온 며느리에게 발각되자 입을 막아 버리려는 마음을 항상 속에 품고 있었습니다. 그러다가 사건이 일어나던 날에 새로 들어온 며느리가 우연히 두통이 생겨서 이불을 덮고 정신없이 자고 있자, 이 음란한 시어머니가 그때를 틈타 갑자기 들어가서 손에 칼을 쥐고 한 차례 찌르자 벌써 기도가 끊어졌는데, 그래도 죽지 않을까 우려해 계속해서 또 마구 찔렀습니다. 그처럼 갑작스러운 상황에서도 감히 범행의 자취를 숨기려는 꾀를 내고서는 시체를 붙들어 무릎을 꿇린 다음에 목을 걸어 매달아 놓아서, 마치 스스로 목을 매고 스스로 찔러 죽은 것처럼 꾸몄습니다. 그 당시의 광경을 상상해 보면 머리카락이 곤두설 정도로 온몸이 오싹합니다.

검안보고서에서는 또 박 여인의 손바닥에 칼날을 막으면서 생긴 상처가 없다는 이유로 스스로 목을 찌르고서 죽었다는 증거로 삼았습니다. 그러나 《무원록》〈조례·인상사〉 '남에게 찔려서 죽은 경우'의 조문에 이르기를 '급소 부위를 단칼에 찔러 곧장 사망하게 한 경우에는 죽은 사람의 손바닥에 상처가 없다.'라고 하였습니다. 최 여인이 흉기를 휘둘러서 먼저 기도를 끊었으니, 손바닥에 칼날을 막으면서 생긴 상처가 없는 것은 본래 당연합니다. 새 옷으로 갑자기 갈아입고 옛 옷에는 핏자국이 여기저기 어지러이 나 있었던 것은 시체를 붙들어 일으키는 사이에 저절로 피가 옷에 흩뿌려졌기 때문입니다.

그리고 목을 맨 흔적이 1차 검안보고서에는 기록되어 있으나, 2차 검안보고서에는 기록되어 있지 않습니다. 만약 살아 있을 때에 목을 맨 흔적이라면 살갗은 벌써 썩어 버렸더라도 흔적은 본래 없어지지 않는 법입니다. 그런데 이번 시신의 목을 맨 흔적이 처음에는 나타났다가 나중에는 사라져 버린 것은, 죽은 뒤에 남에게 목이 졸려서 혈맥이 통하지 않았기 때문입니다. 그러므로 주범은 최 여인으로 기록하였습니다.

이차망으로 말하면, 최 여인이 범행을 저지를 때 힘을 합쳐서 함께 행했는지는 아직 증거를 잡지 못하였습니다. 그러나 최 여인의 흉악한 범죄는 간음 때문에 저질렀고 간음의 근본은 이차망에게 있으니, 그가 범행을 부인하고는 있지만 종범의 죄를 어떻게 면할 수 있겠습니까! 이상에서 거론한 최 여인과 이차망 등은 합동으로 샅샅이 심문하여 기어코 실정을 알아내겠습니다.

박용해의 원정原情에 '1차 검안한 관원과 2차 검안한 관원이 조씨 집안과는 혼인으로 맺어진 친분이 있기도 하고 동문수학한 친분이 있기도 하여 이번 살인 사건의 내막을 뒤바꾸어 놓았습니다.' 하였습니다. 해당 평산 부사의 제수씨가 과연 조씨 집안의 먼 친족이고 보면, 이를 지목하여 이의를 제기하는 것은 이상한 일이 아닙니다. 이른바 동문수학하였다고 한 말로 말하면 박장혁의 진술에서 '전해 듣기만 하였고 목격한 것은 아닙니다.'라고만 하였으니, 그 말은 신뢰하기가 어렵습니다.

대체로 살인 사건을 조사하는 격식은 조금이라도 소홀히 할 수가 없습니다. 그런데 1차 검안한 관원인 전 평산 부사 정경증은 당시 시체를 검안할 때에 조씨 집안의 말에만 의거하여 사망의 실제 원인을 완전히 잘못 지정해서 잘못 판결한 죄가 있는 데다가 시장屍帳을 유족에게 주지 않아 조씨 집안을 비호하는 정황이 뚜렷하였습니다. 2차 검안한 관원인 배천 군수 이서회는 1차 검안보고서의 내용과 짜 맞추어서 자연히 한통속이 되고 말았으며, 사단이 진술을 바꾸도록 내버려 두었고, 이차망의 간악한 정상을 조사하지도 않았습니다. 이제 와서는 증거가 명확하고 사건의 조사 결과도 번복되었으니, 검안한 두 관원이 애당초 살인 사건을 성립시키지 않은 처분은 법률의 취지로 헤아려 볼 때 참으로 너무도 형편없습니다. 그들의 죄상을 형조에서 주상께 여쭈어 처리하게 하소서. 두 차례 검안할 때의 형리刑吏는 신의 감영에서 엄중히 형장을 치고 적용할 법률을 정하겠습니다.

조광선은 최 여인의 아들이고, 조종걸은 최 여인의 조카입니다. 아들더러 어머니의 죄를 증명하게 하는 것은 법률 규정에 위배되므로 모두 재삼 심문하지는 않았습니다. 사단은 종으로서 주인의 죄를 증명하는 혐의가 있기는 하지만, 이 사건의 핵심 증인으로는 오로지 사단뿐이므로 어쩔 수 없이 진술을 받았습니다. 최아기와 이차망은 모두 목에 칼을 씌워서 신의 감영 감옥에 가두고, 그 외 사건에 관련된 사람들도 모두 가두어 두고서 처분을 기다리겠습니다."【황해도 관찰사는 엄사만嚴思晚이다. ○ 당시에 중군中軍 윤재복尹在復에게 조사를 행하고 진술을 받게 하였는데, 윤재복이 주리를 트는 형벌을 시행하였다.】

○ 다산의 비평은 다음과 같다.

"사건에 대해 상세하게 밝혀서 서술하였다. 다만 검안보고서가 아닌데도 '주범은 최 여인으로 기록하였습니다.'라고 한 것은 작은 오류이다.【'최여인이 주범이라는 사실은 의심할 것이 없습니다.'라고 해야 한다.】"

○ 또 다음과 같이 비평하였다.

"최 여인에게 간통한 사내가 있는지 의심하다가 마침내 이차망을 지목하였고, 최 여인과 함께 범행을 저지른 사람이 있는지 의심하다가 또 이차망을 떠올렸다. 그리하여 참으로 사단의 진술을 가지고서 사건의 진상을 숨기는 가림막으로 삼았고, 삼년상을 치르는 중인 이차망을 집안에 들락거린 사내로 의심하였다. 그리하여 진짜 간통한 사내를 이중삼중으로 철저히 보호하였으니, 명철한 사람이 있다고 하더라도 이차망을 놓아두기가 어려웠을 것이다.

더구나 저 조광진이란 자는 커다란 담력과 철면피처럼 두꺼운 얼굴을 가진 자로, 천지와 귀신이 환히 살펴보고 있다는 사실을 잊고 음양의 변화와 같은 술수를 부려, '최 여인의 옷에 핏자국이 여기저기 어지러이 묻어 있었습니다.' 하였다. 그러고서는 천연덕스럽게 최 여인과 대립하여 원수가 되었고 느긋하게 스스로 목숨을 살렸으니, 명철한 사람이 있다고 하더라도 조광진을 범인으로 지목하기는 어려웠을 것이다.

사건의 내막이 이 지경까지 이르렀으니, 어느 누가 전혀 의문점이 없다고 말하지 않겠는가! 위에 대성인이 있지 않았다면, 그 누가 호소할 길이 없는 억울한 사람의 사정을 환히 비추어 주고 혐의를 피하여 숨어 있는 진짜 범인에게 천벌을 내려서 이차망의 원통함을 드러내고 조광진의 간악함을 간파할 수 있겠는가! 《시경》〈위풍衛風·기욱淇奧〉의 '자르는 듯하고 가는 듯하다.'라고 한 것이 이를 말한다."

○ 또 다음과 같이 비평하였다.

"재차 삼차 찌르자 샘솟듯이 피가 났을 터이니, 또 누가 박 여인을 붙들어 일으키고 무릎을 꿇려 목을 매어서 스스로 목을 매어 죽은 것처럼 가장할 수가 있었겠는가! 그렇지만 칼에 묻은 피의 흔적이 사라지지 않았으니, 스스로 목을 매어 죽은 것처럼 가장한 것도 쓸모가 없었다. 따라서 그가 '먼저 찌르고 난 뒤에 목을 매어 죽었습니다.'라고 한 말은 허위이다. 먼저 박 여인의 목을 졸랐으나 졸라도 죽지 않고 소리를 지르자, 이에 칼로 찔렀던 것이다."

○ 암행 어사暗行御史의 서계書啓는 다음과 같다.

"신이 하직 인사를 하고 나간 뒤에 1차 검안 문서와 2차 검안 문서 및 황해 감영에서 모여 조사할 때 받은 진술들을 살펴보고 반복해서 참고해 보니, 최 여인과 이차망이 처음부터 끝까지 범행을 부인한 것은 본래 당연한 상황이었습니다. 다만 괴이한 것은 조광진이었습니다. 그는 최 여인의 가까운 친척으로서 최 여인을 보호해 주려고 생각하지도 않았을 뿐만 아니라 도리어 혐의를 드러내어 밝혔습니다. 처음에는 슬그머니 실마리를 드러내어 이랬다저랬다 하다가 결국에는 혼자 나서서 최 여인의 혐의를 증명하였으니, 일반적인 사리로 헤아려 보면 전혀 맞지 않았습니다. 따라서 이 사건의 핵심은 조광진에게 있는 것 같았습니다.

그러므로 각 사람에게 진술을 받을 때 먼저 그다지 중요하지 않은 내막에 대해 다른 죄수들에게 뒤섞어 물어보니, 여러 진술이 각각 한곳으로 집중되어 본래의 정황이 점차 드러났습니다. 그제야 심문 항목을 작성하여 진술을 받았습니다. 조광진을 각 사람과 대질시키기도 하고 조광진이 보는 곳에서 각 사람끼리 대질시키기도 하였다가, 조광진의 정세가 궁하고 말문이 막힌 뒤에야 형장을 치면서 심문하였습니다. 다만 그가 양반 족속이기 때문에 최 여인과 간음한 문제는 차마 입에 올리지 못하고, 박 여인이 죽게 되었을 때의 절차에 대해서만 점차 강도를 높여서 조목조목 추궁하니, 일곱 번째 형장을 칠 때가 되자 갑자기 정직하게 진술하였습니다. 정해진 횟수만큼 엄중히 신문하여 철저하게 조사해야 할 일이지만 중대한 살인 사건의 조사 결과를 갑자기 뒤집기는 곤란하였으므로 즉시 형장 치는 것을 중지하고 대충대충 조사를 마쳤습니다.

그리고 시골구석을 몰래 다니면서 여론을 상세히 탐문해 보니, 많은 사람이 하나같이 '조광진의 죄는 죽어도 아까울 것이 없습니다.'라고 하였으며, 온 고을의 위아래 할 것 없이 거의 이견이 없었습니다. 그래서 조사하는 관원들을 다시 모아서 전처럼 합동으로 조사를 하였더니, 최 여인과 간음한 시기와 박 여인을 찌르고 목을 맨 절차에 대해 하나하나 승복하였습니다. 더욱이 조광진이 최 여인에게 말하기를 '나라의 법은 매우 엄중하여 나는 정직하게 진술하였으니, 너도 정직하게 진술하라.' 하였습니다. 이것을 통해서 그들이 서로 간음했던 행적과 범행을 저질렀던 절차에 대해서는 조금도 미진한 점이 없게 되었습니다.

법률로 말하면 한 사람이 목숨을 잃었으면 두 사람의 목숨으로 보상하게 해서는 안 됩니다. 그러나 이 사건은 간음한 여자와 간음한 남자가 함께 사람을 죽였는데, 범죄를 주도적으로 모의한 사람과 범죄를 거든 사람의 차이가 본래부터 없었습니다. 그뿐만 아니라 최 여인은 성품이 음란하고 사나워서 못 하는 짓이 없었지만 대낮에 사람을 죽인다는 것은 여자가 감히 마음을 먹을 수 있는 일이 아닌 듯합니다. 조광진은 몸에 상복을 걸치고서 어두운 밤에 최 여인의 집을 왕래하다가 여러 차례 새로 들어온 며느리인 박 여인에게 목격되자, 마침내 음란한 시어머니 최 여인과 힘을 합쳐 박 여인을 묶어 목을 조르고서 칼로 찌르고 또 찔렀으니, 그를 주범으로 단정하는 것은 의심할 수 없을 듯합니다.

안으로는 요망한 여종 사단을 위협하고 밖으로는 교활한 장교將校 조봉원趙鳳元과 결탁하여, 상중에 있는 이차망을 범인으로 끌어들여서 기어이 자기의 행적을 감추게 한 것은 하나하나가 음흉하고 참혹하였습니다. 그러니 우두머리 악인을 처형하는 벌을 이 사람이 아니면 누구에게 시행하겠습니까! 1차 검안할 때 이차망이 사단과 대질하면서 진술하기를 '네가 일가의 상중에 있는 사람을 보고 나로 잘못 알았다.'라고 한 것은 그 당시에 벌써 조광진에게 의심을 가졌으면서도 3년을 굳게 갇혀 있는 동안 감히 드러내 놓고 말을 못 하였으니, 조광진이 본래부터 그 고을에서 위세를 부려 감히 건드릴 수가 없었던 사실을 알기에 충분합니다.

대체로 이 사건은 처음에 잘못 판결한 데다가 중간에는 더욱이 뜻밖에 재앙을 당하는 사람이 생겼으니, 요약하자면 감영과 고을 둘 다 똑같이 실수가 있었다고 하겠습니다. 도신道臣은 체모가 중하기 때문에 감히 직접 처벌할 것을 청할 수가 없겠습니다만, 전전前前 도신으로 말하면 이렇습니다. 검안한 관원의 말만 일방적으로 믿고서 박 여인이 자살한 것으로 귀결시킨 것은 진실을 잘못 파악한 실수를 저질렀고, 유족에게 죄를 물은 것은 더욱 뜻밖입니다. 전前 도신으로 말하면 이렇습니다. 살인 사건을 성립시키기는 하였지만 결론이 명확하지 않았습니다. 그뿐만 아니라 살인 사건의 죄인을 다스리는 경우와 도둑을 다스리는 경우는 사용하는 형구刑具가 각각 다른 법인데, 살인 사건에서 진술을 받으면서 주리 트는 형벌을 경솔히 시행한 것은 격례를 크게 위반하였고 후일의 폐단과도 관계가 됩니다. 그 당시 감영의 중군을 엄중히 처벌해야 합니다.

검안한 관원은 이렇습니다. 칼에 찔려 죽은 경우를 스스로 찔러 죽었다고 한 것은 대단한 오류입니다. 그뿐만 아니라 검안보고서는 격식이 중요하여 죄인의 진술은 긴요하거나 허접하거나 간에 모두 그들의 말대로 빠짐없이 상세히 기록하는 것이 법규입니다. 그런데 이번 1차 검안보고서와 2차 검안보고서의 안에는 죄인이 진술하지도 않은 말을 뒤섞어 기록한 경우도 있고 죄인이 명확히 진술한 것을 누락하고서 기록하지 않은 경우도 있습니다. 죄수의 진술을 추가하거나 삭제하는 것은 살인 사건을 처리하는 격식에 어긋나니, 모두 엄중히 처벌하지 않을 수가 없을 듯합니다.

죄인 최아기와 조광진은 모두 형구를 채워 엄중히 가두어 두고, 조봉원【장교이다.】과 사단은 모두 전처럼 목에 칼을 씌워서 가두어 두고, 이차망도 똑같이 형구를 채워 엄중히 가두어 두고서 처분을 기다리겠습니다."

○ 형조에서 다음과 같이 아뢰었다.

"박 여인이 목이 졸리고 칼에 찔려서 죽은 사실은 암행 어사의 서계에서 남김없이 상세히 서술하였으니 이제는 의심할 것이 없습니다. 이 사건을 정리하면 이렇습니다. 최 여인은 양반집의 과부로서 마음껏 간음을 저지르다가, 새로 들어온 며느리가 낌새를 알아차릴 것 같자 입을 막아버릴 셈으로 흉악한 계획을 세우고서는 이처럼 대낮에 살해하는 변고를 저질렀습니다. 그러나 목을 조르고 또 칼로 찌르기까지 하는 것은 한 여자가 혼자 저지를 일이 결코 아니었으니, 서로 간음하고 함께 모의한 사람이 본래 있었습니다.

이차망으로 말하면, 그가 스스로 해명한 말은 신뢰하기가 어려웠지만 증인들의 진술로는 끝내 그의 범행 증거를 잡을 수가 없었습니다. 이제 주상의 특별 하교로 다시 조사하게 되자, 처음에는 사건의 맥락이 약간 드러나더니 나중에는 꼭두각시가 저절로 드러났습니다. 그리하여 옛날에 서로 부탁받았던 자들이 이제야 사실을 고발하였고, 전에는 남의 죄를 증명하던 자가 이제는 자신의 범행을 증명하는 확실한 증거가 되었습니다. 이에 조광진도 말 잘하는 입으로 변명하기도 어렵고 죽음을 피할 수도 없다는 사실을 알고서는 마침내 7대의 신장訊杖을 치자 어쩔 수 없이 정직하게 진술하였습니다. 하늘이 그의 속마음을 달래서 털어놓게 하였을 뿐만 아니라 속일 수 없는 하늘의 이치도 알 수가 있습니다. 이제부터 박 여인은 원통함을 씻을 수 있게 되었고, 이차망은 뜻밖에 걸려든 재앙에서 벗어날 수 있게 되었습니다.

다만 저 최 여인은 형장을 버티면서 범행을 부인하고 있지만, 너무도 교활하고 악랄하니 어떻게 살 수 있겠습니까! 조광진이 말하기를 '우리가 벌인 일은 이제 모두 탄로 났으니, 살아도 무엇하겠는가! 너도 정직하게 진술하라.' 하니, 최 여인이 말하기를 '원래 이런 일을 한 적이 없다. 만약 찔렀다고 한다면 네가 반드시 먼저 찔렀을 것이다.' 하였습니다. 이 대화를 통해서 찾아보더라도 그녀의 간악한 정상을 충분히 깨뜨릴 수가 있습니다. 최 여인의 말 중 '만약 ~라고 한다면[若曰]'의 '만약[若]'이란 글자는 가설적인 의미가 있기는 하지만, '먼저 찔렀을 것이다.[先刺]'의 '먼저[先]'란 글자는 두 사람이 같이 범행을 저지른 행적을 말해 줍니다. 게다가 서로 범행을 먼저 저지르지 않았다고 다투어 주범의 혐의를 피하려고 하였고, '원래 이런 일을 한 적이 없다.'라는 것도 변명할 때 의례적으로 하는 말에 불과합니다. 이처럼 두 사람이 대질할 때 진술한 말이 범행을 자백한 진술이니, 또 어떻게 줄곧 범행을 완강하게 부인할 수 있겠습니까!

여러 사람의 진술에서 나온 '최 여인이 배가 부르고 아이를 낳았다.'라는 말은 최 여인으로서는 숨기더라도 조광진으로서는 틀림없이 끝까지 숨기지는 못할 것입니다. 더구나 가까운 친척끼리 간음한 것은 윤리 및 기강과 크게 관계가 되니, 이 한 가지에 대해서만은 빨리 엄중히 조사해야 합니다.

《대명률》〈형률·인명〉 '다른 사람을 계획적으로 죽인 경우'의 조문에 이르기를 '주도적으로 모의한 사람은 참형斬刑에 처하고 범행을 거든 사람은 교형絞刑에 처한다.' 하였습니다. 이번 사건에서 계획을 세워서 입을 막으려고 한 사람은 최 여인이고, 힘을 합쳐서 범행을 저지른 사람은 조광진이니, 주도적으로 모의한 사람과 범행을 거든 사람에 대한 조문이야말로 이들을 위해 준비된 형률이라고 하겠습니다. 죄인 최아기에게 빨리 정직한 진술을 받아 내서 조광진과 함께 격식을 갖추어 보고하라고 도신에게 분부하는 것이 어떻겠습니까?"

○ 다산의 견해: 암행 어사의 서계에서는 조광진을 주도적으로 모의한 사람으로 삼으려고 하였으나, 형조의 계사啓辭에서는 도리어 최 여인을 계획을 세운 주범으로 삼았다. 그렇게 되면 최 여인은 참형에 처하고

조광진은 교형에 처해야 한다. 암행 어사의 세계 이외에는 달리 근거가 없는데도 형조에서 갑자기 주범과 종범을 바꾼 것은 살인 사건을 심리하는 법에 합치되지 않는 듯하다.

○ 형조에서 다음과 같이 아뢰었다.

"이 사건은 윤리와 기강에 관련된 큰 변고이고, 예사로운 살인 사건이 아닙니다. 암행 어사의 세계에서는 한 사람이 목숨을 잃었는데 두 사람의 목숨으로 보상하게 하는 것은 곤란하다는 문제 제기를 하였으나, 사실은 그렇지도 않습니다.

《대명률》〈형률·인명〉 '다른 사람을 계획적으로 죽인 경우'의 조문에 이르기를 '주도적으로 모의한 사람은 참형에 처하고 범행을 거든 사람은 교형에 처한다.' 하였습니다. 이 사건에서 주도적으로 모의한 사람은 최 여인이고 범행을 거든 사람은 조광진입니다. 《속대전》〈형전·간범姦犯〉에 이르기를 '양반이 3개월 이상의 상복을 입는 친족의 아내와 간음한 경우에는 처형 시기를 기다리지 않고 즉시 교형에 처한다.' 하였고, 또 이르기를 '양반의 부녀자가 음란한 짓을 마음껏 행하여 풍속의 교화를 어지럽힌 경우에는 간음한 사내와 함께 교형에 처한다.' 하였습니다.

최 여인은 조광진으로 볼 때 5개월 상복을 입는 친족의 아내이고 천한 백성과는 차이도 있으니, 이러나저러나 참형이나 교형의 형률을 어떻게 면할 수 있겠습니까! 다만 한두 가지 미진한 점이 있습니다. 당시에 그들이 힘을 합쳐서 살해하려고 먼저 박 여인의 목을 졸랐다면, 목을 힘껏 조르지 않고 이어서 마구 칼로 찌른 것은 과연 무슨 까닭입니까? 이러한 곡절에 대해서도 조사하여 심문해야 합니다.

'최 여인이 임신을 하고 아이를 낳았다.'라는 등의 말은 조광진이 진술할 때에 충분히 거론하였으니, 최종적으로 결말이 난 일입니다. 최 여인이 숨기려고 하지만 조광진이 어찌 정직하게 고하지 않겠습니까! 이 문제도 철저히 조사해야 마무리를 지을 수 있으니, 모두 더욱 엄중히 형장을 쳐서 기어코 자백을 받아 내게 하소서."

○ 다산의 의견은 다음과 같다.

"형조가 두 차례 올린 계사에서는 '최 여인을 주범으로 삼아 참형을 적용해야 하고 조광진을 종범으로 삼아 교형에 처해야 합니다.'라고 의견을 고수하였는데, 이것은 착오가 있는 듯하다. 두 사람에게 간음죄를 적용한다면, 3개월 이상 상복을 입는 친족의 아내와 간음한 경우에는 교형에 처하고, 양반의 부녀로서 간음한 사람은 교형에 처한다. 따라서 교형에 해당하는 죄를 지었다는 점에서는 최 여인과 조광진이 동일하다. 두 사람에게 살인죄를 적용한다면, 최초로 살해하려고 마음먹은 사람도 조광진이고 맨 먼저 범행을 저지른 사람도 조광진이다. 대낮에 강제로 죽이는 것도 여자가 생각할 수 있는 일이 아니고 날 선 칼로 곧장 찌르는 것도 여자가 할 수 있는 일이 아니다. 따라서 주도적으로 모의한 사람은 참형에 처하니 조광진은 참형에 처해야 하고, 범행을 거든 사람은 교형에 처하니 최 여인은 교형에 처해야 한다. 암행 어사의 서계에서 서술한 것이 법률의 취지에 합당한 듯한데, 형조가 무슨 까닭으로 고쳤는지를 모르겠다."

○ 주상의 판결은 다음과 같다.

"평산의 살인 사건은 너무도 의심스러운 것으로, 지금까지 3년이나 되었는데도 여태 판결을 내리지 못하고 있었다. 그 이유는 시어머니와 며느리 사이인데도 살인을 저지르고 양반 신분인데도 서로 간음한 사건으로, 모의한 것이 몹시 참혹하고 사건이 몹시 추악하여 윤리를 손상하고 풍속을 해치기로는 이보다 심한 것이 없었기 때문이다. 내가 이 사건에 대해서는 거듭 신중을 기하여 조사하고 또 조사하게 하는 등 번거로움을 마다하지 않았다. 그동안 도신의 장계와 형조의 계사를 여러 차례 읽어 보았으나 신발을 신고서 발바닥을 긁는 것처럼 대부분 시원하지가 않았다. 그러다가 암행 어사가 조사 결과를 보고한 서계를 보자 속이기 어려운 것은 하늘의 이치임을 증명하였다.

최 여인은 시어머니이고 박 여인은 며느리로, 최 여인이 간음을 즐기는 데 빠져 있어 박 여인을 눈엣가시로 여겼다. 최 여인이 며느리의 입을 막으려는 생각을 처음 시집올 때부터 가지고 있다가, 마지막에 결과적으로는 간음한 사내와 같이 악행을 저지르고야 말았다.

대체로 목을 매고 죽거나 찔려서 죽은 경우에는 다른 사람이 저질렀는지 자기가 저질렀는지를 분별해야 한다. 이 사건의 경우 박 여인이 자기 때문에 죽었다고 한다면, 연약한 여자가 혼자 저지를 수 있는 일이 아니다. 박 여인이 다른 사람 때문에 죽었다고 한다면, 당시는 대낮이고 남편이 마당에 있었으니, 시어머니가 범행을 저지르려고 하더라도 며느리가 어찌 기꺼이 받아들였겠는가! 칼로 찌르고 목을 맬 때 만약 입으로 부르짖는 비명이 없었으면 반드시 손에 칼을 막을 때 생긴 상처가 있어야 하는 법인데, 모두 명확한 증거를 보지 못하였다. 그뿐만 아니라 칼로 얕거나 깊게 찌른 흔적이 4곳이나 되었는데도 '단칼에 죽였다.'라고 할 수 있겠는가! 목을 조른 상처가 단단하고 붉은색을 띠고 있는 것은 1차 검안에서도 드러났는데 더욱이 '죽은 뒤에 목을 졸랐다.'라고 할 수 있겠는가!

목을 조르고 칼로 찌른 근본 원인을 파악하려고 한다면 간음하였다는 소문이 허위인지 사실인지를 먼저 분별해야 한다. 그런데 최 여인과 간음한 사내로 이차망의 이름이 검안할 때의 진술에서 살짝 나오더니 도신의 장계에서 굳어져 버렸다. '문 안에서 서로 만났다가 밤중에 몰래 나갔습니다.'라고 사단의 어머니와 딸이 똑같은 말로 진술을 바쳤다. 이 것은 이차망이 범인이라는 확실한 증거가 될 수 있을 듯하였다. 그러나 임신한 것과 낙태한 것에 대해서는 꼬투리만 제시하고 내용은 밝혀지지 않아서 결론을 짓지 못하였다. 이처럼 자세히 밝혀지지 않은 사건을 짐 작으로만 단정하여 사형에 처해야 한다고 지레 의견을 올렸으니, 사건을 신중히 처리하는 방도에 너무도 어긋났다.

그러므로 측근에 있는 신하에게 특별히 명하여 '가서 사건을 다시 조 사하되, 모습을 살펴보고 말을 들어 보며 여론을 널리 채취하라.' 하였 다. 이제야 전의 조사 결과를 모두 번복하고 죄인을 알아내었다. 지난번 의 수많은 거짓말은 모두 장맛물이 도랑으로 빠져나가듯이 모두 사라졌 으니, 최 여인의 음란한 행적은 저절로 탄로 났고 이차망이 느닷없이 뒤 집어쓴 억울한 누명은 씻을 수가 있게 되었으며, 간통한 사내는 조광진 으로 귀결되었다.

박 여인을 묶은 데다 목을 조르기까지 하고 목을 조른 데다 칼로 찌르 기까지 하여 손도 옴짝달싹할 수가 없고 발도 움직일 수가 없었으니, 손 으로 칼을 막는다는 것은 거론할 상황이 아니었다. 남편은 안장을 빌리 러 나가고 여종은 나물을 캐러 가서 집에도 사람이 없고 이웃에도 증인 이 없었으니, 비명을 질렀다고 해도 그 누가 들었겠는가!

조광진이 남에게 화를 떠넘기자 이차망이 억울하게 뒤집어썼다. 조광 진이 자기와 닮은 사람을 찾아내어 남에게 대신 뒤집어씌울 계획을 실행 하려고 하자, 고달픈 이차망의 상복은 우맹優孟의 의관衣冠이 되었고,[62]

---

62 고달픈……되었고: 우맹은 중국 전국시대 초楚나라의 배우俳優이다. 초나라의 정승 손숙 오孫叔敖가 우맹을 잘 대해 주었는데 손숙오가 죽은 뒤 그의 아들이 가난하게 살자, 우맹은 손숙오의 흉내를 내고 손숙오의 의관衣冠을 착용한 뒤에 왕에게 나아가 설득하여 손숙오의

원통하게도 이차망의 포승줄은 마침내 기신紀信의 좌독左纛이 되었다.[63] 1차적으로는 사단에게 부탁하고 2차적으로는 조봉원에게 부탁하여 터무니없는 거짓말을 만들어 내고서는 남몰래 미소를 지었으나, 하늘의 도는 명백하고 귀신의 눈은 번개와 같다는 사실을 전혀 몰랐다. '일가의 상중에 있는 사람을 나로 잘못 안 듯하다.'라는 말을 귀신이 이차망의 입을 빌어 진술하였고, 일곱 차례 형장을 치며 심문하자 하늘이 조광진의 속마음을 유도하였다. 같은 뜰에서 조광진과 최 여인을 대질시키자 최 여인의 말문이 막혔으니, 이는 '하루아침에 훤히 꿰뚫게 되고, 진실이 없는 사람이 거짓말을 다 늘어놓지 못하게 된다.'[64]라는 것이다.

형조가 대책을 마련하여 보고한 내용 중에서 두 가지에 대해 의문을 제기하였는데, 그것이 타당한지를 모르겠다. 목을 조르는 것이나 칼로 찌르는 것이나 사람을 죽이는 점에서는 똑같으나 목을 조른 경우에는 더디 죽고 칼로 찌른 경우에는 빨리 죽는 법이니, 음란한 여자는 마음이 다급하고 간통한 사내는 손이 바빴다. 기회는 놓치기가 어렵고 낌새는 드러나기가 쉬운데, 안장을 빌리러 나간 남편은 돌아올 때가 되어 가고

자손을 봉해 주게 하였다. 여기에서는 조광진이 최 여인과 간통한 사실을 이차망에게 떠넘기기 위해 이차망과 똑같이 상복 차림으로 최 여인의 집을 들락거린 일을 비유적으로 표현한 것이다. 《심리록》과 《일성록》에는 이 부분이 약간 다르게 기록되어 있다.

63 원통하게도……되었다: 기신은 중국 한漢나라의 장군이다. 유방劉邦이 형양滎陽에서 항우項羽에게 포위를 당하여 위급해지자, 기신이 유방의 수레를 천자의 수레처럼 장식하고 마치 유방이 항우에게 항복하는 것처럼 나가 항복하는 사이에 유방은 탈출하였다. 항우가 속은 것을 알고 기신을 불태워 죽였다. 좌독左纛은 소의 꼬리나 꿩의 꼬리로 만든 깃발로, 천자의 수레 왼쪽에 꽂았다. 여기에서는 이차망이 조광진의 계략에 따라 간통한 사내로 오인되어 간통 혐의를 떠안게 된 일을 비유적으로 표현한 것이다. 《심리록》과 《일성록》에는 이 내용이 없으나 교감하기도 곤란하여 그대로 번역하였다.

64 하루아침에……된다: '하루아침에 훤히 꿰뚫게 된다.'라는 말은 주희朱熹의 《대학장구大學章句》 전傳 5장에 나오고, '진실이 없는 사람이 거짓말을 다 늘어놓지 못하게 된다.'라는 말은 같은 책의 전 4장에 나온다.

나물을 캐러 나간 여종도 도착할 때가 되어 가자, 가슴은 쿵덕쿵덕하고 손발은 허둥지둥하면서 빨리 끝내지 못할까 두려워하여 목을 졸랐을 뿐만 아니라 칼로 찌르기까지 하였으니, 의심할 것이 무엇이 있겠는가!

최 여인이 뽕잎 써는 칼을 짐짓 찾는 척한 것은 범행의 자취를 숨기려 함이었고, 상자에 있는 옷으로 갈아입은 것은 범죄의 흔적을 감추려 함이었다. 만약 범행의 자취를 숨기려고 하였다면 어찌 빨리 죽기를 바라지 않았겠는가!

최 여인이 임신을 하고 낙태를 하였다는 것으로 말하면, 이차망에게는 본래 조사를 해야 하지만 조광진에게는 의심할 바가 없다. 요망한 여종이 허위로 진술하고 교활한 장교가 허위로 끌어들인 일은 모두 조광진의 위협과 부탁에 따른 것이다. 그렇다면 최 여인이 임신을 하였는지 하지 않았는지 및 낙태를 하였는지 하지 않았는지는 조광진의 죄에 아무런 영향을 미치지 못하니, 결말을 짓지 못했다고 해서 걱정할 것이 무엇이 있겠는가!

암행 어사가 돌아오자마자 번복할 수 없는 확실한 증거가 갖추어졌으니, 주범과 종범을 나누어서 그에 해당하는 형률로 처단하기만 하면 된다. 평산 부사를 엄중히 타일러서 최 여인은 특별히 형장을 치며 신문해서 속히 자백을 받아 내되, 그가 범행을 자백하면 조광진과 똑같이 사형의 죄를 저질렀다는 다짐을 받아서 보고하게 하라.

간악한 여종 사단과 염탐한 장교 조봉원은 모두 엄중히 형장을 치고 먼 지역에 정배하라. 피고인 이차망은 즉시 우선 풀어 주라.

애당초 잘못 판결하게 된 계기는 두 차례 검안 결과가 타당성을 결여하였기 때문이기는 하지만, 유족인 어머니와 아들이 시체를 싣고 와서 검안해 주기를 청한 것은 부모와 자식 사이의 지극한 정에서 나온 행동이었다. 그렇다면 원통한 사정을 살펴서 사건을 번복하지는 못하더라도 갑자기 그들에게 형장을 치게 한 것은 참으로 사리를 벗어난 조치였다. 풍속을 어지럽히고 법률을 무너뜨린 죄는 이미 지나간 일이라고 해서 용서해 줄 수가 없다. 전 황해 감사 홍병찬을 삭직削職하라.

간악한 정상을 밝혀내고 원통한 사정을 씻어 준 것은 충분히 가상한 일이지만, 죄도 없이 느닷없이 재앙을 당한 이차망의 억울한 사정은 어찌하여 살피지 않았는가! 이것만도 잘못을 저질렀는데, 살인 사건을 처리하면서 도적에게 사용하는 형구를 쓴 것은 더욱 크게 법률을 위반한 일이다. 전 감사 엄사만을 파직罷職하라.

사리에 의거하여 고집하는 것까지는 본래 그에게 요구하기가 어렵더라도 어리숙하게 남이 시키는 대로 들어준 것은 후일의 폐단과 관계가 된다. 해당 중군 윤재복尹在復도 파직하라. 온갖 마음을 쏟아 진실을 감춘 채 자살한 것으로 귀결시키기도 하였고, 오로지 옛 버릇을 답습하기만 한 채 자세히 살피지도 못하였다. '인척으로서 친분이 있으며 동문수학한 우정도 있습니다.'라고 한 것에 대해서는 트집 잡을 만한 행적이 없었으나, 중죄를 어찌 피하겠는가! 1차 검안한 관원 정경증과 2차 검안한 관원 이서회에게는 모두 관원의 명부에서 이름을 삭제하는 벌을 시행하라.

경도 도신에 대해 추고推考하기를 청하기만 하여 형률을 제대로 살펴서 적용하지 못한 실수를 저지르고 말았으니, 추고하겠다."

○ 주상의 판결에 대한 다산의 의견은 다음과 같다.

"이 사건은 처음에 자살한 사건이라고 하였다가 중간에 살해당한 사건으로 바뀌었고, 간음한 사실이 마침내 밝게 드러났습니다. 밖으로는 도신과 안으로는 형조의 관원이 모두 만족스럽고 시원하게 여겨 조그마한 의심조차도 더 이상 가지지 않았습니다. 다만 끝까지 장막에 가려져 있던 진실을 주상의 밝은 통찰력으로 두루 살펴보시고 암행 어사를 보내 이 사건을 끝내게 하셨습니다. 만약 그렇게 하지 않았더라면 이차망은 감옥 안에서 죽고 말았을 테니, 아, 어찌 원통하지 않겠습니까! 그러므로 살인 사건은 경솔하게 판결해서는 안 되고, 판결하였다고 해서 지레 기뻐해서는 안 됩니다. 오싹하는 두려움을 느껴야 합니다.

○ 조광진이 친족 숙모와 간음하여 죽을죄를 저지르게 하였으니, 첫 번째 살인입니다. 사생아를 낳아 시체를 거두어 묻었으니, 두 번째 살인입니다. 손에 칼을 쥐고서 범행을 저질러 어린 며느리를 죽였으니, 세 번째 살인입니다. 이차망을 범인으로 허위 조작하여 죽음으로 내몰았으니, 네 번째 살인입니다.

이러한데도 참형에 처하지 않는다면 사실상 나라에 법이 없는 것입니다. 형조의 심리 의견에 오류가 있는데도 끝내 이러한 자에게 사형에서 한 등급 강등한 형률을 적용한다면, 이것은 법가法家의 논쟁거리가 되기도 할 테니, 애석합니다."

6. 인륜에 어긋나는 살인을 저지르다(6)

【관비가 남편을 죽였으나, 혼인한 부부의 죄와는 달랐다. 사건의 근본 원인은 간음하였기 때문이며, 사망의 실제 원인은 찔렸기 때문이다.】

○ 금천金川의 관비官婢 종단從丹이 현득추玄得秋를 죽였다.
○ 조사한 관원의 보고서는 다음과 같다.
"현득추의 찔린 자국은 오른쪽 허벅지의 바깥쪽으로부터 안쪽까지 뚫려 있었고, 보고기한 안에 목숨을 잃었습니다. 주범인 종단도 '현득추의 허리에 찬 칼을 뽑아서 스스로 목을 찌르려다가 저도 모르게 칼로 현득추의 다리를 찔렀습니다.'라고 변명하지 않고 자백하였습니다. 윤리

와 관계되는 사건이라는 것은 더 이상 의논할 필요도 없습니다만, 삼성
추국三省推鞫[65]의 사건은 체모가 중대합니다. 종단은 본래 무식한 관비로
서, 남편을 자주 바꾸었고 죄를 지어 종으로 귀속되기까지 하였으니, 한
때 데리고 살았다고 해서 남편을 살해한 죄로 갑자기 단정하기가 어려울
듯합니다."

○ 다산의 의견은 다음과 같다.

"관비가 간음을 저질러 수시로 남편을 바꾸어 산 경우는 정식으로 혼
인을 치른 부부와 동일하게 비교할 수는 없다. 그러나 현재 같이 살면서
부부라고 한다면 남편을 죽인 죄로 처벌할 수밖에 없다. 계부繼父를 죽
인 경우에도 같이 살았는지 같이 살지 않았는지에 따라 처벌을 달리하
였는데, 하물며 부부는 더 말할 것이 있겠는가! 그러나 고을 이름을 바
꾸고 호칭을 강등하는 것에는 이견이 있을 수 있다."

---

65 삼성추국三省推鞫: 삼성三省 즉 의정부, 사헌부, 의금부의 관원들이 합동으로 윤리와 관련
    하여 중대한 범죄를 저지른 죄인을 국문하는 것이다.

상형추의

❖

13

1. 배우자를 살해하다(1)

【시부모에게 불효하다가 남편에게 구타당하고 목이 졸렸다. 사건의 근본 원인은 홧김에 구타하였기 때문이며, 사망의 실제 원인은 구타를 당하였기 때문이다.】

○ 안동安東의 백성 김험상金驗尙이 자기 아내 김 조이金召史를 죽였다.

○ 검안보고서의 내용은 빠졌다.

○ 주상의 판결은 다음과 같다.

"김험상의 살인 사건은 다음과 같이 판결한다. 그들 사이의 정을 말하자면 신혼 초기의 단란한 때였고, 그 사건의 정황을 물어보면 삼[麻]을 삶는 사소한 일 때문이었다.

마당에서 자신을 헐뜯은 일에 분노를 견디지 못하여 방에서 남편에게 말대꾸한 일이 있었으나, 남편에게 구타를 당하여 죽은 정황에 대해서는 포착된 증거가 없고 스스로 목을 매어 죽은 정황에 대해서는 어렴풋한 흔적이 있다. 따라서 이처럼 의문스러운 행적을 가지고서 중대한 살인 사건을 억지로 성립시켜서는 안 된다. 그뿐만 아니라 뒤통수의 상처는 부드러운 정도에 불과하였고 김명진金命辰의 진술은 자연히 속인 것이라고 결말이 났으니, 피 묻은 몽둥이와 피 묻은 옷은 범죄의 증거로 볼 수가 없다. 따라서 이것을 가지고서 범행을 저질렀다고 말하는 것도 충분하지가 않다.

아내를 얻는 것은 자기 어버이를 봉양하기 위한 목적이다. 그런데 이번의 경우에는 그렇지가 않아서 자기 남편에게 순종하지 않았을 뿐만 아니라 더욱이 나아가서 자기 시아버지를 모욕하기까지 하였으니, 그의 남편 입장에서는 얼마나 분통하고 송구하였겠는가! 가령 김험상이 홧김에 모질게 구타하여 그로 인해 목숨을 잃게 되었다고 하더라도 정상을 참작해 주어야 한다. 하물며 몽둥이로 구타하였다는 말이 애당초 확실하지도 않으니 더 말할 것이 있겠는가!

뜨거운 물 또는 불에 데어 죽었거나, 구타를 당하여 죽었거나, 스스로 목을 매어 죽었거나, 목이 졸려 죽었거나를 막론하고 김 여인의 죽음은 자기 남편과 말다툼을 벌이고 난 뒤에 발생하였다. 따라서 남편 때문에 죽었다고 말할 수는 있지만, 남편이 고의적으로 죽인 죄로 곧장 귀결시키는 것은 사건을 자세히 심리하는 정치가 아닌 듯하다. 도신道臣이 장계한 대로 참작하여 결정해서 처리하라고 분부하라."

○ 주상의 판결에 대한 다산의 의견은 다음과 같다.

"이는《대명률》〈형률·인명〉 '남편이 죄가 있는 아내나 첩을 구타하여 죽인 경우[夫毆死有罪妻妾]'의 조문에서 말한 100대의 장杖을 쳐야 하는 것입니다.《국조보감國朝寶鑑》영조 33년의 복도함卜道咸 사건[66]도 인용할 수 있습니다.【이 책의 〈경사요의〉 3 '효도를 위해 아내를 죽이다'에 나온다.】"

2. 배우자를 살해하다(2)

【시숙모와 손위 동서에게 미움을 받고 남편에게 손으로 맞고 발에 걸려차였다. 사건의 근본 원인은 홧김에 구타하였기 때문이며, 사망의 실제 원인은 걸려차였기 때문이다.】

○ 개성開城의 백성 서인행徐仁行이 자기 아내 이 조이李召史를 죽였다.
○ 검안보고서의 내용은 빠졌다.

---

66 복도함卜道咸 사건: 영조 때 복도함이 계모에게 순종하지 않는 아내를 때리다가 숨지게 한 사건이다. 영조가 그에 대해 사형을 낮추어 정배하라고 명하였다.

○ 주상의 판결은 다음과 같다.

"동서 사이에 마음껏 헐뜯으니, 그로 인해 아내가 어머니와 형에게 인정을 받지 못하였다. 어머니와 형에 대해서는 탓하지도 않고 원망하지도 않았으나, 도리어 자기 아내를 구타하여 지레 죽게 하였다. 그 정상을 말하면 몹시 측은하고 그 행적을 말하면 매우 끔찍하였다. 내가 이 사건을 본 뒤로 측은하고 가련하게 여겨서 여러 차례 마음을 다하여 살펴보았다. 그러나 죄인으로부터 사형의 죄를 지었다는 다짐을 받아 놓은 문서 때문에 구애를 받아서 법대로 상복詳覆[67]을 거행하게 한다면, 정상을 참작하여 죄목을 정한다는 취지가 너무도 아니다.

서인행은 수십 년 동안 한집에서 살아온 부부로서, 본래 혼인한 부부의 정이 두터웠고 조금도 서로 미워할 일이 없었다. 그런데 장사하러 나갔다가 돌아오자마자 살인하는 변고가 이어 일어났다. 서인행도 사람인데 어찌 그렇게 된 원인이 없겠는가! 주 조이朱召史는 형수로서 담배를 피운다거나 책을 본다는 말을 거짓으로 꾸며 냈고, 최 조이崔召史는 숙모로서 불을 냈다가 껐다거나 시어머니를 꾸짖었다는 비방을 지어냈다. 두 켤레의 짚신은 갑자기 시빗거리가 되었고, 대여섯 차례의 매질은 재앙이 발생할 계기가 되었다. 두 여자가 똑같은 말로 간통하였다고 날조하였으니, 가령 서인행이 자기 아내를 죽이지 않았다고 하더라도 아내의 목숨은 언제 죽을지 모를 상황이었다.

서인행이 집을 떠난 지 10여 개월 만에 집으로 돌아왔으나, 아내가 문

---

67 상복詳覆: 의정부가 사형수의 죄상을 상세히 심리하는 것을 가리킨다. 형조가 사형수로부터 사형의 죄를 지었다는 다짐을 받아 임금의 재가를 받은 뒤에 문서를 의정부로 보내면, 의정부에서 회의를 열어 문서를 살펴본 뒤에 입안立案을 작성하고 형조의 문서에 '보고한 율문대로 죄수를 뽑아서 임금께 아뢰라.〔依所報抄啓〕'라고 써서 형조로 보냈다. 의정부로부터 이러한 통보를 받고 나면 사형수에 대한 세 차례 심리, 즉 계복啓覆을 시행하였다.

에서 맞이하면서 웃으며 말하는 모습은 보지 못하고, 부엌에 들어가서 울며 하소연하는 소리만 들었을 뿐이었다. 이어서 또 자기 어머니는 아내의 허물과 악행을 시끌벅적하게 전하였고, 형수와 숙모는 경쟁하듯이 있지도 않은 행적을 들추어내고 소가 여물 씹듯이 밥을 먹는다고 꾸짖기까지 하였다. 서인행으로서는 나무나 돌처럼 감정이 없는 사람이 아닌 이상 부끄럽고 분통한 마음이 속에 가득 쌓였지만, 그래도 꾹 참고서 칼을 뽑아들고 거짓으로 꾸짖는 척만 하였을 뿐이었다. 그가 기어이 죽이려는 마음을 가지고 있지 않았음은 이것을 통해서 알 수가 있다.

넘쳐나는 비방이 사그라지기도 전에 배가 침몰하였다는 소식이 뒤따라 도착하였으니, 이러나저러나 심기가 불편하여 얼굴은 벌겋게 달아오르고 가슴에서는 울화가 치밀었다. 그러자 아내를 꽁꽁 묶고 주먹과 발로 번갈아가며 치고 걷어찼다. '좋은 소식을 듣지 못하니, 어찌 세상을 사는 즐거움이 있었겠는가!'라거나 '개나 돼지 따위조차도 반드시 암컷과 수컷의 애정이 있는 법이다.'라는 말들을 통해서 본성이 사라지지 않았다는 것을 알 수 있다.

그뿐만 아니라 검안을 행하는 날부터 사형의 죄를 지었다는 다짐을 받는 날까지 심문하는 대로 대답하여 하나하나 자백하였다. 술에 취한 상태에서의 진심을 자세히 진술하였고 죽을 상황에서 살아날 꾀를 생각하지 않았으니, 변화에 잘 대처한다고 할 수는 없겠으나 고의적으로 살인을 저지르려는 마음이 없었다는 것은 어느 누가 모르겠는가! 더구나 그의 아내가 화가 나서 스스로 방바닥에 머리를 짓찧었을 뿐만 아니라 방 밖으로 몸을 내던져 나뒹굴기를 서너 차례나 하였으니, 전적으로 서인행이 모질게 주먹질하고 발길질해서 죽은 것이라고만 떠넘길 수도 없는 일이다.

2차 검안보고서에 대한 개성 유수開城留守의 제사題詞 중 한두 구절의 말은 잘 형용한 것이라고 나는 생각한다. 이 죄수를 살려 주더라도 형벌을 잘못 적용함이 되지는 않을 것이다. 살인을 저지르고 사형의 죄를 저질렀다고 다짐한 개성부의 죄인 서인행은 사형을 감하여 정배하라.

주 조이로 말하면, 온갖 방법으로 해치려고 꾀를 써서 끝내는 살인의 재앙을 빚어냈으니 그 심보를 따져 보면 죽여도 아까울 것이 없다. 한 차례 엄중히 형장을 치고 정배하라. 그리고 개성 유수가 이 판결문의 내용을 죄인에게 읽어 주고 깨우쳐서 풍속을 돈독히 하고 바로잡으려는 조정의 정치를 알게 하라.

사건에 관련된 죄인 최 조이와 이 조이는 부모와 형제 사이를 이간질하는 것이 잘하는 짓인 줄로 알고 있으니 교활하고 사특하다고 할 수 있다. 모두 엄중히 형장을 쳐야겠으나, 이 조이는 나이가 70세 가까이 되어 죽게 될까 염려된다. 그러니 최 조이는 한 차례 엄중히 형장을 치고 이 조이는 참작하여 형장을 친 뒤에 풀어 주라."

○ 주상의 판결에 대한 다산의 견해: 아내를 죽인 경우에 적용하는 형률에는 세 등급이 있습니다. 아내가 간음하여 남편이 간통 현장에서 찔러 죽인 경우는 죄를 묻지 않습니다. 아내가 시부모에게 순종하지 않아서 남편이 멋대로 구타하여 죽인 경우에는 100대의 장을 칩니다. 어떤 일 때문에 싸우다가 구타하여 죽게 한 경우에만 교형에 처합니다.【부러뜨리는 상해를 입힌 경우에는 일반 사람이 부러뜨린 경우보다 2등급을 감한다. 모두《대명률》에 나온다.】그러나 선왕先王(정조)께서 아내를 죽인 사건에 대해 모두 살려 주도록 판결하신 이유는 그 정황을 살펴보면 고의적으로 죽인 것은 아니어서였습니다.

3. 배우자를 살해하다(3)

【간통한 증거를 여러 차례 포착하고서는 살해하고 싶은 마음을 먼저 느꼈다. 사건의 근본 원인은 간음하였기 때문이며, 사망의 실제 원인은 찔렸기 때문이다.】

○ 경성京城의 백성 조명근曺命根이 자기 아내 삼매三每를 죽였다.
○ 검안보고서의 내용은 빠졌다.
○ 주상의 판결은 다음과 같다.

"조명근의 살인 사건은 한마디로 말하면 '살인 사건을 성립시켜서는 안 된다.'라고 하겠다. '아내의 치마를 잡아당긴 사내나 아내와 마주 앉아 밥을 먹은 사내가 남편에게 살해된 경우에는 살인 사건을 성립시키지 말라.'라고 한 것은 선왕先王(영조)의 수교受敎이다. 삼매의 소행은 어찌 치마를 잡아당긴 것과 비교하겠으며, 더욱이 어찌 마주 앉아 밥을 먹은 것과 비교하겠는가!

삼매는 사비私婢로서 음란한 여자의 행실까지 겸하여 아침에는 이광빈李光彬과 간음하고 저녁에는 장대득張大得과 간음하여 누구나 다 남편이었다. 그녀의 간음한 행적은 합의하여 간음한 것보다 심하였고, 그녀의 간음한 증거는 그 자리에서 포착된 것보다 훨씬 확실하였다. 조명근이란 자는 다만 쓸개가 없는 사람으로서, 화를 참는 것이 너무나 지나쳤고 몰지각한 것으로는 대적할 사람이 없었다. 간통한 사내로부터 여러 차례 모진 주먹질을 당하여 피를 줄줄 흘리면서도 음란한 아내가 간통하도록 내버려 두고 처치할 생각을 하지 않았다. 그러다가 간통한 사내가 도리어 큰소리치려는 꾀를 내고 음란한 아내가 반격하려는 모의를 꾀하자, 그제야 어쩔 수 없이 수없이 주저주저하다가 허리에 차고 있던 칼을 뽑아 들어 넓적다리를 겨누었다. 그러나 삼매가 발악하자 조명근이 갑작스럽게 찔러 어느덧 음란한 아내가 목숨을 잃게 되었으니, 하늘의 도는 속일 수 없다고 말할 수가 있겠다.

가령 삼매가 원통하게 죽고 조명근이 고의적으로 죽였다고 하더라도, 남편이 아내를 죽인 사건이 우연히 발생한 일에 가깝고 낳은 자녀가 있는 경우에는 대부분 살려 주었다. 하물며 조명근은 7남 1녀의 자녀를 둔 자라고 하니 더 말할 것이 있겠는가! 삼매가 조금이라도 인간적인 양심이 있었다면, 자신은 짐승처럼 몸을 더럽혔더라도 어찌 자기 새끼를 어여삐 여기는 승냥이나 호랑이만도 못하겠는가! 어느 모로 보나 죽여도 아까울 것이 없다. 경들이 수교를 어기고서 지레 사건을 종결지은 일은 살피지 못한 실수를 저지르고 만 것이다. 경들은 추고推考하겠다. 조명근은 특별히 풀어 주고, 사건과 관련된 사람들도 풀어 주라.

장대득으로 말하면, 조명근처럼 어리석은 놈을 만나지 않았더라면 그는 이미 오래전에 죽었을 것이다. 이제까지도 구차하게 살아 있는 것은 《논어》〈옹야雍也〉에 이른바 '정직하지 않으면서도 사는 것은 요행히 죽음을 모면하는 것이다.'라고 하겠다. 나라의 법을 적용하면 자신 때문에 삼매를 죽게 한 죄를 피하기가 어려우니, 각별히 엄중하게 형장을 치고 삼매의 집에 노비로 영구히 소속시키라."

○ 주상의 판결에 대한 다산의 의견은 다음과 같다.

"장대득의 죄는 이 정도에서 그치지 않을 듯합니다. 《대명률》〈형률·인명〉 '간통한 사내를 죽인 경우[殺死奸夫]'의 조문에 '간통 현장에서 간통한 사내와 아내를 직접 붙잡아 즉시 죽인 경우에는 죄를 묻지 않는다. 만약 간통한 사내만 죽인 경우에 간통한 아내는 형률에 따라 죄를 처벌한다.' 하였습니다. 《대명률》의 조문에서는 여기까지만 규정하고 '간통한 아내만 죽인 경우에 간통한 사내는 법률에 따라 죄를 처벌한다.'라는 조문은 없기 때문에 간통한 아내를 죽인 사건에서도 간통한 사내는 버젓이 살아 있습니다. 이것은 법률의 허점이 있는 부분인 듯합니다.

《대청률례》〈형률·인명〉'간통한 사내를 죽인 경우'의 조례에 이르기를 '본남편이 간통 현장에서 간통한 정황을 확인하고 즉시 간통한 아내를 죽인 경우에는 간통한 사내는 교형에 처한다.' 하였습니다. 이 조문을 적용할 일은 아니지만 나라 안의 여론을 알 수 있습니다. 이번 장대득의 일은 간통 현장에서 붙잡힌 경우와는 달라서 사형을 거론할 수는 없으나, 섬에 정배하는 것까지 그만둘 수는 없습니다. 더욱이 삼매와 한집에서 같이 살았으니, 어찌 간악한 짓을 다시 범하지 않겠습니까!"

4. 배우자를 살해하다(4)

【간통하였다는 증언이 확실히 있었지만, 장님 노파의 말만 유독 신뢰하였다. 사건의 근본 원인은 간음하였기 때문이며, 사망의 실제 원인은 걸어차였기 때문이다.】

○ 신천信川의 백성 백동白同이 자기 아내 이 조이李召史를 죽였다.
○ 조사한 관원의 보고서는 다음과 같다.

"천한 사람들이 부부간에 서로 싸우는 것은 본래 예삿일입니다. 하물며 간음한 행적이 있는 경우는 더 말할 것이 있겠습니까! 어려서부터 길러서 아내로 삼았고 혼인한 지 3년이 되었으니 부부간의 좋은 감정은 서로 떨어질 수 없을 정도로 깊었습니다. 그런데 김 여인[金女]이 전해 준 말을 갑자기 들었으니 사리로 볼 때 반드시 그가 걸어차고 구타할 수밖에 없었을 것입니다. 그러나 징계만 하려는 생각이었지 어찌 목숨을 잃게 되리라고 생각하였겠습니까!

이 여인이 앓아누워 있을 때 의원을 데려오고 약을 지어 오는 등 허둥지둥하며 치료하여 살리려고 하였으니, 살해하려는 마음이 없었다는 것을 미루어 알 수가 있습니다. 이 여인이 죽을 때가 되어서는 자기 남편에게 말하기를 '소문을 만들어 낸 사람을 빨리 붙잡아서 나를 위해 한번 때려 주시오.'라고 하였으니, 말을 전한 김 여인을 원망하였을 뿐이지 자기 남편을 원망하지는 않았다는 것도 미루어 알 수가 있습니다.

대체로 이 살인 사건은 좋은 인연으로 시작해서 나쁜 인연으로 끝난 것으로, 본래 구타할 때의 심정은 의도적인 것이 아니었으니 그의 죄를 고의적인 살인으로 귀결시킬 수는 없습니다."

○ 다산의 비평은 다음과 같다.

"'의원을 데려오고 약을 지어 오는 등 허둥지둥하며 치료하여 살리려고 하였습니다.'라고 하였는데, 남을 구타하여 다치게 한 경우에는 모두 이렇게 한다. 이것을 가지고서 정상을 참작하여 용서해 주어야 한다고 말한 것은 의미가 없으며 살려 줄 수 있는 방도로 삼을 수가 없다."

○ 황해도에서 다음과 같이 아뢰었다.

"이 살인 사건은 가장 신중히 따져서 판결해야 하는 사건입니다. 사망의 실제 원인으로 말하면 가슴 한복판과 등에 난 상처는 걷어차여서 생긴 것이 분명하고, 증거로 말하면 방 안에서 부부간에 서로 싸우다가 벌어진 일이기 때문에 달리 목격한 사람이 없습니다. 정황과 행적으로 말하면, 3년의 신혼 기간에 애당초 서로 미워할 일이 없었고, 검안하는 현장에서 여러 차례 진술할 때마다 번번이 눈물을 머금고서 호소하였습니다. 이 여인의 죽음이 우연히 죽은 경우와는 다르지만, 남편이 흉악한 의도를 가지고서 저질렀던 것은 아닙니다.

가증스러운 사람은 홍가洪哥의 아내입니다. 전가田哥 놈은 이 여인이 지나가는 것을 보지도 못하였고, 조 여인[趙女]은 애당초 말을 전한 일이 없었습니다. 더구나 이 여인이 간통하였다는 본래의 일은 애당초 분명하지도 않았을 뿐만 아니라, 설사 그러한 일이 있었다고 하더라도 아름다운 일을 들은 것도 아닙니다. 이 여인이 치마를 걷고 발을 적시면서까지 간통하러 다닌 행적은 실제 상황을 목격한 것도 아니었고, 수건을 벗기고 쪽진 머리를 흔들었다는 말도 장님 노파가 구두로 전달한 말에만 근거한 것입니다.

시어머니와 며느리의 사이로서 간음한 일을 증명하여 그 남편에게까지 전달되게 하였으니, 혼인한 부부의 정이 아무리 돈독하더라도 불길처럼 화가 치솟았을 것입니다. 그리하여 급소 여부는 따지지도 않고 주먹질과 발길질을 해 대다가 급소에 무거운 상처를 입히게 되었고, 끝내는 번민하고 우울해하다가 목숨을 잃게 되었습니다. 맨 먼저 재앙의 빌미가 되었던 것을 따져 보면 사실상 저 아녀자의 입에서 유래하였습니다.

이 여인이 죽을 때가 되어서 한 말도 자기 남편은 원수로 여기지 않고 홍가의 아내를 기어이 원수로 여겼고, 이 여인의 친정아버지인 이원경李元京의 뼈에 사무치게 분통한 마음도 홍가의 아내에 대해서였지 자기 사위에 대한 것은 아니었습니다. 홍가 아내의 애매한 말이 결국 원통한 일을 만들었기 때문에 그런 것입니다.

그러나 이 여인이 목숨을 잃게 된 이유를 따져 보면 사실상 남편의 손찌검 때문이었습니다. 두 차례 주먹으로 구타한 사실은 이미 자백하였으니, 발로 마구 걷어찼으리라는 것은 말을 하지 않아도 상상할 수가 있습니다. 의원을 데려오고 약을 구해 온 것은 죽을까 우려하는 뜻에서 나왔지만, 법에 따라 사건을 판결한다면 사실상 살려 줄 수 있는 실마리가 없습니다. 만약 목격한 증인이 있는지 없는지 및 정황과 행적이 가벼운지 중한지를 가지고서 정상을 참작하여 용서해 줄 방도를 경솔하게 의

논한다면, 죽은 사람의 원통한 사정은 씻을 수가 없을 터이고 목숨으로 보상하게 하는 형률도 시행할 곳이 없어질 것입니다.

지금 와서 백동의 아버지 백태덕白太德이 고을 수령의 보고서에 근거하여 원통하다고 호소하지만, 그 보고서는 실제 정황을 간략하게 언급한 데에 불과할 뿐이지 애당초 가벼운 벌을 시행해야 한다고 의견을 제시한 적은 없습니다. 더구나 도신道臣의 제사題詞에서도 끝내 법에 의거하여 처단하기를 주장하고 뜻을 굽히지 않았습니다. 따라서 이것은 구실로 삼을 만한 자료가 못 됩니다. 백동을 살려 주는 문제는 갑자기 의논할 수가 없을 듯하니, 전처럼 신문하는 것이 어떻겠습니까? 형조에서 주상께 여쭈어 처리하게 해 주소서.

백태덕으로 말하면, 아들에 대한 지극한 정으로 볼 때 한 차례 원통함을 호소하려고 한 것이야 괴이하게 여길 바는 없으나, 검안보고서에도 없는 내용을 만들어 내어 '목을 매어 자살하였습니다.'라고 하여 오로지 속이기만 하고 성상을 번거롭게까지 해서 용서하기 어려운 죄를 지었습니다. 신의 감영에서 무거운 쪽으로 처벌하겠습니다."

○ 다산의 비평은 다음과 같다.
"논리가 정연하니, 심리 의견을 아뢴 것 중에서 우수하다."

5. 배우자를 살해하다(5)

【젊고 예쁜 여자에게 좋아하는 감정이 옮겨 가자, 한 필의 베를 가지고서 아내를 의심하였다. 사건의 근본 원인은 재물에 인색하였기 때문이며, 사망의 실제 원인은 구타를 당하였기 때문이다.】

○ 안성安城의 백성 유중채柳重彩가 자기 아내 이 조이李召史를 죽였다.

○ 형조가 다음과 같이 아뢰었다.

"유중채의 살인 사건은 다음과 같습니다. 사망의 실제 원인으로 말하면, 숨구멍이 터져 피가 솟구쳐 나왔고 왼쪽 옆구리가 다쳐 청자색靑紫色을 띠고 약간 단단하였습니다. 증인으로 말하면, 함경위咸京位는 범행을 저지른 일이 없는 가까운 친척인 데다가 더욱이 이웃에 거주하고 있던 사람으로서 한 자 남짓한 나무로 구타하는 상황을 들었다고 하였습니다. 이 몇 가지만으로도 범죄를 저지른 확실한 증거로 삼을 수가 있습니다. 게다가 그의 진술로 미루어 보면, 평상시에 유중채가 자기 아내를 쫓아내기도 하고 구타하기도 하여 버릇이 되어 버렸고, 그날 유중채가 직접 범행을 저질러 주먹으로 구타한 사실은 감히 완전히 숨기지도 못하였습니다.

그뿐만 아니라 혼인한 부부로서의 좋은 감정은 젊고 예쁜 첩 때문에 시들해졌고, 도끼를 훔쳐갔다는 의심은 한 필의 베를 잃어버리자 더 심해졌으니, 반드시 힘껏 손찌검을 하는 상황으로 이어질 수밖에 없었습니다.

간수를 마셨다고 한 문제로 말하면, 이것은 피고인들이 으레 둘러대는 말입니다. 큰창자가 튀어나온 것은 그래도 독약을 먹어서라고 핑계를 댈 수 있지만, 숨구멍이 찢어진 것은 간수를 마신 일과는 아무런 관계도 없습니다. 이러한 사건의 정황으로는 의심할 것이 없을 듯합니다. 죄인 유중채는 조사하는 관원에게 특별히 주의를 주어서 기어코 자백을 받아내라고 도신에게 분부하는 것이 어떻겠습니까?"

○ 다산의 비평은 다음과 같다.

"소금 간수를 마시고 죽은 사람은 《증수무원록》 〈조례·중독사〉 '소금 간수를 마시고서 죽은 경우[服鹽滷死]'의 조문에 이르기를 '몸에는 수포水泡가 생기지 않고, 입은 갈라져서 터지지 않으며, 배는 부풀어 오르지

않고, 입에는 침이 고여 있으며, 심장과 폐는 썩어 문드러지지 않는다.'
하였다. 소금 간수를 마시고 죽은 사람의 증상은 이와 같을 뿐인데 큰창
자가 튀어나와 있으니, 독약을 마신 증상은 아니다.

이제 형조가 아뢴 내용 중에 '큰창자가 튀어나온 것은 그래도 독약을
먹어서라고 핑계를 댈 수 있습니다.'라고 하였으나, 본래는 간수를 마셨
다고 핑계를 대었지 독약을 먹었다고 핑계를 대지는 않았으니, 어찌 뒤섞
어서 말할 수 있겠는가!

주상의 판결문에서도 창자가 튀어나온 것으로 독약을 먹은 증거를 삼
고 비녀의 색깔이 변한 것으로 간수를 마신 증거를 삼은 것은 살리기를
좋아하시는 덕으로 다시 구분하지는 않았으나, 두 가지 증세를 뒤섞어서
는 안 됨을 주상께서도 환히 알고 계셨을 것이다."

○ 주상의 판결은 다음과 같다.
"부부 사이의 도리는 귀한 사람이나 천한 사람이나 차이가 없어서 서
로 미워하는 일이 있더라도 오히려 배우자로서의 정은 가지고 있기 마련
이니, 속담에 '부부싸움은 칼로 물 베기'라는 것이야말로 적합한 말이라
고 할 수 있다.

가령 죄수 유중채가 아내를 버리려는 생각이 있었고 이 여인[李女]이
한 이불을 같이 덮고 자는 즐거움이 없었다고 하더라도, 어찌 조그마
한 실수 때문에 혼인한 부부 사이의 좋은 감정을 돌아보지도 않고 마음
껏 구타하여 죽이기까지 하였겠는가! 더구나 그가 한방에서 살아온 지
20여 년 동안 아들과 딸을 두어 좋아하는 감정이 예사롭지 않았고 보
면, 일시적으로 마당에서 나무랐을 뿐이고 기어이 죽이려는 마음이 없
었다는 것을 분명히 알 수 있다.

시장屍帳으로 말을 하더라도, 항문에서 창자가 튀어나온 원인은 독약

을 먹었기 때문인 듯하나, 은비녀의 색깔이 변한 것으로는 간수를 마시고 죽었음을 알 수가 있다. 반복해서 사리를 따져 보아도 결코 구타하여 죽였다고 말할 수가 없다. 그뿐만 아니라 이 죄수와 동일한 죄를 지은 자들인 경상도의 남태붕南太鵬·김험상金驗尙, 충청도의 이국李菊·이둘쇠李二金·김시월쇠金十月金, 전라도의 석봉이石奉伊·김영화金永化·김가팔金加八·박똥개朴屓介·서창배徐昌倍, 황해도의 임춘복林春福·송중욱宋重旭·조재항趙載恒, 평안도의 박거복朴巨福·홍종연洪宗淵·식련式連, 함경도의 김득철金得喆·김군빈金君彬·김상필金尙必, 개성開城의 서인행徐仁行과 같은 죄수가 셀 수 없이 많았다. 이에 앞서 이 죄수들에게는 모두 가벼운 벌을 시행하였는데 이 죄수에게만 사형을 적용하는 것은 공평한 정치가 아니다.

그뿐만 아니라 설사 죽은 사람이 안다고 하더라도 자기가 우연히 죽게 된 것 때문에 자기 남편까지 사형을 당하여 죽게 되는 것을 통쾌해하겠는가! 사람을 죽인 사람더러 목숨으로 보상하게 하는 것은 죽은 영혼을 위로하고 원통한 마음을 풀어 주기 위해서이나 이와 같은 사건의 정황으로 사형하는 것은 도리어 억울함을 품고 죽는 결과가 되고 말 것이다. 어느 모로 보나 관대한 쪽으로 처벌해야 한다. 유중채를 엄중히 형장을 치고 사형을 감하여 정배하라."

6. 배우자를 살해하다(6)

【젊고 예쁜 여자에게 좋아하는 감정이 옮겨 가자, 아이를 구타한 것을 계기로 사단이 시작되었다. 사건의 근본 원인은 홧김에 구타하였기 때문이며, 사망의 실제 원인은 걷어차였기 때문이다.】

○ 희천熙川의 백성 서필수徐必守가 자기 아내 박 조이朴召史를 죽였다.

○ 검안보고서의 내용은 빠졌다.

○ 주상의 판결은 다음과 같다.

"아내를 걷어차서 죽게 하였다는 점에서는 김명천金命千의 사건[68]과 동일하나, 김명천의 사건은 한 말 곡식을 가지고 서로 싸우다가 벌어진 것에 불과한데, 서필수의 사건은 첩의 이간질이 있었다.【화처花妻는 첩을 말한다.】

사건을 보면 마음을 먹고 벌인 일이 아닌 것 같으나, 행적을 보면 의도적으로 저지른 면이 있다. 하물며 첩인 광례洸禮를 애써 보호하느라 변명하는 말이 많아 '잘 대해 주었습니다.'라고도 하고 '싸움을 말렸습니다.'라고도 하였으니, 가지가지 행동거지가 너무도 악랄하였다.

상처로 말을 하더라도 허리와 옆구리에 붉은 피멍이 든 곳은 모두 급소이고, 오줌길에서 피가 나온 것도 중대한 일이다. 그러니 도신道臣의 장계에서 의문을 제기한 것은 합당한지를 모르겠다. 빨리 죽을 수 있는 부위를 다치고서 10일을 끌다가 죽었다면 그래도 의심할 만한 점이지만, 반드시 죽게 되는 부위를 다치고 3일 만에 죽었으니 의심할 것이 없다. 이러나저러나 박 여인[朴女]이 서필수에게 죽었다는 사실은 더 이상 의심할 수가 없다.

나라의 법률은 매우 엄중하여 사형을 용서해 주기 어려우나, 그동안 진술한 내용을 보면 측은하게 여길 만한 사정이 있었다. 그가 진술하기를 '아이를 구타한 것은 작은 일이라고 하겠으나, 아내를 걷어차는 것은 본래 일반적인 습관이었습니다. 애당초 기어이 죽이려는 마음은 없었으나, 이제 와서는 같이 죽기를 바랍니다.' 하였고, 또 진술하기를 '청년으

---

68 김명천金命千의 사건: 평안도 양덕陽德의 김명천이 자기 아내 장 여인[張女]이 곡식을 훔친 것에 화가 나 발로 차서 그날로 죽게 한 사건이다.

로서 30세가 채 안 되었고 늙은 부모가 모두 70세인데, 어찌 사람을 고의로 죽여 죽을 자리에 스스로 떨어지려고 하였겠습니까!' 하였으니, 마음속에서 우러나오는 말이고 거짓으로 꾸며 대는 마음은 아니다.

평상시 피부에 와닿듯이 절박하게 헐뜯는 말은 첩에게 빠져 있어서 나왔으나, 사건이 일어나던 날 발로 걷어찬 짓은 발끈 화를 내다가 우연히 나왔을 뿐이었다. 따라서 저의가 없었다고 말하는 것은 옳으나 의도적으로 저지른 짓이었다고 하면 옳지 않고, 과오로 저지른 살인이라고 할 수는 있어도 고의적으로 저지른 살인이라고 결론지을 수는 없다. 그러한 사정을 명확히 알면서도 광례 한 사람을 연좌緣坐하였다는 이유만으로 서필수에게 김명천과 동일한 형률을 적용하지 못하는 것은 사건을 자세히 심리하는 방도와 어긋난다. 서필수를 한 차례 엄중히 형장을 친 뒤에 사형을 감하여 육지와 멀리 떨어진 험한 섬에 정배하라.

광례는 뚜렷이 드러난 죄상은 없으나 본처를 시기하고 질투하였다는 많은 사람의 말이 있었으니, 한 차례 형장을 치고 정배하라.

검안 결과가 서로 다른 것은 살피지 못한 실수가 있기는 하지만, 검안하는 관원끼리 서로 내통하여 하나도 서로 어긋나지 않게 맞추는 것과 비교하면 도리어 더 낫다고 하겠다. 1차 검안한 관원을 의금부로 잡아다가 처리하라고 한 것은 보류하라."

○ 주상의 판결에 대한 다산의 견해: 만약 어떤 사람이 요사스러운 첩에게 빠져서 정실 아내를 계획적으로 죽였다면, 그러한 경우의 죄도 교형絞刑에 처하는 정도에서 그칩니다. 그러므로 구타하다가 죽게 한 경우에는 죽지 않을 수가 있습니다. 그러나 육지와 멀리 떨어진 험한 섬에 정배하도록 한 것은 첩이 살인의 빌미가 되었기 때문입니다.【아내를 죽인 남편은 모두 섬에 정배하지는 않았다.】

7. 배우자를 살해하다(7)

【종에게 화가 난 것을 아내에게 옮겨 문지방에 머리를 박아 화풀이를 하였다. 사건의 근본 원인은 홧김에 구타하였기 때문이며, 사망의 실제 원인은 목이 부러졌기 때문이다.】

○ 삼가三嘉의 백성 박도경朴道經이 자기 아내 권 조이權김史를 죽였다.
○ 검안보고서의 내용은 빠졌다.
○ 주상의 판결은 다음과 같다.

"박도경의 살인 사건은 다음과 같이 판결한다. 살인 사건은 우연히 죽었는지 기어이 죽였는지를 가지고서 마음과 행적을 구별하여 살릴지 죽일지를 의논하여 정하기도 한다. 그러나 이번 박도경의 사건으로 말하면, 종을 구타할 때 옆에서 말리는 것은 집안에서 일상적으로 있는 일에 불과하다. 그런데 도대체 무슨 마음에서 종을 놓아두고서는 아내에게 화를 옮겨서 문지방에 머리를 박고 베틀로 등을 때렸으며, 심지어 모난 몽둥이와 긴 나무로 마음껏 가혹하게 구타하여 결국은 오랫동안 함께 살아온 배우자를 아무렇지도 않게 순식간에 죽게 하였단 말인가!

이처럼 모질고 흉악한 사건은 사실상 드물게 보는 것이다. 조사하는 관원을 특별히 주의를 주어서 엄중히 신문하여 자백을 받아 내는 것은 단연코 그만둘 수가 없다. 그러나 이에 앞서 이와 같은 살인 사건의 경우에는 죽일 마음이 있었는지 없었는지를 막론하고 대부분 살려 주는 쪽으로 처분하였던 이유는 그들의 죄를 용서할 만하고 정상도 참작할 만하다고 여겨서가 아니다.

부부 사이에는 장난으로 시작했다가 싸움으로 발전하기가 쉽다. 그뿐만 아니라 아내가 죽었는데 남편마저 죽는다면 죄도 없이 곤란을 당하는 사람은 아들과 딸이다. 더구나 흉악한 범인더러 목숨으로 보상하게 하는 이유는 죽은 사람의 원통한 마음을 위로하기 위해서인데, 죽은 사람은 그의 아내이다. 가령 죽은 아내가 안다면 자기 남편이 살아서 나가는 것을 반드시 속으로 다행스럽게 여기지, 어찌 법에 따라 처형되는 것을 고소해하겠는가! 이것이 남편의 목숨으로 아내의 목숨을 보상하게 하는 살인 사건을 판결할 때마다 주저하는 이유이다.

　신임 도신이 문서를 다시 살펴보고 사리를 참고해서 장계로 보고하게 하고, 장계가 올라오면 형조에서 나에게 물어 처리하라."

　○ 주상의 판결에 대한 다산의 견해: 남편이 아내를 죽인 사건 중에 원래의 판결을 번복하여 바로잡은 경우가 많은 이유는 주상의 의도가 여기에 있었기 때문이다.

8. 배우자를 살해하다(8)

【아이에게 욕하고 아내를 구타하였는데, 아내가 마당에서 나무라자 남편의 화를 돋우었다. 사건의 근본 원인은 술김에 구타하였기 때문이며, 사망의 실제 원인은 걷어차였기 때문이다.】

　○ 신계新溪의 백성 박춘복朴春卜이 자기 아내 강 조이姜召史를 죽였다.
　○ 황해도에서 다음과 같이 조사하여 보고하였다.
　"이 검안보고서를 보면 아침밥도 먹지 못한 데다 저녁 양식마저도 없었으며, 아이들의 똥은 여기저기 어지러이 널려 있고 아내의 나무라는 소리가 두루 일어났습니다. 이러한 상황에서 술에 취하여 무료하던 차였는데 못마땅한 마음을 건드리자 마음속에서 불같은 화가 치솟아 욕을 하는 대로 구타하였으니, 그러한 정경이 눈에 선합니다. 정황으로는 고려해 줄 만하지만 법률로는 사실상 용서해 주기가 어려우니, 법률을 집행하는 신하로서는 이견을 제기할 수 있는 처지가 아닙니다."

○ 주상의 판결은 다음과 같다.

"연전에 전라도 김영화金永化의 살인 사건[69]을 도신道臣이 아뢴 심리 의견에 따라 특별히 살려 주도록 처분한 일이 있었는데, 박춘복의 사건도 그와 유사하다.

천한 백성 중에 아무런 이유 없이 싸워서 조금만 비위를 거스르면 다투고 다툼이 지나치면 구타하는 부부들이 있다. 저녁에 주먹질을 했다가도 아침이면 친해지기도 하고, 잠깐 욕을 했다가도 금방 희희낙락하기도 한다. 화가 나면 불꽃처럼 치솟고 기쁘면 물처럼 풀어지니, 일률적으로 말할 수가 없다.

박춘복이 강 여인[姜女]과는 7년 동안 같이 살면서 내리 두 아들을 낳았으니, 정분은 좋았고 도리도 깊었다. 다만 박춘복은 명색이 남자로서 아내와 자식을 잘 양육하지 못하다 보니 항상 속에 부끄러운 마음을 품고 있었다. 그날도 밖에서 들어와 방으로 들어갔는데, 부엌에서 밥을 짓는 연기는 오르지 않고 아내의 나무라는 소리만 두루 더해지자 술김에 급소인지 아닌지를 가리지 않고 주먹질과 발길질을 하였던 것이다. 이것이 어찌 살해하려는 마음이 있어서였겠는가!

고의적으로 살인을 저질렀는지 우연히 죽었는지를 대번에 구별할 수는 없지만, 이러한 사건일수록 잘 참작해서 처리해야 한다. 술에 취하지 않은 상태에서 아내를 죽인 김영화도 오히려 정상을 참작하여 살려 주

---

69 김영화金永化의 살인 사건: 전라도 임실任實의 김영화가 그의 처 임 여인[林女]이 빚이 많은 것을 나무라자 구타하여 이튿날 죽게 한 사건이다.

었는데, 하물며 술김에 아내를 죽인 박춘복을 어찌 법률에 따라 처형할 수 있겠는가! 특별히 사형을 감하여 정배하라."

○ 주상의 판결에 대한 다산의 견해: 일반 백성의 세태를 이처럼 환히 비추어 보셨으니, 어느 누구도 진실을 숨길 수가 없을 것입니다.

9. 배우자를 살해하다(9)

【구타하여 죽이고 시체를 못에 던지고서는 물에 빠져 죽었다고 핑계를 댔다. 사건의 근본 원인은 홧김에 구타하였기 때문이며, 사망의 실제 원인은 걷어차였기 때문이다.】

○ 강계江界의 백성 이종대李宗大가 자기 아내 전 조이田召史를 죽였다.
○ 2차 검안보고서의 발사跋詞는 다음과 같다.
"위의 전 조이의 시체는 검안한 지 벌써 15일이나 되어 온몸이 모두 썩어 문드러졌습니다. 그러므로 시체 앞면의 여러 상처 중 명치 한 곳과 옆구리 한 곳은 모두 피가 엉기고 단단하였는데, 그 증상을 논한다면 《무원록》〈조례·구타사〉 '구타를 당하여 죽은 경우〔被打死〕'의 조문과 합치됩니다. 시체 뒷면의 여러 상처 중 뒤통수와 뒷머리 털이 자라는 경계는 상처의 부위가 넓고 크며 피가 엉기고 약간 단단하였는데, 살갗이 터지거나 뼈가 부서진 곳은 없었으나 이곳도 급소 부위입니다.
이종대가 머리를 끌어당기고 머리채를 휘어잡으며 주먹으로 구타하고 발로 걷어찼다고 명백하게 진술하였습니다. 그러므로 사망의 실제 원인은 '걷어차여서 죽게 되었다.'라고 기록하였습니다. 주범은 이종대로 기록하였습니다. 목격한 증인은 이 조이李召史로 기록하였습니다.
이종대가 사소한 일 때문에 자기 아내를 살해한 것만도 너무나 심보가 흉악한데, 스스로 물에 빠져서 죽은 것처럼 가장하여 용서받을 수 없는 죄를 피하려고 하였습니다. 그러나 물에 빠져 죽은 경우에는 물에 빠진 그날은 시체가 물밑에 잠겨 있다가 그 이튿날이 되어야 수면으로 떠오르고, 손톱에 모래와 진흙이 끼어 있고 배가 부풀어 올라 있으니, 이러한 증상은 《무원록》〈조례·익수사〉 '스스로 물에 빠져 죽은 경우[自溺死]'의 조문에 명백히 나와 있습니다. 그런데 이번 사건에서 시체는 오시午時 이후에 빠졌다가 미시未時에 건져 냈으니, 1시각도 채 안 된 상태에서 어찌 시체가 떠오를 리가 있겠습니까!

신후태申厚太가 진술하기를 '처음 건져 냈을 때 시체를 방앗다리에 걸쳐 놓았으나 한 모금의 물도 끝내 토해 내지 않았습니다.' 하였습니다. 더욱이 이 검안보고서의 시장屍帳에도 '손톱에 모래와 진흙이 없고 배가 부풀어 오르지 않았다.' 하였으니, 죽고 난 뒤 물에 던져진 것은 불을 보듯이 분명합니다.

시체를 지고 냇가로 나간 사실을 그가 부인하고 있으나 전 조이가 걸어차여 땅에 고꾸라지는 상황은 그가 자백하였으니, 명치와 옆구리 두 곳의 상처는 그가 범행을 저질렀다는 확실한 증거입니다. 그러니 시체를 물에 던진 문제는 부차적인 일이나 마찬가지입니다. 여러 차례 심문하였으나 끝내 정직하게 진술하지 않았습니다.

이종대의 아버지 이기명李琦明은 성품이 사납기로 본래부터 이름이 나 있었고, 자기 아들이 범행을 저지르는 것도 애당초 막지를 못 하였습니다. 이처럼 흉악한 사람을 엄중하게 다스리지 않는다면 먼 지역의 백성을 징계하기가 어렵습니다. 특별히 더욱 엄중하게 처리하는 것이 어떻겠습니까?"

○ 다산의 비평은 다음과 같다.

"급소 부위에 입은 상처가 모두 세 곳으로, 첫째는 명치이고, 둘째는 옆구리이며, 셋째는 뒤통수이다. 사망의 실제 원인을 분별하여 밝히는 법으로 말하면, 세 곳의 상처를 열거하고 나서 세 곳의 상처를 재차 지목하고 그중 하나의 상처만을 사망의 실제 원인으로 지정해야 한다. 상처를 입은 부위가 모두 중요하더라도 그중에 더욱 중요한 부위가 있게 마련이고, 상처를 모두 깊게 입었더라도 그중에 더욱 깊게 입은 곳이 있게 마련이다.

그런데 처음에는 세 곳의 상처를 통틀어 지목하여 사망의 실제 원인을 지정하였고, 그 아래에서는 명치와 옆구리 두 곳의 상처만 지목하여 범행을 저지른 확실한 증거로 삼았다. 이것은 모두 허술하고 잘못된 병폐이다."

○ 주상의 판결은 다음과 같다.
"형조가 보고한 것이 매우 명쾌하였다. 시체를 물에 던진 일을 보면, 범행이 끔찍하고 의도가 흉악하기로는 서울과 지방의 몇백 건 사건 중에도 없던 것이었다. 이 죄수를 사형하지 않는다면 법률을 어디에 쓰겠는가! 세 차례 손으로 구타하고 네 차례 발로 걷어찬 사실은 그도 스스로 말하였고 그의 아버지도 말하였다. 그러다가 사건이 오래되자 농간이 거듭 생겨났다. 이종대는 남편이 아내를 죽인 형률을 벗어나려고 도모하였고, 이기명은 시아버지가 며느리를 죽인 죄를 도리어 아들 대신 떠맡아서 주범을 여러 차례 바꾸어 정하고 증인이 뒤섞여 나오게 하였다. 이처럼 숨겨진 진실은 불을 보듯이 분명하였다. 조사하는 관원을 엄중하게 주의를 주어 이종대에게 엄중히 형장을 쳐서 자백을 받아 내게 하라."

○ 주상의 판결에 대한 다산의 견해: 아내를 죽인 사건에 대해서는 주상께서 모두 살려 주도록 판결하셨습니다. 그러나 이 사건과 능주綾州 임

성원林聖遠의 사건[70]에 대해서만 주상의 판결이 특히 엄중했던 이유는, 아내를 죽인 뒤에 뒤이어 못에 던지거나 목을 매기까지 하여 마음씀이 정직하지 않았을 뿐만 아니라 잔인하기가 더욱 심한 것을 미워해서였습니다.

10. 배우자를 살해하다(10)

【구타하여 죽이고서는 목을 매어 죽은 것처럼 가장하여 살아나 보려고 도모하였다. 사건의 근본 원인은 홧김에 구타하였기 때문이며, 사망의 실제 원인은 구타를 당하였기 때문이다.】

○ 능주의 백성 임성원林聖遠이 자기 아내 이씨李氏를 죽였다.

○ 1차 검안보고서의 발사跋詞는 다음과 같다.

"이번 사건에서 이씨의 시체는 뒤 옆구리의 상처가 난 부위는 본래 급소이고 얼굴의 세 곳에 난 상처도 모두 심하니, 구타를 당하여 죽은 것은 분명합니다. 그런데 주범 임성원이 진술하기를 '본래 아내를 구타한 일이 없으며, 아내가 목숨을 잃은 것은 스스로 목을 매었기 때문입니다.' 하였습니다. 그러나 목구멍의 위아래에는 모두 목을 맨 흔적이 조금도 없었고, 사당은 비좁아서 목을 맬 만한 들보도 없었습니다. 사당에는 대나무 장대 2개를 가로로 걸쳐 놓고 그 위에 베로 만든 발을 쳐 놓아 탁자를 대신하게 하였을 뿐입니다. 그러나 그 대나무는 몹시 가늘고 그 벽은 너무도 얇아서 목을 맬 곳이 결코 아니었습니다. 게다가 대나무 시렁

---

70 능주綾州 임성원林聖遠의 사건: 임성원이 도박을 하여 파산하자 장인인 이국진李國鎭이 나무랐는데, 임성원이 화가 나서 자기 아내를 구타하여 죽이고서는 스스로 목을 매어 죽은 것처럼 가장한 사건이다. 〈상형추의〉 13 '배우자를 살해하다(10)'에 나온다.

위에는 먼지가 아직도 가라앉아 있어 애당초 목을 맨 흔적이라고는 없는데다가 더욱이 끈을 꼰 형태가 구불구불하고 펴지지 않아서 거듭 추락한 흔적이라고는 전혀 없었으니, 스스로 목을 매어 죽었다는 말은 자연히 터무니없는 것으로 귀결되었습니다.

그가 말하기를 '아내와 서로 말다툼을 하였는데 아내가 매우 공손하지 않았습니다.' 하였습니다. 공손하지 않았다고 하였고 보면, 급소인지를 따지지 않고 홧김에 구타하였으리라는 것은 필연적인 상황이었습니다. 김희익金希益이 진술하기를 '이 여인이 슬피 곡하는 소리를 저의 아내도 들었습니다.' 하였고, 김운천金運天이 진술하기를 '방 안에서 구타하는 소리를 바깥에 있던 사람이 모두 들었습니다.' 하였습니다. 그렇다면 증언이 갖추어진 것이니, 어떻게 혐의를 피할 수 있겠습니까! 그러므로 사망의 실제 원인은 '구타를 당하여 죽게 되었다.'라고 기록하였습니다. 주범은 임성원으로 기록하였습니다.

방에서 사당까지의 거리는 여덟 걸음에 불과하니, 목숨이 끊어지고 난 뒤에 시체를 옮기기가 어렵지 않았을 것입니다. 김희익은 진술을 바치면서 오로지 애매모호하게만 하였고, 두 사람은 모두 선비의 부녀자라서 진술을 받을 수가 없었습니다. 그러므로 주범과 함께 엄중히 형장을 쳐서 진상을 알아내겠습니다."

○ 다산의 비평은 다음과 같다.

"김희익은 곡하는 소리를 들었다고 증언하였고, 김운천은 구타하는 소리를 들었다고 증언하였다. 사당 안에서 스스로 목을 맨 것처럼 가장한 일은 이웃 사람이 알 수 있는 것이 아닌데, 그들이 무슨 범죄를 저질렀다고 아울러 엄중히 형장을 치겠다고 하였는가! 지나치다."

○ 전라 감영全羅監營의 제사는 다음과 같다.

"이 상처를 보면 손이나 발로 범행을 저지른 것이 아닌 듯하다. 다듬잇방망이로 때렸다는 말이 유족의 진술에서 나왔으니, 이른바 '샛길'에 대해서도 심문해야 하고 범행에 사용한 흉기도 찾아내야 한다. 유족에게 다시 심문하라. 김희익은 가까운 친척으로서 이웃에 살고 있었는데 소리를 듣고도 가지 않았을 리가 결코 없다. 그런데 이번에 진술을 바치면서 실토할 듯 말 듯 하면서 정직하게 진술하지 않았으니, 각별히 엄중하게 형장을 쳐서 상세히 진술을 받아 내라."

○ 다산의 비평은 다음과 같다.
"김희익이 형제를 위하여 숨긴 것이 무슨 죄인가!"

○ 주상의 판결은 다음과 같다.
"장모는 뺨을 칠 사람이 아니고 사당은 시체를 숨길 곳이 아니다. 그런데도 기꺼운 마음으로 범죄를 저질러 윤리를 손상하고 도리를 무시하였으니, 아내를 죽인 죄 이외에도 결코 용서하기 어렵다. 턱과 목에는 끈을 맨 흔적이 없고 대나무 시렁에는 먼지가 쌓인 흔적이 그대로이며 슬피 곡하는 소리가 사방 이웃까지 들렸으니, 살인의 변고는 그가 아니면 누가 저질렀겠는가!

변고가 발생하고 난 뒤에는 감히 감추려는 꾀를 내어 이웃에 사는 일가 아저씨뻘 되는 사람을 바삐 맞아 와서 수많은 허위 증거들을 조작해 냈다. 밭 사이에서 소리쳐서 전하기도 하고 방 안에 끌어다가 두기도 하는 등 하나하나 교활하고 사특하였으나 자기도 모르게 제 꾀에 넘어간 꼴이 되고 말았다. 김희익이 전후로 진술을 번복하였다는 이유로 곤란해 할 것이 없으니, 임성원을 전처럼 합동으로 심문하여 기어코 자백을 받아 내라.

김희익은 5촌의 사나운 아저씨와 한통속이 되어 나라의 법률에 따라 처리해야 할 중대한 사건을 현혹시켰으니, 그의 마음가짐을 따져 보면 임성원과 똑같다고 하겠다. 그러나 한 가지 사건에 두 명의 죄수가 있게 되고 결말이 날 기약도 없으니, 한 차례 엄중히 형장을 치고 풀어 주라.”

○ 주상의 판결에 대한 다산의 견해: 김희익은 친족으로서는 8촌 이내이고, 거주하는 곳으로는 이웃입니다. 이 여인의 곡하는 소리를 들은 것은 증언하였으나 목을 매어 죽은 것처럼 가장한 사실은 증언하지 않았으니, 이것은 사람의 일반적인 심정입니다. 그런데도 감영과 고을에서 죄를 꾸며 대어 범인과 동일한 것으로 몰아갔으나, 주상께서 과감하게 결단하여 특별히 풀어 주라고 허락하셨습니다. 이것은 풍속을 돈독히 하려는 임금의 말하지 않은 의도입니다.

11. 배우자를 살해하다(11)

【형은 자기 아내의 죽음으로 곤경에 처하였고, 아우는 자기 아내의 모함을 받았다. 사건의 근본 원인은 간음하였기 때문이며, 사망의 실제 원인은 독약을 먹었기 때문이다.】

○ 장수長水에 사는 최일찬崔一贊의 아내 이 조이李召史가 자살하였다.
○ 검안보고서의 내용은 빠졌다.
○ 주상의 판결은 다음과 같다.
“사람이 사람다울 수 있는 이유는 인간의 본성을 갖추어서이고, 나라가 나라다울 수 있는 이유는 풍속의 교화를 소중히 여겨서이다. 이러한 점이 없다면 사람은 사람답지 않게 되고, 나라는 나라답지 않게 될 것이다. 근래 몇 년 전부터 내가 해마다 살인 사건 기록을 열람하는 것은 반드시 죽어야 할 상황에 있는 죄수를 살려 내어 조화로운 기운을 불러들이는 방도로 삼으려는 목적일 뿐만 아니라, 살인 사건의 변고는 윤리 및 기강과 관계되는 일이기도 하므로 인간의 본성을 유지하고 풍속의 교화를 바로잡는 정치까지 같이 실행하려는 목적이었다.

법률을 무시하고 풍속을 손상한 이번 사건은 그동안의 살인 사건에서는 보지 못했던 것이었다. 여러 차례에 걸쳐서 자세히 살펴보는 사이에 나도 모르게 눈이 휘둥그레지며 놀랐고 몸이 오싹하는 두려움을 느꼈다. 지금 와서는 사건을 판결하는 문제는 도리어 가볍고 윤리를 유지하는 문제는 소중해졌으니, 먼저 풍속의 교화를 바로잡고 그다음으로 살인 사건의 내막을 따지는 것이 옳다.

대체로 남편에 대한 아내의 도리는 아버지에 대한 아들의 도리와 같고 임금에 대한 신하의 도리와 같아서, 아내에게는 삼종지도三從之道[71]에 따라 남편에게 의지해야 할 의무가 있고 백년해로하며 좋은 관계를 유지해야 할 의무가 있다. 살아서는 같은 방에서 거처하고 죽어서는 같은 무덤에 묻히니, 배우자의 도리는 소중하다고 할 것이다.

그런데 이 사건에서 신 여인[辛女]의 일은 하나의 변괴라고 하겠다. 그녀의 남편은 형을 위해 대신 죽으려는 마음으로 감옥 안에서 아내를 돌아보며 자신이 범인이라는 증언을 해 달라고 간곡하게 은밀히 부탁하였으니, 본심이 사라지지 않았다는 것을 알 수 있다. 그러나 아내의 처지에서는 남편의 명령이라 할지라도 순종해야 할 것과 순종하지 않아야 할 것이 있는 법이니, 남편과 시아주버니 중에 누가 더 소중하고 누가 덜 소중하며, 누가 더 친하고 누가 덜 친한가? 설사 최여찬이 진짜 범행을 저

---

71 삼종지도三從之道: 여자가 따라야 할 세 가지 도리로, 어려서는 아버지를 따르고, 결혼해서는 남편을 따르고, 남편이 죽고 난 뒤에는 자식을 따라야 한다는 것이다.

질렀다고 하더라도[72] 남편으로서는 형을 위해 혐의를 떠안아야 하고 아내로서는 남편을 위해 적극 보호해야 한다. 이것이 하늘의 이치로 보나 인간의 심정으로 보나 당연하다.

만약 남편의 우애하는 마음을 생각하고 시아주버니의 억울한 정상을 걱정하였기 때문이었다면, 그날 밤의 일을 그녀가 목격한 이상 혼자 나서서 목숨을 걸고 호소하더라도 불가할 것이 무엇이 있겠는가!

처음 검안을 행할 때에 도신道臣이 신 여인에게 한 차례 물어본 것은 오히려 사건을 자세히 살피고 신중히 처리하려는 의도에서 나왔다고 치부할 수도 있다. 그러나 신 여인의 진술 내용을 본 뒤에는 도신으로서는 윤리를 손상하는 변고를 생각하여 법률을 위반한 증거를 자세히 살피는 것이 당연한 이치이다. 그런데 그렇게 하지 않았을 뿐만 아니라 형과 아우 사이에서 주범과 종범을 갑자기 바꾸었으니, 수령이 올린 첩정牒呈에 대한 제사題詞에 치졸한 면이 모두 드러나 있다. 아내의 증언 한마디로 남편을 법률에 따라 사형할 범인으로 단정하였으니, 이미 추락된 인간의 본성은 이 지경이 되어서는 더욱 쓸은 듯이 사라지게 되었다.

처음에는 묻지 말아야 할 부분에서 의문을 제기하였고 마지막에는 윤리와 기강을 뿌리내리게 해야 할 부분에서 그대로 두고 지나쳤으니, 이는 살인 사건을 심리하는 격식을 위반했을 뿐만 아니라 더욱이 교화를 베푸는 책임과도 어긋났다. 윤리를 손상한 사건이니 오래 지난 일이라고 해서 용서할 수가 없다. 해당 도신 박우원朴祐源을 파직罷職하라.

---

72 설사……하더라도: 전후의 문맥으로 보면 '최여찬崔女贊의 형인 최일찬崔一贊이 범행을 저질렀더라도'가 되어야 한다. 그러나 저본을 비롯하여 《심리록》과 《일성록》에도 모두 이와 같이 기록되어 있으므로 교감하지 않았다. 《심리록》에서는 이 사건을 최일찬과 최여찬이 함께 최일찬의 아내 이 여인을 목침으로 때려 죽게 한 사건이라고 하였으므로, 이 문장은 '설사 최여찬이 형과 함께 범행을 저질렀더라도'의 의미로 이해해야 할 듯하다.

그 뒤 조사한 관원의 보고서에서 또 신 여인이 시아주버니를 놓아두고 자기 남편의 죄를 증명한 것에 대해 언급한 내용이 있었다. 그런데 그 보고서에 대한 도신의 제사에 이르기를 '참고하여 근거로 삼기 위해서 보내라.' 하였으니, 참고하여 근거로 삼는다는 것이 무슨 일인지 모르겠다. 그가 잘못을 저지르고 직무를 잘못 수행한 점은 전 도신이나 다름이 없다. 그러나 순천順天 김영우金永右의 살인 사건[73]에 대해서는 '아내가 남편의 죄를 증명할 수는 없다.'라고 이치를 따져 엄중히 제사를 내렸으니, 그나마 이것이 잘못을 상쇄할 수 있는 단서가 될 수는 있겠다. 해당 도신 조시위趙時偉를 추고推考하라.

살인 사건을 심리하는 위치에 있는 신분으로서 윤리를 손상하는 일을 눈으로 보았으나, 도신에 대해서는 지적하여 책망하는 말 한마디가 없었고, 상처와 사망의 실제 원인에 매달려서 검안한 관원의 죄만 지적하려고 하였으니, 몹시도 무력하였다. 경들은 모두 추고하겠다.

이 사건의 내막으로 말을 하더라도 이렇다. 이 여인은 정절을 잃은 행실 때문에 관비官婢로 소속된 여자로서, 최가崔哥의 집을 한번 나갔으면 길 가는 사람이나 마찬가지이다. 부부로서의 정분이 끊어진 이상 형수와 시아주버니를 따질 일이 무엇이 있는가! 동쪽으로 가거나 서쪽으로 가거나 그녀가 가는 대로 내버려 두었으니, 최일찬이 명절에 돌아오지 않은 것을 보면 서로 만나지 않으려고 한 그의 마음을 알 수가 있다. 하물며 여관에 묵었다는 사실과 다리 언저리에서 이 여인의 사망 소식을 들었다는 사실은 모두 목격한 증인이 있으니, 최일찬이 목숨으로 보상하는 것은 너무도 의미가 없는 일이다.

---

73 김영우金永右의 살인 사건: 장두세張斗世의 소가 김영우 밭의 채소를 짓밟자, 김영우가 장두세의 신낭腎囊을 붙들고 구타하여 이튿날 죽게 한 사건이다.

더욱이 최여찬이 자기 형도 집에 없는 날에 쫓겨났던 형수가 한밤중에 문을 두드리자 거부하고 받아들이지 않은 일은 관계가 끊어졌다는 뜻을 보여 준 것이었다. 이 여인이 다그친 뒤에야 받아 주었던 일은 옛날의 친분 때문에 불과한 것이었다. 그러니 이 여인이 죽거나 살거나 간에 최여찬과 관계될 일이 무엇이 있겠는가! 이 여인의 옆에 있던 약봉지는 자살하였다는 명확한 증거이고, 왼쪽 옆구리의 상처는 스스로 부딪쳐서 생긴 상처로 보아야 한다.

대체로 이 여인이 집에서 쫓겨난 뒤로는 살 곳을 잃고 떠돌아다니다 보니 신세가 처량하였고, 아들을 안고 걸어 다니다가 남편의 집으로 돌아가서 죽어야겠다는 마음을 먹었을 것이다. 그러나 남편의 집에서 온갖 구실로 문전박대를 당하고 실컷 곤욕을 당하고서는 일시적인 편협한 성질을 참지 못하고 한밤중에 자결하는 일이 있게 되었다. 전후의 사건 정황은 이와 같은 것에 불과하였다.

검안한 관원은 항문이 변하지 않은 것을 가지고서 구타를 당하여 죽었다고 결론을 내렸으나 '독약을 먹고 급히 죽은 경우에는 그 독성이 상체에 나타난다.'라고 들은 적이 있다. 하물며 애당초 규정대로 시체를 씻어서 검안할 수 없었으니 더 말할 것이 있겠는가! 어느 모로 보나 이 여인이 독약을 먹고 사망하였다는 점은 불을 보듯이 명확하다. 그런데도 최여찬이 여러 해 동안 판결을 받지 못한 채 구속되어 온갖 고문을 받았으니, 이것이 과연 무슨 살인 사건을 처리하는 격식이란 말인가! 최여찬은 이 판결문을 가지고서 깨우치고 풀어 주라.

신 여인은 죄악이 너무도 크니, 나라의 법률로 따져 보면 결코 감옥의 문을 살아서 나가게 해서는 안 된다. 그러나 최여찬이 이제 무죄로 풀려나는 마당에 참작하여 용서해 주어야 한다. 도신이 고을 수령을 엄중히 타일러서 엄중히 형장을 친 뒤에 육지에서 멀리 떨어진 험한 섬에 종신

토록 영구히 관비로 소속시키게 하고 사면령이 내리더라도 적용하지 말라. 그리하여 윤리를 소중히 여기고 풍속을 돈독히 하려는 조정의 정치를 보여 주라."

○ 주상의 판결에 대한 다산의 견해: 이 여인은 최일찬의 아내이고, 신 여인은 최여찬의 아내입니다. 이 여인이 간음을 저지르다가 남편에게 쫓겨나서 관아에 소속되어 여종이 되었습니다. 그 뒤에 이 여인이 길에서 최일찬을 만나 원망하는 말을 마구 퍼붓다가 최일찬에게 구타를 당하여 왼쪽 옆구리에 상처를 입었습니다. 마침내 최여찬의 집으로 찾아가니 최여찬 집의 사람이 대문에서 거부하고 받아들이지 않다가 억지를 부린 뒤에야 받아들였습니다. 그런데 그날 밤에 이 여인이 약을 먹고 자살하였습니다.

사건이 발생하여 최일찬이 주범으로 몰리자, 최여찬이 형을 위해 대신 혐의를 떠안고 형수를 구타하였다고 스스로 말하였으며, 자기 아내인 신 여인에게도 부탁하여 증언하게 하였습니다. 그러자 법관이 마침내 신 여인의 말에 의거하여 최여찬을 주범으로 고쳤습니다. 그러므로 주상께서 이와 같이 처분하신 것입니다.

형과 아우가 서로 죽겠다고 다투었으니 그 정황이 서글프며, 남편과 아내가 죄를 증명하였으니 그 일은 일반적인 이치에 어긋납니다. 그러므로 최여찬을 풀어 주어 형제의 윤리를 돈독히 하고, 신 여인을 죽여서 부부의 인륜을 바로잡으려고 하였습니다. 이것이 주상께서 이와 같이 처분하신 본래 의도입니다.

그러나 신 여인은 어리석어서 남편의 명령에 순종하는 것이 옳은 방안인 줄만 알고 남편의 죄를 증명하는 것이 사리에 어긋난 짓인 줄은 생각하지 못하였으니, 그녀의 정상을 고려하면 그녀도 가엾다고 하겠습니다.

아마도 신 여인이 남편의 죄를 증명하던 날에 별도로 죄악이 있었던 것 같으나, 원래의 사건 기록을 보지 못해서 이제 살필 수가 없습니다.

12. 배우자를 살해하다(12)

【남자는 구타하고 여자는 순종하였으며, 여자는 죽고 남자는 달아났다. 사건의 근본 원인은 □□때문이며, 사망의 실제 원인은 구타를 당하였기 때문이다.】

○ 문화文化를 지나가던 총각이 같이 가던 부인을 죽였다.

○ 2차 검안보고서의 발사跋詞는 다음과 같다.

"위의 사망한 부인은 온몸에 매우 많은 상처를 입었습니다. 그중 이마 위는 살이 터지고 뼈가 드러나서 숨구멍까지 곧장 이어졌고, 가슴 한복 판은 세 곳이 청적색靑赤色을 띠고 눌러 보면 단단하였습니다. 이 상처들 은 모두 즉시 목숨을 잃을 수 있는 부위에 났으니, 그 부인이 구타를 당 하여 죽었다는 것은 의심할 바 없이 명백합니다. 그러므로 사망의 실제 원인은 '구타를 당하여 죽게 되었다.'라고 기록하였습니다.

안광백安光白이 진술하기를 '두 사람이 싸우는 상황을 보기는 하였으 나 남자인지 여자인지를 구분하지 못하였으며, 싸우던 장소를 다시 보 니 핏자국이 여기저기 어지러이 나 있었습니다.' 하였습니다. 핏자국이 나 있는 곳에서부터 샛길을 따라 어지러이 짓밟힌 흔적과 버려진 물건이 뚜렷이 있었으니, 여인이 구타를 당하고 나서 이 길을 통해 들어간 것은 단연코 의심할 바가 없습니다.

안광백이 진술하기를 '날이 저물려고 할 때 바라보니 길 위에서 싸우 고 있었습니다.' 하였고, 황한위黃汗位가 진술하기를【여관 주인이다.】 '해가 지려고 할 때 남자와 여자가 들어오는 것을 갑자기 보았습니다.' 하였습니다. 날이 저물려고 할 때 여자가 그곳에서 구타를 당하고 해가 지려고 할 때 이 집으로 옮겨 들어왔으니, 시각이 서로 일치하고 두 사람의 말이 어긋나지 않습니다.

한덕휘韓德輝가 진술하기를 '그 여자가 머리를 싸매고 허리가 구부정하였으며 다리를 절룩거렸습니다.' 하였으니, 그곳에서 구타를 당했고 이 집에서 구타를 당하지 않았다는 것을 알 수 있습니다. 황한위가 진술하기를 '총각놈이 스스로 부부라고 하였습니다.' 하였으나 부부 사이에는 길 위에서 마구 구타하지는 않을 듯하니,【양주兩主란 부부를 말한다.】다른 사람에게 구타를 당한 것일 수도 있겠습니다. 만약 다른 사람에게 구타를 당한 것이라면, 조금 전에 같이 왔던 그 남편은 갑자기 사라져서 행방을 모르고 그의 아내만 혼자 남아서 죽을 리가 있겠습니까! 그가 말한 '부부이다.'라는 것은 틀림없이 꾸며 낸 말일 테고, 총각이 주범이라는 것은 단연코 의심할 바가 없습니다.

세상의 변고가 끝없이 일어나고 인간의 간악한 마음은 측량하기가 어려우니, 여관 주인인 황한위를 의심해 볼 수도 있겠습니다. 그러나 길 위에서 싸운 일, 이마 위를 싸맨 일, 두 사람이 싸운 날짜와 시각, 마을로 들어온 시각 등이 한마디 한마디 부합하였고 하나하나 어긋나지 않았으니, 황한위는 의심할 수가 없습니다.

위에서 말한 총각의 용모를 황한위 등이 말한 대로 아래에 기록하여 보고하니, 오영五營에 분부하여 기한을 정해 놓고서 체포하도록 하소서. 증인 황한위·김 조이金召史·한덕휘·안광백 및 사건에 관련된 사람 박세귀朴世貴, 가까운 이웃 사람 홍수만洪水萬·황동채黃東采·황진서黃辰西 등은 고을의 감옥에 계속 가두어 두고서 처분을 기다리겠습니다.

사망한 부인이 황해도 사람일 수도 있으므로 그의 용모 및 입고 있던 의복과 가지고 있던 물건을 열거하여 황해도 안의 여러 고을에 관문關文

을 보내서 이와 같은 사람으로서 다른 지역으로 나갔다가 돌아오지 않은 자가 있으면 찾아가게 하는 것이 사리에 합당할 듯합니다. 그러므로 사망한 부인의 용모 및 의복과 물건을 모두 아래에 열거하였습니다. 문화 군수文化郡守는 이곳으로부터 고을로 돌아갔습니다."

○ 아래에 기록한 내용은 다음과 같다. 총각인 남자는 나이가 30여 세쯤이다.【용모와 의복은 생략하였다.】 부인은 나이가 37, 38세가량이다.【용모와 의복은 생략하였다.】

○ 다산의 의견은 다음과 같다.
"총각이 죽은 여인과 부부 관계인 것에 대해서는 의심할 바가 없을 듯하다. 여자를 구타한 사람이 만약 다른 사람이라고 한다면 총각이 그 사람을 놓아두고서 여관에 투숙하려고 하였겠는가! 총각머리를 한 사람이 만약 그 여자의 남편이 아니라고 한다면 그 부인이 그를 따라서 여관 문을 들어오려고 하였겠는가! 자기 아내를 구타하여 아내의 목숨이 금방 끊어질 상황인데도 소리를 지르며 범인을 잡지 않을 리는 없을 것이다. 자기를 구타한 사람이 본래 친족이 아닌데 그와 함께 여관에 투숙할 리도 없을 것이다.
내 생각에는 이 부인이 도중에 간음하다가 붙잡혀서 이처럼 모진 주먹질을 당한 것으로 보인다. 그러므로 부인은 목숨이 막 끊어지려고 하는데도 끝내 원망하는 말이 없이 공손히 총각의 뒤를 따라 함께 여관에 들어왔으며, 남자는 사람을 거의 죽을 정도로 구타하였는데 부끄러워하는 기색도 없이 천연덕스럽게 서로 이끌고서 함께 여관에 투숙하였다. 그러다가 부인의 눈빛이 흐려지고 호흡이 끊어지려고 하였으니, 그 여자가 아내이거나 아니거나 간에 여관 주인이 반드시 남자를 묶을 수밖에 없는 상황이었다. 한번 묶이고 나면 범인이 될 수밖에 없었다. 설사 그 여자가 자기 아내라고 하더라도 목숨으로 보상하는 죄를 면하기 어려울 테니, 그 상황에서 최고의 방책은 빨리 줄행랑치는 것뿐이었다.

검안보고서에서는 그들이 부부가 아닐 것이라고 의심하였으나, 그렇지는 않을 듯하다. 총각의 나이가 30여 세이고 부인의 나이가 37, 38세이니, 천한 일반 백성 중에는 이와 같은 부부도 많다."

13. 종과 주인 사이에 살인하다(1)

【양인의 신분으로 풀어 준 여종이 죄를 짓자, 아우가 형을 위해 몽둥이를 잡고서 쳤다. 사건의 근본 원인은 홧김에 구타하였기 때문이며, 사망의 실제 원인은 몽둥이질을 당하였기 때문이다.】

○ 봉산鳳山의 백성 양유언梁有彦이 옛날의 여종 봉금鳳今을 죽였다.
○ 조사한 관원의 보고서는 다음과 같다.

"봉금을 양인良人의 신분으로 풀어 줄 때의 나이는 30세에 불과하였으며, 양인으로 풀어 줄 때 받았던 대가를 물어보니 40냥에 불과하였습니다. 한창 젊은 나이에다가 낳은 자식까지 있는데도 헐값에 양인 신분으로 풀어 준 것은 본래 큰 은혜입니다. 그런데 옛 주인이 병을 앓아 몇 달을 끌었으나 가까운 거리에 살면서도 끝내 문병을 한 번도 오지 않았으니, 몹시도 형편없는 사람입니다. 따라서 옛 주인이 아우에게 몽둥이질로 다스리게 한 것은 이상한 일이 아니고, 아우인 양유언이 형의 명령에 따라 손수 때린 것도 불가할 것이 없습니다.

몽둥이를 친 횟수는 사람들의 말이 달랐으나, 최대 20대를 넘지 않았습니다. 20대의 몽둥이를 맞고서는 결코 죽을 수가 없으니, 하룻밤 사이에 목숨을 잃은 데에는 반드시 다른 사정이 있을 것입니다. 이른바 배가 아팠다는 말은 혐의를 떠넘기기 위한 계책에서 나왔으나 《무원록》의 조문을 자세히 살펴보고 사리로 참고해 보아도 이 정도의 몽둥이를 맞은 상처로 하룻밤 사이에 목숨을 잃을 리는 결코 없습니다.

그런데도 그동안의 검안보고서에서 이에 대해 전혀 의문을 제기하지 않고 곧장 사건의 완결을 청한 것은 살인 사건을 처리하는 격식으로 볼 때 몹시 허술합니다. 《대명률》〈형률·투구〉'노비가 집주인을 구타한 경우[奴婢毆家長]'의 조문에 이르기를 '만약 노비가 가르침을 위반하여 법에 따라 처벌하였는데 우연히 죽게 된 경우에는 죄를 묻지 않는다.' 하였으니, 이는 명분을 엄격하게 하려는 목적입니다. 또 《대명률》〈형률·투구〉'아내나 첩이 옛 남편의 부모를 구타한 경우[妻妾毆故夫父母]'의 조문에 이르기를 '만약 노비가 옛 집주인을 구타하거나 집주인이 옛 노비를 구타한 경우에는 각각 일반 사람이 구타한 죄로 처벌한다.' 하였으니, 이것도 후일의 폐단을 막기 위한 목적입니다.

그러나 우리나라의 노비와 주인 사이에는 사실상 아버지와 자식의 은혜 및 임금과 신하의 도리가 있습니다. 따라서 어제는 양인 신분으로 풀려나지 않아서 구타하더라도 죄를 묻지 않았던 노비를, 오늘은 양인 신분으로 풀려나자마자 구타하면 일반 사람을 구타한 경우와 동일하게 처벌하는 것은 너무도 명분이 없으며 도리어 후일의 폐단을 생겨나게 하는 일입니다. 아마도 중국의 노비에 관한 법이 우리나라의 법과는 몹시 다르기 때문에 법률 취지가 이와 같은 듯합니다. 이러한 문제는 저의 어리석은 소견으로 측량할 수 있는 일이 아닙니다.

이번 사건의 양유언은 감옥에 갇힌 지 벌써 9년이 넘었고 형장을 맞은 것도 거의 200대 가까이나 되었습니다. 그러나 사망의 실제 원인은 지레 정했다는 의문이 있고 정황과 사리로 보면 참작하여 용서해 줄 만한 부류인데 갑자기 목숨으로 보상하는 형률을 적용한다면 살인 사건을 신중히 심리하는 취지가 아닌 듯합니다."

○ 황해도에서 다음과 같이 아뢰었다.

"이번 살인 사건은 번복할 수 없는 사건이 되었는데, 어찌 감히 별도로 의문을 제기하여 의견을 서술하겠습니까! 2차 심리를 할 때 진술을 번복한 것은 사형수들의 의례적인 버릇으로 자연히 귀결되었고, 격쟁擊錚할 때의 진술 내용은 이전의 진술 기록과는 너무도 큰 차이가 났으니, '사건이 오래되면 농간이 생겨난다.'라는 말이야말로 이 죄수를 말한 것입니다.

다만 양인 신분으로 풀어 준 본래의 일에는 명분과 실질이 서로 어긋나는 점이 있습니다. 그 당시에 지불한 4관貫의 돈으로는 두 사람의 노비를 모두 양인 신분으로 풀어 주기는 어렵습니다. 그 돈으로는 봉금의 아들만 양인 신분으로 풀어 주어도 너무 헐값이라고 할 수 있는데, 어찌 어머니까지 함께 양인 신분으로 풀어 줄 리가 있겠습니까! '봉금은 가마 앞에 세우던 옛 여종으로서 30년 동안 수고한 공로가 있다고 하여, 아들을 양인 신분으로 풀어 주는 날에 어머니까지 양인 신분으로 풀어 주도록 허락했습니다. 그래서 값을 받지 않고 양인 신분으로 풀어 주었던 것이니, 더할 나위 없이 큰 은혜입니다.'라는 말은 본래 양유언이 처음 진술한 내용에서 나온 것입니다.

유족인 복남福男은 양가梁哥 집의 종이 아니었으므로, 양가가 누이동생 봉금을 죽인 원수라는 사실만 알았습니다. 그가 진술하기를 '40냥의 돈은 정두규鄭斗逵가 손자 정경신鄭庚申을 양인 신분으로 풀어 주는 대가로 지불한 것이고, 봉금은 값을 받지 않고 양인 신분으로 풀어 준 것이나 마찬가지입니다.' 하였습니다. 이것이 근거할 만한 공정한 증언이 아니겠습니까!

헐값을 받고 아들을 양인 신분으로 풀어 주고 값을 받지 않고 어머니까지 양인 신분으로 풀어 주었으니, 매우 두터운 은혜이고 깊은 인정이기도 합니다. 그런데 옛 주인이 반년이나 병을 앓는 동안 가까운 거리에 사는 봉금이 찾아오기를 기다렸으나, 배은망덕하게 한 차례도 찾아와서 문안하지 않았으니, 모든 사람이 이러한 사실을 듣더라도 어느 누가 '몽둥이를 맞는 것이 당연한 죄이다.'라고 하지 않겠습니까!

몽둥이질을 하라고 지시한 사람은 양유대梁有大이고, 직접 때린 사람은 그의 아우 양유언입니다. 형이 병으로 앓아누워 있어 아우가 명령에 따라 때린 것도 사리로 헤아려 볼 때 당연한 일입니다. 그 일이 있기 전에 봉금이 길에서 양유언을 만났을 때도 문안 인사를 하지 않은 적이 있는데, 양유언이 봉금을 몽둥이로 다스리던 날에 그 죄까지 같이 다스렸으니, 이것도 일반적으로 있을 수 있는 일이지 사적인 유감을 푼 것은 아닙니다.

그런데 그동안 심문할 때에는 이 한 가지 일을 가지고서 양유언이 사적인 유감을 푼 것으로 귀결시키고, 심지어 '제멋대로 몽둥이질을 하였고 형의 지시를 받지는 않았습니다.'라고까지 하였습니다. 그러자 죄인은 겁을 먹고서는 숨기지 않아야 할 일인데도 굳게 숨겼고, 조사한 관원은 의심을 품고서 조사할 필요가 없는데도 깊이 조사하였습니다. 그러다가 2차 심리를 할 때가 되어서야 양유언이 진술하기를 '병으로 앓아누워 있던 형이 스스로 일어나서 봉금을 때리려고 하였으므로 어쩔 수 없이 제가 그 일을 대신 행하였습니다.' 하였습니다. 이것은 자기 형에게 죄를 떠넘긴 것이 아니라 죽을 상황에서 살아나 보려는 꾀를 낸 데에 불과하니, 어찌 이것을 가지고서 윤리를 손상하였다고 할 수 있겠습니까!

몽둥이질한 횟수는 20대에 불과하였고, 몽둥이의 지름은 5푼에 불과하였습니다.【태笞보다는 약간 크다.】봉금이 이 몽둥이 때문에 목숨을 잃었으나, 양유언이 본래 죽이려는 마음을 가지고서 친 것은 아니었습니다. 양유언은 본래 비뚤어진 성격을 가진 사람으로서 병을 앓는 형의 분노에 찬 말 때문에 스스로 나서서 직접 봉금을 구타하여 끝내는 목숨을 잃게 하였으나, 만약 자기 형의 지시가 아니었더라면 어찌 살인 혐의를 조금이라도 의심할 것이 있겠습니까!"【이 아래에 《대명률》의 두 조문을 인용하였는데, 전적으로 조사한 관원이 보고한 문장을 그대로 썼다.】

○ 주상의 판결은 다음과 같다.

"도신道臣이 의문을 제기한 것은 일리가 있다. 그러나 '오늘 노비의 신분을 양인으로 풀어 주자마자 마침내 일반 사람의 경우와 동일하게 죄를 논하는 것은 노비와 주인의 명분을 손상하는 것입니다.'라고 한 말에 대해서는 나는 꼭 그렇다고는 생각하지 않는다.

대체로 노비와 주인은 명분이 매우 엄격하여 하루 사이나 잠깐 동안이라도 노비와 주인의 명분이 있으면 주인이 노비를 죽이더라도 목숨으로 보상하지 않고, 노비와 주인의 명분이 없으면 목숨으로 보상한다. 그 이유는 노비를 양인 신분으로 풀어 주기 이전과 이후에는 상황에 따라 융통성을 부릴 수가 없기 때문이다.

만약 도신의 장계 내용을 타당하다고 한다면, 지금부터는 양인 신분으로 풀어 준 노비를 죽인 옛 주인이 목숨으로 보상하는 형률에 '양인 신분으로 풀어 준 뒤로 몇 달이나 몇 일까지는 노비 신분으로 인정한다.'라는 조문을 별도로 만들어야 한다. 그리고 만약 주인이 옛 노비를 죽이는 사건이 발생하면 양인 신분으로 풀어 준 기한이 얼마나 되었는지를 살펴보고서 목숨으로 보상하게 해야 할지 말지를 판결해야 한다. 그러나 이렇게 하는 것이 옳다고 하겠는가! 흔들림 없이 지켜 나가야 하는 것이 법률이다. 법률에도 없는 말을 억지로 찾아내어 끝내는 형벌을 잘못 시행하는 결과가 된다면, 법률을 제정한 취지가 어디에 있겠는가! 이 죄수를 전처럼 합동으로 심문해야 한다는 점에 대해서는 더 이상 이견이 없을 듯하다.

그러나 봉금으로 말하면, 여러 해를 여종으로 부리다가 하루아침에 양인 신분으로 풀어 주었는데 예전의 도리를 싹 잊어버리고 옛 주인의 병문안도 하지 않았으니, 예전에 베풀었던 은혜와 인정은 돌아볼 수가 없었던 것이었다. '지금 시점에서 옛일을 잊어서는 안 된다.'라고 한 것이야말로 준비된 말이라고 하겠다. 게다가 양유언이 봉금을 구타한 것은 자기 형의 지시 때문이었으니, '형과 아우 사이에도 종은 각각 주인이 있는 법입니다.'라는 것은 적합한 말이 아닌 듯하다. 양유언의 죄는 본래 용서하기가 어려우나 정상은 참작해 줄 만하니, 경들이 더욱더 이치를 따져 나에게 물어 처리하라."

○ 형조가 대책을 마련하여 보고한 내용은 삭제하였다.

○ 주상의 판결은 다음과 같다.
"도신의 장계는 합당한지를 모르겠으나, 형조의 계사啓辭는 참으로 일리가 있다. 양유언은 사형을 감하여 정배定配하라. 양인 신분으로 풀려난 경우와 풀려나지 않은 경우는 명분이 현격히 다르다. 이번에 양유언을 살려 주도록 판결한 것은 봉금의 옛 주인이어서가 아니라 정황과 행적으로 볼 때에는 참작해 줄 만한 점이 있어서였다. 그러나 대번에 정배할 곳으로 보내는 것은 너무 가볍게 처벌하는 면이 있으니, 형장을 친 뒤에 압송하라."

○ 주상의 판결에 대한 다산의 의견은 다음과 같다.

"양인 신분으로 풀어 주는 것을 증명하는 문서가 작성된 날은 신분 변동의 기준이 되는 경계이니, 그 경계 이전은 노비 신분이고 그 경계 이후는 양인 신분입니다. 그런데도 조사한 관원과 도신이 이 경계를 어지럽히려고 한 것은 크게 잘못하였습니다.

이 살인 사건에서는 양유언을 용서해야 할 점이 세 가지입니다. 첫째는 본래 형의 지시를 받아서 한 행위이지 스스로 한 행위가 아니라는 점입니다. 만약 양유언이 아우가 아니라 종이었다면, 몽둥이를 잡고서 때린 종에 불과합니다. 주인의 지시에 따라 몽둥이를 잡고서 때린 사람은 법률로 볼 때 처벌해서는 안 되는데, 어찌 유독 아우에 대해서만 처벌하겠습니까!

둘째는 20대의 몽둥이를 친 것은 죽을 수 있을 정도는 아니라는 점입니다. 여러 날이 지난 뒤에야 죽었으면 그래도 가능한 말이지만, 하룻밤 만에 죽었으니 어찌 의심이 없다고 할 수 있겠습니까!

셋째는 대가 없이 양인 신분으로 풀어 준 것은 대가를 받고 풀어 준 경우와는 다르다는 점입니다. 주인으로서는 매우 무거운 은혜를 베풀었는데 노비가 더욱 깊이 배은망덕하였으니, 일반적인 심정으로 보아도 화가 나는 일인데 도리어 이런 경우만 참작하여 용서해 줄 수가 없겠습니까! 이것이 양유언이 살아나게 된 이유입니다. 양유언을 무죄로 풀어 주지 못했던 이유는 조사관의 보고와 도신의 장계가 주상의 뜻에 마뜩지 않아서일 것입니다."

○ 주인이 노비를 멋대로 죽이는 것에 대해서는 중국 한漢나라 때부터 금지하였으나 끝내 목숨으로 보상하게 하는 법률 조문은 없었습니다. 이제 관련된 사례를 채취하여 아래와 같이 기록하였습니다.

○ 중국 한나라의 동중서董仲舒가 다음과 같이 말하였다.

"토지를 빼앗아 독차지하는 길을 막고 노비를 제멋대로 죽이는 권한을 없애야 한다."【노비를 제멋대로 죽일 수 없게 한 것이다.】

○ 중국 한나라 광무제光武帝 건무建武 11년(기원후 35)에 내린 조서詔書는 다음과 같다. "이 세상의 만물 중에서도 사람이 가장 귀하니, 노비를 죽인 경우에는 죄를 감해 주지 못한다."

8월에 내린 조서는 다음과 같다. "감히 노비를 불로 지져서 폐인을 만든 경우에는 형률에 정해진 대로 처벌한다."【자작炙灼이란 폐인을 만드는 것이다.】

○ 중국 송宋나라 태조太祖 개보開寶 2년(969)에 내린 조서는 다음과 같다.
"노비가 이치에 맞지 않는 일로 죽게 된 경우에는 즉시 시체를 검안하고, 주인이 빨리 스스로 시체를 수습하여 매장하기를 원하면 허락한다. 노비가 병이 들어 죽은 경우에는 시체를 검안할 필요가 없다."

○ 중국 송나라 진종眞宗 함평咸平 6년(1003)에 내린 조서는 다음과 같다.
"사대부와 일반 백성의 집안에서 노비가 법률을 범하는 일이 있으면 얼굴에 먹물로 글자를 새기지 못한다."

○ 중국 송나라 때 대리시大理寺가 다음과 같이 아뢰었다.
"법률을 살펴보니 '노비들이 죄를 지었는데 그 주인이 처벌해 주기를 관사에 청하지 않고 제멋대로 죽인 경우에는 100대의 장을 친다. 죄가 없는데도 죽인 경우에는 2년의 도형에 처한다.'라고 하였습니다."

○《대명률》의 여러 조문에는 더욱 상세하고 뚜렷하게 갖추어져 열거

되어 있으니, 사건을 담당하는 사람은 해당 조문을 살펴보아야 한다.

○ 우리나라 세종 26년(1444)에 내린 전교는 다음과 같다.

"우리나라 풍속에는 윗사람과 아랫사람의 명분이 엄격하므로, 죄를 저지른 노비를 그 주인이 죽이면 으레 모두 주인을 두둔하고 노비를 억눌렀다. 이것은 참으로 좋은 취지이다. 그러나 형벌과 시상은 임금의 큰 권한으로, 그처럼 큰 권한을 가진 임금조차도 죄 없는 사람을 한 사람이라도 죽일 수가 없다. 하물며 노비는 천하기는 하지만 이들도 하늘이 내린 백성이니, 어찌 죄도 없는 사람을 함부로 죽일 수 있겠는가! 임금의 덕이란 살리기를 좋아하는 것일 뿐이니, 죄도 없는 사람이 살해되는 것을 가만히 앉아서 바라보기만 하고 어찌 두려워하지 않겠는가!

앞으로는 죄를 저지른 노비를 관아에 신고하지 않고 제멋대로 구타하여 죽인 경우에는 모두 옛 형률에 따라 처벌하라. 만약 불로 지지는 형벌, 코나 귀를 베는 형벌, 얼굴에 먹물로 글자를 새기는 형벌, 발꿈치를 베는 형벌, 쇠·칼·나무·돌을 사용하는 등 모든 참혹한 형벌로 함부로 죽이는 사람이 있으면, 죽은 노비의 가족은 《대명률》에 따라 관아에 소속시킨다.⁷⁴"

○ 《속대전》〈형전·살옥〉에 다음과 같이 말하였다.

"관아에 신고하지 않고 자기 노비를 제멋대로 죽인 경우에는 《대명률》

---

74 죽은……소속시킨다:《세종실록》26년 윤7월 24일 신축辛丑에 실려 있는 기사에는 이 부분이 '죽은 노비의 가족은 주인 자신의 노비가 아니면 관아에 소속시키지 못한다.'라고 되어 있고, 《대명률》〈형률·투구〉'노비가 집주인을 구타한 경우〔奴婢毆家長〕'의 조문에서는 '죄도 없는 노비를 죽인 경우에는 60대의 장杖을 치고 1년의 도형에 처하며, 죽은 노비의 가족은 모두 풀어 주어 양인 신분으로 만든다.' 하였다.

〈형률·투구〉 '노비가 집주인을 구타한 경우'의 '죄도 없는 노비를 죽인 경우에는 60대의 장을 치고 1년의 도형에 처한다.'라고 한 법률을 적용하되, '죽은 노비의 가족은 모두 풀어 주어 양인 신분으로 만든다.'라고 한 조문은 적용하지 않는다."【그 주注에 이르기를 '부녀자가 질투로 인하여 여종을 살해한 경우에는 종로鍾路에서 장을 치고 정배한다.' 하였다.】

14. 종과 주인 사이에 살인하다(2)

【친족의 종과 도박을 하다가 사람들을 향해 등잔걸이를 던졌다. 사건의 근본 원인은 재물을 다투었기 때문이며, 사망의 실제 원인은 구타를 당하였기 때문이다.】

○ 서흥瑞興의 백성 곽상갑郭尙甲이 강덕수姜德守를 죽였다.

○ 황해도에서 다음과 같이 조사하여 보고하였다.

"다치면 빨리 죽게 되는 급소로는 숨구멍보다 더 중요한 곳이 없습니다. 그런데 숨구멍의 살갗과 살이 터지고 찢어졌으며 그 구멍이 깊고 넓었으니, 등잔걸이에 세게 맞고 대자리 기름이 마구 칠해진 것은 숨길 수 없이 분명합니다.

곽상검郭尙儉과 곽상갑은 본래 5촌의 친족으로서 오랫동안 서로 돈치기의 짝이 되었습니다.【본래의 문장에는 돈치기[頭錢]를 투전投牋이라고 하였다.】 소란이 일어났을 때 곽상검이 범행을 목격한 일이 있었고 '귀로 들었습니다.'라고 말하기도 하였으니, 곽상갑으로서는 이에 대해 더 이상 변명할 수가 없습니다.

유족인 강세찬姜世贊은 아들을 위해 원통함을 풀어 주려고 하지는 않고 오히려 주검을 내세워서 돈을 뜯어내려고 하였을 뿐만 아니라, 본래는 종의 신분이던 자라서 이리저리 눈치를 보는 일이 많았습니다. 이 강가솔俸들은 곽가郭鞀 집안에서 대대로 부리던 종으로, 호적대장을 소급해서 살펴보니 내력이 분명하였습니다.

죽은 강덕수는 곽양심郭良深이 몸값을 받고 양인 신분으로 풀어 주었던 사람이고, 범인 곽상갑은 곽양심의 7촌 친족의 증손자입니다. 따라서 곽상갑은 곽상검의 가까운 친족이 아닌 데다가 더욱이 강덕수가 양인 신분으로 풀려난 뒤의 시점인데, 이것을 빙자하여 마음대로 죽이거나 살려도 되겠습니까! 계속 이와 같이 한다면 주인이 노비를 죽일 경우에 관한 법률 조문 안에 규정한 친척의 범위에 대한 한계와 양인 신분으로 풀어 준 이전과 이후의 구별은 모두 쓸모가 없어질 것입니다.

이번 사건에서 민 조이閔召史가 감히 남편의 원통함을 호소한다는 핑계를 대고서는 주상을 속이는 말로 온통 꾸며 대어 어수선하게 말을 하여 주상을 속였습니다. 신의 감영에서 민 조이를 무거운 쪽으로 엄중히 다스릴 계획입니다. 곽상갑은 전처럼 신문하여 기어코 내막을 알아내겠습니다."

○ 다산의 의견은 다음과 같다.

"가령 죽은 사람이 곽가의 집에서 양인 신분으로 풀어 주지 않은 종이었다고 하더라도 곽상갑은 용서해 줄 수가 없다. 도박을 하는 친근한 사이로 같이 돈치기하는 짝이 되었고, 등잔걸이를 던져 머리를 때려 자연히 짐승이 진흙탕에서 싸우는 형세가 되었다. 그리하여 즉시 목숨을 잃게 하여 이러한 살인 사건을 불러왔으니, 종과 주인 사이에는 높고 낮은 차이가 있다는 것을 무슨 얼굴로 다시 말하겠으며, 친척의 관계가 먼지 가까운지를 어찌 다시 물을 것이 있겠는가! 이와 같이 흉악하고 도리에 어그러졌으니 '목숨으로 보상한다.[償命]'라는 두 글자면 되고 그 외에는 말할 필요가 없다."

15. 종과 주인 사이에 살인하다(3)

【종으로서 주인을 고소하여 살인 사건을 성립시켜서 죽이려고 꾀하였다. 사건의 근본 원인은 원한을 갚으려고 하였기 때문이며, 사망의 실제 원인은 구타를 당하였기 때문이다.】

○ 경성京城의 사노私奴 득복得福이 자기 주인 아무개[75]를 고소하였다.

○ 검안보고서의 내용은 빠졌다.

○ 주상의 판결은 다음과 같다.

"종과 주인의 명분은 하늘과 땅처럼 엄청난 차이가 있다. 조금이라도 그 명분을 무시하여 윤리와 기강을 이와 같이 무너뜨리면, 사람이 사람다울 수가 없고 나라가 나라다울 수가 없다. 우리나라에서는 제도를 만들 때 오로지 명분을 숭상하여 윤리와 기강을 뿌리내려 세우는 정치에 모든 힘을 다 쏟았다. 그렇게 한 이유는 모든 일은 나쁜 조짐이 보이기 시작할 때부터 미리 조심해야 하고 세상의 큰 원칙은 끝내 넘어설 수가 없기 때문이었다.

이제 사노 득복의 사건 기록을 보다가 절반도 읽기 전에 오싹 두려운 마음이 들어 평안하지가 않았다. 명분이 땅을 쓴 듯이 없어졌다고는 하지만 이 지경까지 이르렀을 줄은 생각하지도 못하였다. 원래의 사건을 종결하는 것은 유사有司가 있으므로 우선 거론할 필요가 없겠으나, 종으로서 주인을 고소한 문제에 대해서는 거듭 거론해야겠다. 근래 몇 년 사이에 위계 질서가 무너지고 등급 차이가 사라져서 기강을 범하고 명분을 무시하는 일들이 종종 꼬리를 물고 발생하였으니, 얼마 지나면 서로가 몰락하는 지경에 이르게 될 것이다.

---

75 자기 주인 아무개: 《심리록》과 《일성록》에는 이천손李千孫으로 기록되어 있다.

이 사건은 일종의 기강을 어지럽히는 변괴이다. 종과 주인의 명분은 양반이나 천민이나 차이가 없다. 종이 주인의 죄를 증명하는 것조차도 나라에서 금지한다고 법전에 수록해 놓았으니, 주인이 종에게 모함을 당한 경우에는 어떤 법률을 적용해야 하는가? 대체로 득복이 고소한 것은 살인 사건을 성립시키려는 목적이고 살인 사건을 성립시키려고 한 것은 죽이기를 꾀하려는 목적이다.

종이 주인을 죽인 죄는 삼성추국三省推鞠[76]을 거행해야 한다. '살인 사건의 기록이 갖추어지지 않았고 증거도 성립되지 않았으므로 고의적인 살인이 성립되지 않습니다.'라고 하지만, 종이 주인을 고소했을 때 적용해야 하는 나라의 불변하는 법률이 본래 있다. 경들이 격식을 갖추어 회동하여 심문한 뒤에 의정부에 보고해서 의정부가 상복詳覆[77]을 시행하게 하라. 그리하여 한편으로는 윤리와 기강을 보존하고 한편으로는 명분을 수립하라.

이 사건을 계기로 물어볼 것이 있다. 관아의 천한 조례皂隸들이 관아의 장관長官을 무시하고 노비의 무리가 집주인을 두려워하지 않다 보니, 가난한 양반으로서 유난히 멸시를 받는 사람들이 곳곳에 있다. 이것은 강한 사람을 지나치게 억누르다가 유래한 것으로, 도리어 폐해가 되어 천한 사람들의 사나움을 길러 주게 되었다. 더욱이 그에 대해서는 확실하게 정해진 형률이 본래 개략적인 것조차도 없다 보니, 언제나 장사꾼

---

76 삼성추국三省推鞠: 삼성三省 즉 의정부, 사헌부, 의금부의 관원들이 합동으로 윤리와 관련하여 중대한 범죄를 저지른 죄인을 국문하는 것이다.

77 상복詳覆: 의정부가 사형수의 죄상을 상세히 심리하는 것이다. 형조가 사형수로부터 사형의 죄를 지었다는 다짐을 받아 임금의 재가를 받은 뒤에 문서를 의정부로 보내면, 의정부에서 회의를 열어 문서를 살펴본 뒤에 입안立案을 작성하고 형조의 문서에 '보고한 율문대로 죄수를 뽑아서 임금께 아뢰라.〔依所報抄啓〕'라고 써서 형조로 보냈다. 의정부로부터 이러한 통보를 받고 나면 사형수에 대한 세 차례 심리, 즉 계복啓覆을 시행하였다.

과 하례下隸가 5품 이상을 욕한 경우나 머슴이 집주인을 욕한 경우에 적용하는 법률 조문을 빌려다가 판결하였다.

근래에는 법률을 적용할 때 유사한 조문을 참작하여 적용하지 못하도록 하였기 때문에 위에서 거론한 두 가지 조문도 폐기해 둔 상태이다. 그렇다면 천한 사람이 귀한 사람을 능멸하고 아랫사람이 윗사람을 범하는 경우는 그들을 유도하여 그러한 짓을 행하게 하는 것과 무엇이 다르겠는가! 지난번 《대전통편》의 조문을 늘리고 보완할 때에 이러한 사안에 적용할 형률 이름을 강구하여 정하려고 하였다가 실행하지 못하였다. 지금 또 말하지 않는다면 이것이 어찌 왕의 자리에 있는 사람이 상서로운 형벌을 제정한 취지이겠는가! 경들은 《대전통편》과 《대명률》을 널리 고찰하고 대신과 의논하여 일정한 제도를 정하고 그에 대한 판례判例는 말미에 덧붙이라."

○ 주상의 판결에 대한 다산의 견해: 득복은 천한 사람의 집종입니다. 그의 주인이 득복의 친족을 죽이자 득복이 유족으로 자처하여 자기 주인을 관아에 고소하여 살인 사건으로 성립시키려고 도모하였습니다. 그러므로 주상께서 이와 같이 유시諭示한 것입니다.

상형추의 ❖

14

1. 도적을 막다가 사람이 죽다(1)

【체포를 거부하여 칼을 뽑자, 도적인 줄 잘못 알고 양민을 죽였다. 사건의 근본 원인은 과오 때문이며, 사망의 실제 원인은 구타를 당하였기 때문이다.】

○ 영흥永興의 백성 맹재운孟才云이 이천귀李千歸를 죽였다.
○ 검안보고서의 내용은 빠졌다.
○ 주상의 판결은 다음과 같다.

"살인 사건을 판결하는 기준은 정황과 법률 두 가지에 불과하다. 정황으로 보아 용서할 만하면 법률도 그에 따라 가벼운 쪽으로 적용하니, 이것이 '차라리 법률대로 집행하지 않는 잘못을 저지르는 것이 낫다.'라는 의견과 '가벼운 쪽으로 처벌한다.'라는 가르침[78]이 있게 된 이유이다. 대체로 이 살인 사건은 상처의 기록으로 보면 신낭腎囊과 목 뿌리에 상처가 여기저기 어지러이 나 있고, 목격한 증인으로 말하면 검안하는 장소에서는 자백하였다가 조사하는 장소에서는 변명하여 진술 기록이 더욱 명백하였다.

가령 이천귀가 정말로 도적질을 했다고 하더라도 도적질한 증거를 잡지 못한 이상 관아에 신고하지 않고 제멋대로 죽인 형률을 어떻게 피할 수 있겠는가! 더구나 솔밭을 지나간 행적은 밤에 남의 집에 들어간 행적도 아닌데, 삿갓을 벗고 있었다는 이유만으로 쇠를 훔쳐 갔을 것이라고 대번에 의심하고서 갑자기 떼를 지어 마음대로 구타하여 죽였으니, 목숨

---

78 차라리……가르침: 《서경書經》〈우서虞書·대우모大禹謨〉에서 고요皋陶가 순舜 임금을 칭찬하는 말 중 "죄가 있는지 의심스러울 경우에는 가벼운 쪽으로 처벌하였고, 공이 있는지 의심스러울 경우에는 무거운 쪽으로 시상하였다. 그리고 죄없는 사람을 죽이느니 차라리 법률대로 집행하지 않는 잘못을 저지르는 것이 낫다고 생각하였다."라고 한 말을 가리킨다.

으로 보상하는 형률을 어떻게 면할 수 있겠는가!

그러나 나는 '이천귀가 맹재운의 손에 죽은 것이 아니라 사실은 자기 손에 쥐고 있던 칼에 죽었다.'라고 생각한다. 당시는 침침한 새벽녘이었고 장소는 소나무가 빽빽이 우거진 숲이었는데, 어디에서 온지도 모르는 한 사람이 몸을 숨기면서 바삐 걷되 등에는 보따리를 지고 머리는 풀어 헤쳐 행동거지가 수상하였다. 맹재운이 막 도적질을 당하여 남은 화가 아직 풀리지 않은 상태였으니, 그를 의심하고서 추격하려 하고 추격하여 체포하려고 한 것도 본래 당연한 상황이었다.

만약 이천귀가 자신은 도적이 아니라는 사실을 스스로 해명하고 그가 추격해 오는 것을 내버려 두었더라면 곤욕은 당하였겠지만 구타를 당하여 죽는 사태는 면할 수 있었을 것이다. 그런데 도리어 칼을 빼 들고 앞으로 곧장 달려들며 찌르려고 하였으니, 도적질한 물건은 없었더라도 사람을 해치려는 마음은 있었던 것이다. 그러한 상황에서 맹재운의 몽둥이질이 어떻게 모질지 않을 수 있겠으며, 많은 사람의 주먹질이 어떻게 집중되지 않을 수 있겠는가!

그렇다면 이천귀를 죽인 사람은 맹재운이라고 하더라도 맹재운을 그렇게 만든 사람은 이천귀이다. 첫째도 이천귀가 칼을 뽑아 들었기 때문이고, 둘째도 이천귀가 칼을 뽑아 들었기 때문이다. 도적이라고 확신하고서 급히 스스로 잡으려 하였으니, 이는 아무런 이유도 없이 죽인 것과 어찌 똑같이 논할 수 있겠는가!《대명률》〈형률·도적盜賊〉'밤에 아무런 이유 없이 남의 집에 들어간 경우[夜無故入人家]'의 조문에 이르기를 '도적 떼를 그 자리에서 구타하여 죽인 경우에는 죄를 묻지 않는다.'라고 하였으니, 이 조문을 그대로 적용할 수는 없다 하더라도 저 이천귀가 흉악하게 칼을 뽑아 들자 이 맹재운도 모질게 몽둥이질을 한 것은 용서해 줄 만한 점이다.

여섯 사람이 똑같은 마음으로 마구 구타할 생각만 하였으니, 그중 누가 먼저 급소를 때렸으며 누구의 범행이 가장 심했는지는 분별하기가 어려운 일이다. 이천귀가 구타를 당하여 죽었다는 이유만으로 마침내 맹재운을 주범으로 정하는 것은 사건을 자세하고 신중히 살펴야 한다는 취지를 몹시 상실한 일이다. 맹재운은 한 차례 형장을 치고 사형을 감하여 정배하라. 맹재검孟才儉 등 다섯 사람은 죄의 경중을 나누어서 형장을 치거나 장형杖刑을 가하고 모두 즉시 풀어 주라."

○ 주상의 판결에 대한 다산의 의견은 다음과 같다.

"《주례》〈추관〉의 세 가지 용서해 주는 법에 '첫 번째 용서해 주는 경우는 알지 못한 채 살인을 저지른 경우이다.' 하였습니다. 알지 못한 채 살인을 저질렀다는 것은 갑이 원수인데 을을 갑인 줄로 알고 잘못하여 을을 죽인 경우를 말합니다. 을이 본래 죄가 없었으나 저 죽인 사람의 마음에는 참으로 갑이라고 여겨서 죽였다면, 성왕聖王께서도 용서해 주었습니다. 어떤 사람이 도적이 아니지만 저 죽인 사람의 마음에는 참으로 도적이라고 여겨서 죽였다면 그가 살인을 저지른 것은 본래 당연합니다.

그렇다면 이천귀가 캄캄한 밤중에 칼을 빼 들었으니 도적이 아니고 무엇이겠습니까!《대명률》〈형률·도적〉'밤에 아무런 이유 없이 남의 집에 들어간 경우'의 조문에 이르기를 '밤에 아무런 이유 없이 남의 집에 들어간 자를 집주인이 그 자리에서 죽인 경우에는 죄를 묻지 않는다.' 하였습니다. '아무런 이유 없이'라고 하였으니, 집에 들어온 사람이 꼭 도적이어야 할 필요는 없습니다. 그러나 집주인의 마음에 참으로 도적이라고 여겼다면 죽이더라도 죄가 없습니다. 《주례》를 인용하고 《대명률》에 의거하면 맹재운이 죽이지 않은 것입니다."

2. 도적을 막다가 사람이 죽다(2)

【체포를 거부하려고 칼을 뽑아 들었다가 도적이 주인을 죽였다. 사건의 근본 원인은 고기를 훔쳤기 때문이며, 사망의 실제 원인은 찔렸기 때문이다.】

○ 서홍瑞興의 백성 이삼봉李三奉이 김성빈金成賓을 죽였다.

○ 1차 검안보고서의 발사跋詞는 다음과 같다.

"집이라야 사방의 벽만 있을 정도로 가난하여 본래 도적을 불러들일 만큼 귀중한 보물을 간직하고 있던 죄도 없는데, 밤 자정 무렵이 되었을 때 갑자기 칼에 찔리는 변고를 당하였습니다. 도적이 저지른 살인이 예로부터 지금까지 무수히 많았으나 어찌 이처럼 허망한 사건이 있겠습니까!

왼쪽 옆구리 아래의 칼에 찔린 상처는 위가 뾰족하고 아래가 넓었습니다. 두 사람이 마주 선 상태였다면 왼쪽 옆구리에 상처가 나는 것이 당연하고, 아래쪽에서 찌르기 시작하였다면 위쪽에서 칼날이 거두어지는 것도 당연합니다. 배에서부터 찌르기 시작하여 등까지 이르렀기 때문에 배에는 칼을 방어한 탓에 칼날이 들어가지 않았고 등에는 칼날이 걸릴 것 없이 순하게 들어갔습니다. 상처는 길이가 1치이고 깊이는 측량할 수 없었으며, 지방과 피부막이 터져서 나와 있었고 가운데의 너비는 6푼이었습니다. 그러므로 사망의 실제 원인은 '찔려서 죽게 되었다.'라고 기록하였습니다.

이 살인 사건은 한밤중에 발생하였기 때문에 전혀 증거를 포착할 수가 없고 하루 안에 죽었기 때문에 사건의 근본 원인을 확정할 수가 없습니다. 이웃에 사는 사람이 진술하기를 '도적놈이 처음 붙잡혔을 때 밖을 향해 머리를 돌려서 얼굴을 보여 주지 않았으며, 목구멍으로 기어드는 소리로 말을 하여 소리를 알아들을 수가 없었습니다. 틀림없이 이웃에 사는 사람인 것 같았으며, 그의 얼굴과 목소리가 서로 익숙하였습니다.' 하였습니다. 그래서 영리한 장교를 많이 풀어서 함정을 파 놓고 탐문하게 하였습니다.

또 남녀노소 가리지 않고 마을에 적을 두고 있는 백성 모두의 명단을 책자로 만들고, 관아의 뜰로 불러다가 동정을 살펴보기도 하고 말씨와 안색을 살펴보기도 하였습니다. 그리하여 《주례》〈추관·소사구小司寇〉의 호흡하는 것을 살펴보거나 안색을 살펴보고서 허위인지 진실인지를 판단하는 법을 스스로 따라 해 보았습니다. 다행히 은단銀丹이라는 여인이 동네 아이와 언뜻 말을 주고받다가 이삼봉이라는 이름이 그의 입에서 나왔습니다.

그래서 그 이삼봉을 즉시 체포하여 위협하면서 심문하니, 형장 한 대를 치기도 전에 말이 떨어지기가 무섭게 바로 자백하였습니다. 칼로 위협하였다거나 냄비를 두드리고 흙을 파헤쳤다는 등의 말이 모두 여러 사람의 진술과 딱 들어맞았습니다. 그뿐만 아니라 범행에 사용한 칼과 소매가 찢어진 윗도리를 말하자마자 곧바로 가져다가 바치고 감히 숨기지 못하였습니다. 그러므로 주범은 이삼봉으로 기록하였습니다.

대낮에 사람을 죽였더라도 오히려 범행을 부인하기도 하는데, 이삼봉은 애당초 확실한 증인도 없는 상태에서 순순히 말로만 심문하였는데도 사실대로 털어놓았으니, 도리어 의심스러웠습니다. 인간으로서 그는 본래 비뚤어지고 망령되어 유부녀를 빼앗았고 이웃 고을의 경내까지 들락거렸습니다. 결국 사람들이 모두 진술하기를 '충분히 그런 일을 저지르고도 남을 사람입니다.' 하였습니다. 이번에 정직하게 진술한 이유는 마음속에 겁을 먹었기 때문만이 아니라 정직하게 말을 하여 동정을 받으려는 목적이기도 합니다.

처음에는 부엌 안에 들어가서 시간을 끌며 나오지 않다가 나중에는 붙잡혀서 빠져나갈 길이 없게 되자, 밖을 향해 머리를 돌리기도 하였고 목구멍으로 기어드는 소리로 말을 하기도 하였습니다. 그러다가 도적이 궁지에 몰리고 상황이 급변하자 손에 쥐고 있던 칼로 한 차례 찌르고서는 마침내 즉시 탈출하여 달아났습니다. 이는 본래 일의 형편상 반드시 그렇게 될 수밖에 없는 것입니다.

김성빈이 죽어 갈 때에 '밖을 향해 머리를 돌렸으나 목소리가 익숙하였다.'라는 등의 말을 이웃 사람에게 분명히 하였으니, 그의 아내와 딸도 틀림없이 듣지 못했을 리가 없습니다. 그런데도 그날로 빈소殯所를 차리고 관아에 고소하려는 생각이 없었으며 심문을 하였으나 분명하게 말하지도 않았으니, 그 속에 무슨 간악한 정황이 있는지 모르겠습니다. 이웃 사람인 최동악崔東岳과 지복산池卜山 등은 즉시 관아에 신고하지 않고 줄곧 굳게 숨기다가 풍헌風憲이 문제를 제기하고 나서야 신고하였으니, 그들의 행위를 생각해 보면 또한 몹시 통분하고 악랄합니다. 김용복金龍福은 이삼봉과 함께 갔으면서도 한마디의 자백하는 말이 없었으니, 범행을 저지른 일은 없으나 죄가 없을 수 없습니다. 장건익張健益은 본래 은단의 진술에서 나왔으므로 사실상 주인의 죄를 증명하는 혐의가 있기는 하지만, 관계되는 문제가 중대하므로 똑같이 진술을 받았습니다.

2차 검안할 관원은 신계 현령新溪縣令으로 정하고 공문을 보내 와 달라고 청하겠습니다."

○ 다산의 비평은 다음과 같다.

"논리가 정연하여 검안보고서의 우수한 사례라고 하겠다. 황해도와 평안도 산골 백성의 풍속으로 말하면, 도적의 칼에 죽음을 당한 경우에는 피해자의 아내와 아들이 범인으로 의심되는 사람을 알더라도 나중에 당할 사태를 우려하여 숨기고 참으면서 고소하지 않기 마련이다. 치밀하고 명철한 관원이 범인을 적발하여 죽이지 않으면 끝까지 무사한 자가 많았다. 이 사건에서는 마을에 적을 둔 백성의 명단을 책자로 작성하고 그들의 말씨와 안색을 살폈으니, 옛사람의 풍채와 흡사하였다. 그러나 애석하게도 검안한 관원의 이름을 잃어버렸다."

　○ 조사한 관원의 보고서는 다음과 같다.

"이삼봉은 인간의 도리라고는 모르는 불량한 난봉꾼일 따름입니다. 캄캄한 밤중에 칼로 찌르는 범행을 저지르고서는 아는 사람이 없을 것이라고 스스로 생각하였고, 태연히 붙잡혔다가 사건이 생각하지 못했던 방향으로 흘러가자 자기도 모르게 입에서 나오는 대로 실토하였습니다. 그러다가 목숨으로 보상해야 할 상황이 되자 고소를 당한 사실에 유감을 품고서 도리어 김성빈을 사주한 사람이라고 모함하여 재앙을 나누어지는 꾀를 내려고 하였습니다. 그러나 김성빈은 죽기 전에 사주할 리가 없는 데다가 자신이 대신 죽고 난 뒤에는 농장農莊이 무슨 소용이 있겠습니까! 죽을 상황에서 살아나 볼 셈으로 한 말도 안 되는 소리입니다. 이삼봉이 주범이라는 사실에는 조금도 의심할 것이 없으니, 사형의 죄를 저질렀다는 다짐을 빨리 받아서 나라의 법에 따라 처형해야겠습니다."

　○ 황해도에서 다음과 같이 조사하여 아뢰었다.

"주범 이삼봉은 애당초 고기를 훔친 불량배에 불과하였으나, 살인의 변고를 일으킨 것은 강도나 다름이 없습니다. 캄캄한 밤중에 도둑질을 하면서 손에는 날이 선 칼을 쥐고 있었는데, 그는 빠져나왔으나 저 김성빈은 피를 흘리며 쓰러졌습니다. 그가 자백한 말은 죽은 사람이 목숨이 끊어질 때 했던 말과 모두 똑같았으니, 사건의 내막에 대해서는 전혀 의심할 바가 없고 목숨으로 보상하는 것을 조금도 늦출 수가 없습니다.

그런데 갑자기 독기를 부리려는 마음을 먹고 혐의를 떠넘길 계획까지 실행할 생각으로 감히 다른 사람을 허위로 모함하고 앞서 했던 진술을 번복하였으나, 궁색하고 허황하여 진술을 인정할 수가 없었습니다. 그러므로 조사한 관원을 연이어 타일러서 특별히 더욱 엄중하게 신문하여 다시 사실대로 실토를 받아 내게 하였습니다."

○ 주상의 판결은 다음과 같다.

"이삼봉의 살인 사건은 다음과 같이 판결한다. 이삼봉은 아무도 모르는 밤중이라 해도 하늘과 땅이 알고 있다는 사실을 생각하지 않았고, 김성빈은 궁지에 몰린 도둑은 잡으려고 쫓지 말라는 경계를 무시하였다. 그러니 적반하장으로 도적이 주인을 미워하는 것을 어떻게 면할 수 있겠는가! 냄비를 연 것은 돼지고기를 먹고 싶은 욕심 때문이었으나, 칼을 휘두른 것은 달아나서 숨기에만 급급했기 때문이다. '칼이 있다. 칼이 있다.'라고 말한 것을 보면【주인을 위협하여 쫓아오지 못하게 한 것이다.】살인할 의도를 가지고서 고의로 찌른 것과는 차이가 있지만, 상처가 이처럼 여기저기 어지러이 나 있고 더욱이 찔리고 난 다음 날에 목숨을 잃었다. 다행히 마을 아이의 전하는 말로 인하여 이처럼 죄인을 잡게 되었으니, 하늘의 이치가 매우 명백하여 살인한 사람은 죽어야 한다는 이치를 알 수가 있다.

처음에는 사실대로 실토하였다가 마지막에는 또 유감을 품고 가당치도 않은 말을 억지로 지어내서 관계도 없는 사람을 급히 끌어들였으니, 그의 정상을 따져 보면 더욱 몹시 교묘하고 악랄하다. 전처럼 합동으로 신문하여 속히 자백을 받아 내라."

○ 주상의 판결에 대한 다산의 의견은 다음과 같다.

"이웃집에서 고기를 훔친 것은 본래 강도가 아니고 다급한 상황이 되자 칼로 위협한 것은 그곳에서 벗어나려는 의도였으니, 그 당시의 정황을 상상해 볼 수가 있습니다. 그러나 생각이 한 번 선하면 이마가 넓은 백정도 그 자리에서 부처가 되고, 생각이 한 번 악하면 정의를 주장하는 호남아도 끝내 사람을 죽이게 되는 법입니다. 그러니 이삼봉은 사형을 피할 수 없을 것입니다."

3. 도적을 막다가 사람이 죽다(3)

【술에 취하여 범행을 저지르고서는 도적인 줄로 알았다고 거짓말을 하였다. 사건의 근본 원인은 술김에 싸웠기 때문이며, 사망의 실제 원인은 구타를 당하였기 때문이다.】

○ 안악安岳의 백성 김수철金守喆이 전경득全景得을 죽였다.
○ 1차 검안보고서의 발사는 다음과 같다.
"이번 사건에서 시체의 앞면과 뒷면에 크고 작은 상처를 입은 데가 50여 곳이나 됩니다. 두 팔과 팔오금의 살갗이 벗겨지고 피멍이 든 것은 '결박당한 채 쓰러져 죽어 있었습니다.'라고 한 유족의 진술과 하나하나 부합됩니다. 결박할 때 사용했던 베로 된 띠는 길이가 13자 3치였습니다.
허리의 움푹 들어간 곳과 옆구리는 모두 다치면 빨리 죽거나 반드시 죽는 부위인데 두 곳의 상처가 이처럼 여기저기 어지러이 나 있었습니다. 얼굴과 가슴 한복판은 곳곳이 살갗이 벗겨지고 손등과 정강이는 곳곳이 뼈가 함몰되어 사실상 일일이 거론하기가 어려웠습니다. 싸웠던 현장을 살펴본 결과 계곡 가의 모래와 돌이 깔린 곳이었으니, 작은 상처는 짓눌릴 때 모래와 자갈에 쓸려 찢어진 것이고, 큰 상처는 싸우다가 결박당할 때 돌덩어리로 마구 구타당한 것입니다.

당시는 몹시 추울 때인데 두 팔이 묶인 채로 밤을 지새웠으니, 일반 사람이라 하더라도 틀림없이 목숨을 보전하기가 어려웠을 것입니다. 하물며 짓찧어진 데다가 더욱이 마구 구타를 당하였으니 더 말할 것이 있겠습니까! 그러므로 사망의 실제 원인은 '구타를 당하여 죽게 되었다.'라고 기록하였습니다. 주범은 김수철로 기록하였습니다.

김수철이란 자는 말을 들어 보고 모습을 살펴보니, 사납고 교활한 성질인 데다가 말재주까지 있었습니다. 더구나 평소 술을 마시고서 행패 부리기를 좋아하였다고 합니다. 이번에도 장례를 치르는 집에 들어가서 술을 많이 마시고 취한 상태로 나왔다가 전경득을 만났는데, 둘 다 술에 취한 사람으로서 갑자기 서로 실랑이를 벌이다가 서로 구타하였습니다. 전경득은 시신으로 볼 때 본래 약골인 사람이었는데, 결박을 당하고 구타를 당한 뒤 들판에서 밤을 지새우자 그대로 목숨을 잃었던 것입니다.

김수철은 술에 취한 상태에서 범행을 저지르고서 전경득이 죽을 것이라고는 생각하지 않은 채 산골짜기에서 잠을 자고 새벽에 최경천崔景千의 집에 들어가 밤중에 있었던 일들을 사실대로 말하였습니다. 붙잡히고 난 뒤에도 유족에게 결박한 사실을 스스로 말하였으나 '구타하지는 않았다.'라고 하였습니다. 그러다가 검안하는 현장에 도착해서야 말을 바꾸었습니다.

느닷없이 나타났다는 한 사람은 누구인지 모르겠으나, 어쨌든 그 사람도 장례를 치르는 집에 들렀다가 술에 취해서 돌아가는 사람이었습니다. 세 사람이 서로 만나서 서로 꾸짖고 싸우다가 그 사람은 삿갓을 버려두고 먼저 돌아갔습니다. 김수철이 전경득을 결박하고서는 버려져 있던 그 삿갓을 주워 '도적놈이 삿갓을 버리고 먼저 돌아갔습니다.' 하였습니다. 돈에 대해서는 주인에게 물어보니 김수철이 가지고 있던 돈이 본래 2냥뿐이었다고 하였으나, 지금 김수철은 8냥이라고 하였으니 이것도 거짓말입니다. 그가 말한 도적놈이라는 것도 분명히 꾸며 대는 말입니다만, 현재 엄중히 수소문하여 체포하려 하고 있습니다.

다른 사람은 보지도 못했고 말하지도 않았는데, 김수철만 보고 김수철만 말하였습니다. 설사 그의 말대로 '돈을 빼앗고 먼저 돌아갔다.'라는 말을 최경천에게 사실대로 말할 때 발설하였다고 한다면, 전경득을 결박하고 구타하는 일은 결코 먼저 떠나간 사람이 할 수 있는 것이 아닙니다. 이제 김수철의 옷을 보니 피가 흘러 적삼을 적셨고 몸에까지 어지럽게 물들어 있었으며, 전경득의 옷을 다시 살펴보니 핏자국이 얼룩덜룩하고 겨울옷이 다 찢어졌습니다. 따라서 두 사람이 서로 치고받고 싸운 사실은 의심할 것 없이 명백합니다.

띠를 풀어 결박하였다는 말을 응모應毛와 최경천이 당시의 현장에서 정직하게 진술하자, 김수철이 갑자기 일어나서 목에 찬 칼을 휘둘러 두 사람을 구타하려고 하였으니, 이를 통해서 그의 흉악한 성질을 알 수가 있습니다.

2차 검안할 관원은 장련 현감長連縣監으로 정하고 와 달라고 청하겠습니다."

○ 2차 검안보고서의 발사는 다음과 같다.

"【상처에 대한 기록은 1차 검안보고서와 같다.】 사망의 실제 원인은 '구타를 당하여 죽게 되었다.'라고 기록하였습니다. 사건과 관련된 사람인 최경천이 진술하기를 '김수철이 저희 집에 찾아와서 말할 때, 그의 모습을 살펴보니 눈꺼풀이 찢어지고 의복이 더러워졌으며, 상처가 크게 난 데다가 핏자국도 많았습니다. 그가 말하는 것을 들어 보니, 「해가 넘어갈 무렵에 도적을 만나 서로 싸우다가 내가 스스로 띠를 풀어 모래사장에 결박해 두었다. 그 사람은 전명수全命守의 아들이다.」라고 명백히 말을 하였습니다.'라고 하였습니다. 전명수의 아들이란 바로 전경득입니다. 이와 같은 증언이 나온 이상 이 사건의 주범이 어찌 김수철이 아니겠습니까!

김수철과 최경천을 대질시키고서 그의 모습을 살펴보니 상당히 호기를 부려 몹시 흉악하였고, 그들이 묻고 답하는 말을 들어 보니 꿀리는 말이 많아 상당히 애매모호하였으며, 그의 의복을 살펴보니 핏자국이 온통 어지럽게 나 있었습니다. 그 핏자국에 대해 물어보자 '제 몸에서 나온 것입니다.' 하였으니, 이것도 거짓말입니다. 그가 입은 상처라고는 눈꺼풀에 입은 것뿐이었으니, 왼쪽 옷깃과 오른쪽 옷자락이야 그래도 피로 물들일 수 있다 하더라도 어깨 모퉁이와 등 뒤까지 어떻게 묻히겠습니까! 그의 손으로 범행을 저지른 사실은 불을 보듯이 명백합니다. 그러므로 주범은 김수철로 기록하였습니다.

김수철이 삿갓 세 개를 가지고 와서는 그걸로 혐의를 변명하고 있습니다. 그중 하나는 김수철의 삿갓이고, 또 하나는 전경득의 삿갓이며, 나머지 하나는 주인이 없는 삿갓입니다. 삿갓 하나가 남다 보니 의문점이 있는 사건처럼 보입니다. 만약 김수철의 말처럼 참으로 도적놈이 있어서 그 도적놈이 전경득과 함께 김수철의 돈을 빼앗았다고 한다면, 전경득으로서는 다만 그 도적놈과 같이 도망해야지 또 어째서 김수철과 싸우다가 이처럼 결박을 당하고 구타를 당하는 곤경을 치렀겠습니까! 삿갓이 어디에서 났는지는 조사할 수 없었으나, 이것은 삿갓 하나를 우연히 주워서 애매모호하게 말을 꾸며 대어 죽을 상황에서 살아나 보려는 계획에 불과할 뿐입니다. 그의 흉악한 계획을 따져 보면 더욱 통분하고 악랄합니다."

○ 황해 감영黃海監營의 제사는 다음과 같다.

"너른 들판을 어두운 밤에 짝도 없이 혼자 가다가 이처럼 흉악한 사람을 만나 목숨을 잃기까지 하였다. 죽은 사람의 상처로 말하면 마치 진흙탕에서 싸운 짐승처럼 50군데나 있고, 정황을 따져 보면 마치 눈밭에 찍힌 기러기발처럼 삿갓 세 개가 있었다.

띠를 풀어서 결박한 사실에 대해서는 애당초 그가 자백하였고, 최경천과 만열萬悅도 분명히 귀로 들었다. 만약 그의 말대로 도적에게 돈을 빼앗겼다고 한다면, 그 도적을 묶어 놓기만 하고 구타하지 않았을 리가 있겠는가! 김수철이 궁박한 상황이 되자 결박했던 사실까지 아울러 숨겼으나, 만약 실제로 범행을 저지른 일이 없었다면 어찌하여 진술을 번복하였겠는가! 몇 걸음을 걸어가는 동안에 두 명의 도적이 번갈아 나타나서 서로 빼앗고 서로 치다가 결국 살인까지 하게 되었다는 것은 이치에 맞지 않는 일이고 말이 되지 않는 소리이다.

장례를 치르는 집에 찾아온 손님들이 모두 술에 취해서 돌아갔고, 범인과 죽은 사람도 모두 술에 취한 사람으로서 서로 미친 듯이 술주정을 부리다가 넘어져서 치고받기까지 하였다. 결국 강한 사람은 상대를 제압하고 약한 사람은 제압당하게 되었다. 사망하게 된 뒤에는 감히 거짓으로 꾸며 댈 계획을 하고서는 삿갓 세 개를 가지고서 도적놈 하나를 거짓으로 만들어 내려고 하였으니, 제 꾀에 넘어간 거짓말을 그 누가 믿겠는가!

그러나 삿갓 한 개가 어디에서 나왔는지는 조사하지 않을 수가 없다. 집안에서 마련해 낸 것이라고 하자니 억측에 가까운 듯하고, 길에서 주운 것이라고 하자니 이것도 허황한 면이 있다. 끝까지 철저히 조사하고 여러 방면으로 수소문하여 그 근원을 파헤치라.

결박했다는 말은 그가 스스로 실토하였고 피로 물든 상처에 대해서도 이제는 숨기기가 어렵게 되었으니, 살인 사건을 성립시켜야 한다는 것에 더 이상 이견이 있을 수가 없다. 안악 현감安岳縣監을 그대로 합동 조사관으로 정하니, 형장을 사용할 수 있는 시기가 되면 날짜를 잡아서 모여 조사하되, 각별히 엄중하게 신문하여 기어코 내막을 알아내라."

○ 다산의 의견은 다음과 같다.

"삿갓 한 개가 어디에서 나왔는지는 물어볼 필요가 없는 일이다. 만약 김수철이 그 주인을 알고 있었다면 반드시 살인 혐의를 나누어 지려고 하였을 테니, 어찌 철저히 조사하기를 기다려서야 말하였겠는가! 도적 두 명이 힘을 합치면 사내 한 사람이 감당하기가 어려운 법인데, 어떻게 그중 한 사람을 잡아서 결박할 수 있겠는가! 술에 취하여 산간에서 자고 새벽에 최경천의 집으로 가다가 길에 삿갓이 버려져 있자 마침내 그걸 주워서 가지고 갔을 뿐이다.

길에 버려져 있던 그 삿갓의 주인도 장례를 치르는 집에 들렀다가 술에 취해서 돌아간 손님으로, 아침에 삿갓을 찾으려다가 살인 사건이 발생하였다는 말을 듣고서는 위축이 되어 발설하지 않았으리니, 어떻게 붙잡겠는가! 그 사람을 잡는다고 하더라도 틀림없이 범행을 저지른 일이 없을 테니, 어렵사리 찾을 필요가 없다."

4. 임신한 여자를 해치다(1)

【남의 부부를 구타하여 임신한 부인이 목숨을 잃었다. 사건의 근본 원인은 땔감을 다투었기 때문이며, 사망의 실제 원인은 구타를 당하였기 때문이다.】

○ 상주尙州의 백성 정부망鄭夫望이 박 조이朴召史를 죽였다.
○ 경상도에서 다음과 같이 아뢰었다.

"두 정가鄭哥와는 모두 은혜도 없고 원한도 없었으며 여러 사람의 진술도 꼭 어느 한쪽을 편들지 않았지만 정응진鄭應振의 혐의에 대해서는 모두 '범행을 저지른 일이 없습니다.' 하였고, 정부망의 혐의에 대해서는 반드시 '수없이 마구 구타하였습니다.' 하였습니다. 결국 싸움을 말리는 일은 반드시 정부망의 아버지가 오고 나서야 이루어졌으니, 그가 주범이 아니면 누가 주범이겠습니까!

땔감 한 단 때문에 유감을 품고서 베틀에서 내려오는 상대의 아내에게 화풀이를 하였습니다. 다툼의 실마리는 사소한 것에서 시작되었으나 손찌검은 갈수록 점차 독해져서 마치 각각의 서까래 나무처럼 서로 다른 두 가지 일이 되었고, 거의 완전한 피부가 없을 정도로 온몸에 상처를 입었습니다. 살해하려는 마음이 저처럼 흉악하였을 뿐만 아니라 더욱이 구타한 행적도 이처럼 여기저기 어지러이 나 있습니다. 그러니 목숨으로 보상해야 하는 것은 더 이상 이견이 있을 수가 없습니다."

○ 다산의 비평은 다음과 같다.
"태아가 다치고 어머니가 죽은 사건은 범인이 알고 있었는지 모르고 있었는지를 따져야 한다. 임신한 사실을 알고도 구타하였다면 두 사람을 죽인 것이고, 임신한 사실을 모르고 구타하였다면 한 사람을 구타한 것이다. 이번 경상 감사의 장계에서는 임신했다는 내용이 전혀 없고 범인을 죽여야 한다고만 하였으니, 허술하였다."

○ 형조가 다음과 같이 아뢰었다.
"땔감 때문에 다툼이 생겨나서 사람의 목숨을 하찮게 여겼습니다. 남편을 구타한 데다가 더욱이 아내마저 구타하여 마침내 임신한 여자가 목숨을 잃게 되는 끔찍한 일이 있게 하였습니다. 아직 스무 살도 안 된 나이에 이처럼 흉악하고 어그러졌으니, 하늘이 낳은 사나운 종자라고 할 수 있습니다. 각별히 엄중하게 신문하여 빨리 자백을 받아 내는 것이 어떻겠습니까?"

○ 주상의 판결은 다음과 같다.

"정부망의 살인 사건은 한마디로 말하면 형조 관원의 말이 합당하다고 하겠다. 이른바 '가라지 풀을 김매지 않으면 아름다운 곡식이 무성하게 자랄 수 없고, 흉악한 백성을 제거하지 않으면 선량한 백성이 편안하지 못하다.'라는 것은 이를 두고 한 말이다. 흉악한 그 한 사람 때문에 거의 세 사람의 목숨을 상하게 하였다. 한 사람이 죽더라도 그 목숨으로 보상하게 하는 법인데, 하물며 두 사람이 죽었으니 더 말할 것이 있겠는가! 그러나 헤아리기 어려운 것이 사건의 내막이다. 도신道臣에게 조사하는 관원을 엄중히 타일러서 특별히 더욱 철저히 조사하게 하되, 만약 조금이라도 지적할 만한 단서가 있으면 즉시 보고하라고 상주 목사尙州牧使를 엄중히 타이르게 하라."

5. 임신한 여자를 해치다(2)

【남의 부부를 구타하여 임신한 부인이 목숨을 잃었다. 사건의 근본 원인은 술김에 구타하였기 때문이며, 사망의 실제 원인은 걷어차였기 때문이다.】

○ 전주全州의 백성 김용채金龍釆가 김 조이金召史를 죽였다.
○ 검안보고서의 내용은 빠졌다.
○ 주상의 판결은 다음과 같다.

"김용채의 살인 사건은 다음과 같이 판결한다. 애당초 전라 감사의 장계에서 정상을 참작하여 용서해 주어야 한다는 의견이 있었으나, 지금까지 신문했던 이유는 사건을 신중히 처리한다는 취지에서 나왔다. 임신 6개월의 몸으로 걷어차였다가 7일 만에 낙태하고 결국 어머니와 아들이 모두 목숨을 잃게 되었으니, 고의로 저지른 살인이거나 장난치다가 저지른 살인이거나를 막론하고 자기 때문에 죽은 책임을 그가 어떻게 면할 수 있겠는가!

그러나 일반적인 마음으로 이 사건을 논하면 이렇다. 이웃에 사는 사람과는 친분이 예사롭지 않은 법이고 임신한 여자는 보호하는 것이 당연한 이치이다. 막 싸움이 일어났을 때, 술에 취한 상태에서의 주먹질은 사실상 장난으로 한 짓이었고 화가 난 상태에서의 발길질은 우연히 벌어진 일에 불과하였다. 남편이 쫓아 나가자 아내가 붙잡고서 몸으로 막다가 서로 거꾸러졌으니, 거친 주먹질과 센 발길질을 어찌 굳이 모두 김용채의 짓이라고 돌리겠는가!

그 뒤로 여러 날 동안 밥을 짓기도 하고 옷을 꿰매기도 하였으니 걷어차인 것이 그다지 심각하지 않았음을 더욱 알 수가 있다. 그뿐만 아니라 가령 걷어차여서 낙태하였다고 하더라도 낙태한 사람이 꼭 다 죽지는 않는다는 말은 참으로 정확한 의견이다. 이처럼 죄가 의심스러운 사건은 가벼운 쪽으로 처벌한다고 하더라도 형벌을 잘못 시행하는 경우가 되지는 않을 것이다. 김용채에게 한 차례 형장을 치고 사형을 감하여 정배하라."

○ 주상의 판결에 대한 다산의 견해: '술에 취한 상태에서의 주먹질은 사실상 장난으로 한 짓이었다.'라고 한 것은 본래 장난을 치다가 싸움이 되었기 때문이었습니다. 대체로 태아가 다치고 어머니가 죽은 사건은 대부분 범인이 본래 의도한 것이 아니니, 정상을 참작하여 용서해 주어야 한다는 의견을 위주로 해야 마땅합니다.

6. 임신한 여자를 해치다(3)

【임신한 부인이 목숨을 잃고 죽은 태아를 낳았다. 사건의 근본 원인은 부역에 차출되었기 때문이며, 사망의 실제 원인은 짓찧어졌기 때문이다.】

○ 봉산鳳山의 부녀자 김큰아기金大兒[79]가 윤 조이尹召史를 죽였다.
○ 1차 검안보고서의 발사跋詞는 다음과 같다.

"이번 사건에서 윤 조이의 시체는 온몸의 위아래에 다른 상처는 없으나, 배가 높게 부풀어 올라 보기에도 위태롭고 두려웠으며, 그중 아랫배는 더욱 높이 부풀어 올라 마치 바가지를 엎어 놓은 것 같은 모양이었습니다. 손으로 문지르고 쳐 보니 돌이나 쇠처럼 단단하여《무원록》〈조례·태상사胎傷死〉에 실려 있는 태아가 다쳐 죽었을 때의 증상과 딱 일치하였습니다.

윤 여인[尹女]이 임신한 지 만 9개월이 되었는데 김 여인[金女]이 배에 걸터앉아 온 힘을 다해 구타하고 짓찧자, 하룻밤을 넘기지도 못하고 갑자기 목숨을 잃었습니다. 은비녀로 시험해 보니 비녀의 색깔도 변하지 않았습니다. 그러므로 사망의 실제 원인은 '짓찧어져 태아가 다쳐 죽게 되었다.'라고 기록하였습니다.

두 사람이 싸웠던 현장을 살펴보니 밭 안의 짓밟힌 곳이 모두 두 군데였는데, 밭두렁이 뭉개져 마치 말이 치달린 곳이나 마찬가지였고, 머리카락이 두루 흩어져 마치 닭싸움할 때 빠진 닭털 같았습니다. 이를 통해서 한바탕 격렬하게 싸웠다는 것을 알 수 있습니다.

김큰아기가 '서로 붙잡고서 쓰러졌습니다.'라고 하였을 뿐만 아니라 더

---

79 김큰아기金大兒:《심리록》과《일성록》에는 김큰아기金隱阿只로 표기되어 있다.

욱이 '아래에 깔려서 구타를 당하였습니다.'라고 하였는데, 쓰러져있는 동안 아래 깔려 있던 사람이 위에서 깔고 앉기도 하고 위에서 깔고 앉아 있던 사람이 아래에 깔려 있기도 하는 법이니 어찌 변함없이 일정하겠습니까! 그러니 이를 통해서 배에 걸터앉아 구타하고 짓찧었다는 것을 알 수 있습니다. 그러므로 김큰아기를 주범으로 기록하였습니다.

가엾은 저 윤 여인은 온몸에 짓찧어지는 상처를 입고 두 사람이 모두 목숨을 잃었으니, 하나의 목숨으로 두 사람의 목숨을 보상하는 것으로는 오히려 남은 죄가 있습니다. 김큰아기의 여동생 김 조이는 윤 여인의 머리카락을 부여잡고 끌어당겨 언니의 범행을 도왔으니, 그녀의 범죄를 논하면 언니보다 못하다고 할 수가 없습니다. 그러므로 사건과 관련된 사람으로 기록하였습니다.〔이하는 생략하였다.〕"

○ 다산의 견해: 태아가 다쳐 죽은 경우는 죽은 사람의 증상이 마치 뒤통수가 깨지거나 갈비뼈가 부러진 따위와 같을 뿐이다. 구타를 당하여 뒤통수가 깨진 경우에는 사망의 실제 원인을 기록할 때 '뒤통수가 깨졌다.'라고 말하지 않고, 걷어차여서 갈비뼈가 부러진 경우에는 사망의 실제 원인을 기록할 때 '갈비뼈가 부러졌다.'라고 말하지 않는다. 그렇다면 짓찧어져서 태아가 다쳤을 경우에도 사망의 실제 원인을 기록할 때 '태아가 다쳤다.'라고 말할 필요가 없다. 그러나 예로부터 태아가 다친 사건에서 모두 '태아가 다쳤다.'라고 말한 이유는 두 사람이 목숨을 잃었다는 것을 드러내기 위해서일 뿐이다.

내가 예전에 낙태한 사건에 대해 의견을 말하면서 '낙태하였다.〔胞脫〕'라는 2자를 기록하는 것은 쓸데없이 덧붙인 글이라고 한 적이 있다.[80]

---

80 예전에······있다: 〈상형추의〉 14 '임신한 여자를 해치다(5)'에 나온다.

그러나 태아가 다친 사건은 낙태한 사건과는 동일하게 말할 수가 없다. 구타를 당하거나 짓찧어져서 태아가 다친 경우에는 사망의 실제 원인을 4자로 기록해야 한다. 남이 구타한 것 때문이 아니라 자기 스스로 태아를 다치게 해 놓고 모함하여 '구타를 당하였다.'라고 한 경우에는 사망의 실제 원인을 '태아가 다쳤다.[胎傷]' 2자로만 기록해야 한다. 그리고 모함을 받은 사람도 피고인이라고 기록해야 한다.

○ 2차 검안보고서의 발사는 다음과 같다.

"이번 사건에서 시체는 왼쪽 눈꺼풀과 오른쪽 정강이와 왼쪽 손회목 등의 부위가 살갗이 벗겨지고 피멍이 들어 있었으니, 모두 싸우다가 생긴 상처입니다. 그리고 두 다리 사이에 죽은 아이 하나가 태반과 함께 낳아져 있었습니다. 태아는 신체와 머리카락이 뚜렷이 사람 모양을 이루고, 태반은 검붉은 색으로서 눌러 보니 부드러웠습니다.

《무원록》〈조례·태상사〉의 조문에 이르기를 '임신한 부녀자가 살해되었을 경우에 그 시체를 땅속의 움에 매장해 두면 흙·물·불·바람이 시체의 머리로 불어와서 배가 부풀어 오르고 뼈마디가 벌어지면서 배 속의 태아를 바깥으로 밀어낸다.' 하였고, 그에 대한 주註에 이르기를 '임신한 부녀자는 2차 검안한 뒤에 모두 땅속의 움에 매장하지 않더라도 태아가 저절로 나온다.' 하였습니다. 이번에는 1차 검안을 하고 나서 4일째 되는 날에 2차 검안이 행해졌으니, 태와 함께 아이를 낳은 일 등이 이 조문과 일치합니다. 그러므로 사망의 실제 원인을 '짓찧어져서 태아가 다쳐 죽게 되었다.'라고 기록하였습니다.

계명季明의 아내가 윤 여인의 머리채를 움켜잡고 조완국趙完國의 어머니가 윤 여인의 배 위에 걸터앉은 사실은 많은 사람이 목격하였고 모두 '짓찧어졌습니다.'라고 하였으니, 증언이 명백하여 더 이상 의심할 여지가 없습니다. 그러므로 조완국의 어머니 김큰아기를 주범으로 기록하였고, 계명의 아내 김 조이는 사건과 관련된 사람으로 기록하였습니다."

○ 다산의 견해: 어머니가 죽으면 배 속의 아이가 나오는 것에 대해서는 의서醫書에도 실려 있으니, 이런 사건을 담당하게 되는 사람들은 의심할 필요가 없다.

○ 황해도에서 다음과 같이 아뢰었다.

"이 사건은 김 여인이 자기 아들을 부역에 재차 충원한 것에 대해 유감을 품고 있다가 김상흠金尚欽에게 기어이 독기를 부리려고 하였으나, 김상흠을 만나지 못하자 그의 아내인 윤 여인에게 화풀이를 하여 이 지경까지 온 것입니다.【이하는 생략하였다.】

김 여인의 아들 조완국이 원통한 마음을 호소할 길은 없고 계획도 궁하게 되자, 내수사內需司의 종이라는 말을 만들어 내어 윤 여인이 간수를 마시고 죽었다는 근거로 삼으려고 하였습니다. 그러나 이웃 사람들은 그러한 말을 들은 사실이 없고, 검안보고서와 조사보고서에도 그러한 내용이 나타나 있지 않습니다.【중간은 생략하였다.】

조완국이 터무니없는 일을 날조하여 오로지 속일 생각만 하였고 원통한 사정을 호소한다는 핑계를 대고서는 위로 주상을 번거롭게 하였습니다. 이것은 어머니를 위해 원통한 사정을 호소한 일이라는 이유로 용서해 주어서는 안 됩니다. 따라서 신의 감영에서 무거운 쪽으로 죄를 다스릴 계획입니다."

7. 임신한 여자를 해치다(4)

【임신한 부인이 끝내 목숨을 잃었는데, 본처와 맞먹으려고 한 것이 빌미가 되었다. 사건의 근본 원인은 남편의 총애를 다투었기 때문이며, 사망의 실제 원인은 구타를 당하였기 때문이다.】

○ 거창居昌의 백성 박창손朴昌孫이 자기 아내 신달분申達分을 죽였다.

○ 경상도에서 다음과 같이 아뢰었다.

"세 아내가 한집에 살았으니 싸움의 조짐이 열리기 쉬웠고, 5개월째 임신한 몸이었으니 한창 보호하고 아껴야 할 시기였습니다. 그런데 저 박창손이라는 자는 집이 가난하여 스스로 건사하지 못하면서도 오히려 아내가 이웃집에서 자는 것을 싫어하였고, 임신한 사람은 일반 여자들과 다른 법인데도 고함을 지르는 악행을 지나치게 저질렀습니다. 대나무를 묶어서 만든 빗자루는 본래 견고하고 무거운 물건이 아닌 데다 더욱이 그 빗자루로 맞아 생긴 상처도 약간 멍이 들고 단단한 정도일 뿐이고 지나치게 다친 흔적이 없었습니다. 따라서 이 때문에 목숨을 잃었다는 것은 아무래도 아주 확실하지 않으니, 이를 근거로 살인 사건을 성립시키고 목숨으로 보상하게 하기를 논하는 것은 죄가 의심스러우면 가볍게 처벌한다는 취지가 아닌 듯합니다."

○ 형조가 다음과 같이 아뢰었다.

"세 여자가 간음하였으니 본래 서로 극렬하게 싸울 수 있는 계기가 마련되었고, 한 사내가 집안을 맡아 사납고도 시기하는 악행을 마구 저질렀습니다. 대나무 빗자루로 한 차례 구타한 것은 본래 기어이 죽이려는 마음에서 나오지는 않았으나, 어두운 밤에 발길을 재촉한 것은 넘어질 우려를 면하기 어려우니, 그녀가 죽은 원인은 구타를 당해서가 아니고 죽음의 빌미는 전적으로 태아가 다쳐서였습니다. 황해 감사의 장계에서 살려 주어야 한다고 말한 것도 근거가 있으니 삼가 주상께서 재결해 주시기를 바랍니다.

주범인 두 아내에게 같은 장소에서 진술을 받은 것은 샅샅이 조사하도록 한 본래의 취지가 아니니, 검안한 관원을 추고推考하는 것이 어떻겠습니까?"

○ 다산의 의견은 다음과 같다.

"가난한 백성이 세 아내를 거느렸으니 음탕한 사람이고, 한 차례 화를 내어 두 사람의 목숨을 잃게 하였으니 흉악한 사람이다. 이처럼 음탕하고 흉악한데도 정당한 이유 없이 정상을 참작하여 용서하는 것은 옳지 않은 듯하다."

8. 임신한 여자를 해치다(5)

【낙태하여 죽었는데 구타하고 걷어찬 것이 죽음의 빌미가 되었다. 사건의 근본 원인은 간음하였기 때문이며, 사망의 실제 원인은 걷어차였기 때문이다.】

○ 만경萬頃의 백성 강도진姜道辰이 이 조이李召史를 죽였다.
○ 검안보고서의 내용은 빠졌다.
○ 주상의 판결은 다음과 같다.

"강도진의 살인 사건은 다음과 같이 판결한다. 일시적인 농담으로 내뱉은 말 때문에 두 달 동안이나 오래도록 화를 품고 있다가, 손으로 천득千得을 구타하고 발로 이 여인[李女]을 걷어찼다. 죽고 사는 것은 얼마나 세게 구타하거나 걷어찼느냐에 따라 나뉘지만 사나운 독기가 어머니와 아들에게까지 아울러 미쳤으니, 그 정상을 헤아려 보면 너무도 악랄하다. 그러나 낙태는 고질병이 아니고 어지럼증은 《무원록》에도 분명히 나와 있으니, 거짓으로 꾸며 대는 진술은 믿을 수가 없다. 강도진을 우선 전처럼 합동으로 심문하게 하라."

○ 주상의 판결은 다음과 같다.

"오늘 걷어차이고 다음 날 죽었으니, 그 자리에서 즉시 죽은 것이나 다름없다. 발에 걷어차인 사실에 대해서는 공정한 증인의 목격이 없으나, 쓰러진 사실에 대해서는 주 여인[朱女]의 구두 진술이 분명히 있다.

대체로 탈항脫肛[81]과 낙태는 예사로운 일이고 원래 위급한 증세가 아니니, 결코 이것 때문에 죽을 리는 없다. 그런데도 다음 날 죽은 것은 거듭 걷어차여서 낙태가 되어서이지 낙태했기 때문에 기어이 죽기까지 한 것은 아니다. 그렇다면 이 사건에서는 걷어차였는지만 논해야지 낙태가 되었는지는 말할 필요가 없다. 걷어차인 사실에 대해서는 유족의 말에도 별달리 날조한 내용이 없고 최 여인[崔女]의 진술에도 '부축하여 돌아갔습니다.'라고 하였다.

그뿐만 아니라 천득은 재인才人이고【재인이란 무당서방으로서 광대가 된 자이다.】 강도진은 양인良人이니, 신분으로 말하면 천득은 다소 천하고 강도진은 다소 귀한 차이가 있으며, 나이로 말하면 한 사람은 적고 한 사람은 많은 차이가 있다. 강도진이 불러다가 물어볼 때 소란을 야기할 의도가 있었고 보면, 여러 차례 뺨을 때린 일이 있었는데 한 차례 모질게 걷어찬 일만 없었겠는가! 그가 '한 팔로 밀었을 뿐입니다.'라고 한 말은 마침 제

---

81 탈항脫肛: 곧창자 점막 또는 곧창자 벽이 항문으로 빠지는 증상이다.

꾀에 넘어간 꼴이라고 하겠다. 음란한 사내에게 며칠 전에 거듭 구타를 당한 사실이 확실하다면, 이 한 가지는 가장 의문을 가져야 할 문제이며 조사한 관원이 염탐한 내용에도 포함되어 있다. 그러니 구타를 당하고 난 뒤에 강도진이 때마침 범행을 저지른 것이 아니라고 어떻게 보장하겠는가!

전라 감사의 장계 안에서 '뺨과 뒤통수가 서로 어긋났습니다.'라고 한 말도 일리가 있다. 이러한데도 목숨으로 보상하게 한다면 사건을 자세하고 신중히 심리한다는 취지가 어디에 있는가! 강도진을 한 차례 엄중히 형장을 치고 사형을 감하여 정배하라."

○ 주상의 판결에 대한 다산의 견해: 주상의 판결문에 이르기를 '이 여인은 거듭 차였기 때문에 죽었지 낙태 때문에 죽은 것은 아니다.'라고 한 이 몇 구절이야말로 널리 드러내고 천명하여 법령으로 만들어서 검안하는 관원이 지켜야 할 소중한 규정으로 영구히 삼게 해야지, 한 차례 읽고 말아서는 안 됩니다.

검안하는 법으로 말하면, 깨진 상처를 분석하여 구타당한 것인지 걷어차인 것인지를 밝혀 사망의 실제 원인이 무엇인지를 정하고, 구타당한 것과 걷어차인 것을 분석하여 범행을 저지른 사람을 조사해서 주범이 누구인지를 결정합니다. 가령 이갑李甲이 장을張乙을 구타하여 뒤통수가 깨져 죽게 되었다면, 검안하는 관원은 뒤통수가 깨진 것을 분석하여 그가 구타당한 사실을 밝히니, 이것이 사망의 실제 원인이라는 명목을 정하는 방법입니다. 그리고 구타당한 것을 분석하여 이갑을 조사하니, 이것이 주범을 확정하는 방법입니다.

그렇다면 낙태는 뒤통수가 깨진 경우와 같은 따위입니다. 뒤통수가 깨진 경우에는 뒤통수가 깨진 것을 사망의 실제 원인으로 기록하지 않으니, 낙태한 경우에만 어찌 낙태를 사망의 실제 원인으로 기록하겠습니까! 이 여인이 낙태하여 죽었다는 이유로 강도진을 주범으로 삼는다면, 강도진도 원통할 것입니다. 반드시 '걸어찼다.[被踢]' 2자로 사망의 실제 원인을 정해야만, 걸어찬 사람은 강도진이 되고 걸어차인 사람은 이 여인이 되어 두 사람이 서로 연결되어서 그의 죄가 드러나고 살인 사건도 이에 성립이 됩니다. 어찌 낙태가 드문 일이라고 해서 그걸 가져다가 사망의 실제 원인이라는 명목으로 삼을 수 있겠습니까!

'뒤통수가 깨지다.', '목구멍이 끊어지다.', '갈비뼈가 부러지다.', '창자가 빠져나오다.' 따위도 모두 다 이와 같습니다. 사망의 실제 원인이라는 명목은 '구타를 당하였다.', '걸어차였다.', '찔렸다.', '짓눌렸다.' 등만 있을 뿐이니, 시체에 나타난 증상을 가지고 뒤섞어서 사망의 실제 원인을 정해서는 안 됩니다.

9. 살인 사건으로 시체가 즐비하다(1)

【간통한 사내가 본남편을 죽이자, 간통한 부인도 같이 죽었다. 사건의 근본 원인은 간음하였기 때문이며, 사망의 실제 원인은 칼과 독 때문이다.】

○ 은율殷栗의 백성 오유한吳幼漢이 박가손朴加孫을 죽였다.

○ 1차 검안보고서의 발사跋詞는 다음과 같다.

"박가손의 시체로 말하면, 머리와 얼굴은 네 곳을 찔려서 살갗이 찢어지고 뼈가 다쳤으며, 왼팔은 두 곳을 찔려서 살갗이 오그라들고 살이 드러나 있었습니다. 그 상처의 원인을 밝혀 보면 큰 낫에 찔려서 생긴 것 같았으며, 의도가 흉악하고 잔인하여 보기에도 끔찍하였습니다. 그러므로 사망의 실제 원인은 '찔려서 죽게 되었다.'라고 기록하였습니다.

오유한의 시체로 말하면, 턱 아래의 칼날에 찔려서 생긴 상처는 깊고도 넓었으며 그곳을 눌러 보면 흐르는 피가 솟구쳐 나왔고, 콧구멍이 서로 통하여 그곳에서도 피가 흘러나왔습니다. 유족 오우주吳右冑가 진술하기를 '흘린 피가 그의 문 앞에서부터 우물가까지 방울방울 땅에 떨어져 있었습니다.' 하였으니, 이는 스스로 목을 찌르고 나서 우물에 몸을 던진 것입니다. 아마도 칼로 먼저 자기 목을 찌르고 나서 우물에 몸을 던졌겠으나, 우물에 몸을 던지기 전에 스스로 걸을 수 있었고 우물에 몸을 던질 수 있었고 보면, 결국 목숨이 끊어진 시점은 우물에 떨어지고 난 이후일 것입니다. 그러나 급소에 난 상처가 이처럼 심각한데도 급소의 칼에 찔린 상처는 버려두고서 중요하지도 않은 우물에 몸을 던진 사실만 가지고서 사망의 실제 원인을 정해서는 안 되겠습니다. 그러므로 사망의 실제 원인은 '스스로 목을 찔러 죽게 되었다.'라고 기록하였습니다.

이 조이李召史의 시체로 말하면, 온몸의 위아래에 원래 한 점의 상처도 없고, 입은 터지지 않았고, 배는 부풀어 오르지 않았으며, 손톱은 파랗게 변하지 않았고, 은비녀로 시험해 보자 빛깔이 검게 변하였으며, 침을 달여 보자 소금이 되었으니, 이러한 여러 증상은 《무원록》 〈조례·중독사〉 '소금 간수를 마시고서 죽은 경우[服鹽滷死]'의 조문과 딱 일치합니다. 그뿐만 아니라 유족과 증인들의 진술에 의하면 모두 '간수를 마셨으며, 심지어 병의 주둥이를 기울여서 마신 자국이 있기까지 하였습니다.'라고 자세하게 진술하였습니다. 그러므로 사망의 실제 원인은 '간수를 마시고서 죽게 되었다.'라고 기록하였습니다.

대체로 유족인 박 조이朴召史가 진술하기를 '오유한과 이 조이는 성이 같은 친족이면서 성이 다른 친족으로서, 서로 몰래 간통하다가 박가손에게 들켰고 증거까지 잡히게 되었습니다. 오유한이 겉으로는 아첨을 떨었으나 속으로는 해칠 마음을 품고 있었습니다. 그러므로 박가손이 살아 있을 때 「나중에 걱정거리가 될 수도 있을 듯하니, 오래 머무르게 할 수 없다.」라고 말하였습니다.' 하였습니다.

오유한과 이 여인이 박 조이 부부로부터 힐책을 받고 난 뒤에 스스로 목을 찌르거나 스스로 독약을 마시고서 차례로 죽게 되었습니다. 간통한 증거가 잡히자 항상 걱정하였고 이런저런 설득을 많이 받았으나 끝내 돌아가고 싶지는 않자, 캄캄한 밤중에 박가손을 살해하여 입을 막으려고 하였던 것입니다. 그러다가 박 조이가 와서 힐책하게 되어서는 간통 증거로 잡힌 수건과 신발, 아첨을 떨던 때의 부젓가락이 명백히 그들의 손에 있었으므로 자기들의 죄를 숨길 수가 없어 차라리 자결하는 것이 낫겠다는 사실을 스스로 깨달았습니다. 그리하여 이 여인은 스스로 독약을 먹고 간수를 마셨으며 오유한은 스스로 목을 찌르고 우물에 몸을 던졌습니다.

만약 이 여인과 오유한이 원래 범죄를 저지른 일이 없었다면, 자기 몸에 고문이 가해지더라도 오히려 웃으며 이야기하면서 살려고 도모해야지, 어찌하여 지레 부질없이 죽어서 밝히기 어려운 사건이 되게 할 필요가 있겠습니까! 이 여인으로서는 간음을 저지른 행적을 끝까지 숨기기가 어려웠고, 오유한으로서는 박가손을 찔러 죽이고 난 뒤에 스스로 자기 죄를 알고 있었으므로, 마음속에서 부끄러움과 겁이 번갈아 일어나 일시에 죽게 되었던 것입니다. 그러므로 이 사건의 주범은 오유한이지만, 그가 벌써 죽어 버렸으므로 이제는 거론할 수가 없습니다.

박가손이 오유한에게 찔렸던 칼과 오유한이 스스로 목을 찔렀던 칼은 주운 사람이 없어 그림을 그리지 못하였습니다. 간수 그릇은 한 말들이 오지병 한 개로, 병 안에 남아 있는 간수가 두 종지 가량 되었습니다. 그리고 깨진 표주박 하나에는 아직도 간수가 축축이 젖어 있었습니다. 우물의 깊이는 위의 수면으로부터 물 아래의 물밑바닥까지 충분히 한 길이 되었습니다. 그리고 짚신 한 켤레가 물 위에 떠 있었습니다."

○ 다산의 비평은 다음과 같다.

"박가손이 찔려서 죽은 사실에 대해서는 의심이 없다고 하더라도, 오유한이 스스로 목을 찌르고 죽었다는 말을 나는 신뢰할 수가 없다. 일반적으로 스스로 목을 찔러 죽는 사람들은 반드시 식도食道와 기도氣道가 칼날에 찔리게 되어 있다. 식도와 기도가 칼날에 찔리면 즉시 기절하여 쓰러지게 된다. 숨이 끊어지지 않았다 한들 어떻게 몸을 움직일 수가 있겠는가! 몸을 움직이고 발걸음을 떼어서 문 앞에서부터 우물가까지 이르고, 눈을 떠서 우물을 바라보고서는 몸을 들어 우물에 던질 리가 있겠는가! 이러한 것은 섭정聶政[82]도 할 수 없는 일인데 박가손이 하였겠는가!

일반적으로 자살하려는 사람은 자기 목을 찌르는 것만으로도 충분한데 어찌 또 우물을 찾아 빠지기까지 하겠는가! 만약에 '스스로 목을 찌른 뒤에도 정신이 멀쩡하여 우물에 몸을 던지는 짓을 할 수 있었다.'라고 한다면, 그에 대한 사망의 실제 원인도 우물에 몸을 던진 사실을 더욱 중시하여 당연히 '스스로 빠져서 죽게 되었다.'라고 해야지 '스스로 목을 찔러서 죽게 되었다.'라고 해서는 안 된다.

모두 종합해서 정리하면 이렇다. 박가손이 찔려서 죽은 사실은 의심할 것이 없다고 하더라도, 흉기에 찔리기 시작하면서 생긴 상처 부위와 흉기를 거두어들이면서 생긴 상처 부위의 크기와 깊이는 규정으로 보아 상

---

82 섭정聶政: 중국 전국시대 때 협객이다. 섭정이 자신을 알아주었던 엄중자嚴仲子를 위해 당시 한韓나라의 재상 협루俠累를 죽이고서는 자신의 낯가죽을 벗기고 눈을 도려내고 죽었다. 한나라 애후哀侯가 섭정이 누구인지를 몰라 이름을 알아내기 위해 현상금을 걸었는데, 섭정의 누나인 섭영聶嫈이 섭정의 이름, 협루를 죽인 이유, 누이에게 해를 미치지 않게 하기 위해 얼굴을 훼손하고 죽은 사실 등을 밝히고, 동생의 시체 옆에서 죽었다._《사기》〈자객열전〉

세히 거론해야 한다. 하물며 스스로 목을 찌르고 죽은 오유한은 더욱 신중히 검안해야 하니 더 말할 것이 있겠는가! 흉기에 찔리기 시작하면서 생긴 상처 부위와 흉기를 거두어들이면서 생긴 상처 부위를 애당초 상세히 검안하지 않고 두 집안의 증인 말만 듣고서 마침내 두 시체의 실제 사망 원인을 단정하였으니, 살인 사건을 이보다 더 허술히 심리한 일은 없었다. 그런데 황해 감사黃海監司의 제사에서도 순순히 받아들이고 아무런 이의가 없었으니, 아! 이것도 잘못이다."

○ 또 다음과 같이 비평하였다.

"일반적으로 많은 시체를 검안하는 방식으로 말하면, 하나의 시체를 가져다가 검안할 때마다 그 시체의 실제 사망 원인을 기록하고 주범을 기록하며, 하나의 시체를 마치고 나면 또 다른 하나의 시체를 거론하는 것이 규정이다. 따라서 박가손의 실제 사망 원인을 기록하고 나서 그 아래에는 오유한이 범행을 저지른 절차를 거론하고 이어서 '주범이 벌써 사망하기는 하였으나 오유한으로 기록하였습니다.'라고 해야 한다. 더욱이 그 아래의 두 시체는 모두 자살하였으므로, 사망의 실제 원인만 기록하더라도 불가할 것이 없다. 그런데 지금 박가손의 시체에 대한 사망의 실제 원인을 기록한 아래에 마침내 주범에 대한 언급이 없으니, 어찌 허술하지 않은가!"

○ 또 다음과 같이 비평하였다.

"오유한과 이 조이를 어떻게 '성이 같은 친족이면서 성이 다른 친족이다.'라고 하겠는가! 사람은 각각 성이 하나씩이니, 성이 같으면 성이 다른 친족이 아니고 성이 다르면 성이 같은 친족이 아니다. 그런데도 두 가지를 겸한다고 하였으니, 그 이유를 이해하지 못하겠다. 《주역周易》〈규괘睽卦〉에서 '같으면서도 다르다.[同而異]'라고 한 것이 이를 말하는가?【또 이르기를 '스스로 목을 찌르고서 우물에 몸을 던진 경우에는 발이 반드시 맨발이어야 하는데,

짚신 한 켤레가 어떻게 떠 있었는가? 오유한을 찔러서 죽이고 또 우물에 던진 것이 분명하다.' 하였다.〕"

○ 황해 감영黃海監營의 제사는 다음과 같다.

"하루 동안에 세 사람의 시체가 나왔으니 너무도 놀랍고 괴이한 일이다. 언뜻 보면 판결하기가 어려울 듯하지만 자세히 따져 보면 사실상 의문점이 없다.

박가손이 평소에 간통한 증거를 잡았다고 하더라도 오유한이 이번에 스스로 목을 찔러 죽은 일이 없었더라면, 길가에서 발견된 박가손의 시체를 '틀림없이 오유한이 죽였다.'라고 말할 수도 없었을 것이다. 오유한이 자살하였는지는 의문스럽다고 하더라도 이 여인[李女]이 동시에 자살한 일이 없었더라면 간음한 행적에 대해서는 '이 여인이 틀림없이 그랬을 것이다.'라고 말할 수도 없었을 것이다. 그러나 하늘의 이치는 매우 밝아서 이와 같이 저절로 밝혀졌다.

수건과 신발 및 부젓가락은 범죄의 증거라고 할 수 있으며, 길가에서 말다툼을 한 일은 간음의 실제 행적을 드러낸 것이었다. 그러자 간통한 사내는 입을 다문 채 말이 없었고 간통한 여자는 몰래 엿듣고 슬그머니 돌아가서 각각 자살을 결행하여 스스로 만든 재앙을 감당하였으니, 또한 당연하지 않겠는가! '칠칠하지 못한 자식을 낳았다.'라고 오유한의 아버지가 명백하게 진술하였고, '오랫동안 머무르게 할 수 없다.'라는 말은 박가손의 누이동생이 자세하게 들었으니, 한번 살해당하는 것은 상황으로 볼 때 면할 수가 없었고, 두 사람이 서로 호응한 것도 이치로 볼 때 반드시 그럴 수밖에 없었다.

윤리와 기강을 저처럼 추락시키고 살인을 이처럼 참혹하게 저지르자, 공개적으로 처형하기도 전에 아무도 모르게 천벌이 먼저 내려졌다. 흉악한 범인이 자살하여 샅샅이 조사할 길이 없어졌으니, 사건과 관련된 사람들을 모두 풀어 주라.

'사망의 실제 원인[實因]' 2자는 매우 엄중한데도 시장屍帳에는 '찔렸다.'라고 기록하였고 발사에는 '베였다.'라고 기록하였으니, 격식을 크게 위반하였다. 죄를 따져서 처벌해야 하니, 형장을 사용할 수 있는 시기가 되면 2차 검안할 때의 형리刑吏를 엄중히 형장을 쳐야 하니 목에 칼을 씌워서 감영으로 올려보내라."

○ 다산의 비평은 다음과 같다.

"오유한이 스스로 목을 찔러서 생긴 상처의 구멍이 이와 같이 깊고 넓으니,【1차 검안보고서에서 그처럼 말하였다.】 어찌 의심하지 않을 수 있겠는가! 일반적으로 스스로 목을 찌르는 사람은 마음이 아무리 악독하다 하더라도 손은 자연히 겁 때문에 약해져서 상처를 깊고 넓게 낼 수가 없는 법이다. 이것은 자연스러운 이치이다. 그런데 유독 오유한만 어떻게 목을 깊게 찌르고 휘저어서 그 상처의 구멍을 넓혀 놓을 수 있겠으며, 더욱이 성큼성큼 걸어 문을 나가서 몸을 들어 우물에 던질 수가 있겠는가!

아마도 오유한의 아버지가, 자기 아들이 사람을 죽이는 흉악한 범행을 보고서는 즉시 '사건이 발각되면 집안을 망하게 할 테니, 네가 죽는다면 걱정이 없다.'라고 하고서는 즉시 칼로 찌르고 곧바로 또 우물 속에 시체를 던져서 사건을 미궁에 빠트리려고 하였을 것이다. 설사 이처럼 하였다고 하더라도 살인 사건을 성립시키는 일은 없었겠지만, 사건을 심리하는 법은 소홀히 해서는 안 된다. 만약 다른 사건에서 이처럼 소홀히 한다면, 죽은 사람은 원통한 마음을 품게 되고 범인은 법의 그물을 빠져나갈 테니, 그래서야 되겠는가!"

10. 살인 사건으로 시체가 즐비하다(2)

【자기 아들이 사람을 죽이자, 그의 어머니가 먼저 자살하였다. 사건의 근본 원인은 군역에 차출되었기 때문이며, 사망의 실제 원인은 걷어차였기 때문이다.】

○ 재령載寧의 백성 곽명대郭明大가 차광벽車光璧을 죽였다.

○ 1차 검안보고서의 발사는 다음과 같다.

"이번 사건에서 차광벽이 죽게 된 자세한 사정은 유족과 가까운 이웃이 모두 목격하지 못하였습니다. 그러나 건장한 젊은 사람이 싸움을 하고 난 뒤 그날로 죽게 되었으니, 곽명대가 혐의를 변명하려고 하지만 그것이 가능하겠습니까!

곽명대가 진술하기를 '제가 사동絲洞 이장의 집에 갔다가 날이 저물어 집에 돌아와 보니, 저의 어머니가 차광벽에게 구타를 당해 숨이 끊어질 듯 간당간당하였으므로 급히 관아에 고소하려고 곧장 읍내 안으로 들어갔습니다. 차광벽은 그 뒤에 죽었으니, 그가 죽게 된 자세한 사정은 전혀 모릅니다.' 하였습니다. 그러나 만약 차광벽이 구타를 당하지 않았다면 어떻게 죽겠습니까!

왼쪽의 신낭腎囊에는 살갗이 벗겨지고 색깔이 거무스름한 곳이 뚜렷이 있었는데, 둘레가 5치이고 기혈氣血의 통로가 오그라들어 오른쪽의 신낭과는 달랐습니다. 숨구멍에는 붉은 기운이 뚜렷이 있었으니, 《증수무원록》〈검복·검식〉의 발로 걷어차여서 죽은 경우의 조문과 딱 일치합니다. 그러므로 사망의 실제 원인은 '걷어차여서 죽게 되었다.'라고 기록하였습니다.

최 조이崔召史는 차광벽이 죽은 다음 날에 사망하였는데, 온몸의 위아래에 별다른 상처는 없었고 약간 살갗이 벗겨진 곳만 있었을 뿐입니다.

은비녀로 시험해 보니 색깔이 모두 변하였습니다. 그뿐만 아니라 김덕장金德章은 그 집의 머슴으로서 최 조이가 간수를 마신 사실을 증언하였고, 유일천劉一千은 그 집의 가까운 이웃으로서 최 조이가 간수를 마신 사실을 증언하였습니다.

최 조이가 사망한 사건의 원인은 이렇습니다. 차광벽이 이미 목숨을 잃어 곽명대가 주범으로 몰릴 상황이 되자, 최 조이가 어머니로서 마음 가득 걱정이 되고 겁도 났습니다. 그래서 마침내 자살을 결행하여 사건을 미궁에 빠뜨려서 아들의 목숨을 살리려고 하였던 것입니다. 그러므로 사망의 실제 원인은 '간수를 마시고 죽게 되었다.'라고 기록하였습니다.

곽사득郭士得이 진술하기를 '두 놈이 함께 사동으로 가다가 반쯤 갔을 때 차광벽이 다시 갑자기 덤벼들자 곽명대가 몸을 피하여 달아났습니다. 그리고 나서 차광벽은 곧장 집으로 돌아갔고 곽명대만 혼자 사동으로 갔습니다.' 하였습니다. 그러나 이것은 아버지로서 아들을 두둔하는 말입니다. 사동으로 가던 도중에 갑자기 덤벼들어 마침내 서로 싸우다가 살인까지 하게 되었다는 것은 의심할 바 없이 명백합니다. '차광벽이 갑자기 덤벼든 일은 진사평進士坪에서 일어났고, 차광벽이 사망한 일은 외나무다리 앞에서 발생하였습니다.' 하였으나, 두 곳은 본래 가까운 거리이고 보면 차광벽이 걷어차인 뒤에 돌아가다가 멀리 가지 못하고 쓰러진 것은 이상한 일이 아닙니다.

곽명대의 진술에서는 차광벽이 죽게 된 책임을 은연중에 자기 어머니에게 떠넘겼으나, 연로한 부인이 건장한 사내를 걷어찼다는 것은 전혀 이치에 맞지 않습니다. 더구나 어머니가 차광벽과 서로 싸운 장소는 집 앞이었고, 차광벽이 사망한 장소는 먼 바깥이었습니다. 하물며 저 차광벽이 신낭을 걷어차였다면 더욱이 어떻게 3리의 바깥까지 갈 수가 있겠습니까! 곽명대가 아무리 말 잘하는 입을 가졌다고 하더라도 변명할 말이 없습니다. 그러므로 주범은 곽명대로 기록하였습니다.

현유봉玄有奉은 곽명대의 장인입니다. 곽명대는 나약하고 차광벽은 건장하니, 건장한 사람을 억누르고 나약한 사람을 편들며 가깝지 않은 사람을 견제하고 친척을 보호하는 것도 사람의 일반적인 심정이기는 합니다. 그러나 증거가 명확하지 않아서 같이 모의하여 함께 구타한 죄로 단정하기가 어렵습니다.

김덕장으로 말하면, 이 사건의 자세한 사정을 그가 틀림없이 상세히 알고 있을 터인데도 똑같은 말로 굳게 숨기고 처음부터 끝까지 실토하지 않았으니, 엄중히 형장을 쳐야 합니다.

최 조이가 목숨을 잃은 것은 아들을 보호하기 위한 꾀에서 나왔으나, 자기의 목숨을 해친 데다가 아들의 죄도 두루 드러났으니 몸이야 부질없이 죽었더라도 정황은 가련합니다. 사건과 관련된 사람들은 모두 엄중히 가두어 두겠습니다.

2차 검안할 관원으로는 봉산 군수鳳山郡守로 정하고 공문을 보내 와 달라고 청하겠습니다."

○ 다산의 비평은 다음과 같다.

"차광벽의 시체에 대한 사망의 실제 원인을 기록하고 그 아래에 즉시 곽명대의 범죄를 서술하여 주범으로 세우고, 다음으로 최 조이의 시체에 대해 서술하는 것이 옳다. 이 발사에서는 두 시체에 대해 아울러 서술하고 이어서 '곽명대를 주범으로 기록하였습니다.'라고 하였으니 잘못하였다."

○ 또 다산의 비평은 다음과 같다.

"간수를 마셨다는 말은 증인의 말에만 의거하였을 뿐이고, 간수를 담았던 그릇과 간수가 남아 있는 입안의 침은 증명한 일이 없었으니, 이것도 너무나 소홀히 하였다.

○ 모두 종합해서 정리하면 이렇다. 살인 사건을 심리하는 법은 풍속의 교화를 가장 중시한다. 곽명대의 어머니는 무슨 일 때문에 죽었는가? 아들이 사람을 죽인 일 때문에 어머니가 자살하게 되었으니, 곽명대는 직접 범행을 저지르지 않았을 뿐이지 자기 어머니를 살해한 것이나 마찬가지이다. 그런데도 곽명대란 자는 오히려 자기 어머니에게 죄를 떠넘겨서 자기가 만든 재앙에서 벗어나려고 하였으니, 이것은 용서할 수 없는 극악무도한 죄이다. 그러니 사리에 맞는지나 시체가 발견된 곳과의 거리 등 자질구레한 점들은 또 어찌 따질 것이 있겠는가! 검안한 관원이 이 점에서 사건의 처리 격식을 놓쳤다."

○ 2차 검안보고서의 발사는 다음과 같다.
"차광벽의 시체는 이러이러하였습니다.【상처와 사망의 실제 원인은 1차 검안보고서와 대동소이하다.】최 조이의 시체는 이러이러하였습니다.【간수를 마신 증상은 1차 검안보고서에 비해 꽤 상세하였다.】

사동의 이장이 진술하기를 '곽명대가 날이 저문 뒤에 다시 돌아와서 말하기를 「내가 차광벽을 잡아와서 너와 대질시킬 것이다.」하였습니다.'라고 하였습니다. 이 진술을 가지고서 보면 곽명대가 차광벽을 잡아오던 도중에 서로 싸우다가 갑자기 죽은 것을 보고서는 자연히 두려움과 겁이 생겼습니다. 그러자 10시 무렵의 깊은 밤중에 10리의 산길을 달려 장인을 찾아가서 같이 모의하여 사실을 숨기기로 하고서는, 도리어 자기 어머니가 차광벽에게 구타를 당하였다고 하면서 급히 먼저 관아에 고소하였습니다. 이는 기선을 제압하려는 의도였으나 제 꾀에 넘어간 꼴이 되고 말았습니다.

대체로 차광벽이 대낮에 마을 안에서 죽지 않고 캄캄한 밤중에 교외에서 죽었으므로 목격한 증인이 없어 판결하기가 어려울 것처럼 보입니다. 그러나 곽명대가 밤새도록 분주히 돌아다니느라 행적이 허둥지둥하였고 향청鄕廳에 들어가 고소할 때 말이 뒤죽박죽이었으니, 그가 무슨 말로 변명하겠습니까!"

○ 황해 감영의 제사는 다음과 같다.

"상처는 이러이러하였다. 대체로 군역軍役을 부담하지 않고 있는 장정을 찾아서 대신 군역에 충원하는 것으로 말하면【망납望納이란 군포軍布를 대신 납부할 사람으로 채워 넣는 것이다.】 한번 신고를 당하기라도 할 경우에는 번번이 원한을 품고 신고한 사람을 원수처럼 여긴다. 저 차광벽이 마음속에 유감을 품고 있으면서 연일 꾸짖고 모욕하자, 곽명대가 이에 대해 해명할 길은 없고 그 고통은 감당할 수가 없어 이장과 대질시키러 찾아가는 행동까지 하였다. 그러나 도중에 싸움이 벌어지고 점차 격렬해져서, 처음에는 진사평의 밭가에서 싸웠으나 마지막에는 외나무다리의 밭 안에서 살해하였다."【이하는 삭제하였다.】

○ 다산의 비평은 다음과 같다.

"감사의 제사에서는 정황과 범죄에 대해 의견을 서술하고 법률과 조례를 적용하기만 하면 된다. 그런데 본 사건을 마치 사건과 관련된 사람이나 증인이 진술하는 말처럼 서술한 것은 도대체 무슨 까닭인가! 진사평과 외나무다리의 밭이 풍속의 교화를 책임진 감사와 무슨 관계가 있단 말인가!"

상형추의

15

1. 오랜 시일이 지나 검안하다(1)

【부패한 시체의 배에 밟은 자국이 선명하게 나타났다. 사건의 근본 원인은 간음을 도발하였기 때문이며, 사망의 실제 원인은 밝혀졌기 때문이다.】

○ 토산兎山의 백성 김몽세金夢世가 김천의金千義를 죽였다.

○ 4차 검안보고서의 발사는 다음과 같다.

"이번 살인 사건은 사망한 지 3개월이나 지났고 검안도 3차례나 거쳤으나, 사망의 실제 원인이 분명하지 않고 증거도 갖추어지지 않아서 진상을 파악하기가 가장 어려웠습니다. 그래서 애를 태우며 반복해서 검안하였는데, 온몸의 위아래에 지목할 만한 상처가 한 점도 없었습니다. 은비녀로 시험해 보았으나 색깔이 변하지 않았고, 찰밥을 입안에 넣어 보았으나 색깔에 변화가 없었습니다.

시체가 썩어서 형체가 모두 사라졌으나 형체가 사라진 가운데서도 유독 복부만 부풀어 오른 채 썩지 않았고 살빛이 정상과 달랐습니다. 그래서 종일토록 검안하면서 수없이 궁리하였으며 앉아서 살펴보고 서서 살펴보고 이리저리 자세히 살펴보다가 발에 밟힌 자국이 두 조각으로 배 위에 찍혀 있다는 사실을 언뜻 깨달았습니다.

마침내 식초·등겨·파·매실 등 검안할 때 사용하는 물품을 사용해서 시험하니, 물품을 사용할수록 더욱 드러나서 진흙 위에 찍힌 발자국의 흔적처럼 선명하였습니다. 발자국의 뒷부분이 진하고 앞부분이 연한 것은 사람이 물건을 밟을 때 뒤꿈치에다가 힘을 주지 발가락에 힘을 주지는 않기 때문이며, 발로 물건을 밟을 때는 오른발을 다소 내밀고 왼발을 다소 뒤로 빼야 더욱 세게 힘을 줄 수가 있으므로 두 개의 발자국이 각각 차이가 납니다.

이어서 신낭腎囊의 경락經絡은 아랫배에 숨겨 있고, 혈맥血脈은 위로 정수리까지 연결되고 아래로 발바닥까지 연결된다는 사실을 생각하였습니다. 그래서 검안할 때 사용하는 물품을 각각 사용한 뒤 정수리를 다시 살펴보니 검붉은 색이 즉시 배어 나왔고, 발바닥 가운데를 다시 검안해 보니 선홍색이 갑자기 다시 드러났습니다.

《증수무원록》〈조례·인마답사〉의 조문에 이르기를 '사람이 발로 밟아서 생긴 상처는 두 쪽을 이루고 긴데, 한쪽은 무겁고 한쪽은 가볍다.' 하였고, 《증수무원록》〈조례·압사壓死〉 조문의 주註에 이르기를 '뼈를 검안하면 정수리와 두 발바닥 가운데에 상처가 있다.' 하였으며, 《증수무원록》〈검복·검식〉의 총론總論 주에 이르기를 '일반적으로 신체의 아래 부위를 다친 사람은 그 흔적이 모두 위에 나타난다. 남자의 상처는 위아래 어금니 뿌리의 뼈에 나타난다.' 하였습니다. 이번 사건에서 치아의 색깔이 약간 붉은 색을 띤 것과 어금니 뿌리가 떨어져 나간 것은 하나하나 《증수무원록》과 부합하니 전혀 의심할 바가 없습니다.

그뿐만 아니라 주범과 증인들을 불러 모아 일일이 가리키면서 물어보니 주범 김몽세는 말하기를 '참으로 발로 밟은 흔적과 같으니, 할 말이 없습니다.' 하였고, 김몽동金夢同은 하늘만 바라본 채 끝내 살펴보지를 않다가 김몽세를 돌아보면서 말하기를 '나는 보지도 못했다만, 이것이 무슨 일이냐?' 하였으며, 증인들은 각각 자세히 살펴보고서 말하기를 '발자국이 진흙에 찍힌 것처럼 선명합니다.' 하여 똑같이 말이 일치되어 더 이상 이견이 없었으니, 사망의 실제 원인이 분명하지 않다고 말할 수가 없습니다. 그러므로 사망의 실제 원인은 '짓밟혀서 죽게 되었다.'라고 기록하였습니다.

그러나 짓밟는 짓을 상대가 곤히 잠들고 다른 사람이 없는 곳에서 저질렀다면, 다른 사람이 목격할 수 있는 일이 본래 아닙니다. 그런데 원고

元告와 주범의 진술을 가지고 본다면 '그 여자를 데리고 오기는 하였으나 나와 한동네에서 살 수는 없다.'라는 말이 김몽세 아내의 입에서 저절로 나왔으니, 그들이 김천의를 이 세상에서 함께 살 수 없는 원수처럼 여긴 것은 그들 온 집안의 공공연한 의견이었습니다.

게다가 일반적인 사람들의 심정으로 말을 하더라도 그렇습니다. '내 딸이 청춘인데 어찌 혼자 살게 할 수 있겠는가!'라는 말이 아들을 장사 지내는 자리에서 나왔고, '다행히 아들이 죽었으니 며느리를 데려 가려고 한다.'라는 말이 김몽세 집안에서 가까이하고 믿으면서 노비나 마찬가지로 일을 시켜 왔던 김천의에게서 나왔습니다. 그런데 그 김천의가 며느리와 은밀히 이야기하는 행적을 목격하였으니, 김몽세가 김천의를 죽이고 싶은 마음은 사람이라면 똑같이 가질 수 있는 심정이기도 합니다.

그 당시에 아들을 잃은 애통한 마음을 풀 수 있는 곳이라고는 없었는데, 사돈집의 안주인이 '가소롭다.'라고 비난한 것은【혼인한 집안을 세속에서 사돈집이라고 한다.】며느리가 다른 마음을 먹고 있었기 때문에 나왔는데, 사실상 김천의가 며느리의 감정을 자극한 데에서 시작하여 점차 며느리를 쫓아 보내는 쪽으로 발전하였으니, 김몽세가 오래도록 원망하고 깊이 분노한 대상은 오로지 김천의 한 사람뿐이었습니다.

이처럼 팔을 휘두르고 이를 갈며 증오하던 차에 저 김천의가 등불에 뛰어드는 나방처럼 혼자 몸으로 먼 지역까지 찾아와서는, 찾아오게 된 이유를 스스로 과시하고 거침없이 '용복龍ト 형수'라고 불렀습니다. 그러자 김몽세가 죽여 버리고 싶은 마음이 불쑥 일어나서 끝내 막을 수가 없었습니다. 이는 참으로 이치로 보아 반드시 그럴 수밖에 없는 것입니다.

게다가 시신이 발견된 장소인 속사束沙의 모퉁이를 살펴보니, 몇 십 호가 모여 사는 큰 마을의 사람들이 끊임없이 통행하는 큰길이었고, 그곳에서 김몽세 형의 집과의 거리는 겨우 4리 남짓이었습니다. 만약 김천의가 25일에 죽었다고 한다면, 조금 전까지만 해도 병이 없던 사람이 5리 길도 가지 않아서 갑자기 지레 죽을 리는 결코 없습니다. 만약 김천의가 26일이나 27일에 죽었다고 한다면, 2, 3일 사이에 4리의 길을 걸었을 뿐인데 허무하게 그 자리에 누워 있다가 그 자리에서 죽겠습니까! 그가 살아 있을 때나 죽은 뒤에나 오래도록 그 자리에 있었다고 한다면, 그 사이에 그 길을 왕래한 사람이 몇 천 명이나 될 터인데 무슨 이유로 전혀 한 사람도 본 적이 없다가 3일이 지난 뒤에야 김몽동의 눈에 띄었겠습니까! 이 한 가지 단서로 보면, 김몽세가 밤중에 김천의를 짓밟아 죽이고 밤중에 메어다 놓은 것이 불을 보듯 명확합니다.

그러나 사람의 목숨은 매우 귀중하고 살인 사건을 처리하는 격식은 매우 엄중하므로, 앞서 했던 말을 자꾸 되풀이하면서 김몽세에게 살아날 수 있는 길을 가르쳐 주어 변명하게 하였으나 끝내 변명하지 못하였고, 혐의를 떠넘기게 하였으나 끝내 혐의를 떠넘기지도 못하였습니다. 2차 진술할 때와 3차 진술할 때에도 그저 '할 말이 없습니다.'라고 할 뿐이었으니, 증거가 갖추어지기를 기다릴 필요도 없이 살인 사건이 성립된 것입니다. 그러므로 주범은 김몽세로 기록하였습니다.

김몽동은 사건과 밀접한 관련이 있는 인물이나, 미친 사람은 목숨으로 보상하는 죄를 저질렀더라도 사형을 감한다는 법률 조문이 있으니, 참작해 주어야 할 듯합니다.

김몽세의 며느리 이 조이李召史로 말하면, 김천의가 죽게 된 것은 전적으로 이 여자 때문인데도 순순히 말로만 심문해서는 꿋꿋이 참으면서 자백하지 않으니, 엄중히 형장을 쳐서 자백을 받아 내고 무거운 쪽으로 형률에 따라 처벌하는 것을 그만둘 수가 없을 듯합니다.

유천복柳天馥, 전작달全酌達, 송덕재宋德才 등은 모두 반장班長과 이장里長으로서, 이와 같은 살인 사건이 발생하였는데도 즉시 관아에 보고하지 않았으므로 엄중히 징계해야 합니다. 고운일高雲日은 시골에 사는 전직 관원의 신분으로서, 김천의의 부고訃告를 대신 써 주고, 이 여인의 고소장을 지어 주었으니, 살인 사건을 처리하는 격식으로 볼 때 징계가 없어서는 안 되겠습니다.

김몽세의 어머니와 김몽동의 아들 김득귀金得貴는 각 사람의 진술에서 나왔으나, 사건과 관계가 없는 사람인 데다가 중요한 증인도 아닙니다. 그뿐만 아니라 사실상 어머니가 아들의 죄를 증명하고 아들이 아버지의 죄를 증명하는 혐의가 있으므로 감히 진술을 받을 수가 없습니다.

그 나머지 사람들은 별달리 심문할 단서가 없습니다."

○ 다산의 비평은 다음과 같다.

"정성껏 시체를 검안하고 아전의 손에 맡겨 두지 않았으며, 《무원록》의 조문을 상세히 살펴서 희미한 증상이 뚜렷이 드러나게 하였다. 그의 지극한 정성이 발사에도 드러나 있으니, 검안보고서의 모범 사례이다. 문장도 명쾌하고 꿋꿋하여 힘이 있으며【4차 검안한 관원은 서흥 현감瑞興縣監인 것 같다.】 우아하고 법도에 맞으니, 틀림없이 박학한 선비로서 세속을 벗어난 사람이 지었을 것이다."

○ 황해 감영黃海監營의 제사는 다음과 같다.

"시장屍帳을 받아 보았는데, 2차 검안보고서와 3차 검안보고서는 사망의 실제 원인을 기록한 것과 심문할 내용을 항목별로 적은 것에 잘못된 견해가 포함되어 있어 현명한 사람도 실수를 저지르는 결과가 되고 말았다. 사망의 실제 원인으로 정한 것이 1차 검안보고서 및 4차 검안보고서와 서로 다르니, 본래 규례대로 죄를 따져서 처벌해야 하지만 옛 규례를 고수할 수도 없다.

검안하는 관원이 만약 이러한 일로 징계를 받고 나서 오직 검안 결과가 서로 모순되지 않게 작성하는 것만이 죄를 모면할 수 있는 묘한 계책이라 여기고 애당초 자신의 견해를 제기하여 샅샅이 조사할 생각을 하지 않는다면, 그것도 폐단이 없을 수가 없다. 그러므로 두 차례 검안할 때의 형리刑吏에 대해 우선 과실을 기록해 두었다가 고과考課에 반영하도록 하여 사건의 내막을 조사해 내기를 기다리게 하였을 뿐이었다.

　대체로 김천의가 자기와 간음한 여자를 뒤따라 내려오던 시점은 때마침 김몽세가 간음한 며느리를 내쫓으며 화를 내던 때였는데, 김몽세가 김천의와 말 한마디도 섞지 않고 밖에서 보내 버렸다는 것이 참으로 사리에 맞다고 하겠는가! 만약 '증오심에서 나와 고의로 배척하였다.'라고 말한다면, 그래도 설득력 있게 속이는 방법이 될 수도 있겠다. 그러나 본래 김천의는 그의 집 안팎을 아무 때나 출입하였고 보면, 김몽세 형제가 방 안에서 곯아떨어졌다고 하더라도 김천의로서는 요청하지 않아도 스스로 들어갔을 터이니, 김몽세 형제가 김천의를 보지 않으려고 해도 그것이 가능하겠는가! 나중에 저지른 흉악한 범죄를 감추려고 처음부터 서로 접촉해 왔던 사실까지도 숨기려고 한 것은 너무도 교묘하고 악랄하다.

　설사 그의 말대로 김몽세의 어머니가, 김천의가 굶주렸을까 걱정해서 그에게 밥을 먹었는지를 먼저 묻고 다음으로 그의 행적을 물어서 이웃 마을의 갔던 곳이 어디인지를 캐내기까지 하며 화를 내는 기색은 조금도 없고 다정한 기미만 뚜렷하였다고 한다면, 김천의가 무슨 이유에서 다시는 그 집에 찾아와서 묵지 않았으며 이별하고 떠난 지 며칠 뒤에 5리 떨어진 곳에서 갑자기 죽었단 말인가!

　유족이 속아서 김몽세를 풀어 달라고 청한 일과 검안한 관원이 의문을 품었으면서도 잘못을 저지른 것은 모두 시체의 상처를 파악하지 못해서 생긴 일들이다. 그러나 이제는 두 발로 밟은 흔적이 많은 사람의 눈을 속일 수 없이 명확해졌으며, 3개월 동안이나 썩지 않고 사람들도 똑같은 말로 밟은 흔적이라고 인정하였다. 그리고 그도 '참으로 발로 밟은 흔적이니 할 말이 없습니다.'라고 하였으니, 이것이 어찌 속일 수 없는 하늘의 밝은 이치가 아니겠는가!

그러나 사건이 오래되면 농간이 생기고 사안이 오래되면 진술도 바뀌는 것은 반드시 그렇게 될 수밖에 없는 형세이다. 이처럼 간악한 정상이 새롭게 밝혀지고 아직 교묘한 술수를 부리기 전에 시급히 합동 조사를 거행해야 한다. 그러나 이와 같이 의문점이 있는 살인 사건은 의례적으로만 할 수도 없으니, 조사하는 관원으로 서흥 현감을 추가로 정한다. 제사가 도착하면 즉시 공문을 주고받은 뒤에 김몽세, 김몽동, 유족 이 조이, 간음한 며느리 이 조이, 사건과 관련된 사람인 고일운과 고기문高起文 등을 목에 칼을 씌워서 서흥현의 감옥에 옮겨 가두고, 날을 잡아서 서흥현에 모여 서둘러서 엄중히 조사하여 샅샅이 심문하라. 1차 검안한 관원과 4차 검안한 관원이 충분히 상의해서 개인적인 견해를 제기하여 심문할 항목을 작성하되, 4차나 5차까지 심문하는 한이 있더라도 기어이 실정을 알아내라. 다만 형장은 각각 1차례를 넘지 말라.

1차 검안보고서에 기록된 사망의 실제 원인이 4차 검안보고서와는 서로 달랐으니, 1차 검안할 때의 형리에 대해서도 본래 똑같이 과실을 기록해 두었다가 고과에 반영해야 한다. 그러나 1차 검안할 때 심문한 항목을 보면 의문을 제기한 것은 4차 검안할 때와 똑같으나 증거를 잡지 못했기 때문에 미처 상처를 분별하지 못했을 뿐이었으니, 그도 참작하여 용서해 주어야 한다. 우선 처분을 보류하고 감옥에 갇힌 죄수들에게서 실정을 알아내기를 기다리라.

4차 검안보고서는 이 문서에서만 상처를 파악하여 사망의 실제 원인을 정확히 기록하였을 뿐 아니라 심문 항목을 작성하여 받은 진술도 매우 상세하여 마치 가려운 곳을 긁어 주는 듯하였다. 다만 김점춘金占春을 대질시키지 않은 점은 다소 흠이 되는 일이다. 유족과 주범이 사적으로 합의하게 된 사정을 애당초 거론하지 않은 것도 빠뜨린 일 중의 하나이다. 이번에는 모두 샅샅이 조사하라.

유천복은 풍헌風憲의 신분으로서, 김몽세의 사사로운 부탁만을 듣고 관아에 즉시 보고하지 않았으니, 그 죄를 다스려야 한다. 그러나 이제 만약 이자까지 아울러 먼 곳으로 잡아오게 한다면, 이것도 폐단이 된다. 그러니 이러한 뜻으로 신계현新溪縣에 공문을 보내 유천복을 잡아다가 엄중히 형장을 친 뒤에 즉시 풀어 주게 하라. 그 나머지 사건과 관련된 사람들은 별달리 심문할 단서가 없으니 모두 풀어 주라. 시체는 유족에게 내주어 매장하게 하라."

○ 다산의 비평은 다음과 같다.

"4차 검안보고서는 명확하고 전거가 있으니, 이러한 예우를 받기에 충분하다. 그러나 조사를 주관한 관원인 토산 현감兎山縣監에게 죄수들을 거느리고 서흥현에 나아가게 하였으니, 무슨 면목으로 아전과 백성을 다시 대하겠는가! 합동 조사할 관원으로 서흥 현감을 추가로 정한다고 한 것을 보면, 합동 조사관은 틀림없이 2차 검안한 관원인 금천 군수金川郡守일 것이다. 그도 만약 굴욕을 당하여 토산 현감과 같이 서흥현에 나아간다면 어찌 얼굴이 붉어지지 않겠는가! 군자는 자기가 하지 못하는 것을 가지고 남을 부끄럽게 만들어서는 안 된다. 감사가 그런 점에서 덕을 잃었다."

○ 조사한 관원의 발사는 다음과 같다.

"【이상은 생략하였다.】범인의 정황은 1차 검안과 4차 검안에서 남김없이 탄로 나고 모두 간파되었으나, 이번에 조사하는 과정에서 범죄의 진상이 거듭 드러나고 새로운 말들이 층층이 생겨났습니다. 간음한 며느리의 겉옷을 김천의가 가져갔으니, 이것은 사실상 서로 간음하였다는 확실한 증거입니다. 따라서 김몽세가 이 말을 먼저 발설해야 하는데도 '이 말이 나가면 틀림없이 내가 죽게 될 것이다.'라고 하면서 간음한 며느리에게 신신당부하여 말하지 못하게 하였으니, 그가 범행을 저지르고서 죽게 될까 겁을 먹은 정황을 알 수가 있습니다.【이하는 생략하였다.】"

○ 또 다음과 같이 말하였다.

"시체를 발견한 날짜를 바꾸어 정한 것은 제 꾀에 넘어간 일이고, 서울로 올라갈 노자를 보태 주려고 한 것은 스스로 겁을 먹은 사실이 저절로 드러난 일입니다. 유족이 자신에게 범죄 혐의를 귀결시킬까 염려한 것은 어찌 제 입으로 혐의를 인정한 꼴이 아니겠습니까! 대춘大春에게 호된 손찌검을 당할까 봐 도리어 젖은 옷으로 바꾸어 입히려고도 하였습니다. 심지어 겉옷을 며느리에게 부탁하면서 '죽게 될 것이다.'라고 한 것은 무슨 의도이며, 시체의 갓을 측간에 숨겨 두어 처음부터 숨긴 것은 무슨 의도입니까!【이하는 생략하였다.】"

○ 다산의 견해: 남의 배를 짓밟을 때는 반드시 한 발은 땅을 딛고 한 발로 배를 밟는 법이다. 그런데 황해 감영의 제사와 조사한 관원의 보고서에 모두 '두 발로 밟은 흔적이 있다.'라고 한 것은 의심스러운 점이다.

2. 오랜 시일이 지나 검안하다(2)

【매장한 뼈에 둥근 피멍 자국이 뚜렷하였다. 사건의 근본 원인은 간음하였기 때문이며,
사망의 실제 원인은 구타를 당하였기 때문이다.】

○ 당진唐津의 백성 손도인孫道仁이 홍귀산洪貴山을 죽였다.

○ 1차 검안보고서의 발사는 다음과 같다.

"홍귀산의 시신에 난 상처로 말하면, 뒷면의 뒤통수에는 피멍이 들어
있었고, 앞면의 두 눈썹 사이의 뼈는 붉은색을 띠고 있었으며, 광대뼈는
둥근 피멍 자국이 나고 약간 붉은색을 띠고 있었습니다. 이것은《증수무
원록》〈검복·검식〉'뼈를 검안하는 경우[檢骨]'의 조문과 딱 일치하며, 모
두 목숨을 잃을 수 있는 급소 부위입니다. 뼈에 남아 있는 자국이 이처
럼 여기저기 어지럽고 보면, 살갗과 살이 모두 남아 있을 때 그가 상처를
입었다는 사실은 말을 하지 않아도 상상할 수가 있습니다.

가슴 한복판의 뼈가 부러진 것에 대해 손도인은 '당황하여 허둥지둥
시체를 실어서 옮길 때 생긴 상처입니다.'라는 핑계를 대기도 하고 '전날
싸울 때 부러졌습니다.'라는 핑계를 대기도 하지만, 전부 거짓으로 꾸며
대는 말입니다. 그뿐만 아니라 오단五丹이 진술하기를 '구타를 당할 때
몇 차례 아이고 하는 소리를 들었을 뿐입니다.'라고 하였습니다. 그러므
로 상처로 보나 증언으로 보나 그가 구타한 것은 의심할 바가 없습니다.
사망의 실제 원인은 '구타를 당하여 죽게 되었다.'라고 기록하였습니다.
주범은 손도인으로 지정하였습니다.

다만 저 홍귀산이 살아서는 아내를 보호하지 못하고서 결국 흉악한
범인에게 살해를 당하였고, 죽어서는 살갗을 온전히 보존하지 못하고 그
대로 여우와 삵에게 물어 뜯겼습니다. 시체는 땅에 편안히 묻히지 못하였

고 몸은 온전한 뼈가 남아 있지 않으니, 이보다 더 잔혹한 일은 없습니다."

○ 다산의 견해: 일반적으로 뼈를 검안하는 방법에 의하면, 시장屍帳의 목록 중 여러 뼈의 아래에 각각 뼈의 숫자를 주注로 달고 형상을 기록해야 한다. 더욱이 여러 뼈 중에는 다치면 목숨을 잃게 할 수 있는 뼈도 있고 목숨을 잃지 않는 뼈도 있으니, 만약 목숨을 잃게 하는 뼈에 부러진 상처가 있으면 뼈의 숫자를 주로 달고 형상을 기록할 때에 더욱 신중을 기해야 한다.

○ 충청도에서 다음과 같이 아뢰었다.
"예로부터 지금까지 원통하게 죽은 사람이 무수히 많았으나 어찌 홍귀산처럼 잔혹한 경우가 있었겠습니까! 사랑하는 아내를 느닷없이 빼앗기고 허약한 몸이 캄캄한 밤중에 구타를 당하였으나, 살아 있을 때나 죽고 난 뒤에나 지극히 원통한 사정을 폭로할 수가 없었습니다. 죽어서도 가족들의 손으로 시체를 거두어 매장할 수가 없었고, 매장한 것도 원수가 범죄의 흔적을 없애기 위한 수단에 불과하였습니다. 흙과 돌로 시체를 덮어 놓아 새들이 쪼아 먹는 것을 막지 못하였고, 장맛비에 떠내려가 뼈가 흩어지고 말았습니다.

아! 저 손도인이야 말할 것도 없이 통분스럽지만, 오단은 어찌 차마 이러한 짓을 하였단 말입니까! 간음 때문에 질투하여 살해하는 사건은 어느 한쪽도 서로 용납할 수 없는 상황에서 발생하기도 하고 자신이 화를 면하기 위한 계책에서 일어나기도 합니다. 그러나 이번 사건으로 말하면, 손도인의 생각으로는 친족 종의 아들을 죽여도 무방하다고 생각하였기 때문에 아무렇지도 않게 범행을 저질렀으며, 오단의 마음으로는 정이 끊어진 남편의 죽음을 다행이라고 여겼기 때문에 예사롭게 여겼던 것입니다. 그들의 흉악한 의도와 잔인한 마음은 둘이면서도 하나라고 할 수 있습니다.

치밀히 세운 계획으로는 설득력 있게 속일 수가 있더라도 원수를 갚는 이치는 본래 사특하지 않습니다. 그러므로 들판에 묻혀 있던 시체가 발각되자 숨겨 온 진실을 스스로 실토하였고, 백골에 대한 검안을 하자 범죄의 진상이 다 드러났습니다. 더구나 이 오단이 붙잡힌 날은 홍귀산이 사망한 지 1주년이 되는 날이었습니다. 지네처럼 달아나서 숨으려던 계획을 이루지 못하고 결국 살인 사건이 성립되는 결과를 불러왔으니, 우연하지 않은 일이며 하늘의 이치는 명백하다고 하겠습니다.

그뿐만 아니라 목침으로 쳐서 쓰러뜨린 사실과 발로 짓밟은 사실이 두 죄수의 진술에서 번갈아 나왔고, 뒤통수 뼈에 둥근 피멍 자국이 생긴 것과 가슴 한복판의 뼈가 부러진 것은 두 차례 검안보고서와 딱 일치하였습니다. 그러니 손도인이 그날 범행을 저지른 사실은 명백히 밝혀진 것이나 거의 다름이 없고, 1년이 지나도록 품고 있던 홍귀산의 원통한 사정은 백골이 된 뒤에서야 씻을 수 있게 되었습니다.

이제 스스로 목을 매어 죽었다는 말로 감히 혐의를 스스로 변명할 계획으로 삼았으나, 홍귀산은 단지 어리석고 쓸개가 없는 인간일 뿐이었습니다. 그러므로 오단이 정절을 잃은 것은 한스러워하면서도 양반의 세력은 어찌하지를 못하였습니다. 믿을 수 없는 사람의 말만 부질없이 믿고서 틀림없이 아내를 돌려주지 않을 상황에서도 돌려주리라고 기대하여 모욕과 수치를 무릅쓰고서 애걸복걸하기에도 겨를이 없었으니, 그런 사람이 무슨 성질과 무슨 용기로 밤중에 보는 사람도 없는 곳에서 자결하였겠습니까! 방에는 잠을 자지 않고 있던 사람이 많았고 문에는 대처하기 어려운 손님도 있었으니, 반드시 앉아서 동정을 엿볼 수밖에 없는 상황이었습니다. 화가 나서 스스로 목을 매어 죽는 것이 얼마나 큰일인데

'나와서 보기만 하고 아무런 언급이 없었습니다.'라고 한 것은 어찌 말이 되겠습니까!

손도인이 범행을 저지를 때 오단이 살해 계획을 짠 것이 아니라고 어떻게 보장하겠습니까! 살해 계획을 짠 일이 없다고 하더라도 간통한 사내가 본남편을 살해할 때 정황을 알고 있었던 여자에게는 본래 사형을 적용하니, 정황을 알고 있었던 오단은 범행을 저지른 손도인과 차이를 두어서는 안 됩니다. 손도인과 오단에 대해서는 모두 자백을 받아 내게 하여 똑같이 사형을 시행하는 것을 결단코 그만둘 수가 없습니다."

○ 다산의 비평은 다음과 같다.

"논리가 정연하니, 살인 사건에 대한 심리 의견을 아뢴 것 중에서 훌륭하다."

○ 주상의 판결은 다음과 같다.

"살인 사건이 무수히 많았으나, 어찌 이번 살인 사건처럼 몹시 패악한 마음을 먹고 저질렀겠으며 매우 원통하게 목숨을 잃었겠는가! 처음에는 그의 아내를 속여서 빼앗았고, 마지막에는 또 당사자마저 죽여서 시체를 숨겼다. 한 해가 넘게 뼈를 노출해 놓아 저 새들이 시체를 쪼아 먹게 내버려 두었고, 일시에 사람을 죽여 입을 막아 버리고서는 지네처럼 달아나 숨으려는 계획을 실행하고자 하였다. 그 정상을 따져 보면 하나하나 끔찍하고 악독하다.

아! 저 손도인도 사람인데 어찌 이처럼 잔인할 수 있는가! 이처럼 흉악한 놈을 형률대로 목숨으로 보상하게 하지 않는다면, 아! 저 호소할 곳 없는 힘없는 백성은 자기 아내와 자식을 보호할 수 없을 뿐만 아니라 더욱이 자기 목숨조차도 보전할 수 없을 터이니, 어찌 통분스럽지 않겠는가! 오단의 경우에는 살인의 정황을 알고 있었는지 자신이 살해 계획을 짰는지를 막론하고 형조에서 법률을 살펴 서술한 의견이 모두 근거가 있었다. 손도인과 오단 등을 모두 특별히 엄중하게 신문하여 기어코 자백을 받아 내라."

3. 오랜 시일이 지나 검안하다(3)

【매장한 지 3개월이 지나 상처가 한 곳만 남아 있었다. 사건의 근본 원인은 홧김에 싸웠기 때문이며, 사망의 실제 원인은 구타를 당하였기 때문이다.】

○ 연안延安의 백성 신상손申相孫이 강은석姜銀石을 죽였다.
○ 조사한 관원의 보고서는 다음과 같다.
"이 살인 사건의 내막은 이렇습니다. 강은석이 실망하여 말 한마디를 내뱉자 신상손이 손 가는 대로 몽둥이를 한번 휘둘렀습니다. 하룻밤 사이에 목숨을 잃었으나 흉기로 사용된 회灰를 다지는 절굿공이는 그대로 남아 있고, 3개월이 지난 뒤에 검안을 하였으나 뒤통수에 난 상처도 그대로 남아 있습니다. 주범이 달아났다가 곧바로 붙잡혔으니 하늘의 이치는 공명정대하고, 사람들이 눈으로 보고 입으로 진술하였으니 증거도 확실합니다. 따라서 신상손이 강은석을 구타하여 죽인 사실은 더 이상 의심할 것이 없습니다. 엄중히 형장을 치며 심문하여 내막을 알아내서 형률대로 처단하는 것을 그만둘 수가 없을 듯합니다."

○ 다산의 비평은 다음과 같다.
"뒤통수의 상처에 대해 '흔적'이라고만 하였으니 뼈가 부서지고 살이 터져서 죽은 것은 아니며, '그대로 남아 있습니다.'라고만 하였으니 명확히 드러난 것은 아니다."

○ 황해도에서 다음과 같이 아뢰었다.

"대체로 살인 사건에서는 숨기기 어려운 것이 사망의 실제 원인이고, 파악하기 어려운 것이 증거입니다. 사망의 실제 원인이 명백하다고 하더라도 증거를 신뢰할 수 없으면, 사건의 내막은 의문의 단서가 남게 되고 주범에게 변명할 수 있는 빌미를 주게 됩니다. 이러한 문제는 곳곳에서 모두 똑같이 일어나는 일로, 번번이 사건의 완결을 지연시키곤 합니다.

이번에 신상손이 범행을 저지른 사실은 신복손申卜孫과 박후전朴厚田이 함께 목격한 일로, 신상손과 매우 가까운 사이인 신복손으로서도 옹호하지를 못하였습니다. 뒤통수의 다친 자국은 3개월 지난 시체인데도 유독 썩지 않았고, 목격한 광경에 대해서는 더욱이 두 사람의 입을 통해 실토하였습니다. 더구나 그가 결박을 풀고 도망한 것은 그로서는 더욱 범행을 저질렀다는 확실한 증거인데도 사나운 성질을 믿고서 범행을 부인하여 여태까지 목숨으로 보상하기를 지체하고 있으니, 정상이 참으로 너무도 흉악하고 교활합니다.

그러므로 조사하는 관원을 타일러서 특별히 더욱 엄중히 신문하여 속히 자백을 받아 내게 하겠습니다."

○ 다산의 비평은 다음과 같다.

"뒤통수의 다친 자국에 대해 '다친 자국'이라고만 하였으니, 뼈가 부서지고 살이 터진 것은 아니다."

○ 주상의 판결은 다음과 같다.

"한여름의 시체는 색깔이 변하기 쉽고 매장된 시체를 발굴하여 검안한 것은 더욱 그대로 믿기가 어렵다. 그뿐만 아니라 땅에 매장한 지 3개월이 지나 온몸이 다 썩어 문드러졌으니, 색깔이 변한 상처 자국에 그대로 믿을 수 있는 상처가 분명히 있다고 하더라도 오히려 매우 신중해야지 갑자기 살인 사건을 성립시켜서는 안 된다. 하물며 범행에 사용한 흉기, 시장屍帳에 기록된 상처, 검안 결과 사망의 실제 원인 등 가지가지 괴이하고 의아한 단서가 한둘이 아니니 더 말할 것이 있겠는가!

흉기는 참나무라고 하였으나, 길이가 13자 9치이고 굵은 곳의 둘레가 1자 남짓이나 되고 가는 곳의 둘레가 3치 남짓이라고 하였다. 나무의 길이와 너비가 이처럼 몹시 크다면, 본래 남달리 힘이 센 사람이 아니면 들어서 사용할 수가 없다. 게다가 고을의 첩정牒呈을 살펴보니, 그 나무는 회를 다지는 절굿공이라고 하였다. 회를 다지는 절굿공이라는 물건은 짓찧기에 편리한 것으로, 큰 것은 팔뚝만 하고 작은 것은 지팡이만 하다. 그러나 여기에서 말한 길이와 너비 및 둘레로 볼 때 서까래가 아니면 기둥이니, 어찌 절굿공이라고 할 수 있겠는가! 이것이 흉기에 대한 의문점이다.

시체를 발굴하여 검안한 뒤에 지목한 상처라고는 뒤통수의 썩지 않고 약간 단단한 한 곳뿐인데, 상처의 길이가 몇 치에 불과하고 너비도 1치 남짓에 그쳤다. 한 아름이나 되는 저 통나무로 만약 힘을 다해서 쳤다면, 맞자마자 바로 찢어지고 즉시 죽게 되었을 터이니 그 상처가 어찌 몇 치만 썩지 않고 약간 단단한 정도에서 그쳤겠는가! 이것이 상처에 대한 의문점이다.

당시는 5월 중순으로, 산 위에서 일하느라 온종일 애를 쓰며 고생하였고, 뒤이어서 또 술과 밥을 많이 먹어 술에 취하고 배가 부른 데다가 더위까지 먹었다. 그런 상황에서 신상손과 싸우다가 쓰러졌으니, 손찌검을 모질게 하지 않았더라도 틀림없이 그대로 목숨을 잃을 수가 있다. 하물며 길가의 햇볕이 내리쬐는 곳에 오랫동안 내버려 두었으니 더 말할 것이 있겠는가! 가령 나무로 쳐서 죽게 되었다고 하더라도, 술에 취하고 배가 부른 데다가 더위까지 먹은 것에 대해서도 의문을 가져야지 구타를 당한 것만을 사망의 원인이라고 말해서는 안 된다. 이것이 사망의 실제 원인에 대한 의문점이다.

대체로 사적으로 합의하여 살인 사건을 원만하게 처리하려고 하는 것은 인간의 도리라고 할 수 없지만, 염탐하여 사건을 성립시키는 것도 후일의 폐단과 관계가 된다. 사람들의 마음은 항상 잘못을 숨기려 하는 법이고 사건의 판결은 언제나 공평하지 못할까 걱정하는 법이다. 감영에 보고하고 시체를 발굴하여 검안하는 것은 사안이 가볍지 않으니, 상처가 희미하기도 하고 뚜렷하기도 하여 지목할 수도 있고 지목하지 않을 수도 있는 상황일 경우라도 지목하여 상처로 정하기가 쉬운 일이기도 하다. 이번에 판결한 내용은 너무 지나치게 신중히 살핀 면이 있는 듯하나, 이와 같이 할 만한 이유도 있다. 경들이 다시 이치를 따져서 서술하되 개인적인 의견을 제시하여 의논해서 처리하라."

○ 주상의 판결에 대한 다산의 의견은 다음과 같다.
"신이 일반 백성 사이에서 오랫동안 살면서 개인적으로 합의하는 살인 사건을 보면 애매한 경우가 많았으니, 참으로 백성의 풍속은 사나워졌다고 하지만 하늘의 이치는 없어지지 않았기 때문입니다.

자기 아버지나 자기 남편이 정말로 구타를 당하거나 찔려서 살이 터지고 뼈가 부서져서 죽은 경우에는 그의 아들이나 그의 아내가 뇌물을 받고서 합의한 사례가 없습니다. 반드시 상처를 심하게 입지 않은 데다가 다른 원인까지 서로 뒤섞인 경우로, 오래도록 낫지 않던 병이 원인이 되었거나 스스로 자기 몸을 해친 행위까지 있어야 어른들의 여론에 따라 관아와 마을이 무사하기를 도모합니다.

아전이라는 인간은 사건이 있으면 밥이 생기고 사건이 없으면 밥도 없습니다. 따라서 사건은 아전의 밥이고, 큰 사건은 아전의 큰 고깃덩어리입니다. 살인 사건은 큰 사건이고, 시체를 매장하였다가 발굴하여 검안하는 것은 더욱 큰 사건입니다. 감영에 보고하고 이처럼 큰 사건을 조치하되, 다친 자국이 분명하지 않고 사망의 실제 원인이 확실하지 않으면 큰 사건을 잘못 처리하게 됩니다. '멍이 들었다.'라거나 '딱딱하다.'라고 아전이 입에서 나오는 대로 외쳐 대니, 애당초 어찌 검안한 관원이 직접 검안한 것이겠습니까!

증언이 하나로 통일된 점도 그대로 신뢰할 것이 못 됩니다. 아전들이 문밖에서 온갖 방법으로 위협하고 큰 몽둥이와 주리를 써서 백성의 넋을 빼놓습니다. 그러니 신복손과 박후전, 그들이 어떤 사람이라고 감히 아전의 지시를 어기겠습니까! 신이 많은 경우를 보았습니다만, 염탐하여 성립시킨 살인 사건은 십중팔구 억울한 경우입니다. 이제 주상의 판결문을 읽어 보고서는 명철한 주상께서 아주 멀리까지 살펴보신다는 것을 알았습니다. 신은 매우 공경하고 칭찬해 마지않습니다."

4. 오랜 시일이 지나 검안하다(4)

【개인적으로 합의하여 빈소를 차렸다가, 관을 열어 검안을 하였다. 사건의 근본 원인은 홧김에 구타하였기 때문이며, 사망의 실제 원인은 목이 부러졌기 때문이다.】

○ 풍천豐川의 백성 조정원趙廷元이 박 조이朴召史를 죽였다.

○ 황해 감영黃海監營의 제사는 다음과 같다.

"이 살인 사건은 다음과 같이 재가한다. 그의 옷깃을 잡고서 문지방에 짓누른 것만으로도 벌써 범죄의 진상이 되었고, 명주로 시체를 염하고 울타리에 시체를 임시로 매장한 것은 범행을 저지른 확실한 증거가 되었다.

짓누른 상황을 목격한 것은 조괴금趙塊金의 처음 진술이 본래 있었고, 목 부위에서 마찰하는 소리가 났다는 것은 1차 검안과 2차 검안 두 차례의 보고서가 서로 부합하였다. 그러니 가슴 한복판의 상처가 심각하거나 대수롭지 않거나 간에 살인 사건을 성립시키는 것과는 그다지 관계가 없으나, 목이 부러져서 죽은 사실만은 의심할 것 없이 명백하다. 그런데 유족부터 목격한 증인들까지 모두가 갑자기 진술을 바꾸어 마치 앞뒤가 전혀 다른 두 가지 사건처럼 되었다.

조정원은 시골의 세력 있는 부자이자 전직 관원으로서, 개인적으로 합의하려는 꾀를 내고서는 재물을 다 쏟아부어 한 덩어리로 똘똘 뭉쳐서 자신이 시키는 대로 똑같이 따르게 했다. 그러므로 재갈이 물린 목격한 증인은 목격한 사실을 숨기며 얼버무렸고, 뇌물을 받아먹은 유족은 원수라는 사실도 잊고 편을 들었으니, 이 한 가지를 통해서도 조정원이 살해하였다는 사실은 더욱 감출 수가 없다.

이제 옷깃을 잡은 것만 가지고서는 심각할 정도로 손을 쓴 일이 없었다고 하더라도, 문지방에 짓누른 행동이 두세 차례나 되었으니, 화풀이하려는 그의 마음으로는 어찌 옷깃을 한 차례 잡은 것만으로 그쳤겠는가! 손찌검을 하자마자 그 자리에서 기절하고, 업고 간 지 얼마 안 되어 곧바로 목숨을 잃는 것이 당연하다. 이러나저러나 조정원이 주범이라는 사실은 더 이상이 말할 필요가 없다.

조정원과 박 여인은 한쪽은 부유하고 한쪽은 가난하여 서로 달랐고 한쪽은 강하고 한쪽은 약하여 현격히 차이가 났으며, 심지어 강압적인 버릇이 있어 거리낄 것이 없었다. 사소한 일 때문에 화를 내어 제멋대로 살해하였으니, 그의 소행으로 볼 때 어찌 흉악하지 않겠는가!

풍천 현감豊川縣監을 계속 조사할 관원으로 정하니, 형장을 사용할 수 있는 시기를 기다렸다가 날짜를 잡아 모여 심문하되 낱낱이 엄중하게 신문하여 기어코 실정을 알아내라.

유족 엄작은놈嚴小漢·엄득룡嚴得龍·엄유도嚴有道 등은 남편 또는 자식으로서 원수의 부의賻儀 물품을 기꺼이 받고서는 앞서 진술했던 말을 갑자기 바꾸어서 목숨으로 보상하게 하려는 생각이 전혀 없었으니, 첫째는 인간의 도리를 배반하였고 둘째는 윤리를 무너뜨렸다. 그들의 소행을 헤아려 볼 때 사람의 도리는 모두 끊어졌다고 하겠다.

증인 조괴금은 앞뒤로 진술을 달리하여 사건을 미궁에 빠뜨리려고 계획하였으니, 이 사람도 교묘하고 악랄하다. 합동 조사할 때 아울러 엄중히 형장을 쳐서 심문하여 하나로 결론을 지어 첩정牒呈으로 보고하라.

몰래 매장한 시체를 검안하는 것에 대해서는《대전통편》〈형전·검험檢驗〉에 실려 있다. 매장한 것과 빈소를 차린 것은 서로 차이가 있기는 하지만 즉시 보고하지도 않고 먼저 스스로 관을 열어 검안한 것은 경솔히 한 실수를 면하기 어렵다. 1차 검안할 때의 형리刑吏는 형장을 사용할 수 있는 시기를 기다렸다가 엄중히 형장을 치기 위해 우선 과실을 기록해 두었다가 고과에 반영하라."

○ 다산의 견해: 사람을 죽여 몰래 매장한 경우 규례에 따라 검안하도록 한 것은 영조英祖의 하교이다. 그에 앞서 숙종肅宗께서 하교하시기를 '관을 열어 검안할 때에는 모두《무원록》을 따르라.' 하였다. 이를 이어서 정조正祖께서는 시체를 발굴하여 검안하는 법을 거듭 밝혔고, 더욱이 하교에서는【《열성어제列聖御製》에 나온다.】 '이미 빈소를 차렸거나 이미 매장하였거나 간에 법관은 법에 따라 시체를 발굴하여 검안하되, 백골白骨을 검안할 때만은 장계로 보고한 뒤에 해야 한다.' 하였다. 그런데《대전통

편》에 증주增注를 달 때 편찬한 신하가 잘못 기록한 것이다. 그 뒤로부터 군현郡縣에서 시체를 발굴하여 검안한 수령을 감사가 이처럼 책망하였으니, 작은 일이 아니다. 세 임금의 하교는 모두 이 책 끝 편의 말미에 나온다.【〈전발무사剪跋蕪詞〉의 말미이다.】

5. 오랜 시일이 지나 검안하다(5)

【개인적으로 합의하여 시체를 매장하였는데, 조사를 하면서도 검안하지 않았다. 사건의 근본 원인은 강제로 혼인하였기 때문이며, 사망의 실제 원인은 구타를 당하였기 때문이다.】

○ 안동安東의 백성 박기원朴紀元이 이대손李大孫을 죽였다.

○ 조사한 관원의 보고서는 다음과 같다.

"이 살인 사건은 유족의 고소가 없었으나 전해진 소문이 여기저기 파다하게 퍼졌다고 하였고, 구타를 당한 증거가 없었으나 개인적으로 합의한 것은 충분히 범죄의 진상이 될 수 있습니다. 따라서 법률에 따라 살인 사건을 성립시키는 것은 그만둘 수 없는 일이고 심문을 받아야 할 각 사람에게서는 차례로 진술을 받아야 합니다.

그런데 박기원이 밤중에 같이 길을 가다가 이대손이 중도에서 죽게 되었으니, 이대손의 죽음에 대해서는 박기원만이 감당해야 합니다. 그뿐만 아니라 말을 만들어 내어 강제 결혼한 것은 박씨 집안의 깊은 수치인 데다가 더욱이 은혜를 저버리고 소란을 일으킨 것은 이씨 집안의 해묵은 원한이었습니다. 그렇다면 손으로 재빨리 구타하여 화풀이를 하고 힘을 다해 제거하여 그의 입을 막는 것은 이치와 형세로 볼 때 반드시 그럴 수밖에 없습니다.

유족이 진술하기를 '굶주리고 겁을 먹어 기운이 다 빠졌습니다.' 하였고, 선찬善贊이 진술하기를 '상처를 보지 못했습니다.' 하였으니, 구타를 당하였는지는 이제 상세히 알 수가 없습니다.

이대손의 목숨이 끊어지고 난 뒤 그의 시체를 아침 내내 밭두둑에 내버려 두었다고 합니다. 만약 정말로 구타하여 죽였다면 시체를 물에 던지거나 땅에 묻어서 범죄의 흔적을 없애는 것도 불가할 바가 없는데, 어찌 밭두둑에 내버려 두어 사람들의 눈에 환히 띄게 할 필요가 있겠습니까! 이것을 가지고서 말을 하면 박기원은 범행을 저지르지 않았을 수도 있습니다.

그러나 이대손이 두어 차례 밥을 먹을 정도의 짧은 시간에 죽었으니, 이것을 병 때문에 죽었다고 하기에는 참으로 말이 되지 않습니다. 그리고 이대손은 값이 나갈 만한 재물을 몸에 지니고 있지도 않았으니 도적을 만났다고 떠넘기는 것도 이치에 맞지 않습니다. 정황과 행적에 의문스러운 단서가 많고 증언이 서로 어긋나고 일치하지 않으니, 즉시 검안을 하여 사망의 실제 원인을 지목하여 정해야 할 일입니다.

다만 무덤을 파헤쳐서 검안하는 것은 중대한 사안이어서 증거가 명백한 경우가 아니면 경솔하게 거행할 수 없다고 생각됩니다. 그뿐만 아니라 《증수무원록》〈검복·검식〉 '관을 열어 검안하는 경우[開棺檢驗]'의 조문에 이르기를 '매장한 지 오래되어 시체가 당연히 썩었거나 증언에 의문점이 있는 경우에는 이치상 관을 열어 검안하기가 어려우니, 그때마다 잘 처리해야 한다.' 하였습니다. 이번 사건에서 이대손의 시체는 매장한 지 오래되어 틀림없이 몹시 부패되었을 터이니, 무덤을 파헤칠지 그러지 않을지는 감히 멋대로 결정하지 못하겠습니다.

사건과 관련된 사람들은 모두 우선 엄중히 가두어 두었습니다. 이른바 변가邊哥는 양반 부녀자는 아니지만 그도 시골 양반의 서족庶族으로서 천한 백성과는 다르니, 우선 그의 동네에 보증인을 세우고 가두어 두게 하였습니다."

○ 다산의 의견은 다음과 같다.

"일반적으로 백성이 고소하지 않았는데 관아가 나서서 심문한 사건은 모두 아전이 고발한 것이다. 아전이 고발할 때에는 반드시 '전해진 소문이 여기저기 널리 퍼졌습니다.'라고 하지만, 막상 조사를 할 때가 되면 백성은 뇌물을 받고 아전은 그들과 한통속이 되어 애매모호하고 의문스럽게 해서 조사하여 밝힐 수 없는 사건으로 귀결시키고 마는 경우가 대부분이다.

본 사건이 진실이라면 관아에서는 죄수를 놓친 허물이 있게 되고, 이 사건이 터무니없는 거짓이라면 관아에서는 농락을 당했다는 수치가 있게 되니, 어떻게 그대로 놓아둘 수 있겠는가! 아전은 대간臺諫도 아닌데 어떻게 떠도는 소문을 듣고서 고발할 수 있으며, 아전은 대간도 아닌데 어찌 샅샅이 조사하지 않겠는가!

애매모호하게 증언한 날에 원고原告를 잡아들였던 아전에게 소문의 출처를 캐내고 숨겨진 진실을 조사하면, 갑은 을을 끌어들이고 을은 병을 끌어들인다. 두 사람을 대질시켜 말씨와 얼굴빛을 살펴보면 그 사건이 진실일 경우에는 백성의 죄가 즉시 드러나고 그 사건이 터무니없는 거짓일 경우에는 아전의 농간이 탄로 난다. 그런데 요즈음 수령들은 무엇을 꺼려서 이렇게 하지 않는 것인가!

이번 박기원의 살인 사건은 구타하여 죽인 사실이 매우 명백하다. 그러나 처음에는 전해진 소문이 여기저기 널리 퍼졌다는 이유로 이처럼 샅샅이 조사하였으나 끝에 가서는 증언이 애매모호하다는 이유로 의문스러운 사건으로 치부하였으니, 뇌물이 오갔다는 것을 분명히 알 수가 있다. 명색이 살인 사건을 조사한 보고서라고 해 놓고서는 사망의 실제 원인도 기록하지 않고 주범도 기록하지 않았으니, 검안을 하지 않은 살인 사건의 조사보고서에는 이처럼 두 가지를 기록할 필요가 없다고 누가 말했는가! 뼈를 검안하고 사건 현장을 조사하는 것은 법에서도 오히려 허용하고 있는데, 어찌하여 시체를 발굴해서 검안할 수 없다고 하는가! 나는 감히 알 수가 없다."

6. 희귀한 살인 사건이 일어나다(1)

【간음하려고 서로 껴안았다가 음욕의 불이 몸에서 일어났다.】

○ 나주羅州의 백성 김점룡金占龍이 음란한 여자와 불에 타 죽었다.
○ 1차 검안보고서는 다음과 같다.

"여관에 거주하는 나은갑羅殷甲이 다음과 같이 진술하였습니다. '제가 고은옥高殷玉의 집을 빌려 살고 있는데, 이달 12일 밤 8시를 전후한 시각쯤에 김점룡이 어떤 여인을 데리고 땔감 석 단을 가지고서 제가 머무르고 있는 집에 와서 빈방에 묵게 해 달라고 요청하였습니다. 그가 데리고 온 여인은 남에게 보이지 않으려고 먼저 방 안에 들여보내고서 그가 스스로 불을 땠으며, 깨진 주발에 불씨를 모아 방으로 들어갔습니다. 밤이 깊어가자, 저와 저의 아내는 안방에서 잤습니다.

밤이 지난 뒤 해가 높이 떴으나 김점룡이 일어나지 않았고 아무런 움직임도 없었습니다. 그래서 그가 묵는 방의 문앞으로 가서 불렀으나 대답이 없었으며, 창문이 축축이 젖고 연기도 났습니다. 너무도 놀랍고 괴이한 일이라서 즉시 문을 열려고 하니, 안의 문고리가 매우 굳게 잠겨 있었습니다. 힘을 써서 문을 부수고 보니 연기가 방 안에 가득하였고, 두 사람은 불이 활활 타오르는 속에 서로 안고 누워 있었는데 온몸이 불에 타서 문드러져 하나의 숯덩어리가 되었습니다. 몹시 놀랍고 당황한 마음에 곧장 고은옥에게 달려가서 고은옥과 함께 와서 불을 껐습니다.

두 사람의 몸은 불에 타 문드러져서 더 이상 여지가 없었으며, 김점룡의 아내도 와서 목격하였습니다. 그나마 방 안에 물건이 없었기 때문에 지붕까지 불이 번지지는 않았습니다. 김점룡의 오른쪽 발이 불씨를 담은 주발과 닿아 있었으니, 혹시라도 두 사람이 깊이 잠든 뒤에 주발 안의 불이 옷에 옮겨붙었는지, 두 사람이 똑같이 불에 타서 모두 목숨을 잃게 된 이유를 모르겠습니다. 제가 묵는 방은 그 손님의 방과는 벽 두 칸이 떨어져 있어서 소리가 들리지 않기 때문에 그들의 움직임을 몰랐으니, 그들의 죽음이 무엇 때문인지와 불이 어디에서 시작되었는지를 참으로 알아낼 수가 없습니다.'

○ 또 유족 김 조이金召史가 다음과 같이 진술하였습니다. '이달 12일은 시아버지의 대상大祥을 치른 날이었습니다. 집에 제사 지낸 고기가 있었는데, 그날 정오쯤에 남편이 사람을 대접해야 한다고 하면서 아들을 시켜 고기를 주점의 노파 김 조이金召史의 집으로 보내 주었습니다. 저녁밥을 먹고 난 뒤에 남편이 저에게 말하기를 「바깥에 일이 있어 밤이 깊어서야 돌아올 것이다.」 하고서는 즉시 나갔는데 밤이 지나도 돌아오지 않았습니다. 아침에 이웃 아이가 와서 남편이 고은옥의 집에서 불에 타죽었다고 전해 주었습니다.

그래서 급히 가서 보니 방 안 가득히 불길이 활활 타오르고 있었으며, 남자는 여자의 오른쪽 팔에 머리를 벤 자세였고 여자는 남자의 배 위에 다리를 올려놓은 자세였습니다. 남편의 오른쪽 발은 불씨를 담은 그릇 위에 올려 있고 온몸은 불에 타서 문드러졌으며, 죽은 지 오래되었습니다. 그제야 주점의 노파에게 수소문해 보니, 어제 고기를 보내 주었던 사람은 반남潘南 길가의 여인이었습니다.

깨진 주발에 불씨를 담았으나 담은 불씨가 많지는 않았으며, 불이 꺼진 재는 벌써 식어 있었습니다. 오른쪽 발이 주발 위에 올려 있었으나 발은 불에 타지 않았고, 불에 탄 곳은 허리와 다리 위였습니다. 방 안의 온돌 놓인 곳을 상세히 살펴보았으나 구멍이 난 곳도 없었으니, 불이 어디에서 시작되었는지 알 수가 없었습니다. 온몸의 위아래에 목을 맨 흔적이나 칼로 찌른 흔적이 없었을 뿐만 아니라 더욱이 피가 흐른 흔적마저 없어서 다른 사람의 소행으로 몰아갈 수가 없었습니다. 그렇다면 관아에 고소하여 검안을 하는 것은 해만 있고 이익은 없으므로 즉시 고소장을 제출하지 않았습니다. 남편은 올해 35세이고, 다른 흉터는 없었습니다.'

○ 또 김점룡의 시장屍帳은 다음과 같습니다. '두 눈구멍에는 선명한 피와 하얀 즙이 흘러나와 서로 섞이고, 어금니는 꽉 다물고 있었습니다. 왼쪽 결분골缺盆骨(쇄골 부위)은 불에 검게 그을리고, 왼쪽 어깨뼈는 불에 타서 문드러졌으며, 왼쪽 겨드랑이는 불에 타서 문드러지고, 양쪽 협박胎膊(팔의 위쪽)과 양쪽 팔오금은 불에 검게 그을렸으며, 두 손은 불에 타서 문드러지고, 오른손은 둥글게 구부러지고 왼손은 약간 쥐고 있었습니다. 양쪽 옆구리, 아랫배, 양쪽 사타구니는 불에 타서 문드러지고 살갗이 말려 있었습니다. 음경陰莖은 곧추선 채 불에 검게 그을리고, 신낭腎囊은 불에 검게 그을리고 살갗이 오그라들어 있었습니다. 양쪽 무릎, 양쪽 복사뼈, 양쪽 정강이는 불에 검게 그을려 있었습니다.'

○ 여인의 시장은 남자의 시장과 대동소이하였습니다. 오른쪽 겨드랑이가 불에 타서 문드러지고, 양쪽 협박은 온전하며, 가슴 한복판은 불에

검게 그을려 있었습니다. 음부陰部는 불에 검게 그을려 있었습니다. 양쪽의 발바닥과 10개의 발가락은 온전하였습니다.【갑술년(1814, 순조 14) 12월 15일이다.】"

○ 1차 검안보고서의 발사는 다음과 같다.

"살인 사건이 있을 때마다 항상 의문점이 있었지만 이번 사건처럼 특히 심한 경우는 없었습니다. 성교를 하다가 죽게 된 경우가 간혹 있기는 해도, 모두 남자가 죽은 경우인데 이번에는 여자까지 함께 죽었습니다. 이것이 첫 번째 의문점입니다.

남자는 여자의 팔을 베고 여자는 남자의 배에 발을 올려놓고 평상시처럼 껴안고서 죽을 때까지 놓지 않았습니다. 이것이 두 번째 의문점입니다.

방 안의 온돌 놓인 곳은 예전 그대로인데 불만 타올랐고, 옷은 성한 것 없이 모두 불에 탔는데도 버선은 오히려 온전하였습니다. 이것이 세 번째 의문점입니다.

불이 아래에서 타기 시작하여 위로 번졌는데,【사물의 이치가 본래 그렇다는 말이다.】 허리와 배만 유독 심하게 불에 탔고 뒷면은 가장 적게 탔습니다. 이것이 네 번째 의문점입니다.

가슴 한복판 이하는 거의 다 불에 타서 문드러졌으나, 불에 검게 그을린 음경은 오히려 곧추서 있는 모양이었습니다. 이것이 다섯 번째 의문점입니다.

그들이 누워 있던 곳에 가서 재와 먼지를 쓸어 내어 깨끗이 한 뒤에 식초를 뿌려 보았으나, 바닥에 스며든 핏자국을 발견하지 못했습니다. 이것이 여섯 번째 의문점입니다.

불에 타서 죽거나 질병을 앓다가 죽거나 간에 한 사람이 죽는 것이야 이상할 바가 없을 수도 있겠으나, 두 사람이 모두 죽는데도 서로 목숨을 구하지 못하였고 비몽사몽 하는 사이에 두 사람이 똑같이 시체가 되었습니다. 이것이 일곱 번째 의문점입니다.

두 사람이 살아 있을 때 불에 탔다고 가정한다면 황색 기름이 없었고,[83] 죽은 뒤에 불에 탔다고 가정한다면 범행을 저지른 행적이 없었습니다. 여자는 바깥 마을에서 왔으나 본남편이 뒤따라오지 않았고, 남자는 주점에서 놀았으나 본처는 완전히 속았습니다. 고은옥이 그들에게 방을 빌려준 것은 대수롭지 않게 여겨 들어준 데에 불과하고, 나은갑이 그들을 같은 방에서 자게 한 것은 일상적인 일로 간주해서이니, 의심해서는 안 될 부분에 의심을 가질 수는 없습니다.

남녀가 음양증陰陽症으로 인하여 죽는 경우는 《무원록》〈조례·병환사病患死〉 '남자가 성교를 하다가 죽은 경우[男子作過死]'의 조문에 실려 있기는 하나, 남자와 여자가 일시에 모두 죽는다는 것은 분명히 이치를 벗어난 일입니다. 《증수무원록》〈조례·화소사火燒死〉 '늙고 병들어 침상에 누워 있다가 불이 나서 타 죽은 경우[因老病在牀失火燒死]'의 조문을 살펴보면, '석탄으로 온돌을 데우면 불기운이 역겨우므로 사람이 더운 연기에 쪄져서 자기도 모르게 저절로 죽게 된다. 그 시체는 밤에 누워 자면서 가위눌리는 꿈을 꾸다가 다시 깨어나지 못하고 죽은 사람과 서로 유사하다.' 하였습니다.

이번 시신으로 말하면 이렇습니다. 눈보라 치는 매서운 추위에 달포 넘게 비워 두었던 방을 빌린 뒤 석 단의 땔나무를 갑자기 때서 하룻밤의 인연을 맺어 보려고 하였습니다. 온돌이 뜨겁게 달아오르고 축축한 기

---

83 두……없었고: 《증수무원록》〈조례·화소사〉 '늙고 병들어 침상에 누워 있다가 불이 나서 타 죽은 경우[因老病在牀失火燒死]'의 조문에 의하면 살아 있을 때 불에 타서 죽은 경우에는 시체에 황색 기름이 나타나기도 한다고 하였다.

운이 더운 증기를 내뿜자, 역겨운 냄새가 코를 찌르고 정신이 몽롱해져 마치 가위눌리는 꿈을 꾸다가 다시 깨어나지 못한 것처럼 죽게 되었습니다. 그들이 죽고 난 뒤 깨진 주발에 담겼던 약한 불씨가 무명옷으로 옮겨붙어 밤새도록 타서 이 지경까지 이르렀던 것입니다.

이번 사건은 전적으로 병이 들어 죽은 것으로 귀결시킬 수 없는 데다가 더욱이 불에 타서 죽은 것으로 지정할 수도 없습니다. 사망의 실제 원인을 기록할 때 글자 수가 많은 것에 구애받지 말라고 정식을 삼았으므로, 사망의 실제 원인은 '더운 기운에 쪄지는 것을 깨닫지 못하다가 불에 타서 죽게 되었다.'라고 기록하였습니다.

대체로 김점룡으로 말하면, 새벽에는 자기 아버지의 대상을 치르고 저녁에는 간음하던 여자와 깊은 정을 나누었으니, 죽고도 남을 죄를 이치상 참으로 피하기가 어렵습니다. '귀신불을 보고 갑자기 발작한 것이다.'라는 말은 이치에 맞지 않기 때문에 거론해서는 안 됩니다.

검안할 때 유족이 '시체에 상처가 없으므로 남을 탓할 수가 없습니다.'라고 하면서, 처음에는 검안을 면하게 해 달라고 청하였고 끝에 가서는 시체를 내주기를 원하였습니다. 사건을 신중히 살피는 도리로 보아 검안을 하기는 하였으나, 애당초 상처라고 지목하여 기록할 만한 것이 없는 데다가 더욱이 샅샅이 조사할 만한 단서도 없었습니다. 추위에 시체가 얼어 한시가 급하므로 시체는 유족에게 내주었습니다. 간음한 여자의 시체도 임시 매장하여 유족이 와서 찾아가기를 기다리겠습니다.

고은옥은 간음할 계획이라는 것을 알면서도 빈방을 빌려주었고, 나은갑은 불에 타 죽은 것을 본 뒤에도 즉시 가서 전하지 않았으니, 모두 30대의 장杖을 치겠습니다."

○ 다산의 비평은 다음과 같다.

"일곱 가지의 의문점이 분명하기는 하나, 사망의 실제 원인을 지목한 것으로는 이러한 의문점들을 해소하기에 부족하다.

이 살인 사건을 어찌 쉽게 말하겠는가! 석탄의 독기는 사람의 머리를 아프게 하고 사람을 현기증 나게 하므로 곤히 잠자다가 이 독기에 중독된 사람이 죽게 되는 수가 더러 있다. 그러나 불을 때지 않던 온돌이 갑자기 따뜻해지자 흙의 습기가 더운 기운에 쪄졌을 뿐이고 본래 독기는 없었으니 어떻게 죽겠는가! 한 사람만 죽었어도 오히려 이치에 맞는 일이 아니라고 할 터인데, 두 사람이 죽었으니 어찌 의문점이 없다고 하겠는가! 따라서 발사에서 '더운 기운에 쪄져서 죽었다.'라고 한 것은 옳지 않다.

발이 주발 위에 얹혀 있었으나 불이 버선에 옮겨붙지는 않고 복사뼈와 발꿈치를 건너뛰어 양쪽 무릎에 먼저 붙을 리가 있겠는가! 발 하나가 주발 위에 얹혀 있었는데 4개의 넓적다리가 불에 탔다는 것은 이치상 합당하지 않은 일이다. 따라서 발사에서 '죽은 뒤에 불이 났다.'라고 한 것은 더욱 옳지 않다.

만약 '더운 기운에 쪄져서 죽게 된 뒤에 불에 타는 재앙이 발생하였다.'라고 한다면, 사망의 실제 원인은 '더운 기운에 쪄져서 죽게 되었다.'라고만 해야 한다. 죽고 난 뒤에 불에 탄 것까지를 어찌 사망의 실제 원인에 포함한단 말인가!

그런데 이제 사망의 실제 원인을 '더운 기운에 쪄지는 것을 깨닫지 못하다가 불에 타서 죽게 되었다.'라고 기록하였다. 참으로 이와 같다고 한다면, 불에 탔기 때문에 죽었지 더운 기운에 쪄졌기 때문에 죽은 것은 아니니, 애당초 서술했던 것과 모순이 되지 않겠는가!

더운 기운에 쪄져서 정신이 몽롱해진 경우에는 최악의 상황까지 이를 수 있다고 하더라도, 불이 자기 살갗을 태우는 경우에는 어찌 깨닫지 못할 리가 있겠는가! 한 사람만 깨닫지 못해도 오히려 이치에 맞지 않는다고 하겠는데, 두 사람이 다 깨닫지 못하였으니 어찌 의문점이 없다고 하겠는가! 이제 사망의 실제 원인에서 '깨닫지 못하다가'라고 책망한 이상 그 사람은 당시에 죽지 않았던 셈이니, 앞서 '더운 기운에 쪄져서 죽게 되었다.'라고 말한 것은 또 무슨 까닭인가?

세상일에는 항상 변하지 않고 일정한 것도 있고 항상 변하는 것도 있으니, 본래 널리 들은 사람이 아니면 이러한 사건을 판결하기에는 부족하다."

○ 전라 감영全羅監營의 제사는 다음과 같다.

"이 사건은 죽은 뒤에 불에 탔지, 살아 있을 때 불에 탄 것이 아니다. 살아 있을 때 불에 탄 경우는 '두 손이 굽어져 있고 기름이 황색을 띤다.'라는 《증수무원록》〈조례·화소사〉 '늙고 병들어 침상에 누워 있다가 불이 나서 타 죽은 경우'의 증명이 있을 뿐만 아니라, 어찌 불길이 몸에 미치는데도 남자는 여자의 팔을 베고 여자는 남자의 배에 발을 올린 채 전혀 놀라 깨닫지 못하고 평상시처럼 껴안고 있을 리가 있겠는가! 차가운 방에서 악몽을 꾸다가 죽는 경우는 본래 많이 있으므로 한 사람이 죽는 것은 이상할 바가 없다고 하겠으나, 어찌 두 사람이 모두 그렇게 죽겠는가!

검안보고서 안에서 '온돌을 데우면 불기운이 역겨우므로 사람이 더운 연기에 쪄져서 자기도 모르게 저절로 죽게 된다.'라고 한 것은 《증수무원록》〈조례·화소사〉 '늙고 병들어 침상에 누워 있다가 불이 나서 타 죽은 경우'의 조문에 나오기는 하지만, 이 때문에 두 사람이 모두 목숨을 잃었다는 것도 괴이한 일이다.

이치로 미루어 보면 이렇다. 새벽에는 죽은 아버지의 대상을 치르느라 하룻밤 잠을 자지 못한 데다가, 더욱이 저녁에는 전부터 간음하던 여자를 만나 석 잔의 술을 마셔 약간 취하였다. 불을 때지 않던 온돌에 땔나무를 때서 데우고 음침한 방에서 성교하다 보니 어느덧 밤이 깊어졌다. 남자와 여자 모두 피곤하여 너나 할 것 없이 서로 상대를 베고서 잠이 들었으니, 두 눈을 모두 감고 곤히 잠이 들면 수없이 부른다고 해도 응답하기가 어려웠을 것이다.

　그 당시에 의복은 어지러이 흩어져 있어 정돈되지 않았고 손발은 아무렇게나 놓인 채 거두어지지 않았는데, 주발 속의 불씨가 우연히 무명옷에 옮겨붙자 해진 옷과 묵은 솜이 야금야금 타들어 갔다. 세찬 불길이 치솟는 일은 없고 독한 연기만 가득 차게 하였을 뿐이었으니, 불이 몸에 닿지 않은 이상 놀라 일어날 리가 없고, 술에 취한 채 잠이 든 이상 깨어날 때도 아니었다. 스스로 깨닫지는 못하더라도 호흡은 평상시처럼 하였으니, 연기를 다 들이마시자 정신과 의식이 모두 몽롱해졌다. 연기를 더욱 뿜어 댈수록 들이마시는 연기도 더욱 많아졌고 들이마시는 연기가 더욱 많아질수록 정신도 더욱 몽롱해지다가 몸은 움직이지 않고 정신은 지각이 없게 되었으니, 그때 벌써 이 세상 사람이 아니었다.

　연기를 들이마시고 사망하는 것은 본래 의서醫書에도 실려 있으니, 이때 구하면 그래도 온전히 살릴 수가 있었다. 그러나 남자가 연기에 중독된 데다가 여자마저도 똑같이 중독되었으니, 어느 누가 냉수와 무즙[蘿蔔汁]을 권하겠는가! 불이 주발에서 무명에 옮겨붙었고 무명을 통해 몸에 옮겨붙어서 끊임없이 타오르다가 마침내 들판을 태우는 불길처럼 번졌다. 그러나 무명은 두꺼운 곳과 얇은 곳이 있으므로 발의 버선까지는 태우지 않았고, 불길은 마구 어지러이 타오르므로 뒷면은 다소 덜 타게 되었다.

　불에 타서 문드러지기 전에 벌써 죽음의 문턱에 가 있었으니, 불에 타서 문드러질 때에야 어찌 사람일 리가 있겠는가! 사람은 죽고 나서 또 죽었고, 불은 스스로 붙었다가 스스로 꺼졌다. 방문을 열고서 보았을 때는 황천에 가 있으니 살리기가 어려웠다. 바닥에 스며든 피가 없다는 사실을 확인하지 않아도 사람이 몰래 살해한 것이 아님을 알 수 있다. 검안하여 증거가 있는 데다가 조사하여 실상도 파악하였으니, 더 이상 조사할 단서가 없을 듯하다."

○ 다산의 비평은 다음과 같다.

"나주 고을의 보고서에서는 '먼저 죽고 나서 불에 탔다.' 하였고, 전라 감영의 제사에서는 '죽고 나서 또 죽었다.' 하였다. 먼저 죽고 나서 불에 타는 것은 그래도 가능하겠으나, 세상에 어찌 두 차례 죽는 사람이 있겠는가! 이러한 의미를 미루어 확대하여 해석한다면, 죽은 뒤에 목을 매어 죽은 것으로 가장한 경우와 죽은 뒤에 시체를 물에 빠뜨린 경우도 모두 '죽고 나서 또 죽었다.'라고 할 수 있을 것이다. 이 사건은 일반적인 이치로만 말할 수가 없다. 음욕淫慾의 불길이 두 사람을 태워 죽인 일은 옛날에도 증거가 있다. 그러므로 아래에 기록하니, 사리를 환히 꿰뚫는 사람은 아마도 가져다가 참고할 수 있을 것이다."

○ 역원櫟園 주양공周亮工【명明나라 때에는 진사進士였고, 청淸나라 때에는 시랑侍郞이었다.】의 《인수옥서영因樹屋書影》에서 다음과 같이 말하였다.

"곡주현曲周縣의 영동령桐 진우계陳于階【이름은 우계于階이다.】가 말하기를 '그 고을의 부잣집 며느리가 친정에서 돌아왔는데, 다음 날 남편과 함께 누워서 다시 일어나지를 않았다. 집안사람이 불러도 대답이 없자 문을 떼어 내고 들어갔는데, 연기가 마치 유황硫黃처럼 코를 찔렀다. 침상으로 가서 살펴보니, 이불이 반쯤 탔는데 불탄 곳에 구멍이 있었으며, 두 사람의 몸은 모두 불에 타고 다리 하나만 남아 있었다. 불이 사람을 태우는 것은 이치로는 도무지 이해할 수가 없었다.' 하였다."

○ 허주虛舟 왕주王澍가 다음과 같이 말하였다.

"모래와 돌을 태우는 불은 용화龍火이고, 쇠를 태우는 불은 불화佛火이며, 사람을 태우는 불은 욕화慾火이다. 《능엄경楞嚴經》에서 부처가 말하기를 '첫 번째는 음욕을 행하는 버릇이다. 남자와 여자의 성교는 서로 부비는 행위를 일으키게 된다. 서로 부비는 행위를 이처럼 쉬지 않기 때문에 크고 맹렬한 불길이 속에서 일어나게 된다.' 하였다. 내 생각은 이렇다. 서로 부비는 행위가 극에 달하면 욕화가 활활 타오르고 욕화가 활활 타오르면 갑자기 불길이 되어 마침내는 자신을 태우게 된다. 그 불길이 침구와 가옥을 태우지 않는 이유는 불이 음욕에서 생겨나서 일반적인 불과는 다르기 때문이다. 용화 같은 경우도 모래와 돌만을 태우고, 불화도 쇠만을 태울 뿐이다.【《우초신지虞初新志》에 나온다.】"

○ 산래山來 장조張潮가 다음과 같이 말하였다.

"아무개 도인道人이 정좌靜坐 공부를 한 지가 오래되었는데, 갑자기 불이 나서 그의 수염과 휘장을 태웠다. 주인이 불을 끄고서야 꺼졌다. 이것을 통해 불은 바른 사람이나 바르지 않은 사람이나 가리지 않고 모두 해를 끼칠 수 있다는 것을 알 수 있다. 이 도인을 나도 예전에 본 적이 있다."

○ 이덕무李德懋가 다음과 같이 말하였다.

"사람의 한 몸은 모두 물과 불이 모여서 이루어진 것이다. 그러므로 도가道家는 물의 기운은 상승시키고 불의 기운은 하강시키는 것을 지극한 공부로 여기고, 의가醫家는 음陰의 기운은 북돋우고 불의 기운은 억제하는 것을 지극한 요점으로 여긴다. 음욕이란 비유하자면 땔나무와 같다. 땔나무를 끌어다가 불을 활활 타오르게 하다가 자기 몸까지 태우는 것은 이치상 당연하다. 그러나 이것은 밖에서 활활 탈 뿐이므로 사람들이 괴이하게 여긴다. 여색女色 때문에 죽는 사람들은 모두 안으로 자신의 오장육부五臟六腑를 태웠기 때문이다."

○ 다산의 견해: 《능엄경》에 이르기를 '보련향寶蓮香 비구니比丘尼가 보살계菩薩戒를 받고서도 사사로이 음욕을 행하면서 망령되이 말하기를 「음욕을 행하는 것은 사람을 죽이는 일도 아니고 도둑질도 아니므로 업보業報가 없다.」 하였다. 그가 이러한 말을 마치고 나자, 먼저 음부에서 크고 맹렬한 불이 일어나더니 나중에는 몸의 마디마디에서 맹렬한 불이 활활 타오르다가 무간지옥無間地獄[84]에 떨어졌다.' 하였다.【또 이르기를 '크고 맹렬한 불길이 속에서 일어나게 되는데, 이는 마치 사람이 손으로 서로 마찰하면 뜨거운 열이 생기는 것과 같은 이치이다. 그러므로 지옥에 뜨거운 쇠 침상과 구리 기둥 등의 일들이 있다.'하였다.】 병가兵家에서는 사람의 기름으로 기름을 만들고서 맹화유猛火油라고 이름을 지었는데 여기에 근거를 둔 것이다.

○ 이상을 종합하면 다음과 같다. 심장과 신장 두 장기臟器에는 모두 황색 기름이 있고, 이것은 사람이나 짐승이 모두 똑같다.【소의 심장과 신장에도 모두 황색 기름이 있는데, 살아 있을 때는 색깔이 선명하고, 죽으면 응고되어 흰색을 띤다. 아마 사람도 이와 같을 것이다.】
음욕이 치숫고 서로 부비는 행위가 극에 달하면 황색 기름이 불을 일

---

84 무간지옥無間地獄: 팔열 지옥八熱地獄의 하나로, 오역죄를 짓거나, 절이나 탑을 헐거나, 시주한 재물을 축내거나 한 사람이 가는데, 한 겁劫 동안 끊임없이 고통을 받는다는 지옥이다.

으켜서 안에서 오장육부를 불태우고 사람의 목숨이 즉시 끊어지게 된다. 그 불이 밖으로 타올라 피부를 태우고 사지와 몸뚱이까지 태우니, 남자와 여자 두 사람의 목숨이 동시에 모두 끊어지되, 손가락 하나 꼼짝하지도 않고 살아 있는 듯이 편안히 누운 채로 죽어서 검게 그을리기까지 한다.

곡주현의 시체는 두 사람의 몸이 모두 불에 타고 다리 하나만 남아 있으며, 나주의 시체도 두 사람의 몸이 모두 불에 타고 다리만 타지 않았다. 그 이유는 심장과 신장에서 불이 일어나 속에서 밖으로 번지고 배에서 몸으로 번졌기 때문에 다리만 남아 있었을 것이다. 이러한 사건을 담당하는 사람은 이러한 이치를 알고서 옆에 있는 사람을 잘못 의심하지 말아야 한다.

○ 다산의 견해:《무원록》〈조례·병환사〉 '남자가 성교를 하다가 죽은 경우'에 이르기를 '남자가 성교를 너무 많이 하다가 정기精氣가 모두 소모되어 부인의 몸 위에서 탈진하여 죽게 된 경우에는 진실인지 허위인지를 살피지 않을 수가 없다. 진실일 경우에는 음경이 곧추서 있고, 허위인 경우에는 음경이 시들어 있다.' 하였다.

이번 사건에서 김점룡의 시체도 음경이 곧추서 있었다. 이것을 가지고서 본다면, 이른바 부인의 배 위에서 죽은 사람의 시체도 맹렬한 불이 안에서 일어나서 죽은 것인데 바깥으로 피부까지 태우지는 못했을 뿐이다.

7. 희귀한 살인 사건이 일어나다(2)

【요망한 첩이 과부가 되었는데, 흉측한 물건을 땅에 묻어 두고서 저주하다가 간악한 흉계가 드러났다.】

○ 개성부開城府의 여종 출신의 첩 복덕福德이 본처를 저주하여 흉측한 물건을 땅에 묻어 놓았다.

○ 조사보고서는 빠졌다.

○ 주상의 판결은 다음과 같다.

"복덕의 살인 사건은 다음과 같이 판결한다. 의혹이 있는 살인 사건이 무수히 많지만, 시장屍帳에 사망의 실제 원인이 기록되어 있으면 그래도 자세히 따져 볼 수가 있다. 그러나 흔적이 없어 증거를 잡을 수 없는 사건으로 이 살인 사건처럼 심한 경우가 없었다.

'저주로 인한 살인 사건'이라고 이름을 붙였으나, 저주라는 것도 애매하게 날조된 것일 뿐이다. 이 사건은 부녀자의 시기와 원망 때문에 시작되어 무당의 사기와 현혹까지 보태지면서 사소한 사건이 점차 커져 의혹을 진실로 둔갑시켰다. 그러다가 어사御史의 서계書啓가 한 차례 있고 나자 마침내 범행을 증명하는 확실한 증거가 되어 버렸다.

나는 모든 형사 사건에 대해 소홀히 판결한 적이 없다. 병신년(1776, 정조 즉위년)에 해당 개성 유수開城留守가 사건을 조사하여 보고하였을 때에도 즉시 판결하려고 하였지만, 해를 넘긴 중대한 살인 사건을 쉽게 결정하여 처리하기가 어려웠으므로 우선 샅샅이 조사하게 하고 지금까지 시간을 보냈던 것이다.

복덕에게 사형의 죄를 적용해야 한다고 단정하는 이유는 세 가지 죄목이 있어서이다. 첫 번째 죄목은 만두에 독약을 넣었다는 것이고, 두 번째 죄목은 부엌 신에게 절을 하고 축원하였다는 것이며, 세 번째 죄목은 여덟 곳에 흉측한 물건을 묻었다는 것이다.

그중 만두에 독을 넣었다는 죄목으로 말하면 이렇다. 한명주韓命柱가 진술하기를 '계사년(1773, 영조 49) 초에 손자 한복빈韓福彬이 복덕을 찾아가 만났을 때 복덕이 등을 돌리고 앉아서 그의 절을 받지 않았습니다.'라고 하였다. 절을 해도 받지 않았다면 당연히 만두를 먹으라고 주었을 리도 없었을 터이고, 만두를 먹으라고 주었다고 하더라도 한복빈이 받아먹었을 리가 없다. 그리고 1월에 독약을 먹은 사람이 8월에야 죽을 리는 결코 없다. 창자가 나왔다는 말도 원남元男이 보지 못했다고 말한 이상 이 한 가지 죄목에 대해서는 터무니없는 것으로 밝혀진 셈이다.

부엌 신에게 절하였다는 죄목으로 말하면 이렇다. 이러한 일은 지극히 은밀하고도 사특하니, 복덕이 아무리 미련하더라도 어두운 밤에 절을 올리고 남몰래 기도할 수는 있겠지만, 김 여인[金女]이 뻔히 보고 듣는 곳에서 손을 모으고 입으로 축원한다는 것은 전혀 가당찮은 일이다. 비단과 돈을 훔쳤다는 의심을 받은 데에 극도로 화가 치밀어 도둑질한 사람이 즉시 죽어 버리기를 축원하기까지 한 것은 천한 여종 출신의 첩이 이러한 짓을 하였다고 해도 괴이할 바가 없다. 이 한 가지 죄목은 더욱 날조된 면이 있다.

흉측한 물건을 묻었다는 죄목으로 말하면 이렇다. '항아리 위를 걸어가면서 화살로 쏘았다.'라는 말은 너무도 황당하고 허무맹랑하다. 더구나 이러한 말을 주장한 사람도 임 여인[林女]이고 가르쳐 준 사람도 임 여인이다. 김대황金大黃과 노랑덕老郎德을 사주하고 여관치呂串致와 김봉이金奉伊를 꾄 것은 모두 임 여인의 소행이라고 많은 사람이 똑같은 말로 증언하여 앞에서 한 진술을 모두 바꾸었다. 이 한 가지 죄목이야말로 더욱 황당한 것이다.

이 세 가지 죄목은 모두 가당찮다. 흉측한 물건을 묻었다는 죄목 한 가지로 말을 하더라도 그렇다. 초상을 당하여 두려워하던 나머지 하루아침에 흉측한 물건을 발굴해 냈다면 어머니와 아내의 마음으로는 죄인을 붙잡게 된 것을 매우 다행으로 여길 것이다. 먼저 한명주의 눈으로 확인하고 나서 복덕의 죄를 공개적으로 다스린 뒤에 대나무 상자 안에 깊숙이 감추어 두고서 증거로 삼을 터이니, 이것은 사리로 보아 당연하다. 그런데 이번에는 '남겨 두어도 쓸모가 없어서 즉시 포구浦口에 던져 버렸습니다.' 하였다. 그러니 이것을 가지고서 사람을 모함한다고 해도 어느 누가 믿겠는가!

대체로 한명주는 재산으로는 부자이고 나이로는 늙은이로, 신묘년(1771, 영조 47)에 홀아비가 된 뒤에야 복덕과 같은 방에서 살기 시작하였다. 한명주는 날이 갈수록 더욱 늙어 가는데 더구나 복덕에게는 자녀가 많았으니, 본처 소생과 첩의 소생 사이에 틈이 벌어지기가 쉬웠다. 한명주의 며느리와 손자 며느리로서는 집안의 주도권이 점차 넘어가게 될까 염려하고 더욱이 재산을 빼앗기게 될까 두려워하여 하루도 복덕을 잊어버린 적이 없을 것이다. 그러다가 몇 년 사이에 세 차례의 초상이 거푸 일어나자, 묵은 감정에다가 새로 비통한 마음이 더해져서 감당할 수 없이 화가 났으므로 한명주를 움직여서 복덕을 제거할 방법을 생각하느라 더욱 모든 힘을 다 쏟았을 것이다.

그중에서도 이 저주의 변고만은 한명주가 몇 십 년 전에 직접 경험하여 놀랐던 것이니, 그러한 사건은 가장 밝히기가 어렵고 그러한 말은 가장 넘어가기가 쉽다. 그래서 복덕의 의심할 만한 행적을 핑계로 공갈할 꾀를 남몰래 이루려고, '독약을 넣었습니다.', '부엌 신에게 절하였습니다.', '흉측한 물건을 묻었습니다.'라고 하였다. 그러자 50년을 데리고 산 한명주조차도 그들의 말에 현혹되어 관아에 찾아가서 고소하였다. 이 사건을 언뜻 보면 단서가 뒤섞여서 나오지만 세밀히 따져 보면 맥락이 서로 연결되니, 마음먹은 의도를 따져 보면 아, 교묘하고도 끔찍하다.

나이 80의 거의 죽을 때가 된 여자를 지금까지 판결하지 않고 감옥에 가두어 두고서 형장을 치며 신문하는 고초를 두루 겪게 하였으나 사건의 결말이 날 기약도 없다. 그뿐만 아니라 괴이하게 여기는 점은 어사가 사건을 조사할 때에 복덕의 3남 1녀 및 오라버니와 사위에게 엄중히 형장을 치며 진술을 받아 낸 일이다. 이러한 것은 너무도 실수를 저질렀을 뿐만 아니라 법전에서도 허용하지 않는 일이다. 측은하게 여기는 점은 복덕의 자녀들이 아직도 억울한 사정을 밝히지 못하여 사람 축에 끼지도 못하고 있다. 이것도 왕도 정치王道政治에서는 차마 할 수 없는 일이다.

현재 심리하는 시기를 맞아 사면의 은전을 시행해야 한다. 복덕을 특별히 풀어 주라. 사건과 관련된 사람들이 범한 죄에는 가볍거나 무겁고 얕거나 깊은 차이가 있으나, 이미 사건을 번복한 뒤에는 시기가 오래된 사건이라고 해서 그대로 두고 죄를 묻지 않아서는 안 된다. 김 조이, 김대황, 김봉이, 여관치, 정지성鄭之成, 김명도金鳴濤, 김흥철金興哲 등은 모두 한 차례 엄중히 형장을 친 뒤에 풀어 주라고 개성 유수에게 분부하라."

○ 주상의 판결에 대한 다산의 견해: 민사 소송을 판결할 때와 형사 사건을 판결할 때에는 원래 세 가지의 폐단이 있습니다. 시어머니와 며느리 사이가 서로 틀어지면 관아에서는 반드시 시어머니를 의심하고 며느리를 용서합니다. 계모와 전처의 아들 사이가 서로 틀어지면 관아에서는 반드시 계모를 미워하고 아들을 가련하게 여깁니다. 첩과 본처 사이가 서로 틀어지면 관아에서는 반드시 첩을 죄가 있는 것으로 보아 얽어 넣고 본처를 억울한 사정이 있는 것으로 보아 씻어 줍니다.

사건을 판결하는 것은 세상의 공평성을 실현하는 일로, 공평성이란 저

울입니다. 먼저 저울 하나를 내 마음에 설치하고 나서야 공평성을 실현할 수 있겠습니까. 첩이란 올바르지 못한 명목입니다. 한 번 나쁜 명목을 얻게 되면 사람들이 떼를 지어 일어나서 나쁘다고 기정사실로 만드니, 많은 사람의 분노를 사면서까지 억울함을 씻어 주려는 자가 있겠습니까! 어떤 사람이 '요망한 첩이 독약을 넣었다.'라고 하면 누구나 다 믿게 되고, 또 '요망한 첩이 부엌 신에게 빌었다.'라고 하면 누구나 다 믿게 되며, 또 '요망한 첩이 흉측한 물건을 땅에 묻었다.'라고 하면 누구나 다 믿게 됩니다. 이것이 복덕을 감옥에서 늙게 한 까닭입니다. 만약 주상의 명철한 지혜로 억울한 사정을 살펴 주시지 않았더라면 복덕이 어떻게 살아날 수 있겠습니까!

신이 호남 지방에서 오랫동안 살았으므로 호남 지방의 풍속을 잘 압니다. 호남 지방의 풍속은 무당을 좋아합니다. 한 종류의 요망한 사람은 스스로 신장神將이라 하면서 흉측한 물건을 어디에 묻어 두었는지를 알 수 있다고 합니다. 어느 방고래 아래에는 '죽은 쥐가 있을 것이다.' 하고, 어느 부엌 옆에는 '썩은 고기가 있을 것이다.' 합니다. 그가 가리키는 대로 그곳을 파 보면 파는 대로 말한 것들이 나옵니다. 그렇게 되면 그 집의 사람들은 마침내 한 부인을 의심하거나 한 여종을 의심하여 아주 못된 짓을 한 사람이라는 악명을 뒤집어씌우고, 사방의 이웃들조차도 온통 그대로 믿어 버리고는 더 이상 의심을 품지 않습니다. 그러나 사실은 죽은 쥐와 썩은 고기가 땅속에 잘못 들어가는 것도 본래 일상적으로 있는 일이니, 어찌 이 사람이 꼭 그것을 묻었다고 하겠습니까!

또 한 종류의 요망한 무당은 스스로 신의神醫라 하면서 사람의 배를 문질러 보고서는 어느 갈비뼈 아래에는 '걸린 뼈가 있다.' 하고, 어느 장기臟器 옆에는 '체한 고기가 있다.' 합니다. 그가 시키는 대로 토하게 하면 목구멍을 통해 나오고 병은 참으로 낫게 됩니다. 이것도 속임수를 쓰는 방법으로 사람의 눈을 속이는 것입니다.

　이러한 점을 가지고서 살펴보면, 저 죽은 쥐와 썩은 고기를 가리키면서 파내게 한 사람도 당시에 속임수를 쓰는 방법으로 사람의 눈을 속였지 진짜로 그러한 물건이 땅속에서 나온 것은 아닙니다. 흉측한 물건을 땅에 묻어 두고서 저주한 사건을 심리하는 사람은 이러한 이치를 알아야 합니다.

剪跋蕪詞

전발무사

✤

1

서序

○ 옛사람이 사건을 판결할 때에는 촛불을 여러 차례 새로 교체하면서까지 고심하여 판결하였으니, 예를 들어 성길盛吉이 촛불을 잡고서 눈물을 흘린 것[85]은 훌륭한 덕을 갖춘 사람의 일이다. 내가 곡산 부사谷山府使로 있을 때, 두 차례 선왕先王(정조)의 비답批答을 받고서 원통한 사건을 심리한 적이 있다. 그로 인해 선왕의 인정을 받아 형조 참의로 들어가서 서울과 지방의 사건을 심리하였다.

그 뒤 남쪽의 먼 변방으로 귀양을 가 있을 때도 옛날 일을 생각하여, 의혹이 명백히 밝혀지지 않은 살인 사건이 있다는 말을 들을 때마다 번번이 그 사건에 대한 나름대로 심리 의견을 정리해 왔는데, 제법 분량이 되었다. 이제 이 책의 끝에 함께 덧붙여 편찬하고 〈전발무사剪跋蕪詞〉[86]라고 이름을 붙였다. 모두 3권이다.

---

85 성길盛吉……이것: 성길은 중국 후한시대에 사법관인 정위廷尉를 지냈던 사람이다. 겨울이 되어 사형수를 판결할 때마다 밤에 아내는 촛불을 잡고 성길은 붓을 잡고서 서로 마주 앉아 눈물을 흘리면서 판결하였다고 한다.

86 전발무사剪跋蕪詞: 전발剪跋은 심지가 다 탄 촛불을 교체하기 위해 남은 초의 밑동을 잘라내는 것을 가리키는 것으로, 새로운 초로 갈아가면서 밤늦게까지 일하거나 공부한다는 의미이다. 무사蕪詞는 거친 글이라는 의미로, 자신의 글을 겸손하게 부를 때 사용하는 말이다. 따라서 전발무사는 정약용이 밤늦게까지 고심하면서 작성한 심리보고서를 겸손하게 지칭한 것이다.

410

1. 수안군逐安郡 김일택金日宅의 살인 사건

○ 주상의 전교는 다음과 같다.

"지금 겪고 있는 가뭄도 몹시 혹독하여 밤낮으로 걱정하며 애를 태우고 있다. 하늘로부터 재앙이 내려 견책을 받은 원인은 오로지 아래에서 인간의 도리를 잘 수행하지 못하였기 때문이다. 관원들이 잘못을 저지른 것은 나 한 사람의 잘못 때문이니, 내가 그 죄를 떠맡아야지 감히 스스로 용서할 수는 없다.

이제 또 최선을 다한다는 취지에서 소결疏決⁸⁷을 행하려고 하였으나, 이러한 조치는 반드시 의식을 준비해야 거행할 수 있으니 적합한 시기가 아니라고 할 수도 있다. 형조刑曹의 관원에게 와서 대령하게 하고 차대次對까지 같이 행하라고 하였던 이유는 그야말로 녹수錄囚⁸⁸에 대해 신하들에게 물어보기 위해서였다. 일은 겉치레보다 실질적인 성과를 거두도록 힘쓰는 것을 귀중하게 여기니, 일반적인 격식이 있는지 없는지를 어찌 따지겠는가! 소결이라는 명목은 없더라도 녹수라는 실질적인 사안이 있으니, 이것도 실질적인 정치라고 하겠다. 실질이란 허위의 반대이다. 위로 하늘이 기뻐하기를 바라는 방도와 아래로 자신의 수양에 힘쓰는 방도로는 우선 실질에 가까운 사안부터 하나둘씩 실행해 나가는 것보다 좋은

---

87 소결疏決: 나라에 경사가 있을 때 및 날씨가 몹시 무덥거나 추울 때 당시 갇혀 있는 죄수와 정배定配된 죄수에 대해 재차 심리하여 판결하는 것을 가리킨다. 임금의 특별 하교가 있거나 대신이 연석筵席에서 여쭌 뒤에 소결을 하였다. 소결을 할 때에는 형조와 의금부가 각도에서 보고한 죄수의 명단 등에 근거하여 각각 문서를 작성해서 올렸는데, 그 명단 중에서 범죄 여부가 확실하지 않아 살려 주어야 할 죄수는 참작하여 처리하고 가벼운 범죄로 정배된 죄수는 참작하여 풀어 주었다.

88 녹수錄囚: 형조와 의금부에서 수감되어 있는 죄수의 명단을 작성하여 국왕에게 보고하는 것을 가리킨다. 녹수할 때에는 각 도 죄수들의 명단도 작성하여 보고하였는데, 이렇게 보고된 죄수에 대해 국왕이 신하와 논의를 거쳐 사건을 판결하기도 하였다.

방법이 없다.

오늘부터 형조의 당상堂上과 낭청郎廳은 모두 형조에서 숙직하되, 서울과 지방의 사형수에 대해 상복詳覆[89]한 사건, 죄수의 명단을 기록하여 보고한 사건, 형조가 대책을 마련하여 보고한 사건, 도신道臣이 조사하여 보고한 사건 등 102건 중에서 내게 재가해 주기를 청했으나 아직 재가하지 않은【주상이 문서를 내려 주지 않고 보관하고 있는 것이다.】11건을 제외한 나머지 사안을 하나하나 상세히 열람하고 각각 견해를 제시해서 이치를 따져 분석하여 결론을 도출하라. 그리고 간간이 또 비변사의 회의에 참석하는 대신에게 찾아가서 의논한 뒤 그때마다 계속해서 보고하면, 내가 재계하는 시기에 온 마음을 쏟아 자세히 살펴보았다가 재계가 끝나고 난 뒤에 판결을 내려 주겠다. 이러한 뜻을 형조의 당상더러 잘 알게 하라."【가경嘉慶 무오년(1798, 정조 22) 5월 12일에 대신과 비변사 당상을 불러서 만나고 형조의 당상도 같이 입시하였을 때의 일이다.】

○ 우의정 이병모李秉模가 다음과 같이 아뢰었다.

"수안군 김일택의 살인 사건은 술에 취해 장난을 치다가 시작되었으나 결국 사람을 죽이고 말았습니다. 스스로 살아나 보려는 꾀를 내어 같이 길을 갔던 짝까지 모함하였으니, 그가 마음 쓰는 것을 따져 보면 너무도 불량합니다. 반복해서 생각해 보아도 살려 줄 수 있는 길을 찾지 못하였습니다."

---

89 상복詳覆: 의정부가 사형수의 죄상을 상세히 심리하는 것을 가리킨다. 형조가 사형수로부터 사형의 죄를 지었다는 다짐을 받아 임금의 재가를 받은 뒤에 문서를 의정부로 보내면, 의정부에서 회의를 열어 문서를 살펴본 뒤에 입안立案을 작성하고 형조의 문서에 '보고한 율문대로 죄수를 뽑아서 임금께 아뢰라.〔依所報抄啓〕'라고 써서 형조로 보냈다. 의정부로부터 이러한 통보를 받고 나면 사형수에 대한 세 차례 심리, 즉 계복啓覆을 시행하였다.

○ 형조에서 다음과 같이 아뢰었다.

"신 등은 다음과 같이 생각합니다. 싸움이 장난질에서 시작되었으니 목숨을 잃은 것은 불행한 탓에 생긴 일입니다. 그러나 다친 흔적이 저와 같고 주범이 그대로 남아 있습니다. 흉악한 범인이 살아나 보려는 꾀를 내어 처음에는 개인적으로 합의하여 사건을 혼란스럽게 한 행적이 있었으나 결국에는 진상이 탄로 나고 유족이 자백하였으니, 어찌 개를 사서 병을 치료해 주고 재물을 보태 주어 장례를 치르도록 허락받은 뒤라야 범죄의 진상이라고 할 수 있겠습니까! 세 사람이 같이 길을 가다가 한 사람은 구타하고 한 사람은 싸움을 만류하였는데, 갓을 잃어버리고 옷이 찢어져서 술에 취해 싸웠던 상황이 저절로 드러났으니, 혐의를 떠넘기려고 하더라도 가능하겠습니까! 그런데도 줄곧 범행을 부인하고 있으니 정상이 더욱 악랄합니다. 각별히 엄중하게 형장을 쳐서 기어코 자백을 받아 내라고 도신에게 분부하는 것이 어떻겠습니까?"【가경 3년 5월 22일에 행 좌승지 신 홍인호洪仁浩가 담당하여 재가를 받았다.】

○ 주상의 판결은 다음과 같다.

"김일택의 살인 사건은 다음과 같이 판결한다. 세 사람이 같이 길을 가다가 한 사람이 죽었는데, 세 사람이 똑같이 술에 취해 있었으니 장난치다가 저지른 살인인 셈이다. 그러나 김일택은 '박태관朴太寬이 구타하였습니다.' 하였고, 박태관은 '김일택이 구타하였습니다.' 하였다. 기어이 죽이려는 마음이 없던 데다가 더욱이 옆에서 목격한 증인도 없었으니, 이른바 '두꺼비의 씨름[90]이나 마찬가지이며 '어떤 까마귀가 암컷이고 수

---

90 두꺼비의 씨름: 김일택金日宅 등이 이춘연李春延을 살해하려는 의도가 없이 장난하다가 우연히 발생한 사건임을 이처럼 표현한 것으로 보인다.

컷인지를 누가 알겠는가!'[91]라고 한 것이나 마찬가지이다. 박태관의 옷과 갓이 유독 찢어지지 않았다는 점과 김일택이 개의 간을 먹어 보라고 우연히 권유한 일만 가지고서 김일택의 혐의를 벗기 어려운 범죄의 진상이라고 하기에는 부족하다. 다시 조사하는 관원을 시켜 실정을 조사해 내어 사건을 판결하여 보고하게 하라."【황해 감영黃海監營의 관문關文(조사 현장)에서 심문한 항목 및 죄수의 진술은 모두 삭제하였다.】

○ 당시 조사한 관원인 곡산 도호부사谷山都護府使 정약용이 올린 조사보고서의 발사는 다음과 같다.

"모든 각 사람이 진술하였습니다. 대체로 김일택을 주범이라고 단정한 이유는 네 가지의 증거가 있기 때문입니다. 첫째는 옷과 갓이 찢어졌다는 점이고, 둘째는 개고기를 먹어 보라고 권유하였다는 점이며, 셋째는 시체를 받아 두었다는 점이고, 넷째는 이춘연李春延의 시체를 고향으로 옮겨서 장례를 치르자고 이야기를 나누었다는 점입니다. 이 네 가지 증거가 있으므로 그가 아무리 말 잘하는 입을 가졌더라도 변명할 말이 없어야 합니다.

그런데 이제 1차 검안과 2차 검안 이후의 문서 중 증거가 될 만한 것과 의문을 가질 만한 것을 차례로 뽑아낸 뒤에 반복하여 샅샅이 심문하되, 위협을 가하면서 엄중히 조사하기도 하고 좋게 말하여 깨우쳐 주기도 하였으나 똑같은 말로 원통하다고 하면서 끝내 실토하지 않았으니, 그의 소행을 보면 참으로 모질고 악랄합니다.

유족인 이 조이李召史, 종범인 박태관, 증인인 안상운安尙云은 조사할

---

91 어떤……알겠는가:《시경》〈소아小雅·정월正月〉에 나오는 구절로, 여기에서는 누가 주범인지를 알 수 없다는 의미로 인용한 것이다.

때 심문해야 할 가장 중요한 인물입니다. 그러나 박태관은 감옥에서 나간 뒤에 즉시 이 지역을 떠나 타향으로 떠나 버려 영영 행적을 알 수가 없습니다. 이 조이는 본래 평안도 사람으로, 이춘연이 죽은 뒤로는 행방을 모르며, 물어볼 만한 친족마저도 없습니다. 안상운은 늙고 병들어 죽은 지가 벌써 2년이나 되었습니다. 서당書堂의 훈장訓長 한도형韓道亨은 타향으로 떠나 버려 행방을 모릅니다. 가까운 이웃인 이득봉李得奉도 죽었습니다.

풍헌風憲 및 가까운 두 이웃의 진술은 검안할 때 진술했던 내용과 똑같아서 전혀 신뢰할 만한 것이 없습니다. 시체를 메고 왔던 사람인 이이방李以方은 군역軍役을 피해 도망하여 행방을 모를 뿐만 아니라, 시체를 받아 둔 사실에 대해서는 김일택도 변명하지 않았으니 이이방에게 더 심문할 단서도 없습니다. 이제 조사하던 현장에서 한 진술을 기준으로 삼아 판단한다면, 사형수들이 살아나 볼 셈으로 한 말을 신뢰할 수가 없습니다. 만약 검안보고서의 글을 근거로 삼아 판단한다면, 반복해서 변경하는 사이에 사실상 의문점이 많습니다.

다만 네 가지 증거를 가지고서 이 사건에 대한 의견을 서술하면 다음과 같습니다. 먼저 옷과 갓이 찢어진 일로 말하면 이렇습니다. '박태관이 쌀자루를 짊어지고 왔습니다.'라는 말이 1차 검안할 때 각 사람의 진술에서 나왔으니, 이번에 김일택의 진술 안에서 '박태관의 옷과 갓이 자루 위에 걸쳐져 있었습니다.'라고 한 말을 거짓말로 귀결시킬 수는 없습니다. 그뿐만 아니라 어리석은 백성이 화가 나서 싸울 경우에는 갓과 옷을 벗어 던지는 것이 본래 의례적인 습관이고 보면, 김일택의 옷과 갓만 유달리 찢어진 사실을 가지고 싸웠다는 확실한 증거로 삼을 수가 없습니다. 구타를 당하여 죽은 이춘연도 옷과 갓이 찢어진 일이 없고 보면 박태관의 옷과 갓만 유독 온전한 사실을 가지고 싸우지 않았다는 명확한 증거로 삼을 수가 없습니다.

개고기를 먹어 보라고 권유한 일로 말하면 이렇습니다. 이제 전후의 문서를 살펴보면 '박태관이 직접 개를 잡았습니다.'라는 말이 처음부터 끝까지 김일택의 진술에서 여러 차례 나왔으나, 박태관이 이 말에 대해 애당초 변명하는 말이 없었습니다. 그렇다면 이 일을 전적으로 김일택에게만 귀결시키는 데 대해 김일택이 원통해함을 괴이하게 여길 것이 없습니다. 게다가 돈을 써 가면서 개를 사는 일이야 쉬울 수도 있겠으나, 칼을 가지고서 개를 잡는 것은 사람들이 천하게 여기는 일입니다. 만약 박태관이 싸움을 만류한 공은 있어도 이춘연과 싸운 죄는 없다면, 이처럼 천한 일을 어찌하여 김일택에게 떠넘기지 않고 스스로 기꺼이 감당하였겠습니까! 이 한 가지는 특히 의아합니다.

시체를 받아 둔 일로 말하면 이렇습니다. 박태관의 집은 멀고도 비좁으나, 김일택의 집은 가깝고도 널찍합니다. 이러한 것은 우선 거론하지 않겠습니다. 아! 저 이 조이란 사람은 김일택을 주범으로 단정하고 김일택의 집에 시체를 두었는데, 막상 관아에 들어가서 고소할 때는 또 무엇 때문에 박태관을 주범으로 단정하고 김일택을 만류한 사람이라고 한 것입니까? 시체는 상서로운 물건이 아니므로 사람이면 누구나 받으려고 하지 않으나, 당시에 김일택이 손과 발을 결박당한 데다가 시체를 메고 왔던 사람들도 흩어졌으니, 말없이 시체를 받아 두었던 것은 당연한 상황이었습니다. 그뿐만 아니라 피해자 가족을 꼬드겨서 주범을 바꾸게 한 것은 매우 지혜로우나, 공손히 시체를 받아 두어 스스로 범죄의 진상을 만든 것은 또 얼마나 어리석습니까! 반복해서 생각해 보아도 그 까닭을 파악할 수가 없습니다.

이춘연의 시체를 고향으로 옮겨다 장례를 치르자고 이야기를 나눈 일로 말하면 이렇습니다. 이러한 사실을 직접 듣고 증언한 사람은 안상운입니다. 그런데 안상운이 1차 진술에서 '김일택의 입을 보았을 뿐인데 말을 하는 기미가 있는 것 같았습니다.' 하였습니다. 도적은 도적질한 이후에야 붙잡고 도적질하기 이전에 붙잡지는 않으며, 말은 귀로 듣지 눈으로 듣지 않습니다. 그런데 '김일택의 입을 보았을 뿐인데 말을 하는 기미가 있는 것 같았습니다.'라고 한 말은 어찌 살인 사건의 명확한 증거가 되기에 충분하겠습니까! 더구나 박태관과 김일택이 똑같이 결박을 당하여 한곳에 같이 앉아 있었으니, 아무리 목소리를 낮추어 작게 이야기한다고 하더라도 박태관이 뻔히 듣고 있는 곳에서 어찌 이러한 이야기를 나누려고 마음먹을 수 있겠습니까! 일고여덟 살 먹은 아이들에 대한 말로 말하면, 이것은 김일택이 마구 지껄여 댄 진술로, 이처럼 타당하지 않은 말로 모함을 받았으니 전혀 중요하지 않습니다. 가령 김일택이 이춘연의 시체를 고향으로 옮겨다 장례를 치르자고 이야기를 나눈 일이 정말로 있었다고 하더라도, 어리석은 백성으로서는 주범이 아니지만 살인 사건에 겁을 먹고서 이렇게 하는 것은 이상한 일이 아닙니다.

이상을 종합해서 말하면 이렇습니다. 네 가지의 증거는 우선 그대로 두고 거론하지 않겠습니다. 아! 저 이 조이란 사람은 명색이 원통한 집안의 피해자 가족으로서 사람의 마음을 조금이라도 가지고 있다면, 주범을 바꾸어 사건의 내막을 혼란스럽게 하는 짓을 어찌 일반적인 사람의 심정으로 차마 할 수 있는 일이겠습니까! 1차 진술에서 박태관을 원수라고 하였던 것이 뇌물을 받고서 농간을 부린 짓이 아니라면, 2차 진술에서 김일택을 원수라고 한 것은 틀림없이 계획이 틀어지자 재앙을 입히려고 꾀한 일입니다. 1차 진술이 거짓이 아니라면 2차 진술은 반드시 모함이니, 두 가지 중에 하나는 해당합니다. 그러니 이 여자의 말을 어찌 피해자 가족이라고 해서 그대로 믿을 수가 있겠습니까!

이제 그 당시 형리刑吏의 진술 내용을 살펴보면 '이 조이의 2차 진술이 1차 검안보고서에는 「같은 날에 다시 심문하여 의례적으로 작성하였습니다.」라고 기록되어 있으나, 이 조이가 고소한 날은 16일이고 진술을 바꾼 날은 22일입니다.' 하였습니다. 그러니 이른바 이 조이의 말은 모두 신뢰할 수가 없습니다.

그러나 이 두 가지의 진술 중에서 하나만을 기어이 고르려고 한다면 이렇게 보아야 합니다. 이 조이 남편의 목숨이 막 끊어졌을 때는 진실한 마음에서 슬픔이 우러나오고 아직 간악한 계획이 싹트지는 않았을 터이니, 이때 한 말은 그래도 신뢰할 수가 있습니다. 그러나 남편이 죽고 7일이 지난 뒤에 시체는 싸늘히 식고 슬픔은 다소 누그러진 상태에서 사적인 욕심이 마구 생겨나고 여기저기서 꼬드기고 부탁하였을 터이니, 이때 한 말은 어찌 꼭 진실하겠습니까! 이것을 가지고서 말을 한다면, 2차 진술을 1차 진술만큼 신뢰할 수는 없습니다.

그렇기는 하지만 이제 만약 박태관을 주범이라고 한다면, 전후의 문서를 가져다가 살펴보았으나 하나로 결론을 내릴 만큼 범인으로 단정할 수 있는 명확한 증거도 없습니다. 시골의 저자에서 돌아오면서 술에 취하여 비틀비틀 걷다가, 좁은 길에서 벗을 만나 서로 농담을 주고받으며 장난치다가 점차 감정이 격화되어 마침내 싸움으로 번졌을 것입니다. 이러한 상황에서 어떤 사람만 유독 악하여 서로 주먹질과 발길질을 하였겠으며, 어떤 사람만 유독 선하여 온 힘을 다하여 만류하였겠습니까! 싸움을 만류하는 것도 지나치면 으레 싸움이 되는 법입니다. 설사 아무개가 처음에는 싸움을 만류하다가 결국에는 화를 유발하여 온통 싸움판이 되었다고 한다면, 세 사람이 한데 뒤엉켜서 약한 사람이 다칠 수밖에 없는 상황이었습니다.

그뿐만 아니라 이춘연은 본래 다른 고을에서 온 외톨이이고 박태관과 김일택은 똑같이 본 고을의 세력 있는 백성입니다. 따라서 주먹질과 발길질은 이춘연에게만 집중되었고, 박태관과 김일택은 서로 비슷한 처지로서 구별하여 배척할 일이 없었습니다. 그러므로 이춘연이 아직 죽지 않았을 때는 문병도 같이 갔었고 개를 사는 것도 같이 상의하였습니다. 그리고 갑이 구타하고 을이 만류하였다는 말이나 을이 구타하고 갑이 만류하였다는 말 모두 두 사람의 입에서는 나오지 않았습니다. 그러다가 막상 이춘연이 죽게 되고 내 한 몸조차 돌아볼 겨를도 없어 각자 살길을 도모하게 되어서는 김일택은 박태관에게 혐의를 떠넘기고 박태관은 김일택에게 혐의를 떠넘겨서 한쪽으로 죄를 귀결시키려고 하였습니다.

그러므로 이번에 조사를 할 때 기어이 그중에서 주범과 종범을 구별하여 한 사람을 지목해서 보다 더 무거운 죄를 지은 것으로 귀결시키려고 하다 보니, 추측으로 정하는 결과를 면하기 어려웠고 견강부회하기가 쉬웠습니다. 설사 김일택의 죄가 박태관에 비해 상대적으로 조금 무겁고 박태관의 죄가 김일택에 비해 상대적으로 조금 가볍다고 하더라도, 그 차이를 따져 보면 서로 많은 차이가 나지 않습니다. 그런데도 박태관은 10개월이 지나기도 전에 정당한 이유 없이 무죄로 풀어 주었고 김일택은 6년이나 굳게 가두어 두고 끝내 사형을 적용하였으니, 공평하고 타당하게 처리하는 방도로 볼 때 미진한 점이 있는 듯합니다.

다만 이런 생각이 듭니다. 증인은 모두 사라지고 사건은 오랜 시간이 지난 상황에서 1차 검안과 2차 검안에서도 조사해 내지 못한 것을 이제 6년이 지난 뒤에 소급해서 조사하려고 해도 의혹만 더할 따름입니다. 만약 전후의 문서 및 김일택의 진술만을 가지고서 대번에 판단하여 자세히 심리할 수 있다고 한다면, 사건의 처리 격식은 매우 엄중하고 법률은 매우 준엄하여 한두 명의 조사하는 관원이 감히 경솔하게 의논할 수 있는 일이 아닙니다. 위에서 거론한 김일택이란 자를 더욱더 엄중히 형장을 쳐서 기어코 자백을 받아 내는 것은 그만둘 수가 없을 듯합니다. 그러니 도신이 참작하여 이치를 따져 의견을 서술하여 주상께 보고하고서 처분을 기다리소서."

○ 황해도 관찰사 이의준李義駿이 올린 장계의 발사는 다음과 같다.

"이 살인 사건은 다음과 같습니다. 죄수의 명단을 기록하여 보고한 문서를 소급해서 살펴보고 조사한 관원의 조사보고서를 참고해 보니, 한두 가지의 서로 어긋나는 단서가 있었습니다. 그래서 1차 검안과 2차 검안의 원래 문서를 다시 가져다가 세밀히 살펴보고 하나하나 대조해 보니, 애당초 기록하여 보고한 죄수의 명단이 허술하였습니다. 그러므로 경로를 따라 상세히 살펴서 철저히 조사할 방도를 다하였습니다.

대체로 세 사람이 한데 뒤엉켜서 싸우다가 한 사람이 죽게 된 이번 사건은 장난을 하다가 싸움으로 번진 것에 불과한데, 두 사람 모두 '저 사람이 구타하였고 저는 만류하였습니다.'라고 하였습니다. 한 사람은 옷과 갓이 온전한데 한 사람은 찢어진 이유는 그날 한 사람은 벗어 두고서 싸우고 한 사람은 착용하고서 싸운 차이가 있어서입니다. 약으로 쓸 개를 사기도 하고 잡기도 한 이유는 두 사람의 정황과 행적이 똑같아서입니다. 이춘연이 살아 있을 때 문병한 일과 이춘연이 죽고 난 뒤에 결박을 당한 것은 두 사람이 똑같았으니, 김일택과 박태관 중에서 주범과 종범을 나누는 것은 확실한 증거가 전혀 없습니다.

다만 시체를 박태관의 집에 두지 않았고 피해자 가족이 김일택을 주범으로 바꾸어 고소하였기 때문에 이를 범죄의 진상으로 간주하고 번복할 수 없는 확실한 증거로 삼았던 것입니다. 그러나 시체를 운반할 때 김일택의 집이 불행하게도 가까웠고, 주범을 바꾸어 지목할 때 이 조이의 진술이 너무도 뒤죽박죽이었습니다. 그러니 이것도 범죄의 확실한 증거로 삼기에는 부족합니다.

'유족을 꼬드기고 재물을 보태 주어 이춘연의 시체를 고향으로 옮겨다 장례를 치르게 하였다.'라는 말은 자기의 죄를 알고 스스로 겁을 먹고서 한 행적이기는 합니다. 그러나 안상운의 증언이 몹시 모호하였다고 하더라도 이 조이의 진술이 자세하였습니다. 그뿐만 아니라 이춘연을 죽인 사람은 갑이 아니면 을이지만 박태관이 구타한 사실도 명확하지 않으니, 김일택을 놓아둔 채 박태관이 주범이라고 귀결시키기는 아무래도 어렵습니다.

조사한 관원이 반박한 것은 모두 근거가 있고 증인을 조사할 길은 더 이상 없어졌으니, 사건의 내막을 따져 볼 때 사실상 의문스럽습니다. 그러나 사람의 목숨은 매우 중요하고 사건을 처리하는 격식은 무척 엄중하니, 신의 천박한 견해로 감히 억측하여 판단할 일이 아닙니다. 형조에서 주상께 여쭈어 처리하게 하소서."

○ 형조 판서 박종갑朴宗甲이 다음과 같이 대책을 마련하여 보고하였다.

"넓은 들판에서 한데 뒤엉켜서 싸우다가 두 사람은 살고 한 사람은 죽었으나 증명할 사람이 없고, 피해자 가족이 처음에는 갑을 주범이라고 고소하였다가 나중에는 을을 주범이라고 바꾸어 고소하여 정황과 행적이 몹시 의심스럽습니다. 이러한 사건의 내막은 더욱 자세히 따져 보아야 합니다.

이제 조사하여 보고한 것을 보면, 김일택을 주범으로 단정한 이유는 전적으로 네 가지의 증거 때문입니다. 그러나 조사한 관원의 발사에서 이 네 가지 증거가 신뢰할 수 없다는 점을 마음을 다해 논리적으로 밝힌 것은 반신반의한 점이 있기는 하지만 중요한 것은 근거도 있다는 점입니다. 김일택만 혼자 옷을 입고 있던 것이 사실이라면, 옷이 온전하거나 찢어진 사람은 옷을 벗어 둔 사람과 비교할 일이 아닙니다. 박태관이 직접 개를 잡은 것이 사실이라면, 다친 사람을 치료하여 살리려고 한 행적은 어찌 개를 산 사람에게만 있겠습니까!

시체를 받아 둔 시점이 참으로 김일택이 결박을 당한 뒤라고 한다면 방어할 수 있는 힘이 없었을 것이고, 이춘연의 시체를 고향으로 옮겨다 장례를 치르자고 유족과 이야기를 나눈 장소가 참으로 박태관도 들을 수 있는 곳이었다면 반박하지 않아도 저절로 밝혀질 일입니다. 이른바 김일택이 결박을 당한 뒤에야 시체를 받아 두었다는 진술과 박태관도 듣는 곳에서 유족과 이야기를 나누었다는 진술은 옛날에 작성했던 문서에는 보이지 않다가 주범이 이번에 진술할 때에야 나온 것입니다. 그렇다면 사형수가 스스로 변명하는 말만 가지고서 무죄를 밝혀 주는 증거로 삼는 것은 본래 의심이 없을 수가 없습니다.

박태관이 옷을 쌀자루에 걸쳐 두었다는 진술은 허무맹랑한 말이 아니고 박태관이 직접 개의 간을 꺼냈다는 진술은 검안하는 현장에서 나왔으니, 옷이 온전하다는 이유로 옷이 찢어진 사람을 죄인으로 지목하고 개를 직접 잡은 사람은 놓아두고 개를 산 사람만 탓하는 것은 양쪽의 정황을 잘못 파악하였고 죄의 경중을 잘못 나누었습니다. 그런데도 이것을 가지고서 그의 죄를 증명하였으니, 김일택이 온갖 말로 원통하다고 호소하는 것은 이상한 일이 아닙니다. 한 가지를 미루어 보면 나머지를 알 수 있듯이 조사한 관원이 조목조목 이치를 따져 서술한 의견에는 근거가 있다는 것을 미루어 알 수가 있습니다.

대체로 세 사람이 같이 길을 가던 중 술에 취하여 서로 장난치다가 장난이 싸움으로 변하였으니, 구타한 사람은 어찌 전적으로 구타만 하고 만류한 사람은 어찌 전적으로 만류만 하였겠습니까! 구타를 당한 사람의 손과 발이라도 어찌 구타한 사람과 만류한 사람의 몸을 전혀 가격하지 않았겠습니까! 불행하게도 한 사람은 죽고 다행히도 두 사람은 살았으나, 이 사람의 목숨을 끊은 사람이 갑인지 을인지 확실하지가 않고 저 부인이 진술을 번복하여 누가 진짜 주범이고 누가 모함을 당했는지 분별하지 못하였습니다. 그렇다면 한 사람은 주범으로 단정하여 6년 동안 굳게 가두어 두고 한 사람은 종범으로 단정하여 9개월 만에 무죄로 풀어 준 것도 한 사람은 다행이고 한 사람은 불행이라는 차이가 있을 뿐입니다.

이제 시간이 오래되고 사건이 지나간 뒤에는 이른바 유족, 종범, 증인으로서 현재까지 남아 있는 사람이라고는 하나도 없으나, 이전에 범죄 사실을 증명하여 번복할 수 없는 확실한 증거로 삼았던 것 중에서 제기된 여러 의문점이 이처럼 환히 드러났습니다. 그러나 이제 주범의 죄를 박태관으로 옮겨 정하려고 한다면, 사실상 조사할 곳이 없습니다. 그렇다고 그대로 김일택에게서 자백을 받아 낸다면, 아무래도 사건을 공경히 처리하고 죄수를 불쌍히 여기는 도리가 아닙니다. 사건의 내막을 따져 보고 어리석은 신의 견해를 참작해 볼 때 가벼운 쪽으로 처벌하는 법을 시행하더라도 크게 형벌을 잘못 적용하는 실수를 저지르지는 않을 듯합니다. 그러나 사건을 처리하는 격식은 매우 엄중한 일이므로 감히 주상께 재가해 주시기를 곧장 청할 수가 없습니다.

조사하는 현장에서 죄인에게 심문할 항목은 문서 중에서 핵심적인 사항만을 뽑아서 작성하는 법인데, 이번에 보고한 문서의 구절 중 '두 사람이 상투를 잡았습니다.'라거나 '일고여덟 살이 된 아이들이었습니다.'라는 말들은 모두 문서의 심문 항목에는 없던 것들이었습니다. 그리고 죄수의 진술로 말을 하더라도 '박태관이 직접 개를 잡았습니다.'라거나 '김일택의 입을 보니 말하는 기미가 있는 것 같았습니다.'라는 말들도 전후의 진술에서 벌써 나왔을 듯하나 개략적인 내용조차도 보이지 않았습니다. 이것은 틀림없이 죄수의 명단을 기록하여 보고할 때 일부를 생략하고 문장을 작성하는 과정에서 지나치게 삭제하여 그렇게 된 것입니다. 살인 사건과 관련된 죄수의 명단을 기록하여 보고하는 일은 관계되는 바가 막중한데도 죄인의 진술 중 긴요한 내용을 많이 누락시켜 사건의 내막을 이해할 수 없게 만들었으니, 자세히 살피지 못한 실수를 면하기 어렵습니다. 죄수의 명단을 기록하여 보고할 때의 해당 도신을 추고推考하는 것이 어떻겠습니까?"【가경 3년 7월 7일에 우부승지 신 윤광안尹光顏이 담당하여 재가받았다.】

○ 주상의 판결은 다음과 같다.

"아뢴 대로 윤허한다. 심리할 때에 벌써 의문을 제기하여 문장을 지어 판결을 내린 적이 있다. 그뿐만 아니라 경들도 용서해 줄 만하다고 하였으니, 법률을 융통성 있게 적용해야 한다는 문제는 더 이상 이견이 있을 수 없다. 해당 죄수는 도신에게 분부해서 즉시 판결하여 처벌하게 하라."

○ 형조가 황해 감영에 보낸 관문은 다음과 같다.

"주상이 판결한 내용대로 시행하되, 거행한 상황을 즉시 장계로 보고하는 것이 당연하다. 관문의 내용은 이상과 같다.[92]"

○ 황해 감영이 함경 감영咸鏡監營에 보낸 관문은 다음과 같다.

"위의 수안군 살인 사건의 죄인 김일택을 《대명률》〈형률·인명〉 '싸우다가 구타하여 사람을 죽이거나 고의로 사람을 죽인 경우'의 1등급을 감

---

92 관문의……같다: 원문의 관關 자를 이처럼 해석하였으나, 원래 이 관關 자는 관문의 말미에 도장으로 찍힌 것을 옮겨 적은 것이다.

해 준다는 조문에 따라 100대의 장杖을 친 뒤에 3000리의 유형流刑에 처하는 형률을 적용하여 정배할 지역을 함경도 이성현利城縣으로 정하고, 관원의 친족을 별도로 정하여 정배할 지역으로 압송하게 하였습니다. 그러니 정배할 지역에 죄인이 도착하는 즉시 신임할 만한 사람에게 보증을 세우고 맡겨서 편안히 거주하게 해 주십시오. 그리고 정배한 지역에 도착한 달과 날짜 및 보증을 세우고 죄수를 맡긴 사람의 역명役名과 성명姓名은 함경도에서 규례에 따라 주상께 직접 보고해 주십시오. 이상과 같이 시행해 주시기 바랍니다."

2. 송화현松禾縣 강문행姜文行의 살인 사건에 대해 조사하여 아뢴 문서의 발사跋詞

【황해 감사는 이의준李義駿이고, 조사한 관원은 정약용이다.】

○ 사건의 근본 원인은 다음과 같다.

송화현의 백만장白萬章이 자기 어버이를 강씨姜氏의 산에 몰래 매장하였다.[93] 강문행이 그의 친족인 강의손姜儀孫과 함께 백만장의 집에 가서 백만장이 방 안에 앉아 있는 것을 보고서는 끌어내어 뜰 안으로 떨어뜨렸다. 마침 그곳의 형세가 높아서 뜰보다 방이 1장丈 남짓이나 높았다. 강문행이 화방火坊의 위에 서서【창문 아래에 중방 밑까지 쌓아 올린 벽을 우리말로 화방이라고 한다.】 끌어냈는데, 화방의 너비는 발을 디딜 수 있을 정도였다. 당시는 더욱이 한겨울이어서 땅이 얼고 단단하여 상처가 생기기 마련이었다. 뜰로 떨어지고 난 뒤에 또 강의손이 뒤따라 그의 머리털을 끌

---

93 송화현의……매장하였다: 원문에는 아무개〔某甲〕라고 하여 성명을 밝히지 않았으나,《심리록》과《일성록》에서는 백만장白萬章이라고 하였으며, 백만장이 자기 어버이가 아니라 할아버지를 매장하였다고 하였다.

어당기며 손으로 구타하고 발로 걷어찼다. 그 뒤로 며칠이 지나서 백만장이 죽었다.

1차 검안한 관원은 '구타를 당하여 죽게 되었다.'라고 사망의 실제 원인을 기록하고 강의손을 주범으로 정하였다. 2차 검안한 관원인 정술인鄭述仁은 '백만장이 구타당하고 걷어차였다 하더라도 시장屍帳에는 애당초 다친 기록이 없습니다. 이는 틀림없이 언 땅에 추락하여 장기臟器가 흔들리고 끊어졌기 때문일 것입니다.' 하고서는 '내부의 장기가 다쳐서 죽게 되었다.'라고 사망의 실제 원인을 기록하고 강문행을 주범으로 정하였다. 3차 검안 결과는 2차 검안 결과와 일치하였으므로 강문행이 마침내 주범으로 정해졌으나, 여론은 의문점이 있는 사건이라고 하였다.

이에 앞서 여러 도의 검안한 관원들이 시장에 기록할 상처가 명확하지 않은 경우에는 번번이 '내부의 장기가 다쳤다.'라고 기록하였는데, 주상이 하교하여 그렇게 기록하는 것을 금지하였다. 정술인이 아뢰기를 《무원록》에도 내부의 장기가 다쳐 죽은 경우의 조문이 명백히 있는데, 어찌 일시적인 금지령으로 마침내 「내부의 장기가 다쳐서 죽게 되었다.」라는 명목을 폐기할 수 있겠습니까!'라고 발사에 문장을 지어 이치를 따져 서술하고 '내부의 장기가 다쳤다.'라고 사망의 실제 원인을 단정하였는데, 황해 감사도 옳게 여겼다.

그러다가 가경嘉慶 무오년(1798, 정조 22) 여름이 되었을 때 주상이 재계하면서 살인 사건을 처리하다가 김일택과 강문행 두 가지 사건을 특별히 지목하여 조사해서 보고하게 하였다. 그리하여 김일택은 참작하여 처리하라는 은전을 특별히 입었다. 그러자 형조 판서 박종갑이 '강문행의 살인 사건을 조사하여 보고한 내용 중 「밀쳐서 내던졌습니다.」라고도 하고 「끌어내서 떨어뜨렸습니다.」라고도 하여 서술한 것이 조잡합니다.' 하고서는 다시 조사하기를 청하였다. 이에 황해 감사가 또 나를 조사관으로 삼았고, 조사가 끝나자 나에게 발사 및 급히 보고할 장계를 대신 작성해 달라고 부탁하였다. 그리하여 강문행도 참작하여 처리하라는 은전을 입었다.【무오년 6월 중의 일이다.】

○ 발사는 다음과 같다.[94]

"이번 살인 사건은 처음에 세 차례 검안하고 이번에 또 두 차례 조사하였는데, 처음에는 다친 흔적이 명확하지 않아 사망의 실제 원인과 주범을 모두 바꾸었으나, 이번에는 증언이 다소 다르고 '밀쳐서 내던졌습니다.'라고 한 것과 '끌어내서 떨어뜨렸습니다.'라고 한 것을 구분하기가 어려웠습니다. 그래서 검안보고서는 이미 하나로 결론이 지어졌으나 발사는 모호함을 면치 못하여 추고推考하라는 명을 받기까지 하였으니, 신은 황공한 마음이 가득하여 몸 둘 바를 모르겠습니다.

다만 신의 생각을 말씀드리면 다음과 같습니다. '밀쳐서 내던졌습니다.'라고 하거나 '끌어내서 떨어뜨렸습니다.'라고 하여 전후로 두 가지 진술이 나온 것은 헛갈리는 듯하나 속내를 차분히 따져 보면 사실상 의심할 것이 없습니다. 형조가 아뢴 내용 중 '별안간 백만장의 몸이 떨어진 까닭은 강문행이 손을 놓아서입니다.'라고 한 것은 사실상 그날의 진짜 상황을 묘사하였습니다. 신의 발사 안에서도 어찌 '백만장의 몸을 차분히 아래쪽으로 내리다가 땅에 가까워져서야 손을 놓았습니다.'라는 의미로 말한 적이 있겠습니까!

형조가 아뢴 내용 중에서 '밀쳐서 내던졌습니다.'라고 한 것과 '끌어내서 떨어뜨렸습니다.'라고 한 것을 가지고서 장황하게 말을 하였으므로 신

---

94 발사는 다음과 같다: 원문에는 이 문서가 누구의 문서인지가 밝혀져 있지 않으나 《일성록》 정조 22년 10월 10일 기사에는 황해 감사 이의준李義駿의 장계로 실려 있다. 다만 앞서 정약용이 밝혔듯이 이 장계는 정약용이 대신 작성한 것이다.

도 나누어서 말씀을 드리겠습니다. '밀쳐서 내던졌습니다.'라는 말은 백만장을 섬돌로 끌어낸 뒤에 별도로 손을 써서 허공으로 솟구쳐서 비스듬히 떨어지게 한 것입니다. '끌어내서 떨어뜨렸습니다.'라는 말은 창문으로 끌어낼 때에 마침내 신속하게 끌어당겨서 그 기세로 인하여 아래로 떨어지게 한 것입니다.

손을 쓰기에 순조로운지 거북한지를 따진다면 이렇습니다. 섬돌의 너비는 겨우 두 발을 디딜 정도로 좁고 분노의 기운은 북받쳐 오른 상태인데, 방에서 끌어내어 그가 섬돌 위에 발을 디딜 때까지 기다렸다가 별도로 손을 써서 재차 번거롭게 밀쳐서 내던진다는 것은 그 당시 광경을 조용히 상상해 볼 때 너무도 더딥니다. 반면에 방에서 끌어낼 때에 신속한 기세로 당겨서 미처 섬돌에 발을 디디고 설 겨를도 없이 갑자기 몸을 떨어뜨려 땅에 떨어지게 하는 것은 손을 쓰기에도 순조롭고 사리로도 합당합니다. 3차 검안보고서의 발사 안에서 '섬돌이 좁아서 다행히 비스듬히 떨어졌습니다.'라고 한 말은 가장 적합하게 묘사한 것입니다.

그뿐만 아니라 백만장이 섬돌로 끌려 나왔을 때에는 틀림없이 뜰을 바라보고 방을 등지고 있었을 것이니, 만약 별도로 밀려 내던져졌다고 한다면 언 땅에 몸이 고꾸라져서 반드시 얼굴이 처박히게 되었을 터인데, 어찌하여 검안보고서의 시장에는 애당초 깨져서 다친 흔적이 없었던 것입니까! 별도로 밀려 내던져진 것이 아님을 이것을 통해 증명할 수가 있습니다.

어떤 경우에 상처를 더 심하게 입는지를 따진다면 이렇습니다. 밀쳐서 내던진 경우에는 반드시 뜰 안에 멀리 떨어지나 끌어내서 떨어뜨린 경우에는 반드시 섬돌 아래에 가까이 떨어지며, 밀쳐서 내던진 경우에는 반드시 별도로 새로 손찌검을 당해야 하지만 끌어내서 떨어뜨린 경우에는 원래의 기세를 그대로 따라서 떨어지며, 밀쳐서 내던진 경우에는 반드시 온몸이 처박히지만 끌어내서 떨어뜨린 경우에는 두 다리가 물구나무를 서며 떨어집니다. 따라서 앞의 경우가 맹렬하고 뒤의 경우가 둔하며, 앞의 경우가 심하게 다치고 뒤의 경우가 덜 다칩니다. 신의 발사 안에서 '차이가 있는 듯합니다.'라고 했던 말이야말로 이것입니다.

'밀쳐서 내던진 경우에는 내부의 장기를 다치게 할 수 있으나 끌어내서 떨어뜨린 경우에는 내부의 장기를 다치게 할 수 없다.'라고 한 것은 더욱이 정황과 법률을 도외시하였습니다. 수레에서 떨어지거나 부주의하여 넘어지더라도 내부의 장기를 다칠 수가 있는데 하물며 7자 높이의 섬돌에서 남에게 끌려서 떨어뜨려진 경우는 더 말할 것이 있겠습니까! 엉덩이와 허벅지가 처 박히면서 세찬 충격이 위로 치솟아 오장육부가 안에서 진동하고 맥이 쉽게 끊어지면, 그대로 목숨을 잃는 것은 이치상 괴이할 바도 없습니다. 아랫배가 부풀어 오르고 구멍에서 피가 나온 것은 끌어내서 떨어뜨렸기 때문일 수도 있겠으나 실제의 진짜 정경은 별도로 찾아보아야 합니다.

다만 공중으로 솟구쳐서 비스듬히 떨어진 경우와는 상처의 정도에 차이가 있을 뿐이고, 내부의 장기를 다칠 수 있는지는 두 가지 경우 모두 차이가 없으니, 강문행을 죽일지 살릴지 및 사건의 내막이 원통한지 타당한지에는 그다지 영향이 없습니다. 이것이 신이 「밀쳐서 내던졌습니다.」라고 하거나 「끌어내서 떨어뜨렸습니다.」라고 하여 전후로 두 가지 진술이 나온 것은 헷갈리는 듯하나 속내를 차분히 따져 보면 사실상 의심할 바가 없습니다.'라고 한 이유입니다.

형조가 아뢴 내용 중에서 '밀쳐서 내던졌습니다.'라고 한 것과 '끌어내서 떨어뜨렸습니다.'라고 한 것을 명확하게 구분하지 못한 이유로 신을 끊임없이 나무랐으니 신은 참으로 수용하여 죄로 삼아야 합니다. 그러나 만약 극단적으로 나누려고 한다면 제揶와 척擲 두 글자도 원래 의문을 가져야 합니다. 신의 생각은 이렇습니다. 제擠는 떠미는 것이고 척擲은 내던지는 것이니, 떠미는 것과 내던지는 것은 각각 형세가 다릅니다. 제擠는 잡았던 손을 놓고 상대를 밀어서 넘어지게 하는 것이지만, 척擲은 잡은 손에 힘을 주어 붙잡고서 내던져 떨어지게 하는 것입니다. 따라서 밀치면 내던지지 못하고 내던지면 밀치지 못하는 법이니, 이 두 가지를 한 가지 일로 합쳐 놓은 것은 본래 명확하지 못했습니다. 형조가 아뢴 내용에서는 어찌하여 이 두 가지를 분별하지 않았는지 모르겠습니다.

대체로 오래된 사건을 조사하는 법에서는 검안을 위주로 해야지 새로 나온 진술을 기준으로 삼아서는 안 됩니다. 그런데 이 살인 사건에서는 '밀쳐서 내던졌습니다.'라고 하거나 '끌어내서 떨어뜨렸습니다.'라고 하거나 간에 모두 사건을 담당하는 관원이 진술하는 말을 듣고서 글을 작성하고 의미를 따라서 글자를 사용하였으니, 글자의 의미를 세밀히 따지면 전혀 다른 것 같지만 말의 의미를 통틀어 따져 보면 사실은 서로 뒤섞어 사용하기가 쉽습니다. 그러므로 죄수가 진술할 때에는 '전혀 변경하지 않았다.'라고 스스로 생각하지만, 조사보고서에서는 약간 차이가 있는 것을 피하지 못합니다. 이러한 원인은 참으로 언어와 문자가 본래 다르기 때문입니다.

'밀쳐서 내던졌습니다.'라고 한 것과 '끌어내서 떨어뜨렸습니다.'라고 한 것은 모두 강문행의 입에서 나온 그대로 적은 말이 아닙니다. 강문행이 말한 것이라고는 처음부터 지금까지 줄곧 '끌어내서 내리꽂았습니다.'라고 하였습니다. '내리꽂았다.[昆之]'라는 말은 '곤저昆諸'라고도 하는데, 형리刑吏와 검안한 관원이 이를 번역하여 문장으로 만들면서 '밀쳐서 내던졌습니다.'라거나 '끌어내서 떨어뜨렸습니다.'라고 하였습니다. 따라서 이치상 융통성 있게 보아야 정황상 미루어 통달할 수가 있습니다. 더욱이 어찌 글자의 의미를 경전經典의 문장처럼 세밀히 따질 수 있겠습니까!

이 살인 사건에서는 '밀쳐서 내던졌습니다.'라거나 '끌어내서 떨어뜨렸습니다.'라고 한 것이 쟁점이 아니라 내부의 장기가 다쳐서 죽었는지 아니면 구타를 당하여 죽었는지가 쟁점일 뿐입니다. 참으로 내부의 장기가 다쳐서 죽었다면 죽어야 할 사람은 강문행이고, 만약 구타를 당하여 죽었다면 요행히 피한 사람은 강의손입니다. 쟁점을 분명하게 밝히는 것은 당연히 여기에 달려 있습니다.

그러나 어리석은 신만 혼자서 '내부의 장기가 다쳐서 죽었다고 하더라도 반드시 강문행을 주범으로 단정해야 하는 것은 아니다.'라고 생각합니다. 그 이유는 이렇습니다. 구타하고 걷어찰 때는 반드시 떠밀기까지 하는 법이고, 몸이 곤두박질칠 때는 반드시 몸이 뒤집히게 됩니다. 손으로 떠밀 때는 가슴과 등까지 손찌검을 하기가 쉽고, 몸이 뒤집힐 때는 내부의 장기가 흔들리게 됩니다. 그렇다면 내부의 장기가 다치게 된 빌미가 강의손 때문이 아니라고 어떻게 보장하겠으며, 목숨으로 보상하는 벌을 전적으로 강문행에게 귀결시켜야 한다고 어떻게 장담하겠습니까!

이제 정황에 따라 의문을 제기하고 반드시 죽을 상황에서 살릴 길을 찾아보려고 한다면, 내부의 장기가 다쳐서 죽었다고 한 것은 아무래도 지나치게 파고든 면이 있으므로 강의손에 대해 결국은 무죄로 판명하게 되었던 것입니다. 이것은 다시 생각해 보아야 할 문제이기도 합니다. 그러나 여러 차례 조사하여 증언도 하나로 모아졌으니, 목숨으로 보상하는 벌을 강문행이 감히 벗어날 수는 없습니다. 그런데도 줄곧 애매모호하게 진술하고 연이어 범행을 부인하고만 있으니 너무도 교활하고 악랄합니다. 더욱더 엄중히 형장을 쳐서 내막을 알아내는 것이 어떻겠습니까?"

3. 곡산부谷山府의 강도 김대득金大得을 체포하고 조사하여 올린 보고서

○ 가경嘉慶 정사년(1797, 정조 21) 8월 13일에 동촌東村 이화동梨花洞의 존위尊位 홍치범洪致範이 다음과 같이 보고하였다.

"이 마을의 월천곡月川谷에 사는 백성인 절충장군折衝將軍 김오선金五先이 지난 7월 26일에 함경도咸境道 영풍永豐에서 소를 사서 돌아오다가 도둑을 만나 죽게 되었습니다. 이달 8, 9일 이후로 이러한 소문이 파다하였으므로 김오선의 집에 직접 가서 상황을 탐문해 보니, 김오선의 아들 김완보金完甫와 김완춘金完春은 '우리 아버지가 본래 가슴과 배를 앓아 왔는데 저자에 다녀오던 중에 갑자기 발작하여 살릴 수가 없게 되었던 것이고, 사실상 도적을 만난 일은 없습니다.' 하였습니다. 이웃과 마을 사람들에게 두루 물어보아도 대답이 똑같았습니다. 10일 오후 4시쯤 전후하여 매장하였으나, 도적이 죽였다는 말은 끝내 사라지지 않았습니다. 그러므로 이에 급히 보고합니다."

○ 이화동은 곡산부의 소재지까지 거리가 100여 리로, 남쪽으로는 이천伊川의 고미탄古尾灘에 닿고, 동쪽으로는 안변安邊의 영풍사永豐社와 이어지며, 북쪽으로는 안변의 노인령老人嶺과 통하는데, 여기저기 어지러이 산이 솟아 있고 숲이 우거져 있어 본래 도적의 소굴이라고 불려 왔던 곳이다.

따라서 그곳에 직접 가지 않으면 사실을 조사할 수가 없다. 이에 현장 조사를 한다는 명목으로【《무원록》〈잡록雜錄·검지檢地〉에 현장 조사하는 방법이 있다.】즉시 출발하여 급히 가려고 하자 좌우에서 서로 말렸으나 모두 듣지 않았다. 14일에 직접 문암門巖 동구의 김오선이 목숨을 잃은 곳에 도착한 뒤 계획을 세워서 샅샅이 조사해서, 영풍 사람인 이호천李好天의 아들 이봉위李奉位【16세이다.】와 이창인李昌仁【15세이다.】을 붙잡아 와서 사람들이 출입하지 못하는 은밀한 방에 숨겨 두었다. 그리고 중군中軍 강진주姜鎭周를 시켜서 채색 끈과 전병을 많이 사 주고 꾀어서 말을 하여 사실을 밝혀내도록 하였다.

이에 두 장교와 두 군졸을 징발하여 두 아이를 데리고서 도적을 추적하여 체포하게 하였다. 그리하여 과연 8월 28일에 범인을 붙잡아 황해 감영黃海監營에 보고하고 죽였다.

○ 보고서는 다음과 같다.

"곡산부 이화동에 사는 백성 김오선이 지난 7월 26일에 도적을 만나 살해당한 까닭 및 각 사람 등의 진술은 이달 15일에 이미 급히 보고하였습니다. 곡산 부사는 감시監試의 참고관參考官으로 16일에 출발하여 황해 감영이 있는 고을로 급히 떠났습니다. 김오선이 살해당할 때의 목격한 증인 이봉위와 이창인 두 아이를 달래기도 하고 위협하기도 하여 여러 방법으로 샅샅이 심문하여 기어코 실토하게 하였더니, 이봉위와 이창인 등이 다음과 같이 다시 진술하였습니다.

'작년 12월에 우리가 안변 영풍의 법곶法串에 서는 장터에 가서 미역을 사서 소의 등에 실으려고 할 때, 가게의 머슴으로 보이는 어떤 놈이 문득 재목을 가득 싣고서 소를 타고 지나가다가 가게의 문 앞에 재목을 풀어 놓고서는 우리 앞으로 와 서서 미역을 들어 보면서 그 무게를 헤아렸습니다. 그리고 우리에게 말하기를 「짐은 무겁고 소는 작은데 어떻게 싣고 가려고 하느냐?」 하였습니다. 한창 말을 하는 사이에 마을 사람 두셋이 소를 몰고 지나가다가 멀리서 그놈을 부르기를 「김 서방, 김 서방, 같이 가지 않으려는가?」 하니, 그놈이 대답하기를 「나는 발고목勃姑木이【발고목은 물건을 싣는 나무이다.】부러져서 소의 등에 실을 수가 없다. 그대들도 잠시 머물다가 나와 함께 가자.」하였습니다. 우리도 이때에서야 그놈이 김가金哥라는 사실을 알았습니다. 우리가 힘이 약하고 짐이 무거워 김가더러 힘을 보태 함께 실어 달라고 하자, 김가가 말하기를 「발고목을 이제 고쳐서 저 사람들과 같이 가야 하니, 내 일이 매우 바빠서 힘을 보탤 수가 없다.」하였습니다. 우리가 재삼 간청하자, 김가가 힘을 써서 도와주었습니다. 김가의 얼굴과 신장을 그 당시에 상세히 보았습니다.

지난 7월 26일 해가 저물 때 곡산에서 소를 타고 문암의 수구水口를 지나는데 길가의 수풀 속에서 나는 누군가의 시끄러운 소리를 갑자기 들었으며, 또 누런 소 한 마리가 콩밭에 풀려 있었습니다. 우리가 소리 높여 외치기를 「저 소를 빨리 붙들어라. 소가 서로 싸우려고 한다.」하였는데, 말을 마치기도 전에 수풀 속을 언뜻 보니 검은 물체가 사람을 타고 앉았다가 몸을 일으켜서 뛰쳐나오더니, 우리에게 칼을 빼 들고 크게 소리치며 말하기를 「너희가 소리를 지른다면 내가 너희를 찌르겠다.」하였습니다. 이때 칼날에는 핏자국이 선명하였습니다. 우리가 타고 있던 소 아래로 다가와서 우리를 낚아채려고 하였는데, 길가에 마침 움푹 파인 곳이 있어 도적놈이 넘어져 미처 몸을 일으키지 못할 때 우리가 그 틈을 타서 사납게 채찍질하여 소를 몰아서 급히 앞으로 달렸습니다. 그때 그의 용모를 보니, 작년 12월 법곶 장터의 가게 앞에서 힘을 보태 미역을 실어 주었던 김가였습니다.

범인의 용모로 말하면, 얼굴빛은 희었고, 광대뼈는 약간 튀어나왔으며, 양쪽 뺨은 홀쭉하게 들어갔고, 코는 높고 턱은 뾰족하였으며, 눈두덩은 오목하게 꺼졌고, 눈썹은 숱이 많고 색깔이 진하였으며, 상투는 크고 구레나룻은 적었으며, 머리카락은 사방으로 드리워졌습니다. 나이는 2, 3십 살가량이었고, 신장은 중간 정도였습니다. 무명으로 지은 소창옷은 양쪽의 옷자락을 뒤로 묶었습니다. 칼의 길이는 두어 치였습니다.【양쪽 옷자락을 뒤로 묶은 것은 범행을 저지르기에 편리하기 때문이다. 소의 이마에 난 털이 양의 털과 같다는 것은 관아에서 조사하여 밝혀낸 사실이다.】 소의 털빛은 누런색이고 수컷이며 크지도 작지도 않은 크기이며, 두 뿔은 앞으로 굽었고, 이마의 털은 양의 털과 같았으며, 양쪽 옆구리에 부스럼이 있어 진물이 흘러나왔습니다.

그놈을 이제 만약 잡아와서 대면하면 명백히 분별할 수 있으니, 상고하여 처치해 주소서.'

곡산 부사가 황해 감영으로 출발할 때 임박하여 두 아이의 진술을 글로 써서 범인을 탐문하여 체포할 장교 김광윤金光允과 심창민沈昌民 등에게 주면서 영풍 법곶 장터의 근처로 가서 각별히 염탐하여 기어코 잡아다가 바치게 하였습니다. 곡산 부사가 관아로 돌아온 뒤, 8월 30일 저녁 8시쯤 전후하여 김광윤과 심창민 등이 김대득이라는 도적놈을 잡아서 돌아왔습니다. 당일 김광윤과 심창민이 다음과 같이 보고하였습니다.

'저희가 8월 16일에 명령을 받들고 나가서 이가 집의 두 아이와 같이 곧장 영풍 법곶 장터의 근처로 가서 옷을 바꾸어 입고 몰래 다니면서 여러 방법으로 수소문하였습니다. 작년 12월에 운반한 재목이 원래 누구의 집을 짓기 위한 것이었는지를 각별히 탐문해 보니, 그 동네의 한가韓哥가 올해 집을 지었고 작년 12월에 과연 온 마을 사람들의 힘을 동원하여 재목을 실어 나르게 했다는 사실을 알아냈습니다. 그래서 두 아이를 시켜 그 당시 재목을 실어 날랐던 사람들을 하나하나 살펴보게 하였으나, 모두 아니라고 하였습니다. 이에 12월 이후로 그 동네에서 나간 사람을 또 다른 경로로 탐문해 보니, 이광인李光仁의 집 머슴인 김대득이란 자가 올해 7월에 아무런 이유 없이 나갔는데, 행적과 소식을 분명히 말해 줄 수 있는 사람이 없었습니다. 그래서 저희가 이리저리 돌아다니면서 추적하고 은밀히 탐문하였으며 중간에 계략을 써 보기도 하는 등, 입으로 다 말할 수 없을 정도로 노력하였습니다.

8월 28일 오후 6시쯤 전후하여 법곶 장터에서 80리 거리인 안변 노인령老人嶺 아래의 세동촌細洞村까지 찾아갔는데, 사람의 발길이 닿지 않는 곳인 깊은 산골짜기의 초가집 두 채 앞에서 김대득이란 자를 붙잡았습니다. 그러나 김대득을 즉시 결박하지는 않고 산허리의 숲속까지 데리고 와서 두 아이에게 살펴보게 하였습니다. 두 아이가 숲속에 같이 앉아서 김가가 오는 것을 바라보더니, 눈썹이 솟구치며 꿈틀거리고 얼굴빛이 갑자기 달라지면서 저희에게 빨리 결박하라고 눈짓을 하였습니다. 그래서 저희가 두 아이에게 말하기를「이 사람이 그 도적놈이면 죽느냐 사느냐가 판가름 나는 때이니, 젊은 너희들은 애매한 사람을 원통하게 죽게 해서는 안 된다.」하니, 두 아이가 발끈 화를 내고 얼굴을 붉히면서 마치 매가 꿩을 노려보듯이 바라보다가 갑자기 일어서서 고래고래 소리를 지르며 말하기를「우리가 결박하라고 하였으면 곧장 결박해야 한다. 이놈이 억울하다면 우리가 재앙을 받을 것이다.」하고, 또 말하기를「저놈이 전에 문암의 수구에서 칼을 뽑아 들고서 우리를 찌르려 하였고, 발을 잡고서 우리를 낚아채려고 하였다. 빨리 결박해야 한다.」하였습니다.

이때 김가는 얼굴이 흙빛이 되고 온몸을 부들부들 떨더니 한 바탕 한숨을 쉬면서 말하기를「너희들이 나와 무슨 원한이 있느냐? 너희들이 이와 같이 하니 내가 이제 죽게 되었다.」하고 변명하는 말을 더 이상 한마디도 못 하였습니다. 저희가 이 당시의 광경을 보면서 하늘의 뜻이 작용하고 귀신이 지켜본다는 사실을 알았습니다. 그래서 즉시 결박하였습니다. 도적놈의 용모를 자세히 살펴보니 과연 두 아이가 16일에 진술했던 것과 조금도 차이가 없었습니다. 그래서 더 이상 샅샅이 심문하지 않고 문성文城 쪽으로 길을 잡아서 밤낮없이 데리고 왔습니다.'

그러므로 규례대로 진술을 받았습니다.【진술은 모두 삭제하였다.】"

○ 발사는 다음과 같다.

"이 살인 사건은 이렇습니다. 두 아이의 전후 증언에 어긋난 사실이 없고, 두 장교가 이리저리 돌아다니면서 추적하여 체포할 때 충분히 맥락이 있습니다. 미역 싣는 일을 도와줄 때 김가가 많은 이야기를 나누었으니 본래 얼굴을 어렴풋하게만 알았던 것이 아니었고, 재목을 실어다 운반한 뒤에 한가의 집에서 집을 지은 사실이 확실하였으니 행적을 황당하게 추적한 것도 아니었습니다. 문암의 수구에서 시끄러운 소리가 났을 때 검은 물체가 소를 풀어놓고 사람을 죽인 사실을 착오 없이 살펴보았고, 산허리에서 바라볼 때 상기된 얼굴로 마치 매가 꿩을 노려보듯이 바라본 것은 광경이 그림처럼 눈에 선합니다.

도적놈의 용모, 수소의 털빛, 살해된 날짜, 범행한 장소는 아이들의 진술과 도적의 진술이 하나하나 서로 부합하니, 실제의 상처에 어긋나는 단서가 있더라도 오히려 전혀 의심을 둘 수가 없습니다. 더구나 세 곳을 칼로 찌른 사실은 앞서 진술할 때 분명히 하였고 다시 진술할 때 '목구멍을 찔렀습니다.'라는 말은 더욱 부절符節을 맞춘 듯이 일치하였습니다. 한바탕 소리를 외친 사실은 아이들의 말과 합치되었고 대질할 때 '넘어졌습니다.'라는 말은 더욱이 대나무를 쪼개듯이 명쾌하였습니다. 그뿐만 아니라 체포하러 나가기 전에 '김가' 두 글자가 나왔으니, 김대득이 붙잡히리라는 것을 아이들이 어떻게 미리 알았겠습니까! 징표徵標를 물어볼 때에 옥관자 한 쌍에 대한 말이 나왔으니, 김오선이 절충장군이라는 사실과 도적의 진술이 어찌 우연히 합치될 수 있겠습니까!

유족 김완보 등이 진술한 내용 중에 '왼쪽의 허벅지 살에 몽둥이로 구타당한 흔적이 있었습니다.'라고 하였으나 도적이 '애당초 몽둥이로 구타한 일이 없었습니다.'라고 진술하였으니, 김완보의 말은 착오인 것 같습니다. 구타를 당해 남아 있는 흔적이라는 것은 김완춘의 억측인 데다가 더욱이 땅에 떨어져서 상처를 입었다는 것에 대해서는 도적놈이 의문을 일으켰으니, 사리로 미루어 보면 칼로 찌른 사실을 자백한 마당에 몽둥이로 구타한 사실을 자백하지 않을 리가 결코 없습니다.

김오선이 칼에 찔린 사실과 김대득이 주범이라는 사실은 이리저리 맞추어 보아도 전혀 어긋나지 않았습니다. 사건이 이와 같다면 어찌 자세히 따질 필요가 있겠습니까! 그의 심보를 따져 본다면 목숨으로 보상하게 하는 정도로만 마감할 수가 없습니다. 다만 생각건대, 살인 사건과 사람의 목숨은 지극히 중대하므로 검안을 한 살인 사건은 1차 검안 결과가 의심할 것이 없다고 하더라도 2차 검안을 생략하지 않습니다. 이 살인 사건은 이미 조사로 검안을 대신하였는데, 1차 조사 결과가 이와 같이 명백하더라도 관원을 차출하여 2차 조사를 하게 하는 것이 어떻겠습니까?"【며칠 뒤에 황해 감영의 제사題辭로 인하여 곤장棍杖을 쳐서 죽였다.】

4. 수안군遂安郡 최주변崔周弁의 사망 사건에 대한 2차 검안 보고서의 발사
【2차 검안한 관원은 곡산 부사 정약용이다.】

○ 발사는 다음과 같다.

"모든 각 사람이 진술하였습니다. 두 사람이 같이 죽었으므로 두 차례의 검안도 같이 시행하였으나, 이는 원수를 갚은 사건이고 주범도 사실대로 자백하였습니다. 따라서 겉면만 살펴보면 의심할 것이 없는 듯하지만, 사건의 정황을 차분히 따져 보면 경솔히 판단할 수가 없습니다.

복수한 사건을 따져 볼 때는 원수가 된 원인을 소급해서 살펴보아야 하니, 반드시 보복해야 하는 원수라면 보복한 사람은 죄가 없지만, 보복해야 하는지 의문이 있는 원수라면 보복한 것도 합당한지를 의논해 보아야 합니다. 그러니 어찌 복수하였다는 명분을 내세웠다고 해서 그것이 도리에 합당한지는 헤아려 보지도 않고 정황에 의문이 있는지 살펴보지도 않은 채 곧장 '정의로운 기개가 장렬하다.'라고 단정하고서 지조를 지킨 협객의 풍모가 있는 것처럼 인정할 수 있겠습니까!

이번에 최주변이 상처를 입게 된 근본 원인에 대해 조사해 보니, 안 여인[安女]은 '서로 쌀을 차지하려고 싸웠기 때문입니다.' 하였으나, 신 여인[辛女]은 '바지를 벗기고서 희롱하고 모욕했기 때문입니다.' 하였습니다. 그리고 안 여인은 '뾰족한 칼로 곧장 찔렀는데 칼날의 독이 깊이 침투한 것입니다.' 하였으나, 신 여인은 '칼날로 비스듬하게 때렸고 살갗과 살에 약간 상처를 입었습니다.' 하였습니다. 싸우다가 죽였는지 아니면 장난치다가 죽였는지에 따라 의도가 선했는지 악했는지가 판가름 나고, 칼로 찔렀는지 아니면 칼로 때렸는지에 따라 범행이 매서웠는지 아닌지가 현격히 다릅니다.

이 두 가지 일을 가지고서 그 원수를 갚는 것이 당연한지와 그 사람을 사형시켜야 할지가 판가름 납니다. 그러니 어찌 이미 죽었기 때문에 죽인 사람도 죽여야 한다고 귀결시키거나 현재 살아 있으므로 구타한 사람도 살려 주어야 한다고 하여 눈앞에 벌어진 사건을 깨끗이 처리하기를 구할 수 있겠습니까!

다음과 같이 가설적으로 생각해 보았습니다. 창고를 지키는 사람들이 모두 죽은 두 사람과 마찬가지로 똑같은 관원이었고 가까운 이웃 사람들이 두 집안과 똑같이 같은 마을에 살았다고 한다면, 설사 한쪽 사람들은 애정이 있고 한쪽 사람들은 증오가 있다고 하더라도 감히 어느 한쪽을 일방적으로 편들지는 못합니다. 그러나 「조롱하다가 상처를 입었다.'라는 말을 최주변이 살아 있을 때 자기 입으로 스스로 말하였습니다.'라고 모두 똑같이 말하였고 어긋나는 말이 조금도 없었습니다. 그뿐만 아니라 바지를 벗겨서 목에 걸어 놓고서는 통천관通天冠이라 이름을 붙였고, 성기를 노출시키고 볼기를 때리면서 공상栱桩의 벌이라고 이름을 붙였으니, 희롱이라고 하지 않으려고 해도 그것이 가능하겠습니까!

더구나 떡을 자르는 칼은 본래 날카로운 칼이 아니고 솜을 붙인 버선은 뚫지 않는 법인데도 결국 피를 흘렸으니, 참으로 하나의 의문스러운 사건입니다. 하물며 창감倉監(창고 감독관)은 벽을 사이에 둔 방에 앉아 있어서 싸우는 소리를 듣지 못했으나, 창고지기倉庫直는 그 당시 신 여인이 깔깔거리며 크게 웃는 것을 눈으로 보았으니, 이 사건이 싸움 때문에 일어났다면 사람이 칼에 찔려서 다친 상황에서 어떻게 깔깔거리며 크게 웃을 수 있겠습니까! 더구나 최주변이 상처를 입고 난 뒤로도 한 달이나 지났는데, 이 사건이 싸움 때문에 일어났다면 그처럼 원통한 일을 또 어찌하여 즉시 관아에 고소하지 않았겠습니까!

이러한 몇 가지를 통해서 최주변이 상처를 입은 것은 희롱하다가 일어난 일임이 대단히 명백합니다. 더욱이 상처를 입은 지 며칠 이내에 곡斛을 들고서 뜰을 걸어 다녔고 거적을 짊어다가 창고에 들일 수 있었으니, 이러한 사실을 미루어 보면 손찌검이 매섭지 않았다는 것과 칼날의 독이 깊이 침투하지 않았다는 것을 알 수 있습니다.

게다가 검안보고서의 시장屍帳을 보면 이렇게 기록되어 있습니다. 왼쪽 바깥쪽 복숭아뼈 아래의 칼날에 상처를 입어서 난 구멍 하나는 비스듬한 길이가 1치 3푼이고, 깊이가 9푼이나 되며, 사방 주위가 약간 단단하였으며, 고름과 피가 구멍을 막았습니다. 이것을 가지고서 말을 한다면, 칼을 잡았던 사람은 죽여야 합니다. 그러나 이것뿐만이 아닙니다. 앞면의 왼쪽 정강이, 왼발 안쪽 복숭아뼈, 왼발 안쪽 복숭아뼈 아래 부위의 다쳐서 꺼진 곳 및 뒷면의 왼발 오금, 왼발의 바깥쪽 복숭아뼈, 왼쪽 발등의 다쳐서 꺼진 곳에 모두 여섯 개의 구멍이 나 있습니다. 그 크기는 크기도 하고 작기도 하며 그 깊이는 깊기도 하고 얕기도 한데, 모두 사방 주위가 약간 단단하였고 고름과 피가 구멍을 막았습니다. 이것은 이른바 '칼날에 상처를 입어서 난 구멍 하나'와 그다지 차이가 없었는데, 이것이 모두 민성주閔成柱가 찔렀겠습니까!

안 여인은 '쇠의 독기가 퍼지고 부스럼의 독기가 번진 것입니다.' 하였으나, 이제 《무원록》〈조례·인상사〉의 조문과 의서醫書의 쇠로 만든 무기에 다친 경우의 조문을 살펴보아도 독기가 퍼지고 번진 증세에 대해 거론한 것이 전혀 없습니다. 참으로 칼에 다친 상처는 뱀에 물린 상처와 다르고, 쇠로 만든 무기에 다친 상처는 부스럼으로 생긴 상처와는 유사하지 않기 때문이라고 한다면, 독기가 퍼지고 번진다는 것은 사리에 합당하지가 않습니다.

손놀림으로 말을 하더라도, 오른손으로 칼을 잡고 마주 앉은 상태에서 칼로 비스듬하게 때렸다면 칼날은 반드시 왼발 바깥쪽 복숭아뼈의 곁에 닿았을 것이고, 오른손으로 칼을 잡고서 얼굴을 마주하고 곧장 찔렀다면 칼끝은 반드시 정강이 위에 닿았을 것입니다. 그런데 이번 사건에서는 칼에 다쳐서 생긴 상처가 왼발 바깥쪽 복숭아뼈 아래에 나 있으니, 칼날로 비스듬하게 때렸다는 것이 매우 명백합니다. 만약 왼쪽에서부터 곧장 찔렀다고 한다면 칼끝의 길이가 1, 2푼에 불과할 뿐인데 칼날에 찔려서 생긴 구멍의 비스듬한 길이가 어떻게 1치 3푼이나 되겠습니까! 이 한 가지를 통해서 곧장 찌르지 않았다는 사실이 매우 명확합니다.

이른바 칼날에 찔려서 생긴 구멍도 살갗이 터져서 피가 흘러나온 데에 불과하고 애당초 뼈가 다쳐서 골수가 드러난 것은 아니었으니, 이 때문에 목숨을 잃었다는 것은 아무래도 이치에 맞지 않습니다.

원래 칼날에 찔린 상처는 따뜻한 방에서 조리하는 것이 중요한 법입니다. 그런데 최주변이 바람을 쐬고 찬 기운을 쐬다가 혈맥에 상처를 키웠고, 곡을 들고 거적을 짊어지다가 힘줄이 당겨 부스럼의 독기가 풀리지 않아서 끝내 보고기한을 넘기지 못하게 하고 말았습니다. 따라서 사망의 실제 원인은 '찔려서 죽게 되었다.'라고 기록할 수가 없기 때문에 '칼날에 찔려 상처를 입은 뒤에 몸조리를 잘하지 못하여 죽게 되었다.'라고 기록하였습니다.

이번 사건은 희롱하다가 일어난 데다가 목숨을 잃은 원인도 바람을 쐬어서였으니, 칼을 잡은 잘못 때문에 일어난 사건이기는 하지만 목숨으로 보상해야 할 정도까지의 죄는 아닙니다. 그러므로 민성주는 사망하지 않았다면 피고인으로 기록해야 합니다. 창고지기 구월봉九月奉은 민성주의 일을 자세히 보았고, 창사령倉使令 김동이金同伊는 최주변의 말을 두 번이나 들었으므로, 이 두 사람을 증인으로 기록하였습니다.

민성주가 최주변을 죽인 사건이 이와 같이 애매하고 분명하지 않은 이상, 안 조이安召史가 민성주를 죽이고서 남편의 원수를 갚았다고 한 명분도 어찌 잘못되어 타당성을 잃은 것이 아니겠습니까! 민성주의 죄가 무거우면 안 조이의 죄는 가볍고 민성주의 죄가 가벼우면 안 조이의 죄는 무거우니, 사소한 부분까지도 다투어야 하고 털끝만 한 차이라도 살펴야지, 눈앞에서 벌어진 정황이 끔찍하고 악독하며 스스로 자백한 것이 명백하다는 이유만으로 '이 살인 사건은 의문이 없습니다.'라고 할 수는 없습니다.

이제 민성주의 시체를 검안한 결과는 이렇습니다. 왼쪽 이마의 살이 손상된 곳, 왼쪽 눈썹 위의 뼈가 손상된 곳, 오른쪽 귓바퀴가 벗겨져 나간 곳, 오른쪽 턱 아래의 살이 터진 곳은 모두 다듬잇방망이로 구타당하여 생긴 것입니다. 그러므로 이와 같이 구타를 당하면 충분히 목숨을 잃을 수도 있습니다. 그러나 식도와 기도의 찔린 곳에 난 구멍 하나는 비스듬한 길이가 2치 4푼이었습니다. 목구멍은 얼굴에 비해서 부위가 더욱 중요하고, 칼은 다듬잇방망이에 비해서 날카로운 기운이 더욱 독합니다. 그러므로 사망의 실제 원인은 '찔려서 죽게 되었다.'라고 기록하였습니다. 주범은 안 조이로 기록하였습니다. 목격한 증인으로는 유족인 민소백閔小白 부부 외에는 목격한 사람이 없었으므로 지정할 수가 없었습니다.

대체로 이 사건은 안 여인 자신은 혼자 저지른 일이라고 하지만, 민소백 부부가 최청오崔靑五와 이호걸李好乞 등에게 결박당하지 않았다면, 자기 아버지가 찔려 죽는 상황에서 어찌 옆에서 구원하지 못했겠습니까! 주범은 묶지 않고 친족만을 묶었으니, 선발대가 날개를 자르고서 나가자마자 후발대가 이어 들어와서 목구멍을 찌른 것입니다. 행적을 가지고서 따져 보면 같이 모의했다는 사실을 알 수 있으니, 그녀가 혼자 저질렀다고 한 말도 매우 정직하지 못합니다.

이상을 종합해서 설명하면 이렇습니다. 아내가 남편의 원수를 갚는 일은 인간의 도리로 볼 때 대의명분에 맞는 행동이니, 기특한 일이기도 하고 고상한 절개이기도 합니다. 원수란 원한을 맺은 쌍방을 말하는 것으로, 원한을 맺은 쌍방도 많은 등급이 있습니다. 만약 민성주의 범행이 기어이 죽이려는 마음에서 나왔고 칼날이 몸에 닿은 부위도 다치면 반드시 죽게 되는 곳에 닿았다면, 칼을 품고 가서 원수를 갚은 안 조이는 어찌 기개가 장렬한 어진 부인이 아니겠습니까!

그러나 이번 사건은 그렇지가 않았습니다. 민성주가 최주변을 죽인 본래의 사건은 희롱을 당하다가 저지른 것이고, 상처를 입은 곳은 복숭아뼈 아래며, 민성주의 범행 수법은 칼날로 비스듬하게 때린 정도였고, 최주변의 병이 악화된 빌미는 바람을 쐬었기 때문이니, 최주변이 다행히 죽지 않았더라면 한바탕 웃고 말 일에 불과하였습니다. 그러므로 병을 앓던 한 달 동안 온갖 고생을 다 겪으면서도 속으로 참으면서 병이 낫기만을 기다리고 끝내 관아에 고소하지 않았던 것입니다.

그러다가 불행하게도 최주변이 죽게 되자, 즉각 독기 서린 칼날로 민성주의 목구멍을 곧바로 찔렀고 모진 방망이로 민성주의 머리를 난타하였으니, 범행 수법이 신속하고 다친 상처가 끔찍하기로는 민성주가 최주변에게 입힌 것보다 백 배나 심하였습니다. 이 안 조이는 시골의 어리석은 백성일 뿐입니다. 남편이 죽으면 원수를 갚아야 한다는 말만 들었을 뿐이고, 남편이 죽게 된 본래의 사건이 살인이 아니라는 사실은 따져 보지 못하였습니다. 따라서 정황과 법률로 헤아려 볼 때, 복수하기 위해 죽였다는 사실 때문에 복수 살인한 경우의 본래 형률만을 적용할 수는 없을 듯합니다. 그러므로 우선 목에 칼을 씌우고 엄중히 가두어 두고서 처분을 기다리겠습니다.

최청오와 이호걸 등은 민성주를 묶지 않고 친족만을 묶어 놓고서는 함께 죽여야 한다고 은밀히 주장하였으면서도 겉으로는 살인을 도와준 죄를 피하였으니, 그들의 소행을 따져 보면 너무도 교활하고 악랄합니다. 이러한 죄야말로 바로 《대명률강해》〈형률·인명〉 '계획적으로 사람을 죽인 경우' 조문의 '살인할 당시에 서로 함께 에워싸거나 위협하면서 가로막아 도망가지 못하게 한다.'라는 주註와 합치합니다. 이들도 똑같이 목에 칼을 씌우고 엄중히 가두어서 처분해 주시기를 기다리겠습니다.

민소백은 팔이 결박당하기는 하였지만 몸으로 아버지를 가리거나 다리로 안 조이를 막는 것은 가능할 수도 있었는데, 그러한 일을 눈으로 보면서도 '사람 살려!'라는 소리조차 한 차례 지르지도 못하였으니, 사람의 도리라고는 아주 사라져서 할 말이 없습니다. 민소백도 엄중히 가두어 두었습니다.

이 살인 사건에서는 깨우쳐 줄 만한 한마디 말이 있습니다. 만약 안 여인이 스스로 원수를 갚지 않고 의례적으로 관아에 고소하였다면, 이 사건을 다스리는 관원은 틀림없이 '칼날로 찔러서 죽였습니다.'라고 하였을 것이며, 이 사건을 판결하는 관원은 틀림없이 '목숨으로 보상하게 하여 징계해야 합니다.'라고 하였을 것입니다. 만약 이에 대해서 의문을 가졌더라면 안 조이가 망령되게 사람을 죽인 행위에 대해 죄가 없다고 할 수는 없을 것입니다. 이러한 길이 한번 열리면 나중에 생길 폐해가 끝이 없으리니, 절개를 빙자하여 도리를 손상하는 행위는 법률상 허용해서는 안 됩니다. 목격한 증인 이하 각 사람도 그대로 가두어 두고서 처분을 기다리겠습니다.

두 사람의 시장 각 3건을 '지地' 자 번호를 써넣어 감합勘合[95]한 뒤에 각 1건은 유족에게 주고, 각 1건은 고을 관아에 비치하고, 각 1건은 첨부하여 감영으로 올려보냅니다. 두 사람의 시체는 2차 검안을 거쳤으므로 즉시 매장하게 하는 것이 합당할 듯합니다. 범행에 사용한 흉기로 말하면, 두 시체에 상처를 낸 흉기가 본래 동일한 칼이기 때문에 안 조이가 범행에 사용한 다듬잇방망이와 함께 그림을 그려서 감영으로 올려보냅니다. 부사는 이곳에서 관아로 돌아갔습니다. 이러한 연유를 모두 첩정牒呈으로 보고합니다."

○ 수안 군수 남속南涑의 1차 검안보고서에서는 최주변이 사망한 실제의 원인을 '찔려서 죽게 되었다.'라고 하며 민성주를 주범으로 단정하고 안 조이를 열녀烈女라고 하였으나, 나의 2차 검안보고서는 이와 같았다. 황해 감영의 제사에서는 1차 검안보고서를 따라 안 조이를 무죄로 풀어

---

95 감합勘合: 2장 이상의 문서가 동일하게 작성된 문서라는 사실을 증명하기 위해, 각 문서의 한쪽 끝을 서로 겹쳐 대고 그 위에 도장을 찍거나 글자를 써넣는 것을 가리킨다.

주라고 하였다.【당시 수령 중에 사무에 대해 잘 아는 사람이라고 스스로 일컫는 자가 있었으므로, 감사가 그에게 대신 제사를 짓게 하였다. 그 뒤에 황해 감사가 2차 검안보고서를 상세히 살펴보고서는 후회하여 사건을 번복하려고 하였다가 곧바로 그만두었다.】 그 뒤 몇 달 만에 안 조이가 간음하였다.

○ 이 살인 사건은 너무도 의심스러운 사건이다. 버선의 무명베가 찢어지지도 않았는데 살과 살갗이 먼저 터지고 심지어 피까지 흘렀으니, 이럴 수가 있겠는가! 이것을 가지고서 본다면, 아마도 최주변이 구타를 당하기 전에 종기가 심하게 나 있었다가 칼끝으로 맞고서 터지자 버선의 무명베가 찢어지지도 않았는데 피가 바깥까지 흘러나온 듯하다. 여섯 구멍으로 번진 부스럼은 어찌 종기의 독기가 퍼진 것이 아니겠는가! 그렇다면 안 조이의 범행은 더욱 이치에 맞지 않는 행위에 속한다.

전발무사

❀

2

1. 북부北部 함봉련咸奉連의 살인 사건을 상세히 조사한 뒤 대책을 마련하여 보고한 계사

○ 사건의 경위는 다음과 같다.

가경嘉慶 기미년(1799, 정조 23) 4월에 내가 곡산谷山에서 주상의 부름을 받고 조정으로 돌아오다가, 도성都城 안으로 들어오기도 전에 주상의 특명으로 형조 참의刑曹參議에 제수되었다. 나에게 서울과 지방의 살인 사건을 심리하게 하셨는데, 이미 번복할 수 없이 확실한 사건은 본래 모두 규례대로 대책을 마련하여 보고하였다.

그런데 하루는 주상이 대략 다음과 같이 판결하셨다. '함봉련의 살인 사건은 더러 의문점이 있으니, 경 등이 상세히 살펴보고 대책을 마련하여 보고하라.' 내가 형조의 1차 검안보고서와 2차 검안보고서를 가져다가 살펴보려고 하니, 형조의 모든 사람이 말하기를 '이 사건은 벌써 10년이 넘어서 이제는 번복할 수 없는 확실한 것이 되었으니, 상세히 살펴보아도 도움이 될 게 없다.' 하였다. 내가 형조의 서리書吏를 시켜서 검안보고서를 가져오게 하여 절반도 채 읽지 않아서 그 사건이 몹시 원통하다는 것을 알고서 마침내 이치를 따져 대책을 마련하여 보고하였다.

아침에 나의 심리 의견을 주상에게 아뢰었는데, 아직 정오가 되기도 전에 형조 안이 크게 떠들썩하였다. 승정원의 하례下隸가 주상의 판결문을 전하자, 곧장 형조의 뜰에 함봉련을 데리고 나오게 한 뒤 목에 씌운 칼과 손에 채운 수갑을 풀어 주고, 옷과 갓을 하사하여 무죄로 풀어 주었다. 그리고 원래의 문서는 불 속에 던져 태워 버렸다.

○ 함봉련은 양주楊州 의정리議政里의 백성이다. 평창平倉의 군졸 서필

홍徐弼興[96]이 환향還餉[97]을 독촉하러 의정리 김대순金大順의 집에 가서 송아지를 대신 끌고 가다가 길에서 뒤쫓아 온 김대순을 만났다. 김대순이 송아지를 도로 빼앗아 가려고 하였으나 서필홍이 주려고 하지 않자, 김대순이 마침내 서필홍의 배에 걸터앉아 자기 무릎뼈로 가슴 한복판을 짓찧고 송아지를 빼앗아 가지고 가다가, 길에서 땔감을 지고 돌아오던 함봉련을 만났다.

함봉련은 김대순 친족의 머슴이었다. 김대순이 멀리서 함봉련을 불러서 말하기를 '저기 가는 자는 도둑으로, 우리 송아지를 훔친 자이다. 네가 그의 뺨을 때려 주라.' 하였다. 함봉련이 땔감을 짊어진 채 서서 손으로 그의 등을 떠밀자, 서필홍이 밭 사이로 쓰러졌다가 즉시 일어나서 떠났다. 서필홍이 평창으로 돌아가서 몇 되나 되는 피를 토하고, 자기 아내에게 말하기를 '나를 죽인 사람은 김대순이니, 당신이 복수해 주시오.' 하였으며, 이유를 자세히 말해 주고서는 말을 끝마치자 목숨이 끊어졌다. 그의 아내가 북부로 달려가서 고소하였다.

북부가 작성한 1차 검안보고서의 시장屍帳은 다음과 같다. '가슴 한복판 한 곳은 검붉은색을 띠고 단단하며 둘레가 3치 7푼이었으며, 콧구멍은 피로 막혀 있었습니다. 이 외에는 상처가 전혀 없었습니다.' 그리고 사망의 실제 원인은 '구타를 당하여 죽게 되었다.'라고 기록하였고, 주범은 함봉련으로 기록하였으며, 목격한 증인은 김대순이라고 기록하였습니다. 이렇게 기록한 이유는 이장과 세 명의 가까운 이웃이 모두 '함봉련이 떠

---

96 서필홍徐弼興: 원문에는 이름을 밝히지 않고 아무개〔某甲〕라고 기록되어 있으나 《일성록》에 의거하여 이름을 밝혔다. 《심리록》에는 서재홍徐再興으로 되어 있으나, 《일성록》에 의하면 서재홍이 자신의 아우인 서필홍의 사망 사건에 대해 북부北部에 진정서를 올렸다고 하였으므로 서필홍이 타당한 것으로 보인다.

97 환향還餉: 환곡還穀으로 운용하던 군량軍糧을 가리킨다.

밀어서 죽였습니다.'라고 진술하여서였다.

한성부漢城府의 2차 검안도 1차 검안과 동일하였다. 형조가 한 달에 세 차례 합동 조사를 시행한 뒤 대책을 마련하여 보고한 계사에서도 모두 목숨으로 보상하게 할 것을 청하였다. 대신이 올린 심리 의견과 승정원의 승지들이 의논하여 보고한 의견도 모두 동일하였다. 이제 사건이 발생한 지 12년이 되었다.【기미년(1799, 정조 23) 5월 중의 일이다.】

○ 형조 참의 정약용이 다음과 같이 대책을 마련하여 보고하였다.

"신 등이 어제 심리 의견을 아뢸 때는 사건 기록 중 본래 의문점이 있다고 한 사건만 뽑아서 마음을 써서 이치를 따져 의견을 서술하여 보고하였습니다. 함봉련 살인 사건의 경우에는 형조 안의 여론이 본래 번복할 수 없이 확실한 사건이라고 하였으므로 의례적으로 형장을 치며 심문하기를 청하였을 뿐이었습니다. 막상 성상의 비답을 받들고 보니, 이 사건을 특별히 지목하면서 신 등에게 상세히 살펴보고 심리 의견을 아뢰게 하셨습니다.

신 등이 위로는 사건을 신중히 처리하고 죄수를 불쌍히 여기시는 성상의 덕을 깨닫고 아래로는 형벌을 공경히 밝힌다는 취지를 다하여 1차 검안과 2차 검안의 문서를 가져다가 살펴보았습니다. 사건의 근본 원인을 조사해 보니, 사건의 내막이 몹시 원통하고 하나하나 사리에 어긋나서, 처음에는 의문이 생겼다가 마지막에는 의문이 사라졌습니다. 신 등이 어제 사건을 잘못 심리하여 의견을 보고한 죄는 피할 길이 없게 되었으니, 황공한 마음이 가득하여 몸 둘 바를 모르겠습니다.

살인 사건을 판결하는 법을 세밀히 따져 보면 세 가지 근거가 있어야 합니다. 첫째는 피해자 가족의 진술이고, 둘째는 시체를 검안한 결과이며, 셋째는 공정한 증인입니다. 이 세 가지가 서로 합치되어야 그 사건에 대해서는 의문이 없어지지만, 세 가지가 서로 어긋나면 그 사건은 결말을 짓지 못합니다. 이번 함봉련의 살인 사건은 검안보고서의 시장에 기록된 상처와 피해자 가족의 진술이 서로 딱 일치하는데도 이를 놓아둔 채 적용하지 않았고, 범인의 꾸며 대는 거짓말만 온전히 신뢰하고 가까운 이웃들의 모함하는 진술을 참고하여 사망의 실제 원인을 정하고 주범을 바꾸어 정하였습니다.

서필홍이 대문을 들어서면서 아내를 불러 놓고 원통함을 호소하면서 내뱉은 이름은 김대순 세 글자였고, 피를 뿌리며 원수라고 지목하면서 복수해 주기를 원한 대상도 김대순 한 사람이었습니다. 서필홍이 애당초 납부하라고 독촉하러 갔던 것도 김대순의 곡식 때문이고. 그 때문에 빼앗아 간 것도 김대순의 송아지였습니다. 그런데 그 마을은 김대순이 터를 잡고 살아오던 곳이고, 그 이웃들은 김대순이 호령하던 사람들이었습니다. 따라서 살인 사건을 처리하는 격식으로 볼 때 김대순의 행동과 주변에 대해 대단히 마음을 다하여 살폈어야 합니다. 그런데도 범인은 놓아두고 엉뚱한 사람을 심문하여 김대순은 빠져나가고 함봉련만 붙잡아서는 갑자기 함봉련을 주범이라고 하였으니, 또한 잘못되지 않았겠습니까!

더구나 주범을 바꾸어 정하는 법은 전적으로 상처에 달려 있습니다. 만약 서필홍이 죽게 된 상처가 분명히 함봉련의 손찌검 때문에 생긴 것이라면, 김대순이 아무리 세력이 있는 사람이고 함봉련은 아무리 힘이 없는 사람이라고 하더라도, 사망의 실제 원인이 된 상처가 바뀐 이상 본래 주범도 바꾸어 정해야 합니다.

그러나 이번에는 그렇지가 않았습니다. 서필홍을 짓찧은 것은 김대순의 무릎이고, 서필홍을 떠민 것은 함봉련의 손바닥이었습니다. 그렇다면 무릎이 닿은 곳은 서필홍의 가슴 한복판이 아니었겠습니까! 손바닥이 닿은 곳은 서필홍의 등이 아니었겠습니까! 서필홍의 등에는 명백히 상처 한 점도 없었으나, 서필홍의 가슴 한복판에는 검붉은색을 띤 상처가 3치였습니다. 이 상처를 가지고서 이 사건의 주범을 찾는다면 누가 합당하겠습니까?

이웃 증인들은 '서필홍의 등을 떠밀어 죽였습니다.' 하였고, 시장에는 '서필홍의 가슴을 잡고서 검안하였습니다.' 하였으니, 예물로 바치는 술이 싱겁자 성城을 포위한 꼴이라고 하겠으며,[98] 벌이 관冠을 쓰고 자고子皐 때문에 상복을 입은 꼴이라고 하겠으니,[99] 실제의 정황과는 동떨어진 것입니다.

더구나 김대순이 무릎으로 서필홍을 짓찧었고 함봉련이 손으로 서필홍을 떠밀었다면, 사망의 실제 원인은 '짓찧어져서 죽게 되었다.'라고 하지 않고 '떠밀려서 죽게 되었다.'라고 해야 합니다. 그런데 피해자 가족의 진술과 이웃들의 진술에서는 '구타하였다.'라는 말을 전혀 한마디도 꺼내지 않았고, 시체의 앞면과 뒷면에도 몸뚱이에 몽둥이를 맞은 흔적이 하나도 없는데, 이제 갑자기 사망의 실제 원인을 '구타를 당하여 죽게 되었

---

98 예물로……하겠으며: 중국 전국시대 때 초楚나라의 선왕宣王이 제후諸侯들을 소집하였는데, 노魯나라의 공공恭公이 늦게 도착한 데다가 예물로 가지고 온 술맛도 싱거웠다. 선왕이 언짢아하자 공공도 화를 내고 돌아가 버렸다. 이에 선왕이 제齊나라와 같이 노나라를 공격하였다. 당시 양梁나라 혜왕惠王은 조趙나라를 공격하고 싶었으나 초나라가 조나라를 지원할까 두려워서 공격하지 못하다가 이 틈을 타서 조나라의 수도인 한단邯鄲을 포위하였다. 서필홍이 죽게 된 계기가 원래 김긋손金㐣孫의 환향을 받으러 갔다가 받을 수가 없자 그의 6촌인 김상필金尙弼의 소를 대신 끌어간 일 때문이므로, 원래 환향과 관계도 없는 함봉련과 김대순이 이 사건에 휘말리게 된 일을 이처럼 비유적으로 표현한 것이다.

99 벌이……하겠으니: '벌이 관冠을 썼다.'라고 한 것은 벌의 머리가 관을 쓴 것처럼 생겼기 때문에 한 말이다. '자고子皐 때문에 상복을 입었다.'라는 말은 중국 성成 땅의 사람들이 형이 죽어도 상복을 입지 않다가 지극한 효성으로 부모의 삼년상을 치른 자고가 그 고을의 수령으로 온다는 말을 듣고서는 상복을 입게 되었다는 고사를 인용한 것이다. 증인들은 함봉련에게 불리한 쪽으로 증언하고 시장에서는 김대순에게 유리한 쪽으로 서술하여 함봉련이 주범으로 몰린 것을 비유적으로 표현한 듯하다.

다.'라고 단정하였으니, 세상에 어찌 이와 같이 살인 사건을 처리하는 격식이 있겠습니까!

만약 '떠밀려서 죽게 되었다.'라고 한다면 등에 상처가 없고, 만약 '짓찧어져서 죽게 되었다.'라고 한다면 김대순에게 죄가 돌아갑니다. 그러므로 사망의 실제 원인의 명목을 애매모호하게 기록하여 '구타를 당하여 죽게 되었다.'라고 기록하였습니다. 떠밀었다고만 해도 오히려 억울한데 구타하였다는 것은 무엇을 말한 것입니까!

더구나 증인이란 공정한 증인을 말합니다. 피해자 가족이 증인이 될 수 없는 이유는 그들의 뜻이 원수를 갚는 데 있어서이고, 범인이 증인이 될 수 없는 이유는 그의 뜻이 살아나 보려고 꾀하는 데 있어서입니다. 가까운 이웃이 증인이 되는 이유는 그들의 감정이 양쪽 모두에게 똑같아서이고, 옆에서 구경한 사람이 증인이 되는 이유는 그들 자신이 죽고 사는 것과는 관계가 없어서입니다.

그런데 이번 살인 사건에서는 김대순을 목격한 증인으로 삼았습니다. 김대순은 주범으로 고소당한 사람인데, 주범으로 고소당한 사람이 공정한 증인이 될 수 있겠습니까! 김대순은 자신이 살아나는 데 뜻이 있는데, 어느 겨를에 남의 죽음을 불쌍하게 여기겠습니까! 김대순으로서는 자기가 자기 죄를 증언하는 셈이고 함봉련으로서는 원수가 원수의 죄를 증언하는 셈이니, 이것도 매우 원통한 일입니다.

더구나 가까운 이웃들은 모두 김대순의 친인척이고 이장은 모두 김대순의 후원자이니, 많은 사람이 한통속이 되어 이 살인 사건을 성립시켰습니다. 그러나 피해자 가족이 제출한 고소장과 단단한 흔적이 있다고 기록된 시장 등 전후의 문서에서는 모두 거론한 일이 없었습니다. 그러니 정황과 법률로 헤아려 볼 때 너무도 소홀하였습니다.

이제 원통하고 억울한 사정을 풀어 주려고 한다면 반드시 김대순 등 여러 사람을 붙잡아다가 1차 검안과 같이 철저히 조사해야 명백히 분별할 수가 있을 것입니다. 그러나 그사이에 세월이 10년이나 지나서 심문을 받아야 할 각 사람이 죽었는지 살아 있는지 떠났는지 남아 있는지 모두 알 수가 없습니다. 만약 조사하여 증명할 수 있는 길이 끊어졌다면 함봉련의 원통한 사정은 씻을 수가 없을 것입니다. 다만 경기 감영京畿監營을 시켜서 조사를 한 뒤에 이치를 따져 서술하여 보고하게 하는 것이 어떻겠습니까?"

○ 주상의 판결문은 이러이러하였다.

○ 판결문의 문장이 화려하고 말이 길어서 이제 모두 기억할 수는 없다. 다만 중간에 '뇌물이라는 그물에 의지할 곳 없는 제비만 느닷없이 걸린 셈이다.'라는 등의 구절이 있었고, 마지막에는 '함봉련은 곧장 형조의 뜰에서 무죄로 풀어 주고, 원래의 사건 기록은 불에 던져 태워 버리라. 김대순은 경기 감영에서 사형에서 한 등급을 낮추어 조사하여 처리하게 하라.' 하였다.

2. 황주黃州 신착실의 살인 사건에 대해 입시한 자리에서 아뢴 내용

○ 황주의 백성 신착실申著實은 본래 엿 파는 일을 생업으로 하는 사람이다.[100] 박형대朴亨大가 외상으로 엿 두 개를 먹고 그 값을 갚지 않았

---

100 황주의……사람이다: 이 사건에 대한 서술이 《심리록》 및 《일성록》과 다르게 되어 있으나, 교감할 수도 없어서 그대로 번역하였다. 우선 원문에는 사망한 사람을 아무개〔某甲〕라고 표현하였으나, 《심리록》 및 《일성록》에는 박형대朴亨大라고 하였다. 사건의 경위에 대해서도 《심리록》 및 《일성록》에서는 신착실이 엿장수가 아니라 박형대가 엿장수라고 하였으

으므로, 연말이 되자 신착실이 그의 집으로 찾아가서 독촉하였으나 박형대가 갚지 않았다. 점차 서로 실랑이를 벌이다가 마침내 발끈 화를 내기까지 하여 신착실이 손으로 밀자 박형대가 떠밀렸다. 마침 그의 등 뒤에 지게가 위로 눕혀 있어서【지게란 땔나무를 짊어지는 것이다.】지게뿔이 박형대의 항문을 정통으로 찔러 위로 복부까지 치솟아 바로 사망하였다. 그리하여 살인 사건이 성립되기에 이르렀다.

○ 가경嘉慶 무오년(1798, 정조 22) 가을에 내가 해주海州에 갔을 때 황해도 안의 수령守令들이 부용당芙蓉堂에 많이 모였다. 모두 말하기를 '이 죄수는 두 닢의 돈 때문에 싸우던 그 시각에 곧바로 사람을 죽였으니 틀림없이 용서받을 수 없을 것이다.' 하였다. 나와 정 판관鄭判官【정술인鄭述仁이다.】만 '그렇지가 않을 것이다.' 하였다.

그다음 해 여름에 내가 형조 참의로 있으면서 살인 사건을 심리하여 의견을 보고하였는데, 하루는 입시한 자리에서 주상께 다음과 같이 아뢰었다. '황주 신착실의 살인 사건은 다시 의논해 보지 않을 수가 없습니다. 참으로 지게뿔은 본래 곧고 날카로운 것이 아니고【지게뿔의 형세는 비스듬하다.】항문의 구멍도 은밀한 곳에 있으니, 공교롭게 서로 찔리게 하는 것은 사람이 할 수 있는 일이 아닙니다. 신착실에게는 사람을 떠민 죄가 있기는 하지만, 사람을 죽이려는 마음은 없었습니다.'

○ 주상이 즉시 승지承旨에게 명령하여 대략 다음과 같이 판결문을 쓰게 하였다. "몹시 뾰족한 것이 지게뿔이고, 몹시 작은 것이 항문의 구멍이다. 몹시 뾰족한 지게뿔이 몹시 작은 항문의 구멍에 닿았으니, 이는

며, 신착실이 엿값을 요구하는 박형대를 밀어서 죽게 하였다고 하였다.

세상에서 아주 교묘한 일들이 모여서 발생한 일이다."【이하는 이제 다 기억할
수는 없다.】이에 신착실이 참작하여 풀려날 수 있게 되었다.

3. 강진현康津縣 조규운趙奎運이 아들을 위해 복수한 사건에 대한 비평
【동일한 사건에서 두 차례 검안하였다.】

○ 다산의 비평은 다음과 같다.

"인咽이란 식도食道를 말하고 후喉란 기도氣道를 말하며, 위턱과 아래
턱은 밖에 있고 식도와 기도는 안에 있다.《무원록》〈검복·시장식屍帳式〉
앙면仰面(시체의 앞면)의 그림에 식도와 기도를 열거한 것은 목이 찔려서 죽
은 살인 사건이 발생하면 칼날이 들어간 깊이가 깊은지 얕은지 및 식도
와 기도의 관이 이어져 있는지 끊어졌는지를 확인하려는 목적이다.

구타를 당하여 외부에 상처가 생긴 시체의 경우에는 시장屍帳의 목록
에 식도와 기도를 열거해서는 안 된다. 그런데 이번 검안보고서의 시장
에는 '목구멍 및 식도와 기도 등의 부위에 푸른색과 노란색이 서로 섞여
있었고 물집이 여기저기 생겨 있었다.'라고 하였으니, 아! 이상하다. 검안
한 관원이 신비한 거울을 가지고 있지 않고서야 목구멍 위에 푸른색과
노란색이 서로 섞여 있고 물집이 여기저기 생겨 있는 것을 어떻게 볼 수
있었겠는가! 게다가 목구멍에도 이러한 증상이 나타나고 더욱이 식도와
기도에도 이러한 증상이 나타났단 말인가! 눈이 튀어나온 시체를 검안
한 사람이 '두 눈[眼]이 튀어나왔고 두 눈[目]이 또 돌출하였다.'라고 한다
면 깔깔대며 크게 웃지 않을 사람이 없을 것이다.

검안보고서는 사람의 생사를 판가름할 수 있는 중요한 기록이다. 따라
서 글자 한 자나 말 한 마디라도 소홀히 기록해서는 안 되는데, 이와 같

이 거칠고 경솔하게 기록하였으니, 또한 어렵지 않겠는가! 검안하는 관원은 서리에게 떠맡겨서 흐리멍덩하게 보고하고, 감사監司는 비장裨將에게 떠맡겨서 흐리멍덩하게 제사를 써서 내려 주어, 순탄하고도 아무 일 없이 지나가고 예사로운 일로 여기는 것이 버릇이 되었으니 또한 황당하지 않겠는가!"

○ 다산의 비평은 다음과 같다.

"더욱이 식도와 기도에 청자색靑紫色 피멍이 있겠는가? 해頦는 아래에 있는 턱을 말하고 함頷은 위에 있는 턱을 말하니, '위턱뼈[頬骨]'라고 해야 옳고, 경頸은 앞에 있는 목을 말하고 항項은 뒤에 있는 목을 말하니, '앞목 사이[頸間]'라고 해야 옳다. 《무원록》〈검복·시장식〉 앙면의 그림에서는 '위턱은 목뼈의 위에 있다.'라고 하였고, 옛글에서는 스스로 자기 목을 벤 사람을 언제나 '목을 베었다.[刎頸]'라고 하였으니, 목의 안은 후喉라 하고 목의 밖은 해頦라 하며, 목의 안은 상嗓이라 하고 목의 밖은 경頸이라 한 것을 알 수 있다. 그런데도 문자를 뒤섞어 사용하여 언제나 '식도와 기도에 피멍이 있다.'라고 하니, 또한 잘못되지 않았겠는가!

○ 다산의 총괄 비평은 다음과 같다.

"동일한 사건에서 두 차례 검안하는 일은 자주 있는데 '전에는 드물게 들은 일입니다.'라고 첫 구절을 시작하였으니, 생무지임을 말해 준다. 게다가 사망의 실제 원인을 지목하여 정하는 법으로 말하면, 사지와 온몸에 모두 상처가 있더라도 반드시 그중에서 상처 하나를 골라잡아서 목숨을 잃게 한 상처로 삼는 것이 법규이다. 상처는 크지 않더라도 급소 부위에 났으면 목숨을 잃게 한 상처로 지목하고, 부위는 급소가 아니더라도 모진 상처를 입었으면 목숨을 잃게 한 상처로 지목하며, 외부에 난 상처는 심하지 않더라도 내부의 장기臟器를 다친 증거가 있으면 목숨을 잃게 한 상처로 지목한다.

목숨을 잃게 한 상처를 지목할 때에는 정신을 한군데로 집중하여 마음속으로 저울질해서 아주 미세한 부분까지도 경중을 헤아려야 하니, 이것이 살인 사건을 처리하는 법이다. 그런데 지금 뒤섞어서 말하기를 '옆구리와 아랫배의 여러 상처들이 모두 모질게 구타당한 탓에 생긴 것입니다.'라고 하였으니, 세상에 어찌 이와 같은 검안보고서가 있단 말인가!

게다가 손으로 구타한 것만으로는 사람을 죽일 수가 없으니, 힘이 센 장사의 주먹으로 허약한 남자의 가슴을 정면으로 구타한 경우가 아니면 즉시 죽는 일이 없었다. 마팔馬八이 범행에 사용한 흉기로는 신고한 것도 없는 데다 습득한 것도 없으니, 이 사건은 손으로 구타한 사건일 뿐이다. 손으로 구타한 사건에서는 손찌검한 형세를 논해야 하는데, 손찌검하기에 불편한 부위는 손으로 구타할 수 있는 부위가 아니다. 뺨도 구타할 수 있는 부위이고, 뒤통수도 구타할 수 있는 부위이며, 등도 구타할 수 있는 부위이고, 협박胎膊(팔의 윗부분)도 구타할 수 있는 부위지만, 아랫배와 옆구리 사이는 손이 꼭 미칠 수 있는 곳은 아니다.

게다가 진술 내용에 의거하면, '처음에는 뺨과 수염을 구타하다가 마지막에는 또 짓밟았으며, 짓밟을 때는 손으로 머리카락을 붙잡았습니다.' 하였으니, '짓밟았다.'라는 것은 발로 걷어차고 발로 밟은 것을 말한다. 그런데 발에 걷어차이고 발에 짓밟혀서 죽은 사람에 대한 사망의 실제 원인을 두루뭉술하게 '구타를 당하여 죽게 되었다.'라고 썼으니, 세상에 어찌 이와 같은 검안보고서가 있단 말인가! 어찌 '구타를 당하다.[被打]'라는 두 글자가 주먹으로 구타당한 경우나 발에 걷어차인 경우의 총괄적인 명칭으로 쓰일 수가 있겠는가!

이제 시장을 보면, 아랫배 사이에 난 4치의 상처와 오른쪽 옆구리에 난 8치의 상처는 본래 목숨을 잃게 할 수 있는 것이고, 신낭腎囊이 부어오른 것은 더욱 긴요한 증거이고 보면, 조성득趙城得이 걷어차여서 죽게 되었다는 사실은 의심할 바 없이 명백하다. 그런데 손인지 발인지 구분하지도 않고 '짓밟혔다.[舂撞]'라는 두 글자로 기록하고서 한마디로 표현하기를 '구타를 당하여 죽게 되었다.'라고 하였으니, 그래서야 되겠는가!

게다가 내부의 장기가 다쳐서 죽은 경우에는 반드시 오장五臟이 상처를 입어야 빨리 죽는 법이고, 창자 부위를 다쳐서 죽었다는 말은 예로부터 듣지 못했던 일이다. 다만 아랫배는 오장이 위치한 부위가 아니므로 장기의 장臟 자를 창자의 장腸 자로 고쳤다. 그러나 창자라는 물건은 부드러워서 강한 것을 이길 수가 있으니, 짓밟아서 손상될 수 있는 것이 아니다. 그러니 '안으로 창자 부위를 다쳤다.'라는 것은 도대체 무슨 말인가!

○ 마팔이 이 살인 사건의 주범이란 사실에는 참으로 의문이 없다. 그러나 마팔을 결박하여 매달았을 때 한마디 스스로 해명하는 말이 없었다는 이유만으로 마팔이 범행을 저질렀다는 확실한 증거로 삼는다면, 또 억울할 것이다. 조규운이 처음 마팔을 결박하였을 때에 많은 사람이 어지러이 주먹질을 하고 번갈아 발길질을 하였으니, 소진蘇秦이 다시 살아난다고 하더라도 참으로 한마디도 못 하고 죽었을 것이다.[101] 하물며 매달았을 때는 마팔이 숨도 막히고 정신도 나갔으니, 하늘에 사무치는 억울한 마음이 있으나 한마디라도 할 수 있었겠는가!

○ '김승갑金升甲이 다리를 떨었습니다.'라는 것으로 말하면, 이를 본

---

101 소진이……것이다: 소진은 중국 전국시대의 유세가遊說家로서, 여섯 나라가 동맹하여 강국인 진秦나라에 함께 대항해야 한다는 합종설合從說을 주장한 사람이다. 여기에서는 마팔이 소진처럼 말을 잘하는 사람이라 하더라도 당시 결박당하여 매달린 상황에서는 변명하는 말을 하지 못하고 죽을 수밖에 없었을 것이라는 의미에서 인용한 것이다.

공정한 증인이 한 사람도 없으니 유 조이柳召史의 진술은 자연히 허망한 것으로 귀결되었다. 그러나 처음 진술을 바치던 때에 김승갑이라는 이름석 자가 주범이라는 명목으로 거론되고 있었는데, 세상에 그처럼 주범으로 지목되던 사람을 목격한 증인으로 바꾸어 놓는 경우가 있겠는가!

대체로 목격한 증인을 지목하여 정하는 법으로 말하면, 반드시 아무런 흠이 없고 지극히 공평하여 범인과도 관계가 없고 유족과도 관계가 없는 사람을 증인으로 삼아서 살인 사건을 판결한다. 그런데 주범으로 지목되던 사람이 어찌 목격한 증인이 될 수 있겠는가! 자신이 주범의 죄를 짓고서 주범이라는 죄목을 벗어나려고 꾀하는 사람이 어찌 또 공정한 마음을 가지고 공정한 말을 하겠는가!

선왕先王(정조) 때의 다음과 같은 일을 기억하고 있다. 선왕께서 나에게 양주楊州의 백성 함봉련咸奉連의 살인 사건[102]을 심리하도록 하셨다. 그 사건에서 1차 검안할 때 주범으로 지목되었던 사람을 2차 검안할 때 강등하여 목격한 증인으로 삼았는데, 내가 그 사람을 다시 주범으로 지목하여 아뢰었다. 그러자 선왕께서 특별히 명확한 판결을 내리시어 그 사건 기록을 불살라서 없애게 하셨다. 이것이 증거로 삼을 수 있는 일이다.

이 살인 사건으로 말하면, 최재룡崔再龍과 이덕철李德喆은 참으로 당당한 목격자이다. 그런데도 이들을 버려두고 쓰지 않고서 기어이 김승갑을 데려다가 증인으로 삼은 것은 도대체 무슨 명분인가! 김승갑은 참으로 이른바 사건에 연루된 사람이다."

---

102 함봉련咸奉連의 살인 사건: 서필흥徐弼興이 환향還向의 납부를 독촉하러 갔다가 김대순金大順과 함봉련에게 구타를 당하여 죽은 사건이다. 1차 검안할 때에는 김대순을 주범으로 정하였다가 2차 검안에서는 함봉련으로 바꾸어 10년이 넘도록 결론을 내리지 못하였다. 형조 참의인 정약용이 함봉련은 주범이 아니라는 이유를 논리적으로 서술하여 정조에게 보고하자, 함봉련을 무죄로 풀어 주었다.

○ 다산의 비평은 다음과 같다.

"약정約正이 무슨 죄란 말인가! 친구 사이라고 하더라도, 아버지가 새끼 잃은 호랑이처럼 아들의 원수를 갚는 상황에서는 누구도 감히 그 기세를 당할 수가 없는 법이다. 더구나 조규운은 그 지방의 토착 세력가이고 강익휘姜益輝는 마을의 천한 백성이니, 묶여있는 마팔을 어떻게 풀어주겠는가!

게다가 목격한 증인이라는 명목은 반드시 죄가 있는 사람이 떠맡는 것이 아니라 직접 자세히 목격하기만 하였으면 범죄가 없더라도 목격한 증인이 될 수 있다. 만약 어렴풋하게 전해 듣기만 하였다면 범죄가 있더라도 목격한 증인이 될 수는 없다. 이제 강익휘의 죄를 장황하게 서술해 놓고서는 그에 대한 벌을 '목격한 증인으로 기록하였습니다.'라고 하여, 마치 향교의 유생儒生이 죄를 짓자 그 벌로 군역軍役을 지게 하듯이 하였으니, 문장의 논리를 그렇게 하는 것이 타당하다고 하겠는가!

상처를 확실하게 지적한 것은 없으면서도 사망의 실제 원인은 '구타를 당하여 죽게 되었다.'라고 통틀어 말한 데 대해서는 앞서 말하였으니 또 어찌 나무라겠는가!"【이상은 발사跋詞에 대한 비평이다.】

○ 다산의 비평은 다음과 같다.

"마팔의 아내와 아들이 마팔을 구원하지 않은 죄는 어찌 이와 같은 정도에서 그칠 수 있겠는가! 임금이 넘어졌는데도 부축하지 않으면 이는 반역한 신하이고, 형이 곤경에 처하였는데도 보호하지 않으면 이는 도리에 어긋난 아우이다. 하물며 아버지와 아들 사이 또는 남편과 아내 사이에서는 더 말할 것이 있겠는가!

마팔이 결박당하였을 때 그의 고통스럽고 절박한 상황에서 구원해 주기를 바라는 사람으로는 어찌 아내와 아들보다 더한 자가 있겠는가! 그러나 그 당시에 아내와 아들이 도리어 몸을 숨기고 자취를 감추어 혹시라도 그 여파가 미칠까 염려해서 팔짱을 긴 채 지켜보기만 하였고, 조금도 힘을 써 보려고 하지 않았다. 그들의 세력을 가지고서 따져 보면 마치 약소국이 강대국을 상대하는 것이나 마찬가지이기는 하였으나, 윤리로 헤아려 보면 어찌 차마 남의 일처럼 바라보기만 할 수 있겠는가! 하늘의 이치를 손상하고 인간의 기강을 무너뜨린 것으로는 이보다 더 심한 경우가 없었다.

사건을 담당한 관원들은 유족이라고 하면 번번이 측은하게 여기는 마음에서 관대한 쪽으로 은전을 베푸는 경우가 많은 것을 항상 보아 왔는데, 이는 큰 틀을 모르는 것이라고 할 수 있다. 제사題辭 안에서 김승갑의 이름 석 자를 거론하지 않은 것도 너무 소홀히 하였다."【이상은 제사에 대한 비평이다.】

○ 이 사건은 건륭乾隆 신해년(1791, 정조 15) 4월의 일이다. 우연히 이 사건을 보았는데 오류가 매우 많았으므로 장난삼아 이처럼 비평하였다.

○ 이 살인 사건의 1차 검안보고서는 두 사람의 시체에 대해 각각 1장씩 작성하였는데, 이것은 너무도 격식을 위반하였다. 그래서 1차 검안보고서는 삭제하고 2차 검안보고서만 가져다가 비평하였다.

4. 가상하여 지은 강진현康津縣 백필랑白必娘과 백필애白必愛의 사망 사건에 대한 2차 검안보고서의 제사題詞

○ 제사는 다음과 같다.

" 정경이 처절하고 듣기에도 잔혹한 사건으로는 어찌 이번 살인 사건보다 심한 경우가 있겠는가! 자매가 대나무 광주리를 같이 가지고서 아름다운 못가를 따라가며 약초를 캐다가 치마끈을 서로 묶고 맑은 못을 바라보면서 꽃처럼 스러져 갔다. 이러한 정경을 본 사람은 마음이 쓰리고 코가 시큰거렸으며, 이러한 소문을 들은 사람은 넋이 나가고 창자가 끊어지는 듯하였다. 이웃과 마을 사람들은 눈을 부라렸고, 길을 가던 사람들은 모두가 혀를 찼다.

아! 저 나 여인[羅女]은 그녀 스스로 해명을 한다고 하더라도 또한 무슨 말로 죽음을 모면하겠는가! 그러나 세상에서 매우 엄중한 것은 윤리이니, 사건의 정황이 슬프고 원통한 듯하더라도 윤리를 우선적으로 강구해야 한다. 안일표安一杓의 보고서에서도 '계모의 구박을 견디지 못하였습니다.' 하였고, 박취도朴就道의 진술에서도 '계모의 구박을 견디지 못하였습니다.' 하였다. 백문일白文一의 진술에서는 후처後妻라고 하였고 '아들의 계모'라고도 하였다. 따라서 구박한 것도 확실하고 계모라는 것도 확실하니, 서모庶母(아버지의 첩)나 유모乳母 등과는 하늘과 땅처럼 크게 차이가 난다.

부모와 자녀 사이에는 부모가 자애롭지 않다고 하더라도 자녀는 불효할 수가 없다. 그러므로 《주례》〈지관地官·대사도大司徒〉에 나오는 여덟 가지의 형벌 중에 '자애롭지 못한 죄에 대한 형벌'은 그 안에 포함되어 있지 않다. 순舜 임금의 계모가 날마다 순 임금을 죽이는 일에 몰두하여, 순 임금에게 우물을 고치게 하고서는 우물을 막아 죽이려 하고 창고를 고치게 하고서는 사다리를 치워 죽이려 하는 등 못 하는 짓이 없었다. 따라서 순 임금의 계모는 용서하지 말고 죽여야 한다고 할 수 있겠으나, 요堯 임금이 형벌을 시행하지는 않았다.

침상의 다리를 베고 술에 독약을 넣어 죽이려고 한 것은 왕상王祥의 계모였고,[103] 마을 어귀에 오두막을 짓고 살면서도 뜰을 쓸게 한 것은 설

---

103 침상의……계모였고: 왕상王祥은 중국 진晉나라 때의 효자로, 계모 주씨朱氏의 학대를

포薛包의 계모였다.[104] 만일 이 두 사람이 그 고통을 견디지 못하고 백필랑과 백필애가 한 것처럼 스스로 자기 목숨을 해쳤다면, 이들도 마음이 쓰리고 창자가 끊어질 듯이 가련한 귀신이라고 하겠다. 그러나 옛날의 두 사람은 자식으로서 도리를 다하여 계모가 기뻐하게 되었다는 아름다운 명분을 가질 수 있게 하였다. 반면에 지금의 두 여자는 자식으로서 독기를 부려 계모가 학대하여 죽였다는 악명을 뒤집어쓰게 하였다.

이제 만약 두 여자가 자살하였다는 이유로 나 여인더러 목숨으로 보상하게 하라고 한다면, 이는 효자의 어머니는 커다란 악행을 저질러도 아무런 피해를 입지 않고 패륜아의 어머니는 작은 잘못이라도 저지르기만 하면 반드시 죽게 하는 것이니, 어찌 나라에서 효도를 권장하고 악행을 징계하는 방도이겠는가!

백득손白得孫의 진술을 가지고 말하더라도, 나 여인에 대해 그의 아버지는 후처라고 하였으나 자식은 천첩賤妾(노비 출신의 첩)이라 하였고, 그의 아버지는 계모라고 하였으나 자식은 어머니가 아니라고 하였으니, 이 한 가지만으로도 윤리와 기강을 여지없이 무너뜨렸다고 하겠다.

또 한 가지를 논하면 이렇다. 윤리가 아무리 중요하지만, 위협하여 죽인 행적이 몹시 끔찍하고 악독하여, 음식에 독약을 넣거나 땅에 저주하는 물건을 묻거나 간음을 저질렀다고 모함하거나 도둑질을 하였다고 몰아가서, 속에 원통한 마음이 가득 차고 하늘에 사무치는 원망이 있어 어쩔 수 없이 자살할 수밖에 없었다면, 어머니라는 이름이 아무리 존귀하

받았다. 한번은 계모가 왕상을 죽이려고 술에 독약을 넣었는데, 계모의 친아들이자 왕상의 이복동생인 왕람王覽이 그러한 사실을 알고 술을 가로채어 화를 면할 수 있었다.

104 마을……계모였다: 설포薛包는 중국 후한 때의 효자로, 계모의 미움을 받아 집에서 쫓겨났다. 설포가 처음에는 집 밖에 오두막을 짓고 살면서 아침이면 집으로 들어가 청소하였는데, 아버지가 화를 내며 쫓아내자 마을 어귀에 오두막을 짓고 살면서도 아침저녁으로 문안 인사를 거르지 않았다. 나중에는 부모도 후회하여 돌아오게 하였다.

더라도 딸의 원통한 마음은 씻어 주어야 한다.

　그러나 이번에는 그렇지가 않았다. 계모와 딸이 서로 옥신각신 다투게 된 계기는 겨우 목화솜의 값 80냥 때문이었다. 가령 80냥의 돈을 나 여인의 손으로 직접 낭비하였다고 하더라도 그에 대해 이러니저러니 말을 하는 것만도 불효한 자식이 된다. 하물며 그 돈을 가져다가 쓴 사람은 어머니가 아니라 그들의 아버지이고, 그로 인해 돈을 갚지 못한 사람도 부자가 아니라 가난한 사람이었다. 그런데도 이것을 가지고서 유감을 품고 소란을 일으켜서 옛날이나 지금이나 드물게 일어나는 변괴를 만들어 부모에게 씻을 수 없는 악명을 뒤집어씌웠다. 이것을 가지고서 보면 그들의 성품이 모질고 생각이 편협하다는 것을 미루어 알 수가 있다.

　이제 치마끈을 묶고서 못에 투신한 일이 끔찍하다는 이유만으로 불효한 죄를 차마 적용하지 못한다면, 이것은 아녀자의 작은 사랑일 뿐이고 법을 집행하는 사람의 공정한 태도는 아니다. 사적으로 원망이 많은 백득손과 백희손白喜孫이나 공분을 느낀 이웃 사람과 이장으로서는 무슨 말인들 하지 못하겠으며, 무슨 죄인들 드러내지 못하겠는가! 그러나 목화솜의 값 80냥 이외에는 더 이상 드러난 죄가 없으니, 80냥의 돈이 과연 어머니와 자식의 은혜를 해칠 만한 것인가!

　평소에 구박했다는 말로 말하면, 이것은 묻지 않아도 알 수 있는 일이라고 하겠다. 늙은 남편은 어리석고 할미는 지혜로워서 집안의 규율이 어그러졌는데, 전처의 자식 6명은 호랑이나 승냥이처럼 서로 원망하고 서로 욕하였다. 게다가 쌀독에는 비축해 둔 쌀이 한 말도 없었고, 베틀에는 남은 실이 없었다. 그러니 6명의 아들과 딸이 모두 나 여인이 직접 낳은 자식이었다고 하더라도 틀림없이 온갖 어려움을 면하지 못하였을 것이다. 하물며 전처의 자식이었으니 더 말할 것이 있겠는가!

　서로 신뢰하는 마음이 없어 의심과 분노를 쉽게 일으켰으니, 잠깐만 배가 고파도 어머니를 원망하고 잠깐만 몸이 추워도 어머니를 원망하며, 국이 그릇에 차지 않으면 어머니를 원망하고 버선이 발을 가리지 못하면 어머니를 원망하며, 아들이 장가를 가지 못하면 어머니를 원망하고 딸이 시집을 가지 못하면 어머니를 원망하며, 연로한 부모가 서로 즐거워하면 어머니를 원망하고 이런저런 훈계를 하면 어머니를 원망하며, 연로한 아버지가 성을 내면 어머니가 모함했다고 의심하고 연로한 아버지가 인색하면 어머니가 저지했다고 의심하였을 것이다.

패악한 성질을 가진 두 오라버니는 빨리 죽으라고 권유하고, 사방의 이웃 사람들은 듣기 좋은 말로 가련하다고 부추겼다. 오랜 시간 누적되어 쇠나 돌처럼 응어리져 자연스럽게 못에 투신하는 변고로 이어져서 황천黃泉에 사무치는 원통한 마음을 보여 주었다. 계모가 구박하였다는 것은 이와 같은 데에 불과하였다.

자매가 서로 이끌고서 죽은 것은 슬픈 일이라고 하겠으나, 그들의 어머니로서도 감당하기가 어렵지 않았겠는가! 반복해서 따져 보아도 위협하여 죽게 한 확실한 증거가 없고, 이리저리 헤아려 보아도 끝내 윤리가 중요하다는 생각만 든다. 그러나 일이 이 지경까지 이르렀으니 죄가 없을 수는 없다. 나 여인은 30대의 장杖을 엄중히 치고 풀어 주라.

백문일은 가정을 제대로 다스리지 못했으므로 법률에 따라 처벌해야 할 죄를 지었다. 그러나 연로하여 책망할 것도 못 되니 30대의 태笞를 치고 풀어 주라. 백득손으로 말하면, 조사할 때 그가 감히 아버지의 말과 배치되는 '천첩입니다.'라는 등의 말을 하여 마치 서로 소송하듯이 하였다. 이것은 관계되는 일이 작지 않으나 또한 책망할 거리도 못 되니, 30대의 장을 치고 풀어 주라.

두 여자의 시체는 매장하게 하라고 1차 검안한 관원에게 낱낱이 공문을 보내 알려 시행하게 하라. 이 사건을 한마디로 말하면, '그의 어머니를 죽여서 그 자식의 원통한 마음을 씻게 한다면, 세상에 어찌 이러한 윤리가 있겠는가!'라고 하겠다. 이 제사 1통을 베껴서 고을에 공지하여 어리석은 남녀 백성이 윤리가 매우 중요하다는 것을 다 알게 하라고 함께 낱낱이 공문을 보내 시행하게 하라."【몇 년 몇 월 며칠의 일이다.】

○ 이는 건륭乾隆 무자년(1768, 영조 44) 3월의 사건이다. 내가 처음 강진康津에 도착하여 이 사건 기록을 보니, 1차 검안보고서와 2차 검안보고서 및 감사의 제사에서 모두 나씨 노파를 죽여야 한다고 하였다. 그리하여 첫 번째 합동 조사할 때 삼릉장三稜杖(세모진 방망이)으로 나씨 노파를 청조루聽潮樓[105] 앞에서 쳐서 죽이니, 담처럼 에워싸고서 구경하던 사람들이 모두 통쾌하다고 하였다. 내가 한참 동안 곰곰이 생각하다가 '나씨 노파의 죽음은 원통하다.'라고 하고서는 마침내 붓을 휘둘러 이 제사를 썼다. 그러나 주위에서는 내 말을 믿으려고 하지 않았다.

그 뒤에 나씨 노파와 같은 마을에 살았던 사람인 조동혁趙東赫이 지나가다가 나와 말을 나누게 되었다. 우연히 나씨 노파의 일을 언급하게 되자 '나씨 노파는 본래 성품이 양순하여 실제로 구박한 사실이 없었습니다. 그러나 백씨白氏의 딸들은 모두 성품이 시기가 많고 음흉하였는데, 백필랑과 백필애가 더욱 몹시 흉악하여 끝내 하늘에 닿을 듯한 큰 변고를 일으켰습니다. 이웃과 마을의 여론은 모두 나씨 노파가 억울하게 죽은 것을 슬퍼하며 지금까지도 탄식합니다.'라고 장황하게 말을 하였다.

○ 또 시골 사람인 김안택金安宅이 다음과 같이 말하였다. '연전에 거

---

105 청조루聽潮樓:《신증동국여지승람新增東國輿地勝覽》에 의하면, 전라도 강진현 객관客館의 남쪽에 있던 누대로, 강진 현감으로 있던 오순종吳舜從이 세웠다고 한다.

지 하나가 서재書齋에 왔는데, 옷은 해져서 몸을 가릴 수가 없고 얼굴빛은 누렇게 떠서 엉금엉금 기어 다니며 구걸을 하였다. 그에게 근본을 물어보니 「나는 백득손이다. 우리 계모가 몹시 원통하게 죽었다. 나는 계모의 원통함을 마음속으로 알고 있었으나 구원하지 못하였다. 그 뒤로부터 모든 일이 이루어지지 않아 이 지경이 되었다. 하늘이 내게 대가를 치르게 한 것이니, 또 누구를 탓하겠는가!」 하였다.' 이것을 가지고서 증명하면, 나씨 노파가 원통하게 죽은 사실은 분명하다.

5. 가상하여 지은 강진현康津縣 박광치朴光致의 사망 사건에 대한 검안보고서의 발사

【남을 대신하여 지었다.】

○ 발사는 다음과 같다.

" 박광치가 죽게 된 근본 원인은 증언으로 헤아려 보면 결박당해서인 듯하나, 검안 결과로 판단하면 실제로는 스스로 목을 매어 죽은 것을 벗어나지 않습니다.

유족의 진술은 세 가지입니다. 첫째는 '뒷짐을 지워 결박하였습니다.'라고 한 것입니다. 그러나 양쪽 팔오금의 살갗이 쓸려 벗겨진 흔적이 남아 있는 듯 없는 듯하여 그다지 분명하지 않으니, 굳게 결박하지 않았다는 것을 알 수가 있습니다. 그뿐만 아니라 과연 굳게 결박하였다면 술에 잔뜩 취한 데다 화가 난 상태에서 숨이 답답하고 막혀서 즉시 목숨을 잃는 것도 가능합니다. 그런데 하룻밤을 편안하게 잔 뒤에 가학산柯鶴山으로 도망쳐 피해 있었고, 더욱이 한 그릇의 음식을 배불리 먹은 사실은 이익형李翼馨이 목격한 일이었습니다. 그런데 시간이 흐르고 통증도 진정된 뒤에 갑자기 죽게 되었다는 것은 너무도 상식을 벗어난 일입니다.

둘째는 '주먹질과 발길질이 무차별적으로 가해졌습니다.'라고 한 것입니다. 그러나 시장屍帳의 기록으로 논하면, 오른쪽 정강이에 난 한 점의 상처 이외에는 앞머리에도 상처가 없고, 가슴 한복판에도 상처가 없으며, 신낭腎囊에도 상처가 없고, 등에도 상처가 없었습니다. 급소에 해당하는 부위는 모두 평상시와 같았으니, 설사 당시에 손으로 좀 때리고 발로 약간 걷어차는 등의 범행이 있었다고 하더라도, 지금은 실제의 상처라고 지목할 만한 것이 없으니 어찌하겠습니까!

셋째는 '정화산鄭化山이 한 가닥 새끼줄로 박광치의 목을 묶어 보리밭 안에 뉘어 놓았습니다.'라고 한 것입니다. 그러나 두 명의 목격한 증인이 모두 진술하기를 '목은 묶지 않았습니다.' 하였습니다. 그뿐만 아니라 만약 강제로 목을 졸라맸다고 한다면, 그 묶은 흔적이 반드시 목뒤까지 엇갈려 나 있어야 합니다. 그런데 이번 사건에서는 누렇고 붉은 흔적이 턱의 좌우를 거쳐 한 가닥의 길만 이루어 양쪽 귓바퀴 아래까지 바싹 붙어 있었으니, 강제로 목을 졸라맨 것이 아님을 알 수 있습니다.

만일 활투두活套頭[106]로 목을 매었다고 한다면, 반드시 끌어당긴 뒤에야 죽게 됩니다. 그런데 반듯이 누운 상태에서 끌어당겨졌다면 등의 살에 쓸린 상처가 있어야 하고, 엎드린 상태에서 끌어당겨졌다면 얼굴 부위에 어찌 부딪힌 상처가 없겠습니까! 따라서 활투두로 목을 매지 않았다는 것을 알 수가 있습니다. 그렇다고 목을 매달아서 죽였다고 하겠습니까? 기어이 앙갚음하려는 마음을 가진 선흥善興의 무리조차도 '목을 매달았다.[弔掛]'라는 두 글자를 입으로 내뱉은 적이 없으니, 목을 매달아서 죽인 것이 아님을 알 수가 있습니다.

---

106 활투두活套頭: 투두套頭는 자살할 때 쓰는 올가미이다. 투두는 활투두와 사투두死套頭가 있는데, 활투두는 올가미의 고를 움직여서 죄기도 하고 늦추기도 하여 살아날 수 있는 것이고, 사투두는 고를 단단히 매어 옴짝달싹할 수 없어 죽게 되는 것이다.

강제로 목을 졸라매지도 않은 데다 더욱이 활투두로 목을 맨 것도 아니며 더욱이 남에게 목이 매달린 증거도 없으니, 유족이 '새끼줄로 목을 묶었습니다.'라고 한 말은 목을 맨 명백한 흔적 때문에 거짓말을 꾸며 대어 실증하려고 한 것에 불과합니다. 게다가 일반적으로 목을 맨 사람들은 목을 맬 당시에는 기절하기까지 하였더라도 구조하여 소생하게 되면 시간이 갈수록 점차 건강을 회복하지, 오래 지난 뒤에야 죽는 경우는 없습니다. 그런데 6일이나 시간을 끌다가 이전에 목을 맨 것 때문에 목숨을 잃을 리가 있겠습니까! 유족이 주장한 위의 세 가지는 시체에 나타난 증상과 전혀 합치되지 않으니, 박광치가 두 정가鄭哥의 범행 때문에 죽지 않았음이 어찌 명백하지 않겠습니까!

이제 목을 맨 흔적으로 따져 보면, 턱 아래에서 시작하여 귓가까지 이르렀으니, 바로 《무원록》〈조례·늑액사〉의 '스스로 목을 매어 죽은 경우'의 조문과 정확히 합치합니다. 《무원록》〈조례·늑액사〉의 '스스로 목을 매어 죽은 경우'의 조문에 이르기를 '스스로 목을 매어 죽은 사람이 엎드린 상태이면 목을 맨 흔적이 목 아래에 나 있되, 귓가에서 시작하고 대부분 뒤통수의 머리털 경계까지 이르지는 않는다.' 하였습니다. 또 《무원록》〈조례·늑액사〉의 '남에게 목이 졸려 죽은 경우'의 조문에 이르기를 '남에게 목이 졸려서 죽은 사람은 목을 맨 흔적이 죽은 사람의 목뒤까지 엇갈려 나 있다.' 하였습니다.

이것을 가지고서 보면 박광치가 스스로 목을 매고서 죽게 되었다는 것은 더욱이 의문이 없습니다. 그뿐만 아니라 시체의 눈이 감겨 있는 점, 입이 벌려져 있는 점, 이가 드러나 있는 점, 혀가 이에 닿아 있는 점 등의 증상도 《무원록》〈조례·늑액사〉의 '스스로 목을 매어 죽은 경우'의 조문들과 모두 합치합니다. 그러므로 사망의 실제 원인은 '스스로 목을 매어 죽게 되었다.'라고 기록하였습니다. 박광치가 스스로 목을 매어 죽었기 때문에 정화산은 피고인으로 기록하였습니다.

또 목을 매어 죽은 사건은 목을 매는 데 사용한 올가미, 끈, 들보, 가름대 등의 물건을 으레 모두 그림으로 그려서 감영監營에 올려보냅니다. 그러나 유족들이 모두 흉기를 굳게 숨기고 있어 제시할 수가 없습니다. 본 강진현에 비치해 둔 '천千' 자 번호로 감합勘合[107]한 시장 3건을 인쇄하였습니다.

이번 살인 사건은 상처를 가지고서 따져 보면 스스로 목을 매고서 죽었다는 사실에는 의심할 것이 없습니다. 그런데 그렇게 된 곡절을 샅샅이 캐낼 수가 없었습니다. 증명해 주는 사람이 하나도 없고 증거로 지목할 만한 물건마저 하나도 없으니, 사건을 처리하는 격식으로 헤아려 볼 때 너무도 소홀히 한 일입니다. 현감縣監으로서 재주가 없고 식견이 얕아 적발할 방법이 없으니, 자신을 돌아볼 때 두렵고 부끄러워서 스스로 얼굴을 들 수가 없습니다."

○ 이는 가경嘉慶 계해년(1803, 순조 3) 4월의 사건이다. 유족이 달려와서 고소하기를 '박광치가 동네 사람 정화산과 정억이鄭億伊 등에게 구타를 당하여 6일 만에 죽게 되었습니다. 즉시 목숨으로 보상하게 하여 죽은 사람과 산 사람의 원통함을 풀어 주소서.' 하였다.

○ 장흥 부사長興府使가 올린 2차 검안보고서의 발사는 다음과 같다.
"목이 졸린 흔적이 여기저기 어지러이 나 있다고 하더라도 스스로 목을 맨 흔적은 남에게 목이 졸린 흔적과 유사하니, 어떻게 분별하겠습니

---

107 감합勘合: 2장 이상의 문서가 동일하게 작성된 문서라는 사실을 증명하기 위해, 각 문서의 한쪽 끝을 서로 겹쳐 대고 그 위에 도장을 찍거나 글자를 써넣는 것을 가리킨다.

까! 살기를 좋아하고 죽기를 싫어하는 것은 사람의 일반적인 심정이니, 죽은 사람이 스스로 목을 매어 죽었을 리가 결코 없습니다. 게다가 소동 일으키는 것을 금지하고 모욕하는 것을 막으려고 끈으로 목을 맨 사실은 유족의 진술이 자세하였을 뿐만 아니라 증인들의 진술에서도 굳게 숨기지를 못하였습니다. 그러니 그가 남에게 목이 졸려 죽게 되었다는 것은 분명합니다.

만약 목을 단단히 졸라맸다면 얼마 버티지 못하고 바로 죽었겠지만, 목을 맨 것이 느슨하였기 때문에 5일까지 시간을 끌었습니다. 그러다가 목구멍이 막혀 죽을 넘기지 못하여 그대로 목숨을 잃게 된 사실은 의문의 단서가 전혀 없습니다. 그러므로 사망의 실제 원인은 '목이 졸려 죽게 되었다.'라고 기록하였습니다. 주범은 정억이로 기록하였습니다. 종범은 정화산으로 기록하였습니다."

○ 3차 검안할 때가 되자 유족이 갑자기 도주하였다. 3차 검안한 관원이【해남 현감海南縣監 이유수李惟秀이다.】이를 수상하게 여겨, 주변부터 심문하기 시작하여 점차 핵심으로 좁혀 가는 방법을 써서 진상을 알아내었다.

그 진상은 다음과 같았다. 박광치가 4월 8일에 정화산과 서로 싸웠는데, 12일 정오 무렵에 술에 잔뜩 취하였다가 자기 아버지에게 구타를 당하였다. 시간이 얼마 지나지 않아 박광치가 뜰 앞의 은행나무에 스스로 목을 맸는데, 세 가닥으로 꼰 삼끈으로 활투두를 만들어 목을 매었다. 집안사람들이 급히 풀었지만 살릴 수가 없었다. 그의 아버지가 생각하기를 '이 아들이 오늘 아침에 나한테 지겟작대기로 맞고서는 화가 나서 나갔다가 이러한 변괴가 발생하였다. 이처럼 목을 매어 죽은 것을 정화산의 책임으로 떠넘겨서 아들을 죽였다는 죄명을 면해야 할 상황이다.' 하였다. 그리하여 이처럼 허위 고소가 있게 되었다. 이것이 중국에서 '남에게 죄를 뒤집어씌운 사건'이라고 하는 것이다.

6. 가상하여 지은 강진현康津縣의 장 조이張召史 사망 사건에 대한 1차 검안보고서의 발사

○ 발사는 다음과 같다.

"이번 사건의 시신을 법대로 검안하였으나, 애당초 시체에는 한 점의 상처도 없었는데 시간은 몇 분을 넘기지 못하고 목숨을 잃었습니다. 그러니 태아를 다쳐서 죽은 것이 아니라면 그녀의 죽음을 설명할 길이 없습니다.

시체에 나타난 증상으로 말하면 이렇습니다. 위로는 명치로부터 아래로는 아랫배까지 손으로 쳐 보니 쇠나 돌처럼 단단하였습니다. 그리고 핏물과 오물이 산문産門으로부터 흘러나왔는데, 산파産婆가 검사해 보았으나 다른 물건도 없었습니다. 이것을 가지고서 《무원록》〈조례·태상사胎傷死〉의 조문을 살펴보면, 태아가 다쳐서 죽게 된 것이 분명합니다.

증언으로 말하면 이렇습니다. 앙갚음하려는 마음을 가지고 있던 후서방인 김악봉金惡奉과 고모인 장 조이張召史조차도 태아가 자주 움직여서 아파했다는 말을 하였고, 더욱이 공정한 입장인 최수행崔粹行까지도 태아가 자주 움직이는 것을 진정시키는 약을 썼다고 하였습니다. 그러니 진술 내용을 참고해 보면 태아가 다쳐서 죽은 것이 분명합니다.

장 여인[張女]이 죽게 된 원인은 태아가 다쳐서이지만, 태아가 다치게 된 원인은 몸이 넘어져서이며, 몸이 넘어지게 된 원인은 윤은동尹銀同이 손으로 떠밀어서입니다. 그렇다면 장 여인의 목숨에 대해서는 윤은동이 보상해야 할 일이 아니겠습니까! 윤은동 때문에 목숨을 잃게 되었다는 사실이 이미 확실하다면, 이 사건의 옳고 그름에 대해서는 더 논의할 필요가 없습니다.

윤은동의 형이 조강지처인 장 여인을 버린 것은 칠거지악 때문이 아니고 장 여인이 버림을 받고 원망한 지도 벌써 6년이나 지났으니, 전남편이 어떻게 사는지는 장 여인이 알 일도 아니고 장 여인이 행복하게 사는 것은 전남편이 시기할 일도 아닙니다. 옛날에 부부였던 사람조차도 상관하지 않는데, 더욱이 그 당시에 형수와 시동생이었던 사람이야 어찌 논할 수 있겠습니까! 그래도 형수와 시동생 사이였다는 점을 강조한다면 형수와 시동생 사이에는 손으로 떠미는 법이 없고, 이제는 길을 가는 사람처럼 서로 남이라는 점을 강조한다면 길을 가던 사람은 마음으로 미워할 꼬투리가 없습니다. 이러나저러나 예의도 없고 명분도 없는 일입니다.

가령 태아가 다치지 않고 임신한 장 여인도 목숨이 끊어지지 않았다고 하더라도, 윤은동은 사납게 싸운 죄를 면하기 어렵습니다. 하물며 이번처럼 평지에서 한 차례 밀쳐서 마침내 즉시 두 사람의 목숨이 끊어지게 하였으니 더 말할 것이 있겠습니까! 낙태시킨 한 가지 죄만 지었더라도 사람을 죽였다고 하는 법인데, 어머니까지 함께 목숨을 잃었으니 어찌 목숨으로 보상하지 않겠습니까!

그러나 살인 사건의 내막은 수많은 경우가 있고 사람의 목숨은 몹시 중대합니다. 따라서 정상을 참작하여 용서해 주어야 한다는 논리를 펼치려고 한다면, 찬찬히 따져 볼 만한 실마리도 있습니다. 참으로 임신한 부인에게 손찌검을 해서는 안 된다는 사실은 어린아이조차도 압니다. 임신한 사실을 알면서도 떠밀었다면 죽을 줄을 알고서 죽인 것이지만, 임신한 사실을 모르고서 떠밀었다면 죽을 줄을 모르고서 죽인 것입니다.

장 여인이 임신한 지는 2~3개월에 불과하고 윤은동이 사는 곳은 장 여인과 한집도 아니었으니, 윤은동이 장 여인의 임신 사실을 몰랐던 것은 이치상 괴이할 바가 없습니다. 윤은동이 손찌검을 한 것은 과오로 저지른 일과는 다르지만, 그의 마음은 계획적인 살인과는 전혀 동떨어졌습니다. 온몸에 한 점의 상처도 없으니, 모질게 주먹질하지 않았다는 사실과 사납게 밀치지 않았다는 사실을 미루어 알 수가 있습니다. 따라서 법률로는 용서해 주기가 어렵더라도 정황으로는 불쌍한 점이 있습니다.

이 사건에 대해 대략 서술하면 이렇습니다. 태아가 다치지 않았더라면 밀쳤더라도 장 여인이 죽지는 않았을 것이고, 밀치지 않았더라면 태아가 다쳤더라도 장 여인이 죽지는 않았을 것입니다. 이번 사건에서 사망의 실제 원인을 '밀쳐져서 죽게 되었다.'라고 한 가지만 지목해서 말한다면 윤은동으로서는 다소 억울할 터이고, '태아가 다쳐서 죽게 되었다.'라고만 전적으로 말하면 장 여인으로서는 어찌 원한이 없겠습니까! 그러므로 사망의 실제 원인은 '밀쳐져서 태아가 다쳐 죽게 되었다.'라고 기록하였습니다. 주범은 윤은동으로 지정하였습니다.

윤철암尹鐵巖으로 말하면, 자신이 내쫓은 부인은 서로 잊고 지내야 당연한데 소리를 듣고 화를 내고서는 아버지와 아우를 소리쳐서 불렀으니, 지시한 행적은 없으나 참으로 사달을 일으킨 혐의는 있습니다. 김귀만金貴萬으로 말하면, 대체로 태아가 다친 증세는 안정하면 다시 소생할 가망이 있지만 움직이면 기혈이 막히는 재앙을 불러옵니다. 그런데 장 여인이 숨이 막혔던 초기에 갑자기 운반할 계획을 하였습니다. 손으로 문지르거나 파로 찜질하는 방법을 치료법대로 시행하지 못하였고, 등에 업거나 마주 들어 옮기는 과정에서 더욱더 목숨을 재촉하였습니다. 따라서 그의 범죄를 따져 보면 가볍게 처벌할 수가 없습니다. 모두 강진현의 감옥에 엄중히 가두어 두었습니다. 그 나머지 각 사람은 우선 붙잡아 두고 있습니다.

강진현의 지地 자 번호로 감합勘合한 시장은 이러저러하였습니다.

이 살인 사건은 어두운 밤에 발생한 변고인 데다가 이웃 사람 중에 목격한 증인이 없습니다. 사건 현장에서 목격한 사람이라고는 김귀만 모자와 윤철암 부자뿐입니다. 이들은 공정한 증인은 아니지만, 어쩔 수 없이 심문 항목을 작성해서 진술을 받았습니다. 범행에 사용한 흉기는 윤은 동이 손으로 떠밀었기 때문에 흉기로 제시할 수가 없습니다. 시체는 울타리를 둘러친 뒤에 봉해서 표시를 해 두었습니다."

7. 강진현康津縣의 절부節婦 정씨鄭氏 사망 사건에 대한 1차 검안보고서의 발사

【남을 대신하여 지었다.】

○ 사건의 근본 원인은 다음과 같다.

고금도古今島 정사룡鄭士龍의 누이동생 정 조이鄭召史는 완도莞島로 시집을 갔는데, 남편이 제명대로 살지 못한 채 죽었고 유복녀 하나만 있었다. 정씨는 올해 24세로, 다시 시집을 가지 않겠다고 맹세하며 말하기를 '내 남편이 제명대로 살지 못한 채 죽고 혈육이라고는 이 아이 하나만 남아 있으니, 내가 마음을 다해 길러 내야 한다. 어찌 다른 사람에게 시집을 갈 수 있겠는가!' 하였다.

진영鎭營의 장교 김상운金尙雲은 나이가 45세였으나 자식이 없었으므로, 아내가 있으면서도 장가를 들려고 하였다. 처음에 이진백李辰白을 시켜 중매를 서게 하였으나 정씨가 허락하지 않자, 이계득李啓得을 시켜 오치군吳致軍에게 뇌물을 주어 정씨의 마음을 돌리게 하려고 하였다. 그러나 오치군이 말하기를 '정씨의 마음은 만 마리의 소로도 돌려세우기가 어려우니, 내가 차마 이 뇌물을 받을 수가 없다.' 하고 뇌물을 물리쳤다.

김상운이 온갖 방법으로 시도해 보았으나, 정씨가 모두 허락하지 않았다. 이에 김상운이 진영이 있는 마을로부터 이계득의 집으로 나와 묵다가, 밤을 틈타 정씨의 방으로 뛰어 들어가서 강간하려고 하였다. 정씨가 크게 소리를 지르자, 오라버니 정사룡 등이 김상운을 붙잡아서 구타하여 쫓아 버렸다. 이에 김상운이 이계득의 집으로 돌아와 누워 있으면서 진영의 장교인 김맹갑金孟甲과 방백령房百齡 등에게 글을 보내 알리고 그곳으로 와서 위협해 주기를 요청하였다. 김맹갑과 방백령 등이 말하기를 '우리는 지금 일이 있어 갈 수가 없다.' 하고 이인철李仁哲을 시켜 첨사僉使에게 허위로 고발장을 올리게 하였다.

첨사가 고발장에 대해 엄중한 제사題詞를 내려 죄를 논하고, 절부 정씨의 남매를 체포하게 하고서, 진영의 군졸 백득문白得文을 차사差使로 삼았다. 백득문이 허리에 붉은 오랏줄을 차고 김상운이 있는 곳으로 가서 일을 의논하여 그의 지시를 받았다. 그런 뒤에 곧장 절부 정씨의 집으로 가서 온갖 위협을 가하고 정씨를 묶으려고 하였다.

그러자 정씨가 탄식하며 생각하기를 '나는 죄가 없으니, 어찌 붉은 오랏줄을 두려워하겠는가! 그러나 내 몸이 한번 진영의 뜰로 끌려 들어가면 결국은 정절을 무너뜨릴 수밖에 없을 것이다. 내가 살아서 정절을 무너뜨리기보다는 차라리 죽어서라도 정절을 온전히 지키는 게 낫다.' 하였다. 그러고서는 방으로 들어가 문을 닫은 뒤에 해모삭海茅索 한 가닥을 가져다가 자기 목을 스스로 졸라매어 편안히 앉은 자세로 벽에 의지하여 죽었다. 이는 세상에서 보기 드문 절부라고 하겠다.

백득문 등이 정씨가 나오지 않는 것을 괴이하게 여겨 문을 부수고 들어가서 보니, 죽은 지 벌써 오래였다. 이에 정사룡이 강진현에 달려가서 고소하니, 마침내 시체를 검안하게 되었다.

○ 발사는 다음과 같다.
" 이 시체의 당사자가 스스로 목을 졸라 죽게 되었다는 사실은 피해자 가족의 진술이 본래부터 명백할 뿐만 아니라, 검안보고서의 시장屍帳에 기록된 상처에도 의문이 없습니다. 그러므로 목을 졸라맨 흔적이 목을 한 바퀴 빙 둘러서 나 있었는데, 앞으로는 턱밑으로부터 뒤로는 뒤통수까지 둥그렇게 한 가닥 길을 이루었습니다. 상처의 색깔은 자주색보다는 진하고 검은색보다는 옅었으며, 상처의 너비는 5푼이었습니다.

해모삭이라는 것이 활투두活套頭[108]와 같은 모양이 아닌 데다 더욱이 문미門楣와 들보 등에도 목을 매단 흔적이 없었으니, 높은 곳에 목을 매단 것이 아니라 목을 졸라매어 죽었다는 것이 또 매우 분명합니다.【목을 졸라매기만 하고 높은 곳에 걸지 않는 것을 늑勒이라고 한다.】

다만 정씨가 목숨을 끊은 지 6일이 지나 시체의 여러 부위에서 변화가 많이 발생하였으므로, 이른바 목을 엇갈려 졸라맨 흔적을 명확히 발견할 수는 없었습니다. 그러나 증언이 이미 하나로 모아졌고 시체에 나타난 증상도 모두 《무원록》〈조례·늑액사〉의 '스스로 목을 매어 죽은 경우'의 조문과 합치하였으니, '스스로 목을 졸라매었다.〔自勒〕'라는 두 글자에 대해서는 더 이상 이견이 없습니다.

그러나 만약 '스스로 목을 졸라매어 죽었다.'라고 한다면 이 사건은 주범이 없게 됩니다. 그렇게 되면, 아! 재앙을 만들어 낸 우두머리인 저 김상운에게는 사형을 적용할 수 없게 됩니다. 아! 일개 부인은 정절을 지키려는 마음을 품고서 오랫동안 백주柏舟의 맹세[109]를 굳게 지켜 왔으나, 미친 사내는 무례하여 번포樊圃의 경계[110]를 생각하지 않았습니다. 캄캄

---

108 활투두活套頭: 투두套頭는 자살할 때 쓰는 올가미이다. 투두는 활투두와 사투두死套頭가 있는데, 활투두는 올가미의 고를 움직여서 죄기도 하고 늦추기도 하여 살아날 수 있는 것이고, 사투두는 고를 단단히 매어 옴짝달싹할 수 없어 죽게 되는 것이다.

109 백주柏舟의 맹세: 《시경》〈용풍鄘風·백주柏舟〉에 나오는 내용이다. 중국 춘추시대 위衛나라의 세자世子 공백共伯이 일찍 죽은 뒤에 그의 아내 공강共姜이 정절을 지키려고 하였는데, 그녀의 부모가 강제로 시집을 보내려고 하였다. 그러자 공강이 이 시를 지어 결코 다른 사람에게 시집을 가지 않겠다고 다짐하였다.

110 번포樊圃의 경계: 《시경》〈국풍國風·제齊〉 '동방미명東方未明'에 나오는 내용이다. 그 시의 내용 중에 '버들가지 꺾어 만든 남새밭 울타리는 미친 사내도 보고 놀라는 법인데, 임금이

한 밤중에 여자의 방으로 뛰어 들어갔다가 파리처럼 더럽히려던 계획을 이루지 못하자, 남모르게 계획을 세워서 남의 도움으로 혐의를 벗어나 보려는 음모만 더욱 교묘해졌습니다. 마침내 아무런 결점이 없던 여인이 끝내 스스로 목숨을 끊은 일로 만들었으니, 이번 사건을 본 사람은 마음이 쓰리고 들은 사람은 머리털이 곤두섰습니다. 가령 그에게 스스로 해명하게 하더라도 무슨 말로 죽음을 모면할 수 있겠습니까!

슬픕니다! 정 여인은 어질었으나 운수가 사나워서, 남편이 죽은 지 채 3년도 안 되고 아이가 태어난 지 겨우 돌이 지나자마자 이러한 일이 일어났습니다. 백년해로하려던 부부의 정을 생각하고 유복녀로 태어난 핏덩이 하나를 안고서, 마음속에 깊은 슬픔을 간직하고 있으면서도 힘들게 지켜야 할 정절을 변하지 않으려고 하였습니다. 그리하여 딸을 길러 내는 노고를 다하려 하였고 이승과 저승의 사람 모두에게 떳떳한 도리를 저버리지 않으려고 하였으니, 그녀의 뜻을 생각해 보면 또한 참으로 고통스러운 일입니다.

만약 조금이라도 사람의 마음이 있다면, 어찌 차마 이러한 여자를 더럽히겠습니까! 아! 저 김상운이 처음에는 중매를 통해 인연을 맺어 보려고 하였다가 중간에는 뇌물을 써서 인연을 맺어 보려고 하였습니다. 그러나 어떤 사내도 그녀의 뜻을 꺾을 수 없다는 사실을 알았으면서도 오히려 온갖 계획으로 성사시키려고 시도하여, 유인하려던 음모가 들통나자 강간하려는 변고가 발생하였습니다. 강간이 성공하지는 못하였더라도 그 죄는 용서받을 수가 없는데, 허물을 고치려는 생각은 하지 않고 적

란 자는 밤인지 낮인지 구분도 못하여 이른 새벽에 부르지 않으면 밤늦게 부른다네.'라는 내용이 있다. 버들가지로 만든 울타리는 튼튼하지 못하여 울타리 구실도 못하지만, 그래도 미친 사내가 그것을 보면 경계할 줄을 알고 넘어가지 않는 법인데, 임금은 새벽과 저녁의 한계를 모르고 아무 때나 신하를 불러 댄다는 것이다.

반하장으로 진영의 장교와 아전들을 불러 모으고 더욱이 술수를 써서 본래의 목적을 이루려고 하였습니다.

차사가 나오게 되자, 백득문과 귓속말을 나누었고 백득문이 허리에 붉은 오랏줄을 차고 있는 것을 잘됐다고 생각하여, 안팎으로 호응하고 좌우로 지휘하였습니다. 위협을 가하자 정 여인의 목숨이 저절로 끊어졌으니, 김상운이 직접 목을 졸라매지는 않았지만 직접 범행을 저지른 것과 무엇이 다르겠습니까!

가엾은 이 정 여인이 문을 잠그고 방으로 들어갔을 때 이 세상 어디에도 피할 길이 없는 서글픈 신세를 생각하고서는 몸이 더럽혀질 상황인데 달아날 길이 없자, 마침내 세 가닥으로 꼰 끈을 가지고서 실오라기 같은 한 가닥 목숨을 스스로 해쳤습니다. 여기까지 생각하면 어찌 마음이 통분하지 않겠습니까!

《대명률강해》〈형률·인명〉 '사람을 핍박하여 사망하게 한 경우[威逼人致死]' 조문의 강해에 이르기를 '만약 강간으로 인하여 부녀자를 협박하다가 죽게 한 경우에는 「강간으로 인하여 협박한 경우」라고 한다.' 하였습니다. 이번 사건에서 사망의 실제 원인을 '스스로 목을 졸라매서 죽게 되었다.'라고만 기록한다면, 김상운의 죄는 명확하지 않게 됩니다.

《증수무원록》〈검복·시장식〉에 이르기를 '각 항목의 자살과 피살을 분명히 분별하여 상세히 기록하되, 다른 단서가 있으면 사유를 갖추어 기록하고 글자 수가 많아지는 것은 혐의할 필요가 없다.' 하였습니다. 그러므로 사망의 실제 원인은 '협박을 받고 스스로 목을 졸라매어 죽게 되었다.'라고 기록하였습니다. 김상운은 협박하여 죽게 한 죄가 있으나 직접 범행을 저지르지는 않았으므로 피고인으로 기록하였습니다.

백득문으로 말하면, 협박한 계기는 김상운에게서 시작되었지만 협박한 죄는 사실상 백득문에게 있습니다. 진장鎭將의 제사에는 결박하라는 말이 없었고 진영의 장교가 의도하였던 것도 거짓 공갈을 하려던 계획에 불과하였는데, 도적을 체포하는 아문도 아닌 곳에서 부당하게 붉은 오랏줄을 가지고 가서 죄를 지은 일도 없는 시골집에서 터무니없이 소란을 일으켰습니다. 그리하여 마침내 눈 깜짝할 사이에 자살하는 변고가 발생하게 하였습니다. 사건의 근본 원인까지 소급해서 깊이 따지지 않고 겉으로 드러난 사실만으로 따진다면, 협박하여 죽게 한 죄는 백득문이 져야 합니다.

게다가 저 김상운은 정 여인에게 거절당한 것 때문에 잠시 격분하기는 하였지만 정 여인을 유혹하고 싶은 욕심은 오히려 간절하였습니다. '남은 희망이 끊어지지 않았고 속으로 사랑하는 마음이 깊은 상태였으므로 조용히 잡아가려고 하였습니다.'라고 한 말은 거짓으로 꾸며 대었기는 하지만, 정 여인을 구박하여 죽게 한 것은 결코 그가 지시할 일이 아닙니다. 이것을 가지고서 말을 한다면, 정 여인의 목숨은 김상운에 의해서 끊어진 것이 아니라 백득문의 손에 의해서 끊어졌습니다. 다만 사건에는 주범과 종범이 있고 정황에는 허위와 진실이 있으니, 이리저리 생각해 보아도 저 김상운을 놓아두고 이 백득문을 지목하기에는 아무래도 곤란합니다. 그래서 백득문을 사건과 관련된 사람으로 기록하였습니다.

김맹갑과 방백령은 장부를 정리하느라 바빠서 거절할 말이 있었는데도 간악한 계획을 별도로 꾸며 내고 스스로 도와주는 자가 되어서는 위협할 계책을 앞장서서 생각해 내어 점차 위협하여 죽이는 변고로 발전하게 하였습니다. 이인철은 허위로 고발하는 문서를 작성해 주고 붙잡아 오는 일이 성공하기를 도모하였으니, 앞장서서 행동한 사람은 아니더라도 본래 직접 작성한 문서가 있습니다.

이진백李辰白은 권유하지도 않았고 막지도 않았다는 사실을 가지고서 혐의를 벗어나려는 말을 하였지만, 중매를 섰던 사실에서 사전에 치밀하게 준비한 행적을 감추기가 어렵습니다. 심지어 '마음대로 하라.'라고 한 말은 강간해도 좋다는 의도가 분명하니, 그의 죄상을 따져 보면 참으로 너무도 불량합니다. 이계득은 본래 범인의 가까운 인척으로서 도적 김상운을 자기 집에서 묵게 해 주었으며, 처음에는 중간에서 뇌물을 전달하였고 끝에는 김상운의 지시를 받고 진영에 들어갔습니다. 그러니 그가 전후의 범죄에 대해 변명할 말이 없었습니다.

그러므로 이상 5인은 모두 죄인의 진술과 관련된 사람으로 기록하였습니다.

김상률金尙律은 그가 고발장에 제사를 쓰고 차사를 내보냈는데, 차사를 파견할 때에 단단히 주의를 주지 않아 위협하는 일이 있게 하였습니다. 호응한 줄을 몰랐다고는 하지만 책임을 면하기는 어렵습니다. 오치군은 쇠나 돌처럼 곧은 정 여인의 마음을 알고 뇌물로 몰래 주는 돈을 받지 않았습니다. 범죄 혐의는 없으나 모두 죄인의 진술과 관련된 혐의는 있습니다.

오개동吳介同은 진영의 소속이라고 하더라도 힘써 도와준 일이 별달리 없었고, 시체가 있는 방에 함께 들어가서 손을 주무르는 일에 같이 참여하였습니다. 이계성李啓星은 정 여인이 목을 졸라매어 죽은 상황을 목격하고서는 위협하던 진영의 군졸을 쫓아내고 죄수들을 결박하여 처음부터 끝까지 정황을 증명하였습니다. 그러므로 이상은 모두 목격한 증인으로 기록하였습니다.

김상운의 아내 김 조이金召史는 남편에게 강간하라고 권유하였고, 아전에게 고발장을 바치라고 부탁하였으니, 정상이 통분스럽습니다. 그러나 무식한 시골 아낙네이니 깊이 책망할 것이 못 됩니다.

김상운의 아우 김상기金尙己는 본 마을에서 태어난 자로서 사건에 같이 참여한 자취가 있으나, 별달리 심문할 만한 단서가 없습니다. 게다가 형의 죄를 증명하게 하는 혐의가 있으므로 진술을 받게 하지는 않았습니다.

시장에 기록된 시체의 증상은 모두 《무원록》의 조문과 서로 부합합니다. 하지만 《무원록》 〈조례·늑액사〉 '스스로 목을 매어 죽은 경우'의 조문에는 '스스로 목을 졸라매어 죽은 사람은 두 손의 주먹을 쥐고 있다.' 하였으나, 이 시체는 두 손이 펴져 있습니다. 이 한 가지만 모순되는 것 같습니다. 그러나 목을 졸라매어 죽고 난 초기에 오개동과 백득문 두 놈이 구조해서 살린다고 힘을 다해 주물렀으니, 쥐고 있었던 주먹이 다시 펴졌으리라는 것은 이치로 보아 틀림없습니다.

시장은 지地 자 번호로 감합하였으며, 이러저러하였습니다.

목을 졸라맨 끈인 해모삭 한 가닥은 그림을 그려서 감영으로 올려보냅니다.

대체로 법을 집행하는 논리는 엄격한 쪽으로 서술해야 하고, 법률 조문을 인용하는 규례는 무거운 쪽으로 적용해야 하니, 정 여인을 위협하여 죽인 김상운의 죄목에 대해서는 본래 의심할 수가 없습니다. 다만 이러한 생각도 듭니다. 법을 집행할 때에는 정상도 살펴야 하므로, 의심할 것이 없는 상황에서도 의심을 가지고 반드시 죽여야 할 상황에서도 살릴 수 있는 길을 찾아야 합니다. 이것이 본래 공평하고 합당하게 처리하는 방도입니다.

아들이 없어 아들을 두기 위해 혼인하려고 한 것은 한때의 음란한 욕심 때문에 저지른 경우와 다르며, 사람을 보내 중매를 서게 한 사실은 양쪽 사이에서 설득했던 말들이 많습니다. 남자를 거절하는 여자의 마음은 굳었으나 남자가 혼인하려고 한다는 사실은 그녀도 귀로 익숙히 들었으니, 사건의 정황을 차분히 헤아려 보면 논의해 볼 만한 점이 충분히 있습니다.

만약 김상운이 강간하려고 하던 저녁에 바로 목을 매어 죽는 변고가 있었다면, 김상운더러 즉시 목숨으로 보상하게 하더라도 전혀 안타까울 것이 없습니다. 그러나 정 여인은 몸도 더럽히지 않았고 원망도 깊지 않았습니다. 그러다가 붉은 오랏줄을 허리에 찬 사람이 공갈하는 상황을 갑자기 맞게 되자 마침내 해모삭으로 목을 졸라매는 일을 저질렀으니, 이는 김상운이 손수 죽인 경우와 다소 차이가 있습니다.

저 김상운으로 말하면, 일이 성사되기만을 간절히 원하였을 뿐이니, 어찌 본래 계획적으로 죽이려는 마음에서 나온 짓이었겠습니까! 그의 속마음을 따져 보면 틀림없이 아끼고 보호하기에도 겨를이 없었을 터인데 어찌 위협하여 죽게 하려고 하였겠습니까! 행적만 보면 위협하여 죽인 것으로 귀결되지만, 정상을 참작해 보면 독기를 부린 경우와는 다릅니다.

그런데도 이제 《대명률》〈형률·인명〉'사람을 계획적으로 죽인 경우' 조문의 애당초 계획을 세운 사람에게 적용하는 형률을 김상운에게 적용한다면, 인정머리가 없다는 혐의가 있습니다. 이 점은 신중히 살펴보고 고려할 수 있는 단서가 될 수도 있겠습니다. 그러나 나라의 법률은 매우 준엄하니 경솔히 논의하기가 어렵습니다.

시체는 회로 봉하고 관인을 찍어 표시하였습니다.

2차 검안할 관원은 이러저러하였습니다."【가경嘉慶 정묘년(1807, 순조 7) 9월의 사건이다.】

○ 다산의 견해: 이와 같은 사건은 명목이 아무래도 타당하지 않다. 우리나라의 풍속에서는 으레 살인 사건의 범인에 대해 두 가지의 명목만 있을 뿐이니, 주범이라고 하지 않으면 피고被告라고 할 뿐이다. 이를 제외하고는 다른 명목이 없다. 지금 풍속에서는 또 '범한다.[犯]'라는 글자를 직접 범행을 저질렀을 때만 쓰는 글자인 줄로 잘못 알고 있다. 손이

나 발로 직접 범행을 저지른 사람이 아니면 모두 피고인으로 처리한다. 이것은 범한다는 것이 죄를 범하거나 법률을 범한다는 의미인 줄 몰라서이니, 어찌 직접 범행을 저지른 사람만 주범이라고 할 필요가 있겠는가!

만약 어떤 사람이 방 안에서 은밀히 살해 계획을 세우고 자객을 보내 사람을 찔러 죽이게 하였다면, 그 계획을 세우고 자객을 보낸 사람을 주범이라고 할 수 없는가! 손가락 하나도 움직이지 않았으나 살해 계획을 세운 사람은 주범이 되어야 하고, 온몸을 부지런히 움직여 범행을 수행한 사람은 종범이 되어야 한다. 그러므로 대청에 앉아서 몸을 움직이지 않고 종을 불러 몽둥이로 사람을 치게 하였더라도 반드시 대청에 앉아 있던 사람을 주범으로 정하니, 법률의 취지를 알 수가 있다.

위협하여 죽게 한 것도 살인이니, 이번 살인 사건도 어찌 주범이 없을 수 있겠는가! 더구나 정절을 지키는 과부를 강간하여 죽게 한 경우에는 본래 사형에 해당하니, 김상운의 죄를 어떻게 사형의 죄를 범하지 않았다고 할 수 있겠는가! 처음에는 강간하려다가 성공하지 못하였고 마지막에는 또 위협하여 죽게 하였으니, 반복해서 생각해 보아도 살려 주어야 하는지를 모르겠다. 만약 본래 계획적으로 죽이려는 의도가 없었다는 이유로 정상을 참작하여 용서해 주어야 한다고 주장한다면, 강간하여 죽게 한 사람도 본래 계획적으로 죽이려는 의도는 아니었으니 그도 정상을 참작하여 살려 주어야 하는가!

위의 발사에서는 본래 김상운을 주범으로 정하였다가 우선 풍속을 따라서 피고인이라고 고쳤다. 그러나 그의 죄는 사실상 사형의 죄를 범하였으니 바로잡아야 한다. 대체로 살인 사건에서는 직접 범행을 저지른 사람이 아니면 '목숨으로 보상하게 하지 않는다.'라고 한다. 그러나 절부를 강간하려다가 끝내 위협하여 죽게 한 죄가 사형의 죄에 해당하는 이상 본래의 형률로 죽이기만 하면 되지 '목숨으로 보상하게 한다.'라고 명목을 정할 필요까지는 없다. 발사의 말미에서 정상을 참작해 주어야 한다는 주장을 지나치게 펼치고 끝내 김상운에 대해 형장을 치고 정배하는 것을 속전贖錢을 거두는 데서 그쳤으니, 형률을 잘못 적용한 실수가 크다.

게다가 열녀를 포상하는 법은 일정한 제도가 있어야 한다. 남편이 죽었는데 아내가 따라 죽거나 아무 이유도 없이 자살한 경우는 대부분 편벽된 감정에서 나왔으니, 장려해서는 안 된다. 다만 절부 정 여인과 같은 경우는 참으로 위로 조정에 보고해서 정려문旌閭門을 세워 주는 은전을 청할 수 있는 경우이다. 그러나 살인 사건에 허물이 있을까 우려해서 끝내 숨기고 드러내지 않았으니 애석하기 그지없다.

전발무사

✤

3

1. 가상하여 지은 해남현海南縣 윤계만尹啓萬의 사망 사건에 대한 2차 검안보고서의 발사

○ 사건의 근본 원인은 다음과 같다.

애당초 해남현 내방內坊의 백정 김재명金再明이 두 명의 아내를 거느리고 살고 있었다. 정묘년(1807, 순조 7) 4월에【가경嘉慶 12년이다.】그중 젊은 여자가 달아났다가 김재명이 뒤따라가 붙잡아서 돌아왔으나, 9월이 되자 또 달아나 행방을 몰랐다.

그에 앞서 이웃 사람인 윤계만尹啓萬과 이악손李惡孫 등이 항상 서로 그 집에 놀러 오고는 하였다. 이때가 되어 김재명이 이악손을 의심하고서는 불러다가 붙잡아 두고 닦달하니, 이악손이 말하기를 '나는 억울하다. 윤계만이 의심스럽다.' 하였다. 이에 김재명이 곧장 윤계만의 집으로 찾아가서 소란을 일으키고 힐난하며 말을 주고받다가 점차 감정이 격화되자, 김재명이 즉시 윤계만이 차고 있던 칼을 뽑아 윤계만의 가슴을 곧바로 찔러 즉시 죽게 하였다.

이에 김재명이 은밀히 이악손·이일담李一淡·정정실鄭丁實 등과 치밀히 모의하여 윤계만이 스스로 찔러서 죽은 사건으로 날조하였다. 그리고 김재명이 그 칼을 손에 가지고서 향청鄕廳【당시 해남 현감海南縣監의 자리가 비어 있었다.】으로 가서 고하기를 '윤계만이 분노와 억울함을 견디지 못하고 스스로 자기 가슴을 찔렀습니다.' 하였고, 목격한 증인들의 진술도 모두 '스스로 찔렀습니다.'라고 하였다. 그러다가 3차 진술할 때가 되어서야 목격한 증인들이 실제의 상황을 실토하여 마침내 살인 사건이 성립되었다.

○ 발사는 다음과 같다.

"죽은 사람은 몹시 억울하고 죄가 없으며 범인은 더할 나위 없이 몹시 패악하기로는 어찌 이와 같은 살인 사건이 있겠습니까! 다만 윤계만이 스스로 찔러서 죽었다는 주장은 사형의 죄를 지은 죄수가 살아나 볼 계획으로 한 말이므로 본래 이러니저러니 따질 거리도 못 됩니다.

그러나 법률은 매우 엄중하고 조사는 상세하게 해야 합니다. 그래서 검안할 때 사용하는 물품으로 시체를 씻어 내고 시체에 나타난 증상으로 맞추어 보니, 칼날에 찔린 왼쪽 젖의 부위는 검붉은색을 띠고 약간 단단하며, 상처는 둘레가 2치이고 너비가 2푼이었습니다. 별도로 뾰족한 대나무를 사용하여 그 상처의 깊이를 재어 보니, 안으로 텅 빈 곳까지 들어가서 어디까지 찔렸는지를 확인할 수가 없었습니다. 다만 칼의 뾰족한 부위에 묻은 핏자국이 2치 9푼이나 되었으니, 이것을 통해서 범행이 악독하였다는 사실과 장기臟器가 절단되었다는 사실을 알 수 있습니다.

대체로 스스로 찔렀을 때의 상처로 말하면, 칼로 찌르기 시작한 부위의 상처는 깊더라도 마무리한 부위의 상처는 반드시 얕은 법이니, 어찌 스스로 찌른 칼날의 자국이 이처럼 깊겠습니까! 목숨이 끊어진 지가 오래되고 시체의 변화도 많았으므로 칼을 위쪽으로 찔렀는지 아래쪽으로 찔렀는지는 확인할 수가 없으나, 목격한 증인들의 진술이 하나로 모아졌고 대질 심문한 결과도 분명하였으니, 죽은 윤계만이 스스로 찔러서 죽었는지 남에게 찔려서 죽었는지는 더 이상 심문할 필요가 없습니다. 그러므로 기록하여 올린 시장屍帳 안에는 사망의 실제 원인을 '찔려서 죽게 되었다.'라고 기록하였습니다. 주범은 김재명으로 기록하였습니다.

간음한 일 때문에 사람을 찔러 죽인 사건도 세상에는 많이 일어나지만, 즉시 범인을 붙잡기도 하고 증거를 잡은 것이 명백하기도 합니다. 이러한 사건들은 혈기를 참지 못하여 사람의 목숨이 끊어진 사건이니, 법률로는 용서하기가 어렵지만 정황으로는 의논할 만한 점이 있습니다.

그러나 이번 사건은 간음한 사실을 목격한 것도 아니고 간음한 증거를 포착하지도 못하였으며, 소문이라고는 허무맹랑할 뿐이고 단서라고는 실체도 없는 그림자일 뿐입니다. 그가 살해한 범인이라는 것을 밝혀야 범인도 승복할 수가 있는데, 사람을 죽이면서 마치 소를 잡듯이 능숙한 칼질로 삭둑삭둑 잘라 내어 손으로 잡은 소가 눈에 온전한 소로 보이지 않는 경지에 이른 것과 같았으니,[111] 어느 시대 어느 세상에 이런 일이 있겠습니까!

더구나 사람을 살해한 강도와 도적이 아무리 심보가 악독하고 담력이 크다고 하더라도 막상 범행을 저지르고 난 뒤에는 모두 머리를 숙이고 기가 꺾여서 입을 다물고 말을 하지 못합니다. 그런데 이 죄수는 흉악한 가운데서도 특히 간악하고 교활해서 반드시 죽어야 할 상황에서 살기를 도모하여 자기가 기선을 제압하였습니다. 스스로 향청에 가서 신고하여 감히 피에 물든 칼을 바쳤고, 추악한 동료들에게 은밀히 부탁하여 사실대로 실토하여 진술하는 길을 미리 막았습니다. 자살하였다는 말을 꾸며 내어 이미 죽은 귀신을 거듭 모함하였으나, 이는 조그마한 어린아이조차도 믿지 않을 일인데 많은 사람이 목격한 일을 어떻게 감히 이와 같이 한단 말입니까!

아! 남의 칼을 뽑아서 도리어 그 사람을 찌르고 남의 가슴을 찌르고도 감히 죽음을 피하려고 하였으니, 범행을 저지르기도 전에 벌써 음흉한 계획이 세워졌고 범행을 저지르고 난 뒤에도 사악한 기운이 꺾이지 않았습니다. 그러니 짐승을 능숙하게 잡는 뛰어난 칼솜씨에다가 이처럼 제멋대로 날뛰는 담대한 용기까지 낼 수 있는 사람이 누가 있겠습니까! 죽이는 형벌을 잠시라도 용서하기가 어렵습니다.

---

111 마치……같았으니:《장자莊子》〈양생주養生主〉에서 백정인 포정庖丁이 소를 잡는 기술에 대해 묘사한 구절을 빌려 살인의 수법을 표현한 것이다.

이악손으로 말하면, 김재명으로부터 가장 깊이 의심을 받아 맨 먼저 추궁을 당하였으니, 그 여자를 꾀어 낸 사람은 그가 아니라고 보장할 수가 없었습니다. 그리하여 스스로 빠져나가기에 급급하여 윤계만과 똑같이 의심을 받는 처지에서 윤계만을 당사자로 몰아갔고, 혼자만 모면하려는 교묘한 생각으로 밝히기 어려운 일에 윤계만을 빠뜨렸습니다. 그러니 그의 심보를 따져 보면 손으로 떠민 것과 무엇이 다르겠습니까! 더구나 검안하는 현장에서 진술을 바치는 것은 매우 엄중한 일인데도 범인을 극진히 보호하려고 감히 '시체의 당사자가 자살한 것입니다.'라고 하였습니다. 어느 모로 보나 하나하나 통분하고 악랄합니다.

이일담으로 말하면, 방 밖에서 범행을 저지른 사실은 목격하지 못하였다고 하더라도 마당 가에서 '나 죽는다.'라고 한 소리는 어찌 귀로 듣지 못하였겠습니까! 그런데도 백정의 부류와 부화뇌동하고 뇌물에 욕심이 생기다 보니, 윤계만이 김재명에게 찔려서 죽었다는 사실을 분명히 알면서도 '스스로 찔렀습니다.'라고 허위로 고하였습니다. 그의 범죄를 따져 보면 엄중히 징계해야 할 일입니다.

정정실로 말하면, 본래 평민의 족속으로서 도리어 백정과 한 무리가 되어, 처음에는 유족에게 위급한 상황을 전해 주었으나 마지막에는 검안하는 현장에서 허위 진술을 하였습니다. 만약 사람의 마음이 있다면 어찌 차마 이렇게 하겠습니까!

송두리쇠宋斗里金로 말하면, 그 당시 방에 있었으니 그도 목격한 증인입니다. 그런데 갑자기 도망쳤으니 모두 어리석은 탓입니다.

이상에서 열거한 사건과 관련된 사람과 목격한 증인 등 각각의 죄상에 대해서는 죄의 경중에 따라서 처분이 있어야겠습니다.

시장屍帳은 천天 자 번호로 감합勘合[112]하였으며, 이러저러하였습니다.

주범 이하 죄수들은 본현本縣에 엄중히 가두어 두었습니다. 유족, 3명의 가까운 이웃, 호수戶首[113] 등의 각 사람은 이처럼 경작하는 시기에 지체하며 머무르는 폐단도 생각해 주어야 하므로 먼저 풀어 주어 돌려보내겠습니다. 해남 현감은 당일에 그대로 관아로 돌아갔습니다."

2. 가상하여 지은 강진현康津縣 사노私奴 지유정池有丁의 사망 사건에 대한 1차 검안보고서의 발사

○ 사건의 근본 원인은 다음과 같다.

초곡면草谷面 박산리朴山里의 사노 지유정은 낙안樂安 선씨宣氏의 종으로서, 박산리의 향족鄕族 김도윤金道潤의 여종 남편이었다. 여종의 남편이 된 지 20여 년 동안 4, 5명의 자녀를 낳았으며, 겸하여 품팔이까지 하였다.

김상하金尙夏는 김도윤의 큰아들로서, 재산을 나누어 따로 살면서 각자 자기 전답을 경작하였다. 정묘년(1807, 순조 7) 10월에 김상하가 벼를 수확하려고 일꾼 4명을 고용하였다. 지유정이 김상하의 집에 와서 말하기를 '아버님 댁의 일꾼이 부족합니다.' 하니, 김상하가 말하기를 '어찌하여 부족한가?' 하였다. 지유정이 말하기를 '마을 안의 일꾼을 모두 작은댁에서 고용하였으니 큰댁에서 어떻게 사람을 고용하겠습니까! 작은댁에서 고용한 일꾼 두 명을 큰댁으로 보내야만 벼를 실어다가 들일 수 있습

---

112 감합勘合: 2장 이상의 문서가 동일하게 작성된 문서라는 사실을 증명하기 위해, 각 문서의 한쪽 끝을 서로 겹쳐 대고 그 위에 도장을 찍거나 글자를 써넣는 것을 가리킨다.

113 호수戶首: 전답 8결結을 기준으로 한 사람씩 두어 세금의 납부 등을 책임지게 하였던 사람이다.

492

니다.' 하니, 김상하가 말하기를 '큰댁의 벼는 말려서 묶어 놓았지만, 우리 집의 벼는 최근에 비를 맞아 축축하여 오늘 또 벼를 뒤집어 말려야 해서 일이 매우 다급하다. 그러니 큰댁에서 고용한 두 명도 모두 오늘은 우리 논에 가서 힘을 합쳐서 벼를 뒤집어 말리게 하고, 내일은 여섯 사람이 모두 큰댁으로 가서 일시에 실어다가 들이는 것이 좋겠다.' 하였다.

지유정이 발끈하고 크게 화를 내면서 말하기를 '큰댁이나 작은댁이나 모두 자기 집의 일이니, 오늘이나 내일이나 모두 이놈이 알 바가 아닙니다.' 하며 공손하지 않은 말을 많이 내뱉고서는 화를 내며 돌아가려고 하였다. 김상하가 분노를 이기지 못하고 지게를【땔감을 짊어지는 도구이다.】들어 던졌다. 이때 마침 지유정이 뒤를 돌아보다가 그의 오른쪽 이마를 정통으로 맞고서 즉시 땅에 쓰러져 얼굴 가득 피를 흘렸으며, 이튿날 아침에 갑자기 죽게 되었다.

지유정의 아우 지막남池莫男이 관아에 고소하려고 하자, 마을 사람인 정계하丁啓夏와 김문성金文聖 등이 길을 막고서 저지하였으므로 다음 날에야 들어가 관아에 고소하였고, 마침내 검안을 하게 되었다.

○ 1차 검안할 때 각 사람이 진술하기를 '지유정이 근래 악성 부스럼을 앓았습니다. 부스럼이 엄지손가락의 뿌리인 살이 두꺼운 곳에 났다가 이달 초가 되어서야 아물었으나, 손을 자유롭게 쓸 수가 없어서 어깨에 얹고 다녔습니다.' 하였다. 김상하의 말은 이를 가지고서 병이 들어 죽은 것으로 떠넘기려는 의도였다.

○ 2차 검안할 때 목격한 증인이 진술하기를 '김상하가 구타하려고 하자, 지유정이 몸을 돌려 달아났습니다. 김상하가 쫓아가며 지게를 던졌는데, 지유정이 마침 한번 뒤를 돌아보다가 날아오는 지게에 오른쪽 이마를 정통으로 맞았습니다.' 하였다.

○ 발사는 다음과 같다.

"모든 각 사람이 진술하였습니다. 말 한마디 내뱉는 사이에 분노를 촉발하여 지게를 한 차례 던진 때에 공교롭게 정통으로 맞았는데, 하룻밤 사이에 목숨이 끊어졌고 한 차례 심문하자 자백하였습니다. 사리에 어긋나고 사건의 정황이 엉뚱하기로는 어찌 이 사건보다 심한 경우가 있겠습니까!

다만 검안보고서의 시장屍帳으로 말하면 이렇습니다. 오른쪽 이마의 구타를 당한 부위에 검붉은색을 띤 찢어진 상처는 비스듬한 길이가 거의 1치가 넘고 상처 구멍의 너비도 3푼이나 되었습니다. 살갗이 찢기고 살이 터진 사실은 검안하는 현장에서 증상을 숨길 수가 없었고 피가 흐르고 몸이 쓰러진 사실은 증인의 자백이 분명하였습니다. 그러니 김상하가 입으로 교묘한 말을 하며 변명하지만 지유정의 목숨이 누구의 손에 의해서 끊어졌겠습니까?

악성 부스럼을 앓았다는 말을 가지고서 사건을 애매모호하게 해 보려고 하지만, 손을 어깨에 얹기는 하였더라도 온 마을 안을 쏘다니면서 충분히 걸을 수가 있었고, 그러한 몸으로도 두 집의 일을 보살피면서 일을 감독하였습니다. 그러니 옛날에 앓던 병이 이제는 나았으므로 본래 죽을 리가 없었고, 죽는 것을 두려워하고 살기를 바랐다는 것도 믿어야 할 말은 아닙니다. 바람을 쐬어서 죽게 되었다는 말은 더욱 허무맹랑합니다. 한마디로 표현하면 '지게에 맞았으며, 범인이 죽였다.'라고 하겠으니, 이러저런 말들은 무슨 도움이 되겠습니까!

아! 정수리와 숨구멍은 다치면 빨리 죽는 부위이고, 살갗이 찢기고 살이 터진 것은 목숨을 잃을 수 있는 상처입니다. 이마의 위치가 정수리와 숨구멍에 가깝고 살갗과 살의 상처가 과연 찢기고 터지기까지 하였으니, 이것이 '다치면 빨리 죽을 수 있는 부위에 목숨을 잃을 수 있는 상처를 입었다.'라고 하겠습니다. 그러니 이튿날 죽은 것도 당연하지 않겠습니까!

직접 손으로 눌러 보면서 검안한 결과 뼈가 손상된 흔적은 없었으나, 독기가 축적되어 얼굴이 부어오른 증상으로 나타났습니다. 그 증상은 검붉은 기운이 안쪽을 향하고, 그 결과는 하루 이틀 만에 죽게 되니,《무원록》의 조문을 참고해 보아도 의심할 것이 없습니다. 그러므로 기록하여 비치해 둔 시장 안에는 사망의 실제 원인을 '구타를 당하여 죽게 되었다.'라고 기록하였습니다.

본현本縣에 비치해 둔 사례事例 책자를 살펴보니, 지난 계축년(1793, 정조 17) 12월에 형조刑曹가 주상의 재가를 받아 보낸 관문關文에 이르기를 '앞으로 개인 집에서 데리고 사는 여종의 남편이 아내의 상전에게 흉악한 말을 제멋대로 지껄이되 인정과 도리로 보아 몹시 패악하여 아내의 상전이 죄를 다스렸는데 우연히 죽게 된 경우에는 살인 사건을 성립시키지 말라. 인정과 도리로 보아 몹시 패악한 정도는 아니었는데도 죄를 다스렸다가 우연히 죽게 된 경우에는 사건 기록을 갖춘 뒤에 초기草記를 올려 내게 물어 처결하라.' 하였습니다.

제 나름대로 이런 생각을 해 보았습니다. 성상의 하교 중 '해후邂逅' 2자는 생각해 보아야 할 점이 있습니다. 해후라는 것은 '때마침 맞닥뜨리다.'라는 뜻이며 '서로 맞아떨어지다.'라는 의미입니다. 법률대로 태笞를 쳐서 징계당한 자가 전부터 앓고 있던 병과 때마침 맞닥뜨려서 죽게 된 경우를 '우연히 죽게 되었다.'라고 하며, 대략 몽둥이로 구타당한 사람이 찬 기운을 쐰 시기와 서로 맞아떨어져서 죽게 된 경우를 '우연히 죽게 되었다.'라고 합니다.

이 살인 사건은 본래 지유정이 패악을 부리다가 발생한 일이기는 하지만, 우연히 죽게 된 것은 아닙니다. 그러니 결국 목숨으로 보상하게 할지는 헤아려서 결정해야 하더라도, 우선 살인 사건을 성립시켜야지 단연코 용서할 수가 없습니다. 그러므로 주범은 김상하로 기록하였습니다.

대체로 살인 사건을 심리하는 법은 풍속을 교화하는 책임까지 겸하고 있습니다. 아! 저 김상하라는 자는 향족이라고는 하지만 천한 백성과도 다릅니다. 그런데도 그의 아버지가 일구어 놓은 전답이 있으나 《서경》 〈주서周書·대고大誥〉의 '수확하려고 하겠는가!'라고 한 취지[114]를 잊었고, 자식으로서 나누어 경작하면서 진秦나라 백성이 곰방메를 빌려주고 으스댔다는 비아냥[115]을 남겼습니다.

이쪽과 저쪽의 경계를 두고서는 먼저 해야 하느니 나중 해야 하느니 다투었고, 논이 메마르거나 젖은 면적을 두고서는 한 뼘조차도 따졌습니다. 마침내 일꾼을 고용하던 자리에서 갑자기 남에게 화풀이를 하다가, 서로 이야기를 나누던 짧은 시간에 마침내 살인의 변고를 일으켰습니다. 본 사건을 언급하려고 하니 남이 대신 부끄럽게 만듭니다.

그러나 그 정황을 세밀히 살펴보면 참으로 화를 낼 만한 점이 있습니다. 이미 묶어 놓은 벼는 약간 늦게 실어다가 들이더라도 해가 될 것이 없으나, 햇볕에 말려야 할 볏단은 잠깐의 시간이라도 아껴야 합니다. 2명을 먼저 보내거나 4명을 나중에 보내거나 간에 그것이 그것인 듯하지만, 먼저 벼를 뒤집어서 말리고 나중에 묶어 놓은 벼를 실어다가 들이자고 한 말은 자기 욕심을 챙기고 아버지를 홀대하려고 한 것은 아니었습니다.

그런데 아! 저 지유정은 남의 아버지와 아들 사이에 끼여 사람의 감정을 건드려서, 자신은 진심을 다하는 사람으로 처신하고 남은 불효한 아

---

114 서경……취지: 《서경》〈주서·대고〉에 '아버지가 밭을 일구었으나 그의 아들이 씨를 뿌리려고 하지 않으니, 하물며 수확하려고 하겠는가!'라고 한 말을 원용한 것이다.

115 진秦나라……비아냥: 중국 한漢나라 가의賈誼의 글 중에 나오는 말로, 진나라에서 상앙商鞅의 가혹한 법을 시행하자 진나라의 풍속이 무너져서 자식이 아버지에게 곰방메를 빌려주고서는 은덕을 베푼 것으로 생각하며 으스댔다고 하였다.

들로 몰아갔습니다. 그리하여 '큰댁이나 작은댁이나 모두 자기 집의 일이니, 오늘이나 내일이나 모두 이놈이 알 바가 아닙니다.'라고 하였습니다. 이것은 전적으로 김상하 아버지의 권위를 빙자하여 내뱉은 말투였고 아버지와 자식 사이에 틈을 벌리려는 심보와 다름이 없었으니, 천한 사람으로서 귀한 사람을 방해한 것일 뿐만 아니라 관계가 먼 사람으로서 가까운 사람을 이간질하려고 한 것이기도 하였습니다.

그러므로 김상하로서는 우연히 '무방하다.'라는 말을 내뱉었다가 갑자기 '비정하다.'라는 비방을 듣자, 피가 거꾸로 치솟는 듯한 분노가 갑자기 일어나고 담력까지 갑자기 커져서 하늘과 땅도 분간하지 못하였으니 어느 겨를에 나무와 돌을 가렸겠습니까! 마침 눈앞에 있던 것이 지게라서 던졌을 뿐입니다. 당시에 칼이 있었으면 칼을 던졌을 테고 동이가 있었으면 동이를 던졌을 텐데, 마침 눈앞에 있던 것이 지게였기에 던졌을 뿐입니다. 지게를 세차게 던졌던 것은 분풀이를 하려는 생각에서 나왔을 뿐이었으니, 어찌 본래 죽이려는 의도에서 그랬겠습니까!

사나운 운수가 머리 위를 짓누르고 있다가 지게를 한번 던지자 이마를 정통으로 맞혔으니, 이것이 어찌 사람의 힘으로 할 수 있는 일이겠습니까! 모두 자신의 운수가 불행하기 때문입니다. 더구나 김상하가 지게를 던진 상황이 때마침 지유정이 돌아볼 때와 맞아떨어졌으니, 몸을 돌려 나갔는데 또 무슨 마음으로 돌아보았단 말입니까! 이것을 가지고서 말을 한다면 우연히 죽게 되었다고 하더라도 불가할 것이 없습니다.

다만 유감스러운 점이 있습니다. 가령 김상하가 《소학》을 절반이라도 잘 읽어, 한집안에 엄격한 아버지가 있다는 것을 알고서는 돌아가 자기 아버지 앞에 고하고 높은 대청에 아버지를 모시고 앉아서 지유정의 패악한 죄상을 열거하며 모질게 몽둥이질을 해서 징계하였더라면, 지유정이 그 자리에서 죽게 되었더라도 어찌 명분이 바르고 말이 순리에 맞지 않았겠습니까! 그런데 이번에는 그렇게 하지 않았습니다. 그 광경은 백정과 술장수가 서로 싸우는 꼴이었고, 그 수법은 나무꾼과 목동이 뒤섞여 구타하는 꼴이었습니다. 그러니 상전이라는 이름이 어찌 아깝지 않을 수 있겠으며, 여종 남편의 죽음이 어찌 원통하지 않을 수 있겠습니까!

이와 같은 사건에서 대뜸 수교受敎의 형률을 인용하여 살려 주어야 한다는 주장을 경솔히 제기한다면, 시골의 어리석고 패악한 무리가 행랑에 데리고 산다는 명분만 믿고서 제멋대로 구타하고 걷어차서 법령을 누차 범하게 될 것입니다. 그러므로 살인 사건을 심리하는 격식은 엄격해야 하고 법률을 집행하는 의견은 무거운 쪽으로 제시해야 합니다. 그러나 목숨으로 보상하게 할지는 어리석고 천박한 견해로는 감히 알 수 있는 일이 아닙니다.

정계하는 지유정이 돌에 넘어졌다는 말을 교묘하게 꾸며 내어 지게를 던진 사실을 감추려고 처음부터 끝까지 실토할 듯 말 듯하였으니, 그 정상이 통분스럽습니다. 김문성은 본 마을의 길목을 지키고 있다가 관아에 고소하려고 가는 길을 가로막았으니, 나중에 생길 폐단과도 관계가 있으므로 징계해야 합니다. 목격한 증인 임일손林一孫과 김종석金宗碩 등 및 호수戶首[116]·가까운 이웃·유족 등 각 사람은 모두 우선 보증인을 세우고 넘겨주어서 2차 검안을 기다리겠습니다. 지유정의 아내 연애連愛는 남편을 잃은 비통한 마음을 품고 있으나, 주인의 죄를 증명하는 혐의가 있으므로 진술을 받지 않았습니다.

시장은 천天 자 번호로 감합勘合하였으며, 이러저러하였습니다.

범행에 사용한 흉기는 이른바 지게로, 땔감을 짊어지는 도구입니다. 이

---

116 호수戶首: 전답 8결結을 기준으로 한 사람씩 두어 세금의 납부 등을 책임지게 하였던 사람이다.

에 그림으로 그려서 감영으로 올려보냅니다. 시체는 회로 봉하고 관인官印을 찍어 표시하였습니다.

2차 검안할 관원은 장흥 부사長興府使로 정하고 이곳으로 와서 거행해 달라고 요청하겠습니다.

이러한 연유로 첩정牒呈을 올려 보고합니다."【10월 11일이다.】

○ 전라 감영全羅監營의 제사는 대략 다음과 같다.

"마침 눈앞에 있는 지게를 보고 갑자기 손에 잡히는 대로 던졌으니, 이것은 홧김에 저질렀지 어찌 죽이려는 본래 의도가 있었겠는가! 다만 김상하가 지게를 던지는 상황이 공교롭게도 지유정이 돌아보던 때와 맞아떨어져서 이마를 쳐서 마침내 죽게 하였을 뿐이다. 그렇다면 지게를 던진 행위를 두고서 어찌 마음이 있었는지 없었는지를 따지겠는가! 죽은 것은 죽은 것이니, 법에 따라 법을 적용해야만 한다.

다만 선왕先王(정조) 계축년의 수교는 깊이 생각해야 한다고 본다. 더구나 이번 사건에서 지게를 던진 일은 고의로 죽이려는 마음에서 나온 것이 아니고, 이마에 맞아서 상처를 입은 일도 한마디로 말하면 '공교롭게 시기가 맞아떨어지고 우연히 정통으로 맞은 것으로, 그의 죽음은 우연히 그렇게 되었을 뿐이다.'라고 하겠다. 풍속의 교화를 장려하고 임금의 명령을 펼쳐 나가는 것은 감사의 직무이다. 그러니 목숨으로 보상하게 하는 것은 감히 거론할 일이 아니다.

다만 김상하는 명색이 선비로서 일시적인 분노를 이기지 못하고 재빨리 몸을 떨쳐 일으켜서 아무렇지도 않게 손찌검해 대기를 마치 길거리의 천한 사람들이 서로 붙잡고서 싸우듯이 하였다. 아! 이러한 행동은 그의 해괴하고 망령된 짓에서 시작되었으니, 가엾은 저 지유정도 억울하지 않겠는가!"

3. 가상하여 지은 강진현康津縣 김씨金氏 집안 아들[10살의 아이다.]의 사망 사건에 대한 2차 검안보고서의 발사

○ 사건의 근본 원인은 다음과 같다.

병마영兵馬營의 남문南門 밖에 김씨의 집이 있는데, 부인이 콩죽을 팔아 생계를 유지하였다. 어느 날 저자에 나가면서 10살인 아들더러 집을 보게 하였는데, 돌아와서 보니 그 아들이 이불을 덮고 누운 채로 죽어 있었다. 목에는 졸린 흔적이 있었고, 옆에는 풀로 꼰 줄 한 가닥이[물레의 끈이다.] 있었으며, 세간들을 점검해 보니 잃어버린 것은 낫 한 자루와 호미 한 자루 및 사기그릇 등 몇 가지뿐이었다.

이에 앞서 이웃에 사는 백 조이白召史가 이자 돈 2민緡을 김 조이金召史에게 꾸어 주었다가 겨우 본전만 받고 이자는 받지 못하였다. 아이가 죽기 하루 전날에 백 조이 모녀母女가 김씨의 집에 와서 쌀독에 비축해 놓은 것을 모두 찾아내 가지고 갔다. 원한을 맺은 사람으로는 이 한 사람뿐이었다. 이에 백 조이를 고소하였다.

또 말하기를 '백 조이의 딸은 올해 20살로, 편도선에 염증이 생기는 병을 가지고 있어 보기에도 추악하였습니다. 죽은 아이가 살아 있을 때 그 딸을 볼 때마다 침을 뱉으며 비웃었습니다. 이것도 원한을 맺은 한 가지 단서입니다. 또 아들이 죽어 가슴을 치며 통곡을 할 때 가까운 이웃 사람들은 모두 모였으나, 백 조이 모녀만 오지 않고 담 너머로 넘겨다보기만 하였습니다. 그런데 관아에 고소하러 가다가 기름을 사 가지고 오던 백 여인을 길에서 만났으나, 아예 위문하지도 않고서 얼굴을 돌리고 가 버렸습니다. 이러한 것들은 모두 의심스러운 꼬투리이니, 이것이 백 여인을 고소한 이유입니다.' 하였다.

○ 발사는 다음과 같다.

"모든 각 사람이 진술하였습니다. 이번 사건의 시체를 법에 의거하여 검안하니, 입은 열려 있고, 눈은 튀어나와 있으며, 목구멍은 꺼져 있고, 손은 주먹을 쥐고 있어, 모두 《무원록》〈조례·늑액사〉의 조문 중 목이 졸려 죽은 경우의 증상과 하나하나 부합하였습니다. 더구나 목뒤에 엇 갈려서 한 바퀴를 돌려 묶은 흔적이 분명히 나 있었고, 목구멍 아래에 한 줄기의 검붉은 색깔이 선명하였으며, 물레의 끈이 현장에 떨어져 있 었으니, 목이 졸려서 죽게 된 것은 명백하였습니다. 그러므로 사망의 실 제 원인은 '목이 졸려서 죽게 되었다.'라고 기록하였습니다.

대체로 살인 사건을 심리하는 법은 '정황과 사리[情理]' 2자만을 중시 합니다. 정황상 합치되지 않으면 많은 사람이 번갈아 가며 증언하더라도 억지로 사건을 성립시킬 수가 없으며, 사리상 옳지 않으면 사방 이웃이 한목소리로 증언하더라도 억측하여 단정할 수가 없습니다.

이번 사건에서 백 조이가 고소되었는데 그녀가 혐의를 벗기 어려운 증 거로 지목되고 있는 것으로는 몇 가지의 실마리가 있습니다. 첫째는 집 을 뒤져서 원한을 맺었다는 것이고, 둘째는 편도선에 난 염증 때문에 원 망을 품었다는 것이며, 셋째는 이웃과 마을 사람들이 와서 위문할 때 같 이 모이지 않았다는 것이고, 넷째는 유족이 관아에 고소하러 가는 길에 서 만났는데도 위문하지 않았다는 것입니다.

피해자 가족이 누누이 호소한 것은 모두 이 네 가지 증거 때문으로, 그의 말을 들어 보고 그의 행적을 살펴보면 참으로 의심스러운 점이 있 습니다. 그러나 제가 이 네 가지에 대해 감히 혐의를 벗어나기 어려운 증 거라고 확신하지 못하는 이유는 참으로 정황상으로도 부합하지 않은 점 이 있고 사리상으로도 옳지 않은 점이 있어서, 한목소리로 번갈아 가며 증언하였다고 해서 갑자기 한 사람의 목숨이 달려 있는 판결을 할 수가 없기 때문입니다.

이제 집을 뒤진 일로 말하면 이렇습니다. 집을 뒤진 사람이 원망을 품겠습니까, 뒤짐을 당한 사람이 원망을 품겠습니까? 빚을 갚지 않는 김씨의 집을 뒤져서 재화를 빼앗아 갔으면 묵은 화를 풀었고 원했던 것을 가져왔는데, 또 무슨 독기가 남았기에 가서 아들의 목숨을 빼앗겠습니까! 김 여인이 백 여인의 자식을 죽였다면 전날 집을 뒤진 것이 문제가 될 수 있지만, 백 여인이 김 여인의 자식을 죽였다면 전날 집을 뒤진 것은 타당성이 없습니다. 더구나 집을 뒤진 날에 쌀독이 텅 비어 있다는 사실을 백 여인이 목격하였고, 베를 짜지 않아 남아 있는 베가 없다는 사실도 백 여인이 직접 확인하였습니다.

1문文의 돈에 해당하는 찢어진 옷과 몇 알의 곡식은 백 여인이 손으로 움켜 갔으니, 하룻밤 사이에 재물이 더 늘어났을 리도 없는데 무슨 욕심이 생겨서 집이 비어 있는 틈을 타서 뛰어 들어가 아들을 죽이고 재화를 구하였겠습니까! 집을 뒤진 사람은 그 집에 재화가 없다는 사실을 알고 있고, 집을 뒤져 보지 않은 사람은 그 집에 재화가 없다는 사실을 모를 것입니다. 가령 이러한 일을 가지고서 보면, 과연 그 집에 재화가 없다는 사실을 아는 사람의 소행이겠습니까! 사람을 죽이고서 차지한 것이라고는 호미 한 자루와 낫 한 자루이니, 그 집에 재화가 없다는 사실을 알고 있던 사람의 소행이라고 하려 해도 그러기가 어렵습니다.

이번 살인 사건의 원인은 둘 중의 하나이니, 원한을 갚기 위한 범행이 아니라면 재물을 탐낸 범행일 뿐입니다. 그런데 백씨 노파가 그 아이를 죽였다고 한다면, 이 두 가지 모두에 해당하는 일이 없습니다. 어리석은 저의 소견으로는 백씨 노파가 집을 뒤진 일은 백 여인의 무죄를 밝혀 줄 수 있는 증거이니, 무죄의 증거가 아니라고만 말해서는 안 됩니다.

그리고 편도선에 난 염증에 관한 일로 말하면 이렇습니다. 코가 함몰

된 사실은 눈이 있는 사람이면 모두 보는 것이고, 목소리가 쉰 사실은 귀가 있는 사람이면 모두 듣는 것입니다. 이러한 코를 가지고서 문을 나서면 누가 침을 뱉지 않겠으며, 이러한 목소리로 만나서 대화하면 누가 비웃지 않겠습니까!

정수鄭袖는 궁중에서 코를 가리는 부끄러움을 품게 하였으나,[117] 평원군平原君은 누각 위에서 절름발이를 비웃는 사람을 베기가 어려웠습니다.[118] 설사 얼굴이 빨개질 정도로 부끄럽게 여긴다고 하더라도 어떻게 모든 사람을 죽일 수 있겠습니까! 이를 가지고서 범인이라고 지목하는 것은 아무래도 추측일 뿐입니다.

이웃 사람들이 위로할 때의 일로 말하더라도 이렇습니다. 예로부터 남 몰래 범행을 저지른 사람들은 이웃과 마을 사람들이 모여서 위로할 때면 많은 사람을 따라 참석하여 자신의 행적을 위장합니다. 그렇다면 백씨 노파가 위로하러 오지 않은 것이 어찌 혐의를 벗어나기 어려운 증거가 될 수 있겠습니까! 집을 뒤진 원망이 깊은 상태에서 이웃집의 경사나 애사를 어찌 따지겠습니까!

---

117 정수鄭袖는……하였으나: 정수는 중국 전국시대 초楚나라 회왕懷王의 애첩이다. 회왕이 위魏나라에서 보내온 미인을 몹시 사랑하였는데, 정수가 그 미인에게 '왕께서 그대의 아름다움을 사랑하지만 그대의 코를 싫어하시니, 왕을 뵐 때에는 반드시 코를 가리는 것이 좋겠다.' 하니, 그 미인이 회왕을 볼 때마다 손으로 코를 가렸다. 회왕이 이를 의아하게 여겨 정수에게 이유를 묻자, 정수가 대답하기를 '대왕의 몸에서 나는 냄새가 싫어서 그런 것입니다.' 하였다. 그러자 회왕이 그 여자의 코를 베었다.

118 평원군平原君은……어려웠습니다: 평원군은 중국 전국시대 조趙나라의 공자公子이다. 평원군의 이웃에 절름발이가 있었는데, 평원군의 애첩이 누각에 올라갔다가 그가 절뚝거리며 물을 긷는 것을 보고 깔깔거리며 웃었다. 그 절름발이가 평원군을 찾아와서 '선비들이 천리를 멀다 않고 찾아오는 이유는 공자께서 선비를 귀하게 여기고 첩을 천하게 여기기 때문입니다. 제가 불행히 병을 앓아 불구가 되었는데, 공자의 첩이 저를 보고 비웃었으니 목을 베어 주십시오.' 하였다. 평원군이 승낙은 하였으나, 애첩의 목을 베는 것은 너무 심하다고 생각하여 실행하지는 않았다. 그러자 평원군을 찾아오던 식객이 반이나 줄었다. 평원군이 할 수 없이 애첩의 목을 베어 절름발이에게 주고 사과하니, 다시 식객들이 찾아왔다.

그리고 길에서 만났을 때의 일로 말하면 이렇습니다. 내가 그의 집을 뒤졌고 어떤 사람이 그의 아들을 죽였다면, 상대는 나에게 의심과 분노를 품기가 쉬울 것이고 나로서는 마음속으로 부끄러움과 겁이 슬그머니 생길 것입니다. 그러다가 좁은 길에서 서로 만나게 되면 갑작스러운 상황에서 말을 하지 못하는 것은 어리석은 여자의 일반적인 심정으로 충분히 그럴 수도 있는 일입니다.

이상으로 보면, 앞서 말했던 4가지 증거는 모두 의심의 눈으로 보다가 생긴 허위이고, 범행을 저지른 진짜 증거는 결단코 아닙니다.

어리석은 저의 소견으로는 이 사건에서 한층 더 신중히 처리해야 할 점이 있다고 생각합니다. 목을 조른 끈이 목에 있지 않고 옆에 있었던 것을 어떻게 이해해야겠습니까? 범행을 저지른 사람이 어느 누가 되었든 간에 끈으로 목을 졸랐는데 또 무엇 때문에 풀어 준 것입니까? 끈을 풀어 줄 때에 또한 그가 죽는 것을 가엾게 여기고 살아나기를 바랐던 것이 아니었겠습니까! 목을 졸랐던 것은 무엇 때문이겠습니까? 그의 재화를 가져가려고 하였기 때문에 소리 지르는 것을 싫어하여 죽이려고 하였을 것입니다. 끈을 풀어 준 것은 무엇 때문이겠습니까? 가져갈 만한 재화가 없었기 때문에 살인이 망령된 짓인 줄을 깨닫고서 살리려고 하였을 것입니다.

목이 졸려 죽었던 사람은 반나절 만에 소생하기도 하고 한나절 만에 소생하기도 합니다. 그러니 만약 이 아이가 소생하여 말을 할 수 있게 된다면 일이 어떻게 되겠습니까? 아이가 범인의 얼굴을 모른다면 도적도 무사하겠지만, 아이가 만약 도적의 얼굴을 안다면 일은 헤아릴 수 없게 흘러갈 것입니다. 참으로 백씨 노파가 범행을 저질렀다고 한다면 범행을 저지르고서 나갈 때에 더욱 단단히 목을 졸라매는 것이 이치로 보아 당연한데, 도리어 졸라맸던 것을 도로 풀어서 소생하게 하였겠습니까! 이

504

를 통해서 보면 얼굴을 모르는 다른 도적이 저질렀다는 사실이 분명해집니다.

아! 밖에서 들어온 도적이 그 집에 재화가 없는 줄을 모른 채 먼저 그 집의 아들을 죽이고서는 욕심껏 크게 한몫을 챙기려는 부푼 마음으로 재화를 찾았을 것입니다. 그러다가 찾아낸 재화라고는 없고 일의 결과가 생각했던 것과는 달리 허망하자, 아이의 목숨이 갑자기 가엾게 생각되고 후회하는 마음이 슬그머니 일었을 것입니다. 이에 졸랐던 끈을 풀어 주고 이불로 덮어 주고서는 생각하기를 '다행히 소생하여 이 아이가 살아날 수 있게 되더라도 본래 내 얼굴을 모르니 나는 두려울 바가 없다.' 하였을 것입니다. 이것이 사건이 발생한 날 범인의 진짜 모습입니다.

이리저리 생각해 보아도 백씨 노파가 범행을 저지른 증거가 없습니다. 그러므로 백 조이를 피고被告로 기록하였습니다.

2차 검안하면서 진술을 받을 때 백씨 집 모녀의 말에 서로 엇갈리는 주장이 더러 있었습니다. 어머니는 '기름을 사서 돌아오는 길이라 그 아이가 죽은 줄을 몰랐습니다.' 하였으나 딸은 '담장 너머로 내려다보았으므로 그 아이가 죽은 줄을 알았습니다.' 하였으며, 어머니는 '저잣거리에 나가서 쌀을 샀습니다.' 하였으나 딸은 '죽으로 미음을 만들려고 생각하였습니다.' 하였으며, 어머니는 '김가에게 돈을 빌려주었습니다.' 하였으나 딸은 '최가崔哥에게 돈을 빌려주었습니다.' 하였습니다. 게다가 그날 쌀의 시장 가격은 1되당 10전이었으나 2되의 값이 10전이라고 고하였습니다.

이처럼 횡설수설 진술한 것은 자신이 큰 범죄를 저지르고 마음속으로 겁을 먹은 사람이 하는 짓인 듯하기도 합니다. 그러나 시골의 어리석은 여자가 갑자기 사람을 죽였다는 누명을 쓰면, 허둥지둥 어쩔 줄을 몰라 두서없이 서로 어긋나는 주장을 하는 것은 원래 의례적인 일이니 깊이 의심할 바가 못 됩니다. 단서를 잡아 심문하기는 하였으나 진실을 밝혀낼 수 있는 심문을 시행해 보지도 못하였고, 포교捕校를 보내 수색하기는 하였으나 낫과 호미 등의 물건을 찾아내지도 못하였습니다.

이 사건은 한마디로 말하면 '의문점이 있는 살인 사건이다.'라고 할 수 있으니, 어리석은 신의 얕은 견해로는 감히 억측하여 판단할 일이 아닙니다. 그러므로 피고인 백 조이는 격식을 갖추어 엄중히 가두어 두고서 회답 제사題詞를 기다리겠습니다.

심문을 받아야 하는 각 사람은 이러저러하였습니다. 범행에 사용한 흉기는 이러저러하였습니다. 시장은 이러저러하였습니다.

수령은 관아로 돌아갔습니다."

4. 가상하여 지은 강진현康津縣 김계갑金啓甲의 살인 사건에 대한 다섯 번째 조사보고서의 발사

○ 발사는 다음과 같다.

"이번 살인 사건은 이렇습니다. 시체를 검안하기도 전에 지레 묻어 버렸고 유족이 개인적으로 합의하였으므로, 상처가 가벼웠는지 무거웠는지를 증명할 수 있는 근거가 없고, 진술도 진실과 허위가 뒤섞여서 정황을 살피기가 어렵습니다. 사망의 실제 원인은 질병 이외에 구타를 당한 것까지 뒤섞어 기록하였고, 주범은 아버지를 대신하여 아들로 바꾸어 기록하였습니다. 진술은 여러 차례 바뀌었고, 조사보고서도 네 차례나 변하였습니다. 이제 시간이 오래 지난 뒤에는 사실상 자세히 심리할 방도가 없습니다.

구타를 당하고 나서도 며칠 연이어 농사를 지은 사실은 많은 사람의 진술이 일치하였고, 한질寒疾을 앓고 나서 그대로 죽게 되었다는 사실은

506

여러 보고서에서도 모두 합치하였습니다. 이 두 가지 사실을 가지고서 나라의 형률에 따라 처벌하도록 판결한다면 아마도 원통한 일이 없을 것입니다.

다만 여기에서 말한 '한질' 두 글자는 본래 호남 지역의 사투리로, 호남 지역 사람들은 말하는 사람이나 듣는 사람이나 모두 한질의 의미에 대해 의심이 없습니다. 그래서 '한질' 2자만 말을 해도 남녀가 잠자리를 함께한 뒤 손상을 입은 증세라는 것은 물어보지 않아도 알 수 있습니다. 그런데 조사한 관원은 사투리에 익숙하지 않았고 형리刑吏도 그러한 사실을 말해 줄 생각을 하지 않았으므로, 찬 기운을 쐬어서 생긴 병이 한질인 줄로 알았고 마침내 찢어진 상처를 입고서 바람을 쐬어 생긴 것이 한질인 줄로 잘못 알았습니다. 이것이 사건의 내막에 의혹이 생기게 된 이유입니다.

제 나름대로의 생각은 이렇습니다. 살인 사건을 판결하는 법은 손으로 구타를 당하거나 발로 걷어차여서 뒤통수나 신낭腎囊이 찢어지는 상처를 입었더라도, 만약 목숨이 끊어지기 전에 갑자기 스스로 물에 빠지거나 스스로 불에 뛰어들어서 자기 목숨을 끊었다면, 사망의 실제 원인을 지정할 때에는 '물에 빠져서 죽게 되었다.'라고 명목을 붙이거나 '불에 뛰어들어서 죽게 되었다.'라고 단정해야 하며, 애당초 손으로 구타하거나 발로 걷어찬 사람은 피고인이라고 기록해야 합니다. 이것이 법률 조문의 공명정대한 법입니다.

이와 같이 하는 이유는 무엇 때문이겠습니까? 아직 죽을 때가 되지 않았는데 스스로 자기 목숨을 해쳤다면, 반드시 죽을 상처를 입었다고 하더라도 결국은 스스로 목숨을 끊은 것입니다. 그러므로 죽은 사람은 스스로 죽은 것이 되고 범행을 저지른 사람은 피고인이 되는 것입니다. 이와 같이 해야 명분과 실질이 부합하게 되고 사망의 주된 원인과 종속 원인이 서로 분명해집니다.

　이것을 가지고서 말하면, 이번 사건에서 봉금奉金이 구타를 당한 것은 본래 반드시 죽을 상처를 입었다고 하더라도, 그가 성교를 한 뒤에 죽게 되었으니 남을 탓할 수가 없습니다. 더구나 성교는 물에 빠진 것이나 불에 뛰어든 것과는 전혀 다른 종류입니다. 저 물에 빠져서 죽은 사람과 불에 뛰어들어서 죽은 사람은 죽음의 빌미를 자신이 불러들였더라도, 자기의 몸을 움직여서 불에 뛰어들거나 물에 빠질 정도의 힘은 남아 있어서 가능합니다. 그러나 성교는 반드시 신낭의 원기에 손상이 없고 남자의 정기가 불쑥 발동하여야 음양의 욕정이 생겨서 남녀의 교합이 이루어지고, 반드시 오장육부五臟六腑에도 죽을 수 있는 빌미가 전혀 없고 사지와 몸뚱이에도 무거운 상처가 전혀 없어야 마음이 움직이고 신낭이 도우며 음경陰莖이 발기하고 기운이 따르게 됩니다. 이것은 반드시 그럴 수밖에 없는 이치입니다.

　봉금이 한질 때문에 죽은 사실이 명백하다고 한 이상 김계갑이 애당초 심하게 구타하지 않았다는 사실도 어찌 확실하지 않겠습니까! 한밤중에 잠자리에서 차분히 일을 치르는 것조차도 죽을 사람이 할 수 있는 일이 아닙니다. 더구나 대낮의 짧은 시간에 모내기 품앗이하러 나간 아내를 붙잡고서 들밥을 내갔다가 돌아가는 기회를 틈타 마치 남의 아내를 강제로 간음하듯이 일을 치르고 많은 사람이 엿보는 것도 개의치 않을 정도로 염치를 상실하였습니다. 그리하여 끝내는 사립문의 여자 짝꿍이 그 소리를 듣고서는 큰소리로 웃었고, 모내기하던 현장의 많은 일꾼이 그 일을 듣고서는 쓰러질듯이 웃었습니다. 그렇다면 그 남자의 정기가 불쑥 발동한 것과 욕정이 성하게 몰아친 것이 어떠했는지를 더욱 알 수 있습니다. 그리고 이를 통해서 김계갑이 원래 그를 심하게 구타하지 않았다는 사실도 분명해집니다.

가래를 들어 엉덩이를 쳤으나 엉덩이 살은 두껍고, 지팡이를 들어 배를 쳤으나 뱃가죽은 신축성이 있으며, 코 옆의 상처는 겨우 손톱자국만하고 아물어서 딱지가 졌습니다. 이 세 곳의 상처뿐이었으니, 관을 열어서 검안을 행할 수는 없었지만 찢어진 상처가 전혀 없었다는 사실을 알수가 있습니다. 이 사건을 한마디로 말하면 '구타를 당하고 난 뒤에 하루도 앓아누운 적이 없고 나흘이나 연이어 부역하러 나아갔으며, 이어서 대낮에 강제로 간음한 것이나 다름없이 성교하였으니, 봉금은 구타를 당해서 죽은 것이 아니다.'라고 하겠습니다.

더욱이 성교하다가 병에 걸리는 경우로 말하면, 반드시 서둘러 급히일을 치르다가 남에게 발각된 사람은 신낭이 응축되고 어혈이 생겨서 미친 증세가 발작하고 피를 잃게 됩니다. 이번 사건에서 봉금의 죽음은 참으로 이러한 경계를 위반해서 생겼고, 봉금의 병은 모두 이러한 증상과합치되니, 그의 죽음이 성교 때문이라는 사실은 또 의심할 여지가 없습니다. 따라서 사망의 실제 원인을 '병을 앓다가 죽게 되었다.'라고 기록한것과 김계갑을 피고라는 명목으로 정한 것은 참으로 합당합니다.

호박씨와 누에알은 시골 풍속에서 효험이 있는 약으로 알려졌으나, 시호柴胡와 당귀수當歸鬚는 의학에서 본래 용법이 다릅니다. 그리고 발락勃落은 거짓으로 꾸며 댄 백성이 아니고 정가鄭哥 의원은 증세를 잘못 진단한 실수가 없으며, 세 이웃의 진술이 합치되고 한 첩의 약이 여전히 남아있으니, 이러한 단서를 가지고서 미루어 보면, 이번 살인 사건은 의문이없습니다.

그런데 그동안 조사하는 현장에서 이러한 약들이 어떠한 증세에 사용하는지를 묻지도 않았으니 이것도 소홀히 한 일입니다. 1차 조사와 4차조사는 확신을 가지고서 사건을 처리하였고, 2차 조사와 3차 조사는 사건의 처리가 야무지지 못하였는데, 모두 '한질' 2자에 대해 원래 잘못 알고 있었기 때문입니다. 이제 한질의 의미가 밝혀졌고 남자의 정기가 왕성하였다는 것을 알았으니, 이것이 어찌 밝히기 어려운 사건이겠습니까!

윤수尹洙는 평소의 사소한 원한 때문에 온 마을의 골칫거리가 되었으며, 아전과 한패가 되어 스스로 고자질쟁이가 되었습니다. 군역軍役을 부담할 장정으로 11명이나 되는 많은 사람을 허위로 기록하였고, 살인 사건을 야기하고서는 '12냥을 주고서 개인적으로 합의하였다.'라는 말을 만들어 내어, 남의 한집안을 침몰시키고 남의 집 두 대代를 죽음으로 몰아넣었으니, 정상이 교묘하고 악랄하였으며 음모가 흉악하고 음흉하였습니다. 따라서 남을 모함한 경우에 적용하는 반좌율反坐律의 법을 시행해야 하며 백성을 위해 해로운 인간을 제거해야 풍속이 돈독해지니, 엄중히 형장을 치고 형률에 따라 처벌해야 합니다.

설사 참으로 사람들의 말처럼 12냥을 주고 개인적으로 합의한 일이 있었다고 하더라도, 시골의 어리석은 풍속은 살인 사건을 홍수나 화재처럼 두려워하고 고소하는 것을 흉기라도 되는 듯이 여기기 때문에 뇌물을 주면 범죄를 인정하는 증거가 될 수도 있다는 사실은 생각하지 못하고 사건을 숨기는 것이 좋은 계책인 줄로만 압니다. 봉금을 구타한 작은 허물이 있었던 김계갑으로서는 시체를 검안하는 큰 재앙을 불러올까 두려웠기 때문에 그가 요구하는 대로 돈을 주어 무사하기를 바랐을 것입니다. 이는 어리석은 사람들의 의례적인 버릇이니, 이것을 가지고서 살인을 저지른 혐의로 단정할 수는 없습니다.

그런데 김계갑의 생사를 판가름할 수도 있는 사안이 한 가지 있습니다. 애당초 고소당한 사람은 김덕관金德寬인데, 나중에 주범으로 지정된 사람은 김계갑입니다. 만약 참으로 구타하여 범행을 저지른 사실이 있었다고 한다면, 그의 아버지가 뜻밖에 범인으로 지목되는 재앙을 당하던 초기에 아들로서 자기 아버지에게 죄를 떠넘기고 스스로 실토하지 않은 일은 강상綱常과 관련된 중대한 악행이니, 사람을 죽인 죄로만 처단할 수가 없습니다. 그런데 증인의 진술이 바뀌기만 하면 그때마다 아버지와 아들 중 누구의 범행이 더 무거웠는지만을 따져서 마치 예사로운 범죄를 저지른 두 사람의 범인 중에서 한 사람을 고르듯이 하였으니, 이것이 어찌 사건의 처리를 통해서 풍속까지도 바로잡는다는 취지이겠습니까!

이번 사건은 처음 봉금을 구타하였을 때에 아버지와 아들이 저지른 죄가 모두 중대하지는 않았습니다. 그러므로 김계갑으로서는 자기 아버지가 무죄로 판명이 나서 풀려나기만을 바라고 자신이 대신 죽겠다는 생각은 하지 않았습니다. 그래서 두 사람 모두 변명하고 한 사람도 승복하지 않다가, 결국 서대철徐大哲의 증명에 따라 김계갑이 주범으로 올라가게 되었습니다. 만약 실제로 범행을 저지른 일이 있었다면 그의 죄는 강상과 관련된 죄를 직접 저지른 것입니다.

본래의 정황을 찬찬히 따져 보면 이 살인 사건은 아무래도 잘못된 판결로 귀결됩니다. 따라서 이리저리 생각해 보아도 법에 따라 살인 사건을 성립시키는 것은 아무래도 공명정대하게 처리한다는 취지가 아닙니다. 검안하지 않은 사건을 조사한 것은 검안을 행한 경우와 다름이 없으니, 가슴을 치고 넓적다리에 형장을 치는 등 가혹한 형벌을 뒤섞어 시행하여 허위 진술을 받아 낸 것은 사건을 처리하는 격식에 합당하지 않은 듯합니다."

○ 이 사건은 3차 조사와 4차 조사를 거쳤으나 끝내 진상을 파악할 수가 없었으므로 내가 고민해 온 일이었다. 그래서 5차 조사의 발사를 이처럼 가상으로 지어 보았으므로 이제 여기에 덧붙여 기록하였다.

5. 가상하여 지은 양근군楊根郡 이대철李大哲의 살인 사건에 대한 합동조사보고서의 제사題辭

○ 제사는 다음과 같다.

"이번 살인 사건의 시장屍帳에는 두 가지 상처가 기록되었는데, 하나는 미각眉角(눈썹 윗 부분)의 떠받힌 상처이고, 또 하나는 요안腰眼(양쪽 허리의 들어간 부분)의 걷어차인 상처이다. 1차 검안보고서와 2차 검안보고서에 모두 요안을 중대한 상처로 보아 '걷어차였다.'라고 사망의 실제 원인을 기록하였으니, 미각 한 가지는 우선 놓아두고 요안의 걷어차인 상처가 이 사건의 핵심이다.

요안은 다치면 빨리 죽을 수 있는 부위이고 더욱이 검붉은색을 띠고 있어 목숨을 잃을 수 있는 상처이니, 이것은 《무원록》〈검복·검식〉에서 이른바 '목숨을 잃을 수 있는 상처를 빨리 죽을 수 있는 부위에 입은 것이다.'라고 하겠다. 목숨을 잃을 수 있는 상처를 빨리 죽을 수 있는 부위에 입게 되면, 처음 상처를 입었을 때에는 반드시 기절하여 정신을 잃어 다시 떨치고 일어나지 못한다.

그런데 지금 1차 검안보고서와 2차 검안보고서를 살펴보면 피해자 가족의 진술이 어찌하여 모두 서로 반대인가? 1차 검안보고서의 진술에서는 '이대철이 한 차례 걷어찬 뒤에 그의 어머니가 일어나 앞쪽으로 다가가서 뺨을 때리려고 하였습니다.' 하였고, 또 진술하기를 '이대철이 한 차례 떠받은 뒤에 그의 어머니가 어지러워 땅에 쓰러졌으므로 마침내 싸움을 말릴 수가 있었습니다.' 하였으며, 또 진술하기를 '이대철이 대문을 나간 뒤에 그의 어머니가 다시 정신을 차리고서 죽기를 각오하고 쫓아갔다가 배대득裵大得에게 업혀 왔습니다.' 하였다.

2차 검안보고서의 진술에서는 '걷어차였다.'라고 하거나 '떠받혔다.'라고 하였으니, 1차 검안보고서의 진술과 그다지 큰 차이가 나지 않는다. 그리고 '이대철이 나간 뒤에 그의 어머니가 스스로 화를 이기지 못하고 스스로 자기 몸을 곤두박질친 뒤에 그대로 대문을 나갔습니다. 그래서 어머니가 이웃집에 가거나 누이동생의 집에 가는 줄로 생각하고서는 쫓아가지 않았습니다. 그러다가 배대득이 업고 들어온 뒤에 눈을 감은 채 말이 없다가 5일째 되는 날 목숨이 끊어졌습니다.' 하였다. 그의 누이동생 임 조이林召史는 1차 검안할 때 진술하기를 '이대철이 돌아간 뒤에 어머니가 또 대문 밖으로 나가 화를 내고 평지에서 나뒹굴다가 배대득에게 업혀서 들어왔습니다.' 하였다.

요안을 걷어차여서 반드시 죽을 수 있는 부위에 상처를 입었다고 한다면, 장기가 흔들렸을 것이고 혈맥도 끊어졌을 것인데, 무슨 기력으로 뺨을 때릴 생각을 다시 하고서는 날쌔게 앞을 향해 달려갔겠는가? 재차 머리로 떠받힌 뒤에 어지러워서 쓰러졌다고 한다면, 무슨 기력으로 방 밖으로 도로 나가서 날쌔게 앞을 향해 달려갔겠는가? 처음에 요안을 걷어차였을 때의 상처가 원래 무겁지 않았음은 이를 미루어 보면 알 수가 있으며, 더욱이 나중에 미각을 떠받힌 상처가 심각하지 않았음도 의심할 것이 없다.

'스스로 화를 이기지 못하고 스스로 자기 몸을 곤두박질쳤다.[憤不自勝身自顚撲]'라는 8자가 매우 명백한 데다가 더욱이 누이동생의 진술 중 '대문 밖으로 나가 화를 내고 평지에서 나뒹굴었다.[出門外發憤搏倒於平地]'라는 2구절이 매우 확실하였다. 이를 통해서 살펴보면 스스로 자기 몸을 곤두박질쳤다는 말은 어찌 범인이 터무니없이 만들어낸 것이겠는가!

과부로 살다가 어린아이를 낳은 일은 세상의 큰 수치이고, 사람들이 모인 가운데서 추악한 행실이 폭로된 것은 세상의 몹시 분한 일이다. 이러한 수치를 씻지 못한다면 살아도 무엇을 하겠으며, 이러한 분노를 풀지 못한다면 죽는다고 하더라도 참으로 무엇이 아깝겠는가! 쫓아갔으나 따라잡지 못하자 스스로 자기 몸을 내동댕이쳤고, 모질게 곤두박질치자 장기와 혈맥이 손상되었으니, 이것이 업혀 들어온 뒤에는 다시 떨치고 일어나지 못했던 이유가 아니겠는가! 발에 걸어차인 사람은 죽을 수가 있는데도 발에 걸어차인 뒤로도 일어나서 뺨을 때리려고 생각하였으니, 발에 걸어차인 것이 사망의 원인이 아님을 알 수가 있다. 머리에 떠받힌 사람은 죽을 수가 있는데도 머리에 떠받힌 뒤로도 정신을 가다듬고 쫓아나갔으니 머리에 떠받힌 것이 사망의 원인이 아님을 알 수가 있다.

다만 괴이한 점이 한 가지 있다. 대문을 나간 행동을 세 차례나 감행하였으나, 스스로 자기 몸을 곤두박질친 뒤로 몸은 더 이상 힘을 쓰지 못하였고, 정신은 더 이상 가다듬지 못하였으며, 눈은 더 이상 뜨지 못하였고, 입은 더 이상 말하지 못하였으며, 발은 더 이상 방 밖을 나가지 못하였고, 시름시름 5일을 앓다가 마침내 목숨을 잃게 되었다. 그러므로 진짜 목숨을 잃게 된 상처는 이때에 입지 않았겠는가!

피해자 가족이 1차 검안할 때의 진술에서 세 차례 대문을 나갔다고 진술하고 나서 아무런 이유도 없이 '남에게 업혀 들어왔습니다.'라고 하였으니, 이것은 사건을 애매모호하게 하려는 수작이다. 그런데 애당초 이를 샅샅이 조사하지 않았던 것은 매우 허술하였다. 그러다가 2차 검안하는 자리에서 진술할 때가 되어서야 '스스로 자기 몸을 곤두박질쳤습니다.'라는 말을 하여 스스로 사실을 털어놓아 사건의 전모가 드러나게 되었으니, 이는 사건의 정황이 투명하게 드러난 것이었다. 그런데 또 샅샅이 조사하지 않았으니, 어찌하여 그리도 터무니없단 말인가!

이제 만약 온몸에 곤두박질친 상처가 전혀 없다는 이유로 범인이 살해하였다는 증거를 삼는다면, 이것도 알 수 없는 점이 있다. 근래 검안은 법률의 취지를 놓치는 경우가 많아서, 피해자 가족의 진술에만 의지하여 그들이 지목한 상처를 우선적으로 찾으니 참으로 하나의 잘못된 습속이다. 요안을 지목하면 요안에서 찾고 미각을 지목하면 미각에서 찾으나, 시체를 씻어 내고서 검안하는 법이나 우산으로 가리고서 검안하는 법은 법률대로 시행하는 경우가 드무니, 어찌 상처가 《무원록》의 증상과 일치한다는 이유만으로 사리에 어긋난 점을 의심하지 않을 수 있겠는가!

몸을 곤두박질쳤다는 말이 참으로 진실이라면 발에 걸어차이고 머리에 떠받힌 상처는 심각하지 않았다는 것을 알 수 있다. 그 이유는 이렇다. 날쌔게 대문 밖으로 달려 나갔다는 것은 심각한 상처를 입은 사람이 할 수 있는 행동이 아닌데, 하물며 스스로 자기 몸을 곤두박질치는 것은 더 말할 게 있겠는가! 속에 큰 통증이 있는데 더욱이 어떻게 자기 몸을 들어 곤두박질칠 수 있겠는가! 사리로 보아 할 수 없는 일을 어떻게 할 수 있겠는가! 이것이 그 상처가 그다지 심각하지 않다는 것을 알 수 있는 이유이다.

먼저 개를 삶고 약을 사서 치료하여 살리려고 하였고, 뒤이어 신발을 감추고 곡기를 끊어서 자살하려고 하였으니, 이 두 가지는 범인이 범행을 저질렀다는 확실한 증거로 지목할 수 있다. 그러나 자신이 직접 범행을 저지르고 그에 따라 상대의 목숨이 끊어져서 중대한 살인 사건이 발생하게 되어 처형을 피하기 어려운 상황이었으니, 죽기 전에는 살리려고 노력하고 죽고 난 뒤에는 자살을 시도한 것은 모두 일반적인 사람들의 심정으로 충분히 그럴 수 있는 일이다. 그러니 이것을 가지고서 범죄의 진상이라고 지적할 수는 없다.

천한 백성의 풍속이 어리석기는 하지만 그래도 하늘의 이치가 남아 있으니, 어머니를 죽인 원수를 어찌 차마 함께 의논하여 숨겨 줄 수 있겠는가! 한 차례 발에 걸어차이고 한 차례 머리에 떠받힌 상태에서는 그래도 기운이 다하지는 않았으나, 세 차례 싸우고 세 차례 대문을 나간 뒤에야 목숨이 끊어졌으니, 그 어머니의 목숨이 끊어진 것은 전적으로 스스로 자기 몸을 곤두박질쳤기 때문이라는 사실을 명확히 알 수가 있다. 그래서 고소하려다가 고소하지 않았고 매장하려다가 매장하지 않았던 것이다.

그러다가 사건이 발각된 뒤로 모두 위협하는 기색을 보이자, 곤두박질쳐서 죽게 되었다고 분명히 말을 하였다가는 원수를 숨겨 준 죄를 보탤까 두려웠기 때문에 오로지 발에 걸어차이고 머리에 떠받혀서 죽게 되었다고 귀결시켜서 속죄할 수 있는 길이 되기를 바랐다. 그래서 피해자 가족의 진술이 줄곧 이와 같았다. 그러나 스스로 자기 몸을 곤두박질쳤다는 말을 완전히 숨길 수는 없었으므로, 그의 누이동생은 1차 검안할 때 진술하였고 그의 형은 2차 검안할 때 진술하였다. 이 두 가지 진술을 상세히 살펴보면 어느 정도는 파악할 수가 있다.

그러므로 이 사건을 한마디로 말한다면 '의문점이 있는 살인 사건이다.'라고 하겠다. 심문을 주도한 관원과 합동으로 조사한 관원을 그대로 조사할 관원으로 정하니, 날짜를 잡아 모여 조사하라. 유족 임대복林大卜과 임 조이, 증인 배대득과 박 조이朴김史 등을 다시 붙잡아 들여서 위에서 말했던 세 차례 대문을 나간 뒤에 스스로 자기 몸을 곤두박질친 상황에 대해 다시 샅샅이 조사하라. 그리고 의견을 갖추어서 상세히 밝혀 논리적으로 보고하는 것이 합당하다."

6. 무덤을 파서 시체를 꺼내어 검안하는 법을 거듭 천명한 교문教文의 발문跋文

○ 정조正祖의 전교는 다음과 같다.[119]

---

119 정조의……같다: 이 전교는 《승정원일기》 정조 1년 5월 10일에 기록되어 있다. 제목에는

"옛날 우리 숙종肅宗께서 하교하신 것 중에 다음과 같은 하교가 있었다.[120] '살인 사건에 있어서 가장 중요한 것은 시체를 검안하는 일보다 더한 것이 없다. 지방 수령이 자기 마음대로 사실을 보태거나 덜어 내고 사건의 처리를 지연시키다가 수십 년이 지날 때까지도 판결하지 않아 죄수가 감옥 안에서 병으로 죽는 경우도 간간이 있었다. 이제부터 해당 수령은 반드시 직접 관을 열어 검안하되 모두 《무원록》에 따라 행하고, 어떤 경우라도 밝히기 어렵거나 다 밝히지 못하는 걱정이 없게 하라.'

우리 선왕先王(영조, 英祖)께서 하교하신 것 중에도 다음과 같은 하교가 있었다.[121] '검안이 충분하지 못하였더라도 증거가 모두 갖추어졌으면, 추가로 검안하면 안 된다. 하물며 매장이 끝난 경우야 더 말할 것이 있겠는가! 주周나라 문왕文王도 드러난 해골을 묻어 주라고 하였는데,[122] 지금은 심지어 백골을 검안하기까지 한다. 나는 「이러한 일을 당하는 사람은 두 번이나 죽음을 당하는 것과 다름이 없으며, 그처럼 백골을 검안까지 하고서도 목숨으로 보상하지 않는 경우도 있으니 너무도 잔인하기 짝이 없다.」라고 생각한다. 앞으로 사람을 죽여서 몰래 매장한 경우에는 규례대로 검안한 뒤에 관아에서 묻어 두고, 기타 매장이 끝난 경우에는 검안하지 말라.'

성인의 말씀이 위대하다. 지난번 빈청賓廳의 차대次對에서 의정議政이 '선왕께서 무덤을 파서 시체를 꺼내어 검안하는 것을 금지하라고 명한

이 글을 교문教文이라고 하였으나, 《승정원일기》의 기록에 따라 전교로 번역하였다.

120 옛날……있었다: 이 하교는 《승정원일기》 숙종 18년 12월 20일에 기록되어 있다.

121 우리……있었다: 이 하교는 《승정원일기》 영조 41년 2월 2일에 기록되어 있다.

122 주周나라……하였는데: 이러한 내용을 문왕文王의 말 중에서는 확인하지 못하였다. 다만 《예기》〈월령月令〉에서 정월에 할 일로 '들판에 드러나 있는 시신과 뼈를 거두어서 매장한다.〔掩骼埋胔〕'라고 한 내용이 보인다.

뒤로는 서울과 지방에서 감히 관을 열어 검안하지 못하니, 억울할 우려가 있습니다.' 하였다. 내가 그 당시에는 숙종의 수교受敎만 있는 줄로 알고, 묘당에 물어보고 삼사三司에까지 물었다. 이어서 옥당玉堂이 차자箚子를 올려 무덤을 파서 시체를 꺼내어 검안하기를 청하는 일이 있었는데, 나의 생각도 옳다고 여겼다. 이제 선왕의 수교를 보니 숙종의 훌륭한 생각과 똑같았다.

대체로 《무원록》〈검복·검식〉 '관을 열어 검안하는 경우'의 규정은 개인적으로 합의하여 몰래 매장하는 폐단을 막으려는 목적이니, 선왕의 수교 중 '사람을 죽여 몰래 매장한 경우에는 규례대로 검안하라.'라고 한 하교는 숙종의 수교 중 '모두 《무원록》에 따라 행하라.'라는 하교와 같다. 지금 이견을 말하는 사람들 중에는 아래 구절 중 '기타 매장이 끝난 경우에는 검안하지 말라.'라는 하교를 가지고서 조정의 금지하는 명령이 있었다고 하지만, 이것은 전혀 그렇지가 않다. 이는 백골을 검안하는 경우를 가리켜서 말한 것이다. 시기가 오래되었거나 얼마 되지 않았거나를 따지지 않고 통틀어 매장이 끝난 경우라고 지목하였다면, 어찌 위 단락의 '몰래 매장한 경우에는 검안한다.'라는 하교가 있었겠는가!

그렇다면 지난번에 의정이 아뢴 말과 옥당의 차자도 수교를 잘못 이해한 탓에 했으나, 그 취지는 전적으로 수교의 취지를 벗어나지 않았다. 이제는 법령을 거듭 정할 일이 별달리 없이 모두 두 임금의 수교에 따라 준행하기만 하면 된다. 시기가 오래 지난 사건의 경우에는 이 일로 인해 서로 앞다투어 소송하여 백골을 파서 검안하게 하려고 한다면, 사건을 공경히 처리하고 죄수를 불쌍히 여기신 선왕의 본래 의도가 전혀 아니다. 그러니 오늘 이전에 매장이 끝난 경우는 명령이 내리기 전에 해당하는 사안이니, 절대로 거론하지 말라. 더욱이 앞으로 햇수가 오래 지났으나 무덤을 파서 시체를 검안해야 하는 경우가 있더라도 경솔하게 스스로 관을 열어 검안하지 말고 반드시 나에게 보고한 뒤에 시행하라."

○ 정조의 전교에 대한 다산의 견해: 관을 열어 검안하는 것과 무덤을 파서 검안하는 것은 《무원록》〈검복·검식〉 '관을 열어 검안하는 경우'에 분명히 실려 있으니, 이는 예로부터 전해 내려오는 법률입니다.

그런데 근래에는 수령守令이나 아전 등이 다만 《대전통편》 증주增注에만 근거하여 언제나 '무덤을 파서 시체를 꺼내어 검안하는 것은 조정에서 금지하는 명령을 새로 내렸으니, 반드시 감사監司가 장계를 올려 보고한 뒤에야 관을 열어 검안하는 것을 허용한다.'라고 하여, 사람을 죽여 몰래 매장한 사건도 으레 관을 열어 검안하기를 청하지 못합니다. 이 때문에 살인을 저지른 사람은 요행히 처벌을 피하여 처형되지 않는 경우가 있고, 모함을 당한 사람은 병들어 죽으면서도 밝히기 어려운 경우가 있으니, 어찌 슬프지 않겠습니까!

몰래 매장한 시체를 검안할 경우에는 시각을 다투는 법인데, 천 리나 떨어진 먼 지방에서 급히 주상께 보고하고서 회답이 내려오기를 기다리다 보면 번번이 시일을 경과하게 되니, 시체가 썩어 문드러져서 증명하기 어렵지 않겠습니까! 그래서 신도 예전부터 의심해 왔습니다. 이제 《열성어제列聖御製》를 고찰하다가 이 교문을 발견하고서야 《대전통편》의 증주가 원래 당시에 역대 임금의 하교를 잘못 읽고서 추가되었지 우리 역대 임금께서 정말로 무덤을 파서 시체를 꺼내어 검안하기를 금지하는 명령이 있었던 것은 아니라는 사실을 알게 되었습니다.

이제 숙종의 하교를 조사해 보면 '관을 열어 검안하는 것은 모두 《무원록》을 따르라.'라고 하였을 뿐이고, 《무원록》〈검복·검식〉 '관을 열어 검안하는 경우'에는 관을 열어 검안하거나 무덤을 파서 시체를 꺼내어 검안하도록 허용하였으니, 숙종께서는 금지하는 명령을 내린 적이 없습니다. 또 영조의 하교를 조사해 보니 '앞으로 사람을 죽여 몰래 매장한 경우에는 규례대로 검안하고, 기타 매장이 끝난 경우에는 검안하지 말라.'라고 하였습니다. 몰래 매장한 시체를 검안하는 것은 무덤을 파서 시체를 꺼내어 검안하는 일이니, 영조께서도 금지하는 명령을 내린 적이 없습니다. 두 임금의 하교가 이와 같이 명백한데도 《대전통편》의 증주가 저와 같이 서로 어긋나게 기록된 이유는 영조의 하교 말미에 '기타 매장이 끝난 경우에는 검안하지 말라.[其他已瘞者勿檢]'라고 규정한 7자가 있었기에 증주를 기록한 날에 이 조문을 추가하였던 것입니다.

시체를 검안하는 법은 살인 사건에 있을 뿐만 아니라, 유배流配한 죄인, 길가에 쓰러져 있는 시체, 스스로 목을 매어 죽거나 스스로 물에 빠져 죽은 사람의 시체 따위도 모두 법률에 검안하도록 규정되어 있습니다. 그러므로 영조께서 명백하게 조문을 만들어서 '사람을 죽여 몰래 매장한 경우에는 규례대로 검안하고, 기타 매장이 끝난 경우에는 검안하지 말라.'라고 하셨습니다. '기타'라고 한 것은 살인한 경우를 말한 것이 아닙니다.

정조께서도 이 단락을 백골을 검안하는 것이라고 이해하셨습니다. 그러나 '매장이 끝난[已瘞]'이라는 2자는 매장한 시기가 오래되었거나 얼마 되지 않은 경우를 구분하지 않기 때문에 반드시 백골만 해당한다고 할 수도 없었습니다. 그러나 백골 이외에는 정조께서 무덤을 파서 시체를 꺼내어 검안하는 것을 모두 허용하셨으니, 정조의 전교에서 '장계로 보고한 뒤에 검안하는 것을 허용한다.'라는 것은 매장한 햇수가 오래된 시체를 말합니다.

그렇다면 매장한 햇수가 오래되지 않은 시체는 주상께 보고하지 않더라도 곧장 관을 열어 검안해야 하고, 이런 경우까지 아울러 감사에게 물어 명령을 받을 필요는 없습니다. 그러나 《대전통편》의 증주가 이제는 법규가 되었으니, 형조刑曹에서 이 전교의 취지를 드러내어 밝히고 여러 도道에 통지하여, 감사가 여러 고을에 깨우쳐 주고 미리 약속하여 몰래 매장한 경우에는 상급 관사에 묻지 말고 곧장 본 고을에서 시각을 다투어 관을 열어서 검안하게 해야 아마도 살인 사건을 다스리는 일에 원통함이 없을 것입니다.

만약 형조가 이처럼 통지하지 않는다면 수령으로서는 어쩔 수 없이 감사에게 물어서 처분해 주기를 청할 뿐입니다. 이와 같은 경우에는 수령이 선왕 정조의 교문을 별도로 베껴서 보고하고 그렇게 하는 이유를 덧붙여 진달해야 상급 관사의 책망을 모면하게 될 터이고, 자신이 지키는 정직한 마음만으로 실행해서는 무사하리라고 보장할 수가 없을 것입니다.

○ 《대전통편》〈형전·검험〉의 증주에 이르기를 '사람을 죽여 몰래 매장한 경우에는 규례대로 검안하고, 기타 매장이 끝난 경우에는 무덤을 파서 시체를 꺼내어 검안하지 말라.' 하였고, 또 이르기를 '무덤을 파서 시체를 꺼내어 검안해야 할 경우에는 제멋대로 관을 열어 검안하지 말고 반드시 먼저 임금에게 보고하고 거행해야 한다.' 하였다. 이 조문은 오늘날 높이 떠받드는 것이다. 그러나 《대전통편》은 정조 초년에 이루어졌고 교문은 정조 중년에 나왔는데,[123] 살인 사건을 심리하는 사람이 도리어 정조의 교문을 위주로 해서는 안 된다고 하겠는가!

《대전통편》에 이와 같이 기록되어 있기 때문에 당시에 정조께서 묘당에 물어보고 삼사에게까지 물어보았으며, 이어서 옥당이 차자를 올려

---

123 그러나……나왔는데:《대전통편》은 1785년(정조 9)에 편찬되었고, 앞에 수록한 정조의 전교는 1777년(정조 1)에 나왔다. 따라서 정약용이 착각하여 이처럼 말한 것으로 보인다.

무덤을 파서 시체를 꺼내어 검안할 것을 청하자 이에 교문을 반포하셨다. 그렇다면 《대전통편》을 바로잡아 간행하는 일은 한시가 급하니, 어찌 헛갈리도록 내버려 둘 수 있겠는가!

찾아보기 (인명 · 서명 · 관직명 · 용어)

박석무 (朴錫武)
현재 다산연구소 이사장, 우석대 석좌교수로 있으면서 다산학 연구를 계속하고 있다. 1942년 전남 무안에서
출생하여, 전남대 법대와 동대학원을 졸업한 그는 민주화운동에 투신하여 네 차례 옥고를 치른 바 있다. 한중
고문연구소장과 제13 · 14대 국회의원, 한국학술진흥재단 이사장, 5 · 18기념재단 이사장, 단국대 이사장, 한
국고전번역원장, 단국대 석좌교수, 성균관대 석좌교수 등을 역임했다. 다산학술상 공로상을 수상했다. 〈다산
정약용의 법사상〉 외 다수의 논문이 있으며, 저서로 《다산기행》, 《다산 정약용 유배지에서 만나다》, 《풀어 쓰는
다산 이야기》, 《새벽녘 초당에서 온 편지》, 《조선의 의인들》, 《다산 정약용 평전》, 편역서로 《유배지에서 보낸 편
지》, 《다산산문선》, 《다산시정선》, 《다산논설선집》, 《다산문학선집》(공편역), 《다산에게 배운다1,2》 등이 있다.

이강욱 (李康旭)
현재 (사)은대고전문헌연구소 고전문헌번역 자문위원을 맡고 있으며, 조선 시대의 사료와 법전을 번역하고 강
의한다. 성균관대 유학대학원에서 석사학위를 받았으며, 한국고전번역원 수석전문위원과 한국승정원일기연
구소장을 역임하였다. 역서로 《은대조례》, 《일성록》(공역), 《교점역해 정원고사》(공역), 《홍재전서》(공역) 등이
있고, 논문으로 《《승정원일기》를 통해 본 草記의 전면적 고찰〉, 〈啓辭에 대한 고찰〉, 〈臺諫 啓辭에 대한 고찰〉,
《《일성록》別單의 형식 및 분류〉, 〈書啓에 대한 考察〉, 〈上疏와 箚子의 형식 및 분류〉 등이 있다.

역주 흠흠신서 3

1판 2쇄 발행 | 2021년 6월 30일
1판 1쇄 발행 | 2019년 11월 20일

지은이 | 정약용
역주 | 박석무, 이강욱

디자인 | 씨오디
인쇄 | 다다프린팅
발행처 | 한국인문고전연구소
발행인 | 조옥임
출판등록 2012년 2월 1일(제 406-251002012000027호)
주소 | 경기 파주시 가람로 70, 402-402
전화 | 02-323-3635   팩스 | 02-6442-3634   이메일 | books@huclassic.com

© 박석무·이강욱 2019
ISBN | 978-89-97970-50-6 94300
        978-89-97970-47-6 (set)

* 이 책의 내용 일부를 저작권자나 출판사의 허락없이 인용, 발췌하는 것을 금합니다.
* 잘못 만들어진 책은 구입하신 서점에서 바꾸어 드립니다.
* 이 도서의 국립중앙도서관 출판예정도서목록(CIP)은 서지정보유통지원시스템 홈페이지
  (http://seoji.nl.go.kr)와 국가자료공동목록시스템(http://www.nl.go.kr/kolisnet)에서 이용하
  실 수 있습니다. (CIP제어번호 : CIP2019042009)